탄소중립개론

정복영 지음

다누리

*Cover Description

Designed by the author, this cover features a baby polar bear raising its paw in a heartfelt plea to stop carbon emissions. The innocent expression of the cub contrasts sharply with the rising smoke and global warming graph in the background, symbolizing the urgency of the climate crisis. With only 250 gigatons of CO_2 left before the planet surpasses the 1.5°C threshold, this image reminds us that *protecting what remains begins with decisive action—now.*

탄소중립개론

정복영 지음

탄소중립,
이해와 실천을 잇는 다리를 놓다

인류는 지금 문명사적 전환의 기로에 서 있습니다. 기후위기는 더 이상 막연한 경고가 아니라, 이미 우리의 일상과 삶터에 직접적인 흔적을 남기고 있습니다. 지구 곳곳에서 발생하는 폭염과 산불 같은 극단적 기상현상은, 산업화와 개발을 통해 얻은 인류의 번영이 환경 파괴와 기후위기라는 대가 위에 세워졌음을 분명히 보여줍니다. 이제 우리는 익숙함과 편리함의 틀을 넘어, 말 못하는 동식물과 태어나지 않은 미래 세대를 위해 새로운 길을 모색해야 할 시점에 와 있습니다. 이러한 배경에서 '탄소중립'은 더 이상 정부 정책이나 기업의 구호에 머물 수 없습니다. 그것은 우리 모두가 감당해야 할 시대적 소명, 그리고 미래 세대에 대한 약속입니다.

그러나 탄소중립의 길은 결코 쉽거나 단순하지 않습니다. 복잡한 과학적 원리와 경제, 외교, 기술 등 다양한 학문이 교차하고, 거기에 정책적 현실과 실천의 벽이 겹쳐져 있습니다. 이처럼 본질적으로 통합적이고 복합적인 주제임에도 불구하고, 국내에는 아직 기후과학과 경제학, 정책, 기술, 국제논의까지 아우르는 통합 교재가 부족합니다. 저 역시 대학원 강의 현장에서 그 간극을 절감해 왔고, 이 책은 바로 그 지점을 잇는 다리가 되고자 기획되었습니다.

이 책은 기후변화의 과학적 원리에서 출발해, 탄소중립의 경제학적·정책적 의미를 해설하고, 실제로 사회·산업 각 분야에서 어떻게 구현되고 있는지를 구체적으로 짚습니다. 복잡한 이론은 독자가 쉽게 따라올 수 있도록 정리하고, 실제 사례는 최대한 현장감 있게 다루었습니다. 독자들이 탄소중립이라는 거대한 명제가 결코 자신과 멀리 떨어진 담론이 아니라, 각자의 삶과 긴밀하게 연결된 현실임을 체감할 수 있도록 노력했습니다.

본서는 두 개의 큰 흐름으로 체계화되어 있습니다.

제1편은 탄소중립의 과학적 원리, 기후변화의 메커니즘, 경제학적 접근 등 이론적 토대를 다룹니다.

제2편에서는 탄소중립 실현을 위한 정책과 제도, 탄소시장과 무역규제, ESG 공시제도, 에너지 전환, 순환경제 등 국제사회의 다양한 실제 대응 방식을 입체적으로 소개합니다.

| 감사의 말씀

집필 과정에서 ChatGPT 기술은 방대한 자료를 구조화하고 복잡한 논의를 창의적으로 정리하는 데 큰 도움을 주었습니다. 그리고 이 책이 완성되기까지 소중한 기여를 한 이들에게 특별한 감사를 전합니다.

먼저, 정책 전문가로서 고위공직자로 재직 중인 성민은 탄소중립 논의의 접근성에 대한 중요한 통찰을 제공했습니다. 그의 행정 경험을 바탕으로 한 조언에 따라 이 책은 어렵고 복잡한 주제를 많은 이들이 쉽게 접하고 함께 고민하며 다방면의 교육에 활용할 수 있도록 구성되었습니다. 제 부모님과의 탄소 이야기로 시작하여 현장 중심적 접근으로 방향을 전환한 것도 바로 그의 실용적 조언을 반영한 결과입니다.

순환경제 분야의 전문가인 상효는 탄소중립 논의가 '제본스의 역설(Jevons Paradox)'에 빠지지 않도록 경계하게 했습니다. 그의 전문성은 효율성만을 추구하다 오히려 더 많은 자원을 소비하게 되는 함정을 피하도록 날카로운 시선을 제공해 주었고, 이는 이 책이 현실적 지속가능성의 토대 위에 굳건히 서도록 해주었습니다.

사회적 포용성의 실천자로서 다문화학교를 이끌고 있는 형관은 "Leave No One Behind"라는 포용의 원칙을 일깨워주었습니다. 그의 현장 경험은 탄소중립으로의 전환 과정에서 사회적 형평성과 기후정의가 필수적이며, 누구도 소외되지 않는 정의로운 전환이 되어야 함을 강조했습니다.

이러한 세 친구의 서로 다른 관점과 전문성에서 비롯된 통찰은 책 전반에 걸쳐 지속가능성, 순환경제, 사회적 형평성이라는 핵심 가치로 자연스럽게 녹아들어 있습니다.

　또한, 일상의 탄소중립 실천을 학문적 주제로 끌어올려 치열하게 탐구하고 고민해준 기후경제학과 학생들에게도 깊은 감사를 전합니다. 이들의 생생한 질문과 열정은 이론을 넘어 현실과 이어지는 강력한 다리가 되어 주었고, 이 책이 보다 살아 있는 논의의 장이 될 수 있도록 힘을 보태주었습니다.

2025년 6월,
지속가능한 미래를 향한
여정의 발자취를 되돌아보며
저자 드림

Contents

책머리에 | 탄소중립, 이해와 실천을 잇는 다리를 놓다 · 저자 정복영 ········ 7

I 기후변화의 과학과 경제학 · 15

제1장 | 탄소중립의 이해 · 17
- 제1절 탄소중립의 개념과 이해 ········ 18
- 제2절 탄소중립의 역사적 배경 ········ 27
- 제3절 탄소중립 목표와 전략 ········ 32
- 제4절 탄소중립의 한계와 도전 ········ 39
- 제5절 탄소중립 정책 설계 원칙과 이행 체계 구축 ········ 44

제2장 | 기후변화의 과학적 메커니즘 · 53
- 제1절 기후변화의 이해 ········ 54
- 제2절 기후 시스템과 에너지 균형 ········ 59
- 제3절 온실가스의 종류 및 역할 ········ 64
- 제4절 기후변화의 원인과 증거 ········ 69
- 제5절 기후변화의 사회경제적 영향 ········ 85
- 제6절 기후변화의 미래 예측 및 모델링 ········ 89

제3장 | 탄소중립의 경제학적 접근 · 95
- 제1절 경제학의 눈으로 본 탄소중립 ········ 96
- 제2절 환경경제학의 역사적 전개와 이론적 기반 ········ 98
- 제3절 기후변화의 경제학적 분석 틀 ········ 102
- 제4절 탄소감축 정책수단의 비교: 시장기반 접근, 직접규제, 한계저감비용 균등화 ········ 122
- 제5절 탄소감축과 경제성장의 양립성 논쟁 ········ 136

제4장 | 기후변화와 국내외 정책 · 147
- 제1절 기후변화 대응동향 ········ 148
- 제2절 기후변화 대응의 역사와 주요 전개 과정 ········ 150
- 제3절 국제 기후변화 레짐(Regime) ········ 153
- 제4절 주요 국가의 기후변화 대응정책 ········ 168
- 제5절 우리나라 기후변화 대응 정책 ········ 184

제5장 | 탄소중립과 시민사회의 역할 ········ 203

제1절 기후위기 대응의 제3축 : 시민사회 ········ 204
제2절 탄소중립을 위한 거버넌스와 협력 사례 ········ 211
제3절 시민사회와 탄소중립 : 기술, 행동, 감시의 주체 ········ 214
제4절 시민사회와 기후정의(Climate Justice) ········ 221
제5절 시민사회와 기후소송 ········ 228
제6절 시민사회 참여의 한계와 비판적 성찰 ········ 232

II 탄소중립 실현을 위한 실무 전략   237

제6장 | 탄소중립과 탄소시장 ········ 239

제1절 탄소시장의 이해 ········ 240
제2절 주요국의 배출권거래시장 ········ 252
제3절 한국의 배출권거래시장 ········ 264
제4절 외부감축 시장 ········ 274
제5절 자발적 탄소시장(VCM, Voluntary Carbon Market) ········ 281
제6절 국제 탄소시장 ········ 296

제7장 | 탄소중립과 무역규제 ········ 309

제1절 기후변화와 국제무역 질서의 구조적 전환 ········ 310
제2절 EU 기후정책이 촉발한 글로벌 무역질서의 전화 ········ 319
제3절 EU 탄소중립관련 주요 개별법 ········ 331
제4절 미국의 최근 탄소중립 관련 무역 조치 동향 ········ 343
제5절 공급망 탈탄소화 전략 ········ 347

제8장 | 탄소중립과 기업의 ESG공시 ········ 353

제1절 ESG 경영과 탄소중립 ········ 354
제2절 지속가능성 경영의 부상과 ESG 공시의 진화 ········ 360
제3절 금융안정위원회(FSB)부터 ISSB까지: 지속가능한 금융 ········ 367
제4절 국제기준 IFRS S1과 S2의 구조와 내용 ········ 374
제5절 EU의 ESRS 지속가능성 보고 기준 ········ 379
제6절 미국의 기후관련 공시제도 ········ 392
제7절 새로운 공시 물결 - 자연자본 공시제도(TNFD) ········ 398

Contents

제9장 | 탄소중립과 에너지 전환 ····· 407

- 제1절 에너지전환의 필요성 ····· 408
- 제2절 글로벌 에너지 전환의 특징 ····· 412
- 제3절 글로벌 에너지 시스템의 구조적 전환 ····· 417
- 제4절 재생에너지로 전환: 기술, 정책, 시스템 통합 ····· 428
- 제5절 원자력의 확대와 무탄소에너지 보급 ····· 431
- 제6절 미래 에너지 정책의 도전과제 ····· 437

제10장 | 탄소중립과 순환경제 ····· 443

- 제1절 선형경제에서 순환경제로 ····· 444
- 제2절 탄소중립을 위한 순환경제 전략 ····· 452
- 제3절 주요국의 순환경제 정책 ····· 455
- 제4절 한국의 순환경제 정책 ····· 477
- 제5절 국제플라스틱 협약 논의 ····· 488

제11장 | 탄소중립과 디지털 전환 ····· 495

- 제1절 디지털 전환과 탄소중립의 교차점 ····· 496
- 제2절 AI의 탄소중립 기여 가능성 ····· 497
- 제3절 AI 기술 기반 탄소중립 플랫폼 ····· 500
- 제4절 AI 도입의 한계와 윤리적 과제 ····· 504
- 제5절 AI기반 탄소중립정책의 제도화 전략 ····· 509

Ⅲ 참고문헌 ····· 519

- 한글 참고문헌 목록 (가나다순 정렬) ····· 520
- 영문 참고문헌 목록 (알파벳순 정렬) ····· 524

Tables & Figures

Tables

표01	주요국의 탄소중립 목표 연도	3*
표02	에너지 부문 탄소중립전략	38
표03	산업 부문 탄소중립전략	38
표04	도시 부문 탄소중립전략	38
표05	농업 부문 탄소중립전략	39
표06	온실가스 종류 및 주요 발생(IPCC AR6)	65
표07	주요 극한 기후 사건 연표 (2010-2024)	81
표08	기후변화 시나리오 요약표(IPCC AR6 기준)	91
표09	환경경제학의 시대별 변화 비교표	101
표10	죄수의 딜레마 게임표	111
표11	탄소세 vs 배출권 거래제	127
표12	거래 후 결과	130
표13	에너지 부문 적용 사례	132
표14	ETS와 코즈 정리의 유사성	135
표15	주요 COP 회의 및 성과	167
표16	부문별 온실가스 감축목표 수정내역	192
표17	제3차 국가 기후변화 적응대책 vs 제3차 국가기후위기 적응 강화대책 비교표	201
표18	사회 시스템 전환의 기대 효과: 현재와 미래의 비교	210
표19	그린워싱 사례 비교표	221
표20	배출권, 탄소크레딧, 오프셋크레딧 구분	248
표21	배출권거래제 기본계획상 계획기간별 운영 방향	266
표22	배출권 가격 주요 변동 추이(2015~2024년)	269
표23	KOC와 KCU의 구분 기준	275
표24	감축사업 유형 비교표	280
표25	온실가스 배출권거래제 외부사업 추진절차표	281
표26	규제시장과 자발적 시장 비교	282
표27	주요인증기관 비교	288
표28	제6.2조와 제6.4조 비교	303
표29	Carbon trading mechanisms under Article 6	304
표30	제6조(Article 6)의 완전한 실행을 위한 9년 여정 요약	305
표31	탄소중립을 위한 제조업 재내화 논리	317
표32	NZIA가 지정한 19개 넷제로 기술 목록	334
표33	ESRS E1의 6가지 기준	383
표34	LEAP 프레임워크 요약	399
표35	TNFD 공시 항목 구조	399
표36	SEEA 구조	403

| 표37 | 차종별 비교 ··· 427
| 표38 | 선형경제와 순환경제의 비교 ··· 445
| 표39 | 대상제품별 적용내용 ··· 458

Figures

| 그림01 | 이산화탄소(CO_2) 평균농도 ··· 28
| 그림02 | IPCC 6차 보고서의 탄소예산 모식도 ··· 35
| 그림03 | 지구의 기후시스템과 각 구성요소의 상호작용 ··· 60
| 그림04 | 태양복사의 지구도달과정과 온실효과 ··· 62
| 그림05 | 에너지 수지와 기후변화 (The Earth's Energy Budget and Climate Change) ··· 63
| 그림06 | 지구 화석연료 소비추세 ··· 70
| 그림07 | 지구평균기온상승 곡선 ··· 72
| 그림08 | Pedersen Glacier ··· 74
| 그림09 | 바타가이카 분화구(Batagaika Crater) ··· 75
| 그림10 | 해양 열함량 증가 추이 ··· 77
| 그림11 | 해수면 상승 추이 ··· 79
| 그림12 | 수소이온농도 지수(pH)추이 ··· 80
| 그림13 | 평상시와 엘니뇨 시기 대기·해양 상태 모식도(기상청 2016 엘니뇨 백서) ··· 83
| 그림14 | 사중손실(Deadweight Loss) ··· 104
| 그림15 | G7 기후클럽 ··· 114
| 그림16 | 피구세 이해하기 ··· 124
| 그림17 | 배출권거래제 이해하기(Cap-and-trade) ··· 125
| 그림18 | 직접규제 비효율성 이해하기 ··· 127
| 그림19 | 한계 저감비용 곡선이 다를 때의 비용-효과성 ··· 129
| 그림20 | MACC 활용예시 ··· 131
| 그림21 | Coase Theorem ··· 135
| 그림22 | 쿠츠네츠 이론 ··· 137
| 그림23 | 선진국의 1인당 이산화탄소(CO_2) 배출량과 GDP 변화 추이 ··· 140
| 그림24 | 국가 탄소중립·녹색성장 기본계획(안) 체계 ··· 189
| 그림25 | EU ETS 배출권 거래가격 추이 ··· 255
| 그림26 | 배출권 가격 변동 추이(2015~2024년) ··· 269
| 그림27 | 배출권 수요·공급량 비교('15~'23) ··· 271
| 그림28 | 외부사업 인증실적(KOC)의 상쇄배출권(KCU) 전환 절차 ··· 277
| 그림29 | 기후 관련 권장 재무공시 핵심 요소 ··· 369
| 그림30 | ESRS 기본 구성 ··· 381
| 그림31 | 석탄, 석유 천연가스 생산량(NZE) ··· 419

I

기후변화의 과학과 경제학

제1장 탄소중립의 이해 ·················· 17
제2장 기후변화의 과학적 메커니즘 ·················· 53
제3장 탄소중립의 경제학적 접근 ·················· 95
제4장 기후변화와 국내외 정책 ·················· 147
제5장 탄소중립과 시민사회의 역할 ·················· 203

Carbon Neutrality

제1장
탄소중립의 이해

제1절 탄소중립의 개념과 이해 ·········· 18
제2절 탄소중립의 역사적 배경 ·········· 27
제3절 탄소중립 목표와 전략 ·········· 32
제4절 탄소중립의 한계와 도전 ·········· 39
제5절 탄소중립 정책 설계 원칙과 이행 체계 구축 ·········· 44

Carbon Neutrality
&
Concepts and
Understanding

제1장
탄소중립의 이해

제1절 탄소중립의 개념과 이해

1. 나의 탄소 이야기 – 과거의 지혜에서 탄소중립의 길을 찾다

탄소중립이라는 말은 이제 뉴스나 정책 발표에서 자주 들리는 용어가 되었다. 하지만 이 개념은 단지 기술적인 문제나 국가 전략 차원에서만 다루어져야 할 대상은 아니다. 우리의 일상, 그리고 과거의 삶 속에도 탄소중립의 씨앗은 이미 있었다.

어릴 적, 어머니는 장독에 장을 담근 뒤 아버지가 만든 숯을 장독 안에 띄우셨다. 숯은 잘 가라앉지 않고 장 속 미생물의 번식을 억제해 맛을 오래도록 유지해주는 역할을 했다. 그때는 그저 장맛을 지키기 위한 옛 지혜라고만 생각했지만, 지금 돌이켜보면 그 숯은 탄소중립의 원리를 품고 있었다.

아버지는 종종 소죽을 끓일 때 아궁이에 나무를 넣고 태우다가, 일정 시점에 아궁이를 닫고 불길을 막아 숯을 만들었고, 그 숯은 어머니의 장독에 사용되었다. 나무를 태우다 공기를 차단하면 불이 꺼지면서 나무는 숯으로 변한다. 이때 수분과 가벼운 성분은 날아가고, 나무속 탄소는 대기중으로 방출되는 대신 고체인 숯으로 남는다. 이렇게 만든 숯은 쉽게 썩지 않아 오랜 시간 동안 탄소를 저장할 수 있다.

탄소중립은 대기 중으로 배출되는 이산화탄소의 양과, 흡수되거나 저장되는 양 사이의 균형을 맞추려는 노력이다. 돌아보면 부모님의 지혜도 탄소를 불필요하게 배출하지 않으면서 삶의 필요를 충족시키는 방식이었다.

다시 나의 부모님 이야기로 돌아가 보자. 중학교 시절, 나는 방과 후 집 앞 도로에서 벼를 말리고 거둬들이는 일을 돕곤 했다. 부모님은 집 앞 도로의 검은 아스팔트가 햇볕을 잘 흡수한다는 점을 활용해 벼를 말리셨고, 이후 풍로를 이용해 쭉정이를 날려냈다. 이 전통적인 방식은 오늘날의 태양광 발전이나 풍력 발전과 원리는 다르지 않다. 부모님은 '탄소'나 '에너지 전환'이라는 개념을 모르셨지만, 이미 자연의 에너지를 있는 그대로 활용하고 계셨던 것이다.

이 책은 탄소중립이라는 개념을 단지 현대의 과학기술 영역에 국한시키지 않고, 우리의 삶과 역사, 그리고 사회적 전환이라는 더 넓은 맥락 속에서 풀어내고자 한다. 결국, 탄소중립은 우리 선조들이 자연과 조화를 이루며 살아온 방식과 맞닿아 있다. 이를 현대적으로 재해석하고 적용함으로써 지속 가능한 사회를 구축하는 것이 오늘날 우리가 직면한 중요한 과제이다.

2. 왜 지금, 탄소중립인가?

기후위기는 더 이상 먼 미래의 막연한 경고가 아니다. 과학적 관측과 분석은 이미 지구 기후 시스템이 임계점(Tipping Point), 즉 일정 수준을 넘으면 돌이킬 수 없는 변화가 가속화되는 상태에 도달하고 있음을 경고하고 있다. 이 임계점은 마치 한 장 남은 도미노와 같아서, 쓰러지는 순간 연쇄적인 변화는 제어 불가능한 속도로 이어질 수 있다. 빙하 붕괴, 영구동토층의 메탄 방출, 열대우림 생태계의 붕괴는 모두 그러한 연쇄 반응의 일부로, 기후 시스템의 비가역적 불안정 상태를 초래할 수 있다. 그리고 한 번 무너진 기후 균형은 인간의 기술로 다시 회복하기 어려운 것이 현실이다.

이러한 경고는 추상적 이론에 머무르지 않는다. 세계기상기구(WMO)가 발표한 『2024년 지구 기후 현황 보고서』에 따르면, 2024년 지구 평균기온은 산업화 이전 대비 약

1.55°C 상승하여, 관측 역사상 가장 높은 수준에 도달했다. 이는 단지 숫자의 문제가 아니다. 폭염, 홍수, 가뭄, 해수면 상승, 생태계 붕괴, 식량 위기 등 다양한 형태의 기후 재난이 일상화되고 있으며, 이들은 점차 인류 생존과 직결된 위협으로 확장되고 있다.

이처럼 임박한 위기의 현실 앞에서, 탄소중립은 더 이상 선택 가능한 미래 시나리오가 아니다. 그것은 지속가능한 미래를 위한 유일한 대응 전략이자, 생존의 전제 조건이다. 또한 탄소중립은 지구 평균기온 상승을 억제하고, 생태계와 사회 시스템의 회복력을 유지하기 위한 최소한의 조건이다.

결국, "왜 지금 탄소중립인가?"라는 질문에 대한 대답은 분명하다. 현재 우리가 배출하는 온실가스는 수십 년 뒤 지구의 기후에 직접적인 영향을 미치며, 지금의 선택이 미래의 불가역적 재난을 결정짓는 분기점이 되기 때문이다. 지금은 행동할 수 있는 마지막 기회의 창이며, 이 창이 닫히면 인류는 통제 불가능한 대가를 치르게 될 것이다. 탄소중립은 단지 환경 보호를 위한 수단이 아니라, 현대 문명의 생존 조건을 지키기 위한 문명사적 전환의 열쇠[1]이다.

3. 탄소중립이란 무엇인가?

탄소중립(Net Zero 또는 Carbon Neutrality)은 단순히 이산화탄소 배출을 줄이는 데서 그치지 않는다. 핵심은 배출된 온실가스의 총량과 이를 흡수하거나 제거하는 양을 동일하게 맞춤으로써, 최종적으로 순배출(Net Emissions)을 '0'으로 만드는 상태에 있다.

이는 온실가스를 아예 배출하지 않는 '탄소제로(Carbon Zero)'와는 구분된다. 현실적으로는 모든 배출을 없애는 것이 불가능하기 때문에, 남은 배출량은 자연적 또는 기술적 수단을 통해 상쇄(Offset)하여 균형을 이루는 것이 탄소중립의 핵심 개념이다.

이 과정을 수식으로 표현하면 다음과 같다.

총 배출량 − 총 흡수·제거량 = 0

---

[1] 탄소중립을 '문명사적 전환의 열쇠'로 간주하는 이유는, 그것이 단순한 환경 정책을 넘어 에너지 체계, 산업 구조, 도시 설계, 소비 방식, 금융 시스템, 국제 질서 등 현대 문명의 핵심 요소를 총체적으로 재편해야 하는 과제를 수반하기 때문이다. 저자는 탄소중립을 18~19세기 산업혁명 이후 화석연료에 의존해 발전해온 문명의 구조를 근본적으로 바꾸는 과정으로 이해한다.

즉, 배출과 흡수의 균형이 맞춰진 상태가 탄소중립이며, 이는 일종의 기후 버전의 '제로섬(Zero Sum) 게임'이라 할 수 있다. 어느 한쪽에서 온실가스가 배출되었다면, 다른 쪽에서는 동일한 양이 제거되어야 전체적으로 순배출이 0이 된다.

여기서 말하는 온실가스는 이산화탄소(CO_2)뿐 아니라, 메탄(CH_4), 아산화질소(N_2O) 등 다양한 기체를 포함한다. 탄소중립은 단순히 탄소만의 문제가 아닌, 모든 온실가스를 아우르는 전방위적 접근이다.

탄소중립을 달성하기 위한 방법은 크게 두 가지로 나뉜다. 자연기반 수단(Nature-based Solutions, NbS)은 산림 조성, 토양 탄소 저장, 습지 복원, 해양 생태계 보호 등 자연 생태계를 활용하여 탄소를 흡수하거나 저장하는 방법이고, 기술기반 수단(Technology-based Solutions)은 탄소 포집·저장 및 활용(CCUS: Carbon Capture, Utilization and Storage)[2], 직접공기포집(DAC), 에너지 전환 기술 등 공학적·기술적 방법으로 온실가스를 줄이거나 제거하는 방식이다.

결국, 탄소중립은 단순한 수치상의 목표가 아니라, 기후위기를 늦추고 생태계의 안정성을 유지하기 위한 핵심 전략이자 국제적 합의의 기준점이다. 산업, 도시, 사회 전반에 걸쳐 구조적 전환을 요구하는 장기적 목표이기도 하다.

4. 우리는 왜 오래된 탄소를 깨웠는가?

탄소는 생명의 기본 요소다. 우리 주변의 모든 생명체는 탄소를 중심으로 수소, 산소, 질소 등이 결합된 유기물로 이루어져 있다. 자연 속에서 탄소는 대기, 생물, 토양, 해양을 오가며 끊임없이 순환하고, 이를 통해 생태계의 균형이 유지된다.

그러나 이 자연의 탄소 순환 속에는 매우 느리고 장기적인 저장 경로도 있다. 산소가 부족한 환경에서, 죽은 식물과 생물의 유기물은 완전히 분해되지 못한 채 퇴적층에 묻히고, 오랜 시간 동안 높은 압력과 온도를 받아 석탄, 석유, 천연가스와 같은 화석연료[3]로 전환된다. 이 과정은 수백만 년에 걸쳐 이루어지는 지질학적 탄소 저장 방식으로, 탄소를 자

---

[2] CCUS는 탄소 포집, 활용 및 저장 기술을 통칭하는 용어이다. 이는 발전소 등에서 발생하는 이산화탄소(CO_2)를 포집하여, 단순히 지하에 저장하는 CCS (Carbon Capture and Storage) 기술뿐만 아니라, 포집된 CO_2를 유용한 물질로 전환하여 활용하는 CCU (Carbon Capture and Utilization) 기술까지 포괄하는 개념이다.

[3] 'Fossil fuel(화석 연료)'이라는 용어에서 fossil은 원래 라틴어 fossilis에서 유래한 말로, '파내다(dig up)'는 뜻을 가진다. 석탄, 석유, 천연가스는 수천만 년 전 고대 생물(식물·동물)의 유기물이 퇴적층 아래에서 오랜 시간 동안 열과 압력을 받아 형성된 것으로, 지층 속에 매장되어 있던 이들을 땅에서 '파내어' 사용하는 연료라는 점에서 fossil fuel이라 불리게 되었다.

연 상태에서 안정적으로 가둬두는 역할을 해왔다.

하지만 18세기 후반 산업혁명의 시작과 함께, 인류는 대규모 에너지 소비의 시대에 진입하게 된다. 더 많은 에너지와 자원이 필요해지면서 우리는 자연이 오랜 세월에 걸쳐 저장해 둔 탄소를 꺼내 쓰기 시작했다. 화석연료는 단기간에 막대한 에너지를 공급해 주었고, 이는 곧 산업, 교통, 도시화 등 인류 문명의 눈부신 발전으로 이어졌다.

문제는 이 에너지 사용 방식에 있다. 화석연료를 태울 때 발생하는 가장 기본적인 화학 반응식은 다음과 같다.

$$C + O_2 \rightarrow CO_2 + 에너지$$

탄소와 산소가 결합하면서 에너지가 발생하고, 동시에 이산화탄소가 방출된다. 이 반응은 간단하지만, 그 파급력은 막대하다. 자연이 수백만 년에 걸쳐 저장해 둔 탄소가 불과 몇 시간 만에 대기 중으로 방출되면서, 지구의 기후 시스템은 균형을 잃기 시작했다.

이처럼, 인류가 번영을 위해 선택한 에너지 사용 방식은 의도치 않게 지구 환경에 심각한 영향을 주었다. 기후변화, 극단적 기상이변, 해수면 상승 등 오늘날 우리가 직면한 문제들은 그 결과물이다.

이제 우리는 선택의 기로에 서 있다. 더 이상 지금과 같은 방식으로 에너지를 소비할 수는 없다. 우리가 깨운 오래된 탄소를 어떻게 다룰 것인지 해법을 찾아야 하는 상황에 놓여 있다.

5. 왜 탄소중립은 단순한 환경문제가 아닌가?

탄소중립은 흔히 온실가스를 줄이기 위한 환경정책으로 이해되곤 하지만, 그 실제 의미와 파급력은 훨씬 더 깊고 넓다. 탄소중립은 기후위기에 대응하는 기술적 해결책에 그치지 않고, 우리가 의존해온 경제 시스템과 사회 구조 전반을 근본적으로 전환하는 패러다임의 변화다.

오늘날의 산업과 소비는 석탄, 석유, 천연가스 등 화석연료에 기반해 구축되어 있다. 탄소중립은 이 구조를 해체하고, 재생에너지, 자원 순환, 효율성 중심의 저탄소 경제로의 전환을 의미한다. 이는 단지 에너지원을 바꾸는 문제가 아니라, 기술 혁신과 더불어 정책의 방향, 산업의 방식, 사회의 가치 체계까지 전면적으로 재편해야 하는 과제다.

이러한 전환은 이미 국제 경제 질서와 무역 규범의 변화로 나타나고 있다. 대표적인 사례가 유럽연합의 '탄소국경조정제도(CBAM, Carbon Border Adjustment Mechanism)'이다. 이는 제품을 생산할 때 발생한 탄소 배출량에 따라 수입품에 추가적인 비용을 부과하는 제도로, 탄소 배출이 많은 국가와 기업에 직접적인 경제적 압력을 가하고 있는 예이다. 이제 탄소배출량은 비용이 되고, 배출 강도가 높은 산업과 국가는 글로벌 공급망에서 불이익을 받을 수 있는 새로운 경쟁 요인이 되었다. 다시 말해, 탄소중립은 이제 환경 보호의 문제가 아니라 국가와 기업의 생존, 그리고 미래 경쟁력을 좌우하는 핵심 전략이 되었다.

더 나아가, 탄소중립은 사회적 정의와 형평성의 문제이기도 하다. 에너지 전환 과정에서 산업 구조가 바뀌고 일자리 지형이 재편되면서, 특정 산업이나 지역, 계층은 더 큰 부담을 안게 된다. 예를 들어 석탄 산업에 의존하던 지역사회는 실직과 경제 기반의 붕괴 위기에 직면할 수 있으며, 에너지 가격의 변동은 저소득층과 에너지 취약계층에 더 큰 타격을 준다. 따라서 '정의로운 전환(Just Transition)'이 보장되지 않는다면, 탄소중립을 위한 정책은 오히려 기존의 사회·경제적 불평등을 더욱 심화시킬 위험이 있다.

결국 탄소중립은 단순한 온실가스 감축 기술의 문제가 아니라, 경제의 지속가능성, 산업의 경쟁력, 사회의 정의와 통합을 모두 포괄하는 다차원적 과제다. 이는 우리가 어떤 사회를 지향하고, 어떤 미래를 선택할 것인가에 대한 본질적 질문이기도 하다. 탄소중립은 환경을 지키는 일인 동시에, 새로운 사회 질서를 설계하고 조율하는 문명 전환의 과정이다. 그렇기에 우리는 탄소중립을 단순한 환경정책이 아닌, 21세기 인류 사회가 직면한 총체적 도전이자 기회로 인식해야 한다.

6. Net Zero, Carbon Neutrality, Climate Neutrality은 같은 의미일까?

기후변화 대응 논의에서 "넷제로(Net Zero)", "탄소중립(Carbon Neutrality)", "기후중립(Climate Neutrality)"이라는 용어가 자주 혼용되지만, 실제로는 적용 범위와 책임의 방식에서 중요한 차이가 존재한다. 특히 국가나 기업처럼 특정 주체의 목표 설정에 있어 이러한 개념적 구분은 정책의 실효성과 투명성에 직접적인 영향을 미친다.

IPCC 제6차 평가보고서(AR6 WG3)의 용어 정의[4]에 따르면, 전 지구적 차원에서는 '탄소중립'과 '넷제로'는 사실상 동일한 개념으로 간주된다. 그러나 국가, 도시, 기업 등 하위 단위(Sub-global Scale)에서는 두 용어가 구분되어 사용된다.

넷제로(Net Zero)는 일반적으로 자신이 통제할 수 있는 영역 내에서 발생하는 온실가스 배출과 제거만을 포함한다. 즉, 기업이나 국가는 자체적인 운영과 활동에서 발생하는 배출량을 최대한 줄이고, 감축이 불가능한 잔여 배출량은 제거 또는 상쇄함으로써 순배출을 '0'으로 만드는 데 초점을 둔다. 이는 직접적인 책임을 명확히 하는 접근으로, 실질적인 감축 노력을 유도하는 데 효과적이다.

반면, 탄소중립(Carbon Neutrality)은 더 넓은 범위의 상쇄 수단을 인정한다. 직접 통제 가능한 활동뿐 아니라, 제3자에 의한 해외 탄소흡수 프로젝트 참여, 탄소배출권 거래 등 간접적 수단을 통해 탄소배출을 상쇄하는 방식도 포함된다. 이러한 유연성은 국제적인 협력 가능성을 열어주지만, 경우에 따라 실제 감축보다는 상쇄에 의존하는 경향을 초래할 수 있다는 비판도 있다.

한편, 기후중립(Climate Neutrality)은 위의 두 용어보다 더 포괄적인 개념이다. 이산화탄소뿐 아니라 메탄, 아산화질소, 수증기 등 모든 온실가스는 물론, 대기권 내에서 발생하는 기후에 영향을 미치는 다양한 간접적 요인들까지 포함한다. 예를 들어, 항공 산업에서는 이산화탄소 외에도 고고도에서의 수증기 배출과 구름 형성 효과 등 복합적 영향이 있어, 단순한 탄소중립보다는 기후중립이라는 용어가 보다 적절하다.

요약하자면, 세 용어는 지향하는 최종 목표에서는 유사하지만, 적용 방식과 범위, 책임 기준에서 실질적인 차이가 존재한다. 특히 파리협정 이후, 국가별 온실가스 감축책임을 보다 명확히 하기 위해 넷제로라는 개념이 국제기후정책에서 중심적 위치를 차지하게 되었으며, 기업과 도시들도 점점 이 개념을 기준으로 목표를 설정하고 있다.

궁극적으로 Net Zero, Carbon Neutrality, Climate Neutrality는 모두 지구 온난화의 위험을 제한하고, 기후변화의 영향을 완화하기 위한 전략적 수단들이다. 하지만 그 실현 방식에 따라 정책의 신뢰성과 효과는 크게 달라질 수 있기 때문에, 용어의 정확한 이해는 기후행동의 출발점이자 핵심이라 할 수 있다.

---

[4] IPCC AR6 WG3보고서의 용어집: Carbon neutrality and net-zero CO_2 emissions are overlapping concepts. At a global scale, the terms carbon neutrality and net-zero CO_2 emissions are equivalent. At sub-global scales, net-zero CO_2 emissions is generally applied to emissions and removals under direct control or territorial responsibility of the reporting entity, while carbon neutrality generally includes emissions and removals within and beyond the direct control or territorial responsibility of the reporting entity.

💡 Think Box

왜 파리협정문에는 'Net Zero'나 'Carbon Neutrality'라는 말이 없을까?

파리협정하면 흔히 '2050 탄소중립(Net Zero)'을 떠올리지만, 실제 협정문 어디에도 "Net Zero"나 "Carbon Neutrality"라는 표현은 직접적으로 사용되지 않는다. 대신, 협정문은 보다 중립적이고 포괄적인 용어인 "균형(Balance)"이라는 표현을 채택하고 있다.
파리협정 제4조 제1항에는 다음과 같이 명시되어 있다.

> "Parties aim to reach global peaking of greenhouse gas emissions as soon as possible… so as to achieve a balance between anthropogenic emissions by sources and removals by sinks of greenhouse gases in the second half of this century."

즉, 인간 활동으로 발생하는 온실가스 배출(Emission)과 흡수원(Sink)을 통한 제거(Removal) 간의 균형(Balance)을 달성하겠다는 것이다. 이처럼 구체적인 용어 대신 '균형'이라는 표현을 사용한 배경에는 다음과 같은 이유가 있다.

(1) 개념적 유연성과 해석 가능성 확보
"Net Zero"나 "Carbon Neutrality"는 특정 정책 방식, 예컨대 상쇄 메커니즘 사용 여부나 배출권 구매와 같은 요소에 따라 좁은 의미로 해석될 우려가 있다. 이에 반해 "균형(Balance)"이라는 표현은 각국이 자국의 여건에 맞게 자율적으로 해석하고 다양한 전략을 적용할 수 있는 법적·정치적 유연성을 제공한다.

(2) 대상 온실가스의 범위 문제
일반적으로 "Carbon Neutrality"는 이산화탄소(CO_2)를 중심으로 한 감축을 의미하는 반면, 파리협정은 모든 온실가스(GHG)를 포함한다. 따라서 협정문에서는 다양한 온실가스를 포괄할 수 있도록 범용성 있는 용어인 '균형'을 선택한 것이다.

(3) 용어의 역사적 맥락
2015년 파리협정 체결 당시 "Net Zero"는 지금처럼 국제적으로 통용되는 개념이 아니었다. 이 용어가 본격적으로 정책 담론의 중심이 된 것은 2018년 IPCC의 '1.5℃ 특별보고서' 이후다. 이 보고서는 지구 평균기온 상승을 1.5℃ 이내로 제한하기 위해, 2050년까지 전 세계가 Net Zero를 달성해야 한다는 과학적 근거를 제시하며 국제사회에 넷제로 목표 수립을 촉진시켰다. 따라서 협정 체결 당시에는 표준화되지 않은 용어 대신, 법적·외교적 수용성을 고려한 중립적 표현이 필요했던 것이다.

7. 이 책의 목적과 구성

이 책은 '탄소중립'을 단지 정부의 정책 목표나 기업의 ESG 수단으로 받아들이는 데 그치지 않고, 기후위기 시대를 살아가는 시민 모두가 반드시 이해하고 실천해야 할 문명 전환의 핵심 개념으로 인식하기를 바라는 마음에서 출발했다.

기후변화는 더 이상 특정 전문가나 정책 결정자만의 과제가 아니다. 탄소중립은 우리의 삶의 방식, 경제의 작동원리, 사회적 가치 기준까지 근본적으로 되돌아보게 만드는 화두이며, 이 책은 그 복잡한 연결고리를 함께 이해하고 풀어나가기 위한 통로가 되고자 한다.

책은 크게 두 부분으로 구성된다.

제1편에서는 기후변화의 과학적 원리와 경제적 구조를 탐색한다. 차트와 수치, 과학적 분석 뒤에 숨겨진 현실을 들여다보며, 탄소가 어떻게 인류 문명의 핵심 자원이 되었고, 그것이 왜 오늘날 위기의 원인이 되었는지를 추적한다. 독자는 이를 통해 탄소중립의 과학적·경제적 근거를 입체적으로 이해할 수 있다.

제2편에서는 보다 실질적인 해결책에 초점을 맞춘다. 탄소시장의 작동 원리, 국제 무역 규제의 변화, ESG 경영의 의의, 에너지 전환 전략 등 구체적 사례와 정책 도구들을 제시하며, 탄소중립을 '가능한 미래'로 만들기 위한 실천적 해법을 모색한다. 이 과정에서 독자는 단지 정보를 넘어, 어떻게 행동할 것인가에 대한 방향성과 선택지를 발견하게 될 것이다.

이 책은 학문적 해설서도, 단순한 정책 안내서도 아니다. 기후위기는 단순한 자연 재해가 아니라, 지금까지 우리가 당연하게 여겨온 사회 시스템과 가치관이 더 이상 지속 가능하지 않음을 드러내는 경고이다. 이 위기를 계기로 더 나은 삶의 방향과 사회적 전환의 가능성을 함께 고민하고 모색하는 것이 이 책의 핵심 의도이다.

따라서 이 책은 탄소중립을 추상적 개념이 아닌 현실적 문제로 마주하고자 하는 기업가, 정책 입안자, 교육자, 활동가, 그리고 일반 시민에게, 실천의 방향성과 구체적 사고 도구를 제공하고자 한다.

제2절 탄소중립의 역사적 배경

탄소중립의 개념은 어느 날 갑자기 등장한 것이 아니다. 그것은 인류의 에너지 사용 방식의 변화, 기후변화에 대한 과학적 인식의 진전, 그리고 국제사회가 기후위기를 대응하기 위해 구축한 정책적 체계 속에서 점진적으로 형성되고 제도화된 결과물이다. 이 절에서는 산업혁명 이후 온실가스 배출이 본격화된 역사적 맥락에서부터, 탄소중립 개념이 세계적 의제로 부상하게 되기까지의 과정을 통합적으로 살펴본다.

1. 산업혁명과 탄소문명의 출현

18세기 중반 산업혁명은 인류 문명의 에너지 체계를 근본적으로 전환시켰다. 증기기관의 발명과 석탄 사용의 확대는 생산과 수송에 있어 전례 없는 효율성을 가져왔지만, 동시에 이산화탄소의 대기 중 배출을 대규모로 증가시키는 출발점이 되었다.

20세기에는 석유와 천연가스가 주요 에너지원으로 자리잡으며, 자동차 산업과 대량생산 체제의 확립과 함께 온실가스 배출이 급증하였다. 이러한 과정은 '탄소집약적 경제구조(Carbon-intensive Economy)'라는 새로운 문명을 탄생시켰고, 현대 기후위기의 구조적 원인을 제공하게 된다.

2. 기준점으로서의 산업화 이전 시대

국제사회의 기후변화 논의에서 지구 평균기온 상승의 기준점으로 사용되는 "산업화 이전 시대(Pre-Industrial Era)"는 일반적으로 1850년부터 1900년까지의 시기를 가리킨다.

IPCC와 파리협정은 이 시기의 지구 평균기온을 기준으로 온난화 수준을 측정한다. 이 시기를 기준으로 삼는 데는 과학적·정책적 이유가 있다. 첫째, 산업화 이전은 인간 활동에 의한 온실가스 배출이 상대적으로 적었던 자연 상태의 기후를 대표한다. 둘째, 1850년대부터는 비교적 신뢰할 수 있는 온도 기록이 존재하여 데이터 기반의 분석이 가능하다. 셋째, 국제적으로 합의된 기준점을 통해 각국의 정책 비교와 평가가 용이해진다.

오늘날 국제사회에서 제시되고 있는 "지구 평균기온 상승을 산업화 이전 대비 1.5°C 또는 2°C 이내로 제한"하자는 목표는 모두 이 시기의 평균 기온을 기준으로 측정된다. 따라서 산업화 이전 시대는 단순한 과거의 시점이 아니라, 인간 활동으로 인한 온실가스 배출이 본격화되기 이전의 기후 상태를 기준으로 삼아, 탄소중립 목표를 설정하고 기후변화를 평가하는 과학적 기준점이자 정책적 기준선의 역할을 한다.

3. 기후변화 과학의 토대: 킬링 곡선(Keeling Curve)의 등장

| 그림01 | 이산화탄소(CO_2) 평균농도

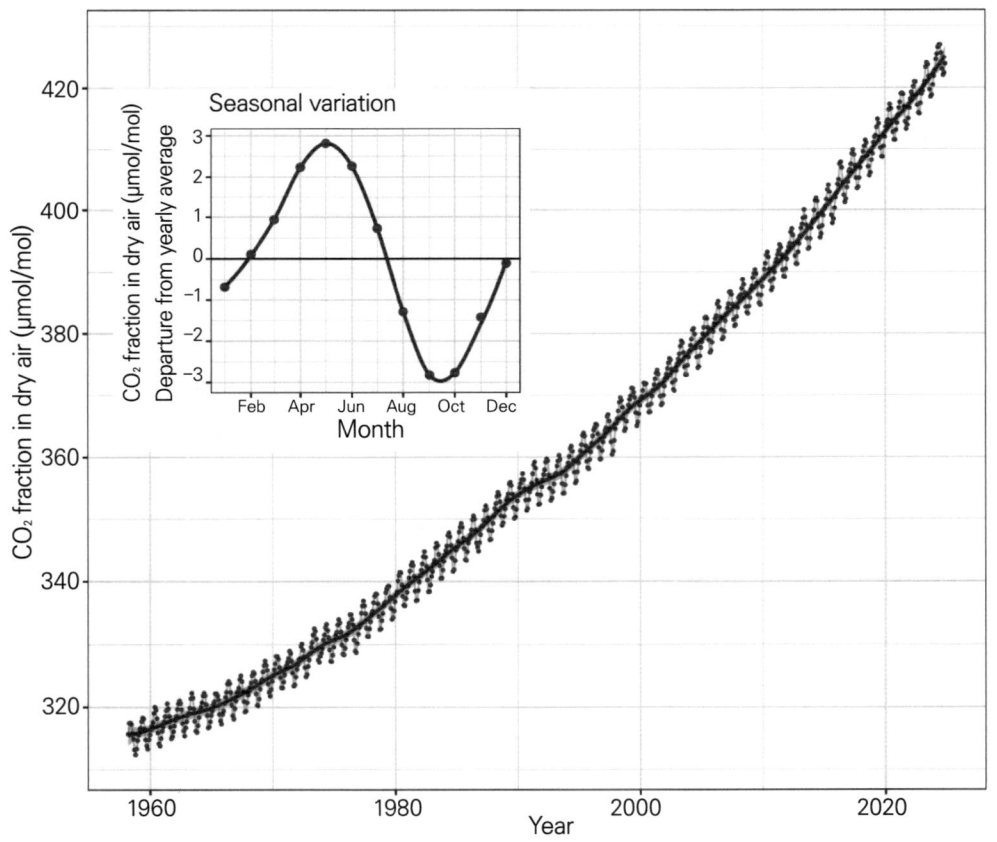

찰스 데이비드 킬링(Charles David Keeling) 박사는 1958년 하와이 마우나로아 관측소(Mauna Loa Observatory)[5]에서 세계 최초로 대기 중 이산화탄소 농도를 체계적으로 측정하기 시작했다. 그의 연구는 이산화탄소 농도가 해마다 상승하고 있음을 명확히 보여주었으며, 이는 "킬링 곡선(Keeling Curve)"이라는 이름으로 널리 알려졌다.

킬링 곡선은 기후변화가 추상적 이론이 아닌, 실측 가능한 과학적 현실임을 입증한 결정적 계기였다. 이 시점부터 과학적 관측과 경고를 바탕으로 기후변화 대응 논의가 본격화된다. 현재는 그의 아들 랄프 킬링(Ralph Keeling)이 이 연구를 이어가고 있다.

4. 국제사회 대응 체계의 형성

기후변화 문제는 처음에는 과학적 경고로 출발했지만, 점차 국제정치의 핵심 의제로 자리 잡게 되었다. 그 출발점은 1972년 스톡홀름 유엔 인간환경회의로, 이는 환경과 개발의 관계를 국제사회가 공식적으로 논의한 첫 계기였다. 이후 1988년, 세계기상기구(WMO)와 유엔환경계획(UNEP)은 공동으로 기후변화에 관한 정부간 협의체(IPCC)를 설립하여, 과학적 평가와 정책 결정 간의 신뢰 가능한 연결고리를 마련하였다. IPCC는 기후위기의 과학적 근거를 제공함으로써, 국제적 대응의 정당성과 시급성을 뒷받침하게 되었다.

1992년 리우 지구정상회의에서는 이러한 과학적 기반 위에서 '기후변화에 관한 유엔기본협약(UNFCCC)'이 채택되었다. 이 협약은 기후변화를 전 인류 공동의 문제로 규정하고, 국가 간 협력의 틀을 제공하였다. 이후 1997년 교토의정서는 구체적인 감축체계로 진전되며, 선진국에 법적 감축 의무를 부과하고, 배출권거래제(ETS), 청정개발체제(CDM), 공동이행제도(JI) 등 시장 기반 메커니즘을 도입하였다. 이는 기후변화 대응에 경제적 유인과 유연성을 결합하려는 시도였다.

그러나 교토의정서 체제가 1차 공약기간(2008~2012년) 종료를 앞두고 새로운 국제적 감축체제를 설계해야 할 필요성이 제기되면서, 2009년 제15차 당사국총회(COP15, 코펜하겐 회의)에서는 모든 국가가 참여하는 포괄적이고 법적 구속력 있는 기후협정 체결을 시도하였다. 이는 선진국뿐 아니라 주요 개발도상국(예: 중국, 인도 등)도 온실가스 감

---

[5] 마우나로아는 인간 활동이나 식물의 영향을 최소화할 수 있는 고립된 위치였기 때문에 지구 전체의 대기 상태를 대표할 수 있는 측정값을 얻을 수 있어 기후 연구의 상징적 장소가 되었다.

축에 일정 부분 책임을 지는 구조로의 전환을 목표로 한 것이었다. 하지만 선진국과 개발도상국 간 책임 분담, 재정 지원, 기술 이전 등에 대한 입장 차이가 좁혀지지 않으면서, 국제 기후 거버넌스는 구조적 한계를 드러냈으며, 실질적인 감축체계 수립은 다음 회의들로 미루어지게 되었다.

5. 파리협정과 '균형(Balance)'이라는 개념의 전략적 도입

2015년 채택된 파리협정은 지구 평균기온 상승을 산업화 이전 대비 2°C보다 낮게, 나아가 1.5°C 이내로 제한하겠다는 역사적 합의를 이끌어냈다. 이 목표 달성을 위해 각국은 자발적으로 온실가스 감축 목표를 제출하고, 정기적으로 진전 상황을 검토하도록 하는 국제적 거버넌스 체계가 구축되었다.

특히 주목할 점은, 제4조 1항에 명시된 "배출(Source)과 제거(Sink) 간의 균형(Balance)"이라는 표현이다. 이는 실질적으로 'Net Zero(순배출 제로)' 또는 'Carbon Neutrality(탄소중립)'과 유사한 개념이지만, 더 정치적으로 중립적이고 포괄적인 언어를 채용하여 다양한 국가의 수용 가능성을 높인 것이다.

이러한 '균형' 개념의 도입은 기술적 감축 외에도 흡수원 강화(산림, 토양, 해양 등)와 국제협력 메커니즘(예: 탄소시장)의 통합적 활용을 포함할 수 있는 해석의 유연성을 제공한다.

결국, '균형'은 단순한 배출 감축을 넘어서 기후행동의 전략적 방향성을 제시하는 개념으로 자리잡았으며, 이를 통해 탄소중립은 더 이상 하나의 정책 수단이 아닌, 국제사회가 공유하는 장기적 기후 비전의 핵심 축으로 부상하게 된다.

6. 탄소중립의 제도화: IPCC 특별보고서와 각국의 정책 변화

'탄소중립'이 과학과 정책을 잇는 구체적 목표로 자리잡게 된 계기는 2018년 IPCC 『1.5°C 특별보고서』였다. 이 보고서는 지구 온난화를 1.5°C로 제한하기 위해서는 전 세계가 2050년경까지 탄소중립을 달성해야 한다는 과학적 근거를 제시했다.

이후 유럽연합, 영국, 한국, 일본 등은 2050년을 탄소중립 목표 연도로 선언했고, 중국

(2060), 인도(2070) 등도 자체 목표를 수립하였다. 특히 2021년 유럽연합은 '유럽기후법(European Climate Law)'을 통해 탄소중립을 법제화하며 목표에서 실행 체계로의 전환을 상징했다.

같은 해 대한민국도 '탄소중립·녹색성장 기본법'을 제정하여 2050 탄소중립 목표를 국내법에 반영하였다.

이는 탄소중립이 선언적 수사에 머무르지 않고, 법적·정책적 의무이자 경제·사회 전환의 핵심 축으로 제도화되는 전환점이 되었다. 탄소중립은 더 이상 과학자들의 경고나 정치적 수사의 영역에 거무르지 않는다. 그것은 산업혁명 이후 인간 문명이 만들어낸 위기 구조에 대한 근본적 반성과 전환의 요청이며, 기후위기 시대를 살아가는 인류가 선택해야 할 새로운 문명의 기준점이다.

| 표01 | 주요국의 탄소중립 목표 연도

국가/지역	탄소중립 목표 연도	비고
유럽연합(EU)	2050년	2019년 "유럽 그린딜" 발표 및 법제화
일본	2050년	2020년 공식 선언
한국	2050년	2021년 탄소중립기본법 제정
미국	2050년	2021년 파리협정 재가입(이후 탈퇴)
중국	2060년	2020년 유엔총회에서 선언
러시아	2060년	2021년 공식 선언
인도	2070년	2021년 COP26(글래스고)에서 발표

> 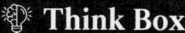 **Think Box**
>
> ## 중국(2060), 러시아(2060), 인도(2070)의 탄소중립 달성연도는 파리협정 위반인가?
>
> 중국, 러시아, 인도는 2050년이 아닌 그 이후연도를 탄소중립 달성연도로 선언하였다. 이는 파리협정 위반일까? 결론부터 말하면 아니다. 파리협정은 각 국가가 자발적으로 "국가결정기여(NDC)"를 설정하는 방식으로 운영되며, 구체적인 탄소중립 달성 연도를 강제하지 않는다. 따라서 중국, 인도, 러시아가 2050년이 아닌 다른 연도(2060년 또는 2070년)를 탄소중립 목표연도로 설정한 것은 파리협정의 직접적인 위반이라고 볼 수 없다. 파리협정은 "금세기 후반에 온실가스 배출과 흡수의 균형을 이루는 것"을 목표로 한다. 2050년이라는 구체적인 연도는 명시되지 않았다.
>
> 1.5°C 목표 달성을 위해서는 2050년경에 전 세계가 탄소중립에 도달해야 한다는 과학적 합의가 있지만, 이것이 모든 국가에 동일하게 적용되는 법적 의무는 아니다. 또한 파리협정은 "공통되지만 차별화된 책임" 원칙(CBDR-RC, Common But Differentiated Responsibilities and Respective Capabilities)을 인정하여, 선진국과 개발도상국의 역사적 책임과 역량 차이를 고려한다. 각 국가는 자국의 상황에 맞는 기후 목표를 설정하고 점진적으로 강화해 나가는 방식으로 참여하게 된다. 따라서 중국, 인도, 러시아의 늦은 탄소중립 목표는 파리협정의 법적 위반이라기보다는, 전 세계가 1.5°C 목표를 달성하는 데 필요한 과학적 요구사항에 비해 충분히 야심적이지 않다는 비판을 받을 수 있다.

제3절 탄소중립 목표와 전략

탄소중립은 기후위기를 해결하기 위한 국제사회 공동의 핵심 목표로 자리 잡았다. 하지만 이 개념은 단순히 탄소 배출을 줄인다는 선언에 그치지 않으며, 이를 실현하기 위해서는 과학적 근거에 기반한 목표 설정과 다층적인 전략이 요구된다. 여기서는 탄소중립이 왜 필요하며, 어떤 과학적 배경을 바탕으로 설정되었는지, 그리고 이를 실현하기 위한 전략적 접근 방식을 체계적으로 정리한다.

1. 탄소중립 목표의 과학적 근거

1.1 탄소중립 목표의 필요성: 기후위기 대응과 지속가능한 미래

탄소중립(Net Zero)은 더 이상 선택의 문제가 아니다. 그것은 과학적 사실에 근거한 인류 생존을 위한 필수적인 전략이자, 지속가능한 미래를 위한 구조적 전환의 출발점이다.

최근 수십 년간의 과학적 관측에 따르면, 지구 평균기온은 산업화 이전 대비 약 1.2~1.5°C 상승하였으며, 이는 이상기후, 해수면 상승, 생태계 붕괴 등 다양한 방식으로 인류의 삶과 안전을 위협하고 있다. 특히 IPCC(기후변화에 관한 정부간 협의체)는 지구 평균기온 상승을 1.5°C 이내로 억제하기 위해, 전 세계가 2050년까지 순배출을 '0'으로 만들 필요가 있다는 명확한 과학적 목표를 제시하였다. 탄소중립은 바로 이러한 기후과학에 기반한 대응 전략으로, 지구시스템의 불안정성을 억제하고 기후위기의 파국적 전개를 막기 위한 유일한 경로다.

하지만 탄소중립은 단지 기후 재앙을 피하기 위한 소극적 수단에 그치지 않는다. 오히려 그것은 기존의 탄소집약적 경제체제에서 저탄소 기반의 지속가능한 사회로 나아가기 위한 전환의 계기이자, 다양한 분야에서 긍정적 변화를 이끌어낼 수 있는 기회이기도 하다.

첫째, 경제 시스템의 혁신과 전환을 촉진한다. 화석연료에 의존한 기존 산업구조는 에너지 안보, 자원 고갈, 환경오염 등 다양한 구조적 한계에 직면해 있다. 이에 비해 재생에너지와 저탄소 산업은 새로운 성장 동력으로 부상하고 있으며, 탄소 감축과 에너지 효율 향상은 동시에 산업 전반의 비용 절감과 경쟁력 강화로 이어진다.

둘째, 국제 경제 질서 변화에 대응하는 전략적 수단이 된다. 유럽연합의 탄소국경조정제도(CBAM), 미국의 인플레이션감축법(IRA)과 같은 기후정책은 탄소중립을 달성하는 국가와 기업에 무역·투자 측면의 우위를 제공하고 있다. 탄소중립은 이제 기후정책을 넘어 글로벌 경제에서의 새로운 경쟁력의 척도가 되고 있다.

셋째, 환경과 공공 건강의 동시적 개선 효과를 가져온다. 온실가스 감축은 미세먼지와 대기오염 감소로 이어지며, 이는 국민 건강 증진과 의료비 절감이라는 사회적 혜택을 낳는다. 동시에 자연 생태계의 회복은 생물다양성 보전과 인간 삶의 질 향상에도 중요한 역할을 한다.

결론적으로, 탄소중립은 기후위기 대응을 위한 과학적·정책적 필연성일 뿐 아니라, 지속가능한 미래로 이행하기 위한 경제적·사회적 전환의 실질적 수단이다. 이행 과정에서 일정한 도전과 비용이 수반될 수 있으나, 장기적으로는 더 큰 경제적·환경적 편익과 함께, 미래 세대에 대한 윤리적 책임 이행이라는 강력한 정당성을 갖는다.

1.2 탄소중립 목표의 과학적 근거: 탄소예산

탄소중립이라는 국제적 목표는 단순한 정치적 수사나 선언이 아니다. 그것은 기후과학에 기반한 실질적 경고이자, 정량적 분석에 기초한 필수 전략이다. 특히 IPCC(기후변화에 관한 정부간 협의체)는 수십 년에 걸쳐 과학적 합의를 바탕으로 전 지구적 감축 목표를 정립해 왔으며, 그 핵심에는 '탄소예산(Carbon Budget)'이라는 개념이 있다.

탄소예산이란 지구 평균기온 상승을 특정 수준(예: 1.5°C 또는 2°C) 이하로 억제하기 위해, 인류가 앞으로 배출할 수 있는 이산화탄소의 누적 총량을 의미한다. 이 개념은 기온 상승과 이산화탄소 농도 간의 정량적 상관관계를 토대로 한 기후과학의 정수라 할 수 있다. 즉, 탄소예산을 초과해 배출이 이루어지면, 기온 상승 한계는 돌파되며, 이후에는 되돌릴 수 없는 기후 시스템의 붕괴 위험에 직면하게 된다. 이 책의 표지에 담긴 어린 곰과 탄소예산은 제한된 시간 안에 기후위기에 대응해야 한다는 메시지를 상징적으로 압축해 표현한 것이다.

2018년 IPCC『1.5°C 특별보고서』는 이러한 과학적 관계를 근거로, 2050년까지 전 세계의 순배출 제로(Net Zero)를 달성해야만 1.5°C 목표가 가능하다고 명확히 제시하였다. 이는 탄소중립이 단지 선택 가능한 방향이 아니라, 지구 시스템을 안정시키기 위한 과학적으로 계산된 조건임을 뜻한다.

IPCC 제6차 평가보고서(AR6)는 보다 구체적인 수치로 탄소예산을 제시한다.

1.5°C 목표를 유지하려면, 2020년기준 남은 탄소예산은 약 4,000억 톤(이산화탄소 기준)으로 추정된다. 현재 인류는 매년 약 400억 톤을 배출하고 있으므로, 현 수준을 유지할 경우 약 10년 이내에 탄소예산이 소진될 것으로 분석된다.

2°C 목표의 경우, 남은 예산은 약 11,500억 톤이며, 이 역시 약 30년 내 한계에 도달할 수 있다. 이 수치는 단순한 시나리오가 아니라, 인류가 행동하지 않을 경우 기후시스템이 돌이킬 수 없는 경로에 진입하게 됨을 경고하는 정량적 지표다. 특히 이산화탄소는 장기간 대기 중에 머물며 기후에 지속적으로 영향을 미치기 때문에, 지금 우리가 배출하는 양을 줄이지 않으면 미래 세대가 감당해야 할 기후위기의 강도와 부담은 더욱 커지게 된다.

결과적으로, 탄소중립은 기후위기를 막기 위한 장기적 희망이 아니라, 지금 당장 행동하지 않으면 기회가 사라지는, 시급하고도 필연적인 전략이다. 탄소예산은 이 전환의 시계를 과학적으로 계량한 경고이자, 현 세대의 책임과 다음 세대의 생존을 잇는 윤리적 기준선이 된다.

| 그림02 | IPCC 6차 보고서의 탄소예산 모식도

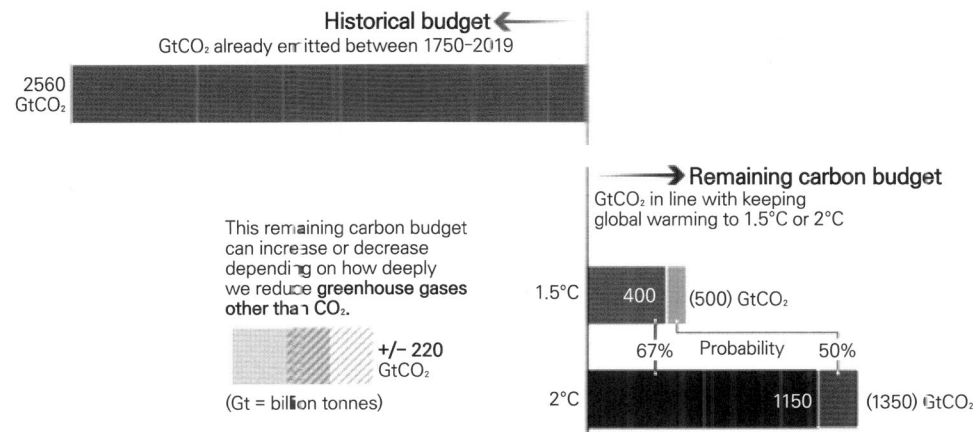

Various types of carbon budgets.[6]
Historical cumulative carbon dioxide (CO₂) emissions determine to a large degree how much the world has warmed to date, while the remaining carbon budget indicates how much CO₂ could still be emitted while keeping warming below specific temperature thresholds. Several factors limit the precision with which the remaining carbon budget can be estimated. Therefore, estimates need to specify the probability with which they aim at limiting warming to the intended target level (e.g., limiting warming to 1.5°C with a 67% probability).

2. 탄소중립 실현 전략

탄소중립 실현 전략은 일반적으로 회피(Avoidance) → 감축(Reduction) → 제거(Removal) → 상쇄(Offsetting) 순의 단계로 구성된다. 이 계층적 접근은 온실가스 배출을 원천적으로 줄이는 것을 최우선으로 하며, 감축이 불가능한 배출에 대해서만 상쇄를 인정하는 과학적·윤리적 우선순위에 기반한다.

2.1 회피 (Avoidance) - 배출을 원천적으로 피하기

가장 효과적인 탄소 감축 전략은 애초에 배출을 발생시키지 않는 것이다. 화석연료 기반 산업 대신 재생에너지 기반 시스템 구축, 제품 설계 단계에서 탄소 집약적인 원자재 사용기피, 출장이 아닌 화상회의 활용으로 항공기 배출 회피, 전력망에서 재생에너지를 직접 사용하는 PPA(Power Purchase Agreement) 도입 등을 예시할 수 있다.

---

6) 위 그림은 탄소예산의 다양한 형태에 대한 설명으로 역사적 누적 이산화탄소 배출량은 현재까지 지구가 얼마나 따뜻해졌는지를 결정짓는 핵심 요인이다. 반면, 남은 탄소예산은 특정 온도 상승 한계를 넘지 않으면서 앞으로 배출 가능한 CO₂의 양을 나타낸다. 다양한 요소들이 남은 탄소예산의 정확한 추정에 영향을 미치므로, 이러한 예산은 목표 온도와 함께 해당 목표를 달성할 확률을 명시해야 한다 (예: 67% 확률로 1.5°C 제한).

2.2 감축 (Reduction) - 배출량 최소화

회피할 수 없는 배출에 대해서는 발생량을 적극적으로 줄이는 것이 필요하다. 에너지 효율 향상(LED 조명), 기업 내 Scope 1 & 2 감축(연료 전환), 공급망 내 탄소배출 감축(친환경 운송), 탄소 배출이 적은 제조 방식 도입(수소 활용) 등을 예시할 수 있다. 감축이 중요한 이유는 회피가 어려운 경우가 많아 감축이 현실적인 대안이기 때문이다.

2.3 제거 (Removal) - 이미 배출된 탄소를 제거하기

잔여 온실가스를 제거하여 대기 중 온실가스 농도를 줄이는 단계이다. 탄소 포집·저장 기술(CCS), 직접 공기 포집(DAC, Direct Air Capture) 기술 활용, 해양 기반 탄소 제거 기술 개발, 자연 기반 해결책(NbS, Nature-based Solutions)으로 숲 조성, 해초 복원, 토양 탄소 격리 등의 방법을 예시할 수 있다. 제거가 중요한 이유는 시멘트, 항공, 철강 산업 등은 완전한 감축이 어려우므로, 남은 탄소 배출량을 제거하는 기술이 필요하다.

2.4 상쇄 (Offsetting) - 남은 배출량을 중립화하기

최종적으로 줄일 수 없는 배출량에 대해 탄소 상쇄 프로젝트에 투자하여 배출을 중립화하는 단계이다. 탄소배출권 구매(탄소 크레딧), REDD+(열대림 보존 프로젝트)[7], 재생에너지 프로젝트 투자(풍력, 태양광 발전) 등의 방법을 예시할 수 있다. 상쇄가 중요한 이유는 완전한 넷제로(Net Zero) 달성이 현실적으로 불가능한 경우, 남은 배출량을 중립화하는 데 필요하다. 그러나 탄소 상쇄는 감축의 대체가 될 수 없으며, 감축과 병행하는 보조적인 역할을 해야 한다.

3. 민간 부문 감축 이니셔티브

탄소중립은 더 이상 정부와 국제기구만의 과제가 아니다. 기업과 금융기관 등 민간 부문이 탄소중립 실현의 핵심 주체로 부상하고 있으며, 이들의 자발적 참여는 전 지구적 감축 목표 달성에 필수적인 요소로 자리잡고 있다. 이는 단지 사회적 책임을 넘어, 글로벌

---

[7] REDD+는 "Reducing Emissions from Deforestation and Forest Degradation, plus the sustainable management of forests, and the conservation and enhancement of forest carbon stocks"의 약자로, "산림 파괴 및 황폐화 방지를 통한 온실가스 감축과 산림의 지속가능한 관리, 보전 및 탄소 저장량 증진"이라고 할 수 있다. REDD+는 기후변화 대응의 일환으로, 개발도상국의 산림 파괴 및 황폐화를 막고 산림의 탄소 저장 능력을 향상시키기 위한 국제적 메커니즘으로 UN 기후변화협약(UNFCCC)에서 공식 채택되었다.

시장에서의 경쟁력 확보와 지속가능한 성장전략의 일환으로 인식되고 있다.

특히 주요 글로벌 이니셔티브들이 민간의 기후행동을 구조화하고 가속화하고 있다.

대표적인 이니셔티브는 다음과 같다.

RE100(Renewable Energy 100%): 기업이 자사 전력 사용을 100% 재생에너지로 전환하겠다는 목표를 설정하고 이를 이행하도록 지원하는 글로벌 캠페인이다.

SBTi(Science Based Targets initiative): IPCC 등 과학적 시나리오에 기반한 온실가스 감축 목표를 기업이 수립하고 검증받도록 하는 이니셔티브로, 기업의 감축 노력을 과학적으로 정렬시킨다.

TCFD(Task Force on Climate-related Financial Disclosures): 기후리스크와 기회에 대한 정보를 기업이 투명하게 공시하도록 권고하는 국제 프레임워크로, 금융기관의 의사결정에 기후변수를 반영하도록 유도한다.

CDP(Carbon Disclosure Project): 기업 및 도시가 온실가스 배출과 감축 활동, 기후 리스크를 공개하도록 유도하는 글로벌 정보공개 플랫폼이다. 현재 수천 개의 글로벌 기업들이 참여하고 있다.

이러한 이니셔티브들은 기업의 기후행동을 단순한 자발적 활동이 아닌, 정량화되고 검증 가능한 목표와 실행으로 전환시키고 있으며, ESG 공시, 투자 유치, 공급망 유지 등과 직결된 경영 전략의 핵심 요소로 작용하고 있다.

탄소배출 감축과 상쇄의 신뢰성을 확보하기 위해, 다양한 국제적 기준과 체계도 구축되어 왔다. 그 중심에는 MRV 체계(Measurement, Reporting, and Verification)가 있으며, 이는 기업 및 조직의 온실가스 배출량을 정량적이고 일관되게 추적하고 외부에서 검증할 수 있도록 하는 핵심 장치다. MRV는 GHG Protocol, IPCC Guidelines 등 국제 기준에 기반해 운영된다.

이처럼 민간 부문은 탄소중립을 실현하는 실행의 전면에 서 있으며, 감축 목표 수립과 이행, 투명한 보고와 검증을 통해 국제사회에서의 책임성과 신뢰성을 동시에 확보하고 있다.

앞으로는 탄소중립 이행 역량이 곧 경쟁력, 투자매력, 지속가능성의 핵심 기준이 되는 시대가 될 것이다.

4. 탈탄소 사회로의 전환 전략(부문별)

탄소중립 실현은 특정 영역에 국한된 과제가 아니다. 전 사회 시스템 전반에 걸쳐 구조적 전환이 필요하다. 에너지, 산업, 도시, 농업 등 주요 배출 부문을 중심으로 탄소중립 전략의 방향과 과제를 알아본다.

(1) 에너지 부문: 에너지 부문은 전 세계 온실가스 배출의 약 70%를 차지하며, 탄소중립을 달성하기 위해 가장 먼저 탈탄소화를 추진해야 하는 핵심 분야이다.

| 표02 | 에너지 부문 탄소중립전략

주요 전략	내용	과제
재생에너지 확대	태양광, 풍력 확대, 분산형 전력망 도입	간헐성, 입지 갈등
에너지 저장 기술(ESS)	배터리 저장, 스마트 그리드	고비용, 환경 영향
수소경제 활성화	그린수소 생산, 연료전지 활용	생산·인프라 미비
에너지 효율화	스마트그리드, IoT기반 에너지 절약	초기 투자비용 부담

(2) 산업 부문: 산업 부문은 철강, 시멘트, 화학 등 탄소 배출이 높은 제조업을 중심으로 저탄소 전환이 필요하다.

| 표03 | 산업 부문 탄소중립전략

전략	내용	과제
CCUS 도입	이산화탄소 포집, 저장, 활용	기술 성숙도 미흡
친환경 제조	수소환원제철, 저탄소 시멘트 등	고비용, 전환 인프라 부족
순환경제 전환	자원 재활용, 저탄소 소재 개발	소비자 인식 변화 필요

(3) 도시 및 인프라 부문: 스마트 그린도시 구축 등 도시는 온실가스 배출의 중심지로, 건축, 교통, 에너지 시스템을 통합적으로 개선해야 한다.

| 표04 | 도시 부문 탄소중립전략

전략	내용	과제
탄소중립 건축	패시브하우스, 친환경 자재 사용	규제 미비, 비용
교통 전환	전기차·수소차 보급, 대중교통 개선	충전 인프라 부족
녹색도시 개발	도시숲, 스마트 에너지 도시	도시계획과 연계 필요

(4) 농업 및 식량 시스템: 농업은 메탄(CH_4)과 아산화질소(N_2O) 배출이 높은 부문으로, 지속가능한 농업 시스템 구축이 필요하다.

| 표05 | 농업 부문 탄소중립전략

전략	내용	과제
탄소격리 농업	유기농, 토양탄소 격리	농업 지원 체계 필요
지속가능 식량	대체 단백질, 푸드마일리지 단축	식문화 변화 필요

계층적 전략은 감축의 원칙과 우선순위를 제시하고, 부문별 전략은 구체적 실행의 지도를 제공한다. 이러한 전략을 통해 우리는 기후위기의 경로를 바꾸고, 보다 지속가능한 사회로의 전환을 실현할 수 있다.

제4절 탄소중립의 한계와 도전

탄소중립은 인류가 직면한 가장 긴급하고 중대한 과제 중 하나로 부상했지만, 그 실현 과정은 기술적, 경제적, 정치적, 윤리적 도전으로 가득 차 있다. 여기서는 탄소중립을 둘러싼 구조적 제약과 현실적 한계를 조망하고, 이를 극복하기 위한 정책적·사회적 고려사항을 논의한다.

1. 기술적 한계와 불확실성

재생에너지, CCUS(탄소 포집·활용·저장), DAC(직접 공기 포집), 수소 등은 탄소중립 달성을 위한 핵심 기술로 널리 주목받고 있다. 이러한 기술들은 기존의 화석연료 기반 시스템을 대체하고, 배출이 불가피한 분야에서 잔여 탄소를 제거할 수 있는 잠재력을 지니고 있다. 그러나 아직까지 이들 기술은 상용화, 경제성, 신뢰성 측면에서 여러 한계를 내포하고 있으며, 이로 인해 탄소중립의 실현 가능성에 일정한 불확실성을 제기하고 있다.

예를 들어, 재생에너지는 친환경적 에너지원으로서 핵심적인 위치를 차지하지만, 간헐성과 출력 변동성 문제가 여전히 해결 과제로 남아 있다. 이로 인해 안정적인 전력 공급을 위해서는 대규모 에너지 저장 시스템(ESS)이나 스마트 전력망 구축이 필요하지만, 해당 기술들은 높은 비용과 자원 소모, 환경적 부담 등 또 다른 도전 요소를 수반한다.

탄소를 직접 포집하거나 저장하는 기술인 CCUS와 DAC 역시 중요한 역할이 기대되지만, 기술적 성숙도가 낮고 에너지 집약적이라는 점에서 경제성이 낮으며, 특히 이산화탄소의 장기 저장 안정성에 대한 우려가 과학계 내에서도 지속적으로 제기되고 있다. 또한 해당 기술들의 대규모 인프라 구축과 규제 체계 미비 역시 상용화를 저해하는 요인이다.

한편, 자연 기반 해결책(Nature-based Solutions, NbS)은 산림 복원, 토양 탄소 격리, 해양 생태계 복원 등을 통해 탄소를 흡수하는 방식으로 상대적으로 저비용이면서도 생태적 이점을 지니는 방법으로 평가된다. 그러나 이 역시 탄소 흡수량의 예측이 불확실하고, 토지 이용 경쟁, 생물다양성 훼손 등의 문제로 인해 감축 수단으로서의 정량적 신뢰성과 지속가능성에 한계가 있다는 지적이 제기되고 있다.

결국 이러한 기술적 한계는 탄소중립 달성의 속도와 범위에 구조적 제약을 가할 수 있으며, 기술에 대한 과도한 의존이 자칫 정책주도 낙관주의(Policy-driven Optimism)[8]로 이어질 경우, 실질적 감축 노력과 체계적인 사회 전환을 지연시킬 위험이 있다. 따라서 기술 개발과 함께 정책적 지원, 규제 정비, 사회적 수용성 확보가 병행되어야 하며, 현실 가능한 이행 경로에 대한 지속적인 평가와 조정이 필요하다.

2. 정책과 국제협력의 제약

탄소중립은 궁극적으로 글로벌 차원의 협력과 공동행동을 전제로 한다. 온실가스는 국경을 넘는 전 지구적 오염물질이며, 어느 한 국가의 노력만으로는 기후위기의 확산을 막을 수 없기 때문이다. 그러나 현실에서는 정책 이행의 제도적 불균형과 국제 협력의 구조적 제약이 여전히 심각한 도전 요인으로 작용하고 있다.

우선, 국가 간 협력이 어려운 가장 큰 이유는 경제발전 수준, 에너지 의존도, 정치체제

---

8) 기술적 낙관주의(technological optimism)는 일반적으로 기술 발전이 사회 문제를 해결해 줄 것이라는 믿음을 뜻한다. 그런데 이 믿음이 정책 수준에서 작동할 경우, 정책 결정자가 다음과 같은 방향으로 흐를 수 있다. "기술이 곧 해결해 줄 테니 지금은 급진적인 감축이나 전환은 필요 없다." 이러한 믿음은 기술적 낙관주의가 정책적 결정으로 이어지게 한다. 이러한 현상을 정책주도 낙관주의(policy-driven optimism 또는 policy-level techno-optimism)라 부른다.

의 차이에서 비롯된다. 특히 선진국과 개발도상국 간에는 역사적 배출 책임과 현재 감축 부담의 형평성을 둘러싼 갈등이 반복되고 있다. 선진국은 산업화 과정에서 막대한 온실가스를 배출했지만, 현재의 감축 책임은 모든 국가에 동등하게 요구되는 경우가 많다. 반면 개발도상국은 기후위기 책임은 적지만 감축 압박은 커지는 구조에 대해 비판하고 있으며, 이는 기후협상에서 늘 중요한 협상 변수로 작용하고 있다.

이러한 배경 속에서 도입된 탄소국경조정제도(CBAM)와 같은 일방적 탄소 규제는 EU 등 선진국이 자국 시장을 보호하고, 저탄소 무역질서를 구축하려는 시도로 이해된다. 이 제도는 저탄소 경제 전환을 유도한다는 측면에서 긍정적이지만, 동시에 글로벌 남반구 국가들에는 새로운 무역 장벽이자 기후 식민주의[9]로 작용할 수 있다. 특히 국내 산업구조가 탄소집약적인 개도국은 기술과 자본의 부족으로 대응 여력이 약하며, 이는 기후정책의 또 다른 불평등을 야기할 수 있다.

또한 국제협력을 실질적으로 이행하기 위한 핵심 조건인 재정 및 기술 이전 체계는 여전히 미흡한 수준이다. 유엔기후변화협약(UNFCCC)은 선진국이 개도국을 지원해야 한다는 원칙을 명시하고 있으나, 약속된 기후 재원의 이행률은 저조하며, 기술 이전 역시 실질적 실행보다는 선언 수준에 머물러 있는 경우가 많다. 그 결과, 개도국은 정의로운 전환(Just Transition)을 수행할 수 있는 자원과 제도적 기반이 부족한 상태에 놓여 있다.

이러한 정책적 제약과 국제협력의 한계는 기후위기의 공정한 해결을 가로막는 구조적 요인이다. 탄소중립이 전 지구적 목표로 기능하기 위해서는 단지 감축 목표의 합의에 그칠 것이 아니라, 책임의 공유와 자원의 분배, 정의로운 이행을 위한 제도적 연대의 강화가 필수적이다. 결국 탄소중립은 단순한 기술적·경제적 문제를 넘어, 국제 정치질서와 글로벌 정의의 재구성이라는 과제를 안고 있다.

3. 탄소상쇄와 넷제로 개념에 대한 비판적 성찰

'넷제로(Net Zero)'는 온실가스 배출과 제거의 균형을 통해 순배출을 '0'으로 만드는 전략적 개념으로, 과학적 기후목표에 부합하는 글로벌 기준으로 자리잡아 왔다. 그러나 최

---

[9] 기후식민주의(Climate Colonialism)란 기후변화 대응 과정에서 부유한 국가가 개발도상국이나 글로벌 사우스(Global South)국가에 부당한 책임 전가, 자원 착취, 불균형한 규제 요구 등을 통해 지배적 구조를 재생산하는 현상을 말한다. 이는 기후변화 자체보다 기후변화 '대응'의 방식과 구조에 주목하는 개념으로, 산업화의 과실을 향유한 선진국이 막대한 온실가스를 배출해왔음에도, 그 피해는 대체로 저개발국가가 감당하는 체제를 말한다.

근에는 이 '넷제로'라는 목표가 현실에서 어떻게 구현되고 있는지에 대해 비판적 성찰이 필요하다는 지적이 제기되고 있다.

국제환경단체가 발간한 대표적인 비판 보고서인 『Net Zero: A Dangerous Distraction (2021)』은 많은 기업과 정부가 실질적 감축보다는 탄소상쇄(Offset)에 과도하게 의존하는 방식으로 넷제로를 추구하고 있으며, 이로 인해 오히려 실질적 감축이 지연되고 기후위기 대응의 신뢰성이 훼손될 수 있다고 경고한다.

비판의 핵심은 '넷제로'라는 개념 자체가 아니라, 그것이 현실에서 '상쇄 중심'으로 왜곡 적용되는 방식에 있다. 특히 상쇄 프로젝트가 글로벌 남반구 국가들의 토지, 산림, 생태계 자원을 대규모로 점유하고 있다는 점은 국제 환경정의 관점에서 중요한 문제로 부각되고 있다. 이는 탄소배출 책임이 큰 선진국과 다국적 기업들이 기후위기의 부담을 개발도상국의 공간과 공동체에 전가하는 구조적 불평등을 낳을 수 있다는 것이다.

따라서 탄소상쇄는 불가피하게 남는 잔여 배출을 제한적으로 보완하는 수단으로 활용되어야 하며, 감축 노력 없이 상쇄로 대체하는 방식은 '넷제로'의 본래 취지를 훼손하는 행위로 간주되어야 한다. IPCC 또한 상쇄보다 감축이 우선이라는 점을 명확히 강조하고 있다.

결국 중요한 것은 '넷제로'라는 개념이 실질적 감축을 전제로 정직하게 이행되도록 제도적 감시와 국제적 기준이 함께 마련되는 것이다. 넷제로는 기후위기 대응을 위한 필수 전략이지만, 그 실행 방식이 공정하고 책임 있는 방식으로 이뤄지지 않는다면, 그것은 위험한 기만이 될 수 있다.

4. 임계점과 시간적 제약

기후변화는 단순한 선형적 변화가 아니라, 일정 수준 이상의 온도 상승이 지구 시스템에 비가역적인 붕괴(Irreversible Collapse)를 초래할 수 있는 '임계점(Tipping Point)'을 내포하고 있다는 점에서 본질적으로 위험하다. 임계점이란 기후 시스템이 외부 충격이나 축적된 변화에 의해 새로운 불안정한 상태로 급격히 전환되는 지점을 말하며, 이 지점을 넘어서면 통제 불가능한 수준으로 변화가 가속될 수 있다.

대표적인 임계점 사례로는 다음과 같은 지구 시스템이 지목된다.

그린란드 빙상 붕괴: 해수면 상승을 가속화하고, 하류 순환을 약화시킬 수 있다.

북극 해빙 소멸: 지구 복사에너지 반사를 줄여 열 흡수를 증가시켜 '알베도 효과(Albedo Effect)'[10]가 상실된다.

아마존 우림의 사바나화: 탄소 흡수원에서 탄소 배출원으로 전환 가능성이 높아진다.

시베리아 영구동토의 메탄 방출: 고위도 지역에서의 강력한 온실가스 대량 방출을 유발한다.

이들 임계점은 상호 독립적인 것이 아니라 연결되어 있으며, 하나의 시스템 붕괴가 연쇄적으로 다른 시스템의 무너짐을 유발할 수 있다는 점에서 '도미노 효과'의 위험성을 내포하고 있다. 이러한 변화는 수십 년, 수세기에 걸쳐 진행되는 것이 아니라, 짧은 시간 안에 급격히 일어날 수 있다는 점에서 더욱 위협적이다.

따라서 탄소중립은 단순히 정량적 감축 목표를 달성하기 위한 장기 전략이 아니라, 지구 시스템이 임계점에 도달하기 전, 한정된 시간 내에 반드시 이뤄녀야 하는 긴급한 과제다. IPCC 역시 "지연된 감축은 미래의 비용과 위험을 기하급수적으로 증가시킨다"고 경고하며, 신속하고 과감한 감축 행동의 필요성을 강조하고 있다.

이는 탄소중립이 단순한 미래 비전이 아니라, 현재 시점에서 결정되는 '기후의 운명'과 직결된 시간의 문제임을 시사한다. 결국 탄소중립은 선택 가능한 하나의 정책 옵션이 아니라, 지구 시스템의 불가역적 붕괴를 막기 위한 마감이 정해진 절박한 과제이다. 시간이 지날수록 감축 여력은 줄어들고, 피해는 확대되며 대응의 가능성은 점차 닫히게 된다. 지금 즉시 행동하는 것만이 기후위기의 경로를 바꾸고, 지구의 안정성을 회복할 수 있는 유일한 길이다.

5. 정의로운 전환의 과제

탄소중립은 단지 기술과 자원의 문제가 아니라, 사회적 정의와 형평성의 문제이기도 하다. 저탄소 경제로의 전환 과정에서 화석연료 산업 종사자, 저소득층, 취약지역은 경제

---

[10] 알베도(Albedo)는 라틴어로 '하얀 것'을 뜻하며, 표면이 태양 복사 에너지를 반사하는 정도를 나타내는 물리학적 개념이다. 알베도 효과란 태양광이 지표나 대기에서 반사되어 우주로 되돌아가는 현상을 말하며, 이 반사율이 기후 시스템의 열 균형에 큰 영향을 미친다 알베도는 0에서 1 사이의 값으로 표현된다. 알베도 값이 0에 가까우면 거의 모든 에너지를 흡수 (예: 검은 표면, 숲, 바다), 1에 가까우면 반사 (예: 눈, 얼음, 구름)한다는 의미이다.

적 불이익과 사회적 소외를 겪을 수 있다. 정의로운 전환(Just Transition)은 이러한 전환 비용을 공정하게 분담하고, 피해 집단에 대한 보상과 재교육, 새로운 기회의 제공을 포함한다.

국제노동기구(ILO)는 2015년 『정의로운 전환을 위한 지침』을 통해 노동자 중심의 기후전환 전략 수립을 권고하였으며, 유럽연합(EU), 독일, 캐나다 등은 지역 전환 기금, 녹색 일자리 창출, 교육 프로그램 등을 통해 사회적 연착륙을 시도하고 있다.

이처럼 탄소중립은 과학적 목표이자 기술적 도전이며, 동시에 사회정책과 윤리적 선택을 동반하는 복합 과제이다. 이 절에서 제시한 한계와 도전들은 탄소중립이 선언만으로 이루어질 수 없으며, 정교한 전략과 정의로운 이행이 필수적임을 시사한다.

제5절 탄소중립 정책 설계 원칙과 이행 체계 구축

제4절에서 살펴본 탄소중립의 한계와 도전은 이 목표가 단지 기술적 선언이 아니라, 정교한 정책 설계와 실행 체계를 통해 실현되어야 함을 보여준다. 탄소중립을 효과적으로 추진하기 위해서는 가치 중심의 원칙 설정, 신뢰할 수 있는 이행 체계 구축, 적절한 정책 수단의 조합, 그리고 거버넌스를 통한 실천 구조가 필요하다. 본 절에서는 이러한 탄소중립 정책의 설계 원칙과 이행 신뢰성 확보 방안을 종합적으로 고찰한다.

1. 탄소중립 정책 설계의 기본 원칙

탄소중립 정책은 단지 온실가스 감축 목표를 설정하는 데 그치지 않고, 사회적 전환의 방향성과 방식에 대한 근본적 가치 판단을 포함해야 한다. 즉, 탄소중립은 기술적·경제적 접근만으로 해결될 수 없으며, 공정성, 지속가능성, 포용성 등 핵심 원칙에 기반한 정책 설계가 필수적이다.

다음에 제시하는 원칙들은 탄소중립 정책을 구성하는 데 있어 국제사회와 주요 이니셔티브가 공통적으로 강조하는 기준이며, 정책의 실효성과 정당성을 확보하기 위한 필수 조건으로 간주된다. 이는 현시점에서 널리 인정받는 핵심 원칙이지만, 향후 사회적 합의나 국제 규범의 변화에 따라 보다 구체화되거나 보완될 수 있다.

1.1 감축 우선 원칙 (Reduce First, Offset Later)

탄소중립 달성의 최우선 과제는 실질적인 온실가스 배출의 직접 감축이다. 탄소 상쇄(Offset)는 감축이 기술적으로 불가능한 잔류 배출에 대해 보완적으로 제한적으로 사용되어야 하며, 감축을 대체하는 방식으로 사용되어서는 안 된다.

IPCC 제6차 보고서와 민간 감축 기준인 SBTi(Science Based Targets initiative)도 감축을 우선시하는 접근법을 원칙적으로 채택하고 있다. 이는 탄소중립의 과학적 신뢰성과 기후정의 실현을 위한 기본 전제다.

1.2 정의로운 전환 원칙 (Just Transition)

탄소중립으로의 이행은 단순한 기술 전환을 넘어, 사회·경제 전반의 구조 재편을 동반한다. 이 과정에서 발생할 수 있는 노동시장 충격, 에너지 가격 상승, 지역경제 위축 등에 대해 충분히 대응하지 않으면, 사회적 불평등과 기후 정책에 대한 저항이 심화될 수 있다.

정의로운 전환은 이러한 전환의 부정적 영향을 최소화하고, 노동자·취약계층·지역사회가 전환의 수혜자로 포함될 수 있도록 보장하는 것이다. 이는 국제노동기구(ILO)와 UN의 지속가능발전 목표(SDGs)가 강조하는 '포용적 지속가능성'의 실현 기반이기도 하다.

1.3 지속가능성 원칙 (Sustainability)

탄소중립 정책은 단기적 온실가스 감축 성과만이 아니라, 생태계 보전, 사회적 수용성, 경제적 실행 가능성을 포괄하는 즉, 환경, 사회, 경제, 삼중의 지속가능성(Triple Sustainability)을 목표로 해야 한다. 이는 장기적으로 산업 혁신, 삶의 질 향상, 생태계 회복력 강화와 같은 긍정적 파급 효과로 이어져야 하며, 탄소중립이 보다 넓은 지속가능 발전의 통합 경로임을 전제로 정책이 설계되어야 한다.

1.4 예방 원칙 (Precautionary Principle)

기후변화는 그 피해의 심각성에 비해 여전히 과학적 불확실성이 존재하는 영역이다. 그러나 불확실성이 행동을 미뤄야 할 이유는 아니다. 1992년 리우 선언에서 채택된 '예방 원칙'은, 과학적 증거가 완전히 확보되지 않았더라도 잠재적 피해가 심각할 경우 즉각적 조치가 필요함을 명확히 한다. 이는 유럽연합을 포함한 여러 국가의 기후·환경정책의 법적 근거로 활용되고 있으며, 기후위기 대응에 있어 '선제적 행동'의 정당성을 뒷받침한다.

1.5 공동의 책임과 차별화된 의무 (CBDR-RC)

기후변화는 전 인류가 함께 책임져야 할 문제이지만, 국가별로 역사적 배출 책임과 경제적 역량이 다른 만큼 '차별화된 책임'을 설정해야 한다는 원칙이다. 이 원칙은 유엔기후변화협약(UNFCCC)과 파리협정 제2조에 명시되어 있으며, 선진국은 자국 감축 이행뿐 아니라, 개발도상국에 대한 기술 및 재정 지원 의무를 함께 지닌다. 이는 국제적 협력과 정의로운 전환의 실현을 위한 제도적 기반이기도 하다.

1.6 전 사회적 접근 (Whole-of-Society Approach)

탄소중립은 정부 주도만으로 달성될 수 없다. 기업, 학계, 시민사회, 지역사회 등 모든 행위자들이 공동 참여하는 거버넌스 구조가 필요하다. 이를 위해 정책 설계 초기부터 시민 참여, 정보 공개, 공론화, 지역 기반 실행체계 등이 함께 구축되어야 하며, 이는 정책의 실효성과 사회적 신뢰 형성을 높이는 핵심 요건이다. 이처럼 탄소중립 정책은 단순한 배출 감축 계획을 넘어서, 사회 전체의 전환을 이끌어낼 수 있는 가치 중심적 프레임워크에 따라 설계되어야 한다.

앞으로도 기술 발전, 시민 요구, 국제 규범의 변화에 따라 새로운 원칙이나 세부 기준이 추가될 수 있으며, 이는 탄소중립 정책이 단단한 가치 기반 위에 유연성과 포용성을 함께 갖춰야 함을 의미한다.

2. 이행 신뢰성 확보: MRV와 탄소회계 체계

탄소감축 목표의 신뢰성과 투명성을 확보하기 위해서는 각국과 기업이 실제 감축 이행을 정량적으로 측정하고, 체계적으로 보고하며, 외부에서 독립적으로 검증하는 시스템, 즉 MRV(Measurement, Reporting, Verification)와 탄소회계(Carbon Accounting)

체계를 갖추는 것이 필수적이다. 이 두 체계는 탄소중립 이행의 실질적 진전을 평가하고 감시할 수 있는 인프라 역할을 하며, 감축 성과를 제도화·시장화하는 기후 거버넌스의 핵심 기반이다.

2.1 MRV 체계의 구조와 기능

MRV는 온실가스 감축 활동에 대한 신뢰성을 확보하기 위한 핵심 절차로, 다음 세 가지 기능을 포함한다.

Measurement(측정): 에너지, 산업, 농업, 산림, 폐기물 등 다양한 배출원에서 온실가스 배출량을 정확하게 산정

Reporting(보고): 측정된 감축 성과와 적용된 방법론을 정기적으로 공개하고, 국가·기업·조직 차원의 공시체계에 반영

Verification(검증): 독립된 외부기관이 보고된 정보를 객관적으로 검증하여 투명성 확보

최근에는 위성 기반 모니터링, IoT 센서, 블록체인 기반 추적 기술 등을 활용한 디지털 MRV(dMRV)가 빠르게 발전하고 있으며, 이는 자발적 탄소시장(VCM)이나 파리협정 제6조 기반 탄소시장 등 국제 거래 체계에서도 그 중요성이 높아지고 있다.

2.2 탄소회계의 개념과 표준화

탄소중립 목표를 달성하기 위해서는 온실가스 배출량을 정확하고 일관되게 측정하고 보고하는 체계가 필요하다. 이를 가능하게 하는 것이 바로 탄소회계(Carbon Accounting)이다.

탄소회계란 기업이나 국가가 자신의 활동으로 인해 발생한 온실가스를 체계적으로 기록하고, 관리하고, 분석하는 과정을 말한다. 이는 MRV 체계(측정·보고·검증)에서 생성된 데이터를 기반으로 하며, 배출 감축 여부를 판단하고 정책이나 전략을 수립하는 데 핵심적인 역할을 한다. 탄소회계는 단순한 내부 기록이 아니라, 책임 있는 기후행동을 뒷받침하고, 대외적으로 신뢰받는 보고를 가능케 하는 관리 도구이다. 특히 최근에는 기업의 지속가능성 공시(ESG)나 탄소시장 참여, 국가 간 협력체계(예: 파리협정 Article 6)에서도 필수적인 기반요소로 자리 잡고 있다.

(1) 탄소회계의 필요성

정확한 감축 목표 설정과 평가: 감축 계획을 세우기 위해서는 현재 얼마나 배출하고 있는지를 알아야 하며, 감축 실적을 추적하기 위해 정밀한 데이터가 필요하다.

투명성과 신뢰 확보: 외부 이해관계자(정부, 투자자, 시민 등)에게 기후 대응 현황을 투명하게 공개하고 신뢰를 얻기 위한 기반이 된다.

국제 기준과의 연계: 국가 간 감축 실적 거래(예: Article 6)나 국제 공시제도(TCFD, IFRS S2 등)[11]에 대응하려면 국제 표준에 부합하는 회계 시스템이 필수적이다.

(2) 탄소회계의 구현

탄소회계는 배출원의 범위(Scope)에 따라 다음과 같이 구성된다.

Scope 1: 조직이 직접 배출하는 온실가스 (예: 자사 공장의 연료 연소)
Scope 2: 전기, 열 등 외부 에너지 사용으로 간접 발생한 배출
Scope 3: 공급망과 제품 사용 등 전체 가치사슬에서 발생하는 간접 배출

이 범위를 기준으로 온실가스를 산정하고 기록하며, 다음과 같은 국제 표준이 사용된다.

GHG Protocol: 세계자원연구소(WRI)와 세계지속가능기업협의회(WBCSD)가 공동 개발한 글로벌 탄소회계 기준으로, Scope 개념의 기반을 제공하며 기업 회계 및 공시에 널리 활용된다.

IPCC Guidelines: 유엔기후변화협약(UNFCCC) 하에서 국가 온실가스 인벤토리 작성을 위한 기술지침으로, 배출계수와 산정방법이 명시되어 있다.

ISO 14064 시리즈: 국제표준화기구(ISO)가 제정한 표준으로, 조직·프로젝트 단위의 온실가스 산정, 검증, 감축활동을 포괄한다.

(3) 기업 차원의 탄소회계와 공시 연계

최근에는 ESG 공시 강화와 기후재무 리스크 관리 필요성에 따라, 기업들도 재무제표 수준의 정밀한 탄소회계 체계를 구축하고 있다. TCFD 권고안은 기후 관련 정보의 정책,

---

11) TCFD(Task Force on Climate-related Financial Disclosures)는 기후변화가 기업의 재무 건전성과 가치에 미치는 영향을 공시하도록 권고한 G20 기반 금융안정위원회(FSB)의 이니셔티브이다. 이 프레임워크는 거버넌스, 전략, 리스크 관리, 지표 및 목표의 네 가지 핵심 요소를 중심으로 기후 관련 정보를 체계적으로 공시하도록 제시하고 있다. 한편, IFRS S2(International Financial Reporting Standards-Sustainability Disclosure Standard 2: Climate-related Disclosures)는 국제지속가능성기준위원회(ISSB)가 2023년에 발표한 '기후 관련 공시 기준'으로, 기존 TCFD의 구조를 계승하고 통합하여, 기후 관련 위험과 기회에 대한 재무적 공시를 글로벌 기준으로 의무화하고 있다.

전략, 위험관리, 수치 데이터를 통합 공시하도록 요구하며, IFRS S2(2023년 발표)는 기존 재무보고 틀 안에서 Scope 1~3 배출량을 포함한 정량적 공시를 의무화하고 있다. 이러한 제도 변화는 탄소회계가 단지 환경관리 수단이 아니라, 기업의 평판, 투자 유치, 자본시장 접근성에 직접 영향을 미치는 핵심 요소임을 보여준다.

2.3 국제 제도와의 정합성: ETF와 Article 6

파리협정은 탄소회계를 단순한 내부 관리 도구가 아니라, 국제적 신뢰와 협력을 위한 공통 언어로 격상시켰다.

Enhanced Transparency Framework (ETF): 2024년부터 모든 파리협정 당사국은 ETF(강화된 투명성 체계)에 따라 감축 이행 현황을 정기적으로 보고하고 검토받을 의무를 가진다. 이는 과거 교토의정서보다 보편적이며 정량적 기준이 강화된 제도로, 국제사회의 상호 감시와 협력을 위한 신뢰 기반을 제공한다.

Article 6의 탄소거래와 회계 연계: 파리협정 제6조(Article 6)는 국가 간 온실가스 감축 실적(ITMOs: Internationally Transferred Mitigation Outcomes)의 이중계산 방지를 원칙으로 하며, 이를 위해 엄격한 MRV 체계, 투명한 탄소회계 기록, 양국 간 감축 실적의 정합성 확보 등을 요구한다. 이는 탄소시장을 기반으로 한 국제 협력의 신뢰성과 환경적 무결성을 보장하는 기술적 기초로 작동한다.

요약하면 탄소회계는 단순한 온실가스 기록의 도구가 아니라, 탄소중립 목표를 실현하고 국제적 연계 속에서 정책·시장·투자 전략을 통합하기 위한 핵심 인프라이다. 정확하고 표준화된 탄소회계가 없다면, 기후 대응 노력은 실제성과 정당성을 모두 확보하기 어렵다. 그렇기에 국제 표준에 부합하는 탄소회계 체계 구축은 탄소중립 시대의 전제 조건이라 할 수 있다.

2.4 정책 수단과의 연계성

MRV와 탄소회계는 단순한 정보 시스템을 넘어, 정책 집행과 기후경제 시스템을 연결하는 매개 장치이다. 예를 들어 배출권거래제(MRV 기반 정확한 배출량 산정이 거래 단위로 작동), 탄소세(회계 정확성이 세금 부과의 전제), 기후금융(기후기금 지원의 사전 조건으로 감축 성과 입증 필요), 기업 공시제도(Scope 1~3 배출에 대한 회계와 MRV 체계 필수) 등이 정책수단과 연계되어 있는 대표적인 사례이다.

결과적으로, MRV와 탄소회계는 기후 거버넌스의 신뢰성과 시장 기반 정책의 정당성을 함께 뒷받침하는 핵심 인프라이며, 탄소중립의 실질적 이행을 담보하는 제도적 토대라 할 수 있다.

3. 탄소중립 실현을 위한 실행 구조와 거버넌스 전략

탄소중립은 단순히 목표를 설정하는 것으로 끝나지 않는다. 이를 실현 가능한 전략으로 전환하기 위해서는, 정교한 이행 구조, 유연한 정책 시스템, 그리고 다양한 주체 간의 협력적 거버넌스 체계가 유기적으로 결합되어야 한다. 여기서는 이러한 정책 실행의 조건과 구조적 접근 방식을 종합적으로 고찰한다.

3.1 주체별 역할 분담을 통한 다층 거버넌스 구축

온실가스 감축이라는 국가적 과제는 하나의 계층이나 단일 행위자의 힘으로는 달성할 수 없다. 중앙정부, 지방정부, 기업, 시민사회 등 다수의 행위자들이 상호 협력하며 역할을 분담하는 '다층 거버넌스(Multi-level Governance)' 체계가 반드시 필요하다.

중앙정부는 국가 단위의 종합 로드맵 설계, 법·제도 마련, 재정·세제 지원을 통해 정책 방향과 기본 틀을 제시하는 핵심 조정자의 역할을 수행한다.

지방정부는 지역 특성을 반영한 현장 실행 주체로서, 에너지 전환 프로젝트, 시민참여 프로그램, 지역기반 감축계획 수립을 담당한다.

기업은 탄소 배출의 주요 원인인 동시에 기술 혁신과 공급망 전환의 실질적 실행자로서, ESG 경영과 제품 전환 전략을 통해 탄소중립 이행에 중대한 기여를 한다.

시민사회와 학계는 감시, 정책 제안, 정보 공유, 시민 교육 등에서 중요한 역할을 수행하며, 정책의 투명성과 민주성을 확보하는 데 기여한다.

이처럼 각 주체는 고유의 기능을 수행하면서도 상호 연계되어야 하며, 어떤 주체도 독립적으로 탄소중립을 달성할 수 없다는 점에서 통합적 대응 체계가 요구된다.

3.2 유연하고 순환적인 정책 실행 시스템

탄소중립 이행 경로는 고정된 청사진이 아니라, 변화하는 여건에 따라 지속적으로 수정·보완되어야 하는 순환적 시스템이다. 기후 과학의 진전, 기술의 발전 속도, 경제적 제약, 사회적 수용성 등은 정책의 성과와 방향에 실질적인 영향을 미치며, 이에 적응하기 위한 구조가 필요하다.

이를 위해서는 다음과 같은 정책 순환 메커니즘이 필수적이다.
MRV 체계 구축: 실시간 데이터 수집, 이행 진도 점검, 감축 성과 측정
이해관계자 참여 기반의 피드백: 시민사회와 기업 등 다양한 주체의 의견 수렴과 현장 정보 반영
과학적 분석에 기반한 정책 보완: 최신 연구와 기술 변화에 따라 정책을 탄력적으로 조정

이러한 순환 시스템은 정책의 실효성과 수용성을 동시에 확보하며, 단기 성과보다 장기 구조 전환을 지향하는 탄소중립 정책의 핵심 요소가 된다.

3.3 사회 시스템 전환을 위한 구조적 설계

탄소중립은 단순한 온실가스 감축이 아닌, 사회 전체 시스템의 구조적 전환을 요구하는 종합 정책 과제이다. 이를 실현하기 위해서는 세 가지 핵심 요소가 통합적으로 작동해야 한다.

명확한 가치 기반 원칙: 공정성, 형평성, 지속가능성을 전제로 하는 정책 설계
정량적 이행 관리 체계: MRV, 탄소회계 기준, 보고·검증 시스템 등 신뢰 가능한 수단
다층적·순환적 정책 구조: 다양한 주체의 연계와 변화에 유연하게 반응하는 거버넌스

이러한 조건들이 결합될 때, 탄소중립은 선언적 구호가 아닌 실현 가능한 미래 전략으로 자리매김할 수 있다.

Discussion Topic

1. 탄소중립은 단지 환경 정책일 뿐인가, 아니면 문명 전환 전략인가?
   - **찬성** 탄소중립은 온실가스 감축을 위한 기술적·정책적 접근으로, 환경 문제 해결을 위한 수단일 뿐이다.
   - **반대** 탄소중립은 사회 시스템, 경제 구조, 가치 체계를 근본적으로 전환하는 문명사적 과제이다.

2. 탄소중립 실현은 과거의 지혜에서 해답을 찾을 수 있는가?
   - **찬성** 전통사회의 생태적 삶과 자원순환 방식은 탄소중립의 원리와 맞닿아 있으며, 과거의 경험은 지속가능성에 대한 중요한 통찰을 제공한다.
   - **반대** 현재의 복잡한 기후위기와 글로벌 경제구조는 과거의 방식으로는 대응이 불가능하며, 첨단 기술과 정책 혁신이 유일한 해법이다.

3. 기업의 자발적 탄소중립 선언은 실효성이 있는가?
   - **찬성** 시장의 압력과 투자자 요구에 따라 실질적 ESG 경영이 확산 중이며, 실제로 정부보다 빠르게 감축 행동하는 글로벌 기업도 다수이다.
   - **반대** 그린워싱 사례가 다수이며(예: 감축 없이 오프셋에만 의존), Scope 3 배출 관리도 미흡하다. 규제 없이 자발성에만 의존하면 실질 이행력 부족이 생겨난다.

4. 탄소중립 실현은 국가의지만으로 가능한가, 아니면 사회 전체의 전환이 필요한가?
   - **찬성** 정부가 규제와 인센티브를 통해 주도한다면 기술과 제도 개선을 통해 충분히 실현 가능하다.
   - **반대** 탄소중립은 기업, 시민, 지역사회 등 다양한 주체가 참여하는 '전 사회적 전환(whole-of-society transition)' 없이는 불가능하다.

5. 탄소중립은 지금 실행해야 할 시급한 과제인가, 아니면 장기적 준비가 필요한 미래 과제인가?
   - **찬성** 임계점 도달과 탄소예산 소진 속도를 고려할 때, 탄소중립은 즉각적인 실행이 필요한 '시간에 쫓기는' 문제다.
   - **반대** 기술 성숙도, 사회적 수용성, 산업 전환 속도를 고려할 때 탄소중립은 중장기적 준비와 단계적 접근이 필요한 과제다.

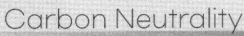

제2장
기후변화의 과학적 메커니즘

제1절 기후변화의 이해·················· 54
제2절 기후 시스템과 에너지 균형 ············ 59
제3절 온실가스의 종류 및 역할 ············· 64
제4절 기후변화의 원인과 증거 ·············· 69
제5절 기후변화의 사회경제적 영향 ············ 85
제6절 기후변화의 미래 예측 및 모델링 ········· 89

제2장
기후변화의 과학적 메커니즘

Climate Change & Scientific Mechanism

제1절 기후변화의 이해

 기후변화는 21세기 인류가 직면한 가장 중대한 환경 위기이자, 사회경제 시스템 전반에 심대한 영향을 미치는 복합적 도전 과제이다. 이는 단순한 기상 패턴의 변화나 자연재해의 증가에 그치지 않으며, 인간 활동에 의해 지구 기후체계의 근본적인 균형이 교란되고 있음을 의미한다. 특히 산업혁명 이후 화석연료의 대규모 사용, 삼림 파괴, 도시화 등은 대기 중 온실가스 농도를 급격히 증가시켜 왔으며, 이는 지구 평균기온 상승으로 이어져 해수면 상승, 극한 기상현상, 생태계 교란, 식량 및 수자원 불안정 등 다양한 방식으로 전 지구적 영향을 초래하고 있다.

 기후변화는 자연적인 기후 요인에 인간 사회의 경제활동과 기술 발달이 복합적으로 결합되어 나타나는 현상으로, 단순한 환경 문제를 넘어 지구 시스템의 기능적 안정성을 위협하는 심층적인 변화로 볼 수 있다. 이러한 변화는 국경과 세대를 초월하여 영향을 미치며, 궁극적으로 인류 문명의 지속가능성에 대한 근본적인 도전을 제기한다.

 따라서 기후변화에 대한 올바른 이해는 우리가 직면한 위기의 본질과 원인을 정확히 진단하고, 이에 대응하기 위한 전략과 해법을 수립하는 데 필수적인 출발점이 된다. 이러한 과학적 이해는 탄소중립, 에너지 전환, 정의로운 전환과 같은 후속 정책과 실천의 정당성을 뒷받침하는 기반이 된다.

이에 따라 제2장에서는 기후변화의 과학적 기초를 체계적으로 살펴본다. 먼저 기후변화 원인을 분석하고, 온실가스의 작용 원리와 지구 에너지 균형 변화가 어떻게 지구온난화를 유발하는지를 설명한다. 이어서 복사강제력 등의 주요 과학 개념을 통해 기후변화가 어떻게 검증되어 왔는지를 정리하며, 이러한 과학적 기반이 정책 결정과 국제 협력의 출발점이 되는 이유를 설명할 것이다.

1. 기후변화의 정의와 원인

기후변화는 지구의 기후 시스템이 장기적인 시간 범위에서 통계적으로 유의미하게 변화하는 현상을 의미한다. 이는 단기적인 날씨 변화와는 구분되며, 수십 년에서 수백 년 이상에 걸친 기후의 평균 상태와 그 변동성을 포함한다.

기후변화의 원인은 크게 자연적 요인과 인위적 요인으로 나눌 수 있다. 자연적 요인으로는 태양 복사량 변화, 대규모 화산 활동, 해양 순환 패턴 변화(예: 엘니뇨와 라니냐), 지구 궤도 변화 등이 있으며, 이러한 요인들은 지구의 역사 속에서 반복적인 기후 변동을 유발해 왔다. 예를 들어, 빙하기와 간빙기의 반복은 이러한 자연적 요인의 복합적 작용에 기인한다.

그러나 최근 수십 년간의 급격한 기후변화는 인간 활동에 의한 영향, 즉 인위적 요인에서 비롯된 것이라는 과학적 합의가 국제적으로 확립되어 있다. 특히 18세기 중반 산업혁명 이후, 인간은 화석연료(석탄, 석유, 천연가스)를 대규모로 사용하기 시작했으며, 이로 인해 이산화탄소(CO_2), 메탄(CH_4), 아산화질소(N_2O) 등 주요 온실가스의 배출량이 비약적으로 증가하였다. 여기에 더해 산업화와 도시화의 확산, 삼림 벌채 및 토지 이용 변화는 온실가스 흡수원의 감소까지 초래하며 기후시스템의 균형을 더욱 심각하게 흔들고 있다.

IPCC의 제6차 평가보고서(AR6, 2021~2023)는 다음과 같이 명확히 결론짓고 있다. "인간의 영향이 지구 대기의 온난화를 유발한 것이 명백하다(It is unequivocal that human influence has warmed the atmosphere, ocean and land)." 즉 IPCC는 이러한 변화가 자연적 요인만으로는 설명될 수 없으며, 인간 활동이 기후 시스템 변화의 주된 원인이라는 데 과학적으로 높은 신뢰도(High Confidence)를 부여하고 있다.

2. 온실가스 증가와 지구온난화의 원리

　온실가스(Greenhouse Gases)는 지구 대기 중에 존재하는 기체로, 태양에서 유입된 복사에너지가 지표면에 도달해 지표를 데운 후, 이 에너지가 장파 복사 형태로 우주로 방출되는 과정에서 일부를 흡수하고 다시 지구로 재방출함으로써, 대기와 지표면의 온도를 유지하는 역할을 한다.

　이 과정을 온실효과(Greenhouse Effect)라고 하며, 만약 이러한 자연적 온실효과가 없다면 지구 평균기온은 약 -18℃에 머물러 생명체가 존재하기 어려웠을 것이다. 따라서 온실효과는 기후 안정성과 생태계 유지에 필수적인 자연현상이다.

　그러나 산업혁명 이후, 인간 활동으로 인해 온실가스가 과도하게 배출되면서 이러한 온실효과가 비정상적으로 강화되고 있다. 특히 화석연료의 연소, 산업 활동, 운송, 농업, 삼림 파괴 등은 이산화탄소(CO_2), 아산화질소(N_2O)와 같은 장수명 온실가스(Long-lived Greenhouse Gases)는 물론, 비록 수명이 짧지만 강력한 온난화 효과를 지닌 메탄(CH_4)과 같은 기체를 대기 중에 축적시키고 있다. 이로 인해 지구는 외부로 방출하는 에너지보다 흡수하는 에너지가 많아지는 에너지 불균형 상태에 놓이게 되었고, 이 누적된 에너지 차이가 바로 지구 온난화(Global Warming) 현상을 유발한다.

　세계기상기구(WMO)에 따르면 최근 발표된 기후 보고서는 지구 평균기온이 산업화 이전보다 현저히 상승했음을 보여주며, 이로 인해 해양 열팽창과 빙하 융해가 가속화되고, 해수면 상승과 더불어 폭염·홍수·가뭄 등 극한 기상현상의 빈도가 증가하고 있음을 지적하고 있다. 이러한 현상은 기후시스템 전반의 불안정성과 변동성을 확대시키며, 이미 전 세계적으로 체감 가능한 기후 교란을 초래하고 있다.

　특히 IPCC는 현재의 온실가스 감축 수준이 지속된다면 가까운 시일 내에 파리협정이 설정한 지구온난화 제한 목표, 즉 산업화 이전 대비 온도 상승을 일정 수준 이하로 억제하겠다는 국제적 약속이 무너질 가능성이 높다고 경고하고 있다. 이는 생태계의 구조적 붕괴, 식량과 물의 안보 위협, 공중보건 위기 등 사회경제 전반에 걸친 중대한 위험 요소들을 더욱 심화시킬 수 있음을 의미한다.

3. 지구온난화가 유발하는 기후변화의 영향

지구 온난화(Global Warming)는 단순히 지구 평균기온이 상승하는 현상에 그치지 않고, 지구 전체 기후시스템의 균형을 교란시켜 보다 광범위한 기후변화로 이어진다. 지구의 기후 시스템은 대기, 해양, 육상 생태계가 서로 복잡하게 상호작용하며 유지되는데, 평균기온 상승은 이들 사이의 에너지 흐름과 순환을 변화시키고, 장기적이고 구조적인 기후 이상 현상을 초래한다.

온난화는 극지방의 빙하와 만년설의 급속한 융해를 유발하며, 이로 인해 해수면이 상승하고 있다. 이는 방글라데시, 몰디브, 마이애미 등 저지대 해안 도시와 섬나라들의 침수 및 기후 난민 발생 위험을 높이고 있다. 또한 고온 현상의 빈도와 강도가 증가함에 따라 폭염과 열대야가 일상화되고 있으며, 이는 인간 건강과 노동생산성에 부정적인 영향을 끼친다.

기후시스템의 불균형은 대기 순환과 해양 온도 분포에도 영향을 미쳐, 허리케인, 태풍 집중호우, 가뭄과 같은 극한 기상현상을 더욱 빈번하고 강력하게 만든다. 해수면 온도의 상승은 태풍의 에너지 원천을 강화시켜 초대형 폭풍의 발생 가능성을 높이고, 이는 단순한 자연재해를 넘어선 사회적 재난과 경제적 손실로 이어진다.

이처럼 지구 온난화는 생태계 붕괴, 식량과 물 부족, 인류 건강 위협, 거주지 상실, 정치적 불안정 등 복합적이고 다차원적인 위기를 유발한다. 따라서 기후 위기(Climate Crisis)는 단일한 환경 문제가 아니라 인류 전체가 직면한 시스템 전환의 계기로 이해되어야 한다.

4. 기후변화의 시간적·공간적 불균형

기후변화는 시간적 지속성과 지역적 불균형성을 동시에 지닌 복합적인 현상이다. 이로 인해 기후변화는 전 지구적으로 공통된 위기임과 동시에, 지역마다 상이한 양상과 영향을 나타낸다. 따라서 기후변화의 특성을 이해할 때는 장기적인 변화 추세(시간적 특성)와 공간적 차이(지역적 특성)를 함께 고려해야 한다.

4.1 시간적 특성

기후변화는 단기적인 날씨 변화(Weather)와는 달리, 수십 년 이상의 통계적으로 유의미한

변화를 말한다. 세계기상기구(WMO)는 '기후(Climate)'를 최소 30년간의 평균 대기 조건으로 정의하며, 이에 따라 기후변화도 일정 기간 이상의 누적된 추세로 파악한다.

하지만 최근에는 20년 이하의 짧은 기간에서도 뚜렷한 기후 변화의 증거가 관측되고 있다. 이는 특히 산업혁명 이후 온실가스 농도의 급증으로 인해 기후시스템의 변화 속도가 전례 없이 가속화되고 있음을 의미한다. 예를 들어, 20세기 중반 이후 지구 평균기온은 가파르게 상승했으며, 이와 동시에 폭염, 가뭄, 집중호우, 태풍 등 극한 기후현상의 발생 빈도와 강도도 함께 증가하고 있다. 이러한 변화는 단기간 내에도 감지 가능한 수준으로 나타나고 있으며, 기후 위기의 긴박성을 강조한다.

4.2 지역적 특성

기후변화는 지구 전체에서 발생하는 보편적 현상이지만, 그 양상과 영향은 지역별로 매우 상이하게 나타난다. 이는 각 지역의 고유한 기후 유형, 지형적 조건, 생태계 특성, 사회·경제적 구조와 취약성 등에 따라 다르게 작용하기 때문이다.

예를 들어 사하라 인근 아프리카 지역은 강수량 감소와 고온 현상으로 인해 사막화가 심화되고 있으며, 이는 농업 의존도가 높은 국가들의 식량 안보와 생계 기반에 직접적인 위협이 되고 있다. 또한 북극 지역은 지구 평균보다 2배 이상 빠른 속도로 온난화가 진행[12]되고 있으며, 이로 인해 해빙 면적이 급격히 감소하고 해양 생태계와 기후 순환에 영향을 주고 있다. 이는 다시 해수면 상승과 북극 제트기류의 불안정화로 연결되어 전 지구적인 기후 이상을 유발한다.

반면, 일부 고위도 지역에서는 일시적인 농업 생산성 증가나 난방 수요 감소와 같은 긍정적 효과가 나타날 수 있으나, 이는 한시적이고 제한적인 현상에 불과하며 장기적으로는 생태계 교란과 새로운 위험 요인으로 전환될 가능성이 크다.

이처럼 기후변화는 단일한 양상이 아니라 시간적 누적성과 지역적 차별성을 동시에 지니고 있어 대응 역시 장기적 시계와 지역 맞춤형 전략이 병행되어야 효과적일 수 있다.

---

[12] 주) IPCC 6차 평가보고서 (AR6, 2021): "The Arctic has warmed at more than twice the global rate since the 1980s."(IPCC AR6 WG1 Summary for Policymakers, 2021). 1980년대 이후 북극은 지구 평균보다 2배 이상 빠른 속도로 온난화됨이 명시되어 있다.

제2절 기후 시스템과 에너지 균형

 지구의 기후 문제는 단순한 기온 상승의 문제가 아니다. 보다 본질적으로는 지구로 유입되는 에너지와 방출되는 에너지 간의 균형이 어떻게 변화하고 있는가에 관한 문제이다. 태양으로부터 도달하는 에너지는 대기, 해양, 빙하, 육지, 생태계 등 다양한 지구 시스템 구성 요소와 상호작용하며 기후를 조절하고 에너지 균형을 유지해왔다. 그러나 최근 온실가스 농도의 급증은 이러한 에너지 흐름의 균형을 무너뜨리고 있으며, 결과적으로 기후 시스템 전체를 점점 더 불안정하게 만들고 있다.

1. 기후 시스템의 개요

 지구의 기후 시스템은 다음 다섯 가지 주요 구성 요소로 이루어져 있으며, 이들은 상호작용하는 통합된 시스템으로 작동한다.
 대기 (Atmosphere): 태양복사를 흡수·반사하며 온실가스를 통해 지표 온도를 조절한다. 이산화탄소, 메탄, 수증기 등은 지구온난화의 주요 원인이다.
 해양 (Oceans): 지구 최대의 열 저장소로서, 에너지를 흡수하고 해류를 통해 전 지구로 분산시킨다. 엘니뇨·라니냐 현상은 해양 기반 기후변동의 예다.
 빙하 및 극지방 (Cryosphere): 높은 반사율(알베도)로 태양에너지를 반사하며, 융해 시 해수면 상승을 유발한다.
 육지 (Land Surface): 태양복사를 흡수·방출하며 산림과 토양은 탄소 저장 기능을 수행한다. 산림 파괴는 이 기능을 약화시킨다.
 생태계 (Biosphere): 식물과 해양 플랑크톤은 광합성을 통해 이산화탄소를 흡수하고 탄소순환과 수문순환에 관여한다.
 이 다섯 요소는 서로 연쇄적인 영향을 주고받으며, 한 요소의 변화는 기후 시스템 전체에 파급효과를 미친다.

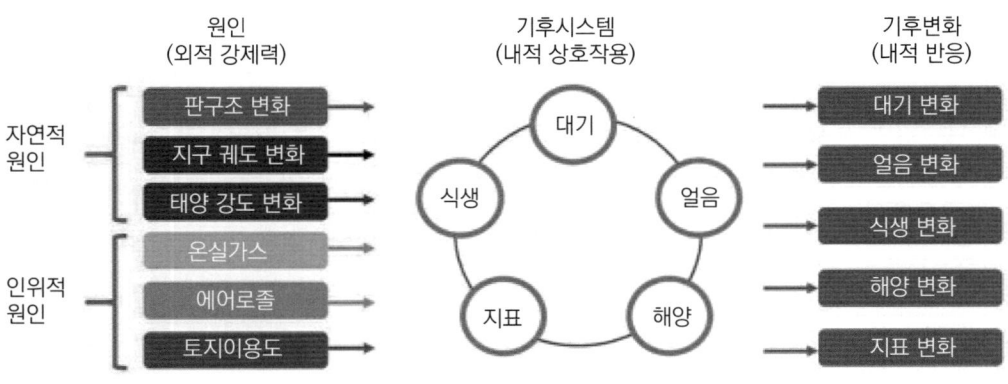

| 그림03 | 지구의 기후시스템과 각 구성요소의 상호작용

〈자료출처: 기상청 http://www.climate.go.kr/home〉

2. 지구 에너지 흐름의 구조

기후는 본질적으로 태양에너지의 유입과 지구에서의 방출 간의 균형(에너지 수지)에 의해 조절된다.

태양복사 (Solar Radiation): 태양은 약 5,500°C의 고온에서 짧은 파장의 전자기파(가시광선, 자외선)를 방출한다. 지구는 이를 흡수하여 지표를 가열한다.

지구복사 (Earth Radiation): 지구는 흡수한 에너지를 긴 파장의 적외선(IR) 형태로 우주로 방출한다.

온실효과 (Greenhouse Effect): 방출된 적외선의 일부는 온실가스에 흡수되어 다시 지표로 재방출되며, 이는 지구 생명 유지에 필수적인 자연 현상이다.

강화된 온실효과 (Enhanced Greenhouse Effect): 산업혁명 이후 대기 중 온실가스 농도는 급격히 증가해왔다. 이로 인해 자연적인 온실효과가 비정상적으로 강화되며, 지표면에서 방출되는 에너지가 과도하게 갇히는 현상이 발생하고 있다. 이러한 에너지 불균형은 지구 평균기온의 지속적인 상승을 초래하고 있으며, 장기적으로는 기후시스템 전반에 심각한 영향을 미칠 수 있다. 특히 현재의 추세가 지속될 경우, 미래에는 지구온난화가 더욱 가속화될 가능성이 제기되고 있다.

> ### 💡 Think Box
>
> ### 태양복사와 지구복사, 두 명의 화가
>
> 태양은 표면 온도가 약 5,500℃로 매우 높기 때문에, 주로 짧은 파장의 전자기파를 방출한다. 이는 가시광선(400~700nm)과 자외선(UV, 10~400nm)이 주를 이룬다.
>
> 지구는 태양에 비해 훨씬 낮은 온도(평균 약 15℃)이기 때문에, 주로 긴 파장의 전자기파를 방출한다. 이는 적외선(IR, 700nm~1mm)이 주를 이룬다.
>
> 은유적으로 표현하면 마치 태양의 빛이 대기를 스치며 지구를 어루만지는 방식과 지구가 그 열기를 다시 하늘로 내보내는 방식은 마치 두 명의 화가가 각기 다른 팔레트로 그림을 그리는 것과 같다.
>
> 태양의 빛은 짧고 날카로운 붓질(가시광선)로 대기를 가로지르며, 지구의 열기는 길고 부드러운 터치(적외선)로 공기를 감싸며 천천히 흩어진다. 하나는 강렬한 빛으로 수직으로 내리꽂히고, 다른 하나는 따뜻한 숨결로 수평으로 퍼져 나간다. 이 두 에너지 흐름의 조화가 깨질 때, 기후는 불안정해진다.

3. 태양 에너지의 지구 도달 경로

태양복사는 지구대기로 들어오면서 다음과 같은 상호작용을 겪는다.

반사 (Reflection): 약 30%는 대기, 구름, 지표면 등에 반사되어 다시 우주로 빠져나간다. 알베도(Albedo)는 이러한 반사율을 나타내며, 얼음은 알베도가 높아 반사를 많이 하지만, 해빙이 줄어들면 더 많은 에너지를 흡수하게 된다. 이는 해빙 → 알베도 감소 → 온난화 가속으로 이어지는 되먹임 효과(Feedback Effect)를 유발한다.

흡수 (Absorption): 약 70%는 대기와 지표면에 흡수되어 에너지원으로 작용한다.

산란 (Scattering): 오존층은 자외선을 차단하고, 에어로졸 및 구름은 산란을 통해 에너지 도달 강도와 분포를 조절한다.

이 과정으로 흡수된 에너지는 지표를 가열하며, 지표는 다시 적외선 형태로 에너지를 방출하고, 이 과정에서 온실가스가 열을 다시 흡수해 지구를 덥힌다.

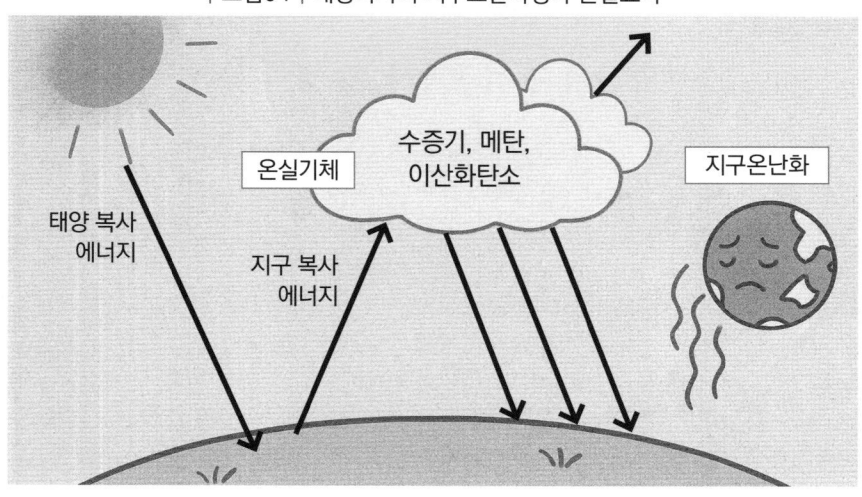

| 그림04 | 태양복사의 지구도달과정과 온실효과

4. 에너지 수지(Energy Budget)와 기후 변화

정상적인 기후시스템에서는 유입되는 에너지(태양복사)와 방출되는 에너지(지구복사)가 거의 균형을 이룬다. 그러나 온실가스 증가로 인해 지구복사 에너지의 일부가 대기 내에 갇히면서 이 균형이 무너지고 있다. 이 축적된 에너지를 초과 에너지(Excess Energy) 또는 지구 에너지 불균형(Earth Energy Imbalance, EEI)이라 한다.

IPCC 제6차 평가보고서(AR6)에 따르면 1971~2018년 사이 초과 에너지의 약 91%가 해양에 흡수되었고, 나머지는 육지(5%), 빙하(3%), 대기(1%)에 저장되었다.

각 구성 요소가 받는 영향은 다음과 같다.
해양: 열 축적 → 해양 산성화, 해수면 상승, 해양순환 이상
빙하: 융해 가속 → 알베도 감소 → 온난화 가속
대기: 폭염, 열대야, 기상이변 증가
육지: 토양 온도 상승, 수분 증발, 산불 위험 증가

이처럼 에너지 수지의 불균형은 단지 기온 상승에 그치는 것이 아니라, 지구 전체 기후 시스템을 복합적으로 변화시키는 핵심 원인이다. 기후변화는 단순한 날씨의 변화가 아니

라, 에너지 유입-저장-방출의 균형이 깨진 현상으로 이해되어야 한다.

| 그림05 | 에너지 수지와 기후변화 (The Earth's Energy Budget and Climate Change)

The Earth's energy budget and climate change
Since at least 1970, there has been a persistent imbalance in the energy flows that has led to excess energy being absorbed by different components of the climate system.

Stable climate: in balance
Incoming solar energy
Outgoing energy

Today: imbalanced
Incoming solar energy
Less outgoing energy due to greenhouse gases
Atmosphere 1%
91% Ocean
5% Land
3% Ice
Excess energy accumulating

〈자료출처: https://www.ipcc.ch/report/ar6/wg1/downloads/outreach/IPCC_AR6_WGI_SummaryForAll.pdf〉

위 그림은 1970년대 이후, 지구에 들어오는 에너지와 나가는 에너지 사이에 지속적인 불균형이 발생하고 있으며, 그 결과 과잉 에너지가 기후 시스템의 여러 구성 요소에 흡수되고 있음을 나타내고 있다. 구체적으로 설명하면 다음과 같다.

▲왼쪽: 기후가 안정적일 때(균형 상태)- 들어오는 태양 에너지 (Incoming solar energy), 나가는 지구 복사 에너지 (Outgoing energy)가 균형을 이룰 때, 기후는 안정적이다.

▲오른쪽: 현재(불균형 상태)-들어오는 태양 에너지는 과거와 동일하지만, 온실가스로 인해 일부 에너지가 대기로 방출되지 못하고 지구 시스템에 갇힌다. 방출되는 에너지 감소 (Less outgoing energy due to greenhouse gases)로 과잉 에너지(Excess energy)가 지구에 남아 흡수되고 축적된다.

▲과잉 에너지의 분포: 91%(바다), 5%(육지), 3%(빙하 및 해빙), 1%(대기). 이러한 에너지 불균형은 지구 온난화, 해수면 상승, 빙하 감소, 기후 시스템의 불안정화 등을 유발하고 있다.

제3절 온실가스의 종류 및 역할

기후변화를 이해하기 위해서는 다양한 온실가스의 특성과 역할을 구체적으로 살펴볼 필요가 있다. 온실가스는 지구 대기 중에서 적외선 복사 에너지를 흡수하고 재방출함으로써, 지표면과 대기의 온도 조절에 핵심적인 역할을 한다. 이 과정은 자연 상태에서는 생명체가 살 수 있는 환경을 가능하게 하지만, 온실가스의 농도가 비정상적으로 증가할 경우 기후시스템에 심각한 영향을 미친다.

현대 산업화 이후 온실가스 배출이 급증하면서, 지구에 축적되는 에너지량이 증가하고 있다. 이로 인해 단순한 기온 상승을 넘어, 극한 기후, 해수면 상승, 생물다양성 감소 등 다양한 기후 위기 현상이 나타나고 있다. 온실가스는 그 종류에 따라 복사흡수 특성, 대기 중 농도, 체류 시간, 지구온난화지수(GWP) 등이 다르며, 각각의 특성이 기후변화에 미치는 영향도 상이하다. 이 절에서는 주요 온실가스의 종류별 특성과 기후시스템에서의 구체적 역할을 살펴본다.

1. 온실가스란 무엇인가?

온실가스(Greenhouse Gases)는 대기 중에서 지구가 방출하는 적외선 복사 에너지를 흡수하고, 일부를 다시 지표로 재방출함으로써, 지구의 온도 유지에 기여하는 기체들이다. 이러한 작용은 지표의 평균기온을 약 15°C로 유지하게 만들어, 생명체가 살아갈 수 있는 조건을 제공하는 자연적 온실효과의 핵심이다.

그러나 인간의 활동, 특히 화석연료의 연소, 산업공정, 농업, 삼림 파괴 등으로 인해 온실가스 배출이 급증하면서, 자연적 균형을 벗어난 강화된 온실효과가 나타나고 있다. 이로 인해 지구의 에너지가 대기 중에 과도하게 머물게 되어, 기온 상승뿐 아니라 해양 온도 증가, 극한 기후의 빈도와 강도 상승, 해수면 상승, 생태계 교란 등 복합적이고 연쇄적인 기후 변화를 유발하고 있다.

2. 탄소중립 대상 온실가스의 종류와 기준

2.1 IPCC 지정 6대 온실가스

국제사회는 온실가스 가운데 기후변화에 미치는 영향과 감축 가능성 등을 고려하여, 정책적 관리 대상 기체를 제한적으로 선정하고 있다. IPCC를 비롯해 교토의정서와 파리협정 등 국제 협약에서는 다음의 6가지 기체를 주요 온실가스로 지정하고 있다.

| 표06 | 온실가스 종류 및 주요 발생(IPCC AR6)

온실가스	화학식	온난화지수(GWP, 100년 기준)	주요 발생원
이산화탄소	CO_2	1	화석연료 연소, 시멘트 생산, 산림 벌채
메탄	CH_4	27~30	축산업(소 방귀), 농업(논), 폐기물 매립
아산화질소	N_2O	273	비료 사용, 화석연료 연소, 산업 공정
수소불화탄소	HFCs	100~12,400	냉매(에어컨, 냉장고), 반도체 제조
과불화탄소	PFCs	6,630~11,100	알루미늄 생산, 반도체 제조
육불화황	SF_6	23,500	고전압 절연가스, 반도체 산업

※ GWP(Global Warming Potential) = 지구온난화지수로 이산화탄소의 온난화 효과를 1로 놓고 비교한 상대지표

2.2 선정 기준

현재 국제적으로 관리되고 있는 6대 온실가스는 기후변화에 미치는 영향과 정책적 관리 가능성을 종합적으로 고려해 지정된 것이다. 이들 기체는 지구온난화 기여도(GWP), 대기 중 체류 시간, 전 세계 배출량, 측정 및 감축의 실효성 등을 기준으로 선정되었으며, 이러한 과학적 평가를 바탕으로 1997년 교토의정서(Kyoto Protocol)에서 공식적인 감축 대상 물질로 규정되었다.

온실가스의 영향력을 정량적으로 비교하기 위해, IPCC는 제1차 평가보고서(1990)에서 지구온난화지수(GWP: Global Warming Potential) 개념을 도입하였다. GWP는 특정 온실가스가 동일한 양의 이산화탄소(CO_2)에 비해 일정기간 동안 기후에 미치는 상대

적 영향을 수치화한 지표로, 이후 탄소회계, 감축 정책, 배출권 거래제 등 다양한 기후 거버넌스 체계의 기초가 되었다.

아울러 최근 IPCC 제6차 평가보고서(AR6)는 GWP의 한계를 보완하기 위해, 특히 메탄(CH_4)과 같은 단수명 기체의 온난화 영향을 보다 정밀하게 반영할 수 있는 지표인 지구온난화 유도 능력(GTP: Global Temperature-change Potential) 등 대안 지표[13]를 제안하고 있다. 이는 향후 온실가스 감축 전략의 우선순위 재조정에도 영향을 줄 수 있다.

3. 온실가스의 기후 시스템 내 주요 역할

3.1 지구 온도 유지

온실가스는 지구가 태양으로부터 받은 에너지를 흡수하고 일부를 지표로 되돌려 보내 지구 평균기온을 유지한다. 만약 대기 중 온실가스가 전혀 없다면, 지구 평균기온은 약 -18°C로 떨어져 생명체가 살기 어려운 환경이 된다. 즉, 적절한 수준의 온실가스는 필수적이다.

3.2 에너지 순환과 대기 안정화

이산화탄소, 수증기, 메탄 등은 복사 평형을 조절하는 데 중요한 역할을 하며, 기후시스템의 급격한 온도 변화나 불안정성을 완화시킨다. 이들은 에너지의 축적과 방출 속도를 조절하여 대기의 안정성을 유지하는 데 기여한다.

3.3 기후변화와 극한기후 유발

온실가스 농도가 지나치게 증가하면, 지구가 받은 에너지를 방출하지 못하고 축적하게 된다. 이로 인해 지표면과 대기의 온도가 상승하고, 결과적으로 폭염, 가뭄, 태풍, 홍수 등 극한 기후 현상이 자주 발생하게 된다.

---

13) GTP 정의는 "어떤 온실가스 1kg을 지금 배출했을 때, T년 후(예: 100년) 지구 평균기온에 미치는 영향을, CO_2 1kg이 미치는 온도 변화와 비교한 비율"이다. GWP는 온실가스가 대기 중에 존재하는 동안 기후에 가하는 누적 에너지 영향만을 측정하지만, 이는 실제로 지구 기온이 얼마나 오를지를 보여주지 못하는 한계가 있다. 따라서 GTP는 정책적으로 "기온 변화"라는 직관적 결과를 중시할 때 더 유용하다. 예를 들어: 탄소중립 연도(예: 2050년)에 도달했을 때 실제 기온이 얼마 오를지를 예측할 때 사용될수 있다.

3.4 해양 영향

온실가스 증가로 해양은 더 많은 열을 흡수하게 되며, 이는 수온 상승과 해류 변화, 해수면 상승을 초래한다. 또한, 이산화탄소(CO_2)는 해수에 녹아 탄산(H_2CO_3)을 형성하여 해양 산성화를 유발하며, 산호초, 갑각류 등 해양 생태계에 심각한 영향을 끼친다.

3.5 생태계 변화와 생물 다양성 감소

기온 상승, 강수 패턴의 변화 등은 생태계를 변화시키며, 일부 생물종은 서식지를 잃게 된다. 대표적인 예로 북극 해빙 감소로 인한 북극곰의 서식지 축소, 해양 산호초 백화, 열대우림 생물종의 멸종 등이 있다.

4. 복사강제력: 온실가스 효과의 정량적 지표

4.1 복사강제력(Radiative Forcing)이란 무엇인가?

복사강제력은 지구가 흡수하는 에너지와 우주로 방출하는 에너지 사이의 균형이 얼마나 변화했는지를 수치화한 개념이다. 단위는 W/m^2(와트/제곱미터)로, 이는 지구 $1m^2$당 에너지가 얼마나 추가로 들어오거나(+) 나가게 되었는지(-)를 나타낸다.

양의 복사강제력(+): 지구가 더 많은 에너지를 흡수 → 기온 상승
음의 복사강제력(-): 에너지 방출이 더 큼 → 기온 하강
복사강제력 = 0: 유입과 방출이 균형을 이루는 상태 → 복사균형이라고 부른다

4.2 주요 온실가스의 복사강제력과 영향

이산화탄소(CO_2)는 지구에서 방출되는 적외선 복사(열)를 흡수해 일부를 다시 지표면으로 되돌린다. 복사강제력은 +2.29 W/m^2 (NOAA AGGI 2024)이다. 이는 전체 온실가스 복사강제력 중 약 66%를 차지할 만큼 지배적이다. 이산화탄소가 타 온실가스보다 복사강제력이 높은 이유는 대기 중 농도가 압도적으로 높고, 적외선 흡수 능력이 강하며, 대기 중 수명이 수백 년으로 매우 길기 때문이다.

반대로 에어로졸은 햇빛을 반사하거나 흩어뜨려 지구로 들어오는 에너지를 차단한다.

복사강제력은 -1.1 W/㎡(IPCC AR6)이다. 지구 온도 상승을 억제하는 냉각 효과를 나타내지만, 지속성과 건강에 대한 부작용이 문제다.

4.3 복사강제력 증가의 과학적 및 정책적 시사점

복사강제력은 단순히 지구의 기온을 상승시키는 물리적 개념에 그치지 않는다. 그것은 지구 기후 시스템 전반에 영향을 미치는 핵심적인 조절 변수로 작용하며, 기후 변화의 방향성과 강도를 결정짓는 주요 동인 중 하나이다.

온실가스 농도의 증가는 대기 에너지의 불균형을 초래하고, 이는 해양과 대기 순환, 생태계 안정성, 극지방의 빙하 유지, 그리고 인간 사회의 기반 시스템 전반에 걸쳐 복합적이고 연쇄적인 영향을 미친다.

특히 복사강제력의 증가는 다양한 기후 피드백 메커니즘을 촉진함으로써, 기후 변화의 속도를 가속화하는 경향이 있다. 예를 들어, 극지방의 해빙이 줄어들면 지표의 반사율(알베도)이 낮아지고, 이는 더 많은 태양에너지를 흡수하게 되어 추가적인 온난화를 유발한다. 이러한 변화는 처음에는 미세한 강제력 변화처럼 보일 수 있지만, 일단 피드백 루프가 작동되면 비선형적이고 빠른 기후 시스템의 전환이 발생할 수 있다.

이러한 특성은 과학적 분석뿐 아니라 정책적 대응에서도 중요한 시사점을 제공한다. 복사강제력은 단지 현재의 상태를 설명하는 지표가 아니라, 향후 변화의 방향성과 위험을 예측하고 예방하기 위한 조기 경고 시스템으로 이해되어야 한다. 따라서 단기적인 온실가스 감축뿐 아니라, 복사강제력의 변화 추이를 지속적으로 모니터링하고 이를 바탕으로 적응과 감축 전략을 정교하게 설계하는 것이 필수적이다.

궁극적으로 복사강제력의 증가는 기후변화의 '속도'와 '규모'를 결정하는 주요 인자로 작용하므로, 이를 과학적 근거로 삼아 국가 및 국제사회가 더욱 신속하고 강력한 기후정책을 추진할 필요성을 뒷받침한다.

제4절 기후변화의 원인과 증거

기후변화는 지구 기후 시스템의 복잡한 상호작용 속에서 발생하며, 인간 활동과 자연적 요인이 복합적으로 작용하고 있다. 특히 산업화 이후 급격한 온실가스 배출 증가는 지구 평균기온 상승과 다양한 기후 이상 현상의 주요 원인으로 지목된다. 본 절에서는 기후변화의 원인과 이를 입증하는 과학적 증거를 통합적으로 고찰한다.

1. 기후변화의 원인

1.1 자연적 요인
자연적 기후변화 요인은 지구 내부 및 외부에서 발생하는 기후 조절 메커니즘으로, 장기적 기후 변동성을 설명하는 데 기여한다.

(1) 태양 활동 변화
태양 흑점 주기와 같은 활동은 지구로 유입되는 태양 에너지량을 변화시켜 기후에 영향을 미친다. 그러나 현대의 기온 상승은 태양 활동보다는 인간 활동이 주요 원인으로 판단된다.

(2) 화산 활동
화산 폭발 시 대기 중에 방출되는 에어로졸은 태양 복사를 반사시켜 지구 기온을 일시적으로 낮추는 냉각 효과를 유발한다.

(3) 자연적 탄소 순환 변화
해양과 육상 생태계는 이산화탄소를 흡수하고 방출하며, 탄소 농도에 영향을 미친다. 엘니뇨/라니냐 같은 해양-대기 상호작용도 단기적 영향을 미친다.

1.2 인위적 요인
현대의 기후변화는 주로 인간의 경제 활동과 산업 구조에서 비롯된다.

(1) 화석연료 연소

전력생산, 운송, 제조업 등에서 석탄, 석유, 가스를 사용하며 이산화탄소가 다량 배출된다. 이는 가장 주된 온실가스 배출 원인이다.

| 그림06 | 지구 화석연료 소비추세

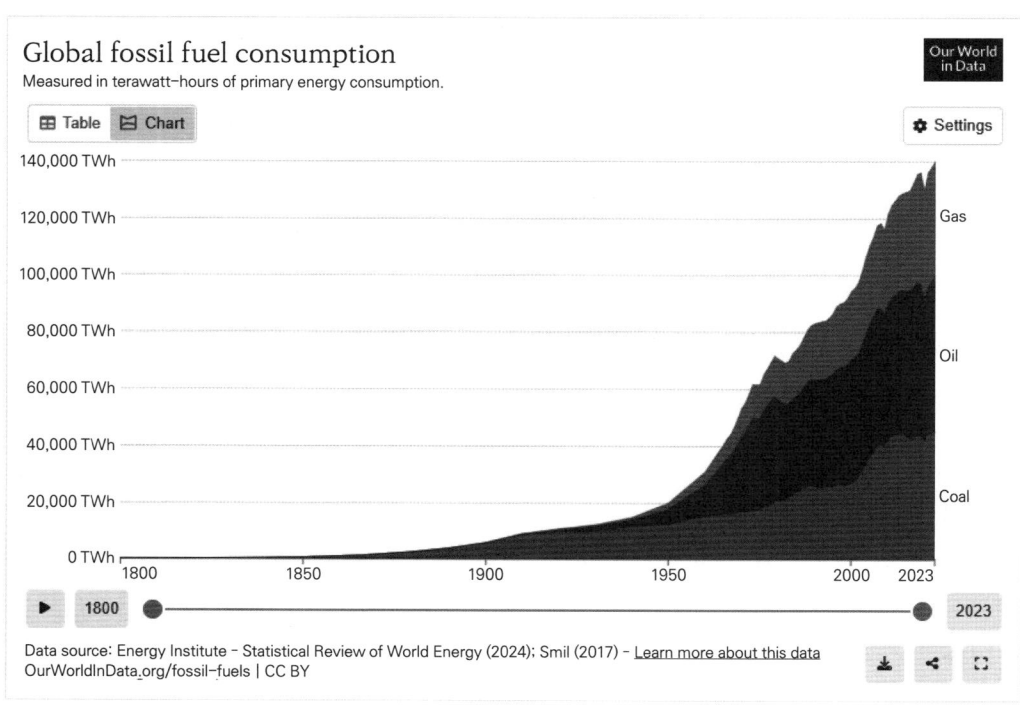

위 그래프는 전 세계 화석연료 소비 추이 (1800~2023)를 나타내고 있다. 1800년부터 2023년까지 석탄, 석유, 천연가스의 전 세계 소비량을 테라와트시(TWh) 단위로 보여준다. 1950년대 이후 석유와 천연가스 소비가 급격히 증가했으며, 최근까지도 전체 화석연료 소비는 꾸준히 증가하고 있다. 특히 천연가스의 비중이 2000년대 이후 크게 확대되었고, 석탄은 여전히 높은 수준을 유지하고 있다.

(2) 산업화 및 도시화

공장 및 교통 부문 확대, 에너지 소비 증가, 도시 열섬 현상이 온실가스 배출 및 기온 상승을 유도한다.

(3) 삼림 벌채 및 토지이용 변화

탄소 흡수원인 삼림이 파괴되면 이산화탄소 저장 기능이 약화되고, 벌채 과정에서도 온실가스가 방출된다.

(4) 농업 및 가축 사육

메탄(CH_4), 아산화질소(N_2O) 등 강력한 온실가스가 배출되며, 벼농사와 가축 소화 과정이 주요 원인이다.

(5) 산업 공정과 불소계 가스

수소불화탄소(HFCs), 과불화탄소(PFCs), 육불화황(SF_6) 등 고온난화지수(GWP)를 가진 가스들이 냉매나 반도체 공정에서 배출된다.

2. 기후변화의 과학적 증거

2.1 지구 평균기온 상승

2024년, 지구의 연평균 지표면 기온은 산업화 이전(1850~1900년 평균) 대비 약 1.55°C 상승한 것으로 관측되었으며, 이는 기후 관측 사상 가장 높은 연간 평균 기온이다. 세계기상기구(WMO)는 이를 공식 발표하며, 2024년을 "관측 이래 가장 더운 해"로 선언하였다(WMO, 2025.1.10.).

이러한 기록적 고온은 단지 일시적인 현상만으로 설명되지 않는다. 엘니뇨, 해양 열 방출 변화, 자연적 기후 변동성 등 단기 요인이, 온실가스 누적에 따른 장기적 온난화 추세와 겹치면서 극단적인 상승으로 이어졌다는 분석이 지배적이다. 다시 말해, 2024년의 이례적 고온은 일시적 요인과 구조적 기후 변화가 중첩된 결과로, 기후위기가 점점 임계점에 접근하고 있다는 강력한 신호로 해석된다.

특히 이 수치를 파리협정의 1.5°C 목표와 연계해 해석하는 것이 중요하다. 파리협정이 설정한 1.5°C 목표는 특정 연도가 아닌, 20년 이상의 장기 평균 상승폭을 기준으로 한다. 이는 기후 시스템의 자연적 변동성을 배제하고, 인간 활동에 따른 구조적 변화를 과학적으로 평가하기 위한 기준이다.

따라서 2024년 한 해의 기온이 일시적으로 1.5°C를 초과했다고 해서 곧바로 파리협정 목표가 공식적으로 위반된 것은 아니지만, 이러한 단년도 기록들이 누적되면 장기 평균을 밀어올릴 수 있다는 점에서, 오히려 더욱 심각한 경고로 받아들여야 한다. 지금 나타나는 단기적 극단현상은, 장기적 기준을 넘어서기 전 마지막 경고일 수 있기 때문이다.

| 그림07 | 지구평균기온상승 곡선

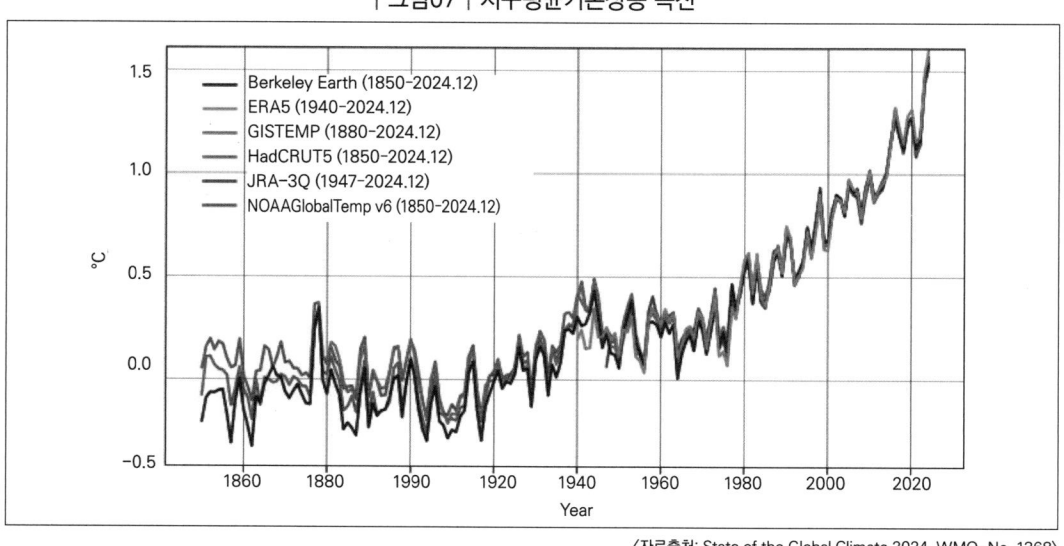

〈자료출처: State of the Global Climate 2024, WMO-No. 1368〉

위 그래프는 1850~2024년 지구 평균기온 변화 추이를 나타낸다. 산업화 이전(1850~1900년 평균)을 기준으로 한 전 지구 평균기온의 연간 편차를 6개 주요 자료셋을 통해 보여준다. 모든 관측 자료에서 20세기 후반부터 기온이 뚜렷하게 상승하고 있으며, 2024년에는 산업화 이전 대비 약 1.5℃ 상승에 근접한 것으로 나타난다. 그래프에 등장하는 6개 데이터 출처는 Berkeley Earth, ERA5, GISTEMP (NASA), HadCRUT5, JRA-3Q, NOAA GlobalTemp이다.

2.2 기후 티핑포인트(Tipping Points) 접근

(1) 기후 티핑포인트란 무엇인가?

기후 티핑포인트(Tipping Point)는 기후 시스템이 일정 임계값을 초과할 때, 더 이상 원래 상태로 복귀할 수 없는 비가역적인 변화가 급격히 일어나는 지점을 의미한다. 이는 단순한 선형적 변화가 아니라, 작은 변화가 자기증폭적으로 커지며 새로운 기후 상태로 전환되는 현상으로, 기후 시스템이 이미 불안정한 상태에 진입했음을 보여주는 강력한 경고 신호이자 실질적 증거다.

예를 들어, 북극 해빙이 감소하면 지표의 반사율(알베도)이 낮아져 더 많은 태양 에너지가 흡수되고, 이는 다시 해빙을 더 빠르게 녹게 만드는 양의 피드백 효과를 유발한다. 이러한 변화는 단순한 날씨 변화가 아닌, 지구 시스템의 구조적 전환이 시작되었음을 의미한다.

(2) 실제 관측 사례: 티핑포인트에 도달하거나 근접한 지구 시스템들

영국 엑서터대학교 주도로 작성된 『글로벌 티핑포인트 2023 보고서(Global Tipping Points Report 2023)』는 전 지구적으로 생태학적·기후학적 전환이 우려되는 25개의 주요 시스템을 분석하고, 그중 5개 지점이 이미 티핑포인트에 근접했거나 도달했다고 평가하였다. 이들에는 ▲그린란드 빙상, ▲서남극 빙상, ▲영구동토층, ▲대서양 자오선 역전순환(AMOC), ▲열대 산호초가 포함되며, 보고서는 이들 시스템에서 나타나는 변화가 수십 년에서 수 세기에 걸쳐 전 지구적 영향을 미칠 수 있다고 경고하고 있다.

(3) 임계점은 수치로 고정된 것이 아니다

많은 사람들은 티핑포인트가 특정 온도(예: 2°C)를 넘으면 작동한다고 생각하지만, 실제로는 복합적인 변수(온도, 해류, 염분, 빙하량, 생물 반응 등)에 따라 정확한 임계값을 예측하는 데는 불확실성이 존재한다. 그럼에도 불구하고, 아래의 과학적 분석은 현재 우리가 얼마나 임계점에 가까워졌는지를 보여주는 증거로 활용된다. 예를 들면 산호초는 평균기온이 1.5°C 이상이면 70~90% 이상이 사라질 위험에 놓인다거나(IPCC SR1.5) 그린란드·서남극 빙상은 1.5~2.5°C 범위에서 대규모 빙하 붕괴 가능성이 존재한다는 것(IPCC AR6)과 같은 표현이다. 이처럼 티핑포인트는 고정된 수치가 아닌, '위험 범위에 이미 진입한 기후 증거들'로 간주할 수 있다.

IPCC 제6차 보고서를 비롯한 여러 과학 연구는 티핑포인트를 단순한 이론적 개념이 아닌, 지구가 구조적으로 전환 국면에 진입했음을 시사하는 실측 기반의 증거로 제시하고 있다. 티핑포인트는 현재의 온실가스 배출이 단순한 온도 상승을 넘어 돌이킬 수 없는 체계 변화로 이어질 수 있다는 점에서, 즉각적이고 구조적인 감축 정책을 요구한다. 따라서 티핑포인트는 기후변화 대응이 "가능한가?"의 문제가 아니라, "얼마나 빠르고 구조적으로 할 수 있는가?"의 문제로 전환되고 있음을 보여준다.

2.3 극지방과 빙권의 변화

극지방의 얼음덩어리는 크게 해빙(海氷)과 빙하(氷河)로 구분할 수 있다. 해빙은 바닷물이 얼어 형성된 것이며, 계절에 따라 면적과 두께가 변동한다. 반면, 빙하는 대체로 눈이 여러 해 동안 쌓이고 압축되면서 형성된 육상의 얼음층으로, 중력의 영향을 받아 천천히 아래로 이동하면서 형성된다. 이 가운데 빙상(氷床)은 대륙 전체를 넓게 덮고 있는 빙하로, 흔히 대륙빙하라 불리며, 그린란드와 남극 대륙의 빙상이 대표적이다.

최근 북극의 해빙과 그린란드, 남극의 빙상이 빠른 속도로 감소하고 있다. 이는 단순한 얼음의 소실을 넘어, 기후시스템 전체에 영향을 미치는 알베도 효과 약화를 초래한다. 얼음이 녹아 어두운 바다나 지표가 노출되면, 태양에너지를 더 많이 흡수하게 되고, 그 결과 지구온난화가 가속화되는 양의 피드백(Positive Feedback) 현상이 발생한다. 이 현상은 알프스와 히말라야 등 고산지대의 산악 빙하에서도 뚜렷하게 관측되며, 해수면 상승의 주된 원인으로 작용하고 있다.

| 그림08 | Pedersen Glacier

알래스카 케나이 산맥의 아이알릭 만에 있는 페데르센 빙하, 1917년(왼쪽)과 2005년(오른쪽). 사진은 루이스 H. 페데르센(1917)과 브루스 F. 몰리나(2005)가 제공했으며, 미국 콜로라도 볼더의 Glacier Photograph Collection에서 가져왔다. National Snow and Ice Data Center/World Data Center for Glaciology.

빙하 변화의 대표적 사례로는 미국 알래스카 케나이산맥의 페드르센 빙하(Pedersen Glacier)가 있다. 20세기 초반까지만 해도 거대한 빙하가 존재했던 이 지역은 지구 온난화의 영향으로 불과 88년 만에 대부분의 빙하가 녹아 사라졌으며, 이는 위성사진과 현장 관측을 통해 명확히 입증되고 있다.

빙권의 변화는 고위도 지역의 영구동토층(Permafrost)에서도 드러난다. 특히 러시아 시베리아의 바타가이카 분화구(Batagaika Crater)는 기후변화의 직접적인 증거로 꼽힌다. 1960년대 삼림 벌채로 인해 나무들이 제거되면서 지면에 직접 도달하는 태양 복사량이 증가했고, 그 결과 그동안 얼어 있던 토양의 얼음층이 녹기 시작했다. 현재 이 지역은 수백 미터 규모의 지반 붕괴가 지속되고 있으며, 과거에 얼어 있던 유기물이 노출되어 분해되면서 메탄과 이산화탄소 등 온실가스가 대기 중으로 방출되고 있다. 이는 기후변화를 더욱 심화시키는 강력한 양의 피드백 사례로 주목받고 있다.

| 그림09 | 바타가이카 분화구(Batagaika Crater)

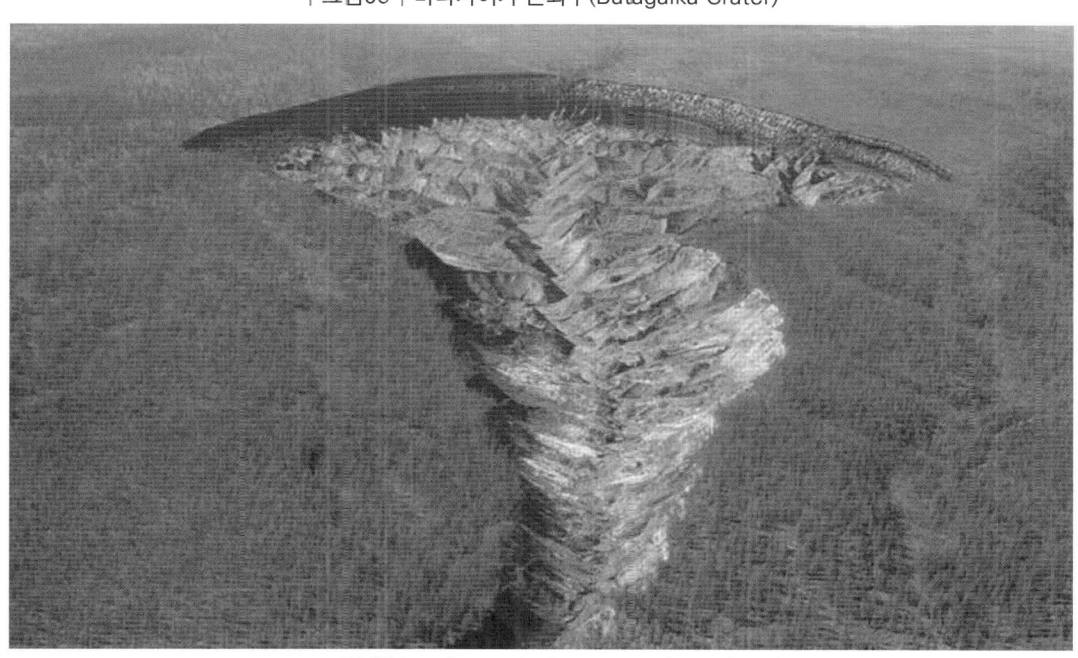

〈자료출처: https://www.nationalgeographic.com/science/article/siberia-batagiaka-crater-climate-change〉

이처럼 해빙, 빙하, 빙상, 영구동토층, 눈덮임 등으로 구성된 빙권(氷圈, cryosphere)은 대부분 사람이 거주하지 않는 지역임에도 불구하고, 뚜렷한 기후 변화의 증거를 보여주고 있다. 이는 기후변화가 단지 도시나 산업 지역의 국지적 문제가 아닌, 지구 전체 시스템의 구조적 변화임을 웅변해주는 현상이다.

2.4 해양 열함량(Ocean Heat Content) 증가

해양 열함량(Ocean Heat Content)은 지구의 에너지 불균형 상태를 가장 직관적으로 보여주는 지표로, 기후변화의 물리적 본질을 설명하는 핵심 지표로 간주된다. 온실가스 증가로 인해 지구 시스템에 축적되는 초과 에너지의 약 91%가 해양에 흡수되며, 나머지는 육지(5%), 대기(1%), 빙권(3%)에 분산된다. 이러한 분포는 지표 기온 변화보다 해양 열함량이 기후 강제력(Climate Forcing)의 누적 효과를 더 정밀하게 반영한다는 점에서 중요성을 갖는다.

(1) 해양 열함량의 관측 및 측정 방법

해양 열함량은 일반적으로 해수면으로부터 수심 2,000미터까지의 온도를 통합하여 산출된다. 1960년 이전까지는 연구선 탐사에 의한 간헐적 측정만 가능해 자료가 부족했다. 1970년대 이후, 일회용 측정 장비가 도입되며 공간적 커버리지가 향상되었고, 특히 2005년경부터는 자율형 Argo 부표[14]를 통해 전 지구 해양의 수심 2,000m까지 실시간 관측이 가능해졌다. 이러한 고정밀 장비를 통해 수집된 시계열 자료는 해양 온난화가 분명한 추세로 진행되고 있음을 뒷받침한다.

(2) 최근의 변화 추세

2024년, 전 세계 해양 열함량은 65년간의 관측 역사상 최고 수준에 도달했으며, 이는 2023년에 세운 이전 기록을 16±8ZJ(제타줄) 초과하는 수치이다. 특히 최근 8년 연속으로 매년 새로운 최고 기록이 갱신되고 있으며, 해양이 지속적으로 초과 에너지를 흡수하고 있음을 명확히 보여준다(State of the Global Climate 2024, WMO-No. 1368).

최근 20년간(2005~2024년)의 해양 온난화 속도는 연평균 11.2~12.1ZJ(또는 0.99~1.07W/㎡)로, 이는 1960~2005년의 속도(3.1~3.9ZJ 또는 0.27~0.34W/㎡)에 비해 약 세배 정도 빠른 상승률이다. 이러한 수치는 해양이 지구 에너지 불균형의 주요 흡수원으로 작용하고 있다는 사실을 뒷받침한다.

이와 같은 추세는 기후변화에 관한 정부간 협의체(IPCC)의 분석과도 일치한다. IPCC는 1971~2024년 기간 동안, 해양 열함량이 해양 면적 평균 기준으로 연평균 6.8ZJ(0.6

---

14) Argo 부표는 국제 해양 관측 기기로, 약 2,000m까지 침강해 온도·염분 등을 9~10일 주기로 반복 관측한다. 전 세계적으로 약 3,800개 이상 운영되며, 수집된 데이터는 글로벌 해양 관측망(GODAE)에 공유된다. 'Argo'는 그리스 신화 속 탐험선에서 이름을 따왔으며, 미지의 해양을 탐사하는 과학적 항해의 상징이다.

±0.1W/㎡)의 속도로 증가해 왔다고 평가하였으며, 이러한 변화가 인간 활동에 의한 결과일 가능성이 매우 높다(Extremely Likely)고 결론지었다.

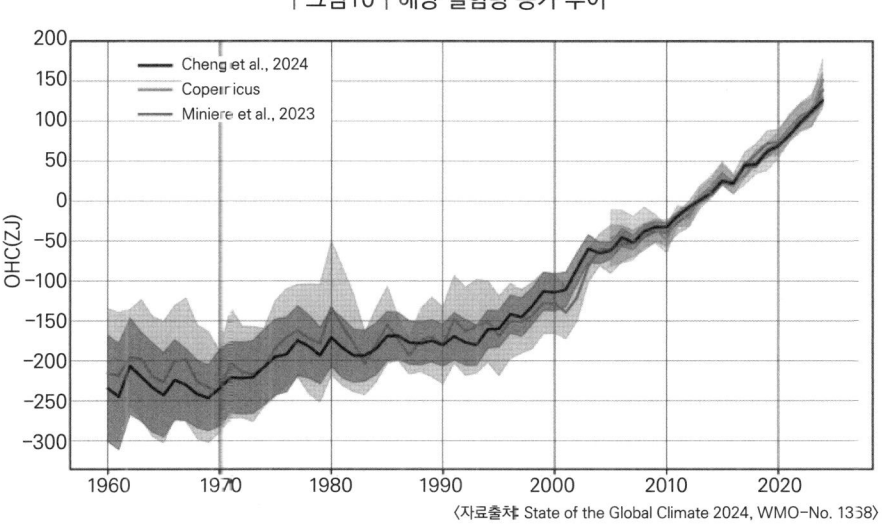

| 그림10 | 해양 열함량 증가 추이

〈자료출처: State of the Global Climate 2024, WMO-No. 1368〉

또한 해양 열함량 증가는 해수면 상승의 주요 원인으로 작용한다. IPCC 제6차 평가보고서에 따르면, 현재 해수면 상승의 50% 이상은 해수 온도 상승에 따른 열팽창(Thermal Expansion) 때문이며, 나머지는 주로 육상 빙상과 산악빙하의 융해에 기인한다. 이러한 해수면 상승은 일시적 현상이 아니라 장기적·지속적 추세로 나타나고 있으며, 21세기 말까지 최대 1미터에 달할 가능성도 제기되고 있다.

(3) 해양은 지구의 '열 저수지'이자 기후변화의 경고 장치

해양은 기후 변화로 인한 초과 에너지를 흡수하며 일종의 완충 역할(Buffer)을 해왔지만, 그 용량에는 한계가 있으며 축적된 열은 수세기에서 수천 년에 걸쳐 지속될 수 있는 비가역적 변화를 초래한다. 따라서 해양 열함량은 단순한 숫자 이상의 의미를 가지며, 기후 시스템 전반의 에너지 불균형을 감지하고 예측할 수 있는 핵심 지표로 이해되어야 한다.

2.5 해수면 상승(Global Mean Sea Level Rise)

(1) 지표 현황: 지속적인 상승과 가속화

2024년, 전 지구 평균 해수면은 위성 관측(1993년 시작) 사상 최고 수준에 도달했다. 특히 최근 10년간(2015~2024년) 해수면 상승 속도는 연평균 4.7mm로, 관측 초기 10년(1993~2002년, 연평균 2.1mm)보다 두 배 이상 빠른 속도로 가속화되고 있다. 이러한 장기적인 상승 추세 위에 연도별 일시적 변동성도 존재하는데, 이는 주로 엘니뇨-남방진동(ENSO) 현상[15]과 관련이 있다. 예컨대, 2023/2024년의 강한 엘니뇨는 북반구 겨울철에 전 지구 평균 해수면을 일시적으로 수 밀리미터 상승시켰으며, 2024년 초의 해수면 하락은 엘니뇨 종료와 중립 상태 복귀의 영향으로 해석된다. 이러한 ENSO에 따른 수문 변화와 지역적 해양 열함량 변화는 단기 변동성을 유발하지만, 장기적인 해수면 상승 추세 자체에는 영향을 주지 않는다.

(2) 측정 방식: 위성과 조위계의 병행 관측
전 지구 평균 해수면(GMSL)은 레이더 고도계가 탑재된 위성을 통해 측정된다. 위성은 레이더 신호가 해수면에 도달한 뒤 반사되어 돌아오는 시간을 측정함으로써 해수면 높이를 계산한다. 보다 긴 시간대의 자료는 19세기 후반부터 전 세계 해안에 설치된 조위계(Tide Gauge)를 통해 수집되어 왔으며, 이를 통해 장기적인 변화 추세를 확인할 수 있다.

(3) 원인: 해양 열팽창과 육상빙하 융해
해수면 상승은 주로 두 가지 요인에 의해 발생한다.
해양 열팽창(Thermal Expansion): 온실가스 증가로 인한 해양 온도 상승은 해수의 팽창을 초래하며, 이는 현재 해수면 상승의 절반 이상을 설명한다.
빙하 및 빙상 융해(Melting of Glaciers and Ice Sheets): 그린란드, 남극, 고산지대의 빙하가 녹아 바다로 유입되면서 해수면 상승에 직접적으로 기여하고 있다.

특히 해양은 지구에 축적되는 초과 에너지의 약 91%를 흡수하기 때문에, 온실가스 배출이 즉시 중단되더라도 해양 온난화는 수세기 동안 지속될 수 있다. 따라서 해수면 상승 또한 장기적이고 비가역적인 경향을 띤다.

---

[15] ENSO(El Niño-Southern Oscillation, 엘니뇨-남방진동)은 열대 태평양의 해수면 온도와 대기압 변동이 상호작용하는 기후 현상을 말한다. 평상시에는 서태평양이 따뜻하고 동태평양이 차가우나, 엘니뇨 시에는 동태평양 해수온도가 상승하고 무역풍이 약화된다. 남방진동은 태평양 동서 간 대기압 차이를 나타내며, 이 전체 시스템이 2-7년 주기로 변화하며 전 지구적 기상 패턴에 영향을 미친다.

| 그림11 | 해수면 상승 추이

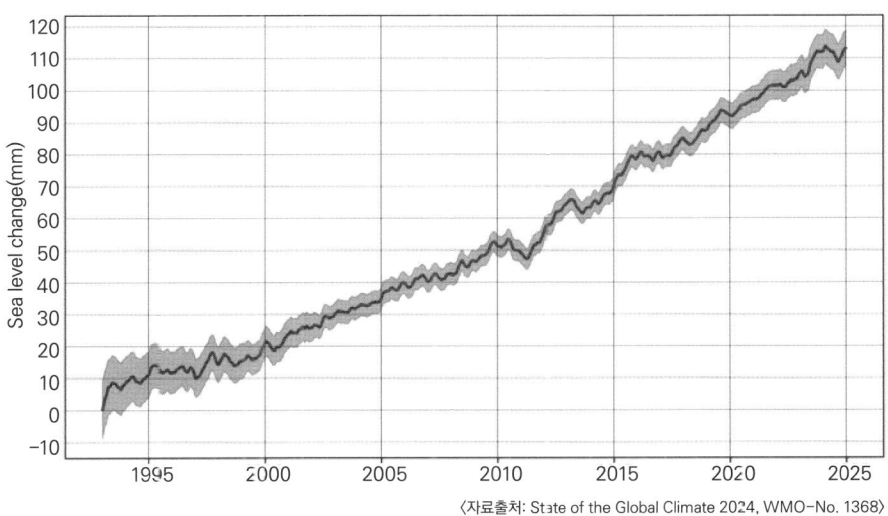

〈자료출처: State of the Global Climate 2024, WMO-No. 1368〉

2.6 해양 산성화(Ocean Acidification)

해양 산성화란, 대기 중 이산화탄소(CO_2)가 해양에 흡수되면서 바닷물의 pH가 낮아지는 현상을 의미한다. 대기 중 CO_2는 인간의 화석연료 연소, 산림 벌채 등 산업 활동으로 인해 증가하고 있으며, 이 중 약 25~30%가 해양에 흡수된다. 해수에 흡수된 CO_2는 물(H_2O)과 반응해 탄산(H_2CO_3)을 형성하며, 이는 수소 이온(H^+)을 방출해 pH를 낮추는 산성화 과정을 유발한다. 해수의 pH는 여전히 7보다 높아 약알칼리성 상태지만, pH의 감소 추세 자체가 산성화로 간주된다.

관측 자료에 따르면, 1985년부터 2023년까지 전 세계 해양 표면의 pH는 10년당 -0.017±0.001 단위의 속도로 감소해왔다(『The state of the global ocean』 보고서, 2024.9). 이는 IPCC 최신 보고서의 추정치와도 일치하며, 해양 산성화가 통계적으로 유의미하고 지속적으로 진행되고 있음을 보여준다. 특히 인도양, 남극해, 동부 적도 태평양, 북부 열대 태평양, 대서양 일부 해역에서는 전 지구 평균보다 더 빠른 속도로 pH가 하락하고 있으며, 이러한 고속 산성화 지역은 전체 해양 관측 해역의 약 47%를 차지한다. 이는 해양 산성화가 전 지구적으로 일관되지 않고 지역별로 심화 양상에 차이를 보임을 시사한다.

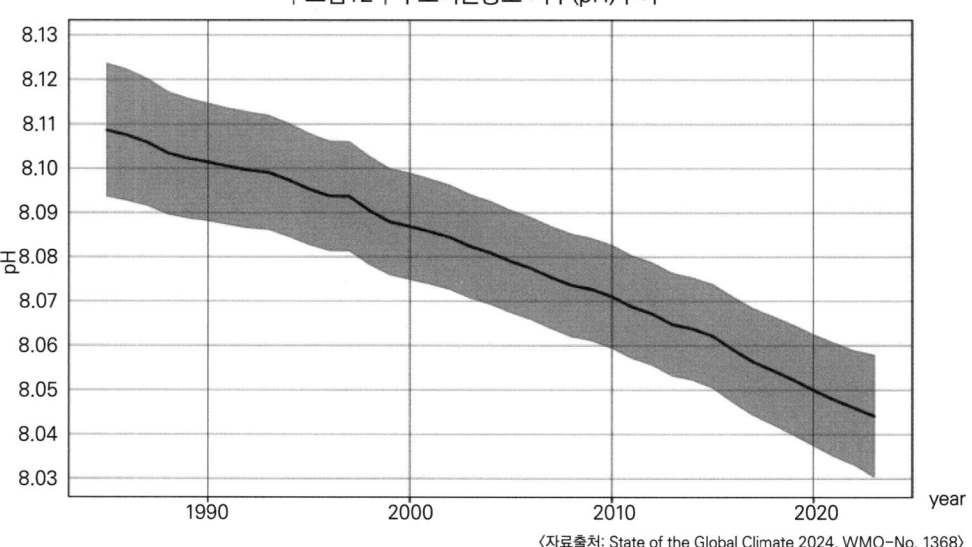

| 그림12 | 수소이온농도 지수(pH)추이

〈자료출처: State of the Global Climate 2024, WMO-No. 1368〉

2.7 극한 기후 현상의 증가

폭염, 폭우, 가뭄, 허리케인, 산불 등 극단적인 기후 현상(Extreme Weather Events)은 과거에도 존재했지만, 최근 수십 년 사이 그 빈도, 강도, 지속 시간이 눈에 띄게 증가하고 있다. 이는 단순한 자연 변동성의 범주를 넘어, 온실가스에 의한 기후 시스템의 구조적 교란으로 설명되며, 다양한 관측 데이터와 귀속 분석(Attribution Analysis)[16]을 통해 기후변화와의 인과관계가 점점 더 명확히 드러나고 있다.

(1) 과학적 증거와 분석

IPCC 제6차 평가보고서(AR6)에 따르면, 최근 수십 년간 폭염 발생 확률은 인간 활동으로 인해 최소 2배 이상 증가했고, 중위도 지역을 중심으로 폭우의 강도와 빈도가 통계적으로 유의미하게 상승했으며, 지중해, 서부 북미, 호주, 아마존 등지에서는 가뭄과 산불 발생 위험이 현저히 높아지고 있다.

다음은 대표적인 실제 사례다.

2021년 캐나다 브리티시컬럼비아 폭염: 기온이 49.6°C에 달해 역사상 최고치를 기록했

---

[16] 귀속분석(Attribution Analysis)은 관측된 현상이 특정 원인에 의해 발생했는지를 밝히는 분석 방법이다. 기후과학, 역학, 경제학 등 다양한 분야에서 인과관계를 정량적으로 추론하며, 관측데이터와 비교 시나리오(대조군)를 활용해 특정 요인의 영향 여부를 분석한다. 실제 세계에서 발생한 데이터를 바탕으로 무엇이 변화를 일으켰는가를 규명하는 데 활용된다.

으며, 이로 인해 수백 명이 사망했다. World Weather Attribution 연구에 따르면, 이 폭염은 "기후변화 없이는 사실상 발생할 수 없는 수준"이었다.

2022년 파키스탄 대홍수: 여름철 집중호우로 국토의 30%가 침수, 약 3,300만 명이 피해, 2백만 채 이상의 주택이 파괴되었다. WWA 분석에 따르면, 기후변화가 이와 같은 집중 강우의 강도와 빈도를 "최소 수 배 증가시켰다"고 평가되었다.

2023년 유럽 폭염과 산불: 스페인, 이탈리아, 그리스 등에서 기온 45℃ 이상이 이어졌고, 그리스 로도스섬에서는 산불로 주민과 관광객 수천 명이 대피하는 사태가 발생했다. Copernicus ECMWF 보고서에 따르면, 유럽 2023년 여름은 "관측 이래 가장 더운 여름"이었다.

(2) 새로운 기후의 일상화: 'New Climate Normal'

극한 기후 현상의 증가는 단순한 '이상기후'의 반복이 아니라, 기후시스템이 본질적으로 새로운 불안정 상태로 이행 중임을 나타내는 구조적 징후다. IPCC AR6는 "과거 100년에 한 번 일어날 법한 폭염이 이제는 10년에 한 번꼴로 일어나고 있으며, 온실가스 배출이 지속되면 향후 2~3년에 한 번꼴로 발생할 것이다"라고 경고하였다.

이러한 변화는 단순히 더운 날씨, 많은 비에 그치지 않고, 도시 인프라와 에너지 시스템 마비, 농업 생산성과 식량 안보 악화, 물 자원 고갈 및 생태계 파괴, 보건·의료 위기 증가 등 사회 전반의 회복력과 적응능력에 중대한 압력을 가하고 있다.

결국, 극한 기후의 '새로운 일상화'는 기후위기의 현실성과 시급성을 더 이상 미룰 수 없는 문제로 드러내며, 정책적, 사회적 전환의 필요성을 강하게 촉구하고 있다.

| 표07 | 주요 극한 기후 사건 연표 (2010-2024)

연도	주요 극한 기후 사건
2010	러시아 기록적 폭염, 산불 및 5만 명 이상 사망
2012	미국 중서부 대가뭄, 곡물 수확량 급감
2016	인도·파키스탄 50℃ 폭염, 수천 명 사망
2019	호주 블랙 서머 산불, 1천만 헥타르 이상 피해
2021	캐나다 BC주 49.6℃ 폭염, 수백 명 사망
2022	파키스탄 대홍수, 국토 30% 침수
2023	유럽 폭염과 산불, 로도스섬 대피
2024	남미·북대서양 해양 열파, 이상 고온 기록

2.8 엘니뇨(El Niño) vs 라니냐(La Niña)[17]

날씨와 관련하여 자주 언급되는 용어가 엘니뇨와 라니냐 현상이다. 엘니뇨와 라니냐는 대기와 해양을 통해 지구 전체의 기상에 영향을 미친다. 기상청 날씨누리에 의하면 엘니뇨와 라니냐의 기준은 열대 태평양의 해수면 온도 편차가 3개월 이동평균으로 5개월 이상 지속될 때 엘니뇨 또는 라니냐가 시작된 것으로 본다고 설명하고 있다. 엘니뇨는 해수면 온도 편차가 +0.5℃ 이상, 라니냐는 -0.5℃ 이하일 때를 말한다.

그림을 통하여 평상시와 엘니뇨 현상이 각각 생성될 때 해수온도가 어떻게 변화하고, 변화된 해수온도가 대류현상에 주는 영향과 이로 인한 날씨변화 등을 살펴보자.

(1) 평상시 태평양 해수면 온도

태양에너지는 적도 부근의 열대 태평양 지역에 가장 많이 유입되며, 이에 따라 이 지역의 해수면 온도가 지속적으로 높은 편이다. 평상시에는 서태평양의 해수면 온도가 높고, 동태평양은 상대적으로 낮아 "서고-동저(서쪽이 높고 동쪽이 낮은) 형태"를 유지한다.

이는 무역풍(Trade Wind)이 동쪽에서 서쪽으로 불면서 따뜻한 표층 해수를 서태평양으로 몰아넣기 때문이다. 결과적으로, 서태평양에서는 해수가 상승하여 대류활동이 활발해지고, 동태평양에서는 냉수를 끌어올리는 용승(Upwelling) 현상이 강화된다.

(2) 엘니뇨(El Niño)와 라니냐(La Niña) 현상

엘니뇨(El Niño) 현상이 발생하면 평소보다 무역풍이 약화되거나 역전되면서 따뜻한 해수가 동태평양으로 이동하게 된다. 이로 인해 동태평양(특히 페루, 에콰도르 연안)의 해수면 온도가 상승하고, 반대로 서태평양의 해수 공급이 줄어들어 상대적으로 기온이 낮아진다.

결과적으로, 서태평양에서 강했던 강수 활동이 동태평양으로 이동하면서 페루, 칠레 등의 남미 지역에 많은 비가 내리고, 반대로 인도네시아와 호주 등 서태평양 지역에서는 가뭄이 심화된다.

라니냐(La Niña) 현상이 발생하면 엘니뇨와 반대의 현상이 나타나며, 무역풍이 더욱 강해지면서 서태평양으로 따뜻한 해수 유입이 강화된다. 이로 인해 서태평양(인도네시

---

17) 엘니뇨는 1600년대 페루 해안가 어부들에 의해 처음 관찰된 현상이다. 크리스마스가 있는 12월경 아메리카 대륙 근처 온수층이 최고조로 두꺼워진다는 걸 알아챈 어부들은 이 현상에 대해 스페인어로 '아기 예수'(또는 소년)를 뜻하는 '엘니뇨'라는 이름을 붙였다. 반대로 라니냐는 소녀를 뜻하는 스페인어로 1980년대 초반에 과학자들이 해수와 대기에 의한 기후변동현상을 설명하기 위한 필요에 의하여 붙인 이름이다.

아, 필리핀, 호주) 지역에서는 강한 대류 활동이 발생하여 폭우와 홍수가 빈번해지고, 반대로 동태평양 지역에서는 용승이 더욱 활발해지면서 해수면 온도가 낮아지고 가뭄이 심화된다.

| 그림13 | 평상시와 엘니뇨 시기 대기·해양 상태 모식도(기상청 2016 엘니뇨 백서)

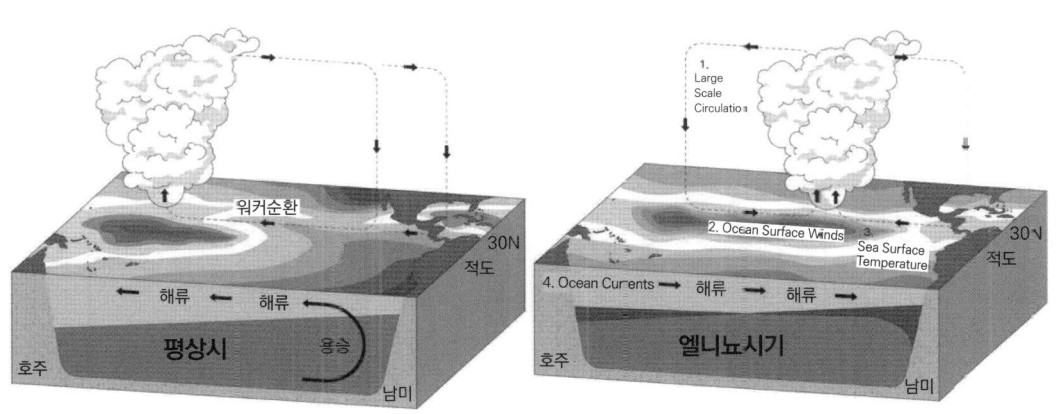

(3) 엘니뇨와 라니냐: 자연 현상인가, 기후변화의 가속자인가?

엘니뇨(El Niño)와 라니냐(La Niña)는 적도 태평양 해역의 해수면 온도 변화에 따라 전 세계 날씨에 큰 영향을 미치는 대표적인 자연 기후 변동 현상이다. 수백 년 이상 이어져온 이 현상들은 기후 시스템 내에서 발생하는 자연적 주기 변화로, 평소에도 해양과 대기 간 상호작용을 통해 지구 각지에 기상 이상을 유발해 왔다.

영국 BBC(2023.1.12.)에 따르면, 엘니뇨는 동태평양의 해수면 온도가 평년보다 높아지는 현상으로, 지구 평균기온을 약 0.2°C 상승시키는 온난화 효과를 유발한다. 이는 따뜻한 해수가 더 넓은 해역으로 퍼지고 지표면 가까이에 머무르면서 태양 복사를 더 효율적으로 흡수하기 때문이다. 반면, 라니냐는 해수면 온도가 평년보다 낮아지는 현상으로, 지구 평균기온을 약 0.2°C 낮추는 냉각 효과를 나타낸다고 한다.

한편 최근 들어 과학계도 이러한 자연 현상과 기후변화 간의 상호작용에 주목하고 있다. 온실가스 증가로 인한 지구 온난화가 엘니뇨·라니냐의 발생 빈도나 강도에 영향을 주고 있는 것 아니냐는 문제 제기가 있는 것이다. 일부 연구[18]는 실제로 최근 수십 년간 엘

---

18) 해당 연구는 《Nature》(2023년 7월 26일자)에 발표된 논문으로 "Increased occurrences of consecutive La Niña events under global warming", 지구 온난화 하에서 연속적인 라니냐 발생 증가), 주요 연구진은 Tao Geng - 중국 오션대학(Ocean University of China), 해양기후학과, Fan Jia - 청도허강과학기술센터, Wenju Cai - 호주 연방과학산업연구기구(CSIRO), 기후시스템 연구소, Lixin Wu - 중국 오션대학, 해양대기과학부, Michael J. McPhaden - 미국 NOAA, 태평양해양환경연구소(PMEL) 등이다.

니뇨의 강도가 강해지고, 라니냐가 반복되는 현상이 더 빈번해졌으며, 이로 인해 폭우, 가뭄, 허리케인, 산불 등 극단적인 기상이변의 강도와 빈도도 증가했다고 보고하고 있다.

그러나 이러한 주장을 둘러싼 과학적 합의는 아직 신중한 단계에 머물러 있다. IPCC 제6차 평가보고서(AR6)는 이와 관련된 결정적인 인과관계는 아직 명확히 증명되지 않았다고 밝힌다. 보고서는 나이테, 산호, 해저 퇴적물 등의 고기후 기록을 분석한 결과, 엘니뇨·라니냐의 빈도와 강도는 1400년대 이후 일정하지 않았으며, 특히 1850~1950년과 1950년 이후를 비교했을 때 강화 경향은 있지만, 이것이 온실가스 증가와 직접 연결된다는 증거는 충분치 않다고 평가한다.

즉, 현재까지의 연구에 따르면 엘니뇨와 라니냐는 자연적인 기후 변동성이며, 기후변화가 이들 현상에 미치는 영향은 아직 명확하지 않다. 다만 최근의 관측 결과와 시뮬레이션 모델은 기후변화가 이들의 특성 변화에 일정 부분 기여했을 가능성을 배제할 수 없다는 점에서, 장기적인 모니터링과 추가 연구가 반드시 필요하다는 데에는 과학계의 공감대가 형성되어 있다.

요약하자면, 엘니뇨와 라니냐는 자연적 기후 시스템의 일부이지만, 기후변화와의 상호작용 가능성이 제기되고 있는 동적 기후 요인이다. 이들은 기후변화의 '결과'라기보다는, 변화하는 기후시스템 속에서 새로운 방식으로 작동할 수 있는 변수이며, 그 영향력은 점점 더 주목받고 있다.

제5절 기후변화의 사회경제적 영향

기후변화로 인한 환경적 변화는 인간사회와 경제 전반에 걸쳐 심각한 영향을 미치고 있다. 특히, 식량 및 수자원 부족, 경제적 손실, 건강 문제 증가 등 다양한 사회경제적 문제가 대두되고 있으며, 이는 지속가능한 발전을 위협하는 요소로 작용하고 있다.

1. 식량 및 수자원 부족

기후변화는 농업 생산과 수자원 공급에 직접적인 영향을 미치며, 극단적인 기후 현상(가뭄, 홍수, 폭염 등)은 식량안보와 식수 공급을 위협하고 있다.

1.1 농업 생산성 감소 및 식량 위기

기후변화로 인한 가뭄, 홍수 등 이상기후의 빈도와 강도 증가는 전 세계적으로 농업 생산성을 저하시켜 식량 위기를 심화시키고 있다. 예를 들어, 2022년 유럽 전역을 강타한 가뭄은 프랑스, 이탈리아, 독일 등 주요 농업 국가의 곡물 생산량을 급감시키며 유럽의 식량 공급 안정성에 큰 타격을 주었다(European Drought Observatory, 2022).

미국 캘리포니아 역시 심각한 가뭄으로 아몬드, 밀, 옥수수 생산량이 20% 이상 감소했으며(USDA, 2023), 아프리카 동부에서는 2021년부터 2023년 사이 소말리아, 에티오피아, 케냐를 휩쓴 장기 가뭄으로 약 2,000만 명이 식량 부족 상태에 직면했다(FAO, 2023).

가뭄뿐 아니라 극단적 홍수도 농업에 심각한 피해를 주고 있다. 2022년 파키스탄에서는 기록적인 홍수로 인해 국토의 30%가 침수되었고, 800만 헥타르 이상의 농경지가 유실되며 식량 생산 기반이 무너졌다(World Bank, 2023).

이처럼 기후 재해는 특정 지역에 국한되지 않고 전 세계적 식량 시스템의 불안정성을 초래하고 있으며, 향후 기후변화 대응과 식량 안보 전략의 통합적 접근의 필요성을 부각시키고 있다.

1.2 수자원 부족 문제 심화

기후변화로 인한 해수면 상승과 가뭄의 심화는 전 세계적으로 수자원 확보를 위협하고 있다. 해안 지역에서는 해수면 상승으로 인해 담수가 오염되고, 지하수 염분화 현상이 가속화되고 있다. 이에 따라 방글라데시, 몰디브, 태평양 도서국 등지에서는 2050년까지 약 1,500만 명 이상이 식수 부족 문제로 이주할 가능성이 제기되고 있다(UNEP, 2023).

한편, 중국, 인도, 미국 등 대규모 인구와 산업이 밀집된 국가들에서는 가뭄으로 인한 댐 수위 하락이 수자원뿐 아니라 전력 생산에도 직접적인 영향을 미치고 있다. 예를 들어, 2022년 중국 양쯔강 유역의 극심한 가뭄은 수력 발전량을 40% 이상 감소시켜, 전력 부족 사태를 초래한 대표적 사례로 지목된다(IEA, 2023). 이처럼 기후변화는 물의 양적 부족뿐만 아니라 질적 악화와 에너지 안보까지 복합적인 위협을 가중시키고 있으며, 통합적인 수자원 관리 전략의 시급성을 보여주고 있다.

2. 경제적 손실 및 금융 시스템 영향

기후변화로 인해 발생하는 극단적 기후 현상은 산업, 금융, 부동산, 보험 시장 등에도 막대한 경제적 피해를 초래하고 있다.

2.1 기후재해로 인한 경제적 손실 증가

기후변화로 인한 자연재해의 빈도와 강도가 증가하면서, 그에 따른 경제적 손실 규모도 빠르게 확대되고 있다. 예를 들어, 2022년 미국에서는 허리케인, 산불, 홍수 등 기후 관련 자연재해로 인해 약 1,650억 달러 규모의 경제적 피해가 발생했으며, 이는 기상재해가 국가 경제에 미치는 직접적 충격을 보여주는 대표적 사례이다(NOAA, 2023).

유럽 또한 2023년 폭염과 가뭄의 영향으로 농업 수확량이 급감하고 수력발전 효율이 저하되며, 농업 및 에너지 부문에서만 600억 유로 이상의 손실을 기록했다(European Environment Agency, 2023). 이는 극한 기후가 생산과 공급 체계 전반에 미치는 파급 효과를 보여준다.

한편, 기후재해는 물리적 피해를 넘어 자산 가치에도 영향을 미치고 있다. 해수면 상승과 반복적인 홍수 위험으로 인해 마이애미, 방콕, 도쿄, 상하이 등 세계 주요 해안 도시에서는 부동산 가치 하락이 이미 가시화되고 있다.

특히 미국 플로리다 지역은 2030년까지 부동산 가치가 15% 이상 감소할 것이라는 전망이 제시되었으며(National Bureau of Economic Research, 2023), 이는 기후위기가 지역 경제 기반의 장기적 안정성까지 위협을 가하고 있음을 의미한다. 이처럼 기후재해는 단기적 복구 비용을 넘어 구조적이고 누적적인 경제적 위험으로 전이되고 있으며, 기후위기의 경제적 파급력에 대한 정책적 대응과 적응 전략을 시급한 과제로 만들고 있다.

2.2 금융 및 보험 산업에 미치는 영향

기후위기의 확산은 금융 시스템 전반에 구조적 리스크를 초래하며, 특히 보험 및 투자 산업의 손실 리스크를 급격히 증가시키고 있다. 자연재해의 빈도와 강도가 높아짐에 따라 보험금 지급 규모가 확대되고 있으며, 이로 인해 보험료 인상, 담보 축소, 가입 제한 등이 전 세계적으로 나타나고 있다. 예컨대, 2023년 미국과 유럽의 기후재해 관련 보험료는 전년 대비 최대 30% 상승했으며, 위험이 큰 지역에서는 보험사들이 시장에서 철수하는 현상도 발생하고 있다(Swiss Re, 2023).

한편, 기후정책 강화와 에너지 전환의 가속화는 탄소집약적 산업(석탄, 석유, 철강, 시멘트 등)에 대한 시장 신뢰를 약화시키고 있으며, 기업 가치 하락과 함께 관련 자산에 대한 금융기관의 투자 회피를 심화시키고 있다. 이 과정에서 특히 주목할 점은, 기후 전환의 진전에 따라 과거 탄소 기반 산업에 투자된 자본이 회수 불가능한 '매몰비용(Sunk Cost)'으로 전환되고 있다는 점이다. 예를 들어, 석탄화력발전소나 내연기관 자동차 설비 등은 경제적 수명이 끝나기 전에도 정책·시장 변화로 인해 조기 퇴출될 수 있으며, 이 경우 해당 자산에 투자한 민간 및 공공 자본은 경제적 가치 없이 상각되며 손실로 기록된다. 이러한 전환리스크와 자산의 좌초(Stranded Assets) 가능성은 금융기관의 포트폴리오 재조정과 기후리스크 평가 체계 강화를 촉진하고 있다(IMF, 2023).

결국 기후변화는 보험·금융 산업에 직접적 재무 리스크를 가하고 있을 뿐 아니라, 기존 자본의 매몰 가능성을 통해 미래 투자 전략 전환을 강제하고 있다. 따라서 금융권은 기후정보 공시, 리스크 내재화, ESG 통합전략 등 보다 적극적인 대응 체계를 갖출 필요가 있다.

3. 건강 문제 증가 및 공중보건 위협

기후변화는 온열 질환, 감염병 확산, 대기오염 증가 등의 문제를 초래하며, 전 세계 공중보건 시스템에 큰 부담을 주고 있다.

3.1 폭염과 대기오염으로 인한 건강 문제 증가

기후변화는 극한 고온 현상과 대기오염의 심화를 통해 인간 건강에 광범위한 부정적 영향을 미치고 있다. 대표적으로, 2023년 유럽을 강타한 기록적 폭염으로 인해 61,000명 이상의 초과 사망자가 발생했으며(The Lancet, 2023), 인도와 파키스탄에서는 기온이 섭씨 50도를 초과하는 극단적 폭염이 장기간 지속되면서 열사병과 탈수로 인한 사망자 수가 급증하였다. 폭염은 단순히 고온 노출에 의한 직접적 피해뿐 아니라, 대기 중 오존(O_3) 농도와 미세먼지($PM_{2.5}$, PM_{10}) 농도를 증가시켜 호흡기 및 심혈관 질환의 악화를 유발한다.

기후변화는 이러한 대기오염물질의 축적 조건을 강화하며, 결과적으로 천식, 만성폐쇄성폐질환(COPD), 알레르기성 질환 등의 만성 질환 유병률을 증가시키고 있다. 세계보건기구(WHO)는 이러한 추세 속에서 전 세계적으로 대기오염으로 인한 조기 사망자가 연간 약 700만 명에 달한다고 보고하고 있으며(WHO, 2023), 이는 기후변화가 단지 환경 문제가 아니라 인류 보건을 위협하는 공중보건 위기로 진화하고 있음을 시사한다.

3.2 감염병 확산 위험 증가

기후변화는 감염병의 지리적 확산과 계절적 주기의 변화를 초래함으로써 전 세계 보건 위협을 가중시키고 있다. 특히 기온 상승, 강우 패턴 변화, 습도 증가는 모기, 진드기, 설치류 등 매개체(Vector)의 번식 조건을 개선하여 말라리아, 뎅기열, 지카바이러스와 같은 열대 감염병의 발병률을 증가시키고 있다.

최근 들어 모기의 서식지가 고위도와 고지대로 확대되면서, 과거에는 발생하지 않던 지역에서도 매개성 질병의 신규 발생이 보고되고 있다. 예를 들어, 2023년 아프리카와 동남아시아에서는 뎅기열 환자가 전년 대비 30% 이상 급증했으며(CDC, 2023), 이는 폭우와 고온이 동시에 발생하는 이상기후 조건이 질병 매개체의 번식을 폭발적으로 증가시켰기 때문이다.

또한 2015~2016년 브라질에서는 기록적인 고온과 폭우로 인해 지카바이러스가 대규모로 확산되었으며, 이로 인해 수천 명의 신생아가 소두증(Microcephaly) 등의 선천성 질환을 겪는 공중보건 재난이 발생하였다. 미국 CDC(질병통제예방센터, Centers for Disease Control and Prevention)는 이러한 사례를 근거로, 기온 상승과 기후변동성이 북미 및 유럽 등 온대 지역에도 감염병 리스크를 확대할 수 있다고 경고하고 있다(CDC, 2022).

이처럼 기후변화는 감염병의 전파 범위와 주기를 변화시킬 뿐 아니라, 기존 방역 시스템의 예측 가능성과 대응력을 약화시키고 있으며, 따라서 기후 요인을 반영한 감염병 조기 경보 체계와 국제 협력의 강화가 필수적이다.

제6절 기후변화의 미래 예측 및 모델링

기후변화의 미래를 예측하는 것은 효과적인 기후정책 수립과 적응전략 마련에 핵심적인 역할을 한다. 이를 위해 과학자들은 다양한 기후모델을 활용하여 온실가스 배출, 사회·경제적 변화, 기후시스템 반응 등을 반영한 미래 시나리오를 개발하고 있다. 특히 IPCC는 이러한 모델링을 통해 기후변화의 방향과 경향을 과학적으로 입증하고, 정책적 대응의 근거를 제공하고 있다.

1. 기후 예측 시나리오의 진화

1.1 RCP 시나리오(기존 모델)

RCP(Representative Concentration Pathways)는 방사강제력(지구 온난화를 유도하는 에너지 변화량)의 수준에 따라 온실가스 배출경로를 설정한 시나리오다. 대표 시나리오는 RCP2.6, RCP4.5, RCP6.0, RCP8.5가 제시되었는데 사회·경제적 요인을 충분히 반영하지 못하고, 일부 시나리오(RCP8.5)는 비현실적이라는 비판을 받았다.

1.2 SSP 시나리오(새로운 모델)

SSP(Shared Socioeconomic Pathways)는 각기 다른 사회·경제적 발전 경로를 설정하고, 그에 따른 온실가스 배출과 기후 영향까지 반영하는 시나리오다. IPCC 제6차 평가보고서(AR6)는 SSP 시나리오를 RCP 개념(방사강제력 수준)과 결합하여 보다 정교한 분석이 가능하도록 구성하였다.

2. AR6 시나리오의 체계적 분류와 의미

IPCC 제6차 평가보고서(AR6)는 기후변화의 미래를 예측하기 위해 다양한 사회·경제적 경로와 기후정책 수준을 반영한 시나리오 체계를 제시하고 있다. 이러한 시나리오들은 단순한 온도 예측을 넘어, 국제사회의 대응 방식, 기술 발전 속도, 정책 의지의 차이에 따라 지구의 미래가 어떻게 달라질 수 있는지를 보여주는 분석 도구다.

AR6 시나리오는 크게 사회적 맥락(국제 협력 vs 국가 간 경쟁), 기술 발전 수준, 기후정책의 강도에 따라 분류되며, 각 시나리오에 따라 2100년까지의 예상 온도 상승 폭이 크게 달라진다.

이 시나리오들은 'SSP(공유사회경제경로, Shared Socioeconomic Pathways)'라는 구조적 틀을 기반으로 하며, 이 안에서 각기 다른 온실가스 농도경로(Radiative Forcing Scenarios, 예: SSP1-1.9, SSP2-4.5 등)가 결합되어 미래의 기후 결과를 정량적으로 예측한다.

예를 들어 SSP1-1.9는 지속가능한 발전 경로와 강력한 기후정책을 가정한 시나리오로, 지구 평균기온 상승을 1.5°C 이내로 억제하는 경우를 나타낸다. 반면, SSP5-8.5는 탄소집약적 경제성장을 지속하고 정책 개입이 거의 없는 경우로, 최대 4.4°C 이상의 온도 상승이 예상된다.

이러한 시나리오들은 각국 정부의 정책 결정, 국제 기후 협상의 근거, 기후위험 평가와 금융시장 대응, 기후적응 전략 수립 등에 폭넓게 활용되며, "기후미래는 선택 가능하다"는 메시지를 과학적 수치로 입증하는 역할을 한다.

| 표 8 | 기후변화 시나리오 요약 표(IPCC AR6 기준)

시나리오	사회적 특성	배출 수준	예상온도 상승 (2100년)	주요 특징
SSP1-1.9	지속가능 사회, 국제 협력	매우 낮음 (탄소중립 달성)	약 1.4°C	유일하게 파리협정 1.5°C 달성 가능
SSP1-2.6	지속가능 사회, 협력	낮음	약 1.8°C	상당 수준 감축, 기후 영향 완화 가능
SSP2-4.5	현재 경로 유지	중간	약 2.7°C	기후 영향 가시화, 이상기후 증가
SSP3-7.0	국가 간 경쟁, 불균형	높음	약 3.6°C	심각한 기후 영향, 대응 미흡
SSP5-8.5	화석연료 중심 경제 성장	매우 높음	약 4.4°C	최악의 시나리오, 위험 경고용

SSP1-1.9: 전 세계가 탄소중립을 달성하며 기후위기를 제한하는 유일한 경로이다. 국제 협력과 저탄소 기술의 핵심적 역할이 이루어진다.

SSP1-2.6: 탄소 감축은 성공하지만 1.5°C 목표에는 못 미친다. 여전히 많은 피해를 줄일 수 있다.

SSP2-4.5: 현재의 정책 기조가 유지되는 경우이다. 온난화 심화로 기후 위기가 증대한다.

SSP3-7.0: 국가 간 갈등이 심화되고, 기후 대응이 후퇴하는 시나리오이다. 개발도상국의 배출이 급증한다.

SSP5-8.5: 화석연료 중심 성장이 지속되는 경우이다. 극단적 기후변화가 가속화되며, 주로 위험 경고용 시나리오로 사용된다.

Think Box

SSPx-y.z 형식에 대한 이해

(1) SSPx (Shared Socioeconomic Pathways): 사회경제적 경로를 의미하며, 'x'는 정성적 시나리오 번호(1~5)를 나타낸다. 각 SSP는 인구, 경제 성장, 교육, 기술 발전, 국제 협력 등 사회적·경제적 요소의 전개 방향을 설명한다. 예를 들어 SSP1: 지속가능한 세계 (협력, 친환경 기술 확산), SSP2: 중간 경로 (현재 정책 지속), SSP3: 지역 경쟁 중심(갈등, 저개발국 배출 증가), SSP5: 화석연료 기반의 고성장을 나타낸다.(※ SSP4는 기후불평등 시나리오로 배출량 경로는 아님)

(2) y.z(Radiative Forcing 수치)는 2100년까지 예상되는 복사강제력(Radiative Forcing)을 의미하며, 지구 에너지 시스템에 남는 초과 에너지(W/m^2)를 표시한다. 간단히 말해, 지구를 덥게 만드는 에너지 강도라고 생각하면 된다. 예를 들어 1.9 W/m^2: 매우 낮은 배출 시나리오(기온 상승 1.5°C 이하 가능), 2.6 W/m^2: 낮은 배출, 4.5 W/m^2: 중간 수준 배출, 7.0 W/m^2, 8.5 W/m^2: 매우 높은 배출로 강한 온난화 유도하는 수치이다.

3. IPCC AR6의 핵심 메시지

IPCC는 주기적으로 평가 보고서를 발간하며, 최근 발표된 제6차 평가보고서(AR6, 2021~2023)에서는 기후변화의 심각성을 다음과 같이 강조했다.

3.1 기후변화는 명백히 인간 활동의 결과다.

현재의 기후변화는 과거 수천 년 동안 전례가 없을 정도로 빠르게 진행되고 있으며, 이산화탄소(CO_2), 메탄(CH_4), 아산화질소(N_2O) 등의 온실가스 증가가 주된 원인임이 과학적으로 명확하게 규명되었다.

3.2 기온 상승과 기상이변은 직접 연결된다.

폭염, 집중호우, 가뭄, 해양 열파 등 극한 기상현상의 빈도와 강도가 증가하고 있으며, 이는 인간 영향으로 더욱 심각해졌다. 전 지구 인구의 절반 이상이 기후위기의 심각한 영향을 받고 있다.

3.3 1.5°C 목표 달성을 위한 시간은 매우 촉박하다

현재의 배출 수준이 지속되면 2030년대 초반에 1.5°C 한계에 도달할 가능성이 크다. 이 한계를 넘으면 돌이킬 수 없는 티핑포인트에 도달할 위험이 커지며, 광범위한 생태계 붕괴와 인간 사회의 피해가 예상된다.

3.4 탄소예산은 빠르게 소진 중이다.

1.5°C 목표를 달성하려면 남은 탄소예산은 2020년 기준으로 약 4,000억 톤(CO_2) 내외로, 현재의 연간 배출량(약 400억 톤)을 기준으로 하면 약 10년 내 소진된다.

3.5 즉각적이고 광범위한 감축이 필요하다.

모든 부문(에너지, 산업, 교통, 농업 등)에서 2030년까지 온실가스 배출량을 최소 43% 감축해야 하며, 2050년경까지 탄소중립(Net Zero) 달성이 필요하다. 감축, 적응, 기후금융, 정의로운 전환이 동시에 추진되어야 한다.

3.6 적응 역량과 기후복원력 강화도 병행 필요하다.

기후위기의 피해는 기후 취약성, 사회 불평등, 개발 수준에 따라 다르게 나타난다. 특히 기후취약국과 저개발국의 지원 확대, 재난 대응 체계 강화, 식량·물·보건 시스템의 회복력 제고가 중요하다.

이 보고서는 IPCC 산하 세 개 작업반(WGI: 과학적 근거, WGII: 영향 및 적응, WGIII: 완화 전략)의 종합 결과이며, 2023년 종합보고서(Synthesis Report)를 통해 국제사회의 기후행동을 위한 핵심 과학적 근거를 제공하고 있다.

Discussion Topic

1. 온실가스는 생명 유지의 필수 요소인가, 기후위기의 주범인가?
   - **찬성** (생명 유지 기능 강조): 온실가스는 지구의 평균기온을 약 15°C로 유지시켜 생명체가 살 수 있는 환경을 조성하며, 자연적 온실효과는 필수적인 기후시스템의 일부이다.
   - **반대** (기후위기 요인 강조): 산업화 이후 온실가스 농도가 비정상적으로 증가하면서 자연적 수준을 초과한 '강화된 온실효과'가 나타났고, 이로 인해 지구 에너지 균형이 깨져 기후위기를 초래하고 있다.

2. 현재의 기후변화는 과학적으로 충분히 입증된 사실인가?
   - **찬성** (과학적 증거 충분): IPCC 보고서를 비롯한 다양한 관측 자료는 지구 평균기온 상승, 해수면 상승, 해양 열함량 증가, 극지방 빙하 감소 등 인간 활동에 의한 기후변화의 명확한 증거를 제시한다.
   - **반대** (불확실성 주장): 기후시스템은 복잡하며 자연적 요인의 영향도 크기 때문에, 현재의 변화가 전적으로 인간 활동에 의한 것이라는 과학적 증거는 아직 불완전하거나 해석 여지가 있다.

3. 해양은 기후변화를 완화하는 '완충지대'인가, 미래의 '위험 요인'인가?
   - **찬성** (완충지대 강조): 해양은 지구 초과 에너지의 약 90%를 흡수하고 있으며, 탄소 흡수원으로도 작용하여 기후변화를 늦추는 중요한 역할을 하고 있다.
   - **반대** (위험 요인 강조): 해양이 흡수한 열과 탄소는 해양 산성화, 해수면 상승, 해양 생태계 붕괴 등의 위험을 초래하며, 이는 되돌릴 수 없는 장기적 기후위기를 야기할 수 있다.

4. 기후변화의 지역적 불균형은 기후정의를 위협하는가?
   - **찬성** (기후정의 위협 주장): 기후변화는 온실가스를 덜 배출한 개발도상국과 저소득층이 더 큰 피해를 입는 구조로 진행되고 있으며, 이는 국제적 불평등을 심화시키고 있다.
   - **반대** (균형 또는 기술 중심 대응 주장): 피해의 지역적 차이는 있지만 기후변화는 전 지구적 문제이며, 기후정의보다는 기술혁신과 글로벌 협력을 통한 공동 대응이 우선되어야 한다.

5. 1.5°C 목표는 과학적으로 실현 가능한가?
   - **찬성** (실현 가능 주장): 탄소예산을 바탕으로 한 국제협력, 재생에너지 확대, 정책적 감축 노력이 결합된다면 1.5°C 목표는 여전히 달성 가능한 과학적 시나리오이다.
   - **반대** (정치적 이상 주장): 현재의 배출 속도와 국가 간 협력 부족을 고려할 때 1.5°C 목표는 현실성이 낮으며, 이를 고집하기보다 보다 현실적인 2°C 이내 관리와 적응 중심 전략이 필요하다.

Carbon Neutrality

제3장
탄소중립의 경제학적 접근

제1절 경제학의 눈으로 본 탄소중립 ·················· 96
제2절 환경경제학의 역사적 전개와 이론적 기반 ········· 98
제3절 기후변화의 경제학적 분석 틀 ·················· 102
제4절 탄소감축 정책수단의 비교 ···················· 122
제5절 탄소감축과 경제성장의 양립성 논쟁 ············ 136

제3장 탄소중립의 경제학적 접근

제1절 경제학의 눈으로 본 탄소중립

　21세기 인류가 직면한 최대의 위협 중 하나인 기후변화는 경제, 사회, 생태계 전반에 걸쳐 지대한 영향을 미치고 있으며, 이러한 위협을 완화하고 대응하기 위한 핵심 전략으로 탄소중립이 국제사회에서 주목받고 있다.

　탄소중립이란 인간 활동으로 인해 발생하는 온실가스 배출량을 흡수·제거량과 같게 만들어 실질적인 순배출을 0으로 만드는 상태를 말한다. 이는 단순한 환경정책을 넘어 경제 시스템의 재편을 요구하는 구조적 전환 과제이기도 하다.

　초기 기후변화 대응은 재생에너지 확대, 에너지 효율 향상, 저탄소 기술 개발 등 기술공학적 해법에 주로 초점을 맞추어 왔다. 그러나 이러한 접근은 일부 성과에도 불구하고, 온실가스 감축의 속도나 범위에서 한계를 드러냈다. 국가 간 협력 부족, 기술 확산의 불균형, 제도적 실행력 부족 등은 기후정책의 실효성을 제약하는 요인이 되었으며, 근본적으로는 경제적 유인체계의 미비가 핵심적인 문제로 지적되었다.

기후변화는 대표적인 시장실패(Market Failure)의 사례다. 온실가스 배출은 생산자나 소비자의 경제 활동에서 발생하지만, 그로 인한 피해는 당사자에 국한되지 않고 전 세계와 미래 세대에까지 광범위하게 영향을 미친다. 이러한 피해는 시장 가격에 제대로 반영되지 않기 때문에, 배출자는 실제로 발생하는 사회적 비용을 부담하지 않는다. 그 결과 온실가스 배출억제에 대한 경제적 유인이 부족해지고, 이는 배출의 과잉을 초래한다. 이와 같은 부정적 외부효과(Negative Externality)로 인해 환경자원은 비효율적으로 이용되며, 시장은 자원의 최적 배분에 실패하게 된다.

이러한 맥락에서 경제학적 접근의 필요성이 부각된다. 환경경제학은 외부효과 이론에 근거하여, 배출자의 행위에 비용을 부과하는 탄소세(Carbon Tax)나, 총량을 규제한 후 시장에서 거래를 허용하는 배출권거래제(ETS), 무역과 환경을 연계한 탄소국경조정제도(CBAM) 등 시장 기반의 정책 수단을 제시해 왔다. 이들은 시장의 유연성과 가격 메커니즘을 활용하여, 감축 비용을 최소화하면서도 환경목표를 달성할 수 있는 방안을 모색한다.

나아가 탄소중립은 단순한 배출 감축을 넘어, 경제 구조의 전환, 산업 생태계의 재편, 소비·생산 방식의 변화, 투자 방향의 전환을 수반하는 전방위적 시스템 혁신을 요구한다. 이러한 변화를 실현하기 위해서는 단순한 규제나 기술적 해법을 넘어서, 경제적 유인, 행동 변화, 정책 조합(Policy Mix)에 대한 정교한 설계가 필수적이다.

본 장에서는 환경경제학의 역사적 전개와 이론적 기반을 살펴보고, 시장실패와 정부 개입의 논리를 중심으로 탄소중립 달성을 위한 경제적 도구들을 체계적으로 분석하고자 한다. 특히 탄소가격제, 인센티브 메커니즘, 지속가능성, 국제 협력 메커니즘 등의 논의를 통해, 탄소중립이 어떻게 지속가능한 성장과 조화를 이룰 수 있는지에 대해 통찰할 것이다.

「Stern Review on the Economics of Climate change, 2006」 보고서에서 경국경제학자 니콜라스 스턴(Nicholas Stern)은 기후변화를 '가장 큰 시장실패'로 규정하며 온실가스 감축을 위한 조기투자와 정책개입의 필요성을 강조하였다. 또한 효율성과 형평성 간의 균형문제도 주요한 논쟁점으로 부상하고 있어 이에 대해서도 살펴보고자 한다.

제2절 환경경제학의 역사적 전개와 이론적 기반

환경경제학은 단순히 환경오염의 원인을 분석하는 데 그치지 않고, 시장과 정부의 역할, 자원의 효율적 배분, 그리고 지속가능한 발전의 경로를 모색하는 경제학의 하위 분야로 발전해 왔다. 특히 기후변화와 탄소중립이라는 전 지구적 과제는 환경경제학이 가진 이론과 정책 도구를 현실에 적용할 수 있는 주요 시험장이 되고 있다.

이 절에서는 환경경제학의 발전 과정을 시대별 경제학 사조의 흐름에 따라 고찰하고, 각 시기마다 환경문제를 어떻게 인식하고 해결하려 했는지를 조망한다.

1. 고전경제학 시대: 환경의 비가시성과 자원의 한계 인식의 시작

18세기 말에서 19세기 중반까지의 고전경제학은 시장 자율성과 '보이지 않는 손' 개념을 중심으로 발전하였다. 애덤 스미스(Adam Smith)는 각 개인의 이기심이 시장 메커니즘을 통해 사회 전체의 이익으로 이어진다고 보았으며, 자연환경은 이러한 경제활동의 무한한 배경자원으로 간주되었다. 이 시기 경제학자들은 환경오염을 독립적인 문제로 다루지 않았고, 경제성장의 부산물로 치부하였다.

고전경제학파(특히 아담 스미스, 데이비드 리카도, 존 스튜어트 밀과 같은 학자들)는 시장의 '보이지 않는 손'이 자원의 효율적 배분을 이끈다고 주장했다. 그러나 환경오염과 같은 외부효과(Externality)는 그들의 경제 모델에서 충분히 고려되지 않았다. 산업혁명 초기인 당시 상황을 고려할 때 생산성과 경제성장이 최우선 가치였으며, 환경오염은 '외부성'으로, 시장 가격 메커니즘에 반영되지 않았다. 공기, 물, 자연환경 등은 '공공재(Public Goods)'로 취급되어 시장 메커니즘 밖에 있었다. 이런 상황에서 시장의 '보이지 않는 손'은 환경비용을 내부화하지 못했고, 그 결과 시장실패의 전형적 사례가 되었다.

그러나 일부 고전학자들은 자원의 유한성과 성장의 한계를 인식하기 시작했다. 토마스 맬서스(Thomas Malthus)는 『인구론』에서 인구는 기하급수적으로 증가하지만 식량은 산술급수적으로 증가하므로, 자원 부족이 빈곤과 재난을 초래할 수 있다고 경고했다. 데이비드 리카도(David Ricardo)는 『지대론』을 통해 생산 가능한 토지의 한계가 경제성장에 제약을 줄 수 있음을 지적했고, 존 스튜어트 밀(John Stuart Mill)은 무한한 성장은 불가능하며, 균형적이고 정적인 상태(Stationary State)를 궁극적으로 추구해야 한다고 주장했다. 이는 오늘날 지속가능성(Sustainability) 개념의 사상적 토대가 된다.

> **Think Box**
>
> ### 고전경제학파가 환경외부효과를 설명하지 못한 이유
>
> 고전경제학파가 외부효과 문제를 해결하지 못한 주요 이유들은 다음과 같다.
> (1) 이론적 프레임워크의 한계: 고전경제학자들(아담 스미스, 데이비드 리카도, 존 스튜어트 밀 등)은 주로 시장의 자율적 조정 기능과 '보이지 않는 손'의 원리에 초점을 맞추었다. 이들의 모델은 시장 거래가 거래 당사자들만 영향을 받는다고 가정했다.
> (2) 완전 경쟁 시장 가정: 고전경제학은 완전 경쟁 시장을 가정했고, 이 가정 하에서는 모든 비용과 편익이 가격에 반영된다고 보았다. 그러나 실제로는 많은 거래 비용과 편익이 시장 가격에 반영되지 않는다.
> (3) 방법론적 개인주의: 고전경제학은 개인의 합리적 선택을 중심으로 분석했으며, 사회적 상호작용이나 집단적 영향을 충분히 고려하지 않았다.
> (4) 개념적 도구의 부재: 당시에는 '외부효과(Externality)'라는 개념 자체가 명확히 정립되지 않았다. 외부효과 개념은 후에 피구(A.C. Pigou)에 의해 20세기 초에 본격적으로 발전되었다.
> (5) 환경문제에 대한 인식 부재: 산업혁명 초기에는 환경오염이나 자원고갈 같은 문제들이 오늘날처럼 심각하게 인식되지 않았다.
> (6) 정보의 불완전성: 시장참여자들이 모든 정보를 알고 있다는 가정은 외부효과가 존재하는 상황에서는 성립하기 어렵다.
> 결국 외부효과 문제는 신고전경제학자들(특히 피구)에 의해 본격적으로 분석되기 시작했으며, 코즈(Ronald Coase)의 거래비용 이론, 환경경제학 등을 통해 더욱 깊이 있게 연구되었다.

2. 신고전경제학 시대: 외부효과와 시장실패의 인식

19세기 말부터 20세기 초에 걸쳐 형성된 신고전경제학은 자원의 희소성과 한계 개념, 가격 메커니즘에 의한 자원 배분을 중시하였으며, 이 과정에서 외부효과 개념이 등장했다. 이는 특정 경제활동이 제3자에게 비용이나 편익을 야기하되, 시장 가격에 반영되지 않는 현상을 의미한다.

예컨대 공장이 오염물질을 배출하면 인근 주민의 건강에 피해를 주지만, 그 피해는 생산자나 소비자의 비용에 포함되지 않는다. 이러한 상황은 자원의 비효율적 배분을 초래

하며, 이때 정부 개입의 정당성이 제기된다.

아서 세실 피구(Arthur Cecil Pigou)는 『복지경제학』을 통해 외부효과를 내부화하기 위한 방안으로 피구세(Pigouvian Tax)를 제안하였다. 이는 오염자에게 사회적 피해만큼의 비용을 과세함으로써, 환경 훼손을 억제하고 효율성을 회복하는 방식이다. 이 개념은 훗날 탄소세의 이론적 기반이 되었다.

신고전경제학은 환경문제를 시장의 실패로 간주하고, 정부의 보완적 역할을 정당화하였다. 그러나 지나치게 가격 메커니즘과 최적화에 의존한 나머지, 실제 환경정책의 설계나 시행의 복잡성을 충분히 반영하지 못했다는 한계도 존재한다.

3. 현대 환경경제학 시대: 실천적·시장 기반 정책으로의 진화

고전경제학은 외부효과를 설명하지 못하는 한계로 인해, 탄소배출과 같은 시장실패를 제대로 다루지 못했다. 이로 인해 정부 개입의 필요성이 제기되었으며, 오늘날에는 배출권거래제, 탄소세, 국제 탄소시장에서의 상응조정 및 국제협약 등 다양한 정책 수단과 제도적 장치가 마련되고 있다. 이러한 제도들은 지속가능한 자원 배분과 기후변화에 효과적으로 대응하기 위한 기초를 형성한다.

그러나 정부의 개입이 항상 성공적인 결과로 이어지는 것은 아니다. 예를 들어, 우리나라가 시행중인 배출권거래제도는 배출권 거래가격이 지나치게 낮아 실제 온실가스 감축 효과가 제한적이라는 비판이 제기된다. 이는 시장실패를 바로잡기 위한 정부정책이 오히려 또 다른 정책실패로 이어질 수 있음을 시사한다. 따라서 환경경제학의 정책 설계에서는 단순한 개입을 넘어서, 제도의 실효성과 작동 메커니즘에 대한 면밀한 분석과 실천적 고려가 반드시 수반되어야 한다.

한편 20세기 중반 이후, 환경오염이 국경을 초월한 전 지구적 문제로 부상하고, 생태계 파괴와 기후위기가 심화되면서 환경경제학은 더욱 실천적이고 제도 중심적인 방향으로 진화하게 되었다. 이 시기부터는 시장 기반 도구의 적극적인 도입과 경제지표 내 환경요인의 통합이 주요 과제로 부각되었다.

전통적인 GDP는 경제 활동의 양을 측정하는 데 초점을 두었지만, 자연자원의 훼손이나 생태계 서비스의 손실, 환경복원에 드는 비용 등은 반영하지 못한다는 한계가 있다.

이에 따라 환경문제를 경제 시스템 안에서 제대로 반영하기 위한 새로운 지표와 기법들이 개발되었다. 대표적으로 녹색 GDP(Green GDP), 자연자본 회계, 환경가치 평가 방법 등이 있으며, 이는 경제 성장의 질과 지속가능성을 함께 고려하려는 시도다. 이러한 접근은 환경문제를 단순히 경제 외부의 요인이 아니라, 경제적 의사결정의 핵심 요소로 통합하려는 노력으로 평가된다.

오늘날의 환경경제학은 더 이상 환경오염을 단순한 외부효과로 축소하지 않는다. 대신, 경제와 생태계 간의 상호 의존성과 구조적 불균형, 그리고 정책적 선택의 파급효과까지 고려하는 다층적 분석 도구로 진화하고 있다. 이는 탄소중립과 같은 복잡한 목표를 달성하기 위한 이론적·실천적 기반을 제공하며, 경제학의 한계를 극복하고 지속가능한 미래로 나아가기 위한 핵심 학문 분야로 자리매김하고 있다.

표09 | 환경경제학의 시대별 변화 비교표

구분	고전 경제학 (18~19세기)	신고전 경제학 (19세기 후반~20세기 초)	현대 환경경제학 (20세기 중반~현재)
시대적 배경	산업혁명 초기, 시장 자율성 강조	근대화·산업화·도시화, 환경문제 대두	환경오염의 심각화 및 지구적 위기 인식
핵심 사상	'보이지 않는 손'에 의한 자원 배분	외부효과 → 시장 실패론	시장기능 한계 정책, 실천적 접근
자연관 인식	무한한 자원, 생산요소 중 하나	유한한 자원, 외부비용 발생	경제시스템 내 필수대상, 자산으로 평가
환경문제 인식	관심 부족, 별도 주제 아님	시장 실패로 인식 → 정부 개입 필요	정책정합성과 공정성 중시
주요 개념	자원의 희소성(경제성), 지대론(리카도)	시장균형, 외부효과, 한계비용 편익	탄소배출권, 지속가능성, 녹색 GDP 등
정책 도구	없음	조세(피구세), 정부 개입	시장 메커니즘 활용 (ETS, 보조금, 세금)
대표 인물	애덤 스미스, 맬서스, 리카도, 밀	알프레드 마샬, 아서 피구	스턴 보고서, OECD, UN 지속가능발전
한계 및 비판	환경 외부 효과는 시장이 해결 불가	세율 설정 및 실현 한계, 형평성 문제	효과성과 공정성의 균형 과제 지속

제3절 기후변화의 경제학적 분석 틀

　기후변화는 단순한 환경오염을 넘어서는 복합적이고 체계적인 시장실패 현상이다. 이는 가격이 모든 정보를 반영하지 못하고, 외부효과가 심화되며, 협력적 행동이 저해되는 구조에서 비롯된다. 따라서 기후변화에 대한 경제학적 접근은 단일 이론이나 정책 수단으로는 설명하거나 해결하기 어려우며, 다양한 이론적 틀을 통해 문제의 본질과 정책 수단의 한계 및 가능성을 다각도로 분석해야 한다.
　이 절에서는 기후변화 문제를 설명하는 데 유용한 주요 경제학적 분석 틀을 살펴본다.

1. 외부효과 이론: 온실가스 배출의 사회적 비용

1.1 외부효과(Externalities) 란 무엇인가?
　외부효과란 어떤 경제 주체의 행동이 다른 사람에게 의도하지 않은 혜택이나 피해를 주지만, 그 영향이 시장 가격에 반영되지 않는 경우를 말한다. 외부효과에는 두 가지 형태가 있다.
　긍정적 외부효과는 개인 또는 기업의 행동이 제3자에게 이익을 주지만, 보상이 이루어지지 않는 경우(예: 백신 접종)이고, 부정적 외부효과는 개인 또는 기업의 행동이 제3자에게 피해를 주지만, 그에 대한 비용을 부담하지 않는 경우(예: 대기오염)이다.
　기후변화는 대표적인 부정적 외부효과이다. 기업이나 소비자는 이산화탄소, 메탄 등 온실가스를 배출할 때, 그로 인해 발생하는 기후 피해(폭염, 홍수, 해수면 상승, 건강 피해 등)를 직접 부담하지 않는다. 이로 인해 온실가스는 시장에서 과도하게 배출되고, 자원은 효율적으로 배분되지 않는다.

1.2 사회적 비용과 사중손실(Deadweight Loss)
　온실가스 배출이 초래하는 사회적 비용(Social Cost)은 건강 피해 (호흡기 질환, 조기 사망 등), 농업·산림·어업의 생산성 저하, 생물다양성의 손실, 극한기후로 인한 재난 대응 비용 증가 등의 형태로 나타난다.

그러나 이러한 사회적 비용은 시장 가격에 반영되지 않기 때문에, 온실가스는 과도하게 배출되고, 이로 인해 사회 전체의 후생이 최적 수준보다 낮아지는 비효율이 발생한다. 이때 잠재적으로 얻을 수 있었던 후생이 실현되지 못하여 발생되는 손실을 사중손실(Deadweight Loss)이라고 부른다. 이는 수요·공급 곡선 사이의 "잃어버린 후생 영역"으로, 보이지 않지만 분명히 존재하는 경제적 손실을 의미한다.

> **Think Box**
>
> ## 사중손실의 간단한 예시
>
> 영화관 티켓이 10,000원일 때, 어떤 고객은 7,000원이면 영화를 보려 했지만 가격이 부담돼 포기한다. 영화관은 좌석이 남았지만 그 고객과의 거래가 성사되지 않았다. 이처럼 거래가 일어났다면 이익이 있었을 상황이 실현되지 못한 경우, 발생한 손실이 바로 사중손실이다.

1.3 시장 실패와 정책 개입의 정당성

외부효과가 존재할 경우, 시장은 자발적으로 효율적인 결과를 도출하지 못하며, 이를 시장 실패(Market Failure)라고 부른다. 특히 탄소 배출과 같은 환경 문제는 저탄소 제품의 가격경쟁 불리, 친환경 기술 개발에 대한 인센티브 부족, 오염 유발 기업의 비용이 실제보다 낮게 평가 등과 같은 왜곡을 초래한다. 이러한 상황에서는 정부가 개입하여 외부효과를 내부화(Internalize)해야 하며, 대표적인 수단이 피구세(Pigouvian Tax)이다.

피구세란, 부정적 외부효과를 유발하는 행위로 인한 사회적 비용에 상응하는 세금을 부과함으로써, 경제주체의 행동을 보다 사회적으로 바람직한 수준으로 유도하는 조세정책이다. 온실가스 배출에 적용된 피구세의 대표적인 사례가 탄소세(Carbon Tax)이다. 탄소세는 배출 비용을 시장 가격에 반영시켜 외부효과의 내부화, 기업의 온실가스 감축 유인 제공, 저탄소 경제로의 전환 촉진 등과 같은 기능을 유도한다.

결국, 탄소세는 기후변화 문제 해결을 위한 경제학적 처방이자 정책 도구로, 외부효과 이론에 기반한 시장 메커니즘 보완 수단이라 할 수 있다.

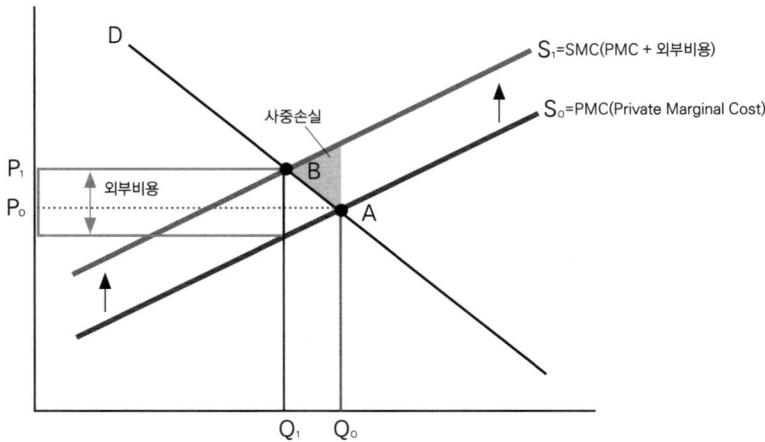

| 그림14 | 사중손실(Deadweight Loss)

지금까지의 내용을 그래프를 통해 정리해보자. 시장에서는 공급자와 소비자가 각각 원하는 가격에 따라 거래를 진행한다.

공급곡선(S_0)은 생산자가 특정 수량의 상품을 공급하기 위해 요구하는 최소 가격을, 수요곡선(D)은 소비자가 해당 수량에 대해 지불할 의사가 있는 최대 가격을 나타낸다.

이 두 곡선이 만나는 점 A(P_0, Q_0)는 시장균형(Market Equilibrium)으로, 가격과 수량은 자발적인 거래를 통해 결정된다. 그러나 만약 생산 활동이 환경오염과 같은 부정적 외부효과를 수반한다면 문제가 발생한다. 이러한 외부효과는 시장 거래 당사자 이외의 제3자에게 비용을 전가하지만, 이 비용은 시장가격에 반영되지 않는다. 즉, 생산자는 오염으로 인한 환경정화 비용이나 건강 피해 등의 사회적 부담을 고려하지 않고 가격을 설정하게 된다.

이때 시장의 공급곡선(S_0)은 사적 비용(Private Cost)만을 반영하며, 전체 사회가 실제로 부담해야 할 사회적 비용(Social Cost)은 과소평가된다. 외부비용을 반영한 사회적 공급곡선(S_1)은 기존의 공급곡선보다 위쪽에 위치하게 되며, 이는 오염을 포함한 진정한 생산비용이 더 높다는 것을 의미한다. 하지만 소비자와 생산자는 여전히 시장가격(P_0)과 공급곡선(S_0)을 기준으로 거래하기 때문에, 사회적 비용을 반영한 적정 가격(P_1)보다 낮은 가격에서 과도한 거래가 이루어진다. 이로 인해 실제 생산량은 사회적으로 바람직한 수준(Q_1)을 초과하게 되며, 과잉생산이 발생한다. 그 결과, 사회 전체의 총후생은 감소하게 되고, 이때 발생하는 비효율로 인한 손실이 바로 사중손실(Deadweight Loss)이다. 이 손실은 그래프에서 수요곡선(D)과 사회적 공급곡선(S_1) 사이에 형성된 삼각형 영역(음영)

으로 나타나며, 이는 사회 전체의 순후생(Net Social Welfare) 감소를 시각적으로 보여준다.

요약하자면, 부정적 외부효과 → 사회적 비용 증가 → 과잉생산 → 후생 감소 → 사중손실 발생 → 자원 배분의 비효율(시장 실패)의 논리로 정리할 수 있다. 시장 메커니즘만으로는 이러한 외부비용을 내부화할 수 없기 때문에, 이를 '시장실패'라고 부른다. 이러한 실패를 교정하기 위해 탄소세와 같은 정부 개입이 정당화된다. 정부는 외부비용을 가격에 반영시키는 방식으로 시장을 교정하고, 자원의 효율적 배분을 도모한다..

2. 공공재와 무임승차: 기후 안정성과 시장의 한계

2.1 기후 시스템의 공공재적 성격

기후시스템은 전 인류가 공유하며 함께 영향을 받는 대표적인 글로벌 공공재(Global Public Good)로 간주된다. 공공재란 비경합성(Non-rivalry)과 비배제성(Non-excludability)이라는 두 가지 핵심 특성을 지닌 자원을 의미하며, 기후 시스템은 이 두 조건을 모두 충족하는 전형적인 사례이다.

(1) 비경합성: 누구나 동시에 누릴 수 있는 혜택

기후 안정성은 하나의 주체가 향유한다고 해서 다른 주체가 동일한 혜택을 누리지 못하는 것이 아니다. 예를 들어 북유럽 국가들이 온실가스를 감축함으로써 지구 평균기온 상승률을 낮추는 데 기여하면, 이는 북유럽뿐만 아니라 동남아시아, 아프리카 등 전 세계 모든 국가에 긍정적 기후효과를 제공한다. 즉, 한 국가의 감축 노력으로 인한 기후 안정성이라는 혜택은 전 인류가 동시에, 동일하게 누릴 수 있으므로 비경합적인 자원이다.

(2) 비배제성: 누구도 배제할 수 없는 혜택

기후 시스템은 인위적으로 특정 주체를 사용에서 배제하는 것이 사실상 불가능하다. 예컨대, 어느 한 국가가 막대한 자금을 들여 산림을 보호하거나, 재생에너지를 확대함으로써 기후변화 완화에 기여한 경우라도, 그로 인해 발생하는 기후 안정화 효과는 국경을 초월하여 확산된다. 열대우림 보호로 인해 탄소 흡수가 증가하거나, 대기 중 온실가스 농도가 낮아지는 효과는 특정 국가나 지역만을 선택적으로 보호하거나 배제할 수 없기 때문에, 이는 배제 불가능한 특성을 지닌다.

(3) 사례: 남극의 오존층 회복 노력

1987년 채택된 몬트리올 의정서는 남극 상공의 오존층 파괴를 방지하기 위한 국제 협약이다. 여러 국가들이 CFCs(염화불화탄소) 사용을 줄인 결과, 오존층이 점차 회복되고 있으며 자외선 차단 효과도 세계적으로 개선되었다. 오존층 회복이라는 효과는 어떤 국가든지 이용을 제한할 수 없고, 특정 국가가 먼저 이용한다고 해서 다른 국가의 이용 기회가 줄어들지도 않으므로, 이 역시 기후 시스템이 공공재임을 보여주는 대표적인 사례다.

> **Think Box**
>
> ### 폴 새뮤엘슨과 로널드 코즈의 등대 논쟁
>
> 등대 논쟁(Lighthouse Debate)은 공공재의 성격과 정부 개입의 필요성을 둘러싼 유명한 경제학적 논쟁이다. 바다를 지나는 선박은 요금을 지불하지 않아도 등대의 불빛을 볼 수 있기 때문에, 사용자를 배제하기 어렵고, 한 선박이 등대 불빛을 이용한다고 해서 불빛이 약화되어 다른 선박이 이용할 수 없는 것이 아니기 때문에 비경합적이다.
>
> **(1) 폴 새뮤엘슨(Paul Samuelson, 1954)의 주장**
> 논문 "The Pure Theory of Public Expenditure"에서 공공재를 비배제성과 비경합성을 지닌 재화로 정의하고, 등대를 대표적 사례로 제시했다. 그는 공공재는 시장에서 공급되지 않으므로, 정부의 직접 제공이 필요하다고 보았다.
>
> **(2) 로널드 코즈(Ronald Coase, 1974)**
> 코즈는 "The Lighthouse in Economics"에서 영국의 민간 등대 운영 사례를 들어, 시장에서도 공공재 공급이 가능하다고 반박했다. 민간 기업이 등대를 운영하고, 항만 이용료를 통해 비용을 회수한 사례를 제시했다.
>
> **(3) 논쟁의 의의**
> 이 논쟁은 공공재의 공급 주체에 대한 재검토를 이끌었다. 공공재라 하더라도 시장에서 일정 조건하에 공급 가능할 수 있으며, 반드시 정부가 제공해야 한다는 주장은 재고될 필요가 있다는 점을 보여주었다. 이는 공공서비스 민영화 논의로 확장되어, 1980년대 영국과 미국 등에서 철도, 통신, 전력 등의 분야에서 민간 운영이 확대되는 계기가 되었다.

2.2 무임승차와 국제 협력의 딜레마

기후 안정성의 비배제성과 비경합성은 국제 협력의 주요 장애 요인으로 작용한다. 모든 국가는 기후변화 대응의 중요성을 인식하고 있음에도, 개별적으로는 자국의 부담은 최소화하고, 다른 국가의 감축 노력에 무임승차(Free-Riding) 하려는 경향을 나타낸다.

이는 공공재 게임(Public Goods Game)의 전형적인 구조로, 국가 간 협상이 지연되거나 목표 이행이 저조해지는 원인이 된다. 실제로 많은 국제 기후협약은 법적 구속력이 약하거나 이행 수준이 자발적이라는 한계로 실효성이 떨어지는 경우가 많다.

2.3 시장의 부재와 인센티브 왜곡

공공재인 기후 안정성은 그 특성상 시장에 의해 자발적으로 공급되기 어려운 구조를 가진다. 온실가스 감축 기술이나 활동이 가져오는 편익은 광범위하게 확산되므로 이를 실행한 개별 기업이나 주체가 직접적인 수익을 얻기 어렵다. 그 결과, 민간 부문은 기후 대응 활동에 소극적일 수밖에 없으며, 이는 친환경 기술 개발, 저탄소 인프라 구축, 지속 가능한 전환 투자 등이 시장 논리만으로는 충분히 추진되지 않는 원인이 된다.

2.4 정부 개입과 시장 창출의 필요성

이러한 공공재 문제와 무임승차 현상을 극복하기 위해서는 비시장적 접근이 필수적이다. 보조금, 규제, 공공투자, 국제협약 체결 등 정부의 직접 개입(Government Intervention)이나 배출권거래제, 탄소가격제, 탄소시장 인프라 구축 등 시장 창출(Market Creation)이 필요하다.

정부와 국제사회가 제도적으로 개입하지 않는다면, 민간의 자발적 노력만으로는 기후변화 대응이 규모와 속도 면에서 결코 충분하지 않다. 따라서 기후 안정성이라는 글로벌 공공재는 공동 책임(Shared Responsibility)과 정책적 유도(Political Inducement) 없이는 안정적으로 유지될 수 없다.

2.5 무임승차(Free-Riding)의 사례: 미국의 교토의정서 및 파리협정 탈퇴 사례

기후변화 대응은 지구적 공동 문제로, 개별 국가의 감축 노력은 전 지구적 편익을 창출하지만, 비용은 해당 국가가 부담하게 된다. 이로 인해 무임승차 현상이 발생할 수 있다. 미국의 국제 기후 협약 이탈 사례는 이를 잘 보여주는 대표적 사례다.

(1) 교토의정서(Kyoto Protocol) 탈퇴

1997년 채택된 교토의정서는 선진국에게 법적 구속력이 있는 온실가스 감축 목표를 부여한 최초의 국제 협약이다. 미국은 당시 클린턴 행정부에서 협약에 서명했으나, 2001년 조지 W. 부시 행정부는 경제적 부담과 개도국의 감축 의무 미부과 등을 이유로 협약에서 공식 탈퇴했다. 이로 인해 세계 최대 배출국 중 하나였던 미국의 불참은 협약의 실효성을 약화시키고, 다른 국가의 감축 동기를 약화시키는 전형적인 무임승차 사례로 지적되었다.

(2) 파리협정(Paris Agreement) 탈퇴 및 재가입, 또다시 탈퇴

2015년 채택된 파리협정은 모든 국가에 감축 의무를 부여하는 보편적이고 유연한 체제로, 미국도 오바마 행정부 하에서 적극 참여하였다. 그러나 2017년 도널드 트럼프 행정부는 "미국의 경제적 불이익"을 이유로 협정 탈퇴를 선언했고, 2020년 11월 4일부로 공식 탈퇴가 발효되었다. 이는 다시 한 번 국제기후협약의 신뢰성과 실행력을 약화시키는 결과를 초래했다. 다행히 2021년 조 바이든 행정부 출범 직후, 미국은 파리협정에 재가입하며 국제적 책임을 복원했다. 그러나 재집권한 트럼프 행정부는 2025년 두 번째 탈퇴에 서명하였다. 미국의 잦은 입장 변화는 여전히 국제사회에 기후정책의 불확실성을 안겨주고 있으며, 다른 국가들에게 무임승차 유인을 제공하는 악영향을 남겼다.

3. 공유지의 비극: 자원의 무분별한 사용과 기후위기

3.1 공유지의 비극(Tragedy of the Commons) 개념

공유지의 비극은 누구나 자유롭게 사용할 수 있는 자원이 존재할 때, 개별 주체들이 자신의 이익만을 고려해 자원을 과도하게 이용함으로써 자원이 고갈되고 전체 공동체가 피해를 입는 현상을 의미한다. 이는 규제나 소유권이 명확히 설정되지 않은 공공자원에서 자주 나타나는 시장 실패의 한 유형이다.

이 개념은 개릿 하딘(Garrett Hardin)이 1968년 「The Tragedy of the Commons」에서 대중화시켰으며, 그 뿌리는 윌리엄 포스터 로이드(William Forster Lloyd, 1833)의 "공유지에 가축을 풀면 누구나 방목하려 하고, 결국 초지가 황폐화된다"는 논리에 기

반한다.

3.2 기후변화와 공유지의 비극

기후변화는 지구 대기라는 공유 자원이 무한정 사용 가능한 것처럼 여겨지고, 개별 국가나 기업의 이익 추구에 따라 과도하게 사용되는 구조 속에서 발생한다. 기업은 탄소배출로 인한 이익은 자신이 가져가지만, 배출로 인한 피해(기후재난, 생태계 붕괴 등)는 전 세계가 공동 부담한다. 이로 인해 무분별한 배출이 합리적인 선택처럼 보이지만, 결과적으로는 지구라는 공유 자원을 황폐화시키는 비극으로 이어진다.

이러한 공유지의 비극 구조는 기후뿐만 아니라 다양한 환경자원, 특히 어업 자원에서도 동일하게 나타난다. 대표적인 사례가 바로 북대서양의 대구(Cod) 자원 고갈이다.

수백 년간 대구는 북대서양 연안 지역의 핵심 어종이자 지역 경제의 근간을 이루는 자원이었으며, 전통적인 어업 활동을 통해 비교적 안정적으로 관리되어 왔다. 그러나 1950년대부터 1980년대까지 산업화된 어업 기술과 대형 트롤선의 도입으로 상황이 급변하였다. 지속 가능한 수준을 초과한 남획(Overfishing)이 발생했고, 이로 인해 대구 개체 수는 빠르게 감소하였다.

결국 1992년, 캐나다 정부는 대서양 대구 어획을 전면 금지하는 조치를 취해야만 했다. 하지만 이미 대구 자원은 사실상 붕괴 수준까지 줄어든 뒤였고, 이는 수만 명의 어부가 생계를 잃는 대규모 경제·사회 위기로 이어졌다.

이 사례는 단기적 이익을 추구한 결과, 규제 없이 공유된 자원이 어떻게 고갈되고 붕괴하는지, 그리고 그 여파가 얼마나 광범위한 피해를 초래하는지를 명확히 보여주는 실례다.

3.3 공유지의 비극에 대한 대응 방안과 시사점

자연자원과 기후 시스템은 본질적으로 공유지의 성격을 가진다. 이를 보호하기 위해서는 자발적인 선의에 기대기보다는 제도적 대응과 규범화된 규제가 필수적이다.

(1) 소유권의 명확한 설정

공유자원이 무분별하게 이용되는 핵심 원인 중 하나는 자원에 대한 소유권이 불분명하거나 존재하지 않는 경우이다. 이에 대한 가장 기본적인 대응은 재산권을 명확히 설정하고 책임 있는 자원 이용을 유도하는 것이다. 어장에 대한 구역권 설정, 초지의 사유화, 산림에 대한 지역공동체의 관리권 부여 등을 통하여 책임 있는 이용과 관리가 가능하다.

(2) 이용 제한과 규제의 도입

모든 자원에 사적 소유권을 부여할 수 없는 경우, 정부의 개입을 통해 이용을 제한하고 지속 가능한 사용을 유도해야 한다. 특히, 자원의 재생 가능성을 고려한 규제 설계가 핵심이다. 번식기 금어기, 어획량 할당제, 어종 보호구역 설정이나 산림 벌채 허가제, 벌목 제한 구역 설정 등이 좋은 사례이다.

(3) 공동체 기반의 관리 및 시장과 제도의 결합

현대 사회에서는 단순한 국가 규제나 소유권 제도만으로는 자원 관리가 충분하지 않다. 특히 기후 문제와 같은 글로벌 공유 자원에 대해서는 법적 강제력과 자율 규범이 결합된 혼합형 거버넌스가 요구된다. 이때 중요한 역할을 하는 것이 바로 시장 기반의 제도적 장치들이다. 탄소세 부과로 외부비용 내부화를 통한 배출 감소를 유도하거나 탄소배출 한도 설정 등 총량 통제를 통한 환경성 확보를 사례로 들 수 있다.

대기와 기후시스템도 어장과 마찬가지로 규제 없이 방치하면 고갈 가능한 공유 자원이다. 기업과 국가는 단기 이익을 위해 탄소를 배출하지만, 장기적으로는 지구환경의 붕괴라는 대가를 치르게 된다. 하딘의 이론은 자발적 선의는 충분하지 않기 때문에 제도화된 규칙과 감시, 인센티브 구조가 필수라는 점을 강조한다.

4. 게임이론: 국가 간 협력 실패의 구조적 원인

4.1 죄수의 딜레마(Prisoner's Dilemma) 개념

게임이론(Game Theory)은 여러 행위자(플레이어)가 자신의 이익을 극대화하기 위해 다른 행위자의 선택을 고려하여 전략을 결정하는 상황을 분석하는 이론이다. 이 이론은 국제 협력, 무역, 군비 경쟁, 환경 협정 등 다양한 정책 분야에 응용된다. 또한 죄수의 딜레마는 협력이 가능함에도 불구하고 상호 불신과 이기적 동기로 인해 비효율적인 결과에 도달하는 대표적인 사례를 설명한다.

(1) 예시: 죄수의 딜레마

두 명의 범죄 용의자가 각각 자백하거나 침묵할 수 있는 상황이 주어졌다고 가정하자. 이들은 서로 의사소통이 불가능하며, 상대의 선택을 모른 채 자신의 전략을 선택해야 한다.

둘 다 침묵하면: 혐의 입증이 어려워 각각 징역 1년
한쪽만 자백하면: 자백한 쪽은 석방, 침묵한 쪽은 징역 10년
둘 다 자백하면: 각각 징역 5년

| 표10 | 죄수의 딜레마 게임표

구분	상대가 침묵	상대가 자백
자신이 침묵	둘 다 징역 1년 (최적)	자신 10년, 상대 석방
자신이 자백	자신 석방, 상대 10년	둘 다 징역 5년 (내쉬 균형)

(2) 전략 분석

이 상황에서 각 죄수는 다음과 같은 전략적 딜레마에 직면하게 된다.
· 상대가 침묵할 경우, 자백하면 석방된다 → 자백이 더 유리하다
· 상대가 자백할 경우, 침묵하면 10년이지만 자백하면 5년 → 자백이 더 유리하다

즉, 상대가 무엇을 하든 자백하는 것이 더 유리한 전략이 되며, 이를 우월전략(Dominant Strategy)이라 부른다.

결과적으로 각자가 자백을 선택하게 되며, 둘 다 징역 5년을 받는 내쉬 균형(Nash Equilibrium)에 도달한다. 이는 개인에겐 합리적 선택이지만, 사회 전체적으로는 비효율적인 결과이다. 왜냐하면 서로 신뢰하여 침묵하면 둘다 최적인 징역 1년만 받기 때문이다.

4.2 기후변화와 내쉬 균형(Nash Equilibrium)

기후변화 대응은 국가 간 협력에 기반해야 하지만, 실제 행동은 종종 죄수의 딜레마처럼 전개된다. 각국은 온실가스 감축이라는 공동 이익의 필요성을 인식하면서도, 감축 비용은 자국이 부담하고 혜택은 전 세계에 분산된다는 점에서 무임승차의 유인이 존재한다. 이런 상황에서 등장하는 것이 바로 내쉬 균형(Nash Equilibrium)이다.

내쉬 균형은 경제학자 존 내쉬(John Nash, 1928~2015)가 제시한 개념으로, 모든 행

위자가 상대의 전략을 고려하여 자신의 최선의 전략을 선택한 상태를 말한다. 이때는 어느 누구도 일방적으로 전략을 바꾸어 더 나은 결과를 얻을 수 없기 때문에, 전략이 고정되어 안정적인 상태에 이른다.

기후변화 대응을 죄수의 딜레마로 볼 때, 각국은 "감축"과 "미감축" 사이에서 전략을 선택할 수 있다. 하지만 상대 국가가 감축하든 하지 않든, 나에게는 미감축이 더 유리한 선택으로 보이기 때문에 결국 모두가 미감축(비협조)을 선택하게 되고, 이는 기후 악화라는 비효율적 결과로 이어진다. 이 상태가 바로 기후정책의 내쉬 균형이며, 모두가 손해보는 결과임에도 불구하고 누구도 일방적으로 전략을 바꾸기 어려운 구조적 한계를 보여준다.

4.3 죄수의 딜레마가 기후변화정책에 주는 함의

기후변화 문제는 전형적인 글로벌 죄수의 딜레마로 이해될 수 있다. 각국은 온실가스 감축에 따른 비용을 부담하기보다는, 타국의 감축 노력에 무임승차하려는 유인을 갖는다. 단기적으로는 자국의 산업 경쟁력이나 성장률을 지키는 것이 합리적인 전략처럼 보일 수 있지만, 모든 국가가 이와 같이 행동할 경우, 기후위기는 악화되고 결과적으로 모두가 손해를 보는 비효율적 균형(Nash Equilibrium)에 빠지게 된다. 이러한 구조는 기후안정성이 국경을 초월한 글로벌 공공재라는 점에서 더욱 심각하게 작용한다.

이와 같은 구조에서 문제는 단지 감축 자체가 어려운 것이 아니라, 국가 간 협력을 안정적으로 유지하기 어렵다는 점에 있다. 대표적인 국제협약인 파리협정조차 법적 구속력이 약하고, 국가별 기여(NDC)를 자율적으로 설정하는 방식이기 때문에, 실질적인 감축 이행의 책임을 강제하거나 위반에 따른 제재를 부과하기 어렵다. 신뢰와 투명성, 감시 체계가 결여되면 협력은 유지되기 어렵고, 자발적 감축 의지 역시 약화될 수밖에 없다.

따라서 죄수의 딜레마를 극복하려면, 신뢰(Trust)와 투명성(Transparency), 그리고 상호 감시 체계의 제도화가 필수적이다. 이를 위한 실질적 수단으로는 MRV(측정·보고·검증) 체계의 정교화, CBAM, 그리고 기후 클럽(Climate Club)과 같은 새로운 국제 협력 모델이 주목받고 있다. 기후 클럽은 협력하는 국가에는 혜택을, 비협력 국가에는 불이익을 부과함으로써, 협력을 '선택'이 아니라 '지배 전략'으로 만드는 제도적 전환을 시도하는 구조다. 즉, 게임의 규칙 자체를 바꾸어 개별 이익 추구가 공동이익과 일치하도록 유도하는 방식이다.

결론적으로, 기후변화 대응은 단순한 과학기술의 문제가 아니라, 국가 간 신뢰와 제도 설계를 통해 집단행동의 실패를 극복해야 하는 거버넌스의 문제다. 죄수의 딜레마는 이 문제의 본질을 명확히 드러내며, 탄소중립을 실현하기 위한 글로벌 협력 구조의 재설계 필요성을 이론적으로 정당화한다.

5. 기후 클럽(Climate Clubs) 이론: 인센티브 기반 국제 협력 모델

5.1 기후변화 협력의 구조적 한계

기후변화는 전 세계가 공동으로 대응해야 할 문제지만, 그 공공재적 성격 때문에 국가 간 협력이 매우 어렵다. 탄소 감축의 편익은 전 세계가 공유하지만, 비용은 개별 국가가 부담하기 때문에, 일부 국가는 감축에 소극적이거나 무임승차를 시도한다.

특히 파리협정(2015)은 전 국가가 참여하는 역사적 합의였지만, 자발적 감축 목표(NDC)를 기반으로 하여 법적 강제력이 약하다는 한계가 있다. 감축 목표를 설정하고도 이행하지 않거나, 목표 자체를 낮게 설정하는 국가들이 존재한다. 이로 인해 감축을 성실히 이행하는 국가들이 오히려 경제적 불이익(예: 제조비용 증가, 기업 경쟁력 하락)을 겪는 역설적 상황이 발생한다.

5.2 기후 클럽 이론의 등장: 무임승차에 대한 경제적 해법

이러한 구조적 문제를 해결하고자, 노벨경제학상 수상자 윌리엄 노드하우스(William Nordhaus)는 2015년 논문 「Climate Clubs: Overcoming Free-Riding in International Climate Policy」에서 기후 클럽(Climate Club) 개념을 제안하였다.

기후 클럽 이론은 게임이론적 전략의 전환을 통해 협력 유인을 설계한다. 감축을 성실히 이행하는 국가들끼리 '클럽'을 구성하고, 클럽 내부에서는 경제적 혜택을 공유(무역 특혜, 기술 협력, 금융 지원 등)하며, 감축을 이행하지 않는 비참여국에는 경제적 불이익을 부과(탄소국경세, 무역 제한 등)한다. 즉, 참여 유인을 높이고, 비참여에 대한 비용을 높이는 방식으로 무임승차 문제를 해결하고자 한다.

5.3 주요 정책 사례: 탄소국경조정제도(CBAM)

기후 클럽 전략을 실현하기 위한 대표적 수단이 바로 탄소국경조정제도(CBAM,

Carbon Border Adjustment Mechanism)이다. 탄소 감축을 하지 않는 국가에서 생산된 제품에 대해 추가 관세를 부과하여 감축 이행 국가의 기업들이 불공정 경쟁에 노출되지 않도록 보호한다. 유럽연합(EU)을 중심으로 2026년부터 본격 이행되는 CBAM은 기후 클럽 전략의 현실화된 정책이라 할 수 있다.

5.4 적용 확대: G7 기후 클럽 결성

2022년 G7 정상회의에서는 '기후 클럽(Climate Club)' 결성 계획이 공식적으로 발표되었고, 독일이 이를 주도하면서 실제 협의체 구성이 추진되고 있다. 현재 한국, 유럽연합(EU), 독일, 프랑스, 일본 등이 참여하고 있으며, 국제사회에서 기후 클럽 모델이 점차 현실화되고 있다.

기후경제학은 오랫동안 기후변화 대응의 집단행동 문제를 중심으로 연구되어 왔다. 특히, 외부효과(온실가스 배출에 따른 피해가 제3자에게 전가되는 구조), 공공재 문제(기후 안정성의 비배제성과 비경합성), 그리고 공유지의 비극(각국이 자국의 이익을 우선시하다 자원을 고갈시키는 현상)과 같은 전형적인 시장 실패가 국가 간 협력의 실패로 이어지는 구조를 반복시켜 왔다. 이러한 구조적 한계를 극복하기 위한 현실적이면서 전략적인 대안으로 '기후 클럽(Climate Club)'이 주목받고 있다. 기후 클럽은 참여국에게는 경제적 혜택을 제공하고, 비참여국에는 탄소국경조정과 같은 비용 부담을 부과하는 방식으로 자발적인 협력을 유도하는 제도적 장치를 갖춘다. 이처럼 경제적 유인을 설계하여 협력을 유리한 선택으로 전환하는 기후 클럽 모델은, 향후 국제 기후정책의 핵심 수단으로 자리 잡을 가능성이 크다.

| 그림15 | G7 기후클럽

〈자료출처: https://www.youtube.com/watch?v=pWNGnfqGz5l, G7 nations establish climate club to fight global warming〉

6. 단기이익 중심 의사결정과 시장의 한계

6.1. 기후변화와 시간 불일치의 딜레마: '지평선의 비극'

기후변화 대응의 어려움은 본질적으로 시간 불일치의 딜레마에서 비롯된다. 현재의 경제 주체들이 단기적인 이익을 추구하는 경향은 기후변화라는 장기적인 위협에 대한 효과적인 대응을 가로막는 주요 요인으로 작용한다. 이러한 문제는 '지평선의 비극(Tragedy of the Horizon)' 개념과 연관되어 설명될 수 있다.

지평선의 비극은 2015년 마크 카니(Mark Carney) 당시 영국 중앙은행 총재가 언급한 개념[19]으로, 기후변화의 영향이 발생하는 시점과 현재의 경제 주체들이 의사결정을 내리는 시간을 지평선으로 비유하여 그 사이에 큰 괴리가 존재한다는 점을 지적한다. 즉, 기후변화의 가장 심각한 영향은 현재의 의사결정자들이 경험하는 시간 범위를 넘어선 미래에 발생할 가능성이 높기 때문에, 현재의 경제 주체들이 기후변화 문제에 대해 충분한 경각심을 갖고 적극적인 대응에 나서지 않는다는 것이다.

(1) 기업과 투자자의 단기 수익성 추구

기업과 투자자는 통상적으로 분기별 또는 연간 실적과 수익률을 중심으로 의사결정을 내린다. 이러한 단기적인 관점에서 볼 때, 탄소 배출 감축이나 친환경 기술 개발과 같은 투자는 당장의 수익 감소나 불확실성을 야기할 수 있다. 반면, 기후변화로 인한 물리적 리스크(자연재해 증가 등)나 규제 변화의 영향은 현재 시점에서는 불확실하고 먼 미래의 문제로 인식될 가능성이 높다.

이는 마치 공유지의 비극(Tragedy of the Commons)과 유사한 구조를 갖는다. 각 기업과 투자자는 자신의 단기적인 이익을 극대화하려는 합리적인 선택을 하지만, 그 결과는 장기적으로 모든 경제 주체에게 부정적인 영향을 미치는 기후변화라는 공동의 문제를 악화시키는 것이다. 현재의 작은 이익이 미래의 막대한 손실보다 더 크게 느껴지기 때문에, 기업과 투자자들은 기후변화 대응이라는 '공동의 책임'보다는 '개별적인 이익'을 우선시하는 경향을 보인다. 지평선의 비극은 이러한 단기적 의사결정이 미래 세대에게 막대

---

19) 마크 카니는 영국 런던 로이드보험(Lloyd's of London) 연설, 「Breaking the Tragedy of the Horizon - climate change and financial stability」에서 이 개념을 처음 공개했다. 기후변화는 장기적 리스크이다. 그 영향은 수십 년 후에 본격화될 가능성이 크지만, 정책결정자, 금융기관, 기업의 의사결정은 수년 내 단기 이익과 성과를 중심으로 이뤄진다. 이처럼 의사결정자의 시간지평(time horizon)과 기후위기의 실질적 발생 시점 사이의 간극 때문에, 미래의 위험에 대해 현재 충분한 대응을 하지 않는 비효율이 발생한다. 카니는 이 간극을 "지평선(horizon)"에 비유했다. 마치 수평선 너머에 무엇이 있는지 보이지 않듯, 현재 시스템은 미래의 기후 리스크를 '보지 않으려는 경향'이 있다는 의미이다.

한 부담을 전가하는 '세대 간의 공유지의 비극'으로 확장될 수 있음을 시사한다.

(2) 정부의 단기적 성과 중심 정책

정부 역시 선거라는 단기적인 정치적 주기에 영향을 받는다. 따라서 장기적인 관점에서 구조적인 변화를 추구하는 정책보다는, 임기 내에 가시적인 성과를 보여줄 수 있는 단기적인 정책에 집중하는 경향이 있다. 기후변화 대응 정책은 막대한 초기 투자와 긴 시간 동안의 노력을 요구하지만, 그 효과는 수년 또는 수십 년 후에 나타나기 때문에 정치적인 우선순위에서 밀릴 수 있다.

이는 정부가 미래 세대의 이익을 대변해야 하는 책임이 있음에도 불구하고, 현재 유권자들의 지지를 얻기 위한 단기적인 성과에 집중하게 되면서 발생하는 문제이다. 지평선의 비극은 정부가 미래에 발생할 기후변화의 심각성을 인지하고 있음에도 불구하고, 현재의 정치적 제약으로 인해 과감하고 선제적인 정책 결정을 내리기 어렵게 만드는 요인으로 작용한다.

결론적으로, 단기 이익 중심의 의사결정 구조는 현재의 경제 주체들이 미래에 발생할 기후변화의 심각성을 충분히 고려하지 않고 단기적인 이익을 추구하도록 유도하며, 이는 지평선의 비극을 심화시켜 기후변화 대응을 지연시키는 주요 원인이 된다. 따라서 기후변화 문제 해결을 위해서는 단기적인 시각을 넘어 장기적인 관점에서 지속가능성을 고려하는 의사결정 시스템 구축이 필수적이다. 이는 기업의 ESG 경영 강화, 정부의 장기적인 정책 설계, 그리고 투자자들의 책임 투자 확대를 통해 가능할 것이다.

6.2. 할인율 문제와 미래 가치의 왜곡

단기주의의 경제학적 표현은 할인율(Discount Rate)의 적용에서 나타난다. 경제학에서는 미래의 편익과 비용을 현재 가치로 환산할 때 할인율을 사용하는데, 높은 할인율을 적용하면 미래의 가치는 극단적으로 낮아지게 된다.

예를 들어, 오늘 탄소 감축을 위해 투자하는 비용은 수십 년 후 기후 피해를 줄이기 위한 것이지만, 높은 할인율을 적용하면 그 미래 피해는 정책결정에서 무시될 정도로 축소된다.

이는 곧, 현재의 기후대응 비용은 실제보다 과도하게 인식되고, 반대로 미래의 편익은 지나치게 평가절하되어 투자 유인이 약화되는 구조를 만든다. 이러한 가치 왜곡은 시장 참여자들이 단기적 수익성과 효율성만을 추구하게 만들고, 장기적 지속가능성이나 사회적 비용은 고려되지 않도록 한다.

> **Think Box**
>
> ## 순편익분석과 사회적 할인율
>
> 기후변화 대응은 단순히 환경을 보호하는 차원을 넘어, 막대한 재정과 자원이 소요되는 사회적 투자이자 세대 간 정의의 문제로 이해되어야 한다. 이러한 기후정책의 방향성과 우선순위를 결정할 때, 정책의 경제적 타당성을 검토하는 핵심 도구로 활용되는 것이 바로 순편익 분석(Net Benefit Analysis)과 사회적 할인율(Social Discount Rate)이다. 이 두 개념은 정책 평가의 수단일 뿐 아니라, 우리가 어떤 미래를 중요하게 여기는가를 보여주는 윤리적·철학적 선택의 반영이기도 하다.
>
> 순편익 분석은 한 정책이 가져올 편익의 총합에서 비용의 총합을 뺀 값을 통해, 해당 정책의 추진 여부를 판단하는 방식이다. 수식으로는 다음과 같다: 순편익 (NB) = Σ편익 − Σ비용
>
> 이 분석에서 순편익이 양(+)이면 추진할 가치가 있고, 음(−)이면 경제적 타당성이 떨어지는 것으로 해석된다. 기후정책은 단기적인 비용이 크더라도, 장기적으로 기후리스크를 줄이고 건강 피해, 재해 대응 비용, 생태계 손실 등을 줄이는 막대한 편익을 가져올 수 있다. 예컨대, 재생에너지 투자는 초기 설치비와 유지비용이 있지만, 온실가스 감축, 에너지 안보 강화, 녹색일자리 창출이라는 다층적 편익을 가져오며, 탄소세는 단기적 소비자 부담을 초래하지만 장기적 세수 확보와 탄소 배출 억제 효과를 통해 사회 전체의 순편익을 높일 수 있다. 순편익 분석에서 중요한 전제 중 하나는, 편익과 비용이 발생하는 시점이 다르다는 것이다. 기후정책은 오늘의 비용으로 수십 년 뒤의 효과를 달성하는 경우가 많기 때문에, 이러한 시간차를 고려해 미래의 편익과 비용을 현재 가치로 환산해야 하며, 이때 사용되는 비율이 바로 사회적 할인율이다.
>
> 사회적 할인율이 낮을수록, 미래의 가치를 더 중시하게 되며, 이는 오늘의 기후정책을 더 강력하게 추진하도록 유도한다. 반대로 할인율이 높으면, 미래의 편익이 현재에 비해 적게 평가되므로 정책 추진이 지연되거나 약화될 수 있다. 이 할인율의 설정은 단순한 기술적 선택이 아니라, 세대 간 형평성과 윤리적 판단이 반영된 사회적 결정이다.
>
> 기후경제학계에서는 이와 관련한 논쟁이 이어져 왔다. 니콜라스 스턴(Nicholas Stern)은 2006년 『스턴 보고서』에서 1.4%라는 매우 낮은 할인율을 적용해 기후변화 대응의 긴급성과 도덕적 책임을 강조한 반면, 윌리엄 노드하우스(William Nordhaus)는 3~7% 수준의 현실적 자본수익률을 반영하여 점진적 대응 전략을 주장했다. 이는 곧 "미래를 얼마나 중시할 것인가"라는 가치판단의 차이를 반영한다. 기후정책의 경제적 타당성을 분석할 때, 어떤 할인율을 사용하느냐에 따라 분석결과는 크게 달라질 수 있다. 따라서 할인율의 설정은 투명하고 논리적인 근거를 바탕으로 이루어져야 하며, 정책 결정 과정에서도 이와 관련된 윤리적·세대 간 형평성 문제에 대한 충분한 논의가 전제되어야 한다.
>
> 또한 순편익 분석은 생명, 생물다양성, 생태계 서비스 등과 같은 비금전적 가치를 포함할 수 있는 보완적 방법론과 결합되어야 한다. 단순한 수치 계산만으로는 탄소중립이 가지는 사회적·환경적 의미를 온전히 담아내기 어렵기 때문이다.

6.3. 단기주의를 강화하는 제도적 한계

단기주의는 단순한 개인의 인식 문제가 아니라, 현행 경제 시스템이 구조적으로 장기 문제를 후순위로 밀어내는 설계에 기인한다.

다음과 같은 제도적 한계가 단기주의를 고착화한다.

정보 비대칭: 기후 리스크나 전환 리스크에 대한 정보가 불완전하거나 명확히 공개되지 않아, 투자자나 기업의 장기적 판단이 어렵다.

외부효과 무시: 탄소 배출의 사회적 비용이 시장 가격에 반영되지 않아, 단기 이익을 추구하는 기업이 장기적 피해를 무시할 수 있는 구조가 유지된다.

정치·제도 주기의 불일치: 정부는 선거 주기와 정치적 계산에 따라 정책을 결정하며, 탄소중립이나 구조 전환과 같은 장기 목표는 당면한 우선순위에서 밀려나기 쉽다.

결과적으로, 이러한 구조는 지속가능성보다 즉각적인 성과와 이윤에 집중하는 사회 전반의 단기주의를 강화하며, 기후정책의 실행력을 약화시킨다.

6.4. 단기주의 극복을 위한 정책적 전환

기후위기에 효과적으로 대응하기 위해서는 단기주의적 사고방식과 제도 구조를 바꾸는 것이 선행되어야 한다.

다음은 이를 위한 주요 대응 방향이다.

(1) 장기 목표의 제도화

탄소중립 법제화와 같이 국가 차원에서 2050년 탄소중립 목표를 법률로 명시하여 정권 변경이나 정치 상황에 흔들리지 않도록 한다. 또는 중장기 로드맵 수립과 공표로 재생에너지 전환, 탄소세 도입, 건물·수송의 에너지 전환 등 단계별 계획을 설정하고 투명하게 공개한다.

(2) 사회적 할인율 재설정

공공정책 평가에서 미래 세대의 권리를 반영하는 낮은 할인율을 적용하고, 세대 간 형평성 기반의 의사결정 원칙을 도입한다. 이는 기후변화 대응뿐 아니라 기후적응, 생물다양성 보호, 기후 손실과 피해 보상에도 확대 적용될 수 있다.

(3) 금융 시스템의 리디자인

금융시스템의 리디자인(Financial System Redesign)이란, 기존 금융시스템의 구조와 기능을 사회적·환경적 지속가능성, 포용성, 디지털 혁신, 위기 대응력 강화 등의 목표에 맞추어 근본적으로 재구성하거나 조정하는 과정을 말한다. 이는 단순한 제도 개선이나 금융상품 개발을 넘어, 금융의 목적과 운영방식 자체를 전환하는 것을 의미한다.

이러한 리디자인은 특히 기후변화 대응과 지속가능성 확보를 위해 강하게 요구되고 있으며, 이를 실현하기 위한 수단으로는 기후 리스크 공시의 의무화(TCFD, ISSB 등), ESG 정보의 표준화를 통해 장기적 정보가 시장에 반영되도록 유도하는 것이 핵심이다. 또한 녹색금융 활성화, 기후 인프라 펀드 조성 등 장기 투자를 촉진하는 금융 인센티브 구조의 재설계도 금융시스템 리디자인의 중요한 축을 이룬다.

(4) 단기성과 압박에 대한 제도적 보완

기업 회계와 실적 평가에 장기 지속가능성 지표를 포함하도록 하고, 기업 보고서에서 기후전략의 실행 경과를 의구 공개하도록 제도화한다. 정부의 성과 평가도 단기 실적 중심에서 구조적 전환 성과와 미래 리스크 대응력을 포함하도록 전환할 필요가 있다.

기후변화 대응에서의 가장 큰 장애물은 기술 부족이나 자금 부족이 아니라, 현재의 이익을 미래보다 우선시하는 단기주의의 제도적 구조에 있다. 지속가능한 사회로의 전환은 단기 이익과 장기 생존의 균형을 회복하는 일이며, 이를 위해서는 시장과 제도의 설계, 금융 평가 방식, 정책 프레임 전반에 대한 구조적 전환이 필수적이다.

7. 새로운 형태의 정책도입: 환경정보 통합과 지속가능한 의사결정

탄소 배출은 단지 환경 문제에 그치지 않는다. 그것은 자원의 비효율적 사용과 배분, 외부효과의 미반영, 단기 수익 중심의 의사결정, 그리고 공공재의 무임승차 문제 등이 복합적으로 얽힌 시장 실패의 결과다. 이처럼 기후위기는 경제·사회 전반의 구조적 결함과 연결되어 있으며, 시장 메커니즘만으로는 해결하기 어렵다.

따라서 효과적인 대응을 위해서는 정부의 정책 개입뿐 아니라, 경제 시스템의 정보 구조와 의사결정 체계 자체를 지속가능성에 기반하여 재설계할 필요가 있다.

7.1 환경정보의 경제 시스템 통합

기존 경제 시스템은 자연과 환경을 경제 외부의 요소로 취급해 왔다. 하지만 지속가능한 사회로의 전환을 위해서는 환경정보를 경제 시스템에 통합하고, 정책과 기업 활동에 실질적으로 반영할 수 있는 구조가 필요하다.

(1) Green GDP(녹색 GDP)

기존의 국내총생산(GDP)은 경제 활동의 양적 규모를 보여주지만, 환경 파괴나 자원 고갈로 인한 손실은 반영하지 못한다. 이에 따라 Green GDP는 GDP에서 환경 훼손, 자원 소진, 생태계 손실 등으로 발생한 '자연자본의 감소분'을 차감한 개념으로, 질적 성장의 척도로 주목받고 있다.

예를 들어, 한 국가의 GDP가 증가했더라도 삼림 파괴나 대기 오염, 기후 재난으로 인한 손실이 더 컸다면, 실질적인 '부의 축적'이 아니라 '자연자본의 고갈'을 의미하는 것이며, 이는 미래세대의 번영 가능성을 축소시키는 경고 신호로 해석되어야 한다.

(2) 자연자본 회계(Natural Capital Accounting)

자연자본 회계는 토양, 물, 대기, 생물다양성 등 자연이 제공하는 다양한 서비스를 정량화하여 국가 회계에 반영하는 제도다. 이는 환경을 단순한 외부요인이 아닌 경제의 기반 자산으로 인식하고, 자연자산의 감가상각과 가치 창출을 함께 계산하는 접근이다.

UN이 제시한 SEEA(System of Environmental-Economic Accounting)는 이러한 회계를 위한 국제 표준이며, 영국, 네덜란드 등은 이미 자연자본 회계를 국가 통계와 정책 분석의 핵심 도구로 활용하고 있다. 이는 자원 관리, 예산 편성, 공공투자 의사결정에 지속가능성 기준을 내재화하는 데 중요한 기초가 된다.

7.2 탄소중립을 위한 정책 수단의 통합

기후위기에 대응하기 위한 정책 수단은 다양하지만, 각각의 수단에는 한계와 장점이 공존한다. 따라서 정책은 단일 수단이 아니라, 서로 보완하는 다층적 접근으로 설계되어야 하며, 의사결정의 지속가능성 기준 강화가 그 중심에 있어야 한다.

(1) 시장 기반 수단의 한계

탄소세(Carbon Tax)와 배출권거래제(ETS)는 가격 신호를 통해 배출을 줄이도록 유도하는 시장 기반 수단이다. 탄소세는 배출에 대한 외부비용을 내부화하는 효과가 있고, ETS는 총량을 설정해 감축의 확실성을 확보할 수 있는 장점이 있다. 그러나 이들 제도는 탄소 가격이 지나치게 낮거나 불안정할 경우, 기업과 투자자는 장기적 감축 전략을 수립하지 않게 된다. 또는 시장이 성숙되지 않은 상황에서는 배출권 거래가 제대로 작동하지 않아 감축 유인이 약화될 수 있다.

(2) 보완적 정책 수단: "모든 사과를 따기 위한 사다리"

탄소세와 ETS는 쉽게 접근 가능한 탄소감축수단이다. 비유하자면, 땅에 떨어진 사과나 손이 닿는 사과를 얻는 데 적합한 도구다. 그러나 더 높은 곳에 달린 사과—즉, 기술혁신, 산업 구조 전환, 장기 투자 같은 비가시적이지만 중요한 과제들—을 따기 위해서는 사다리가 필요하다.

예를 들면 공공투자 확대, 녹색 인프라 등에 대한 장기적 투자, R&D 지원과 보조, 기후 관련 금융 정보 공개 등을 사다리로 예시할 수 있다.

> **Think Box**
>
> ### 탄소세와 '낮게 달린 과일'
>
> 앤서니 팻(Anthony Patt)과 요한 릴리스탐(Johan Lilliestam)은 2018년 Joule에 기고한 글에서 탄소세의 한계를 '낮게 달린 과일(low-hanging fruit)'에 비유하며 다음과 같이 지적했다.
> "탄소세는 낮은 곳에 달린 과일을 찾도록 자극합니다. 하지만 결국 우리는 나무에 있는 모든 사과를 따야 한다는 것을 알게 될 때, 은유적으로 우리는 사다리가 필요합니다."
> 여기서 '사다리'란 탄소세 외에 필요한 정책 수단의 조합, 즉 녹색 산업 정책, 규제, 저탄소 기술 보조금 등을 의미한다.
> 이들의 핵심 주장은 다음과 같다.
> 탄소세는 감축 비용이 낮은 분야(예: 에너지 효율 개선)에선 효과적이다. 그러나 감축 비용이 높은 분야(예: 재생에너지 전환)에선 탄소세만으로는 충분하지 않다. 따라서 탄소중립이라는 장기 목표를 달성하려면, 단순한 가격 신호를 넘어서는 포괄적인 정책 믹스가 필요하다.

7.3 지속가능한 의사결정 체계의 구축

궁극적으로 필요한 것은 의사결정의 지속가능성 내재화다. 지금까지 논의를 요약하면 경제정책, 기업 전략, 금융 시스템의 작동 원리가 단기 효율성과 수익성 중심에서 벗어나, 다음과 같은 기준으로 전환되어야 한다는 것이다.

- 자연자본의 보전과 회복이 포함된 가치 평가 체계
- 세대 간 형평성과 미래 편익을 고려하는 사회적 할인율 재설계
- 경제지표에 환경성과 통합 지표(Green GDP) 반영
- 장기 리스크를 고려한 투자 의사결정(ESG, 녹색 금융)

이러한 변화는 단순한 정책의 추가가 아니라, 의사결정 패러다임의 전환이다. 지속가능한 사회는 지속가능한 의사결정으로부터 시작되며, 이는 기후위기를 기회로 전환하는 핵심 열쇠다.

제4절 탄소감축 정책수단의 비교: 시장기반 접근, 직접규제, 한계저감비용 균등화

1. 서론

기후변화 대응을 위한 국제적 공감대가 확산됨에 따라, 각국은 탄소중립을 실현하기 위한 다양한 정책수단을 도입하고 있다. 특히 온실가스 감축을 위한 정책은 단순한 환경 규제를 넘어서, 경제적 유인 설계와 산업 구조 전환을 포함하는 복합적 접근이 요구된다. 이에 따라 탄소세, 배출권거래제, 직접규제와 같은 다양한 감축 수단들이 채택되고 있으나, 각 수단의 효과성과 한계는 정책 설계와 적용 맥락에 따라 달라진다.

여기서는 세 가지 대표적인 탄소감축 수단—탄소세(Carbon Tax), 배출권거래제(Emission Trading Scheme, ETS), 기준설정 방식(Command-and-Control)—의 이론적 기초와 정책적 특성을 비교 분석하고, 한계저감비용(Marginal Abatement Cost,

MAC) 균등화 원칙에 기반한 통합 전략의 가능성을 모색한다. 이를 통해 감축 목표 달성에 있어 경제적 효율성과 환경 성과를 동시에 고려한 정책 조합의 방향을 제시하고자 한다.

2. 이론적 배경: 외부효과, 시장실패, 그리고 정부개입

2.1 외부효과 이론과 피구세

기후변화는 시장의 외부효과에 해당하며, 이는 사회적 비용이 가격에 반영되지 않는 전형적인 시장실패의 사례임은 이미 학습한 바와 같다. 피구는 부정적 외부효과에 대응하기 위해 해당 행위에 세금을 부과하여 외부비용을 내부화해야 한다고 주장하였다. 이러한 접근은 온실가스 배출에 일정 세율의 탄소세를 부과하는 방식으로 구체화된다. 탄소세는 배출비용을 상승시켜 시장 참여자의 행동을 변화시키고, 자발적인 감축을 유도한다.

2.2 코즈 정리와 배출권거래제

한편 코즈(Coase)는 외부효과의 해결이 반드시 정부 개입을 통해서만 가능하다고 보지 않으며, 재산권이 명확히 정의되고 거래비용이 낮을 경우 시장 참여자 간 자발적인 협상을 통해 효율적인 자원 배분이 가능하다고 보았다. 이는 배출권거래제(ETS)의 철학적 기반이 된다. ETS는 정부가 총 배출 허용량을 설정하고 이를 배출권 형태로 기업에 분배하여 거래를 허용함으로써, 시장 메커니즘을 통한 감축 효율성을 추구한다.

2.3 한계저감비용(MAC) 이론

감축 수단의 선택은 각 배출 주체의 한계저감비용(MAC)에 의해 결정된다. MAC는 온실가스 1톤을 감축하는 데 드는 추가 비용으로, MAC이 낮은 수단부터 우선 적용할 때 총비용을 최소화할 수 있다. 다수의 감축 수단이 존재하는 경우, MAC이 균등해질 때 사회 전체의 감축비용이 최소화된다(MAC Equalization Principle). 이는 탄소세, ETS 등 시장기반 수단이 추구하는 정책 효율성의 이론적 근거가 된다.

3. 정책수단 분석: 제도별 특징과 비교

3.1 탄소세 작동원리: 가격 기반 접근

탄소세는 가격을 고정하여 배출자의 행동 변화를 유도하는 방식으로, 가격 예측 가능성, 행정적 단순성, 기술 중립성 등의 장점을 가진다. 특히 조세 시스템과의 통합이 용이하고, 세수 확보를 통한 재정적 기여가 가능하다는 점에서 정책 다기능성(Multi-functionality)을 가진다. 그러나 감축량은 기업의 반응에 따라 유동적이므로, 환경 성과가 불확실하며, 정치적 수용성과 역진성 문제도 고려해야 한다. 특히 역진성 문제(Regressivity Issue)는 탄소세와 같은 환경세가 상대적으로 저소득층에게 더 큰 부담이 되는 조세 구조적 특성을 의미하는 바, 예를 들면 난방, 전기 등은 모든 계층이 소비하는 필수재이기 때문에, 탄소세가 붙으면 생활비 비중에서 에너지 소비가 더 큰 저소득층이 더 큰 타격을 받게 된다.

| 그림16 | 피구세 이해하기

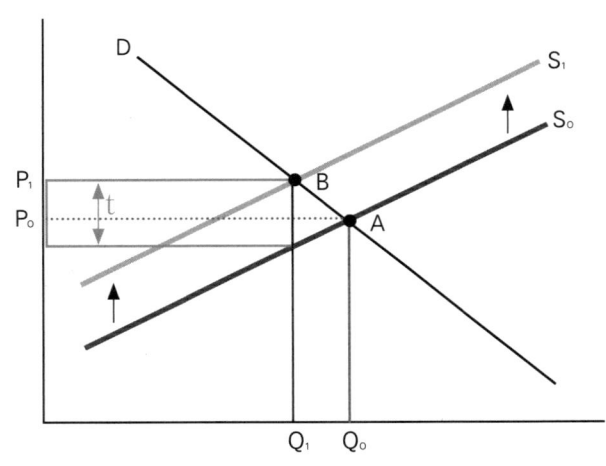

그림에서 시장은 외부비용이 반영되지 않은 상태에서, 수요곡선(D)과 공급곡선(S_0)의 교차점인 A(P_0, Q_0)에서 균형을 형성한다. 이 시장 균형점에서는 생산 및 소비의 과정에서 발생하는 온실가스 배출에 따른 사회적 외부비용이 가격에 반영되지 않아, 과도한 생산·소비, 즉 과잉 배출(Over-emission)이 발생한다.

정부가 이를 시정하기 위해 이산화탄소 1톤당 세율 t의 탄소세를 부과하면, 생산자의 한계비용이 증가하게 되어 공급곡선은 S_0에서 S_1로 상향(또는 좌측) 이동한다. 이로 인해 새로운 균형점 $B(P_1, Q_1)$가 형성되며, 이 지점은 외부비용을 내부화한 사회적 최적 균형점(Socially Optimal Equilibrium)이 된다.

이 변화는 시장 가격의 상승($P_0 \rightarrow P_1$)과 생산·수요의 감소($Q_0 \rightarrow Q_1$)로 나타나며, 결과적으로 온실가스 배출량이 줄어들게 된다. 피구세는 이처럼 가격 메커니즘을 활용하여 시장 참여자가 외부비용을 인식하고 행태를 조정하게 함으로써, 사회적 최적 배출 수준에 근접하는 방향으로 자원 배분을 유도한다.

3.2 배출권거래제 작동원리: 수량 기반 접근

배출권거래제(Emissions Trading Scheme, ETS)는 정부가 온실가스 배출 총량에 상한선을 설정하고, 그 범위 내에서 기업들이 배출권을 사고팔 수 있도록 허용하는 제도이다. 이 제도는 시장의 자율적인 가격 기능을 통해 가장 효율적인 감축 경로를 유도한다는 점에서, 환경정책과 시장 메커니즘이 결합된 대표적인 수단으로 평가된다.

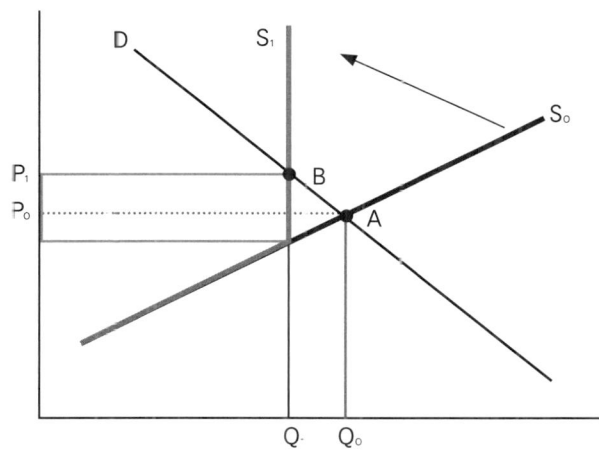

| 그림17 | 배출권거래제 이해하기(Cap-and-trade)

(1) 규제 없는 초기 시장의 비효율

이 제도의 작동 원리를 이해하기 위해서는, 먼저 정부 규제가 없는 상태에서의 온실가스 배출 구조를 살펴볼 필요가 있다. 이 시기에는 기업이 온실가스를 배출하더라도 별도의 비용을 부담하지 않기 때문에, 대부분의 기업은 비용이 수반되는 감축 노력보다는 그대로 배출하는 선택을 하게 된다. 이러한 상황을 경제학적으로 분석하면, 기업들이 온실가스를 배출하려는 경향은 각 기업의 한계감축비용(Marginal Abatement Cost, MAC)에 따라 달라지며, 이를 바탕으로 '배출 수요'에 해당하는 개념적 수요곡선(D)을 설정할 수 있다. 이 곡선은 감축하지 않고 배출하고자 하는 경향이 강한 기업일수록 더 높은 MAC을 가지고 있다는 점에 기반해 우하향 형태를 띤다. 한편, 공급곡선(S_0)은 정부의 규제가 없는 상태에서 기업들이 실제 생산 활동을 통해 자연스럽게 배출하는 온실가스의 양을 나타낸다. 이는 현실에서 관찰되는 총 배출량의 개념에 해당하며, 기업 수와 생산 규모에 따라 증가하는 우상향 곡선으로 나타낼 수 있다.

이러한 조건에서 수요곡선(D)과 공급곡선(S_0)이 교차하는 지점, 즉 점 A(P_0, Q_0)는 규제 없는 시장에서의 배출 균형을 나타낸다. 이 균형은 개별 기업의 사적 비용(Private Cost)만을 고려한 결과이며, 온실가스 배출로 인한 기후변화, 건강 피해, 환경 훼손 등 사회 전체가 부담해야 할 사회적 비용(Social Cost of Carbon)은 반영되지 않는다.

(2) 정부 개입: 총배출허용량(Cap) 설정과 시장 설계

이러한 비효율을 바로잡기 위해 정부는 총배출허용량(Cap)을 설정한다. 이는 국가 또는 산업 전체의 온실가스 배출에 대해 일정한 상한선(Q_1)을 설정하는 방식이다. 이 상한은 과학적 근거와 환경정책 목표에 따라 사회적으로 바람직한 배출 수준으로 결정된다. 정부는 이 총량(Q_1)을 기준으로 기업들에게 배출권을 할당한다. 이 할당은 무상으로 배분되거나, 경매 방식으로 유상 배분될 수 있으며, 기업들은 할당받은 배출권 범위 내에서만 온실가스를 배출할 수 있다. 그리고 이 배출권은 자유롭게 거래 가능한 시장에서 매매가 가능하다. 이제 공급곡선은 기존의 S_0(자연적 배출량 반영)에서, 총량이 고정된 수직선(S_1)으로 전환된다. 이는 시장에 유통되는 배출권 수량이 Q_1으로 제한되었음을 의미한다. 이때 수요곡선(D)과 수직 공급곡선(S_1)이 교차하는 지점(B)에서 새로운 균형가격 P_1이 형성된다. 이 가격은 기존 시장가격(P_0)보다 높게 나타나는 것이 일반적이다.

(3) 시장 메커니즘을 통한 효율적 감축 유도

이 가격 신호는 기업들에게 감축 여부에 대한 경제적 판단 기준을 제공한다. 감축 비용이 낮은 기업은 직접 온실가스를 줄이는 것이 경제적이므로 자체 감축을 선택하고, 남는 배출권을 시장에 판매하여 수익을 얻는다. 반면, 감축 비용이 높은 기업은 배출권을 구매

하는 것이 더 경제적이므로, 자발적으로 시장에서 배출권을 확보하여 규제를 충족한다. 이처럼 각 기업은 "직접 감축"과 "배출권 구매" 중 비용이 더 낮은 쪽을 선택하며, 그 결과 전체 시장에서는 가장 비용 효율적인 감축 방식이 실현된다. 정부가 개별 기업에게 일률적으로 감축량을 지정하는 방식보다 훨씬 유연하고 효율적이며, 시장 원리를 활용한 분권적 접근 방식으로 환경 목표를 달성할 수 있게 되는 것이다.

| 표11 | 탄소세 vs 배출권 거래제

항목	탄소세	배출권 거래제 (ETS)
규제 대상	배출량에 대한 단위당 세금 부과	총량 설정 후 배출권 배분 및 거래
가격 vs 수량	가격 확정 / 배출량 불확정	배출량 확정 / 가격 불확정
예측 가능성	가격 안정성 높음	시장 가격 변동성 존재
행정 편의성	단순 / 조세체계 활용	설계 복잡 / 시장 운영 필요
정책 유연성	세율 조정 가능	배출권 수량·거래 규칙 조정 가능

3.3 직접규제(명령-통제 방식)와 배출권거래제(시장 기반 간접규제)의 차이 비교

직접규제란 정부가 모든 기업에 동일한 감축 기준을 법으로 강제하는 방식이다. 예를 들어, "모든 공장은 온실가스를 50% 줄여라"처럼 일괄적인 명령을 내리는 경우이다. 이 방식의 장점은 신속하고 강력한 실행력이 있지만, 각 기업의 감축 비용 차이를 고려하지 않기 때문에 비효율적인 결과를 초래할 수 있다.

| 그림18 | 직접규제 비효율성 이해하기

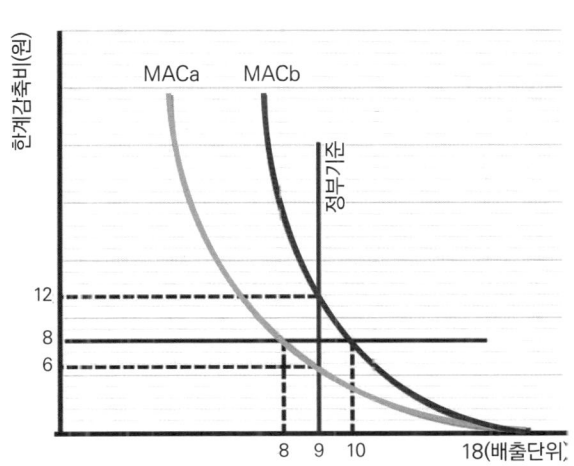

〈자료출처: https://www.dyingeconomy.com/marginal-cost-of-abatement.html〉

사례 비교: A공장과 B공장

A공장과 B공장은 각각 18단위의 온실가스를 배출하고 있다. 정부가 직접 규제 방식으로 두 공장에 각각 9단위씩 감축하라고 명령한 상황을 가정해보자.

▲ 직접 규제 방식의 감축 비용 비교

공장	한계감축비용(MAC)	감축량	총 감축비용
A공장	6원	9단위	6 × 9 = 54원
B공장	12원	9단위	12 × 9 = 108원

→ 총 감축비용: 162원

▲ 배출권거래제(ETS) 방식의 감축 비용 비교

이번에는 총 감축량 18단위는 동일하게 유지하되, 정부는 배출 상한(Cap)을 설정하고, 감축 방법은 시장에 맡긴다.

A공장: 감축비용이 낮기 때문에 10단위 감축
B공장: 감축비용이 높아 8단위 감축, 부족분은 배출권을 구매
(※ 배출권 가격이 감축비용의 중간값인 8원이라고 가정)

공장	감축단가 (MAC 또는 시장가격)	감축량	총 감축비용
A공장	8원	10단위	10 × 8 = 80원
B공장	8원	8단위	8 × 8 = 64원

→ 총 감축비용: 144원

요약하면 이 사례는 직접규제 방식과 시장 기반 방식(ETS)의 차이를 명확하게 보여준다. 직접규제 방식은 감축량을 일률적으로 할당하므로 단기 시행은 간단하지만, 공장 간 감축비용의 차이를 반영하지 않아 비효율적이다. 반면, ETS는 각 공장이 자신에게 가장 비용이 적게 드는 방식으로 감축하거나 배출권을 구매할 수 있어, 사회 전체적으로 더 낮은 비용으로 같은 양의 온실가스를 감축할 수 있는 효율적인 제도로 평가된다. 이러한 이유로 많은 국가들은 점점 ETS와 같은 시장 기반의 유연한 규제 메커니즘을 채택하고 있

으며, 이는 탄소중립 달성 과정에서 정책 효율성을 높이는 중요한 수단으로 간주된다.

4. MAC 균등화 원칙과 감축 효율성

4.1 한계저감비용 균등화 원칙(Marginal Abatement Cost Equalization Principle)

기후변화를 막기 위해 온실가스를 줄이는 것은 중요하지만, 모든 곳에서 똑같이 줄이는 것이 항상 효율적인 것은 아니다. 왜냐하면 감축하는 데 드는 비용(한계저감비용, MAC)이 기업이나 공장마다 다르기 때문이다. 한계저감비용(MAC)이란 온실가스를 1단위 줄일 때 드는 추가 비용이다. 보통 줄일수록 점점 더 어려운 기술이 필요해지기 때문에 MAC는 감축량이 늘수록 상승한다. 따라서 감축 비용이 낮은 곳에서 더 많이 줄여야 전체 비용이 작아진다.

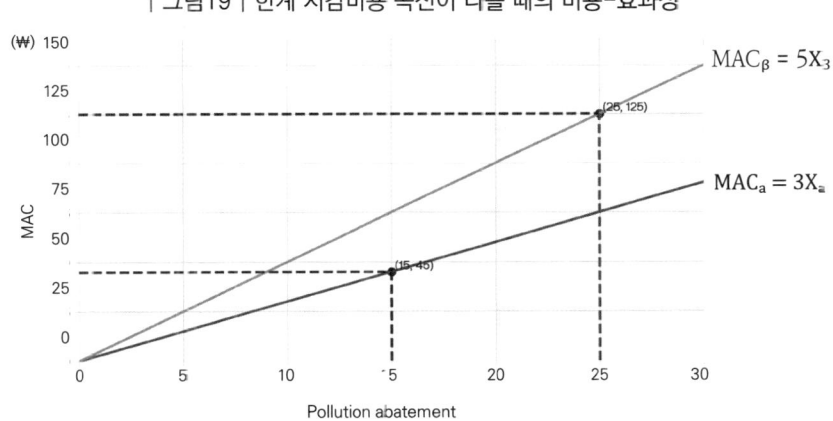

| 그림19 | 한계 저감비용 곡선이 다를 때의 비용-효과성

그래프와 수식을 이용하여 MAC균등화 원칙의 효율성을 이해해보자.

(1) 기본 가정 및 초기 조건
- 초기 배출량(정부 규제 없을 경우), A 공장: 50단위, B 공장: 60단위, 총 배출량: 110단위
- 정부 규제 후 각 공장의 배출 허용량: 35단위, 규제 후 총 배출량: 70단위, 총 감축 목표량: 40단위 (110 → 70)라고 가정하자.

(2) 감축 의무 할당
- A 공장 (X_a): 50 - 35 = 15단위, B 공장 ($X_β$): 60 - 35 = 25단위
- $X_a + X_β$ = 15 + 25 = 40단위 (감축 목표)

(3) 한계감축비용(MAC) 분석
- A 공장: $MAC_a = 3X_a$ → 15단위 감축 시 비용 = 3 × 15 = 45
- B 공장: $MAC_β = 5X_β$ → 25단위 감축 시 비용 = 5 × 25 = 125

(4) 배출권 거래 메커니즘
- B 공장은 125 미만 가격에 배출권 구매 유인
- A 공장은 45 초과 가격에 배출권 판매 유인
- 거래 가격 범위: 45 < P < 125

(5) 균형 도출 과정

MAC 균등화 조건: $3X_a = 5X_β$, 총 감축량 조건: $X_a + X_β$ = 40

※ 연립방정식 풀이:
- $X_a = (5/3)X_β$
- $(5/3)X_β + X_β = 40$ → $(8/3)X_β = 40$ → $X_β = 15, X_a = 25$

균형 MAC: 3 × 25 = 5 × 15 = 75

(6) 거래 후 결과(감축량 재분배)
- A 공장 감축: 15단위(초기) → 25단위 (10단위 (+) 감축)
- B 공장 감축 : 25단위(초기) → 15단위 (10단위 (-) 감축)
- 거래량: 10단위 (A가 B에게 판매), 비용 절감 효과: 1,900 - 1,500 = 400

| 표12 | 거래 후 결과

	A 공장	B 공장	총비용
거래 전	(1/2)×45×15 = 337.5	(1/2)×125×25 = 1,562.5	1,900
거래 후	(1/2)×75×25 = 937.5	(1/2)×75×15 = 562.5	1,500

※ 총비용 계산 방법: 한계감축비용(MAC)이 선형일 때, 총감축비용(TC)은 MAC 함수 아래의 면적으로 계산하므로 삼각형 면적 공식 적용: TC = (1/2) × MAC 최종값 × 감축량

(7) 정책적 함의
- 효율성 증명: 동일한 40단위 감축 목표를 더 낮은 사회적 비용(400 절감)으로 달성
- 감축 비용이 낮은 기업(A)은 더 많이 감축하여 배출권 판매, 감축 비용이 높은 기업(B)은 배출권 구매로 유연성 확보, 시장 메커니즘이 자원의 효율적 분배 유도
- MAC 균등화 원칙: 모든 기업의 한계감축비용이 같아질 때 사회적 총비용 최소화

4.2. 한계저감비용곡선(MACC): 탄소 중립을 위한 경제적 나침반

한계저감비용곡선(MACC)은 온실가스를 줄이기 위해 사용할 수 있는 여러 감축 기술이나 사업의 경제성을 한눈에 비교할 수 있게 해주는 시각적 도구이다. 주로 정책 결정자나 기업의 투자 전략 수립에 사용된다.

(1) MACC의 구조와 해석법 (도해식 이해)

MACC(Marginal Abatement Cost Curve)는 다양한 탄소 감축 사업이나 기술들을 한계저감비용(MAC)이 낮은 순서부터 나열하여 시각적으로 표현한 그래프이다. 이는 보통 히스토그램 형태로 제시되며, 각 감축 기술 또는 사업의 경제성을 비교하는 데 유용하다.

MACC의 특징은 다음과 같다.
① x축은 일반적으로 감축 잠재량(tCO_2 또는 $MtCO_2$ 등)을 나타낸다.
② y축은 한계저감비용(₩/tCO_2 등)을 나타낸다.
③ 그래프 상에 왼쪽에 위치한 기술일수록 비용 효율적인 감축 방안이다.
④ 음의 값을 가진 기술들은 구현 시 비용 절감 효과가 있는 사업들이다.
⑤ 양의 값을 가진 기술들은 추가 비용이 발생하는 사업들이다.
⑥ 막대너비= 해당 기술의 최대 감축 잠재량, 막대높이= 단위 감축당 순비용, 막대면적 = 총 감축 비용 (너비×높이)을 나타낸다.

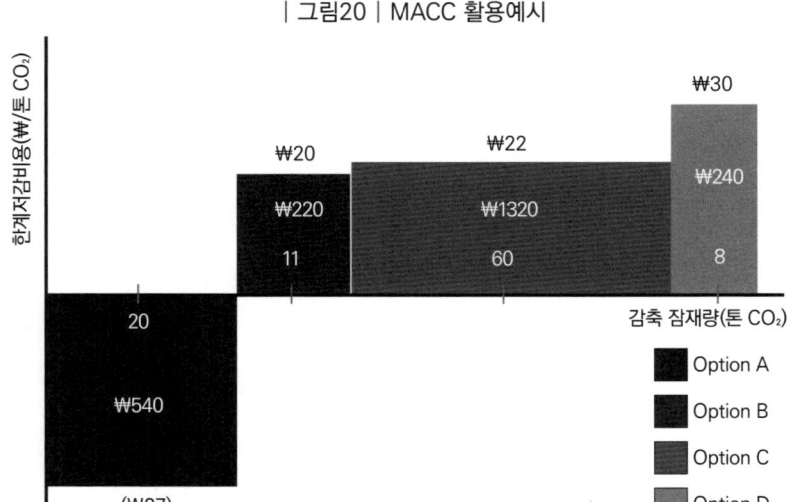

| 그림20 | MACC 활용예시

(2) 에너지 부문 적용 사례 (실제 기술 매핑)

| 표13 | 에너지 부문 적용 사례

기술 옵션	감축량(톤)	단위비용(원/톤)	경제성 분석
A. 에너지 효율화	20	-27	20톤 × (-27) = -540원 수익
B. 폐열 회수	11	20	11톤 × 20 = 220원 비용
C. 태양광 발전	60	22	60톤 × 22 = 1,320원 비용
D. CCUS	8	30	8톤 × 30 = 240원 비용

(3) MACC의 전략적 활용가치

한계감축비용곡선(MACC)은 정부와 기업 모두에게 매우 유용한 전략 도구이다. 위의 데이터를 기반으로, 정부와 기업 각각의 활용 방안을 예시를 가지고 학습해보자.

▲ 정부의 관점: 탄소가격 결정에 MACC 활용

정부는 지정된 국가 감축목표(NDC)를 달성하기 위해 예를 들어 탄소세를 25원/톤 수준으로 설정하면, 기업은 A, B, C까지는 감축하는 것이 세금보다 싸기 때문에 자체 감축을 선택하고, D (30원/톤)는 탄소세보다 비싸므로 세금 납부를 선택하게 된다. 이렇게 MACC는 탄소세의 수준 결정, 감축 의무 기술의 순서 결정, 보조금이나 규제 우선순위 결정 등에 활용된다.

▲ 기업의 관점: 주어진 예산 내 최적 투자 전략

기업은 주어진 예산으로 MACC를 활용하여 단위 감축비용이 낮은 기술부터 순차적으로 투자한다. 300원의 예산이 있다고 가정한 경우의 투자 전략을 세워보자.
- 에너지 효율화: 20톤, 수익 발생 (-540원) → 전체 투자금액 증가(300 + 540)
- 폐열 회수: 11톤 × 20 = 220원 사용 → 잔여 예산: 300 + 540 - 220 = 620원
- 태양광 발전: 60톤 × 22 = 1,320원 → 예산 초과(620원 ÷ 22 = 약 28.18톤만 가능)

기업은 MACC를 활용해 저비용 기술부터 선택적 투자로 300원 예산으로 A→B→C(일부)까지 투자가능하다.

(4) MACC의 한계와 보완 방법

MACC는 몇 가지 근본적인 한계를 지닌다. 우선, 대부분 정적인 분석(Static Analysis)에 기반하고 있어, 시간의 흐름에 따라 변화하는 기술 발전 속도나 규모의 경제 효과 등을 반영하기 어렵다. 그러나 실제 감축 기술은 시간이 지남에 따라 단가가 하락하거나 효율이 향상되는 경우가 많기 때문에, 기술 학습곡선이나 규모 확대에 따른 비용 절감 등을 반영한 동적 MACC(Dynamic MACC) 모델링이 요구된다.

또한 기존 MACC는 정량적인 비용-효과 분석에 초점을 맞추다 보니, 질적 요소에 대한 고려가 부족한 한계가 있다. 예를 들어, CCUS는 기술적으로 감축 효과가 크지만, 지역 주민의 수용성이나 부지 확보 문제 등 사회적 요인이 큰 영향을 미친다. 이처럼 기술의 실제 적용 가능성은 비용 외에도 다양한 요소에 의해 좌우되므로, 전과정평가(LCA)를 병행하여 환경·사회적 영향을 종합적으로 고려하는 보완이 필요하다. 특히 풍력 등 재생에너지의 경우 설치 비용뿐 아니라 생태계 영향, 소음 민원 등 다차원적 분석이 요구된다.

마지막으로, MACC 분석의 신뢰성과 실효성을 높이기 위해서는 정확하고 비교 가능한 데이터 기반 확보가 중요하다. 그러나 현재까지는 산업별, 지역별, 기술별 감축 단가에 대한 표준화된 데이터가 부족한 경우가 많아 분석 결과에 편차가 발생할 수 있다. 이를 보완하기 위해 각 산업군의 실제 사례를 반영한 벤치마킹 데이터 구축과 주기적인 업데이트가 필요하다. 이러한 개선 노력이 병행될 때, MACC는 신뢰할 수 있는 도구로 기능할 수 있을 것이다.

💡 Think Box

코즈정리와 배출권 거래제(ETS) 심화학습

(1) 전통적 외부효과 이론의 한계

기존 경제학에서는 외부효과(externalities)의 존재가 시장 실패의 대표적인 사례로 간주되었다. 특히 환경오염과 같은 부정적 외부효과는 사적 비용과 사회적 비용 간의 괴리를 초래하여, 자원이 과도하게 사용되는 결과를 낳는다. 이에 따라 정부가 조세(예: 피구세)를 부과하거나 직접 규제를 시행하여 외부효과를 내부화해야 한다는 접근이 강조되어 왔다.

그러나 이러한 방식은 규제 강도의 설정, 감축 비용의 불확실성, 정보 비대칭 문제 등으로 인해 비효율성을 초래할 수 있으며, 특히 비용-효과 간 균형이 필요한 환경 정책에서는 유연성이 떨어지는 한계가 존재한다.

(2) 코즈의 문제 제기

이러한 정부 중심 접근의 한계를 비판하며 로널드 코즈(Ronald Coase)는 1960년대에 외부효과 문제에 대한 새로운 시각을 제시하였다. 그는 1991년 노벨경제학상을 수상한 경제학자로서, 환경오염 문제를 포함한 외부효과가 반드시 정부의 개입만으로 해결되어야 하는 것은 아니며, 시장 참여자 간의 자발적인 협상과 거래를 통해서도 효율적인 해결이 가능하다고 주장하였다.

(3) 코즈 정리(Coase Theorem)의 핵심 주장

"재산권이 명확히 정의되고, 거래비용이 0에 가깝다면, 외부효과 문제는 시장 참여자 간의 자발적인 협상을 통해 효율적으로 해결될 수 있다." 이는 외부효과 해결에서의 핵심은 권리의 초기 분배가 아니라, 협상을 통해 효율적인 자원 배분에 도달할 수 있는 환경을 조성하는 데 있다는 점을 시사한다. 다시 말해, 배출권이 누구에게 부여되었는지는 최종 배출량에 영향을 미치지 않으며, 협상을 통한 후생 개선이 가능하다는 것이다.

(4) 사례 분석: 공장과 마을 간의 협상

① 공해권이 공장에 있는 경우

공장은 법적으로 100단위까지 오염물질을 배출할 수 있는 권리를 보유하고 있다. 인근 마을은 오염을 줄이기 위해 공장에 보상금을 지불하면서 배출 감축을 유도할 수 있다. 거래비용이 0에 가까운 이상적인 상황에서, 마을의 피해비용이 공장의 저감비용보다 큰 구간에서는 협상이 계속된다. 결국, 한계비용과 한계편익이 일치하는 60단위 배출 수준에서 협상이 타결된다.

· 결과: 마을은 D+E를 지불하고, 피해 감소로 F만큼 후생을 얻는다. 공장은 D의 저감비용을 부담하지만, E만큼 순이익을 얻는다.

② 청정공기 권리가 마을에 있는 경우

마을은 법적으로 오염 배출을 허용하지 않을 권리를 갖고 있다. 공장은 배출을 허용받기 위해 마을에 비용을 지불해야 한다. 공장의 감축비용이 마을의 피해비용보다 큰 구간(60단위)까지는 협상이 지속된다.

· **결과**: 공장은 B+C를 지불하고 배출권을 확보하며 A만큼의 이익을 얻는다. 마을은 C로 피해를 보지만, B는 순이익으로 확보된다.

| 그림21 | Coase Theorem

〈자료출처: https://jerrorg.wordpress.com〉

(5) 코즈 정리의 시사점

코즈 정리는 외부효과 문제를 해결하기 위한 시장 기반 접근의 타당성을 제시하며, 정부 중심의 규제나 과세만이 유일한 해결책은 아님을 강조한다. 특히 협상이 가능하고 제도적 기반이 마련되어 있다면, 자발적 거래를 통한 후생 증대와 효율적 자원 배분이 가능하다는 점에서 환경경제학에 중요한 기여를 하였다.

(6) 배출권 거래제(ETS)와 코즈 정리의 유사점

| 표14 | ETS와 코즈 정리의 유사성

구분	내용
재산권 설정	배출권이라는 형태로 명확한 권리 정의
시장 거래	기업 간 자유로운 거래를 통해 효율적 감축
자발적 협상	비용·편익에 따라 감축 주체가 결정됨

제5절 탄소감축과 경제성장의 양립성 논쟁

탄소중립을 추진하는 과정에서 탄소 배출 감축과 경제성장의 관계는 오랜 기간 논쟁의 대상이 되어 왔다. 전통적으로는 경제성장은 높은 에너지 소비와 화석연료 기반 산업 활동에 의존해왔기 때문에, 탄소 감축 정책이 곧 생산 비용의 증가, 산업 경쟁력 약화, 고용 감소 등 부정적 경제 효과를 초래할 수 있다는 우려가 존재했다. 특히 에너지 집약적 산업구조를 가진 국가나 지역에서는 감축 조치가 성장률을 제약할 것이라는 인식이 강했다.

하지만 최근 들어 기술 발전과 정책 혁신, 그리고 경제 구조의 전환이 빠르게 이루어지면서, 탄소 감축이 반드시 경제성장의 장애물이 되지 않을 수 있다는 가능성이 제기되고 있다. 재생에너지, 에너지 효율화, 탄소포집(CCUS) 등 다양한 저탄소 기술은 감축 비용을 낮추는 동시에 새로운 산업과 일자리를 창출할 수 있는 잠재력을 보여주고 있다. 이러한 변화는 감축과 성장이 상충 관계가 아닌 상호 보완적 관계로 전환될 수 있음을 시사한다.

정책적 접근도 과거의 규제 중심 방식에서 벗어나, 탄소세나 배출권 거래제(ETS)와 같은 시장 기반 수단을 통해 감축 효율성을 제고하고, 경제적 부담을 분산하려는 방향으로 진화하고 있다. 주요국들도 탄소중립을 기후 대응을 넘어서 미래 산업 전략으로 인식하며, 녹색 기술과 청정에너지 분야를 경제성장의 새로운 동력으로 육성하려는 움직임을 보이고 있다.

다만, 탄소중립의 추진 과정이 모든 경제 주체에게 균등한 영향을 주는 것은 아니다. 화석연료 산업과 같이 구조적 조정이 필요한 분야에서는 일정한 비용과 고용 불안정이 발생할 수 있으며, 전환 속도, 노동시장 대응, 국가 간 감축 책임 분담 등은 여전히 해결해야 할 정책적 과제로 남아 있다. 따라서 탄소감축과 경제성장의 관계는 이분법적으로 충돌하는 것이 아니라, 기술·정책·제도적 설계에 따라 상충 또는 조화를 이룰 수 있는 구조적 특성을 가진다는 점에서, 양자의 동시 달성 가능성을 실증적으로 평가하는 접근이 필요하다.

1. 양립가능하다는 주장

탄소 배출 감축과 경제성장이 양립할 수 있다는 주장은 여러 경제학적 이론을 통해 뒷받침된다. 대표적으로는 환경 쿠즈네츠 곡선(Environmental Kuznets Curve, EKC), 녹색 성장(Green Growth) 이론, 포터 가설(Porter Hypothesis), 그리고 탈동조화(Decoupling) 이론 등이 있다. 이들 이론은 일정한 조건 하에서 환경 보호와 경제 발전이 상충하지 않으며, 오히려 상호 보완적일 수 있음을 주장한다.

반면, 이러한 낙관적 전망에 대해 비판적 시각도 존재한다. 예를 들어, 유럽환경국(EEB)의 보고서는 이러한 이론들이 현실에서 지속가능한 방식으로 실현되기 어렵다는 점, 기술혁신의 한계, 자원 소비의 구조적 증가 등으로 인해 실제 탈탄소와 지속적 경제성장의 동시 달성이 어려울 수 있음을 지적한다.

이 절에서는 위의 이론들을 개별적으로 검토하고, 탄소 감축과 경제성장이 실제로 어떤 조건에서 양립 가능한지에 대한 실증적·정책적 분석을 시도하고자 한다.

1.1 환경 쿠즈네츠 곡선(EKC, Environmental Kuznets Curve) 이론

초기 산업화 단계에서는 탄소 배출이 증가하나 일정한 소득에 도달하면 그때부터는 경제 발전과 함께 환경 개선이 이루어진다는 역U자형 가설이다. 그림에서 보는 바와 같이 기술 발전과 규제 강화를 통해 탄소 배출과 경제성장의 탈동조화(Decoupling) 가능성을 설명하는 이론이다. 고소득 국가에서 탄소중립이 경제성장과 양립할 수 있는 구조를 설명하고 있다. (그림출처: 영국 통계청(ONS))

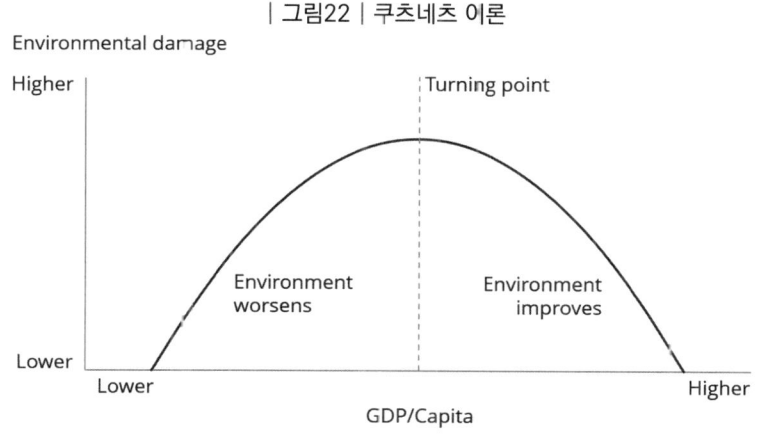

| 그림22 | 쿠츠네츠 이론

1.2 녹색성장(Green Growth) 이론

녹색성장이론은 환경을 고려한 지속 가능한 경제성장 모델을 설계하려는 노력의 일부로 발전해왔다. 경제성장과 환경 보호가 양립할 수 있다는 개념을 바탕으로 한 이론이다. 녹색성장은 전통적인 경제성장 모델과 달리, 자연자원의 지속가능한 활용과 환경적 외부효과를 고려한 성장 전략을 중점적으로 다룬다.

배경에는 OECD(경제협력개발기구)의 녹색성장 전략(Green Growth Strategy), UN 지속가능발전목표(SDGs, 2015), EU의 그린 딜(European Green Deal, 2019) 정책 등이 있으며 이들은 탄소중립, 친환경 기술 투자, 배출권거래제 등 시장 기반 환경규제 등의 방식으로 구체화되고 있다.

그러나, 이론적으로나 실천적으로 해결해야 할 기술적, 경제적, 정책적 과제가 남아 있으며, 절대적 탈동조화가 가능한지에 대한 논쟁은 계속되고 있다. 녹색성장이 가능한지, 얼마나 효과적인지, 그리고 얼마나 빠르게 실현될 수 있는지는 앞으로의 기술 발전, 정책 실행, 글로벌 협력에 달려 있다고 할 수 있다.

1.3 포터 가설(Porter Hypothesis)

포터 가설은 엄격한 환경규제가 기업 혁신을 촉진하고, 장기적으로 경쟁력을 높이며, 경제 성장에도 기여할 수 있다는 이론이다. 이 개념은 1991년 마이클 포터(Michael Porter)와 클라스 반 데르 린데(Klaas van der Linde)가 논문 "Toward a New Conception of the Environment-Competitiveness Relationship"에서 처음 제시했다.

기존 경제학에서는 환경규제가 기업 비용을 증가시키고, 경제성장과 산업 경쟁력을 저해한다고 보았다. 하지만 포터 가설은 환경규제가 기업의 혁신을 유도하여 오히려 생산성을 높이고, 장기적으로 기업의 경쟁력을 강화할 수 있다고 주장한다.

탄소중립을 위한 정책들은 대부분 강력한 환경 규제(탄소세, 배출권 거래제, 에너지 전환 정책 등)를 포함하는데, 포터 가설에 따르면 이러한 규제가 기업 혁신을 촉진하고 새로운 산업 성장의 기회가 될 수 있다.

탄소중립을 위한 환경 규제가 기업 혁신을 촉진하는 방식의 예로 유럽연합(EU)의 배출권 거래제(ETS)가 독일의 지멘스(Siemens)기업의 배출량 절감을 위한 스마트 에너지 솔루션 개발을 이끈 사례나 테슬라가 전기차 시장을 선도하며 글로벌 자동차 산업에서 영향력을 확대한 경우 등을 들 수 있다.

1.4 탄소중립과 경제성장의 탈동조화(Decoupling) 실증사례

탄소중립을 추진하는 과정에서 중요한 개념 중 하나가 바로 경제성장과 탄소배출 간의 '탈동조화(Decoupling)'이다. 이는 경제가 성장하면서도 온실가스 배출을 억제하거나 감소시키는 현상을 의미하며, 크게 두 가지 유형으로 구분된다.

첫째, 상대적 탈동조화(Relative Decoupling)는 국내총생산(GDP)이 증가하는 동안 탄소 배출도 증가하지만 그 증가 속도가 둔화되는 경우를 말한다. 즉, 경제성장은 계속되지만, 이전보다 적은 탄소를 배출하면서 성장하는 구조다.

둘째, 절대적 탈동조화(Absolute Decoupling)는 경제가 성장하는 동시에 총 탄소 배출량 자체가 줄어드는 현상을 뜻한다. 이는 가장 바람직한 탈동조화 형태로, 지속가능한 성장의 핵심 지표로 간주된다.

실증사례로 유럽연합(EU)의 탈동조화현상을 예시할 수 있다. EU는 대표적인 절대적 탈동조화를 달성한 지역이다. 2023년 기준으로 EU의 온실가스 배출량은 1990년 대비 약 37% 감소했음에도 불구하고, 같은 기간 GDP는 68% 성장했다. 이는 경제성장과 탄소배출 간의 연결고리가 끊어졌다는 것을 보여주는 실질적인 증거다. 이러한 결과는 온실가스 배출에 가격을 부과하여 기업의 자발적 감축을 유도하는 배출권 거래제(ETS)나, 태양광, 풍력 등 청정에너지 확대를 통해 에너지 부문 탈탄소화 전략 등에서 기인한 것이다.

'Our World in Data'에서 발표(2024)한 데이터에 따르면, 다수의 선진국에서 1990년부터 2022년 사이 1인당 이산화탄소(CO_2) 배출량은 줄어든 반면, 1인당 GDP는 꾸준히 증가한 것으로 나타났다. 이는 다음과 같은 시사점을 제공한다. 경제성장은 반드시 탄소배출을 동반하지 않아도 가능하다. 기술혁신, 에너지 효율 향상, 탈탄소 정책이 결합되면, 환경 보호와 경제 성장은 양립 가능하다. 이처럼 탄소중립은 경제성장을 저해하지 않는 방향으로 실현될 수 있으며, 실제로 선진국의 정책 사례는 '성장과 감축의 병행'이 가능함을 입증하고 있다.

| 그림23 | 선진국의 1인당 이산화탄소(CO_2) 배출량과 GDP 변화 추이

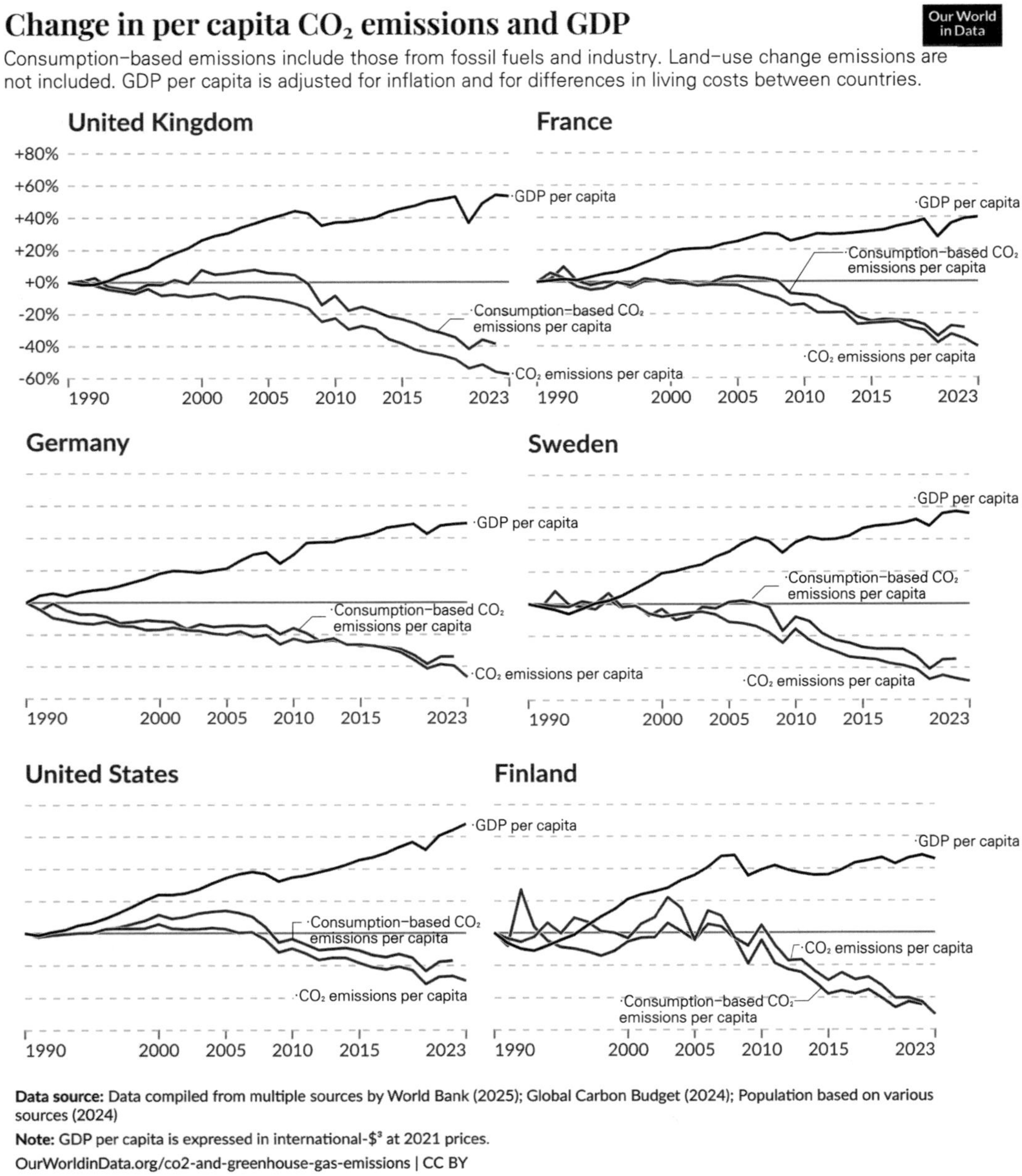

2. 양립가능성에 대한 비판적 입장

2.1 유럽환경국(EEB, European Environmental Bureau)의 비판[20]

탄소중립과 경제성장이 양립 가능하다는 주장은 다양한 이론과 정책적 접근을 통해 뒷받침됨을 앞에서 보았다. 그러나 탄소중립과 경제성장의 양립 가능성에 대해 회의적인 태도를 보이는 연구도 있다.

유럽환경국(EEB)의 보고서 Decoupling Debunked는 현재의 탈동조화 사례가 일시적이거나 상대적인 경우가 많으며, 경제성장이 지속되는 한 절대적 탈동조화를 이루기 어렵다고 주장한다. 특히, 경제성장과 환경 부담이 분리될 수 없다고 보는 이유로 7가지 한계를 제시하였다.

(1) 에너지 비용 증가(Rising Energy Expenditures)

자원 채굴 시 저비용·고효율 자원이 먼저 사용되며, 이후 남은 자원은 채굴 과정이 점점 더 에너지 집약적으로 되고 시간이 지날수록 환경적 부담이 커질 가능성이 있다.

(2) 리바운드 효과(Rebound Effects)

에너지 효율성이 향상되더라도, 절약된 비용이 다시 소비로 연결되어 전체적인 에너지 사용량이 줄어들지 않을 가능성이 있다. 예를 들면 연비가 좋은 자동차를 구매하면 연료비가 절감되어 오히려 운행 거리가 증가한다.

(3) 문제의 이동(Problem Shifting)

한 환경문제를 해결하기 위해 도입된 기술이 다른 환경문제를 초래할 수 있다 예를 들면 전기차 보급 증가 → 리튬, 코발트 등 희귀자원 채굴 압박 증가 → 새로운 환경문제가 발생한다.

(4) 서비스 산업의 환경 영향 과소평가(Underestimated Impact of Services)

서비스 경제(Service Economy)는 물질 소비를 줄이는 대안으로 여겨지지만, 여전히 물질적 기반 위에서 작동하기 때문에 환경 부담이 사라지지 않는다. 예를 들면 클라우드

---

20) 출처 https://eeb.org/wp-content/uploads/2019/07/Deccupling-Debunked.pdf

서비스와 데이터센터 운영 증가 → 엄청난 전력 소비를 초래한다.

(5) 재활용의 한계(Limited Potential of Recycling)
현재 재활용률이 낮고, 일부 자원(예: 플라스틱, 전자기기 부품)은 무한히 재활용할 수 없다. 재활용만으로 증가하는 원자재 수요를 맞추는 데 한계가 있다.

(6) 기술 변화의 한계(Insufficient and Inappropriate Technological Change)
현재 기술 혁신의 속도가 환경문제 해결에 충분하지 않으며, 일부 기술은 환경 부담을 오히려 증가시킬 수 있다. 기술 변화만으로 지속가능한 탈동조화를 이루기에는 부족하다.

(7) 비용 전가(Cost Shifting)
특정 국가에서 탈동조화가 이루어진 것처럼 보이는 경우, 실제로는 환경 부담을 다른 국가로 이전하는 경우가 많다. 예를 들면 선진국의 탄소 배출 감소 → 개발도상국으로 공장 이전 → 글로벌 차원에서는 환경 부담 감소 효과가 없다.

보고서는 현재의 녹색성장 전략이 효율성 향상(Efficiency)만으로 충분한 탈동조화를 달성할 수 있다는 잘못된 가정에 기반하고 있다고 비판한다. 이에 따라, 단순한 기술 혁신과 효율성 향상이 아닌 충분성(Sufficiency) 전략을 병행해야 한다고 강조한다.

2.2 영국 기후변화위원회의 비판

영국은 2019년 세계 최초로 2050년 Net Zero(순배출 제로) 목표를 법제화한 국가로, 강력한 기후정책 리더십을 보여왔다. 이후 전력 부문의 탈탄소화, 내연기관 자동차 판매 금지 시한 단축, 그린 금융 활성화 등의 정책을 추진하며 '탄소중립과 경제성장을 병행할 수 있다'는 청정성장(Clean Growth) 전략을 견지해왔다. 하지만 이러한 전략이 실제로 국민 삶의 방식 변화나 소비 행태의 근본적 전환 없이, 기술적 효율성과 시장 메커니즘에만 지나치게 의존하고 있다는 점에서 비판이 제기되고 있다.

(1) CCC(Climate Change Committee) 보고서 핵심: "효율성만으로는 충분하지 않다"
영국 기후변화위원회(CCC)는 2022년 보고서 "Net Zero: Behaviour Change"에서 다음과 같이 경고했다. "기술 효율성 향상만으로는 Net Zero 달성이 불가능하며, 국민의 행동 변화와 자발적 참여, 그리고 자원의 절대적 감축(=충분성 Sufficiency)이 필요하다."

CCC의 문제 제기 요점은 탄소중립 전략이 대부분 기술 전환(전기차, 재생에너지, 효율 개선 등)에 치중되어 있다. 그러나 기술은 배출을 줄일 뿐, 소비 총량을 줄이지는 않는다. 자원 절약, 소비 감축, 수요 관리, 즉 "충분성(Sufficiency)" 전략이 정책 중심에 자리해야 한다는 것이다. 이는 정책의 방향을 '더 효율적으로 소비하자'에서 '덜 소비하자'로 전환할 것을 요구하는 근본적인 시사점이다.

기존 효율성중심의 탄소중립정책은 다음과 같은 한계가 있다.

반등 효과(Rebound Effect): 효율 향상으로 절약된 비용이 다른 소비로 이어지는 현상이 발생한다. 예를 들어, 연비가 좋은 차량 사용으로 절약된 연료비가 더 많은 주행거리나 다른 소비로 이어지는 경우이다.

기술의존적 접근의 한계: 재생에너지, 전기차, 수소 등 저탄소 기술에 과도하게 의존하는 정책은 자원 추출 증가, 희소 광물 수요 급증 등 새로운 환경 문제를 야기한다.

전환 속도의 불충분: 현재의 기술 전환 속도는 파리협정 목표 달성에 불충분하다. 영국 기후변화위원회(CCC)의 보고서에 따르면, 실제 감축 속도는 필요한 속도의 절반 수준에 불과하다.

(2) 탄소중립과 경제성장 간 긴장

영국 정부는 탄소중립을 신성장 동력으로 간주하고 '그린산업혁명(Green Industrial Revolution)'을 제창했지만, 탄소중립과 경제성장 사이에는 다음과 같은 구조적 긴장이 존재한다고 보았다.

'**절대적 탈동조화(Absolute Decoupling)'의 현실적 한계** : 기술과 효율성으로 경제성장을 지속하면서도 배출을 줄일 수 있다는 주장은 현실에서 입증된 바 거의 없다. 특히 수송, 건축, 농축산업 부문에서는 여전히 배출량이 정체되거나 증가하고 있다.

소득 수준과 탄소 소비의 불균형 : 상위 소득층일수록 에너지 소비와 탄소 배출이 높고, 기후 정책의 혜택도 더 많이 받는다. 반면 저소득층은 기후 비용 전가에 취약하며, 따라서 기후 정의(Climate Justice) 문제가 제기된다.

'**그린성장'의 내재적 모순** : 탄소중립을 통한 성장 추구는 여전히 자원 채굴, 인프라 확대,

소비 촉진을 전제로 한다. 이로 인해 오히려 자원의 절대량 증가를 초래할 수 있다.

3. 현재의 탄소중립 주류정책에 대한 비판적 고찰

현재 전 세계적으로 추진되고 있는 탄소중립 주류정책은 대체로 기술 낙관론(Techno-optimism)과 시장 중심 접근(Market-based Approach)에 크게 의존하고 있다. 이는 배출권거래제(ETS), 탄소세, 전기차 보급, 재생에너지 확산 등 효율성과 전환을 중심으로 한 대응이 주류를 이루고 있다는 것을 의미한다. 이러한 접근은 일정 수준의 탄소 감축 효과를 가져올 수 있지만, 소비주의적 생활방식과 지속성장을 전제로 한 경제 체계 자체에 대한 성찰을 회피함으로써, 기후위기의 근본적 원인을 해결하지 못할 가능성이 크다.

기술의 진보는 중요하지만, 이는 어디까지나 수단이지 목적이 될 수는 없다. 현재 정책의 많은 부분이 '청정한 성장(Clean Growth)'이라는 개념으로 포장되고 있지만, 이는 기존 성장 패러다임을 유지한 채 에너지원만 교체하는 방식에 불과할 수 있다. 다시 말해, 화석연료 기반 성장에서 '재생에너지 기반 성장'으로의 전환은 기술적 해결이지만, 무한한 소비와 성장 추구라는 사회·경제 구조 자체에 대한 문제제기를 회피하는 한계가 있다.

이러한 상황에서 효율성(Efficiency) 중심의 접근만으로는 충분하지 않으며, 충분성(Sufficiency)이라는 개념이 병행되어야 한다. 효율성이 같은 생산·소비 활동을 보다 적은 자원으로 수행하는 것을 목표로 한다면, 충분성은 '과연 그 소비가 필요한가', '얼마만큼의 소비가 적정한가'를 묻는 근본적인 질문이다. 즉, "어떻게 소비할 것인가"에서 "얼마나 소비할 것인가"로 질문의 방향이 전환되어야 한다.

이를 위해서는 다음과 같은 구조적이고 실천적인 정책 재구성을 검토할 필요가 있다.

탄소 예산제(CO_2 Budgeting): 국가 또는 지역 단위의 배출 한도를 명확히 설정하고, 이를 부문별·연도별로 할당함으로써 실질적인 총량 관리체계를 수립

수요총량 규제(Demand Capping): 에너지·자원 소비의 총량 자체에 상한선을 설정하여 소비축소를 유도

시민참여 기반 행동전환 캠페인: 소비 절제, 저탄소 생활양식, 지역 순환경제 등을 중심으로 한 실천운동 강화

소득-소비 간 불균형 완화와 기후 정의(Climate Justice) 강화: 고소득 고소비층의 탄소 기여도를 반영한 누진적 감축 정책, 사회적 약자 보호 중심의 분배정책 설계

이러한 방향은 기존 주류 정책이 간과하거나 외면해온 윤리적, 철학적, 사회적 차원의 기후 대응을 적극적으로 포괄해야 가능하다.

앞서 살펴본 유럽환경국(EEB)과 영국기후변화위원회(CCC)의 정책 권고도 같은 핵심 문제의식을 공유하고 있다. 두 기관 모두 "탄소중립을 실현하려면 효율성만으로는 부족하며, 충분성이 병행되어야 한다"고 강조한다. 다만 EEB는 보다 구조적·철학적 전환을 촉구하며 성장사회 비판, 자원한계, 생태윤리 등의 차원에서 접근하고, CCC는 실질적인 정책 수단과 목표 시나리오를 중심으로 제도 설계를 강조한다는 점에서 접근의 깊이와 중점에는 차이가 있다.

요컨대, 탄소중립의 성공은 단지 기술적 해결과 시장 기제의 도입에 그칠 것이 아니라, 삶의 방식과 사회 시스템 전체를 재구성하는 '문명적 전환'의 일환으로 접근해야 한다. 그렇지 않으면 탄소중립은 또 하나의 성장 동력이자 '지속 가능한 소비주의'로 전락할 수 있다.

Think Box

효율성(Efficiency) vs. 충분성(Sufficiency) 논쟁

유럽환경국(EEB)의 보고서는 효율성(Efficiency) 전략과 충분성(Sufficiency) 전략의 차이점을 다음과 같이 강조한다.

효율성(Efficiency): 같은 경제적 결과를 내되, 더 적은 자원과 에너지를 사용하도록 최적화하는 전략. 예를 들면 신재생에너지 확대, 전기차 도입, 에너지 효율 높은 산업 장비 도입 등이다. 이는 리바운드 효과, 자원 한계, 기술 속도 문제로 인해 완전한 탈동조화를 달성하기 어렵다고 주장한다.

충분성(Sufficiency): 소비와 생산의 총량 자체를 줄이고, 지속가능한 수준으로 조정하는 전략. 예를 들면 불필요한 소비 감축, 제품의 내구성 증가, 저탄소 생활방식 확산 등이다.

핵심 메시지는 "필요한 만큼만 사용하고, 지속가능한 방식으로 소비해야 한다.'는 것으로 결국, EEB는 효율성 전략만으로는 절대적 탈동조화를 달성할 수 없으며, 소비와 생산 자체를 줄이는 충분성 전략이 반드시 병행되어야 한다고 주장한다.

Discussion Topic

1. 탄소중립은 경제성장과 양립할 수 있는가?
   - **찬성** 기술혁신, 녹색산업 투자, 포터 가설 등은 배출 감축이 오히려 경제성장에 기여할 수 있음을 보여준다.
   - **반대** 절대적 탈동조화는 실증적으로 희귀하며, 지속적인 경제성장 자체가 생태계 부담을 증가시킬 수 있다.

2. 효율성 전략만으로 탄소중립은 달성할 수 있는가?
   - **찬성** 탄소세, ETS 등 시장 기반 수단이 경제적 유인을 제공하고, 기술 발전으로 감축 비용을 낮출 수 있다.
   - **반대** 리바운드 효과, 자원 제약, 기술 한계 때문에 소비 총량 감소 없이 절대적 감축은 불가능하며, 충분성 전략이 필수다.

3. 탄소세는 기후문제 해결에 가장 효과적인 수단인가?
   - **찬성** 피구세이론 기반, 외부효과 내부화, 시장자율성 활용 → 비용 효율적 감축 가능.
   - **반대** 역진성 문제, 감축량의 불확실성, 정치적 저항 등의 한계 존재. ETS나 직접규제와의 조합이 필요하다.

4. 기후위기 대응에서 소비 절제가 기술혁신보다 중요한가?
   - **찬성** 충분성(Sufficiency) 전략은 구조적 소비 감축을 통해 지속가능성의 근본 조건을 만든다.
   - **반대** 현실적으로는 기술혁신 없는 에너지·자원 전환이 불가능하며, 대중의 자발적 절제만으로는 기후목표 달성이 어렵다.

5. 기후위기 대응은 시장 메커니즘보다 정부 개입이 더 효과적인가?
   - **찬성** 기후 안정성은 공공재이고, 무임승차와 정보 비대칭 문제는 시장만으로는 해결할 수 없으므로 강력한 정부 개입이 필수.
   - **반대** 시장 기반 접근은 비용 효율성과 유연성을 제공하며, 규제보다 적은 사회적 저항으로 실효성 있는 정책 수단이 될 수 있다.

Carbon Neutrality

제4장
기후변화와
국내외 정책

제1절 기후변화 대응 동향 ·················· 148
제2절 기후변화 대응의 역사와 주요 전개 과정 ········· 150
제3절 국제 기후변화 레짐(Regime) ·············· 153
제4절 주요 국가의 기후변화 대응정책 ············ 168
제5절 우리나라 기후변화 대응 정책 ············· 184

Climate Change
&
Policies

제4장
기후변화와 국내외 정책

제1절 기후변화 대응 동향

기후변화는 단지 환경의 위기를 넘어, 경제, 사회, 안보, 식량, 물, 생태계 등 전 영역에 걸쳐 인류의 지속가능성을 위협하는 전 지구적 위기로 인식되고 있다. 지구 평균기온 상승, 극한기후 현상의 빈발, 해수면 상승, 생물다양성 붕괴, 물과 식량 자원의 불안정성 등 기후변화의 영향은 점점 더 뚜렷하고 실질적인 피해로 나타나고 있으며, 이러한 위협은 국경을 초월해 전 세계에 파급되고 있다.

이러한 배경 속에서, 기후변화 대응은 개별 국가의 노력만으로는 한계가 있으며, 국제사회 전체의 공동 대응과 협력이 필수적이라는 인식이 확산되었다. 이에 따라 국제사회는 지난 수십 년 동안 다양한 기후변화 대응 체제를 구축해 왔으며, 이는 국제협약 → 국가별 감축목표 설정 → 이행 메커니즘 구축이라는 구조로 점차 발전해 왔다.

1. 국제협약을 통한 글로벌 기후 거버넌스 구축

기후변화 대응을 위한 국제적 협력은 1992년 유엔기후변화협약(UNFCCC)의 채택을 기점으로 본격화되었다. UNFCCC는 기후변화를 '인류 공동의 과제'로 규정하며, 전 세계 국가들이 공동으로 대응해야 할 협력 체계를 제시하였다.

이후 1997년에 채택된 교토의정서(Kyoto Protocol)는 선진국에게 온실가스 감축 의무를 부과한 최초의 법적 구속력이 있는 협약으로, 국제 기후 거버넌스 구축의 첫 단계를 상징한다. 그러나 선진국 중심의 감축 구조, 개발도상국에 대한 감축 의무 미부과, 그리고 미국 등 주요국의 이탈로 인해 실효성에 한계를 드러냈다.

이러한 한계를 극복하고 보다 포괄적인 대응 체계를 마련하기 위해, 2015년 채택된 파리협정(Paris Agreement)은 기후 거버넌스의 패러다임을 전환하는 계기가 되었다. 파리협정은 모든 국가가 자발적으로 국가결정기여(NDC, Nationally Determined Contributions)를 설정하고 이행하는 구조로, 선진국과 개발도상국의 이분법을 넘어 전 지구적 참여와 공동 책임을 강조한다.

특히 파리협정은 산업화 이전 대비 지구 평균기온 상승을 2°C 이하로 제한하고, 1.5°C 이내 억제를 지향하는 명확한 목표를 설정하였는데, 이는 2050년 탄소중립 실현을 위한 국제적 기준이자 기후 거버넌스의 핵심 기준으로 자리 잡았다.

2. 국제적 협력체계의 지속적 강화

기후변화 대응의 국제협력은 단일 협약 체결에 그치지 않고, 이를 구체화하기 위한 다자간 협의체와 과학적 지원 시스템을 통해 지속적으로 보완·확대되고 있다.

매년 개최되는 유엔기후변화협약 당사국총회(COP, Conference of the Parties)는 각국이 감축 목표의 진전 상황을 공유하고, 파리협정 이행을 위한 세부 규칙과 이행지침을 논의·결정하는 주요 플랫폼이다. COP 회의는 단기 정책결정뿐 아니라 국제 기후재정, 기술 이전, 손실과 피해 등 다양한 협력 의제를 다루는 거버넌스 체계의 중심이다.

아울러, 기후변화에 관한 정부간 협의체(IPCC)는 과학 기반의 기후정책 수립을 지원하는 핵심 기관으로 기능한다. 전 세계 기후과학자들의 연구를 종합해 발간하는 평가보고서(Assessment Reports)는 기후변화의 원인, 영향, 미래 시나리오, 대응 전략을 체계적으로 분석하며, 정책결정자에게 과학적 근거를 제공하고 국제 공론을 형성하는 데 중대한 역할을 한다.

3. 국제협력과 국가 정책의 통합적 진전

이처럼 국제적 협약과 협력체계는 각국의 국내 기후정책에 방향성을 제공하며, 동시에 각국의 실질적 이행 노력은 국제협력의 신뢰성과 효과성을 뒷받침한다. 즉, 국제 협력과 국가 정책은 상호보완적 관계로 작동하며, 양자가 유기적으로 연결될 때 기후위기에 효과적으로 대응할 수 있다.

따라서 본 장에서는 국제사회의 기후변화 대응 체계가 어떻게 진화해 왔는지 그 역사와 구조를 살펴보고, 주요 국가들의 대응 전략과 우리나라의 정책 방향 및 과제를 통합적으로 분석함으로써, 앞으로의 기후 거버넌스가 나아가야 할 방향을 조망하고자 한다.

제2절 기후변화 대응의 역사와 주요 전개 과정

기후변화는 전 지구적 이슈로, 이에 대응하기 위한 국제사회의 협력과 제도화는 수십 년에 걸쳐 단계적으로 발전해 왔다. 단순한 과학적 관심에서 출발한 초기 논의는 점차 정치·경제·사회 전반을 아우르는 글로벌 기후 거버넌스 체계로 발전하였으며, 협약 체결 → 제도 구축 → 이행 메커니즘 강화 → 국가별 전략 확대로 이어지고 있다. 아래는 이러한 국제적 노력의 주요 흐름을 연도별 핵심 이벤트 중심으로 정리한 것이다.

1. 1980 – 세계기후연구계획(WCRP) 출범

세계기후연구계획(WCRP: World Climate Research Programme)은 세계기상기구(WMO)와 국제과학협의회(ICSU)에 의해 공동 설립된 최초의 국제 기후 과학 연구 프로그램이다. 이는 기후 시스템의 과학적 이해를 심화하고, 수치 시뮬레이션 및 예측 능력 향상에 중대한 기여를 하였다.

2. 1988년 11월 – IPCC 창설

기후변화에 관한 정부간 협의체(IPCC, Intergovernmental Panel on Climate Change)는 세계기상기구(WMO)와 유엔환경계획(UNEP)의 공동 제안에 따라 설립된 유엔 산하의 과학-정책 연계 기구이다. IPCC는 전 세계 수천 명의 과학자들이 자발적으로 참여하는 범지구적 전문가 집단으로, 정치적으로는 중립적이되 과학적으로는 가장 포괄적이고 권위 있는 평가체계를 통해 기후변화의 과학적 근거, 영향, 리스크, 대응 전략에 대한 정기적인 종합 보고서(Assessment Report, AR)를 발간하고 있다.

3. 1992년 6월 – 리우 지구정상회의 및 UNFCCC 채택

1992년 브라질 리우데자네이루에서 개최된 '유엔환경개발회의(UNCED)', 즉 리우 지구정상회의(Earth Summit)에서는 환경과 개발을 통합적으로 다루는 역사적 계기가 마련되었으며, 그 핵심 결과물 중 하나로 유엔기후변화협약(UNFCCC)이 채택되었다. 이 협약은 온실가스 농도를 '위험하지 않은 수준'으로 안정화하는 것을 궁극적 목표로 제시하며, 기후변화를 국제정치의 주요 의제로 본격화하는 전환점이 되었다.

4. 1997년 12월 – 교토의정서 채택

일본 교토에서 열린 COP3에서 채택된 교토의정서(Kyoto Protocol)는 UNFCCC의 최초 구속력 있는 실행협약으로, 선진국에 2008~2012년 온실가스 배출량을 1990년 대비 평균 5.2% 감축할 법적 의무를 부과하였다. 그러나 개도국의 감축 의무 부재와 미국의 탈퇴 등으로 한계를 드러냈다.

5. 2005년 1월 – EU 배출권거래제(EU ETS) 출범

유럽연합은 교토의정서 이행을 위해 세계 최초의 다국적 탄소 배출권거래제(EU-ETS)를 시행하였다. 산업시설별로 배출권을 할당하고 시장에서 거래함으로써, 비용 효율적인 감축 메커니즘을 실현한 대표 사례로 평가된다.

6. 2009년 12월 – 코펜하겐 기후변화회의(COP15)

덴마크 코펜하겐에서 개최된 COP15에서는 법적 구속력 있는 감축 합의에는 실패했지만, '지구 평균기온 상승을 2°C 이내로 제한하자'는 공동 목표와 녹색기후재정 논의의 출발점이 마련되었다. 이는 파리협정의 기반 개념으로 이어졌다.

7. 2010년 12월 – 칸쿤 합의 및 녹색기후기금(GCF) 출범

COP16에서는 녹색기후기금(Green Climate Fund) 설립이 승인되었으며, 이는 선진국이 개도국의 감축과 적응을 지원하는 대표적인 국제 기후재원으로 기능하게 되었다. 사무국은 2013년 인천 송도에 정식 출범하였다.

8. 2015년 12월 – 파리협정 채택(COP21)

교토체제의 한계를 극복하고, 모든 국가가 참여하는 '신기후체제'의 출발점이 된 파리협정은 다음과 같은 특징을 지닌다.
(1) 지구 평균기온 상승을 2°C 이하로 제한하고, 1.5°C 이내 억제를 지향
(2) 모든 당사국이 자발적 감축 목표(NDC)를 5년마다 제출·갱신
(3) 이행 점검 체계(GST: Global Stocktake)를 통해 투명성 강화
이는 21세기 중반 탄소중립 실현을 위한 국제적 기준으로 자리잡았다.

9. 2019년 12월 – 유럽 그린딜 선언

유럽연합은 2050년까지 EU 전체의 탄소중립 달성을 목표로 '유럽 그린딜(European Green Deal)'을 채택하였다. 이후 2030년까지 온실가스 55% 감축 목표를 법제화한 유럽기후법과 'Fit for 55' 정책 패키지가 도입되어 구체적 이행 전략이 수립되었다.

10. 2020년 11월 – 미국의 파리협정 탈퇴

트럼프 행정부는 경제적 이유를 들어 파리협정 탈퇴를 선언, 2020년 공식 탈퇴 절차가 완료되었다. 이는 국제 기후협력의 불확실성을 심화시키는 요인으로 작용했다.

11. 2021년 2월 – 미국, 파리협정 재가입

바이든 대통령은 취임 직후 파리협정 복귀를 선언하였으며, 2021년 2월 미국은 공식

적으로 협정에 재가입하였다. 이는 미국이 국제 기후 리더십을 회복하고, 탄소중립 경쟁에 다시 참여함을 상징하는 전환점이 되었다.

12. 2025년 1월 - 미국, 파리협정 재탈퇴

2025년 1월, 트럼프 전 대통령의 재집권 이후 미국은 다시 파리협정 탈퇴 절차를 공식화하였다. 트럼프 2기 행정부는 기후변화 대응이 미국 경제와 에너지 산업에 불필요한 규제를 초래한다는 입장을 재차 밝히며, 에너지 자립과 산업 경쟁력 강화를 우선시하겠다는 정책 기조를 내세웠다.

이번 재탈퇴는 국제사회의 기후 거버넌스에 대한 미국의 이탈을 상징하며, 탄소중립을 향한 글로벌 흐름과의 단절을 의미한다는 점에서 국제적 우려를 불러일으켰다. 또한, 선진국의 책임과 리더십에 대한 신뢰성 문제를 야기하며, 파리협정 체제의 실효성에도 도전이 되고 있다.

제3절 국제 기후변화 레짐(Regime)

기후변화 대응의 국제 체계를 이해하기 위해서는 전 세계 기후변화 논의를 주도해 온 세 가지 핵심 기둥인 유엔기후변화협약(UNFCCC), 교토의정서(Kyoto Protocol), 파리협정(Paris Agreement)의 구조와 발전 과정을 살펴볼 필요가 있다. 이 세 가지 협약은 각각의 시대적 한계와 도전 속에서 국제 기후 거버넌스의 틀을 형성하고 진화시켜왔다.

1. 유엔기후변화협약(UNFCCC)

1.1 개요

1992년 브라질 리우데자네이루에서 개최된 지구정상회의(Earth Summit)에서 채택된 UNFCCC는 기후변화 대응을 위한 최초의 국제협약으로, 온실가스 농도 안정화를 통한 지구온난화 방지를 목표로 한다. 1994년 발효되었으며, 현재 198개국이 당사국으로 참여하고 있다. UNFCCC는 이후 교토의정서와 파리협정의 기반이 되며, 국제 기후거버넌스의 프레임워크를 제공한다.

1.2 주요 원칙

기후변화 문제는 전 지구적 차원에서 발생하는 복합적 위기이므로, 이를 해결하기 위한 국제사회의 노력은 일정한 원칙에 기반해야 한다. 이러한 원칙들은 기후변화 협약과 국제 협상의 틀에서 지속적으로 강조되어 왔으며, 각국의 대응 전략과 정책 수립에 핵심적인 기준을 제공한다. UNFCCC 제3조에 명시된 기본원칙 중 다음의 세 가지 원칙은 국제 기후협력의 근간이 되는 핵심 가치로 자리잡고 있다.

(1) 공동의 그러나 차별화된 책임(Common But Differentiated Responsibilities, CBDR)

이 원칙은 1992년 유엔기후변화협약(UNFCCC) 채택 당시부터 국제 환경법의 핵심 원칙으로 자리잡았다. CBDR은 모든 국가가 기후변화 문제에 대해 공동의 책임을 지지만, 각국의 역사적 온실가스 배출 기여도, 경제적·기술적 능력의 차이를 고려하여 책임의 수준과 방식은 차별화되어야 한다는 내용을 담고 있다.

이 원칙은 특히 산업화로 인해 대규모 탄소를 배출해온 선진국과, 개발의 기회를 상대적으로 적게 누린 개발도상국 간의 형평성 문제를 해결하기 위한 국제적 타협의 결과다. 따라서 CBDR은 책임의 공정한 배분을 통해 모든 국가의 참여를 유도하며, 국제 기후협력의 정치적 정당성을 확보하는 데 핵심적 역할을 한다.

(2) 예방 원칙(Precautionary Principle)

예방 원칙은 기후변화와 같은 복잡하고 불확실한 환경 문제에 대해, 과학적 인과관계가 완전히 입증되지 않았더라도 심각한 피해 가능성이 존재할 경우에는 선제적으로 조치를 취해야 한다는 원칙이다.

이는 '위험의 가능성이 존재하는 경우, 그 피해가 심각하고 되돌릴 수 없다면 사전 대응이 필요하다'는 환경정책의 기본 철학에 기반하며, 국제 환경 협약들에서 널리 채택되고 있다. 기후변화는 불확실성이 내재된 과학적 영역과 연결되어 있으며, 피해는 광범위하고 장기적이기 때문에, 이 원칙은 신속한 대응과 정책 결정을 정당화하는 근거로 기능한다. 또한, 기술 개발과 정책 수립 과정에서 리스크 관리의 중요성을 강조한다는 점에서 정책적 실천력을 높이는 데에도 기여한다.

(3) 지속가능한 개발(Sustainable Development)

지속가능한 개발은 경제 성장, 사회적 포용, 환경 보호 간의 균형을 추구하는 개발 패러다임으로, 기후변화 대응에서도 핵심적인 원칙으로 작용한다. 이는 특히 개발도상국이 경제 성장과 기후변화 대응을 병행해야 하는 이중 과제를 안고 있다는 점에서 중요한 의미를 갖는다. 기후변화 대응은 단지 환경 보호의 차원을 넘어서, 빈곤 감소, 에너지 접근성, 식량 안보, 건강 등과 긴밀히 연계되어 있으며, 따라서 지속가능한 개발을 달성하는 수단으로도 인식된다.

이 원칙은 기후 정책이 경제적 기회를 창출하고, 사회적 형평성을 증진하는 방향으로 설계되어야 한다는 기준을 제시하며, 장기적으로 기후위기와 지속가능성의 딜레마를 해결하는 데 기여한다.

1.3 한계와 보완

기후변화 대응을 위한 국제 협력은 원칙적인 합의 위에서 시작되었지만, 실제 이행과정에서는 여러 한계가 드러났다. 이러한 제도적·정치적 제약은 국제기후체제의 실효성을 저해하는 요소로 작용했으며, 이에 따라 이를 보완하기 위한 새로운 협약과 제도들이 도입되었다.

(1) 법적 구속력 부족과 감축 목표의 부재

초기 유엔기후변화협약(UNFCCC)은 기후변화 문제에 대한 국제사회의 공감대를 형성하고, 공동의 행동을 유도하는 데 큰 역할을 했으나, 실질적인 온실가스 감축 이행을 강제할 수 있는 법적 구속력은 부족했다. 특히 협약은 구속력 있는 감축 목표를 명시하지 않았기 때문에, 각국이 자율적으로 대응하는 데 그쳤고, 국제적 기후 거버넌스로서의 실효성 확보에는 한계가 있었다. 이로 인해 국가 간 책임 회피나 소극적인 이행 태도가 발생하는 등 실질적인 온실가스 감축에는 미치지 못하는 결과를 낳았다.

(2) 선진국과 개발도상국 간 책임 분담에 대한 이견

기후변화의 역사적 책임을 둘러싼 논의는 선진국과 개발도상국 간 깊은 입장 차이를 드러내는 핵심 쟁점이었다. 선진국은 보다 강력한 감축 의무를 요구받는 데 부담을 느꼈고, 개발도상국은 자신들의 개발 권리를 제한하지 않는 범위 내에서의 유연한 접근을 주장했다.

특히 중국, 인도 등 대규모 배출국이면서도 개발도상국 지위를 주장하는 국가들과, 이들에 대한 구속력 있는 감축 참여를 원하는 선진국 간의 갈등은 국제 협상 지연과 불신으로 이어졌다. 이는 CBDR 원칙의 해석과 적용 방식에 대한 다양한 해석을 초래하며 협상의 복잡성을 심화시켰다.

(3) 제도적 보완: 교토의정서와 파리협정의 도입

이러한 한계를 보완하기 위해 국제사회는 점진적인 제도 개혁을 추진해 왔다. 1997년 채택된 교토의정서(Kyoto Protocol)는 최초로 법적 구속력이 있는 감축 의무를 선진국에 부과한 협약으로, 기후변화 대응의 실천적 전환점을 마련했다. 하지만 개도국에는 감축 의무를 부과하지 않았고, 미국의 탈퇴 등으로 인해 참여와 이행의 폭이 제한되었다는 평가를 받는다.

이에 대한 반성과 진전을 바탕으로, 2015년 채택된 파리협정(Paris Agreement)은 선진국과 개도국 모두가 참여하는 보편적 기후 거버넌스 체제를 구축했다. 파리협정은 국가결정기여(NDC)를 통해 자율성과 참여를 동시에 보장하고, 5년 주기의 점진적 강화 메커니즘을 통해 협약의 유연성과 지속가능성을 확보하고자 했다. 이는 법적 구속력은 낮지만 정치적·도덕적 책임을 강조하는 방식으로, 이전 협약의 한계를 보완하며 광범위한 국제적 참여를 유도하는 데 성공했다.

이처럼 국제기후체제는 초기 원칙적 합의의 한계를 인식하고, 실효성 확보를 위한 제도적 보완을 추진해 왔다. 법적 강제력과 국가 간 형평성 문제는 여전히 도전 과제로 남아 있지만, 교토의정서와 파리협정은 각각의 시대적 맥락에서 기후 거버넌스의 진화를 이끌어낸 중요한 전환점으로 평가된다.

2. 교토의정서(Kyoto Protocol)

2.1 개요

교토의정서(Kyoto Protocol)는 1997년 일본 교토에서 열린 제3차 유엔기후변화협약 당사국총회(COP3)에서 채택되어, 2005년 공식 발효된 국제 협약이다. 이 의정서는 기후변화에 대응하기 위한 국제사회의 노력 중 최초로, 법적 구속력이 있는 온실가스 감축 의무를 선진국(부속서 I 국가)에 부여하였다는 점에서 중요한 이정표로 평가된다.

교토의정서는 유엔기후변화협약(UNFCCC)의 원칙—특히 공동의 그러나 차별화된 책임(CBDR) 원칙—을 바탕으로, 선진국에 과거 산업화 과정에서 기후변화에 더 많은 책임이 있다는 전제하에 감축 의무를 부과하였다. 반면, 개발도상국은 감축 의무에서 면제되었으며, 기술 이전 및 재정 지원 등 간접적 방식으로 기후변화 대응에 참여하도록 하였다.

2.2 주요 내용

(1) 6대 온실가스 감축 목표 설정 및 국가별 차등 적용

교토의정서는 이산화탄소(CO_2)를 비롯한 6대 온실가스—메탄(CH_4), 아산화질소(N_2O), 수소불화탄소(HFCs), 과불화탄소(PFCs), 육불화황(SF_6)—에 대해 명시적인 감축 목표를 설정하였다. 특히, 선진국(부속서 I 국가)에 대해 2008~2012년 기간 동안 1990년 대비 평균 5.2% 감축이라는 공동 목표를 부과했으며, 각국의 여건에 따라 국가별로 상이한 감축량을 할당하였다. 이는 역사적 책임 원칙과 국가 간 감축 여력의 차이를 반영한 것으로, CBDR 원칙의 구체적 구현이라 할 수 있다.

(2) 시장 기반 메커니즘의 도입

교토의정서의 특징 중 하나는 유연하고 경제적 효율성을 고려한 기후 대응 수단으로서 다양한 시장 메커니즘을 제도화한 점이다. 배출권 거래제(Emissions Trading Scheme, ETS)는 초과 감축량을 거래할 수 있도록 하여, 감축 비용의 최소화를 도모하였다. 청정개발체제(Clean Development Mechanism, CDM)는 선진국이 개도국에서 온실가스 감축 사업을 수행하고, 그 감축 실적을 자국의 감축 목표에 반영할 수 있게 하여 기술 이전 및 개도국 개발에 기여하도록 유도하였다. 공동이행(Joint Implementation, JI)은 선진국 간 감축 프로젝트를 공동 수행할 수 있도록 하여 협력적 접근을 장려하였다.

이러한 메커니즘은 시장 원리를 활용하여 감축 목표 달성의 유연성과 효율성을 높이는 수단으로 기능하였으며, 이후 파리협정 등에서도 지속적으로 계승되었다.

2.3 한계와 평가

교토의정서는 법적 구속력 있는 국제적 기후협약으로서 진일보한 성과를 이루었지만, 실제 이행 과정에서는 여러 구조적 한계와 정치적 도전에 직면하였다. 이는 협약의 실효성 및 지속가능성에 대한 근본적인 질문을 제기하게 만들었고, 국제기후체제의 전환을 촉진하는 계기가 되었다.

(1) 미국의 탈퇴 및 감축 의무의 불균형

가장 큰 타격은 세계 최대 온실가스 배출국 중 하나인 미국의 탈퇴(2001)였다. 부시 행정부는 교토의정서가 자국 경제에 부담이 크고, 중국과 인도 등 개도국에 감축 의무가 부과되지 않는 점이 불공정하다는 이유로 탈퇴를 선언하였다. 이로 인해 협약의 정치적 구속력과 세계적 포괄성에 심각한 타격이 가해졌으며, 이후 주요 온실가스 배출국의 이탈 가능성이라는 불안정성이 내재된 구조적 취약성을 드러내게 되었다.

(2) 개도국 감축 의무 부재와 제2차 공약기간의 약화

교토의정서는 개발도상국에는 감축 의무를 부과하지 않음으로써, 형평성을 고려한 접근이라는 긍정적 평가도 있지만, 글로벌 배출의 상당 부분을 차지하는 개도국의 미참여는 실질적 감축 효과를 제한하는 요인이 되었다. 특히 중국, 인도 등 신흥국의 급격한 배출 증가에도 불구하고 구속력이 없다는 점은 협약의 실효성을 약화시켰다.

또한 제2차 공약기간(2013~2020)에는 캐나다, 일본, 러시아 등 주요국들이 탈퇴하거나 참여를 거부하면서, 참여 국가의 수가 급감하였고, 이로 인해 기후변화 대응의 글로벌 협력 체계가 약화되는 결과를 초래하였다.

(3) 장기 전략 부재와 지속가능성의 한계

무엇보다도 교토의정서는 단기적인 감축 목표에 집중된 반면, 장기적인 기후 안정화 목표나 구조 전환 전략에 대한 비전은 부족하였다. 이는 글로벌 기후 거버넌스가 단기 이행 중심의 체계에서, 보다 포괄적이고 유연한 지속가능한 체계로의 전환이 필요하다는 교훈

을 제공하였다. 따라서 교토의정서는 초기 이행 협약으로서의 의의는 크지만, 지속가능한 국제 기후체제의 틀로는 한계가 있었다는 평가가 지배적이다.

(4) 파리협정으로의 전환

이러한 교토의정서의 구조적 한계를 극복하고, 선진국과 개도국 모두의 보편적 참여를 확보하기 위해, 2015년 파리협정(Paris Agreement)이 새롭게 도입되었다. 파리협정은 강제력이 아닌 자율적 감축목표(NDC)와 점진적 강화 메커니즘을 기반으로, 참여의 폭과 실천 가능성을 동시에 제고하려는 새로운 접근방식을 취하였다. 이는 교토 체제의 반성과 한계를 바탕으로 한 진일보한 진화라 평가된다.

(이 사진은 2015년 Paris Agreement 채택 순간을 담은 상징적인 장면. 파리협정이 만장일치로 채택된 직후, 주요 인사들이 손을 맞잡고 기뻐하는 모습. (왼쪽부터)크리스티아나 피게레스(Christiana Figueres) - 당시 유엔기후변화협약(UNFCCC) 사무총장, 반기문 (Ban Ki-moon) - 당시 유엔 사무총장, 로랑 파비우스 (Laurent Fabius) - 당시 COP21 의장 및 프랑스 외교장관, 프랑수아 올랑드 (François Hollande) - 당시 프랑스 대통령 (오른쪽 끝) 사진출처(State of the Global Climate 2024, WMO-No. 1368)

3. 파리협정(Paris Agreement)

3.1 개요

파리협정(Paris Agreement)은 2015년 프랑스 파리에서 개최된 제21차 유엔기후변화협약 당사국총회(COP21)에서 채택된 국제 협약으로, 기후변화 대응을 위한 새로운 글로벌 체제의 전환점으로 평가된다. 교토의정서 이후 나타난 법적 구속력의 한계, 선진국 중심 감축 구조, 개도국의 책임 회피 등 기존 국제기후체제의 문제점을 반성하고, 모든 국가가 자발적으로 참여하는 보편적 기후 거버넌스 구축을 목표로 제정되었다.

이 협정은 역사상 처음으로 선진국과 개발도상국 모두가 감축 노력을 이행해야 하는 '보편적 참여 체제'를 실현하였으며, 장기적인 온실가스 감축 방향과 기후위기 적응, 재정·기술 지원, 투명성 확보 등의 다양한 영역을 포괄한다. 특히 파리협정은 기존의 '명령-통제' 방식에서 탈피하여, 각국이 자율적으로 설정한 국가결정기여(NDC)를 통해 목표를 제출하고, 이를 주기적으로 갱신·강화하는 방식으로 국제 협력을 유도하고 있다는 점에서 중요한 제도적 진보를 이룬 협약이다.

3.2 주요 내용

(1) 장기 목표 설정

파리협정은 기후변화 대응의 최종 목적을 명확히 제시하였다. 산업화 이전 대비 지구 평균기온 상승을 2℃ 이하로 제한하고, 가능하면 1.5℃ 이하로 억제하기 위해 노력한다는 장기 목표를 선언하였다. 이는 단순한 단기 감축이 아니라, 21세기 중후반까지 탄소중립(Net Zero)을 실현함으로써 지구 시스템의 안정성을 회복하겠다는 공동 비전을 반영한다.

(2) 국가결정기여(NDC) 체계와 진전 원칙

파리협정은 각국이 자율적으로 설정한 감축 목표(NDC)를 제출하고, 이를 5년 주기로 갱신·강화하는 방식을 채택하였다. 이 구조는 '진전 원칙(Progression Principle)'과 '최고 수준의 야망(Highest Possible Ambition)'이라는 이중 원칙에 따라 작동한다. 즉, 모든 당사국은 매번 이전보다 더 높은 수준의 감축 목표를 제시해야 하며, 자국의 여건을 고려하되 가능한 최고 수준의 기후 행동을 추구해야 할 의무를 진다. 이를 통해 파리협정은 자율성과 유연성을 보장하면서도, 장기적으로는 전체적인 감축 수준을 점진적으로 강화하는 구조를 설계한 것이다.

> ### 💡 Think Box
>
> ## 진전원칙
>
> NDC 진전원칙(Progression Principle)은 각국이 제출하는 NDC가 지속적으로 발전하고 강화되어야 한다는 것으로 파리협정 제4조(Article 4)에 명시되어 있다. (Each Party's successive nationally determined contribution will represent a progression beyond the Party's then current nationally determined contribution and reflect its highest possible ambition).[21]
>
> 첫째, 점진적 강화(Progression)개념은 각국의 NDC는 이전보다 더욱 야심 찬 목표를 포함해야 한다는 의미이다.
> 둘째, 최고 수준의 목표(Ambition Raising)는 각국은 자국의 역량과 경제 상황을 고려하여 가능한 최고 수준의 기여를 해야 한다는 것이다. 특히 선진국은 더 강한 목표를 설정할 책임이 있다.
> 셋째, 비가역성(No Backsliding)은 NDC 목표를 후퇴시키거나 낮추는 것은 불가하다. 국가 경제 상황이나 기타 요인으로 인해 목표 수정이 필요하더라도, 기존 목표보다 낮아져서는 안 된다는 것이다.
> 넷째, 5년 주기 강화(Cycle of Increasing Ambition)는 5년마다 새로운 NDC를 제출해야 하며, 기존보다 진전된 목표를 포함해야 한다는 것이다. 이는 "강화 메커니즘(Ratcheting Mechanism)"으로 불리며, 파리협정의 핵심 원칙 중 하나이다.

(3) 글로벌 이행점검(Global Stocktake)

파리협정은 집행력과 효과성을 평가하기 위해 '글로벌 이행점검(Global Stocktake)' 제도를 도입하였다. 이 체계는 5년 주기로 모든 당사국의 집단적 이행 성과를 평가하고, 전 세계 감축 노력의 수준이 협정의 장기 목표와 부합하는지를 점검하는 절차이다.

첫 번째 글로벌 이행점검은 2023년에 실시되었으며, 그 결과는 각국이 차기 NDC를 수립할 때 참고 자료로 활용된다. 이를 통해 파리협정은 법적 강제력 없이도 정책적 압력과 국제적 투명성을 통해 기후행동을 유도하는 메커니즘을 마련한 셈이다.

---

[21] 이런 이유로 파리협정이행절차를 "the ratchet mechanism"(조임 기제)이라고 한다(출처:A key principle of the Paris Agreement is that countries would "ratchet up" their plans – that is, increase their efforts every five years to reflect their "highest possible ambition" of each Party(https://climatepromise.undp.org/news-and-stories))

(4) 국제 탄소시장(제6조) 구축

파리협정은 협약 제6조(Article 6)를 통해 국제 탄소시장과 협력 메커니즘의 법적 기반을 마련하였다. 이는 온실가스 감축의 비용 효율성과 국가 간 협력 확대를 위한 시장 기반 수단으로, 다음과 같은 세부 구조를 포함한다.

제6조 2항: 국제이전감축량(ITMOs, Internationally Transferred Mitigation Outcomes)
당사국이 자발적으로 협력하여 국가 간 온실가스 감축 실적을 상호 이전하고, 이를 자국의 감축목표(NDC)에 반영할 수 있도록 하는 조항이다. 이 체계는 국가 간 탄소 감축 성과의 정량적 거래를 허용하며, 회계 투명성과 이중계산 방지(Avoiding Double Counting) 원칙을 명시한다.

제6조 4항: 지속가능발전 메커니즘(SDM, Sustainable Development Mechanism)
기존 교토의정서의 청정개발체제(CDM)를 대체하는 글로벌 메커니즘으로, UN이 주관하여 제3자가 감축활동을 인증하고, 해당 실적을 당사국 NDC 이행에 활용할 수 있도록 하는 구조이다. 개발도상국이 주로 감축 프로젝트를 수행하고, 선진국이나 제3국이 해당 감축분을 구매함으로써 저탄소 기술과 자금 이전이 촉진된다. 민간 부문의 참여도 명시되어, 비정부 주체의 감축 사업 참여가 가능해진다.

제6조 8항: 비시장 접근방식(Non-market Approaches)
탄소 가격 또는 배출권 거래 없이도 가능한 협력 방식으로, 기술 이전, 역량 강화, 정책 협력 등을 포함한다. 이는 주로 기후 적응, 지속가능한 개발, 사회적 포용성을 중시하는 접근으로, 시장 기능 외의 다양한 정책수단을 장려한다.

(5) 투명성 체계 ETF 강화

파리협정은 국가별 감축 이행의 신뢰성을 높이기 위해 보편적 투명성 체계(ETF, Enhanced Transparency Framework)를 마련하였다. 이 체계는 모든 국가가 통일된 기준에 따라 감축 이행, 재정 지원, 적응 활동 등의 정보를 정기적으로 보고하고, 국제적으로 검토받는 절차를 포함한다.

이는 개발도상국에도 동일한 투명성 요구를 적용하되, 국가의 역량 수준에 따라 일시적 유연성을 허용함으로써, 형평성과 실행 가능성을 함께 고려하고 있다.

(6) 기후 적응 및 기후재원 강화

파리협정은 감축뿐만 아니라 기후변화에 대한 적응(Adaptation)의 중요성을 강조하며, 특히 기후위기에 취약한 개도국과 소도서국을 위한 재정·기술 지원 확대를 재확인하였다. 이와 관련된 재정 약속은 2009년 COP15에서 선진국이 2020년까지 연간 1,000억 달러의 기후재원을 개도국에 제공하기로 한 선언에서 비롯되었으며, 파리협정은 이를 계승하면서 2025년 이후의 새로운 재정 목표 설정 필요성도 명시하였다. 이는 개도국의 자발적 참여와 기후 복원력을 강화하는 기반이 된다.

Think Box

파리협정의 1.5°C 목표는 어떻게 설정되었는가?

파리협정은 산업화 이전 대비 지구 평균 온도 상승을 1.5°C 이내로 제한하는 것을 국제사회가 공유해야 할 핵심 목표로 제시했다. 이는 정치적 합의이기 이전에, 고학적 데이터와 정교한 기후 모델링을 기반으로 설정된 기준이다. IPCC는 다음과 같은 세 단계의 과정을 거쳐 이 목표의 기준을 설정하였다.

(1) 산업화 이전 평균 온도 설정
1.5°C 상승이라는 목표가 의미를 갖기 위해서는 먼저 '기준선'이 되는 산업화 이전 시기의 지구 평균 온도를 설정해야 한다. IPCC는 이 시기를 1850년부터 1900년까지로 정의하며, 이는 기후변화에 대한 신뢰할 수 있는 온도 기록이 시작되는 시점이자, 본격적인 화석연료 사용 이전의 '자연적 기후 상태'를 대표한다.
주요 기관들이 설정한 산업화 이전 평균 기온은 다음과 같다.
NASA GISTEMP 약 13.7°C, HadCRUT5(UK Met Office & CRU) 약 13.8°C, Berkeley Earth 약 13.9°C, NOAA 약 13.7°C, IPCC AR6 종합 평균 약 13.6~13.9°C

(2) 현재 평균 온도 측정과 온도 상승 계산
현재의 지구 평균 온도는 위성 자료, 지상 기상관측소, 해양 부이 등 다양한 센서를 통해 수집된 데이터를 바탕으로 산출된다.
또한 NASA, NOAA 등 여러 국제 기관이 각각 독립적인 온도 데이터 세트를 운영하며, 이들 간의 비교와 교차 검증을 통해 온도 변화 추세를 모니터링하고 있다.

(3) 기후 시뮬레이션과 1.5°C 목표의 과학적 근거
온도 상승의 경향을 분석하고 미래를 예측하기 위해 IPCC는 슈퍼컴퓨터 기반의 기후 모델링을 활용한다. 이는 전 지구의 기후 시스템을 수백 개의 변수로 시뮬레이션하여 다양한 배출 시나리오에 따른 미래 기온 변화를 예측하는 방식이다.

> 또한, 1850년 이전 시기의 온도 추정을 위해서는 직접 관측 자료가 부족하기 때문에, 빙하 코어, 해양 퇴적물, 나이테와 같은 기후 대리 자료(Proxy Data)를 활용하여 지구 평균 온도의 장기 변화를 재구성한다.
> 이러한 데이터와 모델링 결과를 종합한 결과, IPCC는 지구 평균기온 상승을 1.5°C 이내로 제한하지 않으면, 극단적 기상이변, 해수면 상승, 생태계 붕괴 등 비가역적인 피해가 급격히 증가할 것이라고 경고하고 있다. 이에 따라 1.5°C 목표는 단지 상징적 수치가 아니라, 지구 시스템을 안정적으로 유지하기 위한 과학적으로 설정된 한계선이라 할 수 있다.

3.3 한계와 평가

(1) 법적 구속력의 제한

파리협정은 참여국의 확대를 위해 감축 목표(NDC) 자체에는 법적 구속력을 부여하지 않았으며, 이행 여부 역시 강제적 수단이 부재하다. 이러한 구조는 참여 유인을 높이는 장점이 있는 반면, 이행 담보 수단이 부족하여 목표 달성의 실효성 확보에 한계가 있다는 평가도 함께 제기된다.

(2) 과소 목표와 이행 격차

다수 국가들이 제출한 초기 NDC는 기온 상승을 1.5°C 이하로 제한하기에는 부족한 수준에 머물러 있으며, 현재 추세대로라면 21세기 말 지구 평균기온 1.5°C 상승제한 목표를 달성하지 못할 것으로 전망되고 있다. 이는 NDC 체계의 자율성에 의존하는 방식이 야심 부족(Lack Of Ambition) 문제로 이어질 수 있음을 시사한다.

(3) 재원 약속 이행의 불확실성

선진국이 약속한 기후재정(연 1,000억 달러)의 실제 이행 수준은 기대에 미치지 못하고 있으며, 재정의 투명성, 추가성(Additionality), 접근성 등 여러 측면에서 개도국의 불만이 존재한다. 특히 기후변화의 '손실과 피해(Loss And Damage)'에 대한 별도의 재정 체계 논의가 본격화되면서, 기후정의(Climate Justice) 실현에 대한 요구가 점차 확대되고 있다.

(4) 정치적 불안정성과 국제 공조의 변수

미국 트럼프 행정부의 두차례 파리협정 탈퇴 선언(2017, 2025)은 국제기후협력의 정치적 취약성을 드러낸 사례이며, 국내 정치 변화가 국제 협약 이행에 직접적인 영향을 미칠 수 있음을 보여준다.

4. 국제기후변화 레짐의 핵심 기구: COP와 IPCC

국제사회는 기후변화라는 전 지구적 문제에 대응하기 위해 다양한 제도적 틀과 기구를 구축해왔다. 그중에서도 유엔기후변화협약 당사국총회(COP)와 기후변화에 관한 정부간 협의체(IPCC)는 각각 정책 결정과 과학적 기반 제공이라는 상호보완적 기능을 수행하며, 국제기후레짐의 중심축 역할을 해왔다. 이 두 기구는 UNFCCC 체제 하에서 교토의정서와 파리협정 등 주요 협약의 형성과 이행을 이끌어가는 핵심 기관으로 기능하고 있다.

4.1 유엔기후변화협약 당사국총회(Conference of the Parties, COP)

COP는 UNFCCC의 최고 의사결정기구로, 기후변화 대응에 있어 법적·제도적 방향성과 국제 협력의 틀을 설정하는 핵심 협의체이다. 매년 개최되는 COP 회의에서는 다음과 같은 핵심 기능이 수행된다.

(1) 협약 이행 상황의 점검 및 감축 목표의 검토

각국의 온실가스 감축 이행 상황을 검토하고, 감축 수준의 조정이나 보완을 논의한다. 이는 협약의 실효성과 신뢰성 확보를 위한 핵심 절차이다.

(2) 주요 국제 협약의 채택 및 제도 설계

COP는 1997년 교토의정서, 2015년 파리협정 등 국제적 이정표가 되는 협약을 채택한 바 있으며, 이를 통해 기후 거버넌스의 발전을 이끌어왔다.

(3) 기후재정 및 기술이전 논의

선진국의 개도국 지원 약속, 기후재정 이행 여부, 기술 협력 구조 등에 대한 논의가 이루어지며, 기후 정의(Climate Justice) 실현을 위한 조정 기능을 수행한다.

(4) 완화(Mitigation) 및 적응(Adaptation) 정책 방향 설정

COP는 온실가스 감축뿐 아니라 기후위기의 피해를 최소화하기 위한 적응 전략 수립에서도 중요한 정책적 가이드라인을 제공한다. 이는 특히 기후취약국의 요구를 제도에 반영하는 중요한 창구로 작용한다.

이처럼 COP는 기후 정책의 국제적 합의와 제도화를 이끄는 핵심적인 의사결정 플랫폼이며, 기후 거버넌스의 정치적 기반을 제공한다.

4.2 기후변화에 관한 정부간 협의체(Intergovernmental Panel on Climate Change, IPCC)

IPCC는 세계기상기구(WMO)와 유엔환경계획(UNEP)이 1988년 공동으로 설립한 과학적 기구로, 기후변화에 대한 과학적 평가를 통해 정책결정자에게 신뢰할 수 있는 정보와 근거를 제공하는 것을 주요 임무로 한다.

(1) 직접 연구 수행이 아닌 전 세계 과학 연구 종합

IPCC는 자체적인 실험이나 관측을 수행하지 않고, 국제 학계와 연구기관의 수천 편에 이르는 논문과 보고서를 체계적으로 종합·평가하여 과학적 컨센서스를 도출한다.

(2) 평가보고서(Assessment Reports, AR)의 주기적 발간

약 6~7년 주기로 발간되는 IPCC의 평가보고서는 기후변화의 과학적 원인, 영향, 예측, 대응방안을 포괄하며, 각국 정부의 정책 수립과 국제 협상에서 과학적 기준으로 활용된다. 특히 AR6(제6차 평가보고서)는 1.5℃ 목표의 긴급성과 탄소중립 필요성을 명확히 제시함으로써, 파리협정의 강화 논의에 중대한 영향을 미쳤다.

(3) COP 협상의 기반 자료 제공

IPCC의 보고서는 COP 회의와 각국의 NDC 설정, 기후재정 우선순위 결정 등에 과학적 정당성과 기술적 근거를 제공하며, 국제 정책 협상의 합리성과 투명성을 뒷받침하는 역할을 한다.

4.3 상호보완적 역할과 레짐의 진화

이와 같이 IPCC는 과학적 지식 생산을, COP는 그 지식을 제도화·정책화하는 역할을 수행하며, 기후 레짐의 작동을 뒷받침한다. 두 기구는 상호보완적 관계를 통해, 국제사회가 과학적 근거에 기반하여 점차 보편성과 실효성을 강화하는 기후 거버넌스를 구축하도록 진화해왔다.

UNFCCC는 기본적 협약 체계의 틀을 제공하고, 교토의정서와 파리협정은 시대적 필요에 따라 제도적 구체성을 심화하였으며, IPCC는 과학적 컨센서스를 형성하여 국제 정책 논의의 기반을 제공하고, COP는 이를 구속력 있는 정책 및 협약으로 발전시키는 정치·제도적 장치로 작용해왔다. 이러한 다층적 구조는 기후변화라는 복합적 문제를 해결하기 위한 국제사회 협력의 지속 가능성과 정당성, 실효성을 확보하는 핵심 요소라 할 수 있다.

| 표15 | 주요 COP 회의 및 성과

회의명 (년도 / 개최지)	주요 성과 및 특징
COP1(1995, 베를린)	기후변화협약 이행을 위한 구체적 감축 논의 시작 (베를린 권고안); 교토의정서 논의 기반 마련
COP3(1997, 교토)	교토의정서 채택: 선진국에 법적 구속력 있는 감축 의무 부과, 시장메커니즘(CDM, JI, ETS) 도입
COP7(2001, 마라케시)	마라케시 합의(Marrakesh Accords): 교토의정서 이행 규칙 구체화, 시장 메커니즘·보고 절차 명문화
COP13(2007, 발리)	발리 로드맵 채택: 2012년 이후 체제 논의 시작, 선진국과 개도국 모두 참여하는 새 협정 논의의 전환점
COP15(2009, 코펜하겐)	코펜하겐 합의(Copenhagen Accord): 2℃ 목표 명시, 2020년까지 연간 1,000억 달러 기후재정 약속
COP16(2010, 칸쿤)	칸쿤 합의 채택: 녹색기후기금(GCF) 설립, 감축·적응·투명성 등 파리협정의 기초 형성
COP17(2011, 더반)	더반 플랫폼 채택: 모든 국가가 참여하는 신규 협정(파리협정) 협상 개시 합의
COP21(2015, 파리)	파리협정 채택: 보편적 참여, NDC 체계, 1.5℃ 목표, 진전 원칙(Ratchet), 투명성 체계 국제탄소시장 기반 마련
COP24(2018, 카토비체)	카토비치 규칙서(Katowice Rulebook) 채택: 파리협정 이행 지침 마련 (보고·투명성·검토 절차 등)
COP26(2021, 글래스고)	글래스고 기후합의(Glasgow Climate Pact): 석탄발전 단계적 감축 명시, 메탄 감축 및 탄소시장(제6조) 지침 채택
COP28(2023, 두바이)	첫 번째 글로벌 이행점검(Global Stocktake) 실시, 화석연료 시대 종료 선언(Fossil fuel phase-down) 논의
COP29(2024, 바쿠)	선진국들은 2035년까지 개발도상국에 연간 최소 3,000억 달러의 기후 재정을 제공하기로 합의 파리협정 제6조 이행 규칙 채택, 국가 간 탄소 크레딧 거래 및 이를 기록하는 UN 등록부 설립 결정.

제4절 주요 국가의 기후변화 대응정책

기후변화 대응은 국제적 협력뿐 아니라 각국의 정책적 선택과 전략이 핵심적 역할을 한다. 국가는 각기 다른 경제·산업 구조, 에너지 의존도, 기술 발전 수준, 정책 우선순위 등을 고려하여 탄소중립 목표를 설정하고, 이에 부합하는 맞춤형 감축 전략을 수립한다.

이러한 정책은 단순한 환경 보호 차원을 넘어 산업 경쟁력 강화와 지속가능한 경제 전환의 동인으로 작용하고 있으며, 각국은 재생에너지 확대, 친환경 기술개발, 탄소규제, 녹색금융 강화 등 다양한 수단을 활용해 경제성장과 기후위기 대응의 병행을 추구하고 있다.

특히 유럽연합(EU), 미국, 중국은 세계 최대 온실가스 배출국이자 기후정책의 핵심 행위자로서, 강력한 감축 목표 설정과 법제화, 시장기반 정책 도입을 선도하고 있다. 일본, 영국, 캐나다 등도 구체적인 감축 목표와 정책 수단을 통해 적극적으로 기후위기에 대응하고 있다.

1. 유럽연합(EU): 그린딜과 탄소중립 전략의 선도

EU는 2050년까지 탄소중립을 달성하겠다는 목표를 세계 최초로 공식화한 대륙 단위 정책 주체로, 기후정책을 경제·사회 전반의 구조 전환 전략으로 통합하고 있다. 2019년 발표된 "유럽 그린딜(European Green Deal)"은 단순한 환경 정책을 넘어 산업 혁신과 일자리 창출을 포함한 장기 성장 전략으로 작동하며, 이후 2021년 "Fit for 55 패키지"와 2023년 도입된 "탄소국경조정제도(CBAM)"는 기후 목표 실현을 위한 제도적 기반을 강화하였다.

1.1 유럽 그린딜: 탄소중립 대륙으로의 전환 전략

"2050년까지 유럽을 세계 최초의 탄소중립 대륙으로 전환"한다는 비전을 제시한 유럽 그린딜은, 에너지·산업·수송·건물 부문의 탈탄소화를 통해 구조적 전환을 유도한다. EU는 이를 위해 1조 유로 이상을 투자하고 있으며, 주요 정책은 다음과 같은 방향으로 구성된다.

재생에너지 확대: 2030년까지 에너지 믹스에서 재생에너지 비중을 40% 이상 확대
ETS 강화: 기존 산업 부문 외에 도로교통·건물 부문까지 배출권 거래제 확대 적용
탈내연기관 및 건물효율화: 전기차 전환 촉진, 노후 건물의 에너지 성능 강화
산업전환 촉진: 수소, 배터리, 탄소포집 기술 투자 확대 및 순환경제 촉진

이러한 전략은 기후 대응을 경제 전환과 통합하는 포괄적 접근으로, 지속가능한 성장 모델 수립에 기여하고 있다.

1.2 탄소국경조정제도(CBAM): 기후와 무역의 통합 정책

2023년 도입된 CBAM은 탄소배출 규제가 느슨한 국가에서 수입되는 고탄소 제품에 대해 EU 수준의 탄소비용을 부과함으로써, 탄소누출을 방지하고 공정 경쟁을 유도하는 제도이다. 철강, 시멘트, 비료, 알루미늄, 전력 등 1차 적용 산업을 시작으로, 향후 확대가 예정되어 있다. 이는 무역과 기후정책을 결합한 선도적 모델로서, 국제사회에 강한 파급 효과를 미치고 있다.

1.3 Fit for 55 패키지: 2030년 감축목표 실현을 위한 이행 체계

EU는 2030년까지 1990년 대비 온실가스 55% 감축을 목표로 하는 Fit for 55 패키지를 통해 기후 법제화와 정책 통합을 추진하고 있다. 주요 내용으로는 ETS 개혁, 자동차 내연기관 판매 금지(2035년부터), 건물과 교통의 에너지 기준 강화, 해운·항공 부문 ETS 확대 등이 포함된다. 이는 EU의 중기 감축 목표를 실현하기 위한 정합적이고 실효성 있는 제도 체계로 기능한다.

1.4 EU 기후정책의 시사점

EU의 기후정책은 강력한 법적 규제와 시장 기반 정책의 결합, 기후와 경제·무역의 통합이라는 측면에서 중요한 시사점을 제공한다. 특히 탄소중립을 단순한 환경 과제가 아닌 산업과 경제구조의 재설계 전략으로 접근하고 있다는 점에서, 향후 글로벌 기후정책의 방향성을 제시하는 선도 사례로 평가된다.

2. 미국의 기후정책: 인플레이션 감축법(IRA) 및 탄소감축 전략

미국은 세계 2위의 온실가스 배출국으로서 글로벌 기후위기 대응에 있어 중추적 역할을 요구받고 있음에도, 실질적인 탄소감축 정책의 실행에 있어 지속적으로 제도적 제약과 정치적 저항에 직면해 왔다. 특히 연방주의(Federalism) 체제 아래에서 연방정부와 주정부 간 권한 배분 문제, 그리고 입법·사법부 간 견제 구조는 미국 기후정책의 일관성과 강제력을 약화시키는 주요 원인으로 지적되어 왔다.

이러한 구조적 제약은 미국 내 기후정책의 법적 정당성과 규제 권한을 둘러싼 논쟁으로 이어졌으며, 그 대표적인 사례가 2007년 「매사추세츠 주 대 EPA 사건(Massachusetts v. EPA)」과 2022년 「웨스트버지니아 주 대 EPA 사건(West Virginia v. EPA)」이다. 전자는 연방정부의 온실가스 규제 권한을 인정하며 환경보호청(EPA)이 온실가스를 "대기 오염물질"로 규정할 수 있는 법적 근거를 마련했지만, 후자는 이러한 규제 권한에 제동을 걸며 연방정부의 일방적인 에너지 전환 추진에 헌법적 한계가 있다는 점을 명확히 했다.

이러한 맥락 속에서 바이든 행정부는 입법을 통한 우회 전략으로 「인플레이션 감축법(IRA, Inflation Reduction Act)」을 2022년에 제정하였다. IRA는 전통적인 규제 방식이 아닌 세액공제, 보조금, 기술 투자 등의 재정지원 수단을 중심으로 온실가스 감축을 유도하며, 법적 분쟁의 여지를 줄이고 주정부 및 민간 참여를 촉진할 수 있는 유연한 구조를 취하고 있다. 특히 청정에너지 확대, 전기차 보급, 탄소포집기술(CCUS) 지원 등 다양한 분야에 걸친 세금 인센티브와 산업 유도 정책은 미국이 사법적 제약 하에서도 효과적인 기후전환 전략을 모색하고 있음을 보여준다.

결과적으로 트럼프 재집권전 까지의 미국의 기후정책은 규제 기반의 '정부 주도형 경로'에서 시장 메커니즘과 재정 유인을 중심으로 한 '정책 유도형 경로'로 전환되고 있으며, 이는 미국식 연방주의와 사법 권력의 견제를 고려한 전략적 선택이자, 글로벌 탄소중립 경쟁에서 미국이 주도권을 유지하려는 경제·산업 정책의 일환으로 해석할 수 있다.

2.1 미국의 이산화탄소 규제권한 및 법적 쟁점

(1) 2007년 매사추세츠 vs. EPA 사건: EPA의 온실가스 규제 권한 인정

1999년, 매사추세츠 등 12개 주정부 및 환경단체가 EPA를 상대로 소송을 제기하였다. 소송의 핵심 쟁점은 EPA가 온실가스를 "대기오염물질(Air Pollutants)"로 규정하고 규

제할 권한이 있는지 여부였다.

원고 측(매사추세츠 등)은 "청정공기법(Clean Air Act, CAA)에 따라 EPA가 온실가스를 규제할 의무가 있다"고 주장했다. 반면, EPA는 온실가스를 대기오염물질로 규제할 법적 의무가 없으며, 의회의 추가 입법이 필요하다고 반박했다.

∴ 대법원 판결(5-4 판결, 원고 승소, 2007.4)

EPA가 온실가스를 청정공기법(CAA)상 "대기오염물질"로 규제할 수 있는 법적 권한을 가진다고 판결했다. 대법원은 EPA가 대기오염물질로 인해 "공중보건과 환경에 위협이 초래된다"는 과학적 증거가 존재할 경우, 이를 규제할 법적 책임이 있다고 판단했다.

이 판결을 통해 EPA는 CO_2를 포함한 온실가스를 대기오염물질로 규정하고 규제할 수 있는 근거를 확보하게 되었다.

∴ 판결의 영향

EPA는 이후 온실가스에 더한 자동차 배기가스 규제 및 발전소 배출 규제 등을 추진할 법적 권한을 갖게 되었다. 그러나, 이 판결 이후 석탄·화력 발전업계 및 자동차 제조업체의 강한 반발이 발생했다. 이에 따라, EPA의 권한을 제한하려는 법적 대응이 지속적으로 이어졌다.

(2) 2022년 웨스트버지니아 vs. EPA 사건: EPA 권한의 축소

2015년 오바마 행정부는 '청정전력계획(Clean Power Plan, CPP)'을 발표하여, 발전소의 이산화탄소 배출을 감축하기 위한 강력한 규제를 추진했다. 웨스트버지니아를 포함한 석탄 의존도가 높은 19개 주 정부 및 석탄업계는 EPA의 권한이 과도하게 확대되었다며 소송을 제기했다.

원고 측(웨스트버지니아 등)은 EPA가 발전소의 개별 효율성을 개선하는 것 이상으로, 전체 전력 산업의 구조를 변경하는 정책을 추진하는 것은 법적 권한을 초과한 것이라고 주장했다. EPA는 "매사추세츠 vs. EPA 판결에 따라 온실가스를 규제할 권한이 있다'고 반박했다.

∴ **대법원 판결 (6-3 판결, 원고 승소, 2022.6)**

대법원은 EPA의 권한을 제한하는 판결을 내렸으며, 그 논리는 "중대한 질문의 원칙(Major Questions Doctrine)"을 적용하는 것이었다. 미국 경제 및 산업 전반에 큰 영향을 미치는 정책 결정은 행정기관(EPA)이 아닌, 의회의 명확한 법적 승인하에 결정해야 한다는 원칙이다.

또한 청정공기법(CAA)은 개별 발전소의 효율성을 개선하는 것이지, 전력 산업 전체의 구조를 바꾸는 근거가 될 수 없다고 판결했다. EPA가 이산화탄소 배출 규제를 전력망 전체에 적용하는 것은 법적 근거가 부족하며, 이는 행정부(EPA)가 아닌 의회가 결정할 사안이라고 하였다.

연방주의(Federalism) 원칙도 고려되었다. 석탄·화력발전 의존도가 높은 주들의 경제적 이익을 고려해야 한다고 판단했다. 연방주의 핵심 논리는 권력 분산(Decentralization)으로 모든 권력을 중앙정부(연방정부)가 독점하는 것이 아니라, 주정부도 독립적인 권한을 가진다는 것이다.

요약하면 미국 연방대법원 판결은 EPA는 개별 주정부의 정책을 강제할 수 없다. 기후변화 정책은 의회에서 입법해야 한다. 각 주의 경제·환경정책은 주정부가 주도해야 한다는 것이었다.

∴ **판결의 영향**

EPA는 발전소 이산화탄소 배출을 광범위하게 규제할 수 없게 되었으며, 개별 시설 단위의 규제로 제한되었다. 미국 연방정부가 국가 차원의 기후변화 대응 정책을 추진하는 것이 더욱 어려워졌다. 주(州) 정부와 개별 기업이 주도하는 기후정책이 더욱 중요해지는 계기가 되었다.

2.2 정치적 교착 상태와 대안적 접근: 인플레이션 감축법(IRA, 2022)

미국 의회는 공화당과 민주당 간의 첨예한 대립으로 인해, 강력한 기후변화 법안을 통과시키지 못하고 있다.

공화당의 입장은 화석연료 산업(석탄·석유·가스) 보호, 강력한 온실가스 규제에 반대하고, 민주당의 입장은 탄소 감축 및 친환경 산업 육성, 강력한 기후변화 대응정책 추진이다.

대법원이 기후변화 대응의 책임을 의회로 돌렸지만, 의회에서 기후법안 통과가 어려운 상황이 지속되고 있다. 이에 따라 바이든 행정부는 "인플레이션 감축법(IRA, 2022)"을 통해 대체적인 접근을 시도하였다.

2.3 바이든의 인플레이션 감축법(IRA, 2022)의 핵심 내용

바이든 행정부는 EPA의 규제 권한이 제한되는 상황에서, 행정적 규제 대신 세금 감면 및 보조금 지원을 활용하는 방식으로 정책을 전환하였다.

전기차 세금 감면 → 전기차 구매 시 최대 $7,500 세금 감면 혜택 제공
재생에너지 투자 확대 → 태양광, 풍력 등 신재생에너지 기업에 대한 세금 혜택 및 보조금 지원
탄소 포집 및 저장(CCUS) 기술 투자 → 탄소포집(CCS) 및 탄소저장시설에 대한 연방 정부 지원 확대
산업의 탈탄소화 지원 → 청정수소, 배터리, 전기차 산업에 대한 보조금 및 세금 감면 제공

IRA 법안은 강제 규제보다는 "시장 중심의 인센티브 정책"을 통해 탄소 감축을 유도하는 접근법을 채택했다. 미국은 법적·정치적 제약으로 인해 강력한 기후정책을 추진하기 어려운 구조이며, EPA의 온실가스 규제 권한이 대법원 판결로 제한된 상태이다.

이러한 상황에서 바이든 행정부는 IRA를 통해 세금 감면 및 보조금을 활용한 대체적 정책을 추진했으며, 향후 미국 기후정책은 연방정부 규제보다는 개별 주정부 및 민간기업 주도의 시장 중심 접근이 강화될 가능성이 크다.

2.4 재집권한 트럼프의 상반된 정책

미국의 기후정책은 행정부의 정치적 성향에 따라 변화가 크며, 바이든 행정부는 기후변화를 국가적 주요 과제로 삼으며 탄소중립 목표를 강화해 왔다. 바이든 행정부는 2050년 탄소중립 목표를 공식적으로 선언했으며, 2030년까지 2005년 대비 온실가스 50~52% 감축 목표를 설정하였다. 2035년까지 전력 부문 100% 청정에너지 전환을 목표로 2022년 '인플레이션 감축법(IRA, Inflation Reduction Act)'을 통과시켜 친환경 산업에 역사상 최대 규모 투자를 추진하였다.

그러나 재집권한 트럼프 2기 행정부는 기후변화의 가장 큰 원인인 화석연료 배출 감소 정책을 비판하면서 바이든 행정부의 기후변화 추진력의 대부분을 해체하고 있다(출처, February 18, 2025, TIME)

(1) 파리 협정 탈퇴(Withdrawing From Paris Accords)
트럼프 대통령 취임 첫날 행정부가 취한 첫 움직임 중 하나로 미국을 파리 협정에서 탈퇴시키는 절차를 시작하였다. 트럼프는 첫 번째 행정부 때 미국을 협정에서 탈퇴시켰지만, 바이든은 취임하자마자 다시 가입했던 전력이 있다. 트럼프는 "이러한 협정은 미국 납세자의 돈을 미국 국민의 이익에 부합하지 않는 곳으로 유도한다."고 비판하고 재차 탈퇴했다.

(2) FEMA 평가하기(Evaluating FEMA)
대통령은 재난 복구를 위한 국가의 주요 부서인 연방 비상관리청(Federal Emergency Management Agency)의 효율성을 평가할 것을 요구하는 행정 명령에 서명했다. 그는 FEMA를 "폐지"할 것을 제안했는데, 이는 기후변화로 인해 더욱 강렬하고 빈번해지고 있는 기상현상에 대한 국가의 대응능력에 부정적 영향을 미칠 수 있는 조치이다.

(3) 석유 및 가스 생산 증가(Ramping up Oil and Gas Production)
2025년 2월 14일, 트럼프는 국가의 석유 및 가스 생산을 늘리는 것을 목표로 하는 새로운 "국가 에너지 우세 위원회(National Energy Dominance Council)"를 만드는 행정 명령에 서명했다. 트럼프의 "드릴, 베이비, 드릴(drill, baby, drill)"[22] 접근 방식은 에너지 가격을 낮추고 화석연료 공급을 늘리는 것을 의미한다.

(4) EPA 축소(EPA Cuts)
트럼프 행정부는 기후변화에 대한 규제를 완화하고 화석연료 산업을 장려하는 기조 속에서, 연방 정부의 환경 관련 기능을 축소하는 조치를 추진해왔다. 그 핵심 중 하나는 환경보호청(EPA)에 대한 대대적인 구조조정 계획이었다.

---

22) drill, baby, drill이란 "시추하자, 얘들아, 시추하자"란 뜻으로 석유와 가스를 적극적으로 개발해 경제를 살리고 에너지 자립을 이루자는 보수진영의 에너지 정책구호이다.

2025년 초 트럼프 대통령은 새로운 정부 조직인 '정부 효율성부(DOGE, Department of Government Efficiency)'를 신설하고, 이를 통해 환경보호청을 포함한 여러 연방기관에 대한 광범위한 예산 삭감 및 인력 감축 방안을 제시하였다. NBC News 보도에 따르면, 이 개편안은 특히 1년 미만 근무한 '수습 기간'(Probationary Period)의 EPA 직원 1,000명 이상을 즉시 해고할 수 있도록 허용하였다.

이러한 급진적인 인력 감축은 단지 행정 효율성 제고의 문제가 아니라, 환경 규제 집행과 공중보건 보호 기능의 약화를 초래할 수 있는 중대한 전환으로 평가된다. 특히 오염 대응, 환경 건강 리스크 관리, 규제 이행과 같은 핵심 기능에서 조직의 대응 속도와 전문성이 현저히 저하될 우려가 제기된다.

(5) 종이 빨대 금지(Banning Paper Straws)

트럼프는 2025년 2월 10일 연방정부의 종이 빨대 사용을 종식시키는 행정 명령에 서명하면서 이를 "비기능적"이라고 부르고, 45일 이내에 "종이 빨대 사용을 종식시키는 국가적 전략을 발표"할 것을 촉구했다. 이 조치는 상징적인 성격이 강하지만, 2035년까지 모든 연방 운영에서 플라스틱 빨대와 물병과 같은 일회용 플라스틱 사용을 단계적으로 폐지하려는 바이든 행정부 이니셔티브의 일부를 무산시키는 것이다.

(6) 전기 자동차 도입 중단(Pausing Electric Vehicle Adoption)

트럼프 대통령은 집권 이후, 바이든 행정부가 추진해온 전기자동차(EV) 확대 전략을 전면 수정하며, 미국의 친환경 운송 전환에 제동을 걸고 있다.

바이든 행정부는 2021년 '2030년까지 신차 판매의 50%를 전기차로 전환'하겠다는 목표를 수립하고, 전국 EV 충전 인프라 확대를 위한 국가 전기차 인프라 프로그램(NEVI, National Electric Vehicle Infrastructure Formula Program)에 약 75억 달러를 책정한 바 있다. 그러나 트럼프 행정부는 이러한 계획을 비효율적 정부 지출로 간주하며, 기후변화 대응보다 에너지 독립과 화석연료 생산에 초점을 맞춘 새로운 정책기조를 채택했다.

2025년 2월 6일, 연방 고속도로 관리국(FHWA)은 교통부(DOT)가 NEVI 프로그램[23]의

---

23) NEVI(National Electric Vehicle Infrastructure) 프로그램은 2021년 11월 제정된 인프라 투자 및 일자리 법(Infrastructure Investment and Jobs Act, IIJA)에 따라 미국 연방정부가 추진하는 전기차 충전 인프라 구축 계획이다. 총 50억 달러의 예산이 2022년부터 2026년까지 5년간 각 주(State)와 푸에르토리코에 배정되어, 전국 주요 고속도로 및 교통망을 따라 DC 고속 충전기(DC Fast Chargers)를 설치하는 것을 목표로 한다.

실행 여부를 재검토하고 있다는 메모를 발표했다. 이에 따라 Atlas Public Policy는 약 30억 달러에 달하는 EV 충전소 구축 예산이 동결된 것으로 분석하였다. 이는 전국적으로 추진되던 전기차 충전 인프라 확대 계획에 중대한 차질을 초래하고 있다.

이 조치는 미국의 교통 부문 탄소배출 감축 노력에 큰 후퇴를 의미하며, 전기차 제조업체와 충전 인프라 산업에도 부정적인 신호를 줄 수 있다. 동시에 이는 에너지 전환을 기후 대응의 핵심 전략으로 삼아온 국제사회와의 정책적 괴리를 심화시키며, 미국 내 기후 정책의 일관성과 리더십에도 의문을 제기하게 만든다.

트럼프 대통령은 2025년 재집권 이후, 1기 집권 시절과 마찬가지로 환경 규제 완화와 기후협정 탈퇴 노선을 다시 본격화하고 있다. 살펴본 것처럼 그는 취임 직후 바이든 행정부가 추진했던 청정에너지 보조금과 전기차 의무화를 폐지하거나 축소하는 행정 명령을 발동했고, 연방정부의 탈탄소 목표도 수정하거나 사실상 유보하였다. 이러한 행보는 "미국을 다시 제조 강국으로 만들겠다"는 트럼프 특유의 산업 부흥 구상과, 해외 생산의 리쇼어링(Reshoring) 전략에 바탕을 두고 있다.

트럼프 대통령은 환경 규제를 '기업의 부담'으로 간주하며, 규제 철폐를 통해 미국 내 생산비를 절감하고 제조업 경쟁력을 높이겠다는 입장을 반복적으로 강조하고 있다. 그러나 문제는 이러한 정책이 전 세계적으로 확대되고 있는 녹색 산업 투자와 구조적으로 충돌하고 있다는 점이다. 유럽연합은 탄소국경조정제도(CBAM)를 시행 중이고, 중국은 전기차 및 태양광 등 그린 산업에 대한 주도권 경쟁에서 앞서가고 있다. 이런 흐름 속에서 미국이 탈탄소 산업구조로의 이행을 거부할 경우, 기술 경쟁에서의 고립은 물론이고 무역 제재와 공급망 배제의 위험에 직면할 수 있다.

결국 트럼프 2기 행정부의 기조는 기후위기 대응보다는 단기적인 산업 경쟁력 강화에 집중되어 있다. 그러나 이는 장기적인 녹색산업 기반 구축을 훼손하고, 미국 산업의 지속 가능성을 위협할 수 있다. 제조업 부흥이 성공하기 위해서는 오히려 기후 전환과 기술 혁신을 병행하는 녹색 산업 전략이 필요하다. 그렇지 않으면 미국은 환경 후진국이라는 이미지 속에서 미래 산업 주도권을 상실하는 이중의 대가를 치를 수도 있다.

> **Think Box**
>
> ### 미국이 탄소중립정책을 강력하게 추진하지 못하는 이유
>
> (1) **정치적 양극화**: 기후변화와 탄소중립에 대한 정치적 의견이 양당 간에 크게 갈라져 있다. 행정부가 바뀔 때마다 기후 정책이 뒤집히는 현상이 발생한다.
> (2) **연방-주 정부 구조**: 미국의 연방제 특성상 중앙정부가 모든 주에 일관된 기후 정책을 강제하기 어렵다. 각 주는 에너지 정책에 상당한 자율권을 가진다.
> (3) **경제적 이해관계**: 석유, 석탄, 천연가스 등 화석연료 산업이 미국 경제와 일자리에 중요한 역할을 하는 주들이 많다. 이들 주의 정치적 저항이 강하다.
> (4) **법적 도전**: 행정부가 추진하는 기후 정책들은 종종 법원의 소송에 직면한다. 대법원은 2022년 EPA의 온실가스 규제 권한을 제한하는 판결을 내리기도 했다.
> (5) **의회의 교착 상태**: 기후변화 대응을 위한 포괄적인 법안이 의회를 통과하기 어렵다. 인플레이션 감축법(IRA)과 같은 기후 관련 법안은 다른 경제 정책과 묶어서 통과시키는 전략을 사용해야 했다.
> (6) **단기적 경제 우선순위**: 인플레이션, 일자리, 경제성장 등 단기적 경제 우려가 장기적 기후 목표보다 우선시되는 경향이 있다.
> (7) **대중의 인식 차이**: 기후변화의 시급성에 대한 인식이 지역과 인구층에 따라 크게 다르다. 이러한 요인들로 인해 미국은 EU나 다른 일부 국가들에 비해 일관되고 강력한 탄소중립 정책을 추진하는 데 어려움을 겪고 있다.

3. 중국: '1+N' 탄소중립 정책

2021년 10월, 세계 최대 탄소 배출국인 중국은 전 세계의 이목을 집중시키는 야심찬 기후변화 대응 전략, '1+N' 정책을 발표했다. 이는 2030년 탄소 배출 정점을 찍고 2060년까지 탄소 중립을 달성하겠다는 '두가지 탄소' 목표를 향한 중국의 의지를 담고 있는 핵심 프레임워크이다. 마치 하나의 뼈대(1) 위에 다양한 살(N)을 붙여나가듯, 중앙 정부의 기본 지침 아래 여러 부처와 지방 정부가 구체적인 실행 계획들을 수립하고 추진하는 유기적인 구조를 가지고 있다는 점이 특징이다.

3.1 정책 탄생의 배경과 밑그림: '1' 기본 지침

중국의 '1+N' 정책에서 '1'에 해당하는 핵심 문서는 바로 '탄소 배출 정점 및 탄소중립 업무에 관한 의견'이다. 이는 중국 정부가 탄소 중립이라는 거대한 목표를 향해 나아가는

데 있어 가장 중요한 나침반이자 설계도라고 할 수 있다. 이 기본 지침은 구체적인 수치 목표와 함께 정책 추진의 핵심 원칙들을 명확히 제시하고 있다.

(1) 주요 목표

중국은 이 지침을 통해 2025년까지 GDP당 에너지 소비를 2020년 대비 13.5% 감축하고, 2030년까지 전체 에너지 소비에서 비화석 에너지의 비중을 25%까지 확대하는 것을 목표로 한다. 또한, 2030년까지 CO_2 배출 강도를 2005년 대비 65% 이상 감축하겠다는 도전적인 목표를 설정하며 국제 사회에 강력한 메시지를 던졌다.

(2) 정책 추진의 기본 원칙

이러한 목표를 달성하기 위해 중국 정부는 다섯 가지 핵심 원칙을 강조한다. 첫째, 체계적인 계획 수립과 단계적인 접근을 통해 예측 가능하고 질서 있는 전환을 추구한다. 둘째, 과학 기술 혁신을 정책 추진의 핵심 동력으로 삼아 녹색 기술 개발과 보급에 박차를 가한다. 셋째, 경제 사회 전반의 녹색 전환을 촉진하여 지속 가능한 발전 모델을 구축한다. 넷째, 시장 메커니즘을 적극적으로 활용하여 효율적인 탄소 감축을 유도하고, 마지막으로 에너지 전환 과정에서 발생할 수 있는 사회적 불평등을 최소화하는 공정한 전환을 강조한다.

3.2. 'N'개의 구체적인 액션 플랜: 부문별 정책 분석

'1'이라는 기본 지침 아래, 중국 정부는 탄소 중립 목표를 실현하기 위해 에너지, 산업, 교통·건축 등 경제 사회 각 분야에 걸쳐 구체적인 행동 계획, 즉 'N'개의 세부 정책들을 마련하고 있다. 각 부문별 정책들은 다음과 같은 내용을 담고 있다.

(1) 에너지 부문 행동 계획

에너지 시스템의 근본적인 변화를 목표로 한다. 2025년까지 태양광, 풍력 등 재생에너지 설비 용량을 1,200GW 이상 확보하여 비화석 에너지의 비중을 대폭 확대할 계획이다. 동시에, '14차 5개년 계획' 기간(2021~2025) 동안 석탄 소비를 엄격히 통제하고 '15차 5개년 계획' 기간(2026~2030)에는 점진적으로 감축하여 석탄 의존도를 낮춰나갈 계획이다. 안정적인 에너지 공급을 위해 스마트 그리드를 구축하고 에너지 저장 시스템 투자를 확대하며, 2025년까지 에너지 효율 표준을 달성하는 기업의 비중을 30% 이상으로 끌어올려 에너지 효율성을 향상시키는 데에도 주력한다.

(2) 산업 부문 탄소 감축 계획

산업 구조 자체를 친환경적으로 재편하는 데 초점을 맞추고 있다. 에너지 소비와 탄소 배출량이 높은 산업의 생산 능력을 단계적으로 축소하고, 청정 생산 기술 적용을 확대하여 녹색 제조를 촉진한다. 특히 철강, 시멘트, 화학 등 에너지 집약적인 산업의 저탄소 전환을 적극적으로 지원하고, 산업 폐기물 재활용률을 높여 순환 경제 발전을 도모할 계획이다. 2025년까지 대형 산업 단지의 고체 폐기물 자원화율을 60% 이상으로 끌어올리는 것을 목표로 한다.

(3) 교통·건축 부문 행동 계획

일상생활에서의 탄소 배출 감축을 위한 정책으로 2025년까지 신차 판매에서 전기차 비중을 20% 이상으로 확대하고, 철도와 수운 중심의 친환경 운송 구조로 전환을 추진한다. 건축 부문에서는 2025년까지 도시 신축 건물의 70% 이상에 녹색 건축 기준을 적용하고, 기존 건물의 에너지 효율을 개선하는 노력을 기울인다.

(4) 탄소 시장 메커니즘

시장의 힘을 활용하여 효율적인 탄소 감축을 유도한다. 2021년 전력 부문을 시작으로 전국 통합 탄소 배출권 거래 시스템을 구축하고 있으며, 2025년 3월26일 ▲철강, ▲시멘트, ▲알루미늄 제련 산업도 탄소배출권 거래 대상 범위에 포함한다고 발표했다.

이번 확대 조치로 탄소배출권 거래 시장에 1천500개 기업이 추가 유입될 것으로 예상되며, 추가된 3개 산업의 탄소배출량은 연간 약 30억t(톤)으로 중국 전체 이산화탄소 배출량의 20% 이상을 차지하는 수치이다.

시장 기반의 탄소 가격 형성을 촉진하고, 탄소 금융 상품 개발을 장려하여 기업들의 자발적인 탄소 감축 노력을 지원한다.

(5) 기술 혁신 지원

탄소 중립 목표 달성을 위한 핵심 기술 개발에 적극적으로 투자한다. CCUS(탄소 포집·

활용·저장) 기술, 수소 에너지, 에너지 저장 등 미래 핵심 기술 개발을 가속화하고, 빅데이터와 AI를 활용한 에너지 관리 최적화를 통해 효율적인 에너지 시스템을 구축할 계획이다.

(6) 녹색 금융 체계 구축

친환경 경제 활동을 지원하는 금융 시스템을 조성한다. 2025년까지 녹색 채권 및 대출 규모를 연간 3조 위안 이상으로 확대하고, ESG 투자 기준을 강화하며, 기후 관련 리스크 공시 의무화를 단계적으로 도입하여 녹색 투자를 활성화할 계획이다.

3.3. '1+N' 정책의 의미와 광범위한 영향

중국의 '1+N' 정책은 단순히 한 국가의 에너지 전환 정책을 넘어, 글로벌 기후 거버넌스와 중국 경제 구조, 그리고 지역 발전에 이르기까지 다방면에 걸쳐 중요한 의미와 영향을 미치고 있다.

(1) 글로벌 기후 거버넌스 측면

세계 최대 탄소 배출국인 중국이 명확한 탄소 감축 목표와 구체적인 로드맵을 제시함으로써, 침체되었던 글로벌 기후 행동에 강력한 모멘텀을 불어넣고 있다. 특히 개발도상국 중 가장 포괄적인 탄소 중립 정책 체계를 구축했다는 점에서, 다른 개발도상국들에게 중요한 모델을 제시하고 기후변화 대응에 동참하도록 독려하는 효과를 낳을 수 있다.

(2) 중국 경제구조 전환 측면

'1+N' 정책은 중국 경제를 고탄소 기반에서 저탄소 기반으로 근본적으로 전환시키는 촉매제 역할을 할 것으로 기대된다. 에너지 및 산업 구조의 혁신적인 변화를 통해 지속 가능한 고품질 발전 모델로의 전환을 가속화하고, 녹색 기술 혁신을 촉진하여 새로운 성장 동력을 창출하고 국제 경쟁력을 강화하는 데 기여할 것이다.

(3) 지역 발전 영향

중국은 광활한 영토와 다양한 경제 구조를 가지고 있기 때문에, 탄소 중립으로의 전환 과정에서 지역별 특성을 고려한 차별화된 발전 전략이 필요하다. '1+N' 정책은 동부 연안의 선진 지역과 중서부의 자원 의존 지역 간의 발전 격차를 고려한 맞춤형 전략을 제시하고 있다. 다만, 석탄 산업 의존도가 높은 지역(산시성, 섬서성, 내몽골 자치구 등)의 경우, 경제 구조 전환 과정에서 발생할 수 있는 어려움을 극복하고 새로운 성장 동력을 찾는 '정의로운 전환'이라는 중요한 과제를 안고 있다.

3.4. '1+N' 정책의 한계와 극복해야 할 과제

중국의 '1+N' 정책은 분명 획기적인 발걸음이지만, 탄소 중립이라는 거대한 목표를 향해 나아가는 과정에서 해결해야 할 여러 가지 현실적인 한계와 과제에 직면해 있다.

(1) 목표의 현실성 문제

2030년까지 탄소 배출 정점에 도달하겠다는 목표는 설정되었지만, 지역별, 산업별로 정점 시기가 다를 수 있다는 불확실성이 존재한다. 여전히 60%가 넘는 높은 석탄 의존도(2023)를 단기간에 줄이는 것은 현실적인 제약이 따르며, 최근 에너지 위기로 인해 석탄 화력 발전소 건설 승인이 증가하는 등 정책의 일관성 문제도 제기되고 있다. 에너지 안보와 탄소 감축 사이의 균형점을 찾는 것이 중요한 과제이다.

(2) 이행 메커니즘의 한계

중앙 정부의 야심찬 정책 목표와 지방 정부의 실제 이행 사이에 격차가 발생할 수 있다는 점도 간과할 수 없다. 또한, 중국의 탄소 시장은 아직 초기 단계로, 탄소 가격이 EU의 1/10 수준에 불과하고 참여 산업 범위도 제한적이어서 정책의 실효성을 높이기 위한 노력이 필요하다. 탄소 배출량 측정, 보고, 검증(MRV) 시스템의 신뢰성을 확보하고 데이터 품질과 투명성을 높이는 것도 중요한 과제이다.

(3) 국제협력 측면의 과제

탄소 중립 기술 분야에서 선진국과의 기술 격차는 여전히 존재한다. 특히 첨단 CCUS 기술이나 차세대 에너지 저장 기술 등 핵심 저탄소 기술 확보를 위한 국제 협력이 필요하다. 또한, 녹색 분류 체계, 탄소국경조정제도 등 국제적인 환경 규범과의 정합성을 확보하고 적극적으로 대응하는 것도 중요한 과제이다.

3.5. 평가와 미래 전망

결론적으로, 중국의 '1+N' 정책은 명확한 목표와 구체적인 실행 계획을 제시했다는 점에서 탄소 중립을 향한 중요한 발걸음이라고 평가할 수 있다. 하지만, 높은 석탄 의존도, 산업 구조의 특성, 지역 간 불균형 등 구조적인 도전 과제들을 극복해야만 실질적인 성과를 거둘 수 있을 것이다. 향후 정책의 성공 여부는 에너지 안보와 경제 성장이라는 두 마리 토끼를 잡으면서 탄소 감축 목표를 얼마나 효과적으로 달성하느냐에 달려 있다. 특히, 지방 정부 차원의 적극적인 정책 이행과 탄소 시장의 효율성을 높이는 것이 앞으로 중국 탄소 중립 정책의 핵심 과제가 될 것으로 전망된다.

4. 기타 주요국 탄소중립정책: 일본, 영국, 캐나다

기후변화 대응은 전 세계적인 과제로, 각국은 자국의 경제 구조와 에너지 상황에 맞는 전략을 수립하고 있다. 일본, 영국, 캐나다 등은 2050년까지 탄소중립을 달성하겠다는 목표를 설정하고, 이를 위한 다양한 정책을 추진하고 있다.

4.1 일본: 2050년 탄소중립 목표와 에너지 전환 전략

일본은 2020년 10월, 스가 요시히데 총리를 통해 2050년까지 탄소중립 달성을 공식 선언하였다. 이를 실현하기 위해 일본 정부는 '그린 성장 전략(Green Growth Strategy)'을 수립하고, 산업·에너지 구조의 저탄소화에 본격 착수하였다.

법·제도 기반: 탄소중립 목표는 정부 전략과 예산 기조에 반영되어 있으며, 민관 협력을 바탕으로 산업 전환을 유도하고 있다.

중간 목표: 2030년까지 2013년 대비 온실가스 배출량 46% 감축 목표를 설정하였다.

주요 정책 수단: 노후 석탄발전소 단계적 폐쇄(2040년까지 순차 폐지), 재생에너지 및 저탄소 에너지 확대, 수소 및 암모니아 기반 에너지 기술 개발과 인프라 구축, 전기차 보급과 에너지 효율 향상 기술 촉진 등을 추진 중이다.

4.2 영국: 기후변화법 기반의 2050 탄소중립 목표

영국은 2008년, 세계 최초로 법적 구속력이 있는 '기후변화법(Climate Change Act)'을 제정하여, 2050년까지 탄소중립 달성을 법으로 명문화한 선도 국가이다.

법·제도 기반: 기후변화법에 따라 5년 단위 탄소예산(Carbon Budget)이 수립되며, 정부의 정책 이행에 대한 독립기구(기후변화위원회)의 감시와 평가가 이뤄진다.

중간 목표: 2035년까지 1990년 대비 온실가스 배출량 78% 감축 목표를 설정하였다.

주요 정책 수단: 2030년부터 내연기관차 신규 판매 전면 금지, 2040년까지 석탄발전소 전면 폐쇄, 재생에너지 및 원자력 중심의 전력 전환, 건물 단열 및 효율 개선, 녹색산업 육성 등 폭넓은 부문별 감축 정책이 병행되고 있다.

4.3 캐나다: 법적 책임 기반의 탄소중립 추진

캐나다는 2050년 탄소중립 달성(Net Zero)을 국가 목표로 설정하고, 이를 실현하기 위한 법적 기반으로 「넷제로 배출 책임법(Net Zero Emissions Accountability Act)」을 2021년 제정하였다.

법·제도 기반: 이 법은 5년 단위 중간 목표 설정과 의회 보고 의무를 포함해 정부의 책무성을 강화하고 있다.

중간 목표: 2030년까지 2005년 대비 온실가스 배출량 40~45% 감축을 설정하였다.

주요 정책 수단: 탄소세 도입에 따른 세금 부과로 감축 유도, 재생에너지 투자 확대와 청정기술 개발 지원, 2035년까지 전력 생산을 100% 청정에너지로 전환, 전기차 보급, 건물 에너지 성능 강화 등 부문별 대응도 병행되고 있다.

이처럼 일본, 영국, 캐나다는 각각의 국가적 특성과 에너지 구조에 맞춰 탄소중립 목표를 설정하고, 법적 장치와 중간 목표, 구체적 감축 수단을 체계적으로 운영하고 있다. 이들 국가의 사례는 정책의 지속성 확보, 이행 모니터링 체계 구축, 기술 혁신 촉진 측면에서 다른 국가들에게도 중요한 참고가 된다.

제5절 우리나라 기후변화 대응 정책

대한민국은 기후변화의 심각성을 인식하고, 지속 가능한 발전과 탄소중립 달성을 위해 적극적인 정책과 전략을 추진하고 있다. 2050년까지 탄소중립을 실현하기 위해 2030년 국가 온실가스 감축 목표(NDC)를 설정하고, 이를 달성하기 위한 법적·제도적 기반 구축, 신재생에너지 확대, 수소경제 활성화, 산업·교통·건물 부문의 저탄소 전환 정책을 추진 중이다. 특히, 대한민국은 '기후위기 대응을 위한 탄소중립·녹색성장 기본법(탄소중립기본법)'을 제정하여 법적 기반을 마련했으며, 탄소배출권 거래제(K-ETS) 도입, 재생에너지 3020 및 2030 NDC 이행 계획, 수소경제 로드맵, 그린 모빌리티 및 스마트 건축 정책 등을 통해 기후변화 대응을 강화하고 있다.

1. 역대 정부의 노력

기후변화 대응을 위해 지속적으로 정책을 추진해 왔으며, 특히 주변 아시아 국가들보다 발 빠르게 움직인 측면이 있다. 각 정부의 기후변화 대응 정책을 개관하면 다음과 같다.

1.1 이명박 정부(2008~2013): 저탄소 녹색성장 비전
저탄소 녹색성장 전략: 기후변화 대응을 국가비전으로 삼고, "저탄소 녹색성장"을 핵심 정책으로 추진

저탄소녹색성장기본법(2010년) 제정: 기후변화대응과 녹색성장을 위한 법적 기반 마련

국가녹색성장 5개년 계획(2009~2013): 녹색기술 개발, 재생에너지 확대, 에너지 효율 향상 등을 주요 목표로 설정하여 중기계획 수립

녹색기후기금(GCF) 유치(2012년): 국제사회에서 한국의 기후 리더십을 인정받는 계기가 됨

1.2 박근혜 정부(2013~2017): 창조경제와 기후정책
창조경제와 기후정책 병행: 박근혜 정부는 창조경제를 표방하면서도 기후변화 대응 정책을 지속적으로 추진

배출권거래제(K-ETS) 도입(2015년): 시장기반 제도를 통해 기업의 온실가스 감축유도

파리협정 비준(2016년) 및 국가결정기여(NDC) 제출: 국제사회와의 협력을 강화하고, 2030년까지 37% 감축 목표 설정

1.3 문재인 정부(2017~2022): 2050 탄소중립 선언

2050 탄소중립 선언(2020년): 문재인 정부는 2050년까지 탄소중립을 달성하겠다는 목표를 공식 선언

탄소중립기본법 제정(2021년): 2050 탄소중립을 법제화하고, 국가 및 지방정부의 이행 의무화

2030 NDC 목표 상향(2021년): 2018년 대비 40% 감축 목표를 설정하고, 구체적인 이행 계획 마련

1.4 윤석열 정부(2022~25): 에너지믹스 조정과 기본계획 수립

에너지믹스 조정: 윤석열 정부는 원자력 발전 확대와 무탄소 에너지 전환을 통해 에너지 정책을 재편

제1차 탄소중립녹색성장 기본계획 수립(2023년): 2050 탄소중립의 구체적인 이행방안 마련

재생에너지 및 수소경제 확대: 재생에너지 비중 확대와 수소 경제 생태계 조성에 주력

2. 2050 탄소중립 선언과 의의

2.1 탄소중립 선언의 국제적 배경과 국내 동향

전 세계적으로 탄소중립은 이제 선택이 아닌 필수로 자리매김하고 있다. 2015년 체결된 파리협정은 전 지구 평균기온 상승을 산업화 이전 대비 2℃ 이하, 나아가 1.5℃ 이하로 제한할 것을 목표로 하며, 이를 위해 각국은 자율적으로 온실가스 감축 목표를 설정하고 이를 국제사회에 제출하도록 요구받는다. 특히 2020년 이후, EU, 미국, 일본, 중국 등 주요국들이 2050년 또는 2060년을 목표로 탄소중립 달성을 선언하면서 글로벌 정책의 무게중심이 '장기적 탈탄소'로 이동하였다.

이러한 국제적 흐름 속에서 한국 정부는 2020년 12월, 2050 탄소중립을 공식 선언하

였다. 이는 단기적 감축 목표를 넘어서, 경제 전반의 시스템 전환을 추진하겠다는 의지를 담고 있다. 이후 '2050 탄소중립 추진 전략'을 수립하고, 각 부문별 로드맵과 기술개발 계획, 재정투자 전략 등을 구체화해 나가고 있다.

2.2 2050 탄소중립 선언의 정책적·상징적 의미

한국의 2050 탄소중립 선언은 단순한 환경정책 차원을 넘어, 국가의 산업, 에너지, 금융 등 전반적인 구조 전환을 지향하는 전략적 선언이다. 정부가 장기 비전을 명확히 제시함으로써 기업의 투자 방향과 기술 개발 전략에 예측 가능성을 부여하고, 시장 전반에 탄소중립이라는 새로운 규범을 내재화시키는 계기를 마련했다. 이는 탄소중립 달성을 위한 기술혁신, 인프라 구축, 자원 재배분 등을 촉진하는 중요한 출발점이다.

또한 탄소중립 선언은 사회 전반의 인식 전환을 요구하는 상징적 행위이기도 하다. 국가 차원의 정책 전환은 정부의 일방적 추진만으로는 성공할 수 없으며, 기업의 주도적 참여와 시민사회의 공감, 그리고 지역사회의 실행력이 뒷받침되어야 한다. 이를 위해서는 다양한 이해관계자가 참여하는 사회적 거버넌스 체계를 구축하고, 정의로운 전환(Just Transition)을 위한 사회적 대화와 협력이 강화되어야 한다.

이 선언은 국제사회에서의 한국의 기후 리더십과 책임을 천명하는 의미도 지닌다. 한국은 OECD 및 G20 회원국이자 무역 의존도가 높은 경제구조를 가진 국가로서, 국제기후규범에 대한 적극적인 이행 의지를 표명함으로써 국제적 신뢰를 높이고 있다. 특히 탄소국경조정제도(CBAM)와 같은 새로운 무역 질서의 도입 흐름 속에서, 탄소중립 선언은 한국 산업의 대응 전략을 조기에 정립하고, 외교적 협상력을 강화하는 기반이 되었다.

향후 과제는 명확하다. 설정된 감축 목표의 실행력을 확보하기 위한 구체적인 정책 설계와 이행 점검이 필요하며, 탄소중립 경로를 사회적으로 지속 가능하게 만들기 위한 제도적 보완과 국민적 합의 형성이 병행되어야 한다.

3. 2050 탄소중립·녹색성장 국가전략(제1차 국가 기본계획, 2023~2042)

2050 탄소중립의 실질적인 정책 이행의 틀로 작용할 「2050 탄소중립·녹색성장 국가전략」과 제1차 국가 기본계획이 2023년 4월, 정부 합동으로 수립되었다. 이는 탄소중립

이라는 장기 목표를 실현해 나가기 위한 중장기적 이행 전략으로서, 부문별 감축 정책, 재정·기술·제도적 기반 강화. 그리고 국제 협력과 사회적 수용성 확보까지 포괄하는 탄탄한 프레임워크 역할을 포함하고 있다.

3.1 국가비전과 4대 국가전략

기본계획은 국가 비전으로 "2050 탄소중립 사회로의 이행 및 환경과 경제의 조화로운 발전"을 천명하고 있다. 이는 기후위기 대응이라는 환경적 당위성과 지속 가능한 성장이라는 경제적 요구를 통합적으로 조화시키겠다는 방향성을 제시한 것으로 이러한 비전 달성을 위한 4대 국가전략은 다음과 같다.

(1) 구체적·효율적인 책임감 있는 탄소중립

감축 목표를 이행 가능한 수준에서 구체화하고, 부문별 이행 책임을 명확히 하며, 실효성 있는 제도를 통해 투명한 감축 체계를 구축한다.

(2) 민간 주도의 혁신적인 탄소중립·녹색성장

민간의 창의적 아이디어와 기술 혁신 역량을 중심으로 산업 구조 전환을 유도하고, 새로운 녹색시장을 창출하여 지속 가능한 성장 기반을 마련한다.

(3) 공감과 협력으로 함께하는 탄소중립

국민과의 소통과 참여를 기반으로 한 사회적 공감대를 형성하고, 지방정부, 시민사회, 기업 등 다양한 주체가 협력하는 거버넌스를 구축한다.

(4) 기후 적응과 국제사회를 이끄는 능동적인 탄소중립

기후 리스크에 대한 대응 능력을 강화하고. 국제사회와의 공조를 통해 글로벌 기후 거버넌스를 선도하는 적극적 역할을 수행한다.

3.2 세부 분야별 이행과제: 10대 추진 분야 중심

국가전략은 온실가스 감축뿐만 아니라 에너지, 산업, 기술, 사회 전반의 구조적 전환을 유도하기 위해 다음의 10대 분야별 이행과제를 설정하고 있다.

- **전환(발전)**: 석탄발전 감축, 재생에너지 및 수소 확대, 계통망 강화
- **산업**: 저탄소 공정 기술 보급, 이산화탄소 포집저장활용(CCUS) 기반 확대
- **건물**: 제로에너지 건축물 확산, 에너지 고효율 설비 도입
- **수송**: 전기차수소차 확대, 친환경 연료 도입, 모빌리티 전환
- **농축수산**: 메탄 저감기술 보급, 스마트 농업 및 저탄소 축산 확대
- **폐기물**: 폐기물 감량, 자원순환성 강화, 에너지 회수 확대
- **수소**: 청정수소 생산 인프라 구축, 수소 유통망 및 활용처 확대
- **흡수원**: 산림 흡수원 확충, 블루카본 등 해양 흡수원 관리 강화
- **CCUS**: 국내 탄소저장소 확대, CCUS 기술도입 및 활용
- **국제감축**: 민관합동지원 플랫폼 구축, 협력국과 사업발굴 추진

각 분야는 감축뿐 아니라 정의로운 전환(Just Transition)과 사회적 수용성 확보라는 원칙 하에 추진되며, 해당 전략은 5년마다 갱신될 예정이다. 이로써 정책의 일관성과 유연성을 동시에 확보할 수 있다.

3.3 시사점과 정책적 함의

2050 탄소중립·녹색성장 국가전략은 '목표 설정'에서 '구체적 이행'으로의 전환을 상징한다. 부문별 정량 목표 설정, 기술 투자, 거버넌스 개편 등을 통해 실현 가능성과 책임성을 함께 담보하려는 시도이다. 특히 민간의 주도성과 공공의 지원이 병행되는 구조를 통해 전환의 동력 확보를 꾀하고 있으며, 이 과정에서 정의로운 전환, 지역 균형 발전, 기후약자 보호 등의 요소가 통합적으로 고려되고 있다.

나아가 국제사회와의 연계성도 중요해지고 있다. 탄소중립 전략은 단순한 국가 내부의 환경정책이 아니라, 기후 외교, 무역 질서, 글로벌 기술 경쟁력과 직결된다. 따라서 제1차 국가 기본계획은 단기 실행력을 확보함과 동시에, 향후 국제사회에서의 정책 리더십 확보를 위한 출발점으로 평가될 수 있다.

| 그림24 | 국가 탄소중립·녹색성장 기본계획(안) 체계

국가비전

2050년까지 탄소중립을 목표로 하여 탄소중립 사회로 이행하고, 환경과 경제의 조화로운 발전을 도모

국가전략

구체적·효율적 방식으로 온실가스를 감축하는 **책임감 있는 탄소중립**	민간이 이끌어가는 **혁신적인 탄소중립·녹색성장**
모든 사회구성원의 공감과 협력을 통해 **함께하는 탄소중립**	기후위기 적응과 국제사회를 주도하는 **능동적인 탄소중립**

중장기 감축목표

2030년까지 "온실가스 40% 감축" 달성
2018 727.6백만톤 ➡ 2030 436.6백만톤

부문별 감축정책

전환
- 석탄발전 감축
- 원전+재생e↑
- 수요효율화

산업
- 핵심기술 확보
- 기업지원
- 배출권 고도화

건물
- 저로에너지 건축물 확대
- 그린리모델링

수송
- 무공해차 보급
- 철도·항공·해운 저탄소화

농축수산
- 저탄소 농업구조 전환
- 어선 및 시설 저탄소화

폐기물
- 지속가능한 생산·소비체계
- 자원 순환 이용 확대

수소
- 청정수소 공급 확대
- 수소 활용 생태계 강화

흡수원
- 산림순환경영
- 내륙·연안습지 복원 및 보호

CCUS
- 법령, 저장소 등 인프라 마련
- 기술 확보 상용화 R&D

국제감축
- 민관합동 지원 플랫폼
- 부문별 사업 발굴 및 이행

이행기반 강화정책

기후위기 적응
- 기후감시·정보제공
- 극한기후 대응
- 취약계층 지원

녹색성장
- 녹색기술 육성
- 녹색산업 성장
- 녹색 재정·금융 확다

정의로운 전환
- 정의로운 전환 특별지구 지정
- 탄소중립 전환 영향 집단 지운

지역주도
- 지자체 탄소중립 기반 구축
- 지역 기후대응 역량 강화
- 중앙-지역 상호 협력 활성화

인력양성·인식제고
- 저탄소·미래분야 인력 양성
- 탄소중립·녹색생활 고육
- 범국민 실천운동 확산

국제협력
- 기후대응 국제입지 강화
- 그린 ODA 확대

범정부 상설 협의체 + 이행점검·평가체계 운영

4. 2030 국가온실가스감축목표(NDC) 및 주요 내용

4.1 문재인 정부의 부문별 감축목표 수정(2021)

문재인 정부는 2020년 10월, '2050 탄소중립'을 공식 선언하며 대한민국의 기후정책 방향에 중대한 전환점을 마련하였다. 이는 단순한 정치적 선언을 넘어, 국제사회의 기후 리더십 강화 요청과 파리협정 이행을 위한 본격적인 실행 단계로의 진입을 의미했다.

이에 따른 후속 조치로, 2021년 4월 기후정상회의(Leaders Summit on Climate), 같은 해 5월 한미정상회담 등 주요 외교 무대에서 2030년 국가 온실가스 감축목표(NDC) 상향안을 국제사회에 공식 발표하였다.

이 상향안은 2018년 기준 온실가스 배출량 대비 40% 감축을 핵심으로 하며, 이는 기존 목표였던 26.3% 감축 대비 약 14%p 증가한 수준이다. 이러한 상향 조정은 한국이 2050 탄소중립을 실현하기 위한 실질적 이행 경로(Milestone)를 제시한 것으로 평가된다.

문재인 정부의 2030 NDC 상향은 다음과 같은 의의를 가진다.
(1) 파리협정 이행의 선도 국가로서의 위상 강화

선진국의 책임 있는 감축 노력 요청에 부응하며, 기후변화 대응에 있어 국제사회에서의 신뢰를 제고하였다. 특히, 한미정상회담과 같은 외교적 계기를 활용하여 기후리더십을 국제무대에서 명확히 표명하였다.

(2) 탄소중립 실현을 위한 정책 전환의 촉진제

중간 경로로서의 NDC 상향은 단순한 수치 목표를 넘어, 에너지, 산업, 건물 등 전 부문에서의 구조 개혁과 녹색 전환을 본격화하는 기폭제 역할을 하였다. 민간 투자 유도, 기술 혁신 촉진, 제도 정비 등 다양한 후속 정책 수단의 정당성을 확보하게 되었다.

(3) 국내 사회적 논의와 참여 기반 마련

국가기후환경회의 중심의 사회적 논의 구조가 구축되었으며, 시민참여형 정책 결정 기반이 강화되었다. 이는 향후 '정의로운 전환(Just Transition)' 논의의 출발점으로 기능하였다.

문재인 정부의 2030 NDC 상향은 단순한 감축 수치의 조정이 아닌, 기후위기 대응에 대한 국가적 책임과 의지의 표현이자, 향후 지속가능한 발전 전략의 초석으로 작용하였다. 이는 탄소중립 실현을 위한 실천적 기틀을 다졌다는 점에서 역사적 전환점으로 평가된다.

4.2 윤석열 정부의 부문별 감축목표 수정(2023)

윤석열 정부는 문재인 정부가 설정한 '2050 탄소중립'의 국가적 방향성을 수용하면서도, 보다 현실적이고 실행 가능한 이행 전략 마련에 초점을 맞추었다. 이러한 기조 아래 2023년 3월 21일, 「제1차 국가 탄소중립·녹색성장 기본계획(2023~2042)」을 수립·발표하였다. 이는 탄소중립을 국가 발전 전략과 연계한 종합 계획으로서, 기후위기에 대한 대응뿐 아니라 녹색성장을 실현하고자 하는 중장기 비전을 담고 있다.

특히 이 계획은 문재인 정부가 설정한 2030년 국가 온실가스 감축목표(NDC), 2018년 대비 40% 감축을 그대로 유지하면서도, 부문별 감축 목표와 이행 전략에 대한 조정을 통해 정책 실현 가능성을 제고하고자 하였다.

윤석열 정부의 기본계획은 '실현 가능한 감축', '균형 있는 부담 분담', '민간 주도 녹색 전환' 등을 핵심 원칙으로 설정하고, 이를 바탕으로 다음과 같은 주요 조정을 단행하였다.

(1) 산업 부문 감축률 완화

산업계의 기술적 제약과 글로벌 경쟁 여건을 반영하여, 산업 부문의 감축률을 기존 △14.5%에서 △11.4%로 조정하였다. 이는 수출 제조업 중심의 경제 구조 속에서 감축과 경쟁력 유지를 병행하려는 현실적 대응으로 풀이된다.

(2) 전환(발전) 부문 감축률 상향

이에 대응하여 전환 부문(발전)의 감축률은 △44.4%에서 △45.9%로 상향 조정되었다. 석탄발전 감축과 재생에너지·원자력 활용의 확대를 통해 산업 부문의 부담을 보완하고, 전체 감축목표의 균형을 유지하려는 조치였다.

(3) 수소 부문 조정

수소의 확대 과정에서 블루수소 등 일부 온실가스 배출이 수반되는 특성을 고려하여, 수소 부문 배출량 목표를 소폭 상향하였다.

(4) 국제감축(해외 감축) 활용 확대

국내 감축 한계를 보완하기 위해, 국제 탄소시장 메커니즘(파리협정 제6조)을 적극 활용하여 국제감축 기여분을 33.5Mt에서 37.5Mt으로 확대하였다. 이를 통해 총량 감축목표 달성을 보완하고, 국제협력을 통한 탄소중립 기여도 함께 실현하려는 전략이다.

윤석열 정부의 부문별 감축 조정은 기존 목표의 정치적 연속성을 유지하면서도, 정책 이행 가능성과 산업 현실성을 반영한 조정 시도라는 점에서 주목된다. 특히 감축 부담의 균형 조정, 민간 투자 유도, 기술 혁신 생태계 조성을 통해 '규범 중심의 목표'에서 '실천 중심의 이행체계'로의 전환을 추구하고 있다.

| 표16 | 부문별 온실가스 감축목표 수정내역

단위: 백만 톤 CO_2eq

부문	기준연도배출량 (2018년)	기존 NDC 감축목표 ('21.10)	수정 NDC 감축목표 ('23.4)	감축률 변화 (기존 대비 수정)
전환(발전)	269.6	149.9 (△44.4%)	145.9 (△45.9%)	▲1.5%p
산업	260.5	222.6 (△14.5%)	230.7 (△11.4%)	▼3.1%p
건물	52.1	35.0 (△32.8%)	35.0 (△32.8%)	변동 없음
수송	98.1	61.0 (△37.8%)	61.0 (△37.8%)	변동 없음
농축수산	24.7	18.0 (△27.1%)	18.0 (△27.1%)	변동 없음
폐기물	17.1	9.1 (△46.8%)	9.1 (△46.8%)	변동 없음
수소	-	7.6	8.4	▲0.8백만 톤
기타(탈루 등)	5.6	3.9	3.9	변동 없음
합계	727.6	436.6 (△40.0%)	436.6 (△40.0%)	변동 없음

참고: 2018년 배출량은 총배출량이며, 2030년 배출량은 순배출량(총배출량에서 흡수·제거량을 뺀 값)

5. 2030 국가온실가스감축목표(NDC) 부문별 정부 전략

5.1 정부전략의 의의

기후위기에 대응하기 위한 국제사회의 노력 속에서, 각국은 중장기적 온실가스 감축 목표를 설정하고 그 이행전략을 수립해 나가고 있다. 대한민국의 2030 국가온실가스감축목표(NDC)는 단순한 수치상의 감축 목표를 넘어, 2050 탄소중립 실현을 위한 중간 경로로서의 전략적 의미를 지닌다. 이는 단기간의 성과를 추구하기보다는, 구조적 전환과 지속가능한 저탄소 체제로의 이행을 촉진하기 위한 전환점이자 이정표로 기능한다.

정부는 이러한 2030 NDC 달성을 위하여 부문별로 감축 목표와 이행 과제를 설정하였다. 여기에는 에너지, 산업, 수송, 건물, 농축수산, 폐기물, 공공·지자체, 국외감축 등 각 분야별로 세부적인 목표가 설정되었으며, 부문별 여건과 한계를 고려한 맞춤형 전략이 수립되었다는 점에서 중요한 의미를 가진다. 특히 일부 과제는 현재 상용화되지 않았거나 기술적 성숙도가 낮은 기술에 기반하고 있으며, 이는 기술개발과 투자, 제도 혁신의 방향성을 동시에 보여주는 미래 지향적 접근으로 해석할 수 있다.

부문별 전략은 단순한 감축 수단의 나열이 아니라, 국가 경제 구조, 산업 생태계, 생활양식 전반의 변화를 요구하는 포괄적 전환 전략이다. 따라서 각 부문의 목표와 과제를 살펴보는 일은 단지 정책의 세부내용을 이해하는 데 그치지 않고, 대한민국이 지향하는 탈탄소 사회의 청사진을 엿보는 과정이라 할 수 있다.

5.2 부문별 추진목표 및 추진과제

다음에서는 부문별로 설정된 2030 NDC 추진목표와 주요 추진과제를 중심으로, 정부의 전략적 방향성과 과제의 특징을 구체적으로 살펴보고자 한다.

(1) 전환 부문

2018년(269.6백만톤)대비 2030년에 약 절반정도로 줄여야 한다(145.9백만톤, △45.9%). 원전·재생에너지 보급 가속화 및 시장기반 수요효율화가 추진방향이다.

추진과제는 화석연료 감축, 원전·재생에너지로 전환, 친환경 기술개발을 전제로 수소·암모니아 혼소 발전을 추진한다. 기존 원전은 안전성 확보를 전제로 경제성·에너지 안보 등을 감안하여 계속 운전한다. 태양광-풍력 비율은 ('21) 87:13 → ('30) 60:40도 풍력을 추가확대하고, 전환부문에서 감축해야 할 400만톤은 태양광·수소 등 청정에너지를 확대하여 달성한다.

재생에너지 기반 강화를 위하여 전력계통망과 에너지 저장체계를 확충하고, 주민수용성을 강화하며 기업의 RE100 이행 지원체계를 구축한다. 산업·건물·수송 등 수요효율화 혁신을 추진하고, 시장원리에 기반한 합리적 에너지요금 체계 구축, ICT를 활용한 지능형 전력계량시스템(AMI) 및 에너지관리시스템(EMS) 보급 확대 등을 추진한다.

(2) 산업 부문

2018년(260.5백만톤)대비 2030년에는 약 11%(230.7백만톤, △11.4%)를 감축해야 한다. 추진방향은 한계돌파형 기술의 신속한 상용화를 위한 지원체계를 구축하고, 해외 기술 모니터링 등을 통해 신기술을 확보한다.

추진과제는 탄소차액계약제도(CCfD) 도입[24] 등 탄소저감 보조·융자를 확대하는 등 투자를 지원한다. 배출권 할당방식 개선을 통해 기업의 감축활동을 유도하고, 제도 이행 유연성 및 감축설비지원 확대로 기업 부담을 완화해 나갈 계획이다. 유상할당 비율상향 및 대상확대, 배출효율기준 할당방식 확대 등을 추진할 계획이다.

(3) 건물 부문

2018년(52.1백만톤) 배출량 대비 약 1/3를 감축해야 한다(35.0백만톤, △32.8%). 추진방향은 건축물 성능개선 및 기준강화를 통한 에너지효율 향상이다.

추진과제는 신축제로에너지 건축물(ZEB) 확대 및 사후관리 추진, 기축 그린리모델링 확산이다. 에너지 효율 향상을 위하여 건물 효율 평가관리와 건물 성능정보 공개를 확대하고, 공공부문의 선도적 감축 강화를 추진한다. 국토·도시계획상 탄소중립 가치의 이행관리를 강화하고, 계획·개발 사업을 대상으로 기후변화영향평가를 단계적으로 확대할 계획이다.

(4) 수송 부문

2018년(98.1백만톤)대비 2030년에는 약 61.0백만톤(△37.8%)으로 감축해야 한다. 추진방향은 육상·해양·항공 등 모빌리티 전반의 탄소중립화이다.

추진과제는 전기·수소차 보급 확산 및 충전인프라를 확충하고, 경량소재, 저탄소 연료 기술 개발과 함께 노후경유차 조기폐차 지원 대상을 확대한다. 내연차의 전주기평가를 기반으로 온실가스·연비기준을 상향하고, 대중교통·자전거 등 활성화를 통해 내연차 수요 관리를 강화한다. 철도·항공·해운분야는 친환경 철도, 친환경연료 확대, 저탄소 선박 기술 고도화 등 저탄소화를 추진한다.

---

[24] Carbon Contracts for Difference (CCfD)란 기업이 감축 시설에 투자할 경우 정부와 협의해 미리 탄소 가격을 정해 계약하고, 나중에 배출권 가격이 탄소 계약 가격보다 낮으면 정부가 그 차액을 보전해주는 제도. 기업은 경제적 손해 걱정 없이 온실가스 감축 시설을 만들 수 있게 된다.

(5) 농축수산 부문

2018년(24.7백만톤)대비 2030년에는 18.0백만톤(△27.1%)으로 감축해야 한다. 추진방향은 저탄소 구조전환을 통한 지속가능한 농축수산업 실현이다.

추진과제는 농업분야 디지털 기술을 활용한 스마트농업을 확산시키고, 논물관리·질소질비료 감축 등 저탄소 농업기술을 적극 보급한다. 축산업분야는 저메탄·저단백 사료 개발·보급으로 축사 온실가스를 저감하고, ICT 기반 과학적 관리를 통해 사료 절감 등 사육구조를 개선한다. 수산업분야는 LPG, 하이브리드 등 저탄소 어선을 개발·보급하고, 양식장 배출수를 활용한 소수력 발전, 양식가공시설에 지능형 에너지 관리를 확대한다.

(6) 폐기물 부문

2018년(17.1백만톤)대비 2030년에 약 절반으로 줄여야 한다(9.1백만톤, △46.8%). 추진방향은 사회·경제 전 부문에서의 자원순환 고리를 완성하는 것이다.

추진과제는 폐기물 다량 배출사업장 감량 설비 지원, 일회용품 감량 및 대체 신산업 육성 등으로 생산·소비과정의 폐기물 원천 감량을 추진한다. 공공책임수거를 도입하는 등 수거체계를 개선하고, 선별시설을 현대화하여 유용폐자원의 안정적 공급체계를 마련한다. 플라스틱 재생원료 의무사용 목표 전과정 확대, 유기성폐자원 바이오가스화, 태양광 폐패널 및 전기차 폐배터리 등 고부가가치 재활용을 확대할 계획이다.

(7) 수소 부문

2018년에는 아직 산업화전이라 공식적 배출량이 없지만 2030년에 수소생산이 활성화되면 그레이 수소, 블루수소 등에서 약 8.4백만톤 정도가 배출될 것으로 판단된다. 추진방향은 수소경제 전주기 생태계 구축으로 청정수소 선도국가로 도약하는 것이다.

추진과제는 그린수소 생산기반을 구축하고, 수소발전·모빌리티 등 활용을 확대한다. 인프라는 수소 배관망을 구축하고, 시범항만을 조성한다. 생태계조성을 위하여 수소분야 안전기준을 마련하고, 수소 클러스터·수소도시 등 지역별 생태계를 확대한다.

(8) 흡수원 부문

2030년에 26.7백만톤을 흡수하도록 할 계획이다. 추진방향은 흡수원의 양적·질적 확대를 통한 탄소 흡수량 증대이다.

추진과제는 산림순환경영·목재 이용을 확대하여 흡수·저장 기능을 증진하고, 핵심 산림생태축 복원 및 보호지역 확대, 산림재해 최소화로 흡수원을 보전한다. 연안습지 복원·보호, 바다숲 조성 등 해양 흡수원을 확대하고, 도시숲, 내륙 습지 및 유휴토지 조림 등 신규 흡수원도 확충해 나간다.

(9) CCUS[25] 부문

현재는 기술 개발중이지만 2030년에는 11.2백만톤을 흡수·처리할 것이다. 추진방향은 CCUS 인프라와 기술 혁신을 통한 미래 신산업 창출이다.

추진과제는 CCUS법 시행(2025년 2월 7일), CCUS 총괄협의체 활성화 등 제도적 기반을 마련하며, 구체적으로 이산화탄소 포집·저장·활용의 정의와 산업육성, 안전규정, 인증기준 등을 마련한다. CCUS 기술개발 및 실증사업 확대로 중점기술을 확보하고 CCUS 실증을 위한 클러스터를 구축하며, 국내·외 저장소를 개발한다. 국내 유망구조 도출 및 저장 규모를 확인하고 호주·말레이시아 등 협력을 통한 저장소 개발을 추진한다.

(10) 국제감축 부문

2030년에는 37.5백만톤 감축을 추진한다. 파리협정의 6조 규정에 따라 국제탄소시장이 활성화 될 것으로 추정된다. 추진방향은 적극적 사업 발굴과 신속한 추진으로 전 지구적 감축에 기여한다.

추진과제는 사업지침 정비, 민관합동 지원 플랫폼 활성화 등 이행 기반을 마련하고, 몽골 등 주요국과 양자협정 체결을 통하여 부문별 사업을 발굴해 나갈 계획이다.

6. 「제3차 국가 기후변화 적응대책(2021~2025)」 내용과 의의

6.1 수립배경

기후변화는 이제 미래에 대한 경고가 아닌, 현실의 문제로 다가왔다. 지구 평균기온의 상승, 해수면 상승, 빈번한 이상기후, 그리고 극한 자연재해는 우리 일상에 직접적인 영향을 미치고 있다. 특히 폭염, 집중호우, 태풍 등은 도시 인프라, 농업생산, 보건위생 등

---

[25] CCUS(Carbon Capture, Utilization, and Storage)는 이산화탄소(CO_2)를 포집, 활용, 저장하는 기술을 말한다. 탄소중립을 달성하기 위한 핵심 기술로 주목받고 있다.

다양한 분야에 영향을 주며, 사회적 취약계층(어린이, 노약자, 저소득층 등)이 그 피해를 가장 먼저 그리고 가장 크게 체감하고 있다. 이러한 현실은 기후위기 적응정책의 시급성과 필요성을 뚜렷이 보여준다.

대한민국은 2010년부터 5년 단위로 국가 기후변화 적응계획을 수립해 왔으며, 현재는 세 번째 계획인 「제3차 국가 기후변화 적응대책(2021~2025)」을 시행 중이다. 이 대책은 '탄소중립 기본법' 제38조에 근거하여 수립된 법정계획으로, 기후위기 시대의 복합적 위험에 대응하고자 하는 중장기 전략의 일환이다.

6.2 의의: 기후변화 적응의 제도화 및 통합적 대응체계 수립

기후변화 대응은 일반적으로 두 축으로 나뉜다. 첫째는 온실가스 배출을 줄이는 '완화(Mitigation)'이고, 둘째는 불가피하게 닥칠 기후변화의 영향에 대비하는 '적응(Adaptation)'이다. 그동안 정책의 중심이 완화에 있었다면, 이제는 적응 또한 동일한 중요성을 갖는 정책영역으로 부상하고 있다.

「제3차 적응대책」은 이러한 인식을 반영하여, 기후변화 적응을 독립적이고 종합적인 정책 영역으로 제도화한 점에서 큰 의의를 갖는다. 국가 차원에서 중앙부처와 지방정부, 다양한 이해관계자들이 유기적으로 연계될 수 있는 구조적 적응 거버넌스 체계의 기반을 마련하였다.

6.3. 주요 내용: 기후위험 대응을 위한 3대 전략과 분야별 대책

이 대책은 '국민과 함께하는 기후안심 국가 구현'을 비전으로 삼고, 다음의 세 가지 전략적 방향을 중심으로 정책을 구성하였다.

기후위험 적응력 제고: 자연재해와 기후충격에 대한 대응역량 강화
감시예측 및 평가 체계 강화: 과학적 근거에 기반한 리스크 대응체계 확립
적응 주류화 실현: 적응정책을 모든 분야의 정책결정 과정에 통합

이러한 전략 하에 주요 분야별로 다음과 같은 정책 과제가 추진된다.
농업: 기후변화에 강한 품종 개발, 스마트 농업 기술 도입, 병충해 대응력 향상
수자원: 통합 물관리체계, 가뭄홍수 대비 인프라 정비, 물 재이용 기술 확대

보건: 폭염 대응 쉼터 확대, 질병 조기경보 시스템, 건강취약계층 보호체계
생태계: 생물다양성 보전, 도시숲 조성, 해안침식 방지 인프라 등 자연기반해법 도입

6.4 시사점: 기후위기 시대의 적극적 전환 전략으로서의 적응

「제3차 국가 기후변화 적응대책」은 단기적 재난 대응을 넘어, 장기적·구조적 위협에 대한 선제적 대응 전략으로 기능한다. 특히 부문 간 연계와 지역 맞춤형 접근을 통해 정책 효과성을 높이고자 하며, 이는 단지 기후위기 대응을 넘어 지속 가능한 사회 시스템으로의 전환을 의미한다.

그러나 이 계획만으로는 기후위기의 속도와 강도에 충분히 대응하기 어렵다는 평가도 있다. 실제로 2023년 이후 더욱 심화된 기상이변에 대응하기 위해 정부는 「기후위기 적응 강화대책(2023~2025)」이라는 별도의 보완계획을 수립하기에 이르렀다. 이는 기본계획의 장기 전략성과, 보완대책의 단기 실행성을 결합한 투트랙 접근의 필요성을 잘 보여준다.

7. 「제3차 국가 기후위기 적응 강화대책(2023~2025)」 내용과 의의

7.1. 배경: 가속화되는 기후위기와 적응대책의 현실적 한계

기후변화가 전 지구적 위협으로 자리잡은 가운데, 그 속도와 강도는 과거 예측을 뛰어넘는 양상으로 전개되고 있다. 폭염, 집중호우, 태풍, 가뭄 등 극한 기후현상은 국내에서도 더욱 빈번하고 강력하게 발생하고 있으며, 이에 따른 피해는 특정 지역이나 계층에 국한되지 않고 사회 전반에 걸쳐 확대되고 있다.

이러한 상황은 「제3차 국가 기후변화 적응대책(2021~2025)」이 제시한 중장기 전략만으로는 급변하는 현실에 기민하게 대응하기 어렵다는 인식을 불러왔다. 특히, 적응 정책의 실질적 이행력이 부족하거나, 현장의 체감도가 낮다는 평가가 잇따르면서 보다 즉각적이고 실행 가능한 보완정책의 필요성이 제기되었다.

이에 정부는 기존의 적응대책을 보완하고, 기후위기의 대응 역량을 실질적으로 강화하기 위한 「기후위기 적응 강화대책(2023~2025)」을 수립하였다.

7.2 의의: 기본계획을 보완하는 실행 중심의 긴급 대응 전략

「기후위기 적응 강화대책」은 '기후위기 대응을 위한 탄소중립 기본법'에 근거한 법정 정책으로, 「제3차 국가 기후변화 적응대책」의 보완적 성격을 가지며, 단기적 시계 하에서 현장 중심의 대응을 강화하고자 마련되었다.

기존 적응대책이 중장기적 구조 정비에 초점을 맞췄다면, 강화대책은 단기 대응력 확보와 사회적 회복력 강화에 초점을 둔다는 점에서 상호 보완 관계에 있다. 이는 기후위기의 현실화된 충격에 대한 '적시성 있는 대응'이 국가차원의 정책에서도 필요함을 시사한다.

또한 이번 강화대책은 기후위기 대응의 사각지대에 놓인 취약계층에 대한 보호 체계 구축과 지역 기반 대응역량 강화를 핵심 과제로 삼고 있다는 점에서도 주목할 만하다.

7.3 주요 내용: 기반시설과 사회적 보호체계의 현장 강화

「기후위기 적응 강화대책」은 다음과 같은 실행 중심의 정책과제로 구성되어 있다.

기반시설의 기후 적응성 제고: 기후위험을 반영한 도시 인프라 개선, 노후 기반시설 점검, 침수위험지역 배수체계 강화 등 기후재해에 강한 국토 구축을 위한 물리적 조치들이 포함된다.

기후위험 감시 및 경보 체계 강화: 지역 단위 기후위험 평가 확대, 위험지도 구축, 기상 예·경보 정밀화, 위기정보 전달체계 고도화 등을 통해 위험에 대한 사전 경고체계를 고도화한다.

취약계층 보호 기반 확충: 노약자, 장애인, 저소득층 등의 기후취약 실태조사를 최초로 실시하고, 건강 취약계층을 위한 폭염쉼터, 냉방비 지원, 건강관리 서비스 제공 등 실질적 대책을 추진한다.

지자체 및 지역의 대응 역량 강화: 지역 맞춤형 적응계획 수립을 지원하고, 지방정부의 대응 역량을 높이기 위한 재정·행정적 뒷받침과 협력체계를 마련한다.

7.4 시사점: 전방위적 위기에 대응하는 정책 패러다임의 전환

「기후위기 적응 강화대책」은 단순히 기존 계획의 하위 실행계획이 아니라, 국가 기후정책의 대응 속도를 높이고 국민 체감도를 강화하기 위한 실질적 전략 전환이라 할 수 있다. 정책의 중심축이 예방과 대비, 사전경보와 회복력 강화[26]로 이동하고 있다는 점은 정책 패러다임의 진화를 보여준다.

또한 이 대책은 기후위기를 사회 불평등 문제와 연결된 구조적 위기로 인식하고, 정책적 대응의 중심을 '인프라 중심'에서 '사람 중심'으로 확대하고 있다는 점에서도 의미가 깊다. 이는 기후정의(Climate Justice)라는 개념의 정책화라고도 볼 수 있다.

기후위기는 더 이상 '앞으로 다가올 위험'이 아니라, '지금 여기서 벌어지는 재난'이다. 「제3차 국가 기후위기 적응 강화대책(2023~2025)」은 이러한 현실을 반영한 실행력 있는 국가 대응 전략으로, 기존의 적응 대책과 함께 투트랙 체계를 형성하고 있다.

앞으로는 이 두 계획이 유기적으로 연계되어야 하며, 지역 맞춤형 실행력, 민간·지자체의 협력, 지속적인 평가와 개선체계가 보완될 필요가 있다. 기후위기 대응은 단기성과로 끝날 수 없는 국가적 과제이며, 그 중심에는 과학적 기반, 사회적 공감, 그리고 실질적 실행이 놓여야 한다.

이러한 전환은 이미 여러 선진국에서 시도되고 있다. 예를 들어, 네덜란드는 "기후적응을 통한 사회 회복력 강화"를 국가 전략으로 채택하여, 물리적 인프라 강화에 더해 노인·저소득층·이주민 등 취약계층을 위한 맞춤형 적응 프로그램을 동시에 추진하고 있다. 또한 독일은 '기후적응법(2021)'을 제정해 모든 지방정부가 자체 적응계획을 수립하도록 의무화하고 있으며, 이는 연방정부 차원의 재난 회복력 평가 지표와 연계되어 운영된다. 이처럼 기후위기를 사회 시스템 전반의 회복력 문제로 인식하고, 정책을 사람 중심으로 전환한 해외 사례는 우리에게도 중요한 시사점을 제공한다. 즉, 효과적인 기후위기 대응은 기술적 해결을 넘어, 사회적 형평성과 통합적 대응 체계의 구축이 필수적임을 보여준다.

---

26) 회복력(Resilience)은 외부 충격이나 변화에 대응해 복구하거나 적응해 새로운 균형을 찾는 능력이다. 기후변화는 불가피한 충격을 동반하므로, 감축(mitigation)만으로는 부족하며 회복력이 필수적이며, 이는 기후적응(adaptation)의 핵심 요소이다. IPCC 제6차 평가보고서(AR6)는 기후회복력을 "기후변화의 부정적 영향과 위험을 예상, 대응, 복구, 적응하는 능력과 과정"으로 정의하면서 중요한 개념으로 사용하고 있다.

| 표17 | 제3차 국가 기후변화 적응대책 vs 제3차 국가기후위기 적응 강화대책 비교표

항목	제3차 국가 기후변화 적응대책 (2021~2025)	제3차 국가 기후위기 적응 강화대책 (2023~2025)
법적 근거	「탄소중립 기본법」	「탄소중립 기본법」
성격	중장기 국가 적응 기본계획	단기 실행 중심의 보완대책
시행 기간	2021년 ~ 2025년 (5년)	2023년 ~ 2025년 (3년)
비전	국민과 함께하는 기후안심 국가구현	현장 대응력 강화 및 취약계층 보호
정책 방향	① 기후위험 적응력 제고 ② 감시·예측 및 평가 강화 ③ 적응 주류화 실현	① 기반시설 기후 적응성 강화 ② 기후위험 감시·경보 고도화 ③ 취약계층 보호 강화 ④ 지역 대응 역량 제고
대응 대상	모든 국민, 부문별 일반 정책 대상	특히 기후취약계층, 지역 기반 대응체계 강화
대응 방식	정책기반 마련 및 구조적 체계 정비	실행력 중심의 단기 보완 및 지역 맞춤형 지원
중점 분야	농업, 수자원, 보건, 생태계 등 7개 분야 중심의 부문별 정책	기반시설, 건강안전, 지자체 대응, 사회적 보호 등 실효성 중시
특징	• 적응 정책의 법제화 및 장기 전략 수립 • 중앙-지방 연계 및 부문별 대응 전략 구체화	• 실효성 있는 단기 대책 중심 • 취약계층 실태조사 최초 실시 • 현장 체감형 정책 강화
시사점	구조적이고 제도화된 기후적응체계 구축	기후재난 심화에 따른 즉각 대응력 보완 필요성 반영

Discussion Topic

1. 파리협정은 기후변화 대응에 효과적인가?
   - **찬성** 파리협정은 모든 국가가 온실가스 감축 목표(NDC)를 설정하고, 국제적인 협력을 통해 기후변화 대응을 강화할 수 있도록 유도하는 중요한 협약이다.
   - **반대** 파리협정은 법적 구속력이 부족하여 일부 국가들이 감축 목표를 제대로 이행하지 않고 있으며, 실질적인 기후변화 대응 효과가 제한적이다.

2. 기후변화 대응을 위한 국제 재정 지원(기후기금, GCF)은 강제적으로 할당되어야 하는가?
   - **찬성** 선진국들은 역사적으로 더 많은 온실가스를 배출했으며, 개도국이 탄소중립으로 전환할 수 있도록 기후기금을 의무적으로 제공해야 한다.
   - **반대** 각국의 경제 상황과 정책 우선순위가 다르기 때문에 강제적인 재정 부담은 부당하며, 각국이 자율적으로 기후 기여금을 조정해야 한다.

3. 개도국도 선진국과 동일한 온실가스 감축 의무를 부담해야 하는가?
   - **찬성** 기후변화는 전 지구적인 문제이며, 개도국도 온실가스 배출량이 증가하고 있는 만큼 감축 의무를 적극적으로 수행해야 한다.
   - **반대** 개도국은 경제 발전이 우선이며, 선진국들이 역사적으로 더 많은 온실가스를 배출한 만큼, 감축 의무도 더 많이 부담해야 한다.

4. 국제사회는 기후변화 대응을 위해 강제적인 법적 규제를 도입해야 하는가?
   - **찬성** 기후변화 대응은 자발적인 협력만으로는 충분하지 않으며, 강력한 국제법과 구속력 있는 규제를 통해 실질적인 감축을 유도해야 한다.
   - **반대** 각국의 경제·사회적 상황이 다르기 때문에 일괄적인 법적 규제보다는 자율적인 감축 목표와 시장 기반의 접근이 더 효과적이다.

5. 미국과 중국은 기후변화 대응에 있어 충분한 책임을 지고 있는가?
   - **찬성** 미국과 중국은 세계 최대 온실가스 배출국으로서 탄소 감축 정책을 적극적으로 추진하고 있으며, 기후변화 대응에 대한 책임을 수행하고 있다.
   - **반대** 미국과 중국은 여전히 화석연료 사용이 많고, 기후변화 대응보다 경제적 이익을 우선시하며 국제사회에서 충분한 책임을 다하지 않고 있다.

Carbon Neutrality

제5장
탄소중립과 시민사회의 역할

제1절 기후위기 대응의 제3축 : 시민사회 ·················· 204
제2절 탄소중립을 위한 거버넌스와 협력 사례 ············ 211
제3절 시민사회와 탄소중립 : 기술, 행동, 감시의 주체 ···· 214
제4절 시민사회와 기후정의(Climate Justice) ·········· 221
제5절 시민사회와 기후소송 ································· 228
제6절 시민사회 참여의 한계와 비판적 성찰 ··············· 232

제5장
탄소중립과 시민사회의 역할

Carbon Neutrality & Civil Society

제1절 기후위기 대응의 제3축 : 시민사회

1. 기후위기의 현실과 탄소중립의 시급성

지구 평균기온은 지속적으로 상승하고 있으며, 이는 인류가 직면한 가장 중대한 위기 중 하나로 떠오르고 있다. 세계기상기구(WMO)는 2024년이 관측 역사상 가장 더운 해였으며, 2015년부터 2024년까지의 10년이 가장 더운 10년이었다고 공식 확인했다. 이러한 사실은 기후위기가 이미 현실화되었음을 명확히 보여준다.

전 세계적으로 폭염, 가뭄, 산불, 홍수 등 극단적 기상현상이 빈번해지고 있으며, 그 강도 또한 점점 더 커지고 있다. 이러한 현상은 더 이상 단순한 환경 문제가 아닌, 인류의 생존과 직결된 복합적 위기로 인식되고 있다. 식량안보, 물 부족, 생태계 붕괴, 기후난민 등의 사회적 파급효과도 점점 심각해지고 있다.

이러한 위기에 대응하기 위한 필수적인 전략이 바로 탄소중립(Carbon Neutrality)이다. 파리기후협약의 목표인 지구 평균기온 상승을 산업화 이전 대비 1.5°C 이내로 제한하기 위해, 2050년까지 전 세계가 탄소중립을 달성해야 한다.

과학자들은 현재부터 앞으로 7~10년이 기후변화 대응의 결정적 시기라고 경고한다.

만약 지금처럼 온실가스를 계속 배출한다면, 기후 시스템이 되돌릴 수 없는 변화를 주는 '티핑 포인트(Tipping Point)'를 넘어설 수 있다는 우려가 제기된다. 따라서 지금의 대응이 미래를 결정짓는 분수령이 될 수 있다.

탄소중립 목표의 달성은 정부와 기업의 정책과 기술 투자가 핵심이지만, 시민사회의 적극적인 참여 없이는 실질적인 전환이 이루어지기 어렵다. 여기서 시민사회란, 정부와 기업을 제외한 시민들의 자발적 결사체와 활동 영역을 의미하며, 시민단체, 지역공동체, 학교, 종교단체, 개인 시민 등을 포함한다.

시민사회는 다음과 같은 방식으로 탄소중립에 기여할 수 있다.

기후위기 인식 확산과 대중 교육의 주체로서 사회 전반의 인식을 제고하고, 저탄소 생활 방식을 실천하며 일상에서 변화를 이끌고, 정부와 기업의 정책 감시 및 제안을 통해 책임 있는 기후 거버넌스를 촉진하고, 지역사회 기반의 실천 활동을 통해 에너지 절약, 재생에너지 확대, 자원순환 등을 주도할 수 있다.

실제로, 시민사회의 활발한 참여가 이루어진 국가일수록 기후정책의 이행 속도와 효과가 높다. 예를 들어 덴마크와 독일은 시민 주도의 에너지 협동조합이 활발히 운영되고 있으며, 이는 재생에너지 전환의 핵심 동력으로 작용하고 있다.

따라서 이 장에서는 기후위기라는 복합적 도전 속에서 시민사회가 어떤 역할을 할 수 있는지, 또 어떻게 실질적으로 기여할 수 있는지를 살펴보고자 한다. 시민들이 무력감을 느끼는 대신, 실천 가능한 역할을 인식하고, 변화의 주체로서 나설 수 있도록 하는 데 이 장의 목적이 있다.

2. 시민사회의 참여 방식과 영향

탄소중립을 실현하기 위해서는 정부와 기업뿐만 아니라 시민사회의 적극적인 역할이 필수적이다. 시민사회는 다양한 방식으로 기후위기 대응에 기여할 수 있으며, 특히 시민단체 및 비영리기구(NGO), 지역사회 주도의 실천 사례, 그리고 소비자 운동 및 탈탄소 캠페인 등의 활동을 통해 실질적인 변화를 이끌어낼 수 있다.

2.1 시민단체 및 비영리기구(NGO)의 역할

시민단체와 비영리기구(NGO)는 탄소중립을 위한 정책 제안, 감시, 교육, 실천 프로그램 운영 등의 다양한 방식으로 기후변화 대응에 기여하고 있다. 이들은 정부 정책이 지속가능하고 공정하게 이행될 수 있도록 감시 역할을 하며, 기업이 탄소중립 목표를 준수하도록 압력을 가하는 동시에 소비자 인식을 높이는 역할도 수행한다.

대표적인 사례로, 그린피스(Greenpeace)는 전 세계적으로 탈탄소 사회를 촉진하기 위해 캠페인을 운영하며, 기업의 환경 책임을 강화하는 활동을 벌이고 있다. 또한, 350.org[27]는 화석연료 사용 중단과 재생에너지 확대를 요구하는 글로벌 시민운동을 주도하고 있다. 국내에서도 환경운동연합이나 기후솔루션과 같은 단체들이 정책 연구, 탄소배출 감축 캠페인을 활발히 전개하고 있다.

2.2 지역사회 주도의 탄소중립 실천 사례

지역사회는 탄소중립 목표를 실현하는 데 있어 핵심적인 역할을 한다. 개별 국가나 대기업 차원의 접근 방식만으로는 실질적인 변화를 이루기 어려우므로, 지역 단위에서의 탄소 감축 노력이 점점 중요해지고 있다.

대표적인 사례로, 독일의 '에너지 자립 마을'(Energy-autonomous Villages) 프로젝트는 지역주민들이 주도하여 신재생에너지 발전을 확대하고, 에너지 자급자족을 실현하는 모델을 구축한 것이다.

우리나라에서도 서울시의 '에코마일리지' 프로그램은 주민들이 에너지 절약을 실천할 경우 인센티브를 제공하는 방식으로 참여를 유도하고 있다. 또한, 지방자치단체와 협력하여 탄소중립 마을을 조성하거나, 지역 내 공유경제 기반의 친환경 프로젝트를 확대하는 사례도 늘어나고 있다.

이처럼 지역사회가 탄소중립 실천의 중심이 되면, 개별 시민들이 직접적인 변화를 체감할 수 있으며, 정부 및 기업의 대규모 정책에 비해 더욱 신속하고 효과적으로 기후 대응이 이루어질 수 있다.

---

27) 350.org는 기후변화 대응을 위한 글로벌 시민운동 단체로, 전 세계적으로 화석연료 사용 중단과 탄소배출 감축을 촉진하는 활동을 펼치고 있다. 이 단체는 2008년 미국의 환경운동가이자 작가인 빌 맥키벤(Bill McKibben)과 대학생들이 주도하여 설립되었으며, 현재는 전 세계 수백 명의 활동가들이 참여하는 국제적인 네트워크로 성장했다. 이 단체의 이름인 '350'은 대기 중 이산화탄소(CO_2) 농도를 350ppm 이하로 유지해야 한다는 과학적 목표를 반영한 것이다. 과학자들은 기후변화의 임계점을 넘지 않으려면 대기 중 CO_2 농도가 350ppm(백만 분율)을 초과해서는 안 된다고 주장한다. 그러나 현재(2024년 기준) CO_2 농도는 420ppm을 넘어섰다.

2.3 시민 행동(소비자 운동, 탈탄소 캠페인)의 영향력

시민들은 개인 차원에서 탄소중립을 실천하는 것뿐만 아니라, 집단적인 소비자 운동과 캠페인을 통해 기업과 정책 변화에 강한 영향을 미칠 수 있다. 윤리적 소비(Ethical Consumption) 운동은 소비자들이 친환경 제품을 구매하고, 탄소 배출이 높은 기업 제품을 불매함으로써 시장의 변화를 유도하는 방식이다. 예를 들어, 전 세계적으로 '플라스틱 프리(Plastic Free)' 운동이 확산되면서 많은 기업들이 플라스틱 포장재를 줄이는 노력을 기울이고 있다.

또한, 최근 확산된 '기후 파업(Climate Strike)' 운동은 시민들이 거리로 나와 정책 변화를 요구하는 방식으로 진행되며, 스웨덴의 환경운동가 그레타 툰베리(Greta Thunberg)가 시작한 '미래를 위한 금요일(Fridays for Future)' 캠페인[28]은 전 세계 청소년과 시민들에게 큰 영향을 미쳤다.

SNS와 디지털 플랫폼을 활용한 탈탄소 캠페인도 활발하다. 예를들어, #Meatless Monday(고기 없는 월요일) 캠페인은 해시태그를 이용하여 육류 소비 감소를 통해 온실가스를 줄이는 목표를 가지고 있으며, '기후행동 챌린지'(Climate Action Challenge)와 같은 소셜 미디어 기반의 캠페인은 시민들의 일상적인 실천을 독려하는데 효과적이다.

이러한 소비자 운동과 캠페인은 정부나 기업이 탄소중립 목표를 보다 적극적으로 추진하도록 압력을 가하는 중요한 요소이며, 궁극적으로 시장과 정책 변화의 촉진제가 된다.

결국, 탄소중립은 단순히 정부와 기업의 몫이 아니라, 시민사회 전체의 적극적인 참여와 협력이 필요한 공동의 과제이며, 이러한 움직임이 지속될 때 실질적인 기후위기 대응이 가능할 것이다.

---

28) 2018년 8월, 스웨덴의 당시 15세 학생이었던 그레타 툰베리는 스웨덴 의회 앞에서 "학교 기후 파업"(School Strike for Climate)이라는 피켓을 들고 매주 금요일마다 1인 시위를 시작했다. 파리기후협약의 목표를 준수하고 지구 온도 상승을 1.5°C 이하로 제한할 것을 주장했다. 이 운동은 청소년들이 자신들의 미래를 위해 적극적으로 목소리를 내고, 기후변화 대응을 위한 정치적 압력을 가하는 중요한 시민운동으로 자리 잡았다.

> **Think Box**
>
> ### #MeatlessMonday(고기 없는 월요일)란?
>
> #MeatlessMonday(미트리스 먼데이)는 일주일에 하루(월요일)만큼은 고기를 먹지 말자는 글로벌 캠페인이다. 이 운동은 건강 증진과 환경 보호, 탄소배출 감소를 목표로 하며, 전 세계적으로 개인, 학교, 기업, 정부 기관이 참여하고 있다. 2003년 미국 존스홉킨스 공중보건대학(Johns Hopkins Bloomberg School of Public Health)에서 시작되었다. 원래는 건강한 식습관을 장려하기 위한 공공보건 캠페인이었으나, 점차 기후변화 대응 및 환경 보호 운동으로 발전했다. 과거 1·2차 세계대전 당시 미국 정부가 식량 절약을 위해 "고기 없는 월요일"을 장려한 것에서 영감을 얻었다.

3. 탄소중립 시대의 사회 시스템 재구조화

3.1 왜 사회 시스템의 재구조화가 필요한가?\

탄소중립은 단순한 기술 전환이나 에너지 대체로는 달성될 수 없다. 이는 궁극적으로 사회 전체의 작동방식과 가치체계, 물질·에너지 흐름을 재설계하는 구조적 전환(Systemic Transition)을 요구한다.

과거 산업화 시대의 시스템은 화석연료 중심, 중앙집중형 인프라, 선형 소비모델(채굴-생산-소비-폐기)을 기반으로 설계되었다. 하지만 이러한 구조는 기후변화, 생물다양성 손실, 자원 고갈, 도시 재난과 같은 복합적 위기에 취약하다.

따라서 탄소중립 사회로 이행하기 위해서는 단순히 에너지원만 바꾸는 것이 아니라, 도시의 기능, 사회의 복지체계, 경제의 가치구조, 정책의 설계 방식까지 근본적으로 바꾸어야 한다. 이 과정에서 핵심적으로 부각되는 개념이 바로 회복력(Resilience)이다.

3.2 도시 회복력 기반의 재구조화 전략

도시 회복력은 기후변화로 인한 외부 충격(폭염, 홍수, 가뭄, 산불, 에너지 공급 중단 등) 속에서도 도시가 기능을 유지하고, 충격을 흡수하고, 빠르게 복원하거나 적응할 수 있는 능력을 의미한다.

이 개념은 기존의 위험 회피적 사고에서 벗어나, 회복과 적응 중심의 도시 설계 원칙으로 전환해야 함을 강조한다. 탄소중립 도시 구현을 위한 회복력 요소는 다음과 같다.

녹색 인프라 구축: 도시열섬을 완화하고, 생태계 회복력을 높이며, 강우량 변화에 대응할 수 있는 자연 기반 해법(Nature-based Solutions) 확대

분산형 에너지 시스템: 소규모 태양광, 에너지 저장장치(ESS), 열병합 발전, 마이크로그리드 등으로 에너지 공급 다변화

기후친화적 도시 설계: 고밀도-저에너지 건축, 대중교통 중심 배치, 보행 및 자전거 친화 인프라 강화

디지털 조기경보 및 커뮤니티 기반 재난 대응 체계 구축: 홍수, 산불 등 자연재해의 신속한 고지 및 사전 예방, 사후 대처방안 등 마련

회복력 있는 도시는 단지 탄소배출을 줄이는 것을 넘어, 시민의 삶의 질을 향상시키고 위기 속에서도 지속가능한 도시기능을 유지할 수 있는 기반을 갖춘 도시이다.

3.3 정의로운 전환과 사회적 형평성 확보

사회 시스템의 재구조화는 기후위기로 인한 불평등을 완화하고, 전환의 부담이 사회적 약자에게 집중되지 않도록 하는 정의로운 전환(Just Transition)의 원칙을 포함해야 한다. 핵심 전략은 다음과 같다.

전환 일자리 창출 및 재교육: 탄소중립 산업으로 이동하는 노동자를 위한 직무전환 지원

에너지 빈곤층 지원: 단열 리모델링, 공공 에너지 보조금, 기본에너지권 보장 정책

지역 기반 거버넌스: 정책 기획과 실행 과정에서 주민, 지방정부, 시민사회, 기업이 함께 참여

정의로운 전환은 단지 '보상'이 아니라, 전환에의 참여 기회를 공평하게 보장하고, 불균형한 사회구조를 치유하는 과정이다.

3.4 사회 시스템 전환을 위한 거버넌스 재설계

탄소중립 사회는 단일 주체가 설계할 수 있는 구조가 아니다. 기술적 해결책이 사회적 수용성을 확보하려면, 다중 행위자 참여(Multi-stakeholder Governance)와 데이터 기반 의사결정 구조가 필수적이다.

거버넌스 재설계 방향은 다음과 같다.

중앙-지방-민간 연계: 국가는 정책 방향과 인센티브 제공, 지방정부는 실행 주체, 민간

과 시민사회는 혁신과 감시

순환형 지역경제 시스템 구축: 지역 내 생산과 소비를 연결해 자원 낭비를 줄이고, 경제적 회복력을 높임

디지털 기반 도시 운영: 기후 리스크 예측, 에너지 수요 관리, 탄소배출 추적 등을 위한 스마트시티 기술 도입

3.5. 사회 시스템 전환의 기대 효과: 현재와 미래의 비교

탄소중립은 단순히 배출량을 줄이는 문제가 아니라, 도시와 사회 시스템의 전환, 시민의 삶의 방식 변화, 사회적 형평성 회복을 요구하는 구조적 과제다. 회복력 있는 도시, 정의로운 전환, 다중 참여형 거버넌스는 탄소중립을 사회 전환의 기회로 바꾸는 핵심 조건이다.

이는 단절이 아닌 재설계의 과정이며, 시민과 지역이 중심이 되는 새로운 사회계약을 구축하는 작업이다. 탄소중립은 결국 기술의 문제이기 이전에, 어떤 사회를 만들고 싶은가에 대한 집단적 선택의 문제다.

| 표18 | 사회 시스템 전환의 기대 효과: 현재와 미래의 비교

구분	기존 시스템	전환 후 시스템
에너지	중앙집중형 화석연료	공급 분산형 재생에너지 기반
도시구조	차량 중심, 도시 확산	보행 중심, 집약형 설계
사회복지	반응적 지원 중심	예방적 회복력 강화
의사결정	국가 중심	시민참여형 다중 거버넌스
경제 모델	성장 중심	소비사회 순환경제, 가치 중심 경제

제2절 탄소중립을 위한 거버넌스와 협력 사례

탄소중립은 단일 주체의 노력으로 달성될 수 없는 복합적 목표다. 정부, 기업, 시민사회, 금융기관 등 다양한 행위자들이 협력적 거버넌스 체계를 구축하고, 각자의 역할을 수행할 때 실질적인 전환이 가능하다. 특히, 공공-민간 협력(PPP), 시민사회 참여, ESG금융 등의 다양한 모델은 이러한 전환을 구체화하는 핵심적인 수단이다.

1. 정책 기반 협력 모델

국가 차원의 정책은 탄소중립 거버넌스의 기반을 형성하며, 여기에 시민사회와 기업이 어떻게 참여하느냐에 따라 정책의 효과성이 결정된다.

EU의 'Fit for 55' 패키지는 2030년까지 온실가스 배출량을 55% 감축하겠다는 야심찬 계획으로, 기업과 시민사회가 정책 형성·집행·감시 전 과정에 참여한다. 예컨대, CAN Europe[29]은 1,800여 개 단체와 함께 EU 정책의 과학적 정당성을 요구했고, Friends of the Earth Europe는 에너지 빈곤과 공정 전환 문제를 제기하며 사회적 약자를 위한 보완책 마련을 촉구했다. 청년단체인 Youth for Climate는 미래세대를 대변하며 보다 야심찬 목표 수립과 청년 참여 포럼 구성을 제안했다.

우리나라의 탄소중립 정책 역시 시민사회의 적극적 개입 속에 형성되었다. 기후솔루션은 정부의 탄소중립시나리오를 비판하고 재생에너지 확대를 위한 대안을 제시했으며, 에너지전환포럼은 재생에너지 목표 상향을 위한 로드맵을 제안했다. 청년기후행동은 실행력 없는 선언적 목표에 대한 비판과 더불어 청년 참여 확대를 촉구했다.

이처럼 정책 기반의 거버넌스 모델은 제도적 틀 위에서 시민사회의 감시와 제안, 기업의 이행이 조화를 이루며 실질적 전환으로 연결된다

1.1 기업-시민사회 협력 모델

기업은 더 이상 수동적 수혜자가 아닌, 탄소중립 목표 달성을 위한 능동적 행위자로 전

---

29) CAN EU는 "Clean, Affordable, and Networked Europe"(깨끗하고, 적정한 가격의, 네트워크로 연결된 유럽)의 약자로 2050년까지 유럽을 기후 중립적인 대륙으로 만들기 위한 EU의 목표와 밀접하게 연관되어 있다. 특히 CAN EU는 확장된 생산자 책임(EPR), 보증금 반환 시스템(DRS), 그리고 단일 사용 플라스틱 제한과 같은 정책들을 통합적으로 추진하는 프레임워크로 작용한다.

환되고 있다. 특히 시민사회와의 협력은 기업이 지속가능성 전략을 강화하는 주요 계기가 되고 있다.

아마존의 'The Climate Pledge'는 Global Optimism과의 협업을 통해 2040년까지 탄소중립을 달성하겠다는 약속을 하며, 300개 이상의 글로벌 기업이 참여하고 있다. 이는 NGO와 기업이 공동의 목표 아래 실질적인 감축과 공급망 혁신을 추진하는 사례다.

패타고니아의 '1% for the Planet' 운동은 매출의 1%를 시민사회 단체에 기부하며 지역 프로젝트, 정책 캠페인, 에너지 전환 등에 협력한다.

애플은 2030년 탄소중립을 목표로, 공급망에서도 시민사회와 협력하여 재생에너지 전환을 추진하고 있다. 이는 기술 기업이 글로벌 공급망 차원에서 탄소 감축과 시민사회 협력을 결합한 선도적 사례다.

1.2 공공-민간 협력(PPP) 모델

정부와 민간이 협력하여 인프라를 구축하고 기술을 상용화하는 PPP 모델(공공-민간협력, Public-Private Partnership)은 특히 에너지 전환 분야에서 활발하게 전개되고 있다.

덴마크의 에너지섬(Energy Islands) 프로젝트는 정부가 정책과 인프라를 제공하고, Ørsted, Vestas 등 민간기업이 기술·자금을 투자한 대표적 협력 모델이다. 이 모델은 재생에너지 생산을 대규모로 통합하고, 역내 전력 공급 안정성까지 고려한 시스템적 접근을 보여준다.

우리나라의 RE100 산업단지는 정부가 기반 인프라와 정책을 제공하고, 민간기업이 재생에너지 기술을 적용하는 형태로 운영된다. 안산, 울산 등의 시범사업은 산업계의 RE100 전환을 가속화하는 기반이 되고 있다. PPP 모델은 국가 차원의 정책을 기술과 시장으로 연결하는 실천적 플랫폼 역할을 한다.

2. 기업-시민사회 갈등 사례

모든 협력이 순조롭게 진행되는 것은 아니다. 시민사회는 때때로 기업의 책임을 법적으로, 혹은 여론을 통해 요구하며 갈등을 통해 조율을 시도한다.

쉘(Shell)은 탄소 감축 의무를 이행하지 않았다는 이유로 네덜란드에서 Friends of

the Earth Netherlands에 의해 소송을 당했고, 법원은 쉘에 2030년까지 45% 감축 명령을 내렸다. 이는 시민사회가 기업에 법적 책임을 브여한 최초 사례 중 하나다.

테슬라는 독일 공장 건설 과정에서 지역 환경단체와의 충돌을 겪었으나, 이후 환경 기준을 강화하며 협력을 모색했다.

코카콜라는 세계 최대 플라스틱 오염 기업으로 지적되며 Break Free From Plastic 운동의 대상이 되었고, 이후 리필용기 확대 등 대응 방안을 발표했으나 여전히 시민사회로부터 미흡하다는 평가를 받고 있다.

이러한 갈등은 단순한 충돌이 아닌, 협력 조건을 재조정하는 과정이며, ESG 경영의 실질성을 강화하는 계기로 작용한다.

3. 금융기관과 투자자의 전략적 참여

금융은 탄소중립 경제로의 전환에서 가장 강력한 촉진제다. ESG 금융과 임팩트 투자는 친환경 경제로의 구조적 재편을 가능케 한다.

블랙록(BlackRock)은 탄소집약적 기업에 대한 투자 축소와 ESG 공시 요구를 통해 기업 행동 변화를 유도하고 있다.

EU 녹색 택소노미는 투자자들이 녹색 활동에 자본을 배분할 수 있도록 기준을 제시하며, 금융 시장의 녹색화를 선도하고 있다.

임팩트 투자는 탄소 포집, 재생에너지, 지속가능 농업 등 혁신적 기후 솔루션에 자본을 공급함으로써, 경제성과 환경성을 동시에 추구한다.

녹색채권(Green Bonds)은 공공 및 민간 부문이 탄소중립 프로젝트 자금을 조달하는 수단으로 활용되며, 세계은행과 유럽투자은행이 선도적 역할을 하고 있다.

금융기관은 리스크 관리와 수익성 제고를 넘어서, 탄소중립을 위한 자본 배분 구조를 주도하며 정책과 시장의 연결고리 역할을 수행한다.

4. 통합적 거버넌스의 필요성과 미래 과제

탄소중립은 정부의 정책, 기업의 기술·경영 전략, 시민사회의 감시와 참여, 금융의 자본 배분이 상호 연결될 때 비로소 가능하다. 각 행위자들이 고립된 채로 활동하는 것이 아니라, 정책 기반의 협력, 시민사회의 감시와 압력, 민간기업과의 전략적 파트너십, 금융기관의 자본 유입 등 다양한 협력 모델이 유기적으로 결합되어야 한다.

탄소중립을 향한 거버넌스는 단지 제도적 틀의 문제를 넘어, 사회 전체의 전환 역량을 조직하는 실천적 과정이다. 향후 과제는 이러한 협력 모델을 보다 포괄적이고 지속가능 방식으로 확대해 나가는 것이다.

제3절 시민사회와 탄소중립 : 기술, 행동, 감시의 주체

기후위기 대응과 탄소중립 실현을 위해 시민사회는 다양한 방식으로 혁신을 주도하고 있다. 특히 시민과학(Citizen Science)을 활용한 데이터 수집, 디지털 플랫폼과 블록체인 기반의 투명한 탄소 감축 인증, 그리고 지역 중심의 재생에너지 및 순환경제 모델이 주목받고 있다.

1. 시민사회기반 기술혁신과 디지털 기후행동

1.1 시민과학(Citizen Science)과 탄소중립 데이터 활용

시민과학은 전문 과학자뿐만 아니라 일반 시민들이 과학적 연구와 데이터 수집에 참여하는 개념으로, 기후변화 대응과 탄소중립 목표 달성에 중요한 역할을 할 수 있다. 특히, 온실가스 배출 모니터링, 대기질 측정, 생태 변화 관찰 등을 통해 시민들이 직접 환경 데이터를 수집하고 공유함으로써 정책 개발과 연구를 지원할 수 있다.

탄소중립을 위한 시민과학의 주요 장점은 다음과 같다.

데이터 접근성과 확장성: 센서 기술과 IoT 기기의 보급으로 시민들이 직접 온실가스 및 환경 데이터를 측정하고 공유할 수 있다. 이를 통해 전 지구적 데이터망을 형성할 수 있으며, 기존 연구에서 다루기 어려운 지역적, 미시적 데이터를 확보할 수 있다.

정책 참여 및 투명성 강화: 시민이 직접 수집한 데이터는 지방정부 및 중앙정부의 환경정책 수립에 활용될 수 있으며, 공공기관이 발표하는 환경 데이터의 신뢰성을 검증하는 역할도 한다. 시민들 참여로 정책 수용성이 높아지고 투명성이 강화될 수 있다.

탄소중립을 위한 시민과학 사례를 아래와 같이 예시할 수 있다.

Air Quality Egg (유럽): 시민들이 직접 대기오염 데이터를 측정하여 공유하는 플랫폼으로, 지역별 공기질 정보를 실시간으로 확인하고 정책 개선에 활용된다.

NASA GLOBE 프로그램 (미국 및 글로벌): 시민들이 기온, 강수량, 토양 수분 등의 데이터를 수집하여 기후변화 연구 및 환경 모델링에 활용하도록 지원하는 국제적인 과학 프로그램이다.

우리동네 미세먼지 지도(한국): 시민들이 공기질 측정기를 설치해 실시간 미세먼지 및 온실가스 데이터를 공유하는 프로젝트로, 지역별 환경 데이터를 기반으로 대기질 개선 정책을 제안하는 데 기여한다.

시민과학을 탄소중립 정책과 연계하면, 데이터 기반의 정교한 기후변화 대응이 가능해지고 시민들의 적극적인 참여를 유도할 수 있다. 앞으로 정부, 연구기관, 기업이 시민과학네트워크를 강화하고 이를 탄소중립 목표달성을 위한 도구로 활용하는 것이 중요하다.

1.2 디지털 플랫폼과 탄소중립 캠페인: SNS와 블록체인의 역할

기후위기 대응은 이제 개별 국가나 기관의 문제가 아니다. 전 세계 시민들이 함께 행동해야 하는 시대다. 이때 가장 강력한 도구가 되는 것이 바로 디지털 플랫폼과 소셜 미디어(SNS) 이다. 간편한 참여 방식과 빠른 확산력을 가진 SNS 캠페인은 시민들의 인식을 높이고 행동 변화를 유도하는 데 중요한 역할을 한다.

(1) SNS 해시태그 캠페인: 손끝에서 시작하는 탄소중립

SNS를 활용한 환경 캠페인은 누구나 쉽게 참여할 수 있다는 점에서 효과적이다. 대표적인 글로벌 사례를 보면, #MeatlessMonday(고기 없는 월요일)로 일주일에 한 번 고기소비를 줄여 탄소배출을 낮추자는 캠페인이 유명하다. #PlasticFreeChallenge(플라

스틱 줄이기 챌린지)로 일회용 플라스틱 사용을 줄이고 재사용 가능한 제품을 권장하는 챌린지도 있다. 우리나라에서도 '1회용품 제로 챌린지' 같은 탄소중립 캠페인이 확산되고 있다. SNS에 '친환경 챌린지'를 인증하는 것이 트렌드가 되면서, 개인의 작은 실천이 모여 큰 변화를 만들어가고 있다.

(2) 블록체인으로 인증하는 탄소중립 실천

디지털 기술은 환경 보호를 보다 체계적이고 신뢰성 있게 만들 수 있다. 블록체인(Blockchain) 기술이 대표적인 예다. 블록체인은 탄소 감축 활동을 투명하게 기록하고, 시민들의 실천을 보상하는 방식으로 활용될 수 있다. 예를 들어, IBM과 글로벌 에너지 기업들이 개발한 블록체인 탄소배출 감축 플랫폼은 기업과 개인이 탄소 감축 실적을 기록하고 인증받을 수 있도록 지원한다. 친환경 소비 인증 프로젝트는 재생에너지를 사용하거나 친환경 제품을 구매하면 블록체인 기반의 탄소중립 인증을 제공하는 시스템이다.

이러한 기술을 활용하면 시민들은 자신의 탄소중립 활동을 신뢰성 있게 기록할 수 있고, 기업과 정부는 보다 효율적인 기후정책을 설계할 수 있다.

(3) 디지털 기술로 만드는 지속가능한 미래

SNS는 시민들의 참여를 이끌어내는 힘을 가지고 있고, 블록체인은 환경 실천을 데이터화하여 신뢰도를 높인다. 이 두 가지가 결합하면 탄소중립을 위한 움직임이 더욱 효과적으로 확산될 수 있다. 디지털 기술을 통해 기후위기 대응을 보다 재미있고 창의적으로 만들어나가는 것이 중요하다.

1.3 지역에 기반한 순환경제 사례

지역 기반 순환경제는 지역 주민의 참여와 지역 자원의 효율적 활용을 통해 다양한 이점을 창출한다. 덴마크 삼소섬의 사례는 지역사회 주도형 재생에너지 프로젝트의 성공을 보여준다. 주민들이 직접 풍력·태양광 발전소를 소유하고 운영함으로써 외부 에너지 의존도를 줄이고 100% 재생에너지 자립을 달성했다. 이를 통해 에너지 생산과 소비의 지역화가 가능해졌고, 발전 수익이 지역사회 내에 순환하는 경제적 선순환을 이루었다.

우리나라의 '태양광 시민발전소'는 지역 주민들의 공동 투자로 운영되어 전력 판매 수익이 참여 주민들에게 분배된다. 이는 지역 경제 활성화와 함께 에너지 민주화를 실현하는 모델로, 지역 공동체의 결속력을 강화하는 효과가 있다.

순환경제의 핵심은 지역 내에서 자원을 저사용·재활용하여 지속 가능한 소비 체계를 구축하는 것이다. 네덜란드의 '프레셔스(Precious) 플라스틱' 프로젝트[30]처럼 지역 주민들이 직접 플라스틱을 수거하고 재활용 제품을 만드는 과정에 참여함으로써 환경 문제해결에 대한 주인의식이 향상된다. 또한 지역 내 공유경제 플랫폼을 통해 의류, 가구, 전자제품 등을 재사용함으로써 자원 낭비를 줄이고 지역 내 순환을 극대화할 수 있다.

지역 기반 순환경제는 생산-소비-재활용의 전 과정이 지역 내에서 이루어짐으로써 운송 거리 감소로 인한 탄소 배출 저감, 지역 일자리 창출, 그리고 지역 공동체 의식 강화라는 다중적 효과를 가져온다.

2. 시민사회의 사회참여와 감시역할

2.1 소비자의 지속가능한 소비촉진

소비자의 지속가능한 소비 행동은 단순한 개인적 실천을 넘어 시장과 생산 시스템 전체에 강력한 영향을 미친다. 탄소중립 실현을 위한 소비자 행동의 효과는 다음과 같은 측면에서 나타난다.

(1) 먼저, 로컬푸드 소비는 식품의 장거리 운송에서 발생하는 온실가스 배출을 직접적으로 감소시킨다. 일반적인 수입 농산물이 유럽에서는 평균 1,500~2,500km를 이동하는 반면, 로컬푸드는 대략 100km 내외에서 생산·소비되어 운송 과정의 탄소발자국을 최대 90%까지 줄일 수 있는 것으로 추정된다[31]. 또한 소비자들이 푸드마일을 고려한 구매를 지속적으로 실천할 경우, 유통업체들은 장거리 수입 상품보다 지역 생산품을 우선적으로 취급하게 되어 전체 식품 시스템의 변화를 이끌어 낸다.

---

30) Precious Plastic은 2013년, 네덜란드 디자이너 Dave Hakkens가 시작한 오픈소스 재활용 프로젝트로, 전 세계 사람들이 플라스틱 폐기물을 직접 재활용할 수 있는 기술과 도구를 무료로 공유하는 것을 목표로 한다. 이 프로젝트는 플라스틱 오염 문제에 대한 지역 기반의 분산형 해결책을 제시하며, 누구나 접근 가능한 오픈소스 기계 설계도와 가이드라인을 통해 작은 작업장에서도 재활용 제품을 직접 생산할 수 있도록 지원한다. Precious(귀중한)라는 단어는 의도된 언어선택으로 버리지 말고 재활용해야 할 귀중한 자원이라는 의미이다.

31) 웨버와 매튜스(Weber and Matthews)의 2008년 연구 "Food-Miles and the Relative Climate Impacts of Food Choices in the United States"에서 미국 내 식품이 평균 약 1,640km를 이동한다고 보고했다. 영국 DEFRA(환경식품농촌부)의 연구에서는 수입 식품의 경우 평균 약 2,400km를 이동한다는 결과를 발표했다. 많은 로컬푸드 운동과 인증 프로그램에서는 '로컬'의 정의를 대략 100마일(약 160km) 이내로 규정하는 경우가 많다. 미국의 "100-Mile Diet" 운동이나 캐나다의 로컬푸드 인증이 이러한 기준을 적용한다.

(2) 친환경 제품 소비의 경우, 탄소 라벨링을 통한 소비자의 선택이 생산자의 행동 변화를 유도한다. 옥스퍼드 대학교와 테스코(Tesco)가 공동으로 진행한 연구 "The Impact of Carbon Labelling on Consumer Behaviour"에서 탄소 발자국이 표시된 특정 제품군에서 판매량이 10-20% 증가했다는 결과를 발표(2022)한 바 있다. 소비자의 선택이 기업의 생산방식을 변화시키는 이런 시장 기반 접근법은 규제보다 때로 더 효과적이다.

(3) 제로웨이스트 소비 역시 직접적인 탄소 감축 효과가 있다. 일회용 플라스틱 제품 하나를 다회용 제품으로 대체할 경우, 제품 수명주기 전체에서 발생하는 탄소를 평균 70% 감소시킬 수 있다.[32] 더욱 중요한 것은, 이러한 소비자 행동이 확산될수록 다회용 제품 시장이 성장하고, 이에 따라 가격이 하락하여 더 많은 소비자가 참여할 수 있는 선순환 구조가 형성된다는 점이다.

결론적으로, 소비자의 지속가능한 소비 행동은 직접적인 탄소 감축뿐만 아니라, 기업의 생산 방식 변화, 정부 정책 수립, 사회적 규범 형성 등 광범위한 시스템 변화를 이끌어내는 촉매제 역할을 한다. 개인의 작은 선택이 모여 시장의 큰 변화를 만들어내는 것이다.

2.2 윤리적 소비와 탄소중립 기업 지원

윤리적 소비는 환경적, 사회적 영향을 고려한 소비 행동으로, 탄소중립 실현의 핵심 동력이 된다. 소비자들이 탄소중립 목표를 설정한 기업의 제품과 서비스를 선택할 때, 이는 단순한 구매를 넘어 환경 가치를 지지하는 의미있는 행동이 된다. 패타고니아, 테슬라, 애플과 같은 기업들이 탄소중립 전략을 강화하며 성장하는 데에는 윤리적 소비자들의 지속적인 지지가 중요한 역할을 했다.

윤리적 소비는 또한 기업의 혁신을 촉진한다. 소비자들이 환경 친화적 제품에 프리미엄을 지불할 의사를 보일 때, 기업들은 친환경 기술과 프로세스 개발에 투자할 동기를 얻는다. 예를 들어, 패타고니아는 소비자들의 지속가능한 의류에 대한 수요에 응답하여 재활용 소재 개발과 순환 디자인 방식을 혁신적으로 도입했다. 테슬라는 친환경 교통수단을 원하는 소비자들의 니즈를 파악하고 전기차 기술을 획기적으로 발전시켰다.

반면, 환경을 해치는 기업에 대한 소비자 감시와 불매운동은 기업 행동 변화를 이끄는

---

32) 엘런 맥아더 재단(Ellen MacArthur Foundation)은 Systemiq 및 Eunomia와의 공동연구(2023)를 통해, 일회용 플라스틱을 다회용(재사용) 포장 시스템으로 전환할 경우, 탄소 배출량을 최대 69%까지 감축할 수 있다고 분석하였다. 이 연구는 다논(Danone), 네슬레(Nestlé), 펩시코(PepsiCo), 유니레버(Unilever) 등 글로벌 기업들이 참여한 협업 프로젝트로, 포장 표준화, 회수 인프라 구축, 반복 사용 조건을 충족할 때 감축 효과가 극대화됨을 밝혔다.

강력한 수단이다. 코카콜라가 플라스틱 폐기물 문제로 환경단체의 비판을 받은 사례는 소비자의 집단적 행동이 기업의 환경 정책 변화를 촉구할 수 있음을 보여주었다.

윤리적 소비는 또한 창의적인 비즈니스 모델을 탄생시킨다. 공유경제, 제품 서비스화(Product as a Service), 순환경제 모델 등은 모두 윤리적 소비자들의 수요에 부응하여 발전한 혁신적 비즈니스 형태이다. 이러한 모델들은 자원 효율성을 극대화하고 탄소 배출을 최소화하면서도 소비자 니즈를 충족시키는 창의적 방식을 제시한다.

결론적으로, 탄소중립은 정부와 기업만의 책임이 아니라 소비자들의 윤리적 선택과 행동이 모여 실현되는 공동의 목표이다. 윤리적 소비는 기업의 혁신을 자극하고, 이러한 혁신은 다시 더 나은 윤리적 소비 옵션을 창출하는 선순환을 형성한다.

2.3 그린워싱을 감시하는 시민의 눈: 책임성과 투명성의 문제

기후위기가 심화되고 탄소중립이 시대적 요구로 자리잡으면서, 정부와 기업, 국제기구를 막론하고 각종 탄소 감축 선언과 정책 목표들이 쏟아지고 있다. 그러나 이러한 선언이 반드시 실질적인 감축 노력으로 이어지는 것은 아니다. 오히려 탄소중립이라는 이름 아래 표면적 이미지 개선에 집중하거나 감축 효과가 불확실한 수단에 의존하는 '그린워싱(Greenwashing)' 문제가 새로운 사회적 우려로 떠오르고 있다.

그린워싱은 본래 환경 보호를 위하는 척하지만 실제로는 실질적 개선 없이 기업 이미지나 시장 가치를 높이는 전략을 말한다. 최근에는 ESG(환경·사회·지배구조), RE100(재생에너지 100% 사용 선언), 탄소상쇄(Carbon Offsetting), 중립성 선언(Net Zero Pledge) 등 다양한 영역에서 그린워싱 의혹이 제기되고 있다. 이는 단지 비판의 대상이 아니라, 시민사회의 감시와 투명성 요구가 가장 절실하게 작동해야 할 지점이기도 하다.

대표적인 사례로 RE100 캠페인을 들 수 있다. RE100은 글로벌 기업이 사용하는 전력을 100% 재생에너지로 전환하겠다는 자발적 약속이다. 애플, 구글, 삼성전자 등 수많은 글로벌 대기업이 참여하고 있으며, 이는 긍정적인 방향으로 평가된다. 그러나 이 과정에서 문제도 나타난다. 일부 기업은 자사 전력 사용량은 변하지 않으면서 인증서(REC, Renewable Energy Certificate) 구매만으로 목표를 달성했다고 주장한다. 실제 발전되지 않은 재생에너지를 '서류상'으로만 소비하는 셈이다. 이러한 방식은 재생에너지 확대에는 기여하지 않으면서 탄소중립 이미지만 확보하는 결과로 이어질 수 있다.

ESG 관련해서는 ESG 보고서에 긍정적 지표만 부각하고, 공급망 노동 조건 등의 부정적 요소는 축소 보고한 사례가 있다. 또한 탄소상쇄(Carbon Offsetting) 관련해서는 항공 운영에서 발생한 탄소를 상쇄한다며 탄소상쇄 크레딧을 구매했으나, 다수가 이미 보호된 산림이거나, 감축 효과가 불확실한 활동으로 밝혀져 논란이 된 적이 있고, Net-Zero 관련해서는 실질적 감축보다 기술적으로 불확실한 CCUS나 상쇄에 의존한 사례가 많다.

그린워싱은 탄소중립 정책 전반에 악영향을 미친다. 우선, 공공의 신뢰를 훼손시킨다. 진정성 있는 기업과 정부의 노력도 이와 동일선상에서 의심받게 되며, 사회 전체의 기후행동 동력을 떨어뜨릴 수 있다. 둘째, 실질적 감축 수단보다 비싼 비용의 '브랜딩 전략'[33])이 우선되면서, 자원이 비효율적으로 분배된다. 셋째, 가짜 감축의 확산은 탄소예산을 실제보다 더 낙관적으로 보이게 하여, 정책 대응 속도와 강도를 왜곡시킬 수 있다.

이러한 문제를 해결하기 위해 시민사회는 감시자이자, 진실을 드러내는 비판적 탐색자, 그리고 투명성과 윤리성을 요구하는 행동 주체로서의 역할을 수행할 필요가 있다. 시민단체들은 기업의 ESG 보고서를 검토하고, 인증기관의 공정성을 조사하며, 탄소 상쇄 프로젝트의 실효성을 추적할 수 있다. 동시에, 언론과 학계, 일반 시민들도 소비자의 선택을 통한 압박, 기후정보의 공유와 확산, 제도 개선을 위한 정책 제안을 통해 그린워싱을 견제할 수 있다.

기후위기 대응은 정직함을 기반으로 해야 한다. 시민의 눈은 단순히 감시만이 아니라, 기후정의와 탄소중립의 진정한 의미를 묻는 윤리적 물음이다. 진정한 탄소중립 사회는 기술과 자본뿐 아니라, 윤리와 신뢰 위에서만 세워질 수 있다. 따라서 그린워싱에 대한 시민사회의 대응은 오늘날 탄소중립 이행의 실효성을 확보하기 위한 가장 중요한 사회적 기능 중 하나로 이해되어야 한다.

---

33) 브랜딩 전략이란, 기업이 탄소중립을 규제 대응 수준을 넘어서 브랜드 차별화와 시장 신뢰도 강화의 수단으로 활용하는 전략을 말한다. 직접 감축보다 높은 비용이 들더라도, '탄소중립 브랜드'로서의 이미지 확보는 장기적으로 소비자 신뢰, 투자유치, ESG 평판 개선 등 비재무적 가치를 증대시킬 수 있다.

| 표19 | 그린워싱 사례 비교표

구분	기업/기관	사례 내용	그린워싱 문제점
ESG	골드만삭스	ESG 펀드 운영에서 석유 및 가스 회사에 상당한 투자	홍보한 ESG 가치와 실제 포트폴리오 구성 불일치
ESG	폭스바겐	배출가스 테스트 조작 스캔들 전 높은 ESG 등급 획득	환경 준수 사항을 의도적으로 위반하며 ESG 성과 조작
RE100	아마존	2025년까지 100% 재생에너지 사용 약속에도 탄소 배출량 증가	실질적 에너지 소비 패턴 변화 없이 REC 구매로 형식적 목표 달성 시도
RE100	글로벌 IT 기업	RE100 가입 대대적 홍보	자체 에너지 생산 비중 증가보다 REC 구매 방식으로 목표 달성 시도
탄소 상쇄 (OFFSET)	쉘(Shell)	소비자 추가 비용 지불 시 탄소 배출량 상쇄 프로그램 출시	실제로 주장한 만큼의 배출량 상쇄 불가능, 소비자 오도
탄소 상쇄 (OFFSET)	국제 항공사들	항공 여행 탄소 상쇄 프로그램 제공	상쇄 프로젝트 검증 부실, 탄소 흡수량 과대평가
넷제로 (NET ZERO)	BP	2050년까지 넷제로 달성 선언	화석연료 사업 투자 유지, 저탄소 사업 투자 계획 축소
넷제로 (NET ZERO)	넷제로 은행 연합 참여 은행들	2050년 넷제로 목표 약속	단기/중기 목표 없이 화석연료 기업에 대규모 자금 지원 지속

제4절 시민사회와 기후정의(Climate Justice)

1. 기후정의의 개념

기후위기는 단순한 환경 문제가 아니라, 사회적 불평등과 깊이 연결된 구조적 문제다.
기후변화는 전 세계적으로 영향을 미치지만, 그 피해는 사회적·경제적 취약계층과 저개발국에 집중된다. 기후정의는 이러한 불평등을 해소하고, 기후위기의 책임과 대응을 공정하게 분배해야 한다는 개념에서 출발했다.
단순한 탄소 감축 목표를 넘어서 누가 기후변화를 초래했으며, 누가 가장 큰 피해를 입고, 어떻게 책임을 공정하게 분배할 것인가를 논의하는 개념이다.

기후정의의 구성요소는 다음 개념들을 포함한다.
책임의 공정한 배분: 산업화 과정에서 온실가스를 대량 배출한 선진국이 더 많은 감축책

임을 져야 한다.

기후변화 피해에 대한 보호: 저소득층, 개발도상국, 원주민 공동체 등 기후변화에 취약한 그룹을 보호해야 한다.

정의로운 전환(Just Transition): 화석연료 기반 산업에서 재생에너지 중심의 경제로 전환할 때, 노동자와 지역사회가 피해를 보지 않도록 지원해야 한다.

2. 기후정의의 탄생 배경

기후정의 개념은 미국의 환경정의(Environmental Justice) 운동에서 시작되었다. 환경오염이 주로 유색인종, 저소득층 지역에 집중된다는 사실이 사회적 이슈로 떠오르면서, 단순한 환경 보호를 넘어 사회적 불평등과 연결된 문제로 접근해야 한다는 인식이 확산되었다. 이후, 기후변화가 글로벌 차원의 불평등을 심화한다는 인식이 커지면서 '기후정의(Climate Justice)' 개념이 등장했다.

> **Think Box**
>
> ### 워렌카운티(Warren County)사건과 기후정의
>
> 환경정의 개념은 1960~70년대 미국의 인권운동과 환경운동이 결합하면서 발전했다. 1980년대 이후, 흑인, 히스패닉, 원주민 공동체를 중심으로 "환경문제도 인종차별과 불평등의 한 형태"라는 인식이 확산되어 나갔다.
>
> 워렌카운티(Warren County) 사건은 환경정의 운동의 시발점이 된다. 미국 노스캐롤라이나주 워렌카운티(Warren County)는 대부분이 흑인으로 구성된 저소득층 지역이었다. 1982년, 노스캐롤라이나주 정부는 이 지역에 PCB(폴리염화비페닐) 유해 폐기물을 매립하려고 결정하였다.
>
> 지역 주민들과 시민사회 단체들은 환경 인종차별(Environmental Racism)에 대한 최초의 조직적인 저항 운동을 시작했다. 그들은 "환경오염의 부담을 유색인종 지역에 떠넘기는 것은 불공정하다"고 주장했다. 이후 미국 전역에서 환경정의 문제가 사회적 이슈로 부각되었다.
>
> 미국 환경보호청(EPA)이 1987년 연구를 통해 "유해 폐기물 처리장이 흑인과 소수인종 지역에 집중"을 공식적으로 인정하였다. 2000년대 이후 환경정의 개념은 기후위기의 불평등한 영향을 해결하는 '기후정의(Climate Justice)' 운동으로 발전했다. 환경정의 운동을 기반으로, 시민사회 단체들이 글로벌 기후정의 운동을 주도하고 있다.

3. 기후위기와 사회적 불평등의 연관성

　기후위기의 영향은 모든 사람에게 동일하지 않다. 특히 사회·경제적으로 취약한 계층과 지역이 더 큰 피해를 입고 있다. 해수면 상승, 가뭄, 홍수 등으로 인해 개발도상국과 저소득층 지역의 사람들이 삶의 터전을 잃고 강제 이주하게 된다.
　또한 기후변화로 인한 가뭄과 이상기후로 인해 농업 생산량이 감소하고, 식량 가격이 급등한다. 이에 따라 가난한 계층이 기본적인 생존권을 위협받는 문제가 발생한다.
　탈탄소 경제로의 전환 과정에서 화석연료 산업에 의존하는 노동자와 지역사회가 경제적 타격을 받기도 한다. 석탄, 석유 중심의 경제를 운영하던 국가와 지역(예: 미국 러스트벨트, 중국 석탄산업 지역, 충남화력발전소 지역 등)이 타격을 입으며 '정의로운 전환(Just Transition)'이 필요해진다.
　한편 선진국은 재생에너지 전환 및 기후 대응 인프라 구축이 가능하지만, 저개발국은 이러한 재정적·기술적 여력이 부족하다. 이에 따라 기후정의 운동에서는 '부유한 국가가 기후대응 비용을 더 부담해야 한다'는 원칙이 중요하게 논의되는 것이다.

4. 기후정의 실현에서의 시민사회의 역할

4.1 기후정의 실현을 위한 시민사회의 역할
　시민사회의 역할은 다양한 형태로 나타난다. 아래 대표적인 역할을 소개한다.
　인식 제고와 교육: 기후변화의 불평등한 영향과 정의의 필요성에 대한 대중의 이해를 높이는 역할을 한다.
　정책 옹호 및 감시: 정부와 기업이 기후 관련 약속을 지키도록 압력을 가하고, 정책 입안 과정에 참여하며 기후정의를 중심에 둔 정책을 요구한다.
　지역사회 조직화: 기후변화로 가장 심각한 영향을 받는 취약 계층과 지역사회를 조직하고 그들의 목소리를 증폭시킨다.
　대안적 모델 개발: 지속가능한 생활방식, 공동체 기반 솔루션, 녹색 일자리 등 기후정의를 실현하는 대안적 모델을 시험하고 보급한다.
　국제 연대: 전 세계적인 기후정의 운동과 연대하여 글로벌 차원의 해결책을 모색한다.

법적 대응: 기후변화 책임이 있는 정부나 기업에 소송을 제기하여 책임을 요구한다.

공정한 전환 촉진: 탄소중립 사회로의 전환 과정에서 소외되는 계층이 없도록 공정한 전환을 요구하고 참여한다.

이러한 역할을 통하여 기후위기라는 전 지구적 문제에 대응하면서 사회적 불평등을 해소하고 모든 사람에게 공정한 미래를 만들어가는 핵심적 역할을 담당할 수 있다.

4.2 기후정의 실현을 위한 시민사회의 행동사례

기후정의 실현을 위한 시민사회의 구체적인 노력과 행동 사례를 소개한다.

정의로운 전환 운동: 석탄 산업 지역인 독일 루르 지역에서는 시민단체들이 탄광 폐쇄과정에서 노동자들의 재교육과 새로운 일자리 창출을 위한 '정의로운 전환' 프로그램을 요구하고 실현시켰다.

기후불평등 모니터링: 필리핀의 시민단체들은 태풍, 홍수 등 기후재해가 저소득층과 소외계층에 미치는 불균등한 영향을 체계적으로 기록하고 이를 바탕으로 정부에 취약계층 보호정책을 요구하는 활동을 펼치고 있다.

원주민 권리 보호 운동: 캐나다의 원주민 단체들은 자신들의 영토를 관통하는 송유관 건설에 반대하는 운동을 통해 기후변화 대응과 원주민 권리 보호를 연결시키고 있다.

기후 피해 보상 캠페인: 로스앤젤레스의 환경정의 단체들은 석유 시추와 정제시설 주변에 거주하는 유색인종 커뮤니티의 건강 피해에 대한 보상과 시설 폐쇄를 요구하는 캠페인을 성공적으로 이끌었다.

재생에너지의 공정한 접근성 확보: 방글라데시의 그라민 샥티(Grameen Shakti)는 농촌 저소득층이 태양광 에너지에 접근할 수 있도록 소액금융과 연계한 프로그램을 운영하여 에너지 정의를 실현하고 있다.

탄소세의 공정한 설계 요구: 캐나다 브리티시컬럼비아 주에서는 시민단체들이 탄소세 수입을 저소득층에게 환급하는 방식으로 설계하도록 요구하여 기후정책의 사회적 형평성을 높였다.

식량정의 운동: 남미의 소농운동인 비아 캄페시나(Via Campesina)는 기후변화에 강한 농업생태학적 방식과 식량주권을 연계하여 기후정의와 식량정의를 함께 추구하고 있다.

이러한 사례들은 기후정의가 단순히 온실가스 감축을 넘어 사회적 형평성, 인권, 경제적 정의와 깊이 연결되어 있음을 보여준다.

> **Think Box**
>
> ## "No One, No Place Left Behind" 원칙과 기후정의
>
> "Leave No One Behind"(누구도 뒤처지지 않게) 원칙은 2015년 유엔이 채택한 지속가능발전목표(SDGs)의 핵심 약속으로, 가장 취약하고 소외된 사람들을 우선적으로 고려하여 모든 사람이 발전의 혜택을 누릴 수 있도록 하는 개념이다. 이 원칙은 "No One, No Place Left Behind"로 더욱 확장되어 '사람'뿐만 아니라 '장소'까지 포함하는 개념으로 발전해 나가고 있다.
>
> **(1) 주요 국제 이니셔티브와 발전 과정**
> 유엔 지속가능발전목표(SDGs): 2015년 채택된 SDGs는 "Leave No One Behind"를 핵심 원칙으로 삼았다.
> EU의 정의로운 전환 메커니즘: 유럽연합은 2020년 '유럽 그린딜'의 일환으로 '정의로운 전환 메커니즘'을 도입했다.
> OECD의 지역 발전 정책: OECD는 "No Place Left Behind" 개념을 지역 발전 정책에 적용하여, 낙후지역의 경제 활성화와 복원력 강화를 위한 정책적 접근을 제시했다.
>
> **(2) 학문적 발전**
> · 환경정의 이론: 1980년대부터 발전한 환경정의 이론은 환경문제가 사회경제적 계층에 따라 불균등하게 영향을 미친다는 점을 강조했다. 이는 기후정의개념으로 확장되었다.
> · 기후정의 담론: 2000년대 들어 기후정의 담론이 활발해지면서, 기후변화의 영향과 대응 정책이 사회적으로 공정하게 분배되어야 한다는 논의가 확대되었다.
> · 지역 복원력 연구: 최근에는 기후변화에 대한 지역 복원력(local resilience) 연구가 확대되어, 특정지역사회가 기후위기에 대응하는 능력을 키우는 방안에 대한 연구가 활발히 이루어지고 있다.
>
> 이러한 배경을 통해 "No One, No Place Left Behind" 원칙은 단순한 슬로건을 넘어, 기후변화와 지속가능한 발전을 위한 포괄적이고 공정한 접근법으로 발전해왔다.

5. 기후정의의 또 하나의 문제, 세대 간 형평성

기후변화는 먼 미래의 문제가 아니다. 지금 우리가 사용하는 에너지, 소비하는 자원, 그리고 배출하는 온실가스가 우리 다음 세대의 삶을 결정한다. 탄소중립은 단순한 환경 정책이 아니라 현재 세대와 미래 세대 간의 공정성을 실현하기 위한 핵심 과제이다.

만약 우리가 기후위기를 해결하기 위한 노력을 미룬다면, 그 피해는 고스란히 미래 세대가 감당해야 할 부담으로 남게 된다. 그렇다면, 탄소중립을 둘러싼 세대 간 형평성 문제는 무엇이며, 우리는 어떤 선택을 해야 할까?

5.1 세대 간 형평성 문제

세대 간 형평성이란 현재 세대가 미래 세대에게 깨끗하고 지속가능한 환경을 물려줄 책임이 있다는 개념이다. 하지만 현실에서는 지금 세대가 화석연료를 많이 사용하면서 기후변화를 가속화하고 있고, 그로 인한 피해는 미래 세대가 감당해야 하는 불공정한 구조가 만들어지고 있다. 지금 우리가 석탄과 석유를 계속 사용하면 미래 세대는 더 심각한 폭염과 홍수를 겪어야 하고, 지금 우리가 탄소 감축을 미루면 미래 세대는 더 많은 기후 재난 복구 비용을 부담해야 한다. 이처럼, 탄소중립을 실천하지 않으면 기후위기로 인한 사회적·경제적 부담이 미래 세대에 불공정하게 전가된다.

5.2 기후위기의 세대별 영향 차이

기후변화는 모든 세대에게 같은 영향을 미치지 않는다. 지금 우리는 석탄·석유·가스를 사용하며 편리하게 살지만, 미래 세대는 우리가 남긴 환경 문제를 해결해야 한다. 과학적 데이터는 이를 명확하게 보여준다. IPCC 제6차 평가보고서는 지구 평균기온이 산업화이전 대비 1.5℃ 상승할 경우, 폭염과 가뭄의 발생 빈도가 2020년 기준보다 2~3배 증가할 수 있다고 경고하고 있다. 또한, 기온이 3℃ 상승할 경우에는 2100년까지 최대 10억명에 달하는 기후난민이 발생할 가능성도 지적하고 있다. 즉, 지금 우리가 온실가스를 줄이지 않으면, 미래 세대는 극심한 기후 재난 속에서 생존을 걱정해야 한다.

5.3 탄소중립 실천 비용, 누가 감당해야 할까?

탄소중립을 실천하는 데는 비용이 든다. 문제는 이 비용을 현재 세대가 부담할 것인가,

아니면 미래 세대가 떠안을 것인가?

현재 세대가 감당해야 할 경우 탄소세 부과, 배출권 거래제 등으로 온실가스 비용을 내거나 재생에너지 전환, 친환경 기술 개발 등을 통하여 감축을 하거나 또는 기후대응 기금 마련으로 탄소중립기술에 투자해야 한다.

반대로 미래 세대가 감당해야 할 경우 기후 재난(홍수·가뭄·태풍)으로 인한 막대한 복구 비용 증가, 심각한 환경 오염으로 인한 건강 문제 발생, 에너지 전환 비용이 기하급수적으로 증가 등에 부딪힌다.

따라서 지금 탄소중립을 실천하면, 미래 세대는 불필요한 부담을 피할 수 있다. 반대로, 지금 아무것도 하지 않으면 미래 세대는 극심한 경제적·사회적 위기를 감당해야 한다.

5.4 세대 간 형평성을 보장하기 위한 탄소예산(Carbon Budget)

미래세대를 위해 우리가 배출할 수 있는 탄소 예산은 제한되어 있다. 탄소예산(Carbon Budget)이란, 지구 평균 기온 상승을 특정 수준(예: 1.5℃ 또는 2℃) 이하로 억지하기 위해 인간이 배출할 수 있는 온실가스(특히 CO_2)의 총량을 말한다. 즉, 기후위기를 방지하기 위해 남아 있는 '탄소 배출 한계'라고 할 수 있다.

앞서 살펴본 것 처럼 이 개념은 2015년 파리협정 이후 더욱 중요해졌으며, 기후변화에 대한 대응 전략을 수립하는 데 있어 '과학적 기준선'으로 작용한다.

IPCC 2021년 보고서에 따르면, 지구 평균 기온 상승을 산업화 이전 대비 1.5℃ 이하로 제한하기 위해서는 2020년 기준 약 4,000억 톤의 이산화탄소(CO_2)를 추가로 배출할 수 있다. 현재 연간 전 세계 CO_2 배출량이 약 400억 톤인 점을 고려하면, 10년 이내에 이 예산을 모두 소진하게 된다.

2℃ 이하로 제한하려면 약 11,500억 톤의 CO_2를 추가로 배출할 수 있다. 이 경우, 현재 배출 수준을 유지한다면 약 30년의 시간이 남아 있다.

그러나 이러한 탄소 예산은 미래 세대의 삶의 질과 생존 가능성에 직접적인 영향을 미친다. 따라서 탄소중립을 달성하고 지속가능한 사회를 구축하기 위해서는 지금부터 적극적인 온실가스 감축 노력이 필요하다. 탄소중립은 단순한 환경 보호가 아니라, 미래 세대의 생존권을 지키는 사회적 책임이다. 세대 간 형평성 문제는 단순한 윤리적 논쟁이 아니다.

제5절 시민사회와 기후소송

1. 기후소송 의의

기후위기가 심화되면서 시민사회는 정부와 기업이 기후변화 대응을 소극적으로 하거나, 온실가스 감축 목표를 지키지 않을 경우 법적 책임을 묻기 위해 기후소송(Climate Litigation)을 제기하고 있다. 기후소송은 정부와 기업의 책임을 강화하고, 보다 강력한 기후 정책을 촉진하는 수단으로 자리 잡고 있으며, 기후정의를 실현하는 핵심적인 시민사회 활동으로 평가받는다.

1.1 정부와 기업의 기후위기 대응 미흡에 대한 법적 책임 요구
정부가 온실가스 감축 목표를 설정하지 않거나, 기존 목표를 이행하지 않을 경우, 또는 기업이 탄소배출을 과도하게 하거나, ESG 경영을 위반할 경우 시민사회 단체들은 환경보호를 위해 법적 조치를 취한다.

1.2 기후정의 실현을 위한 사회적 책임 강화
기후위기의 피해는 취약계층과 미래세대에 집중되지만, 온실가스를 가장 많이 배출한 정부와 기업들은 이에 대한 책임을 회피하는 경우가 많다. 시민사회는 기후소송을 통해 공정한 책임 분배(Climate Justice)를 요구하고, 기후정의 실현을 촉진한다.

1.3 기후위기 대응을 위한 법적 선례 마련
기후소송은 단순한 항의 수단이 아니라, 기후위기 대응을 위한 법적 기준을 확립하는 역할을 한다. 법원이 정부와 기업에 대한 기후 책임을 인정하는 판결을 내리면, 이후 기후정책과 기업의 ESG 전략에도 직접적인 영향을 미친다.

1.4 정부 및 기업의 정책 변화를 이끌어내기 위한 전략적 접근
기후소송은 정부와 기업이 강제적으로라도 더 강력한 기후정책을 채택하고, 탄소배출 감축 계획을 마련하도록 압력을 가하는 수단이 된다. 성공적인 기후소송 사례가 늘어나면서, 기업과 정부는 기후소송을 피하기 위해 보다 적극적인 탄소중립 정책을 도입하게 된다.

2. 외국의 주요 기후소송 사례

2.1 우르헨다 재단 대 네덜란드(Urgenda Foundation v. The State of the Netherlands)

(1) 소송 배경 : 2013년 소송 제기, 2019년 최종 판결, 원고: 우르헨다 재단(환경NGO)과 886명의 네덜란드 시민, 피고: 네덜란드 정부

(2) 주장 내용: 네덜란드 정부의 온실가스 감축 목표(2020년까지 1990년 대비 17% 감축)가 기후변화의 위험으로부터 시민을 보호하기에 불충분하며, 최소 25%의 감축이 필요하다고 주장

(3) 소송 결과 : 헤이그 지방법원은 2015년 네덜란드 정부에 2020년까지 온실가스 배출량을 1990년 대비 최소 25% 감축할 의무가 있다고 판결

(4) 소송의 의의: 기후변화 대응에 관한 정부의 구체적 법적 의무를 인정한 세계 최초의 사례, 사법부가 기후변화 문제에 적극적으로 개입할 수 있는 선례 마련

2.2 노이바우어 대 독일 연방정부(Neubauer, et al. v. Germany)

(1) 소송 배경: 2020년 소송 제기, 2021년 4월 판결, 원고: 루이자 노이바우어 등 9명의 청년 기후활동가들과 환경단체들, 피고: 독일 연방정부

(2) 주장 내용: 2019년 제정된 독일의 연방기후보호법이 2030년 이후의 감축 경로를 구체적으로 규정하지 않아 미래 세대의 기본권을 침해한다고 주장

(3) 소송 결과: 독일 연방헌법재판소는 2021년 4월 29일, 기후보호법이 일부 위헌이라고 판결, 2030년 이후 감축 경로가 불명확하여 미래 세대의 자유권을 침해한다고 판단

(4) 소송의 의의: 미래 세대의 자유와 권리가 현세대의 결정에 의해 침해될 수 있음을 헌법적으로 인정, 지구온난화 1.5℃ 제한을 위한 '탄소예산'의 개념을 법적 판단에 활용, 헌법적 차원에서 기후변화 대응의 세대 간 형평성 문제를 다룬 중요한 선례

2.3 셸 기후소송(Milieudefensie v. Royal Dutch Shell)

(1) 소송 배경: 2019년 소송 제기, 2021년 5월 판결, 원고: 네덜란드 Milieudefensie(지구의 친구) 및 6개 NGO, 17,000명 이상의 시민, 피고: 로열더치셸(현 Shell plc)

(2) 주장 내용: 셸의 사업 활동과 탄소배출이 파리협정 목표 달성을 위협하며, 기업도 파리협정에 부합하는 배출 감축 의무가 있다고 주장

(3) 소송 결과: 헤이그 지방법원은 2021년 5월 26일, 셸에게 2030년까지 전체 탄소배출량(Scope 1, 2, 3 포함)을 2019년 대비 45% 감축할 의무가 있다고 판결

(4) 소송의 의의: 정부가 아닌 민간기업에 구체적인 감축 의무를 부과한 최초의 판결, 기업의 직접 배출뿐 아니라 공급망 전체의 배출(Scope 3)에 대한 책임 인정, 기업의 기후변화 대응 의무를 인권 보호 의무와 연결

2.4 줄리아나 대 미국 정부 (Juliana v. United States)

(1) 소송 배경: 2015년 소송 제기, 현재까지 진행 중, 원고: 당시 8-19세였던 21명의 청소년과 지원 단체 Our Children's Trust, 피고: 미국 연방정부

(2) 주장 내용: 미국 정부가 화석연료 사용을 지속적으로 장려함으로써 청소년들의 헌법적 권리(생명권, 자유권, 재산권)와 공공신탁 원칙을 위반했다고 주장

(3) 소송 경과: 2016년, 오리건 지방법원은 소송 기각 요청을 거부하고 소송 진행 허용, 2021년, 원고 측은 수정된 소장을 제출하며 소송 계속 진행 중

(4) 소송의 의의: 정부가 자연자원을 현재와 미래 세대를 위해 신탁 관리해야 한다는 법리 적용, 기후변화 소송에서 청소년들의 당사자 적격을 인정한 중요한 사례, 전 세계적으로 청소년 주도의 기후소송과 활동주의 확산에 영향

2.5 인권위원회 대 탄소주요국 기업들(Commission on Human Rights of the Philippines case)

(1) 진정 배경: 2015년 진정 제기, 2019년 조사결과 발표, 진정인: 그린피스 동남아시아와 필리핀의 재난 피해자 대표, 지역사회 단체 등, 피진정인: ExxonMobil, Shell, BP 등 47개 탄소배출 주요기업

(2) 주장 내용: 기후변화로 인한 태풍, 해수면 상승 등이 필리핀 시민의 인권을 침해하며, 탄소배출 기업들에 법적 책임이 있다고 주장

(3) 진정 결과: 2019년 12월, 필리핀 인권위원회는 47개 기업들이 기후변화에 기여했고 인권 침해에 대해 법적 책임을 질 수 있다고 결론, 기업들의 도덕적, 법적 책임이 있다고 판단했으나 구체적인 제재 조치는 부과하지 않음
　(4) 진정의 의의: 기후변화를 인권 침해의 관점에서 다룬 대표적 사례, 국가가 아닌 기업의 기후변화 책임을 강조한 국제적 선례, 기후변화 취약국의 입장에서 책임 논의를 이끈 중요한 사례

3. 한국의 주요 소송사례

3.1 청소년기후소송 (2020년 3월)
　(1) 원고: 청소년기후행동 소속 청소년 19명
　(2) 내용: 정부의 온실가스 감축 목표가 기후위기를 방치하여 국민의 생존권, 평등권, 인간다운 삶을 누릴 권리 등을 침해한다고 주장하며 헌법소원을 제기
　(3) 결과: 2024년 8월 29일, 헌법재판소는 탄소중립기본법 제8조 제1항이 2031년부터 2049년까지의 감축 목표에 대한 정량적 기준을 제시하지 않은 것은 미래 세대의 기본권을 침해한다고 판단하여 헌법불합치 결정을 내렸다.

3.2 시민기후소송 (2021년 9월)
　(1) 원고: 기후위기비상행동, 녹색당, 진보당 등 시민단체와 시민들
　(2) 내용: 정부의 탄소중립기본법이 실질적인 기후 대응을 할 수 없는 법률이며 국민의 기본권 보호를 방기한 위헌적 법률이라고 주장하며 헌법소원을 제기
　(3) 결과: 청소년기후소송과 병합되어 헌법재판소에서 심리되었으며, 2024년 8월 29일에 헌법불합치 결정이 내려졌다.

3.3 아기기후소송 (2022년 6월)
　(1) 원고: 5세 이하 영유아 등 62명
　(2) 내용: 탄소중립기본법 시행령 제3조 제1항이 아기의 생명권, 건강권, 행복추구권 등을 침해한다고 주장하며 헌법소원을 제기

(3) 결과: 청소년기후소송과 병합되어 헌법재판소에서 심리되었으며, 2024년 8월 29일에 헌법불합치 결정이 내려졌다.

3.4 탄소중립기본계획 헌법소원 (2023년 7월)
　(1) 원고: 탈핵법률가모임 '해바라기'와 시민단체 '정치하는 엄마들' 등
　(2) 내용: 정부의 제1차 국가 탄소중립기본계획이 2031년부터 2042년까지의 계획이 없고, 재원 조달 방식이 미흡하여 국민의 기본권을 침해한다고 주장하며 헌법소원을 제기
　(3) 결과: 청소년기후소송과 병합되어 헌법재판소에서 심리되었으며, 2024년 8월 29일에 헌법불합치 결정이 내려졌다.

　이러한 사례들은 한국에서 기후위기 대응에 대한 법적 책임을 묻는 중요한 사례들로, 정부의 정책 결정에 영향을 미치고 있다. 특히 헌법재판소의 헌법불합치 결정은 기후위기가 국민의 기본권과 직결된 문제임을 인정한 아시아 최초의 판례로 평가받고 있다.

제6절　시민사회 참여의 한계와 비판적 성찰

　시민사회는 탄소중립 실현에 있어 중요한 역할을 맡고 있으며, 정책 감시, 공공 의제 형성, 지역 실천 등의 다양한 활동을 수행해 왔다. 그러나 시민사회를 과도하게 이상화하거나 마치 본질적으로 문제가 없는 '순수한 영역'처럼 간주하게 되면, 그 내부에 존재하는 현실적 제약, 자원과 권력의 비대칭, 대표성의 한계 등 구조적인 문제들이 쉽게 간과될 수 있다. 따라서 시민사회의 역할에 대해서도 비판적 시각과 성찰이 필요하다. 이를 통해서 탄소중립이라는 거대한 전환의 과정에서 시민사회가 실질적이고 책임 있는 주체로 자리매김할 수 있다.

1. 대표성과 포용성의 제약

시민사회는 전체 시민을 대변하는 민주적 구조로 여겨지지만, 실제로는 사회적 편향을 내포한다. 시민단체, 환경 NGO, 풀뿌리 조직 등은 그 자체로 이념, 계층, 지역에 따라 불균형하게 형성되며, 사회경제적 취약계층, 청소년, 이주민, 저소득 노동자 등 다양한 집단의 목소리를 충분히 반영하지 못하는 경우가 많다. 글로벌 차원에서는 북반구 NGO 중심의 담론이 남반구의 경험과 맥락을 대체하거나 소외시키는 '기후 식민주의' 비판도 제기된다. 이는 '누구를 위한 시민사회인가?'라는 물음을 낳는다.

2. 참여의 지속성과 실효성 문제

기후위기 대응은 장기적이고 구조적인 노력을 요구하지만, 시민사회의 활동은 자금, 인력, 조직 기반의 불안정성으로 인해 지속성 확보에 어려움을 겪는다. 프로젝트 기반의 재정 구조는 일회성 캠페인이나 행사의 반복을 야기하며, 제도나 법의 변화를 이끌어내기 위한 전략적 접근보다는 인식 제고에 머무르는 경향이 있다. 더욱이 정책 결정 과정에서 시민 의견이 실질적으로 반영되지 않는다면, 참여는 형식적 수단에 불과해질 수 있다. 이 때 시민들은 '참여 피로(Participation Fatigue)'를 느끼고 다시 수동적 수용자 또는 관망자로 전환된다.

3. 참여의 계층화와 민주적 정당성의 딜레마

기후정책의 시민 참여는 중산층, 고학력자, 도시 거주자 중심으로 경직될 위험이 있으며, 이로 인해 형식상 '열려 있는' 참여 공간도 실질적으로는 접근의 불균형이 발생한다. 공청회, 디지털 플랫폼, 정책 자문 회의 등에서 여성, 청년, 농어촌 거주자, 비주류 계층의 의견은 주변화되기 쉽다. 이런 현실은 기후 거버넌스가 진정으로 '민주적 정당성'을 확보하기 위해 보다 설계적이고 보정적인 노력이 필요하다는 점을 시사한다.

4. 시민사회의 정치화와 탈정치화: 이중적 경계

기후위기는 본질적으로 정치적 사안이다. 자원의 배분, 사회 구조의 개편, 책임의 분배 등은 모두 정치적 판단과 선택을 요구한다. 그러나 시민사회 내 일부 조직은 '정치적 중립'을 강조하며 정치적 개입을 회피하거나, 반대로 특정 정당이나 이념에 편향되어 정파적 대리인의 역할에 머무는 경향도 존재한다. 이는 시민사회가 '정치화'와 '탈정치화' 사이에서 경계를 오가며 기후참여의 정치적 정당성을 위협할 수 있음을 의미한다.

기후운동은 사회 구조의 변화를 요구하는 만큼 정치적이며, 따라서 시민사회는 정치참여의 실질성과 정당성 모두를 고민해야 한다. 문제는 정치성의 회피나 편향이 아니라, 시민참여가 공공의 결정을 형성하는 실질적 정치 공간으로 기능하는가이다. 정치화의 부정은 탈정치화로, 정당성을 결여한 정파화는 협치의 실패로 이어질 수 있다.

5. 제도적 포섭과 상징화의 위험

시민사회의 목소리가 정책 결정 구조에 포함되었다고 해서, 그것이 곧 실질적 권한으로 이어지는 것은 아니다. 정부와 기업은 종종 시민단체와의 협력을 ESG 실적 관리나 홍보 이미지로 활용하기도 하며, 이 경우 시민사회의 참여는 '상징화(Symbolic Incorporation)'에 머물게 된다. 제도 속에 포섭된 참여가 진정한 공동 설계로 기능하려면, 실질적인 의사결정 권한과 책임 구조가 병행되어야 한다.

따라서 시민사회의 역할을 제대로 실현하기 위해서는, 단순한 '참여의 확대'보다 더 중요한 것이 있다. 그것은 바로 시민의 역량 강화, 정책 설계 과정에서의 실질적 권한 확보, 그리고 대표성 있는 시민사회 구성이다. 이를 위해서는 제도적 장치뿐 아니라, 기후 시민교육의 확대, 지역 공동체 역량 강화, 참여 모델의 다양화 등 보다 복합적인 접근이 요구된다.

📖 Discussion Topic

1. 탄소중립 실현을 위해 시민사회가 정부보다 더 중요한 역할을 해야 하는가?
   - **찬성** 정부의 정책만으로는 탄소중립 목표를 달성하기 어렵다. 시민사회가 직접 행동하고 기업과 정부를 감시 해야 실질적인 변화가 가능하다.
   - **반대** 탄소중립은 대규모 인프라 변화와 정책 지원이 필요한 문제이며, 시민사회의 노력만으로는 한계가 있다. 정부의 강력한 규제가 필수적이다.

2. 탄소중립 달성을 위해 시민사회의 참여는 필수적인가?
   - **찬성** 탄소중립은 정부나 기업만의 노력으로는 달성하기 어렵고, 일상 속 행동 변화, 지역 공동체 활동, 소비자 선택 등 시민사회의 적극적인 참여가 핵심이다. 또한 시민사회는 정책 감시자이자 실천 주체로서 기후행동을 촉진하는 중요한 역할을 수행한다.
   - **반대** 탄소중립은 주로 산업 구조 전환과 국가 정책에 의해 좌우되며, 시민 개개인의 참여는 영향력이 제한적이다. 시민사회에 과도한 책임을 부과하는 것은 정부와 기업의 구조적 책임을 약화시킬 수 있다.

3. 기후위기 대응을 위해 시민들이 법적 소송을 통해 정부와 기업을 압박하는 것은 정당한가?
   - **찬성** 정부와 기업이 기후위기 대응에 소극적일 경우, 시민들은 법적 소송을 통해 기후정의를 실현하고 강력한 책임을 묻는 것이 정당하다.
   - **반대** 정부와 기업의 기후 정책은 다양한 경제적, 사회적 요소를 고려해야 하며, 시민들의 법적 소송이 과도해지면 기업 활동과 경제 안정성을 해칠 수 있다.

4. 탄소중립 정책은 사회적 약자에게 불공정한 부담을 주는가?
   - **찬성** 저소득층은 친환경 기술을 도입하기 어렵고, 탄소세 도입이나 에너지 가격 상승으로 더 큰 경제적 부담을 지게 된다.
   - **반대** 탄소중립 정책은 장기적으로 모든 시민에게 이익이 되며, 공정한 전환 정책을 통해 사회적 약자도 보호할 수 있다.

5. 기후변화 대응을 위한 소비자 운동(불매운동, 친환경 소비 등)은 기업의 실질적인 변화를 이끌어 낼 수 있는가?
   - **찬성** 소비자들이 환경 친화적인 제품을 구매하고, 탄소배출이 높은 기업을 불매하면 기업은 친환경 정책을 강화할 수밖에 없다.
   - **반대** 기업은 시장 논리에 따라 운영되며, 소비자 운동만으로는 장기적인 기업 전략을 바꾸기 어렵다. 정부 규제가 더 효과적이다.

CARBON NEUTRALITY

II

탄소중립 실현을 위한 실무 전략

제6장 탄소중립과 탄소시장 ······ 239

제7장 탄소중립과 무역규제 ······ 309

제8장 탄소중립과 기업의 ESG공시 ······ 353

제9장 탄소중립과 에너지 전환 ······ 407

제10장 탄소중립과 순환경제 ······ 443

제11장 탄소중립과 디지털 전환 ······ 495

Carbon Neutrality

제6장
탄소중립과 탄소시장

제1절 탄소시장의 이해 ··· 240
제2절 주요국의 배출권거래시장 ································ 252
제3절 한국의 배출권거래시장 ···································· 264
제4절 외부감축 시장 ··· 274
제5절 자발적 탄소시장 ·· 281
제6절 국제 탄소시장 ··· 296

Carbon Neutrality
&
Carbon Market

제6장 탄소중립과 탄소시장

제1절 탄소시장의 이해

1. 탄소시장의 탄생과 형성배경

1.1 탄소시장의 개념과 이론적 기반

탄소시장은 온실가스 배출에 경제적 가치를 부여하고, 이를 거래 가능한 형태로 전환함으로써 온실가스 감축을 유도하는 제도적 장치이다. 이 메커니즘은 환경경제학의 핵심 개념인 외부불경제의 내부화에서 출발하며, 특히 피구세(Pigouvian Tax)와 파레토 효율(Pareto Efficiency)의 이론적 토대 위에 구축된다. 즉, 온실가스 배출이라는 외부효과에 경제적 비용을 부과함으로써, 자원 배분의 효율성을 제고하고 사회 전체의 감축 비용을 최소화하는 것이 그 핵심 목적이다.

탄소시장의 작동 원리는 거래 가능한 권리의 설정에 기반을 둔다. 여기에는 두 가지 형태의 권리가 존재한다.

첫째, 탄소배출권(Carbon Allowance)은 정부가 설정한 총량(Cap) 내에서 일정량의 온실가스를 배출할 수 있는 법적 권리로, 규제 대상 기업에게 할당된다.

둘째, 탄소크레딧(Carbon Credit)은 산림조성, 재생에너지 보급, 메탄 회수 등 감축 프로젝트를 통해 실제로 줄인 온실가스 감축량을 인증받아 형성된 권리이다.

예를 들어 산림 보존 프로젝트로 CO_2 10,000톤을 감축하면, 10,000톤의 탄소크레딧을 발급받는다. 생성된 크레딧은 판매, 상쇄목적으로 사용(Retirement), 또는 자산으로 보유되기도 한다(Credits can be sold, retired (used to claim emission reduction), or held as assets).

탄소시장은 참여 방식과 규제 수준에 따라 다음과 같이 구분된다.

규제 탄소시장(Compliance Market)은 정부 또는 국제기구가 온실가스 감축 목표를 설정하고, 이에 따라 참여 기업에 배출 한도를 부여하는 의무 기반의 시장이다. 대표적으로 EU 탄소배출권거래제(EU ETS), 한국 ETS(K-ETS), 중국 ETS 등이 있다.

자발적 탄소시장(Voluntary Market)은 기업, 기관, 개인 등이 법적 의무와는 별개로 ESG 경영, 사회적 책임, 탄소중립 목표 실현 등을 위해 자발적으로 참여하는 시장이다. 주요 인증 기관으로는 Verra, Gold Standard, American Carbon Registry 등이 있다.

오늘날 탄소시장은 파리협정의 이행 수단이자, 글로벌 탄소중립 달성을 위한 핵심 정책 수단으로 기능하며, 나아가 지속가능한 저탄소 경제 체제 전환의 중심축으로 자리매김하고 있다.

1.2 탄소시장의 역사와 제도적 진화

(1) 초기 이론과 실험: 오염권 거래에서 기후정책으로

탄소시장 개념의 이론적 기초는 1960년대 후반 캐나다 경제학자 존 H. 달스(J.H. Dales)에 의해 제안된 오염권 거래(Emissions Trading) 이론에서 비롯되었다. 그는 1968년 저서 'Pollution, Property & Prices'에서 환경 문제를 시장 메커니즘을 통해 해결할 수 있다는 개념을 제시하였다. 달스는 "오염이라는 외부효과도 재산권화하고 거래할 수 있다면, 시장을 통해 효율적으로 규제할 수 있다"는 발상을 바탕으로, 정부가 오염 배출 총량을 설정하고 이를 개별 오염 주체에 나누어 할당한 뒤, 그 권리를 자유롭게 거래할 수 있도록 함으로써 환경 보호와 경제 효율성의 조화를 달성할 수 있는 체계를 설계하였다.

이러한 이론은 1970년대 미국 환경청(EPA) 주도의 대기오염 규제 실험(예: 산성비 유

발물질인 SO_2 배출권 거래 프로그램) 등을 통해 현실화되었으며, 이후 점차 온실가스 감축을 위한 기후정책 수단으로 발전하게 되었다. 오늘날의 탄소배출권거래제(ETS)는 이러한 초기 오염권 거래 이론을 기후변화 대응 수단으로 확장한 결과물이라 할 수 있다.

(2) 국제 제도로의 정착: 교토의정서와 유연성 메커니즘

탄소시장이 국제적 제도로 정착하게 된 계기는 1997년 채택된 교토의정서(Kyoto Protocol)였다. 이 협정은 선진국에 법적 구속력을 갖는 온실가스 감축 의무를 부과함과 동시에, 감축 목표의 효율적이고 융통성 있는 이행을 위해 세 가지 유연성 메커니즘(Flexible Mechanisms)을 도입하였다.

첫째, 국제배출권거래제(International Emissions Trading, IET)는 감축 목표를 부여받은 국가 간에 초과 감축분을 상호 거래할 수 있도록 허용한 제도로, 국가 수준에서 배출권을 상품화한 최초의 국제 거래 시스템이다.

둘째, 공동이행제도(Joint Implementation, JI)는 선진국 간 온실가스 감축 프로젝트를 공동으로 수행하고, 이를 통해 발생한 감축 실적을 프로젝트 투자국의 감축 실적으로 인정하는 방식이다. 이는 동일한 의무를 가진 국가 간의 비용 효율적 감축 경로를 지원하는 수단이었다.

셋째, 청정개발체제(Clean Development Mechanism, CDM)는 선진국이 개발도상국 내에서 감축 프로젝트를 수행하고, 그 실적을 자국의 감축 목표 이행에 활용할 수 있도록 허용한 제도이다. 이는 기후변화 대응과 개발협력의 접점을 형성한 메커니즘으로, 탄소시장 역사에서 중요한 이정표가 되었다.

이 중 CDM은 가장 활발히 운영된 제도로, 전 세계적으로 8,000건이 넘는 프로젝트를 통해 약 20억 톤의 온실가스를 감축하며, 최초의 글로벌 탄소상쇄 제도(Global Carbon Offset Mechanism)로서 자리매김하였다. CDM은 이후 자발적 탄소시장과 다양한 상쇄 제도의 기초가 되었으며, 탄소 감축과 지속가능한 개발 목표(SDGs)를 연결하는 주요 정책 도구로 평가받는다.

(3) 시장의 확대: 유럽과 북미의 제도 운영

2005년, 유럽연합 배출권거래제(EU Emissions Trading System, EU ETS)의 출범은 세계 최초의 다국적 탄소시장의 탄생을 의미하며, 국제 탄소시장 제도의 실질적 시작

점으로 평가된다. EU ETS는 유럽 내 국가들을 단일 시장으로 통합해, 온실가스 감축을 시장 기반 메커니즘을 통해 공동으로 이행하는 틀을 마련하였다. 초기에는 배출권의 과잉 할당, 낮은 가격, 거래 불확실성 등 제도적 미비점이 지적되었으나, 이후 단계적 개혁을 통해 배출권 경매제 도입, 시장안정화조치(MSR, Market Stability Reserve), 감축 목표 강화 등 제도적 정비가 이루어졌다. 현재 EU ETS는 유럽의 기후중립 전략(European Green Deal) 및 탄소국경조정제도(CBAM)와 연계되며, 유럽 기후정책의 핵심 수단으로 기능하고 있다.

한편, 미국에서는 연방 차원의 통합 탄소시장 도입이 지연되고 있음에도 불구하고, 주 정부 단위의 자발적 참여를 통해 지역 기반의 탄소시장이 형성되어 왔다. 대표적으로, 2009년 출범한 RGGI(Regional Greenhouse Gas Initiative)는 미국 동북부 및 중부 대서양 연안의 11개 주가 참여하는 최초의 다주 간 배출권거래제이며, 전력 부문을 대상으로 한 경매 기반 거래 시스템을 통해 온실가스 감축과 공공 수익 창출을 동시에 추구해 왔다. 또한, 2013년 시행된 캘리포니아주의 Cap-and-Trade 프로그램은 북미에서 가장 포괄적인 배출권 거래제 중 하나로, 산업·전력·운송부문을 포괄하며 점진적 감축 목표를 제도적으로 내재화하고 있다. 이 제도는 캐나다 퀘벡 및 온타리오 주와의 연계를 통해 국경을 초월한 탄소시장 통합 모델로 발전하였으며 국제 협력을 통한 시장 확대 가능성을 보여주는 선도적 사례로 평가받고 있다.

(4) 자발적 시장의 성장과 제도 통합

2000년대에 접어들며 자발적 탄소시장(Voluntary Carbon Market, VCM)은 규제 기반 탄소시장과 병행하여 독자적이면서도 빠른 속도로 성장하기 시작하였다. 이는 법적 의무와는 별개로, 기업·기관·개인이 자발적으로 온실가스 감축 활동에 참여하고, 감축 실적을 인증받아 탄소상쇄 크레딧으로 거래할 수 있는 시장 구조를 기반으로 한다.

2003년 설립된 Gold Standard와 2005년 출범한 Verified Carbon Standard(VCS, 현 Verra)는 자발적 감축 활동에 대한 신뢰성과 투명성 확보를 위한 인증체계를 구축함으로써 VCM의 제도화를 견인하였다. 이들 인증기관은 감축 프로젝트의 추가성(Additionality), 영속성(Permanence), 이중계산 방지(No Double Counting) 등을 검증 기준으로 정립하여, 자발적 상쇄권의 품질 신뢰도 제고에 중대한 역할을 수행해왔다. 특히 2015년 파리협정 채택 이후, 탄소감축이 모든 국가의 공동 책임으로 전환되면서,

기업의 ESG 경영 강화와 넷제로(Net-zero) 선언의 확산이 자발적 탄소시장 성장의 주요 촉매로 작용하였다. 다국적 기업들은 자발적으로 상쇄권을 구매하거나 자체 프로젝트를 추진함으로써 잔여 배출량에 대한 책임을 이행하고 있으며, 이는 VCM이 기후 거버넌스의 보완적 메커니즘으로 작동하도록 만들고 있다. 최근에는 VCM과 규제 시장 간의 제도적 연계 및 통합에 대한 논의도 활발히 전개되고 있다. 다음에 설명할 파리협정 제6조(Article 6) 하에서 상쇄 감축 실적의 국제 이전(ITMOs, Internationally Transferred Mitigation Outcomes) 및 이중계산 방지 원칙이 강조되면서, 자발적 감축 실적의 공식 감축 목표와의 정합성을 확보하기 위한 기준이 마련되고 있다. 이러한 흐름은 자발적 시장의 제도화와 글로벌 탄소거버넌스 체계 내 편입이라는 구조적 전환을 예고한다.

(5) 파리협정 제6조를 통한 국제 협력과 규범화

파리협정(Paris Agreement)의 제6조(Article 6)는 탄소시장 메커니즘을 보다 정교하게 체계화하고, 국제적 협력의 틀 안에서 감축 실적의 활용을 제도화한 조항으로 평가된다. 이는 교토의정서 하의 유연성 메커니즘을 계승하면서도, 보다 포괄적이고 균형 잡힌 글로벌 감축 메커니즘으로 발전시킨 것이 특징이다.

제6조는 크게 세 가지 하위 조항으로 구성되어 있으며, 각각 국가 간 거래, 중앙운영 감축 메커니즘, 비시장 접근 방식이라는 상이한 접근을 포함하고 있다.

제6.2조는 국가 간 온실가스 감축 실적을 국제적으로 이전된 감축분(ITMOs, Internationally Transferred Mitigation Outcomes)으로 인정하고, 이를 자국의 국가결정기여(NDC)에 활용할 수 있도록 하는 양자 간 감축 실적 거래 체계를 규정한다. 이는 국가 간 감축 비용의 효율적 분담을 가능하게 하는 핵심 메커니즘이다.

제6.4조는 기존 청정개발체제(CDM)를 대체하는 새로운 국제 메커니즘으로서, 유엔 기후변화협약(UNFCCC) 산하 기구가 중심이 되어 지속가능발전 메커니즘(Sustainable Development Mechanism, SDM)을 운영한다. 이 메커니즘은 비정부 주체와 민간이 감축 프로젝트를 수행하고, 그 성과를 국제적으로 인증·이전할 수 있도록 설계되었다. 환경 무결성, 투명성, 회계기준 정합성이 강화된 것이 특징이다.

제6.8조는 시장 기반이 아닌 방식, 즉 비시장 접근방식(Non-market Approaches)을 통해 기술 협력, 역량 강화, 재정 지원 등을 조율하여, 개도국의 기후변화 대응을 지원하는 협력 수단을 제공한다. 이는 형평성과 포용성의 원칙을 제도적으로 보완하는 역할을 한다.

이러한 세부 조항들은 2021년 COP26 글래스고 회의에서 구체적인 이행 규칙과 운영 기준이 확정되면서 본격적으로 제도화되었다. 이를 통해 파리협정 체제 하에서의 공식 국제 탄소시장 운영 기반이 마련되었으며, 향후 탄소시장 통합, 국가 간 협력 확대, 국제 상쇄의 규범화 등 글로벌 기후거버넌스의 새로운 질서를 형성하는 기반이 되고 있다.

(6) 최근 동향: 규범화와 기술 기반 진화

탄소시장은 최근 들어 규범적 정교화와 기술 기반 혁신을 동시에 수용하며 새로운 전환기를 맞이하고 있다. 특히, 2023년부터 단계적으로 시행된 유럽연합의 탄소국경조정제도(CBAM)는 탄소시장과 국제무역을 연계한 신규 규범 체계의 도입이라는 점에서 중요한 전환점을 이룬다. CBAM은 탄소누출(Carbon Leakage)을 방지하고, 유럽 내 탄소배출 규제를 역외 생산자에게도 적용함으로써 무역의 공정성 확보와 글로벌 감축 유인을 동시에 추구하는 제도이다. 이는 탄소가격제의 국제 확산과 국경 간 배출권 제도의 연계 가능성에 대한 논의를 가속화시키고 있다.

한편, 기술 발전을 중심으로 한 탄소시장의 진화도 빠르게 진행 중이다. 최근 자발적 탄소시장에서는 기존의 배출 회피(Avoidance) 기반 상쇄, 즉, 실질적 제거가 아닌 잠재적으로 발생할 수 있었던 배출을 방지한 것에서 더 나아가, 탄소 제거(CDR, Carbon Dioxide Removal) 기반의 상쇄 크레딧이 새로운 표준으로 부상하고 있다. 생물학적 흡수(예: 산림 복원, 토양 탄소 격리)뿐만 아니라, 직접공기포집(DAC)이나 광물화 기술과 같은 공학적 제거 방식이 상쇄 수단으로 제도화되고 있다.

이와 함께, 디지털 기반 MRV(측정·보고·검증, Measurement, Reporting and Verification) 시스템, 블록체인 기술을 활용한 배출권 거래 기록의 투명화, 위성 및 AI 기반의 실시간 감축 모니터링 등은 탄소시장의 신뢰성, 투명성, 자동화 수준을 획기적으로 제고하고 있다. 이러한 기술적 진보는 특히 자발적 시장(VCM)에서 거래 품질에 대한 기준 강화 및 검증 비용의 절감을 가능하게 하며, 향후 공식 규제 시장과의 제도적 연계 가능성을 높이고 있다.

결과적으로, 탄소시장은 규범적 통제의 강화와 기술 기반의 유연성 확대라는 두 흐름이 병존하는 진화 양상을 보이고 있으며, 이는 글로벌 기후거버넌스 체계 내에서의 시장 메커니즘의 역할을 보다 전략적이고 포괄적으로 재정의하고 있다.

1.3 탄소시장의 중요성

탄소시장은 기후변화 대응을 위한 핵심 정책 도구로 다음과 같은 중요성과 목적을 가지고 있다.

탄소배출 감축: 탄소배출에 대한 비용을 부과함으로써 기업이 청정기술을 도입하거나 에너지 효율을 높이는 등 배출량을 줄이도록 유도한다.

경제적 효율성: 배출권 거래를 통해 배출량 감축 비용이 낮은 기업은 추가 감축을 수행하고, 비용이 높은 기업은 배출권을 구매함으로써 사회적 비용을 최소화한다.

기후변화 대응: 전 세계적으로 탄소중립 목표를 달성하기 위한 실질적인 수단으로 작용하며, 지구 평균기온 상승을 1.5°C 이내로 제한하는 데 기여한다.

기업의 사회적 책임 강화: 탄소시장은 기업이 환경적 책임을 다하고 지속 가능한 경영을 추구하도록 장려하며, 특히 자발적 탄소시장은 기업의 ESG(환경, 사회, 지배구조) 경영을 지원한다.

국제 협력 촉진: 국가 간 탄소배출 감축 노력을 연계하고, 개발도상국에 재정적·기술적 지원을 제공하는 플랫폼 역할을 한다.

2. 탄소배출권 개념과 거래 구조

2.1 탄소배출권이란 무엇인가?

탄소배출권은 일정량의 온실가스를 배출할 수 있는 권리를 의미하며, 온실가스 감축을 위한 경제적 수단으로 활용된다. 정부 또는 국제기구는 국가별 또는 부문별로 탄소배출 허용 총량(Cap)을 설정하고, 이 범위 내에서 기업이나 국가에 배출권을 할당한다. 이를 통해 배출량을 통제하고 감축을 유도한다.

예를 들어, 한 기업이 연간 100,000톤의 탄소배출권을 부여받았다면, 이 범위를 초과할 경우 초과분에 대한 비용을 지불하거나 타 기업으로부터 배출권을 구매해야 한다.

2.2 탄소배출권 거래의 원리: Cap-and-Trade 시스템

탄소배출권 거래제는 총량거래제(Cap-and-Trade) 시스템에 기반한다. 이는 다음과 같은 절차로 구성된다.

캡(Cap) 설정: 정부가 국가 또는 산업군 차원에서 허용 가능한 총 배출량을 설정한다.

배출권 할당: 해당 총량을 기업에 배분한다. 할당 방식은 무상, 경매 혹은 혼합 방식 등 다양하다.

배출권 거래: 기업은 할당받은 배출권을 거래소나 장외시장에서 자유롭게 사고팔 수 있다.

감축 유도: 감축 비용이 배출권 가격보다 낮은 기업은 배출을 줄이고, 여유 배출권을 판매함으로써 인센티브를 얻는다. 반면 초과 배출 기업은 배출권을 구매해야 하므로 감축 압력을 받는다.

2.3 탄소배출권의 종류: 할당량, 크레딧, 오프셋, 국제탄소시장 배출권

탄소배출권은 용도, 발급 방식, 시장 유형에 따라 아래와 같이 구분된다.

(1) 배출 허용량 (Allowance)
정의: 정부 또는 규제기관이 기업에게 할당하는 법적 효력이 있는 온실가스 배출 허용량
적용 시장: 규제 시장 (Compliance Market)
예시: EUA (EU Allowance), KAU (Korean Allowance Unit)
특징: 법적 의무 이행 수단으로만 사용 가능
할당 방식: Grandfathering, Benchmarking, Auctioning

(2) 탄소 크레딧 (Carbon Credit)
정의: 감축 프로젝트(예: 재생에너지, 메탄 회수 등)를 통해 실제 감축된 온실가스를 검증하여 발급되는 인증 감축량
적용 시장: 자발적 시장 (Voluntary Carbon Market)
예시: VCU (Verified Carbon Unit, Verra 발행), GS (Gold Standard 발행 크레딧)
용도: 기업의 ESG 경영, 탄소중립 목표 이행 수단.(※ NDC 이행과는 별개로 활용)

(3) 오프셋 (Offset Credit)
정의: 탄소 흡수 또는 감축 프로젝트를 통해 타 지역 또는 타 부문에서 발생한 감축량을 자신의 배출과 상쇄하기 위해 사용하는 크레딧
적용 시장: 규제 시장과 자발적 시장에서 모두 사용 가능하나, 사용 규제가 점차 강화되고 있음

예시: CER (Certified Emission Reduction, UN CDM 기반), VER (Verified Emission Reduction. 자발적 시장 기반), CORSIA 크레딧(국제항공산업 전용 상쇄제도)[34]

특징: 일부 규제 시장에서는 사용량에 제한 존재 (예: EU ETS는 CER 사용 제한)

(4) 파리협정 기반 국제배출권 (Paris Agreement Credits)

정의: 파리협정 제6조에 따라 국가 간 혹은 프로젝트 기반으로 인정되는 감축 실적

구성: Article 6.2 – ITMOs(국가 간 양자 거래 방식), Article 6.4 – A6.4ER(유엔 산하 인증 메커니즘을 통해 프로젝트 감축 실적을 크레딧화)

용도: 국가의 NDC 감축 목표 달성에 활용, 기업도 프로젝트 수행자 또는 크레딧 구매자로 참여 가능

💡 Think Box

배출권, 탄소크레딧과 오프셋크레딧의 관계 이해하기

배출권(Allowance), 탄소크레딧(Carbon Credit), 오프셋 크레딧(Offset Credit)은 모두 온실가스 배출 감축과 관련된 경제적 수단이지만, 발행 주체, 제도적 기반, 사용 목적 및 법적 효력에 따라 뚜렷이 구분된다.

| 표20 | 배출권, 탄소크레딧, 오프셋크레딧 구분

구분	정의	기능	제도 기반
배출권 (Allowance)	정부 또는 규제기관이 기업에 할당한 법적 배출 허용량	규제 준수를 위한 법적 배출 한도	총량거래제 (Cap-and-Trade)
탄소크레딧 (Carbon Credit)	감축/흡수 프로젝트를 통해 실제로 줄인 온실가스에 대해 발행된 인증 감축량	자발적 감축 실적 인증 및 ESG, 탄소중립 홍보	자발적 감축 프로젝트 기준 (Verra, GS 등)
오프셋크레딧 (Offset Credit)	감축 실적이 다른 주체의 배출을 상쇄하는 데 사용될 경우, 탄소크레딧이 오프셋 크레딧이 됨	자신의 초과 배출을 상쇄	CDM, CORSIA, 일부 ETS (조건부)

탄소크레딧은 감축 실적 그 자체를 의미한다(예: 숲 조성, 바이오가스 발전 등). 탄소크레딧이 특정 기업이나 국가의 배출 초과분을 상쇄하는 용도로 사용될 경우, 이를 오프셋 크레딧(Offset Credit)이라 부른다. 따라서 오프셋 크레딧은 탄소크레딧의 사용 방식 중 하나이며, 상쇄라는 특정 목적에 쓰일 때 붙는 이름이다. 반면, 배출권은 감축 실적이 아니라, 정부가 '배출을 허용한 권리'이다.

---

[34] CORSIA(Carbon Offsetting and Reduction Scheme for International Aviation 국제항공 탄소상쇄/감축 제도)는 국제항공업계의 온실가스 배출량을 2019년 수준으로 동결하고, 초과량은 배출권을 구매해 상쇄하는 제도이다. CORSIA는 시범운영 단계(2021~2023년)와 제1단계(2024~2026년), 제2단계(2027~2035년)로 구분된다.

3. 탄소시장의 운영 메커니즘

탄소시장은 온실가스 배출 및 감축 목표를 효과적으로 관리하기 위하여 다양한 운영 메커니즘을 도입하고 있다. 이는 주로 배출권의 할당 방식, 거래 절차, 가격 결정 요인 등을 포함하며, 각 요소는 탄소시장의 효율성과 공정성을 유지하는 데 중요한 역할을 한다.

3.1 탄소배출권 할당 방식

탄소배출권을 기업에 어떻게 배분할지는 배출권거래제의 핵심 설계 요소 중 하나다. 일반적으로 배출권은 무상 할당 또는 유상 할당(경매)을 통해 배분된다.

(1) 무상할당(Free Allocation)

무상 할당은 초기 단계에서 산업 보호와 경제적 충격 완화를 위해 널리 사용된다. 무상 할당에도 다양한 방식이 있으며, 그중 대표적인 두 가지는 다음과 같다.

첫째, 과거 배출량 기반 할당 (Grandfathering)으로 과거 일정 기간 동안의 온실가스 배출량을 기준으로 각 기업에 배출권을 나누어주는 방식이다. 장점은 제도 초기에 기업이 감당해야 할 부담을 줄일 수 있어 수용성이 높고 또한 과거 실적을 기준으로 하므로 배분 방식이 직관적이고 이해하기 쉽다.

단점은 과거 배출량이 많았던 기업일수록 더 많은 배출권을 받게 되어, 오히려 고탄소 기업이 혜택을 볼 수 있다. 반면 신규 진입 기업은 과거 실적이 없어 불리한 위치에 놓인다. 감축 유인이 낮고, 형평성에 대한 비판이 제기될 수 있다.

(예시) A기업이 지난 5년간 평균 10만 톤의 CO_2를 배출했다면, 이 수치를 기준으로 비슷한 양의 배출권을 할당받게 된다.

둘째, 기준선-성과 방식 (Benchmarking)으로 동일 업종 내의 평균적인 배출 효율성(예: 톤당 제품 생산 시 배출되는 평균 CO_2량)을 기준으로 설정된 '기준선(Benchmark)'에 따라 배출권을 할당하는 방식이다. 장점은 에너지 효율이 높은 기업일수록 유리하므로 기술 혁신을 유도한다. 또한 동일 업종 내에서 상대적 형평성을 확보할 수 있다.

단점은 업종별, 공정별로 적절한 기준선을 설정하는 데 전문성과 시간이 요구되며, 또한 기준선이 현실과 맞지 않으면 기업의 반발을 초래할 수 있다.

(예시) EU에서 시멘트 산업의 벤치마크가 0.766톤 CO_2/톤으로 설정되어 있다고 가정

한다. D시멘트 회사가 해당 연도에 연간 100,000톤의 시멘트를 생산할 계획이라면, 할당 계산: 100,000 톤 × 0.766 톤 CO_2/톤 = 76,600 톤의 배출권이 무상할당된다. 이 기업이 실제로 80,000톤을 배출하면 3,400톤의 초과 배출권을 구매해야 하고, 반대로 70,000톤만 배출하면 6,600톤을 여유로 확보하게 된다.

(2) 유상 할당 (Paid Allocation)

유상 할당은 기업이 배출권을 시장에서 구매해야 하는 방식으로, 시장 메커니즘을 활용해 배출권 가격이 결정된다. 경매 방식(Auctioning)은 정부가 배출권을 일정량 시장에 공급하고, 기업이 입찰을 통해 구매하는 방식이다. 장점은 투명성과 경제 효율성이 높고, 배출권에 명확한 가격 신호를 부여하여 감축 유인을 극대화할 수 있다. 또한 정부가 확보한 수익을 기후재원이나 산업전환 지원에 활용할 수 있다.

단점은 기업 입장에서는 비용 부담이 크며, 특히 에너지 다소비 업종은 가격 경쟁력 저하 우려가 있다. 또한 급격한 유상 전환 시 산업계 반발 가능성이 존재한다.

(3) 할당 방식의 혼합과 진화

현실적으로 대부분의 국가들은 과거배출량 기반 방식과 기준선 방식, 그리고 유상 경매 방식(Auctioning)을 혼합하여 사용하고 있다. 제도 도입 초기에는 산업 충격을 완화하기 위해 무상 할당이 주를 이루지만, 시간이 지나면서 점차 경매 방식의 비중을 높이는 추세다. 이는 배출권에 가격 신호를 부여하고, 기업의 탄소 감축 유인을 강화하기 위한 방향이다.

3.2 탄소배출권 거래 절차

탄소배출권 거래는 정부가 설정한 배출 한도를 기반으로 기업들이 할당된 배출권을 사고파는 과정으로 이루어진다. 기본적인 거래 절차는 다음과 같다.

배출권 등록 및 할당: 기업들은 규제 기관에 등록한 후 배출권을 할당받는다. 할당 방식은 앞서 살펴 본 무상 할당, 경매, 또는 혼합 방식 등이 적용된다.

배출량 모니터링 및 보고: 기업들은 정기적으로 배출량을 모니터링하고 이를 규제 기관에 보고해야 한다. 이 과정은 투명성과 신뢰성을 확보하는 데 중요하다.

초과 배출 또는 여유 배출 확인: 배출 허용량을 초과한 기업은 추가 배출권을 구매해야 하며, 감축을 통해 여유 배출권을 확보한 기업은 이를 시장에서 판매할 수 있다.

거래소를 통한 매매: 기업들은 배출권거래소를 통해 배출권을 거래하며, 거래 가격은 시장의 수요와 공급에 따라 변동된다.

연말정산 및 감축 목표 이행: 연말이 되면 기업들은 배출량과 보유 배출권을 비교하여 감축 목표를 달성했는지 평가받는다. 목표 미달성 시, 추가 비용이 부과될 수 있다.

3.3 탄소배출권 가격 결정 요인

탄소배출권의 가격은 다양한 요인에 의해 결정되며, 이는 시장의 공급과 수요뿐만 아니라 정부정책 및 국제적인 환경 변화에도 영향을 받는다. 주요 가격 결정 요인은 다음과 같다.

탄소 감축 목표: 정부가 설정한 온실가스 감축 목표가 엄격할수록 배출권 가격은 상승할 가능성이 크다.

경제 성장률: 경제 활동이 활발해지면 탄소 배출량이 증가하여 배출권 수요가 늘어나고, 이는 가격 상승을 초래할 수 있다.

배출권 공급량: 정부가 발행하는 배출권의 양이 많으면 가격이 하락할 수 있으며, 반대로 공급을 제한하면 가격이 상승한다.

기술 혁신: 탄소 감축 기술이 발전하면 기업들이 배출량을 줄이는 것이 쉬워져 배출권 수요가 감소할 수 있다.

에너지 가격: 화석연료 가격이 높아지면 기업들이 자연스럽게 재생에너지로 전환하여 배출권 수요가 줄어들 수 있다.

국제 탄소시장 연계: 특정 국가가 국제 탄소시장과 연계될 경우, 더 큰 규모의 거래가 이루어지면서 가격이 변동할 수 있다.

이와 같이 탄소배출권의 가격은 다양한 요인에 의해 변화하며, 시장 참여자들은 이를 고려하여 탄소 감축 전략을 수립해야 한다. 특히 탄소시장은 점차 국제적인 연계성이 강화되고 있어 기업들은 탄소시장의 변화에 주목할 필요가 있다.

제2절 주요국의 배출권거래시장

탄소시장은 전 세계적으로 확산되고 있으며, 각국은 자국의 경제적·환경적 상황에 맞춰 다양한 형태의 탄소시장을 운영하고 있다. 주요국가의 탄소시장 현황은 다음과 같다.

1. 유럽연합(EU)의 배출권거래시장(EU ETS)

1.1 개요 및 배경

EU 탄소배출권거래제는 2005년 출범한 세계 최대 규모의 탄소시장으로, EU의 기후변화 대응 정책에서 핵심적인 역할을 수행하고 있다. 이 제도는 '오염자 부담 원칙(Polluter Pays Principle)'에 기반하여, 온실가스 배출에 가격을 부과함으로써 기업의 자발적 감축 유인을 유도한다.

EU ETS는 전체 배출권의 총량(Cap)을 설정하고, 이를 기업 간 거래(Trade)할 수 있도록 함으로써 시장 기반의 감축 효율성을 추구하는 총량거래제(Cap-and-Trade) 방식이다. 제도 출범 이후 점진적인 개혁을 통해 적용 범위와 감축 강도 모두 확대되어 왔다.

현재 EU ETS는 전력 및 열 생산 부문, 에너지 다소비 산업 부문(석유정제, 철강, 시멘트, 화학, 유리, 제지 등), 항공 부문(역내 항공 운항) 등을 포함하며, 전체 EU 온실가스 배출량의 약 40%를 포괄하고 있다.

또한 제도 적용 범위도 점차 확대되고 있다. 2024년부터는 해양 운송 부문이 포함되었으며, 2027년부터는 건물 및 도로 운송 부문에 대한 별도의 ETS(일명 ETS Ⅱ)가 새롭게 도입될 예정이다. 이러한 확장은 비산업 부문의 배출 관리 강화와 국민 생활 영역의 탄소가격 신호 확대를 의미하며, ETS가 경제 전반으로 확산되는 전환기의 제도임을 보여준다.

EU는 2030년까지 1990년 대비 온실가스 배출량을 최소 55% 감축(Fit for 55)하고, 2050년까지 탄소중립 달성을 목표로 하고 있다. EU ETS는 이와 같은 장기 기후 목표를 달성하기 위한 핵심 메커니즘으로, 지속적인 제도 개혁과 함께 탄소 가격 상승, 무상할당 축소, 감축 목표 상향 등을 통해 그 역할을 더욱 강화하고 있다.

1.2 발전 단계와 제도 개혁

EU ETS는 2005년 도입 이후 현재까지 총 4번의 주요 단계(Phase)를 거쳐 제도적 진화를 거듭해 왔으며, 각 단계는 정책 환경과 시장 반응에 따라 적용 범위 확대, 할당 방식 조정, 가격 안정화 장치 도입 등 구조적 개혁을 수반하였다.

(1) EU ETS 발전 단계

1기(2005~2007): 시범 운영 단계로, 배출량 데이터 부족으로 과잉할당 문제가 발생, 탄소 가격이 급락하면서 시장 기반 메커니즘의 한계를 노출하였다.

2기(2008~2012): 교토의정서 이행기로, 일부 국가 간 배출권 이전 허용 및 국지 탄소 크레딧(CDM/JI) 활용이 가능해졌다. 그러나 여전히 과잉할당과 수요 부족 문제로 탄소 가격은 낮은 수준에 머물렀다.

3기(2013~2020): EU 차원의 통합 할당 방식 도입, 무상할당에서 경매 방식으로의 전환 강화, 배출권 총량 연간 감축(LRF: Linear Reduction Factor) 도입[35] 등 제도 전반의 구조적 개혁이 이루어진 시기이다. 산업계 감축 압력은 높아졌으나 탄소 가격은 여전히 불안정하였다.

4기(2021~2030): 유럽 그린딜과 'Fit for 55' 전략에 발맞춰 개혁이 심화되었으며, 탄소 배출권 공급을 자동 조절하는 시장안정준비제도(MSR: Market Stability Reserve)가 본격적으로 작동하였다. 무상할당 축소, ETS 적용 범위 확대, 탄소 가격 상승세 고착화 등 전환기의 핵심 특징이 나타나고 있다.

(2) 시장 안정 및 규제 강화: MSR, 금융 규제, MRV 시스템 도입

EU ETS는 배출권 시장의 안정성과 투명성을 강화하기 위해 다양한 조치를 도입하고 있다. 이는 배출권 가격 변동성을 완화하고, 기업의 배출량 보고 체계를 엄격히 관리하여 시스템의 신뢰성을 높이기 위한 목적이다.

시장 안정 준비금(MSR, Market Stability Reserve) 운영 : 시장 내 배출권 공급 과잉을 방지하기 위해 시장 안정 준비금(MSR) 제도를 운영중이다. 초과 배출권이 발생할 경우

---

[35] EU ETS의 LRF(배출권 총량 연간 감축 지도)는 전체 배출 허용 총량(Cap)을 매년 얼마나 줄일 것인지를 규정하는 핵심 메커니즘이다. 즉, 온실가스 배출 허용량을 매년 일정한 비율로 줄여 나가는 선형 감축 방식이다. 단계별 LRF 변화는 3단계(2013~2020년 연간감축률은 1.74%, 4단계(2021~2030년)는 2.2%, 2024년부터는 EU Fit for 55 패키지 감축률에 따라 4.3%로 상향 조정되었다.

일부 배출권을 시장에서 회수하여 비축하고, 공급이 부족하면 다시 시장에 투입한다. 이를 통해 배출권 가격의 급격한 변동성을 완화하고, 시장 균형을 유지한다.

금융상품으로서의 배출권 및 금융 규제 적용 : 탄소배출권을 금융상품으로 분류하여, 금융시장과 유사한 규제가 적용되도록 하였다. EU 금융당국이 시장을 감시하며, 투기성 거래 및 시장 조작 가능성을 방지하는 역할을 수행한다. 이는 탄소배출권 거래의 투명성을 높이고, 금융 리스크를 완화하는 조치이다.

기업 배출량 모니터링 및 보고 시스템(MRV) 강화 : MRV 시스템(Measuring, Reporting & Verification)을 통해 기업의 배출량을 철저히 감시한다. 기업들은 정확한 배출량을 보고하도록 법적으로 의무화되어 있다. 이를 통해 배출량 조작 및 부정확한 보고를 방지하고, 탄소 감축 목표 준수를 보장한다.

이처럼 EU는 MSR을 통한 배출권 공급 조정으로 시장 안정성을 확보하고 배출권의 금융상품화 및 금융 규제 적용으로 투명한 거래 환경을 조성하고 있다. 덧붙여 MRV 시스템 강화를 통해 기업의 배출량 보고를 엄격히 관리하고 있다. 이는 배출권 거래 시장의 예측 가능성을 높이고, 장기적인 탄소 감축 정책의 신뢰성을 강화하는 핵심 요소로 작용한다.

1.3 탄소가격 동향과 CBAM과의 연계

(1) 탄소배출권 가격 동향 및 전망

EU는 ETS의 정책 효과를 강화하고 시장 신뢰를 회복하기 위해 지속적인 제도 개혁을 추진해 왔다. 특히 2019년 도입된 시장안정준비제도(MSR)는 시장에 배출권이 과잉 공급될 경우 이를 자동 회수하는 메커니즘을 통해 공급을 조절함으로써, 탄소 가격의 구조적 상승세를 견인하였다.

이러한 제도 개혁과 더불어, 감축 목표의 상향 조정, 무상할당의 단계적 축소, 혁신기금·현대화기금의 확대 등이 병행되면서 ETS의 기능은 환경적 효과와 경제적 유인 측면 모두에서 강화되고 있다.

2021년 이후 탄소 가격은 톤당 80~100유로 수준까지 급등하였으며, 이는 단순한 가격 상승을 넘어 에너지 전환을 촉진하고 저탄소 기술 투자에 실질적 인센티브를 제공하는 수준에 도달하였다. EU ETS는 단순한 규제 도구를 넘어 시장 기반의 녹색투자 유도

플랫폼으로 진화하고 있다.

향후 가격 전망과 관련하여 2024년 10월 18일, 로이터 통신은 9명의 시장 분석가를 대상으로 한 설문조사 결과를 보도하였다. 이에 따르면, 전문가들은 2027년 EU 탄소배출권 가격이 톤당 111.14유로에 이를 것으로 전망하고 있으며, 이는 조사 당시 가격인 62.50유로 대비 약 78% 상승한 수준이다.

이러한 가격 상승 전망은 EU의 'Fit for 55' 정책 프레임워크 및 시장안정준비제도(MSR)의 구조적 영향력과 깊이 연관되어 있다. 'Fit for 55'는 2030년까지 1990년 대비 EU의 온실가스 순배출량을 55% 감축하기 위한 중기 전략으로, ETS 총량 감축 속도를 크게 가속화하고 있다.

MSR은 시장 내 초과 배출권을 자동 회수하여 공급을 탄력적으로 조절함으로써, 수급 불균형을 방지하고 탄소 가격의 하락을 억제하는 역할을 수행한다. 따라서 향후 몇 년간의 탄소배출권 가격은 정책적 요인(감축 목표 강화, 두상할당 축소, 제도 안정화)과 함께, 에너지 시장 상황(화석연료 가격, 재생에너지 확대 속도 등)에 따라 복합적으로 영향을 받을 것으로 예상된다.

전문가들은 ETS 가격이 장기적으로 안정적 상승 곡선을 유지할 것으로 전망하며, 이러한 가격흐름은 EU 역내 기업의 감축 노력과 기술 투자의 유인을 더욱 높이는 방향으로 작용할 것이다.

| 그림25 | EU ETS 배출권 거래가격 추이

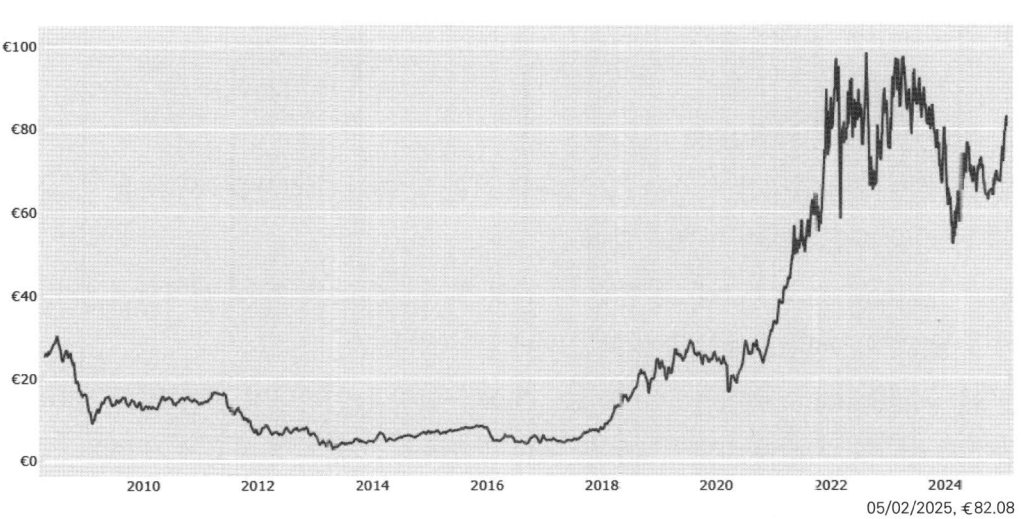

(2) CBAM과의 연계성

EU는 ETS 강화와 병행하여 탄소누출(Carbon Leakage) 문제를 해소하기 위한 정책 도구로 탄소국경조정제도(CBAM)를 도입하였다. CBAM은 EU 외부에서 수입되는 특정 고탄소 제품(철강, 시멘트, 알루미늄, 비료, 전기 등)에 대해 탄소 가격을 부과함으로써, 역내 산업의 경쟁력을 보호하고 글로벌 탄소 감축 압력을 확산시키는 것을 목적으로 한다. 2023년부터 시범 운영이 시작되었으며, 2026년부터는 실제 과금 체계가 적용된다. 이와 함께 해당 산업에 대한 ETS 무상할당은 점진적으로 폐지될 예정이다.

CBAM은 EU ETS의 강화와 국제 무역정책이 연결되는 대표적인 사례로, 유럽의 기후 정책이 규제 중심에서 점차 외부 확산형 기후 거버넌스로 전환되고 있음을 보여주는 상징적 제도이다.

1.4 배출권 경매 수익 활용 및 정책적 의미

EU ETS는 2013년부터 배출권 경매(Auctioning)를 기본적인 배출권 배분 방식으로 채택하고 있다. 이는 '오염자 부담 원칙(Polluter Pays Principle)'을 적용하여, 온실가스를 배출하는 기업이 직접 비용을 부담하도록 설계되었다.

(1) 배출권 경매 비중 및 무상 할당 구조

2021~2030년 기간 동안, 일반 배출권의 최대 57%가 경매 방식으로 배분된다. 나머지 43%는 무상 할당되며, 이는 탄소 누출(Carbon Leakage) 위험이 높은 산업 보호 및 저탄소 기술 도입을 장려하는 목적이다.

(2) 배출권 경매 수익의 활용

배출권 경매에서 발생한 수익은 EU의 녹색 전환 및 에너지 전환을 지원하는 데 사용되며, 주요 기금 배정 방식은 다음과 같다.

혁신 기금(Innovation Fund): 탈탄소 기술 및 혁신 프로젝트 지원, 신재생에너지, 탄소 포집·저장(CCS), 저탄소 산업 공정 혁신 등에 투자된다.

현대화 기금(Modernisation Fund): EU 저소득 회원국의 에너지 전환 지원, 화석연료 의존도를 줄이고, 재생에너지 인프라 및 에너지 효율성 개선 사업 지원에 사용된다.

경매 수익 규모 및 회원국 배분: 2013년 이후 EU ETS 경매 수익은 2,000억 유로 이상을 창출하였으며, 2023년 한 해 동안 경매 수익은 총 436억 유로를 기록하였다. 이 중 330억 유로가 EU 회원국에 직접 배분되었다.

(3) 회원국의 경매 수익 사용 규정

EU 배출권거래제(EU ETS)에서는 경매를 통해 확보한 수익을 단순한 재정 수단이 아니라, 기후변화 대응과 정의로운 전환을 위한 핵심 재원으로 활용하도록 명확히 규정하고 있다. 다음은 회원국의 수익 사용에 관한 주요 규정과 변화 흐름이다.

① 1단계: 기후·에너지 사업에 최소 50% 의무 사용 (2013~2020)

EU ETS 지침에 따르면, 회원국은 경매 수익의 최소 50% 이상을 기후변화 완화, 적응, 재생에너지 확대, 에너지 효율 향상 등 기후·에너지 관련 사업에 사용하도록 법적으로 의무화되어 있다. 항공 부문 배출권 경매 수익은 100% 전액을 이러한 목적에 사용해야 한다. 이 기간(2013~2020년) 동안, 실제로 회원국들은 평균적으로 전체 경매 수익의 약 75%를 녹색 전환 프로젝트에 투자하여, EU의 기후목표 달성에 기여했다. 주요 투자 분야로는 신재생에너지, 에너지 효율화, 온실가스 감축 기술, 저소득층 에너지 복지 등이 포함된다.

② 2단계: 수익 전액 또는 이에 상응하는 금액 사용 의무화 (2023년 이후)

2023년 중반부터는 규정이 한층 강화되어, 모든 ETS 경매 수익 또는 이에 상응하는 금액을 반드시 기후 관련 목적에 사용해야 한다. 여기에는 단순한 감축 프로젝트뿐 아니라, 정의로운 전환(Just Transition)과 사회적 보호 조치도 포함된다. 특히 에너지 가격 상승으로 인한 사회적 부담 완화, 에너지 빈곤층 지원, 고탄소 산업 종사자의 전환 교육 등도 ETS 수익의 주요 사용처로 규정된다. 이는 탄소 가격 상승이 가져올 수 있는 사회·경제적 불균형을 완화하고, 탈탄소 전환이 보다 공정하게 진행되도록 보장하기 위한 조치다. 이와 같은 수익 사용 규정은 단순한 환경 정책을 넘어, 기후 정의 실현과 사회적 수용성 확보를 위한 재정 전략이라는 점에서 중요한 의미를 갖는다.

(4) 배출권 경매 및 탄소 가격 책정 확대

ETS 적용 범위 확장: 2024년부터 해양 운송 부문 포함, 2027년부터 건물, 도로 운송 부문을 ETS II로 편입 등 탄소 가격 적용 대상이 확대됨에 따라 배출권 경매 규모 및 탄소 가격 책정 범위가 증가할 것으로 예상된다.

REPowerEU 계획과의 연계: REPowerEU는 러시아-우크라이나 전쟁 이후, EU가 에너지 수입 의존도를 줄이고 에너지 안보를 강화하기 위해 마련한 종합 계획이다. 이 계획의 핵심 목표는 에너지 소비 절감, 재생에너지 확대, 에너지 공급 다각화(러시아산 에너지 의존도 줄이기) 등이다. 이러한 목표를 달성하기 위해, EU는 ETS를 통해 얻는 경매 수익을 REPowerEU에 활용하고 있다. 다시 말해, 기업들이 탄소배출권을 구매할 때 발생하는 수익 일부를 신재생에너지 인프라 구축, 에너지 효율 개선, 대체 에너지 확보 등에 투자하는 것이다.

CBAM(탄소국경조정제도)과의 연계: 2026년부터 CBAM이 본격 시행되면서, 무상 할당이 점진적으로 축소되고, 대신 탄소 가격이 수입품에도 적용된다. CBAM 수익도 EU 기후 정책의 재원으로 활용될 전망이다.

2. 미국의 배출권거래시장

미국은 연방 차원의 탄소시장은 없지만, 지역 단위의 탄소시장이 활발히 운영되고 있다. 대표적으로 RGGI(Regional Greenhouse Gas Initiative)와 캘리포니아 총량거래 프로그램(California Cap-and-Trade)이 있다.

2.1 RGGI(Regional Greenhouse Gas Initiative) 제도

RGGI(지역 온실가스 감축 이니셔티브)는 미국 동북부 11개 주가 참여하는 최초의 지역 기반 탄소시장(ETS)으로, 2009년부터 운영되고 있다. 발전소 부문을 대상으로 하며, 배출권 경매 수익을 재생에너지 및 에너지 효율 프로젝트에 재투자하는 특징이 있다.

(1) RGGI 개요 및 참여 주

코네티컷(Connecticut), 델라웨어(Delaware), 메인(Maine), 메릴랜드(Maryland), 매사추세츠(Massachusetts), 뉴햄프셔(New Hampshire), 뉴저지(New Jersey, 2020년 재가입), 뉴욕(New York), 로드아일랜드(Rhode Island), 버몬트(Vermont), 버지니

아(Virginia, 2024년 탈퇴 추진 중)이며 적용 대상은 발전소(25MW 이상 규모의 화석 연료 발전소)이다.

(2) RGGI 운영 구조 및 배출권 거래 방식

캡 앤 트레이드(Cap-and-Trade) 방식 적용: RGGI는 발전소의 온실가스 배출량에 상한(Cap)을 설정하고, 연간 배출량을 점진적으로 감축하는 구조로 발전소는 배출량에 따라 배출권을 구매하거나, 감축을 통해 초과 배출권을 판매할 수 있다.

배출권 할당 및 경매 시스템: 배출권(Allowance)의 대부분은 경매(Auction) 방식으로 배분되며, 기본적으로 무상 할당이 거의 없으며, 기업들은 시장에서 배출권을 구매해야 한다. 배출권 가격이 안정적으로 유지되도록 '가격 관리 메커니즘'이 운영(예: 최소최대 가격 설정, 시장 안정 조치)되고 있다.

경매 수익 활용: 경매를 통해 발생한 수익은 참여 주(State)별로 재생에너지 및 에너지 효율 프로젝트에 재투자된다. 주요 사용처는 재생에너지 개발(풍력, 태양광 등) 에너지 효율성 향상 사업, 저소득층 에너지 지원 프로그램, 기후변화 대응 및 탄소 감축 프로젝트 등이다.

(3) RGGI의 성과 및 효과

배출량 감축 효과: RGGI 시행 이후 참여 주의 발전소 배출량이 2009년 대비 2021년까지 약 50% 이상 감축하였다. 이는 같은 기간 미국 전체 배출량보다 빠른 속도로 감축된 것이다.

경제적 및 환경적 효과: RGGI로 인해 경제 성장과 온실가스 감축이 동시에 이루어지고 있다. 배출권 경매 수익이 재생에너지 투자로 이어지면서 에너지 비용 절감 및 일자리 창출 효과가 발생하였으며, 지역 사회 및 기업이 보다 친환경적인 에너지 전환을 촉진하는 계기 마련이 되었다.

배출권 가격 안정성: RGGI의 탄소 가격은 비교적 안정적으로 유지되고 있다. 초기 가격은 약 $2~$3/톤이었으나, 점진적으로 상승하여 2023년에는 약 $13~$14/톤 수준이다. 이는 가격 급등으로 인한 산업 부담을 완화하면서도, 감축 유인을 유지하는 정책 효과를 보여주고 있다.

2.2 캘리포니아 총량거래 프로그램(California Cap-and-Trade)

캘리포니아 프로그램은 2013년 도입된 다부문 탄소시장으로, 캐나다 퀘벡 주와 연계하여 운영되고 있다. 발전소, 산업체, 운송 부문을 포함하며, 배출권 경매와 무상 할당을 혼합하여 운영한다. 탄소 가격은 시장 수요와 공급에 따라 결정되며, 캘리포니아 주는 2030년까지 1990년 대비 40% 감축 목표를 설정하고 이를 달성하기 위해 탄소시장을 적극 활용하고 있다.

(1) 캘리포니아 총량거래제도

개요: 적용 대상은 발전소, 산업체, 운송 부문 등이며 시장 수요·공급에 따라 가격이 형성된다. 캘리포니아 주 정부는 매년 온실가스 배출 상한(Cap)을 설정하고, 이를 점진적으로 감축한다. 기업들은 배출량에 따라 배출권(Allowance)을 경매에서 구매하거나, 감축을 통해 초과 배출권을 확보할 수 있다. 감축 비용이 낮은 기업은 배출권을 판매할 수 있어, 경제적 효율성을 극대화할 수 있다.

배출권 할당 방식: 배출권 경매(Auctioning)와 무상 할당(Free Allocation)을 혼합하여 운영한다. 무상 할당은 탄소 누출(Carbon Leakage) 위험이 높은 산업을 보호하기 위해 일부 제공된다. 그러나, 장기적으로는 무상 할당을 줄이고 경매 비중을 확대하는 방향으로 진행 중이다.

탄소 가격 형성 및 변동성 관리: 최소·최대 가격 보호장치(Price Floor & Ceiling)가 운영중이다. 시장 가격이 너무 낮아지는 것을 방지하기 위해 최소 가격(Price Floor)을 설정하고, 가격 급등을 방지하기 위해 최대 가격(Price Ceiling)도 설정하여 안정성을 유지한다. 시장 안정 준비금(Allowance Price Containment Reserve, APCR)[36]도 운영중으로 급격한 가격 변동을 완화하기 위해 필요시 배출권 추가 공급을 할 수 있다.

(2) 감축 목표 및 정책 연계

감축 목표: 2030년까지 1990년 대비 온실가스 배출량 40% 감축 목표가 설정되어 있고, 2045년까지 탄소중립 달성이 목표이다. 감축 목표를 달성하기 위해 탄소시장과 신재생에너지 확대 정책을 병행하고 있다.

---

36) Allowance Price Containment Reserve(APCR)는 캘리포니아 배출권거래제에서 배출권 가격 급등 시를 대비하여 운영되는 가격 안정화 장치이다. 사전에 설정된 가격 상한선(Tiered Trigger Prices)을 초과할 경우, 정부(CARB)가 비축해 둔 예비 배출권을 시장에 방출하여 가격 상승을 억제한다. 이는 비용 예측 가능성을 높이고, 시장의 급격한 불안정을 완화하기 위한 조치로, 사실상 단계별 가격 상한제 역할을 한다.

주요 연계 정책: 재생에너지 확대는 2045년까지 전력 부문의 100% 청정에너지 전환 목표와 연계, 저탄소 연료 표준(LCFS, Low Carbon Fuel Standard)과 연계, 운송 부문의 탄소 감축을 위해 연료의 탄소 집약도를 낮추는 기준 적용, 환경 정의(Environmental Justice) 고려, 배출권 거래로 인한 저소득층 및 취약 지역의 환경 피해 최소화 정책 병행 등과 연계하여 추진되고 있다.

(3) 경매 수익 활용 및 경제적 효과

배출권 경매 수익 활용: 캘리포니아 주 정부는 배출권 경매를 통해 발생한 수익을 친환경 프로젝트 및 사회적 영향 완화에 재투자중이다. 주요 사용처는 신재생에너지 개발 및 에너지 효율 개선, 대중교통 및 전기차 인프라 확충, 저소득층 대상 청정에너지 프로젝트 지원 등이다.

경제적 및 산업적 영향: 산업체의 배출 감축 비용을 최소화하면서도 기술 혁신을 유도하는 역할을 수행한다. 탄소 가격을 통해 기업이 장기적인 탄소 감축 전략을 세울 수 있도록 유도한다.

(4) 캘리포니아-퀘벡 연계 및 글로벌 협력

캘리포니아와 퀘벡의 탄소시장 연계: 2014년부터 캘리포니아와 캐나다 퀘벡 주가 탄소시장을 통합 운영중이다. 배출권이 두 지역에서 상호 교환 가능하며, 시장 규모 확대 및 가격 안정 효과가 발생한다.

연방 차원의 탄소 규제와 관계: 미국 연방 정부의 기후 정책과 별도로 운영되는 독립적 탄소시장 모델이다. 그러나, 미국이 연방 차원에서 탄소시장 정책을 강화할 경우, 캘리포니아 ETS가 중요한 참고 사례가 될 가능성이 있다.

3. 중국의 배출권거래시장(China National Emissions Trading System)

3.1 중국 탄소시장의 개요

중국은 2021년 7월, 전국 단위의 탄소배출권거래시장(China National ETS)을 정식으로 출범시켰다. 이는 세계 최대의 온실가스 배출국으로서 탄소중립을 향한 중대한 걸음이자, 탄소 감축을 위한 시장 기반 정책의 핵심 수단으로 평가된다.

탄소시장 적용 초기에는 발전 부문만을 대상으로 하여 약 2,200개 기업이 참여하였으며, 제도 시행 이후 전력 생산의 탄소집약도는 8.78% 감소하는 성과를 보였다(중국 생태환경부 발표). 이러한 성과를 바탕으로 중국 정부는 시장의 범위를 단계적으로 확대하고 있다.

2025년 3월에는 철강, 시멘트, 알루미늄 제련 산업을 새롭게 포함하는 확대 조치를 공식 발표하였다. 이로 인해 약 1,500개 추가 기업이 시장에 편입되었으며, 이들의 연간 온실가스 배출량은 약 30억 톤에 달해 중국 전체 이산화탄소 배출량의 20% 이상을 차지한다. 해당 산업군은 에너지 다소비 업종으로, 탄소 감축 효과의 실질적 확대가 기대된다.

탄소시장의 적용 기준은 연간 2만 톤 이상의 이산화탄소(CO_2)를 배출하는 기업으로 설정되어 있으며, 이를 통해 연간 약 40억 톤의 온실가스 배출량이 관리되고 있다. 이는 명실상부하게 세계 최대 규모의 탄소시장으로, EU ETS를 넘어서는 규모를 보여준다.

중국 정부는 이 제도를 통해 2030년까지 탄소 배출 정점(Carbon Peak)에 도달하고, 2060년까지 탄소중립(Carbon Neutrality)을 달성한다는 국가적 기후목표를 실현하고자 한다. 특히, 시장의 점진적 확대를 통해 고탄소 산업의 구조 전환을 유도하고, 시장 메커니즘을 활용한 감축 유도 효과를 극대화하려는 전략을 취하고 있다. 또한, 향후 화학, 석유, 제지 산업 등을 포함하는 방안도 검토되고 있어, 중국 ETS는 지속적으로 규모와 정책 영향력을 확대해 나갈 전망이다.

3.2 탄소시장 도입 배경

중국이 탄소시장(배출권거래제)을 도입하게 된 배경은 크게 세 가지 축에서 설명할 수 있다.

첫째, 급속한 경제 성장에 따른 온실가스 배출의 급증이다. 중국은 세계 최대의 온실가스 배출국으로, 특히 전력과 중공업 중심의 산업 구조로 인해 막대한 탄소가 배출되고 있다. 이에 따라 전력 및 산업 부문의 구조적 전환과 탄소 배출 감축의 필요성이 절실히 제기되었다.

둘째, 국제사회와의 기후 협력을 강화하려는 노력이다. 중국은 파리협정(Paris Agreement)에 따라 기후변화 대응을 위한 국제적 책임을 이행해야 하는 상황에 있으며, 이를 위해 시장 기반의 감축 수단 도입이 요구되었다. 탄소시장은 이러한 국제 약속을 이행하고, 글로벌 기후 거버넌스에서 책임 있는 행위자로서의 역할을 강화하는 수단으로 작용한다.

셋째, 탄소중립 목표 실현을 위한 전략적 선택이다. 2020년 시진핑 주석은 유엔총회 연설을 통해 2060년까지 탄소중립을 달성하겠다는 국가 목표를 선언하였으며, 이 목표를 달성하기 위한 핵심 정책 수단으로 탄소시장을 공식적으로 도입하고 확대하기 시작했다.

이러한 배경 속에서 중국의 탄소시장은 감축 목표의 이행, 산업 전환의 촉진, 국제 협력의 강화라는 세 가지 기능을 동시에 수행하는 전략적 도구로 자리잡고 있다.

3.3 탄소배출권 할당 방식 및 가격 형성

중국의 국가 탄소시장 설계는 제도 초기의 현실적 여건과 기업 수용성, 그리고 장기적인 감축 유인 제공이라는 정책 목표를 균형 있게 반영하고 있다. 우선, 배출권 할당 방식에 있어 중국은 시장 도입 초기인 2021년부터 기업의 비용 부담을 완화하고 제도 안착을 유도하기 위해 대부분의 배출권을 무상 할당하였다. 경매 방식은 제한적으로 적용되었으나, 향후 시장의 성숙도와 거래 활성화 수준을 고려하여 점진적인 경매 방식 확대 가능성이 제기되고 있다. 이는 배출권에 가격 신호를 부여하여 탄소 감축 유인을 강화하려는 전략적 전환과 연결된다.

탄소배출권 가격 형성 측면에서, 2021년 출범 당시 중국 ETS의 거래 가격은 톤당 약 48위안(약 7.5달러) 수준으로, EU ETS 등 선진국의 시장 가격에 비해 상대적으로 낮은 수준이었다. 이는 초기 무상할당 중심 구조와 낮은 감축 압력, 제한된 참여 범위 때문이었다. 그러나 앞으로는 시장 범위의 확대, 규제 강화, 감축 목표의 상향 등에 따라 탄소 가격이 점진적으로 상승할 것으로 예상된다. 특히 에너지 가격 변동, 산업별 수요 변화, 정책 리스크 요인 등도 가격 형성에 중요한 영향을 미칠 수 있다.

중국 ETS도 총량거래제(Cap-and-Trade) 방식을 기반으로 운영된다. 시장 운영은 중국 생태환경부(Ministry of Ecology and Environment, MEE)가 총괄하며, 실질적인 거래는 상하이 환경에너지거래소(Shanghai Environment and Energy Exchange, SEEE)를 중심으로 진행된다. 중앙정부가 직접 규제 및 감독 권한을 행사함으로써 제도의 일관성과 신뢰성을 확보하고 있으며, 점차적으로 지방 정부와의 연계 및 감시 기능도 강화되고 있다. 이와 같은 중국 ETS의 운영 구조는 정책적 유연성과 점진적 시장 확대 전략을 반영한 것으로, 향후 국제 탄소시장과의 연계 가능성도 염두에 둔 설계로 평가된다.

제3절　한국의 배출권거래시장

1. 배출권거래제(K-ETS) 도입 배경과 특징

1.1 도입배경

한국의 배출권거래제(K-ETS, Korea Emissions Trading Scheme)는 국내 온실가스 배출량을 효과적으로 관리하고, 국제사회의 기후변화 대응 요구에 부응하기 위해 도입된 시장 기반 감축 정책이다.

K-ETS 도입의 주요 배경은 다음 세 가지로 정리할 수 있다.

국제적 압력 및 기후변화 대응 요구 증가: 교토의정서(Kyoto Protocol) 이후 신기후체제(Post-Kyoto Framework)로의 전환 과정에서, 온실가스 감축 책임이 선진국뿐만 아니라 개도국에도 확대되면서 한국도 국제사회의 온실가스 감축요구를 효과적으로 이행할 필요가 커졌다.

에너지 집약적 산업구조와 온실가스 배출 증가: 한국은 제조업 중심의 산업구조를 가지고 있으며, 이는 에너지 소비량 증가로 이어진다. 온실가스 배출량이 지속적으로 증가하는 상황에서 보다 체계적인 감축 정책이 필요했다.

시장 기반 정책 수단의 필요성 대두: 기존의 직접 규제 방식(목표관리제 등)의 한계가 나타나면서, 보다 효과적인 감축 메커니즘으로 시장 기반 정책(배출권거래제)이 필요했다. 이후 K-ETS는 국가 감축목표 달성을 위한 핵심 정책수단으로 자리 잡았다.

1.2 한국 배출권거래제(K-ETS)의 발전 과정

한국의 배출권거래제(K-ETS)는 온실가스 감축을 위한 시장 기반 정책 수단으로, 제도적 기반 마련부터 단계별 운영 개선을 거쳐 탄소중립 실현을 위한 핵심 제도로 정착해왔다.

제도의 출발점은 2010년 「저탄소 녹색성장 기본법」의 시행이었다. 이 법은 국가 온실가스 감축과 녹색성장 추진을 위한 종합적 기반을 마련한 것이며, 이를 토대로 2012년에는 보다 구체적인 거래제 운영을 위한 「온실가스 배출권의 할당 및 거래에 관한 법률」이 제정되었다. 이러한 입법 과정을 통해 한국은 배출권거래제의 법적·제도적 기틀을 선진적으로 갖추게 되었다.

2015년, 한국은 아시아 국가 중 최초로 국가 단위의 배출권거래제를 공식 출범시켰다. 이로써 K-ETS는 국내 온실가스 감축을 시장 메커니즘에 기반해 달성하고자 하는 국가 차원의 전략으로 자리잡았다.

제도 시행 초기인 제1차 계획기간(2015~2017년)은 제도의 정착과 참여 기업의 적응을 유도하는 단계로, 대부분의 배출권이 무상으로 할당되었다. 이 시기에는 거래 기반 구축과 정보 투명성 제고를 통한 시장 신뢰 형성이 주요 목표였다.

제2차 계획기간(2018~2020년)에 들어서면서 K-ETS는 제도 운영 경험을 바탕으로 점진적인 개선을 추진하였다. 유상할당의 비중을 점차 확대함으로써 탄소가격 신호를 강화하였고, 배출권 가격의 급등락에 대응하기 위한 시장 안정화 장치(예비분, 가격 안정화 메커니즘)가 도입되었다. 이를 통해 제도의 정책적 우연성과 시장 안정성이 함께 제고되었다.

현재 시행 중인 제3차 계획기간(2021~2025년)은 2050 탄소중립 목표달성의 전환기적 시기로, K-ETS는 파리협정 이행과 국가 온실가스 감축목표(NDC) 달성을 위한 핵심 정책 수단으로 기능하고 있다. 이 시기에는 유상할당 비중이 더욱 확대되었으며, 시장 기능의 효율적 운영과 감축 유인 강화를 위한 정교한 제도 운영과 감독 체계가 병행되고 있다.

이와 같이, 한국의 배출권거래제는 제도 설계, 시범 운영, 개선 및 확장, 그리고 국제적 연계라는 일련의 과정을 통해 발전해왔으며, 향후에도 탄소중립 실현을 위한 정책적 중심축으로 그 역할이 확대될 것으로 기대된다.

1.3 K-ETS의 주요 특징

한국의 배출권거래제(K-ETS)는 전 세계적으로 가장 포괄적인 온실가스 감축 제도 중 하나로 평가되며, 그 제도적 설계와 운영 방식에서 몇 가지 주요한 특징을 지닌다.

(1) 감축 범위의 포괄성

K-ETS는 국가 전체 온실가스 배출량의 약 73.5%를 포괄하고 있으며, 이는 EU ETS(약 40%)보다 훨씬 높은 수준이다. 이는 한국 정부가 배출권거래제를 국가 온실가스 감축정책의 핵심 축으로 삼고 있다는 점을 보여준다.

또한 K-ETS는 교토의정서에 규정된 6대 온실가스(이산화탄소, 메탄, 아산화질소, 수소불화탄소, 과불화탄소, 육불화황)를 모두 감축 대상으로 포함하고 있어, 탄소 중심의 감축을 넘어 전방위적 온실가스 관리 체계로 확장하고 있다는 점에서도 주목된다.

(2) 배출권 할당 방식의 점진적 전환

제도 초기에는 산업계의 부담을 완화하고 제도의 안정적 정착을 유도하기 위해 무상할당(Free Allocation) 중심으로 배출권이 배분되었다. 그러나 최근 들어서는 유상할당(Auctioning)의 비중을 점진적으로 확대하며, 시장 기능을 강화하고 기업의 자발적인 감축 노력을 유도하는 방향으로 나아가고 있다. 특히, 에너지 다소비 업종에 대한 탄소가격 시그널 강화를 통해 기술 혁신과 효율 개선을 유도하고 있으며, 유상할당 수익은 녹색 기술 투자, 탄소중립 기반 마련 등에 활용됨으로써 정책적 선순환을 도모하고 있다.

(3) 시장 안정화 장치의 정교한 운영

K-ETS는 탄소시장 가격의 급격한 변동성과 유동성 부족 문제에 대응하기 위해 다양한 시장 안정화 조치(Market Stability Measures)를 운영하고 있다. 대표적으로는 배출권 가격의 상·하한선 설정, 시장 안정화 예비분(Reserve)의 전략적 운영, 그리고 시장 과열 시 배출권 추가 공급 또는 시장 침체 시 배출권 회수 조치 등이 있다. 이러한 장치는 시장 투명성과 신뢰성 확보, 가격 예측 가능성 향상, 기업의 중장기 감축 전략 수립 지원 등의 측면에서 중요한 역할을 하고 있다.

이 외에도 K-ETS는 제도적 투명성, 보고·검증 체계 강화, 국제 시장 연계 가능성 확보 등 여러 측면에서 지속적인 발전을 도모하고 있으며, 한국의 2050 탄소중립 목표와 국가 온실가스 감축목표(NDC) 달성을 위한 핵심 수단으로 기능하고 있다.

| 표21 | 배출권거래제 기본계획상 계획기간별 운영 방향

구분	제1차 계획기간(2015~2017년)	제2차 계획기간(2018~2020년)	제3차 계획기간(2021~2025년)
주요 목표	경험 축적 및 거래제 안착	상당 수준의 감축	실효적 감축 추진
제도 운영	· 상쇄 인정 범위 등 제도의 유연성 제공 · 산정·보고·검증(MRV) 집행을 위한 인프라 구축	· 거래제 범위 확대 및 목표 상향 조정 · 배출량 보고·검증 등 각종 기준 고도화	· 로드맵에 따른 배출총량 설정 강화 · 시장조성자 제도 기능 강화 · 장내 파생상품 도입 등 시장기능 확대
할당	· 전량 무상할당 · 목표관리제 경험 활용	· 유상할당 개시 · 배출효율기준(BM) 할당 등 할당방식 선진화	· 무상할당업종기준개선 · 유상할당 비율 확대 · 배출효율기준(BM) 할당 확대

2. 배출권 총량설정과 할당

2.1 배출허용총량 설정

우리나라의 제3차 계획기간(2021~2025년) 동안의 온실가스 배출권 할당계획에 따르면, 연평균 배출허용총량은 약 6억 970만 톤으로 설정되었다. 이러한 할당량은 '2030년 국가 온실가스 감축목표 달성을 위한 기본 로드맵'에 따라 산정되었으며, 배출권거래제 적용 대상 업종과 업체 수의 확대에 따라 제2차 계획기간(2018~2020년)의 연평균 5억 9,200만 톤보다 증가한 수치이다.

2.2 부문별 배출권 할당 방식

각 산업 부문은 정부가 설정한 부문별 총량을 기준으로 할당량을 배분받는다. 개별 기업은 소속된 부문의 배출할당량을 기준으로 정부가 정한 기준에 따라 배출권을 할당받게 된다. 할당된 배출량을 초과하여 배출한 기업은 배출권 거래시장에서 추가 배출권을 구매해야 하며, 배출량이 할당량보다 적으면 잉여 배출권을 판매하여 수익을 창출할 수 있다.

2.3 배출권 할당 대상 및 기준

(1) 배출권 할당 대상 기업

배출권 할당 대상은 배출권거래법에 따라 최근 3년간 연평균 온실가스 배출량이 일정 기준을 초과하는 기업이다. 할당 대상 기준은 연평균 12만 5천 톤(tCO_2-eq) 이상 배출하는 기업 또는 연평균 2만 5천 톤(tCO_2-eq) 이상 배출하는 사업장을 하나 이상 보유한 기업이다.

(2) 배출권 할당 주기 및 변화

제1·2차 계획기간(2015~2017, 2018~2020)은 3년 단위로 운영되었으나, 제3차 계획기간(2021~2025)은 5년 단위로 운영된다. 장기적인 정책 안정성을 확보하고, 보다 체계적인 감축 전략을 추진하기 위해 계획기간을 연장했다.

2.4 무상할당과 유상할당 정책 변화

(1) 유·무상할당 비율 변화

초기에는 기업 부담 완화를 위해 무상할당 비율이 높았다. 배출권거래법 시행령 제18조에 따르면, 제1차 계획기간은 100% 무상할당, 제2차 계획기간은 97%, 제3차 계획기간은 90% 이내로 무상할당(최소 10% 이상 유상할당)하도록 규정하고 있다. 장기적으로 유상할당 비율을 점진적으로 확대하는 방향으로 정책이 조정되고 있다.

(2) 무상할당 유지에 대한 논란
초기에는 기업의 경제적 부담 완화, 탄소누출(Carbon Leakage) 방지, 국가경쟁력 고려, 공익 목적 기관 보호 등의 이유로 무상할당이 도입되었으나 다음과 같은 논란이 있다.

오염원인자 부담 원칙(Polluter Pays Principle)에 어긋남 → 배출 기업이 비용 부담 없이 온실가스를 배출하는 구조가 지속
정부 수입 부족 문제 → 배출권 판매 수익이 없어 감축 기술 투자 및 탄소정책 추진을 위한 재원 확보 어려움
국제 환경 규제와 충돌 → 유럽연합(EU)의 CBAM관련, 한국 기업이 무상으로 배출권을 할당받아 생산한 제품을 수출할 경우 탄소 비용을 부담해야 하는 문제 발생, 결국 무상할당이 오히려 국제 경쟁력을 약화시키는 요인으로 작용할 가능성 증가

3. 배출권 거래가격의 변동: 시장 구조와 가격 변동 요인 분석

배출권 가격은 시장 내 수요와 공급의 균형에 의해 결정되며, 기업들은 탄소 감축 비용과 배출권 가격을 비교하여 가장 비용효율적인 감축 전략을 선택하게 된다. 배출권 가격이 감축 비용보다 높을 경우 기업들은 탄소 감축 투자를 늘려 배출량을 줄이고, 잉여 배출권을 판매하여 이익을 창출한다. 반대로 배출권 가격이 낮을 경우 감축 투자를 줄이고, 시장에서 저렴한 배출권을 구매하는 전략을 선택하여 이익을 극대화한다.

3.1 배출권 가격 변동 추이
우리나라 배출권 시장의 가격 변동은 정부 정책, 시장 수급 상황, 경제 환경 변화에 영향을 받아 변동성을 보여왔다.

| 표22 | 배출권 가격 주요 변동 추이(2015~2024년)

연도	배출권 가격(원/tCO₂)	주요 요인
2015년	7,860	제1차 계획기간 초기, 과잉 공급
2019년 12월	40,950 (최고점)	시장 안정화 기대 및 감축 규제 강화
2021년	19,709	제3차 계획기간 진입, 감축 목표 강화 기대
2023년 7월 24일	7,020 (최저점)	배출권 초과 공급, 감축 유인 부족
2024년 종가	9,490	여전히 낮은 수준의 가격

| 그림26 | 배출권 가격 변동 추이(2015~2024년)

3.2 가격 변동의 주요 원인 분석

(1) 제1차 계획기간(2015-2017): 초기 과잉 공급

시장 연착륙을 위해 배출권을 과도하게 할당하여 수요보다 공급이 많아 가격이 하락했다. 또한 시행초기 불안감으로 기업들이 배출권 매매보다 배출권 보유를 선택하여 거래량이 위축된 원인도 있다.

(2) 제2차 계획기간(2018-2020): 코로나19 및 경기 침체 영향

코로나19 팬데믹과 경기 침체로 산업 생산이 감소하자 배출권 수요도 동시에 위축되었다. 특히 건설경기 침체로 시멘트·철강 등 주요 산업의 배출권 수요가 감소한 것이 하나의 원인이다.

(3) 제3차 계획기간(2021-2025): 감축 목표 강화에도 불구하고 가격 급락

제3차 계획기간에 접어들며 정부는 온실가스 감축 목표를 한층 강화하였지만 시장에

서는 배출권 가격이 오히려 하락세를 지속하는 현상이 나타났다. 이는 제도적 목표와 시장 반응 간의 괴리를 보여주는 사례로, 그 주요 원인은 다음과 같다.

배출권 과잉공급의 누적: 1·2차 계획기간 동안의 할당량 과잉 및 감축 의무 미흡 등으로 기업들이 배출권을 충분히 보유하고 있어, 시장 수급의 긴장감이 약한 상황이 지속됨.

시장 유동성 부족: K-ETS는 유럽과 달리 시장 참여 주체가 제한적(주로 의무 이행 기업 중심)이고, 금융 투자자 진입이 어려워 거래량이 적고 가격 민감성이 낮음.

제도적 신호 부족: 정부의 감축 목표는 강화되었지만, 강력한 규제나 페널티 강화, 시장 신뢰를 높일 조치 부족으로 인해, 실제 시장 참여자들이 이를 중요한 가격 신호로 받아들이지 않음.

🔍 Think Box

태풍 '힌남노'가 남긴 시사점: 자연재해와 온실가스 배출권 '횡재' 문제

2022년 9월, 태풍 '힌남노'로 인해 포스코 포항제철소가 침수 피해를 입고 가동이 중단되면서 예상보다 온실가스 배출량이 크게 감소하였다. 이로 인해 포스코는 할당받은 배출권 중 사용하지 않은 잉여 배출권을 보유하게 되었고, 이를 시장에 판매하거나 향후 사용할 수 있는 상황이 되었다.

이 사례는 기업이 자연재해라는 비의도적 요인으로 인해 감축 실적을 얻고, 결과적으로 예상치 못한 경제적 이익(windfall gain, 횡재)을 얻게 된 경우로 해석될 수 있다. 이에 대해 일부에서는, 생산 차질로 인한 감축을 '의도된 환경 노력'으로 볼 수 없음에도 불구하고 기업이 배출권 판매를 통해 추가 이익을 얻는 것이 과연 정당한가에 대해 비판적 시각을 제기하였다.

이 사건은 배출권거래제의 공정성과 형평성 문제를 재조명하는 계기가 되었다. 제도의 취지는 자발적이고 지속적인 감축 노력을 유도하는 데 있음에도, 자연재해 등 통제 불가능한 외부 요인으로 인한 감축이 시장 내 경제적 이익으로 전환될 경우, 제도의 본래 취지가 왜곡될 우려가 있기 때문이다.

이러한 문제의식에 따라 관련 법령이 개정되었다. 기존에는 기업의 실제 배출량이 할당량 대비 50% 이하로 감소한 경우에만 정부가 배출권을 취소할 수 있었지만, 개정 이후에는 배출량이 할당량 대비 15% 이상 감소한 경우에도 정부가 배출권 일부를 회수할 수 있도록 변경되었다. 이는 자연재해 등 예외적 상황에서 발생할 수 있는 과도한 이익을 방지하고, 배출권 시장의 신뢰성과 형평성을 제고하기 위한 조치로 평가된다.

결국, 태풍 '힌남노' 사건은 예상치 못한 외부 충격이 온실가스 감축과 경제적 이익 구조에 미치는 영향을 드러내었으며, 이를 통해 배출권거래제 운영의 정교성과 공정성을 높이기 위한 제도적 개선의 필요성을 분명히 일깨워주었다.

3.3 배출권 가격 안정화를 위한 정책 개선 방향

현재 배출권 가격이 낮은 수준에 머물면서 기업에 온실가스 감축 유인을 충분히 제공하지 못하고 있다. 이에 따라 정부는 배출권 시장의 수급 조절 기능을 강화하고, 가격 정상화를 유도할 수 있는 정책적 개입을 적극 검토할 필요가 있다.

(1) 배출권 할당량 감축 및 무상할당 축소

2030년 국가 온실가스 감축목표(NDC) 달성을 위해, 전체 배출 허용량을 보다 과감하게 축소해야 한다. 특히, 무상할당 비율을 점진적으로 줄이고 유상할당 확대를 통해 기업의 탄소배출 비용 부담을 강화할 필요가 있다. 이는 시장 기반의 감축 유인을 제고하고, 배출권 가격의 안정적 상승을 유도하는 데 기여할 수 있다.

(2) 배출권 초과 공급 문제 해결

지속적인 잉여 배출권의 누적은 가격 하락의 주요 원인 중 하나이다. 이 문제를 해결하기 위해, 정부가 잉여 배출권을 매입한 후 소각(폐기)하는 방안을 적극적으로 검토할 필요가 있다. 이는 공급 과잉 해소와 시장 신뢰 회복에 도움이 될 수 있다. 또한 정부 주도의 수급 조절을 통한 시장 안정화 조치 강화가 요구된다.

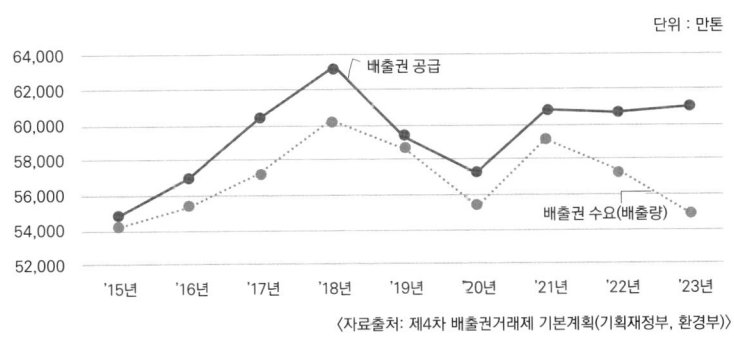

| 그림27 | 배출권 수요·공급량 비교('15~'23)

〈자료출처: 제4차 배출권거래제 기본계획(기획재정부, 환경부)〉

그래프는 제도 초기 연착륙을 위해 과잉 할당이 이루어진 결과 생긴 잉여 배출권이 지속적으로 축적되었고, 동시에 수요도 제한적인 상황이 이어져 시장 기능이 제대로 작동하지 못하고 있는 것을 보여주고 있다.

(3) 백로딩(Back-loading) 정책 도입 검토

EU ETS는 글로벌 경제위기 이후 배출권 과잉 공급으로 인해 가격이 급락하자, 이를 대응하기 위한 수단으로 '백로딩(Backloading)' 정책을 시행하였다. 구체적으로는 2014~2016년에 예정되었던 약 9억 톤의 배출권 경매를 2019~2020년으로 연기함으로써 공급 시점을 조절했고, 이는 시장 가격 안정에 긍정적인 영향을 미쳤다. 우리나라 또한 이러한 사례를 참고하여 경매 시기를 조정하거나 공급 시점을 분산하는 방안을 검토할 필요가 있다. 우리나라의 경우 현재는 배출권 가격이 온실가스 감축의 유인 기능을 충분히 수행하지 못하고 있는 상황이다. 따라서 배출권 시장의 기능 정상화를 위한 구조적 개선이 시급하며, 정부는 할당량 축소와 유상할당 확대, 공급 조절 정책의 정비를 통해 시장 수급 균형을 회복하고 배출권 가격이 경제적 신호로 작동할 수 있도록 해야 한다. 이는 배출권거래제가 본래의 목적—온실가스 감축—을 효과적으로 달성하기 위한 핵심 조건이다.

4. 배출권거래시장 안정화 조치

K-ETS의 시장 기능을 정상화하고 가격의 변동성을 완화하기 위해서는 시장 참여자 확대와 유연성 제도의 효과적 운영이 필수적이다. 이는 시장 유동성 확보뿐 아니라, 기업들이 비용 효율적인 감축 전략을 수립할 수 있도록 하는 기반이 되며, 궁극적으로 온실가스 감축이라는 제도의 목적 달성에 기여한다.

4.1 투자기관 참여 확대

배출권 거래시장 참여를 확대하기 위한 제도 개선이 최근 본격적으로 추진되었다. 2025년 1월 31일, 국무회의에서는 「배출권 거래법」 시행령 개정안을 의결하였으며, 해당 개정안은 2025년 2월 7일부터 시행되었다.

기존에는 거래시장 참여자가 할당대상업체, 시장조성자, 배출권거래 중개회사 등으로 제한되어 있어, 시장의 유동성과 거래 활성화에 한계가 있었다. 그러나 개정 시행령을 통해 참여 가능 주체가 투자매매업자, 집합투자업자, 신탁업자, 은행, 보험회사, 기금운용기관 등 주요 금융·투자기관으로 대폭 확대되었다.

이러한 변화는 배출권 시장의 유동성 증대, 가격 안정성 확보, 시장 규모의 확대에 긍정적인 영향을 미칠 것으로 기대된다. 특히, 배출권이 새로운 투자 자산군으로 인식될 수 있는 토대를 마련함으로써, 금융시장과 탄소시장의 연계성을 강화하는 계기가 될 것이다.

4.2 배출권 경매 참여 대상 확대

배출권 경매 제도 또한 참여 범위가 확대되었다. 기존에는 유상할당 대상업체만 경매에 참여할 수 있었으나, 개정된 시행령에 따라 이제는 모든 할당대상업체, 시장조성자, 제3자 투자자도 경매에 참여할 수 있게 되었다.

이는 배출권 거래의 활성화와 시장 기능 강화를 목표로 한 조치로, 경매 시장의 유동성과 경쟁성을 높이고, 가격 형성의 투명성과 효율성을 제고하는 데 기여할 것으로 보인다.

4.3 유연성 기제의 신중한 운영

K-ETS는 기업들의 온실가스 감축 비용을 효율적으로 관리할 수 있도록 하기 위해 유연성 기제(Flexibility Mechanisms)를 운영하고 있다. 대표적으로 이월(Banking)과 차입(Borrowing) 제도가 있으며, 이는 기업들이 시장 가격과 감축 비용을 고려하여 전략적으로 배출권을 활용할 수 있도록 돕는 수단이다.

이월(Banking): 사용하지 않은 배출권을 다음 연도로 넘겨 활용하는 방식
차입(Borrowing): 다음 연도의 배출권을 미리 사용하여 현재 부족분을 충당하는 방식

이러한 유연성 기제는 예기치 않은 생산 변동이나 시장의 급격한 가격 변동에 대응할 수 있게 해주며, 기업들의 감축 투자 전략 수립에 유연성을 부여한다는 점에서 긍정적이다.

그러나 이월 및 차입이 과도하게 허용될 경우, 기업들은 단기적인 감축 투자를 회피하고 배출권을 비축하거나 미래로 이월하는 전략을 선택할 가능성이 커진다. 이는 온실가스 감축의 실질적 이행을 지연시키고, 시장의 공급 불균형을 초래할 수 있는 위험요소가 된다.

따라서, 유연성 기제는 기업의 탄소 감축 유연성을 보장하는 정책 도구로서 활용되어야 하며, 동시에 과도한 이월 및 차입이 감축 투자 유인을 약화시키지 않도록 신중하게 운영되어야 한다. 정책 당국은 이에 대한 사전적 기준과 사후적 모니터링 체계를 마련함으로써 제도의 실효성과 공정성을 높일 필요가 있다.

제4절 외부감축 시장

1. 외부 감축사업의 개념

K-ETS(온실가스 배출권거래제)에서는 기업들이 두 가지 형태의 배출권을 활용할 수 있다. 첫째는 할당배출권(KAU, Korean Allowance Unit)으로, 이는 정부가 일정 기준에 따라 직접 할당대상업체에 부여하는 배출권이다. 이 배출권은 해당 기업의 시설에서 배출되는 온실가스를 상쇄하는 데 사용된다.

둘째는 상쇄배출권(KCU, Korean Credit Unit)으로, 이는 외부 감축사업을 통해 발생한 온실가스 감축 실적을 정부의 인증 절차를 거쳐 배출권으로 전환한 것이다. 외부 감축 실적은 KOC(Korean Offset Credit)라는 형태로 먼저 인증되며, 이후 KCU로 전환되어 K-ETS 내에서 사용할 수 있게 된다.

여기서 말하는 외부 감축사업이란, 기업이 자체 시설 외부의 장소나 타 사업장에서 온실가스 감축 프로젝트를 수행하고, 이를 통해 감축 실적(KOC)을 확보하는 활동을 의미한다. 예를 들어, 신재생에너지 보급, 에너지 효율 개선, 산림흡수원 조성 등이 이에 해당할 수 있다. 이러한 외부사업 제도는, 기업이 자사 시설에서 직접적인 감축이 어렵거나 비용이 높은 경우, 외부에서의 감축을 통해 간접적으로 감축 의무를 이행할 수 있는 유연한 수단을 제공한다. 이를 통해 기업은 제도 내에서 보다 경제적이고 효율적인 방식으로 감축 목표를 달성할 수 있으며, 동시에 다양한 감축 프로젝트의 활성화를 유도할 수 있다.

최근에는 외부 감축사업이 디지털 기술과 접목되면서 실효성과 신뢰성이 크게 향상되고 있다. 예를 들어, 산림조성이나 에너지 효율화 프로젝트의 감축 실적을 위성영상, IoT 센서, AI 분석 등을 통해 실시간으로 검증하고 자동 보고하는 디지털 MRV 시스템이 속속 도입되고 있다. 이러한 기술 기반은 기업이 외부사업을 진행할 때 실제 감축이 일어났는지 증빙하는 데 드는 시간과 비용을 줄여주며, 정부 입장에서도 감축 실적의 정량성과 투명성을 높일 수 있는 이점이 있다.

💡 Think Box

왜 KOC에는 'Offset'이 있고, KCU에는 없는데 '상쇄배출권'이라 칭하는가?

1. 우선 법적 기능과 제도적 역할의 전환에 주목하자. KOC는 감축 실적(Credit)이지만 배출권은 아니다. 즉 KOC는 감축 의무를 지지 않는 외부 영역(산림, 폐기물, 비할당 업종 등)에서 상쇄(Offset)를 목적으로 감축된 실적을 인증받은 것이다. 따라서 감축량이 타인의 배출을 '상쇄'하는 구조이므로 국제적으로도 'Offset Credit'이라 불린다. KOC는 아직 K-ETS에서 배출권으로 인정되지 않은 상쇄이므로, 상쇄목적의 인증실적(Offset Credit)'의 개념을 유지할 수 있다.

2. 그러나 KCU는 정부 승인 하에 '배출권'으로 전환된 것이다. 즉 KCU는 정부가 KOC를 공식적으로 승인 및 전환하여 발행한 것으로, 배출권 제출 의무 이행에 사용 가능한 정식 배출권이다. ETS 내에서는 KCU도 KAU(할당배출권)와 동일하게 다뤄지며, 더 이상 상쇄 대상이 아닌 배출허용량이다. 따라서 여기서는 'Offset'이라는 용어를 쓸 이유가 사라진다. 기능상 "상쇄"가 아니라 "배출권 이행"이 목적이기 때문이다.

3. 상쇄배출권보다는 '승인배출권'이라는 용어로 개칭 검토필요
외부감축시장에서 형성된 상쇄실적(Offset Credit)이 배출권으로 전환(Credit Unit)되었음에도 여전히 상쇄배출권이라고 표현하여 개념적 혼란이 야기된다. 할당배출권에 대칭해서 승인배출권 또는 유입배출권이라고 하는 것이 더 논리적이다. 즉 정부의 행위(할당이냐 승인이냐)나 또는 배출권 형성형태(할당된 것이냐, 유입된 것이냐)를 기준으로 일관되게 표현하는 것이 더 적절하며 영어표기와도 더 어울린다(Korean Offset Credit, Korean Credit Unit). 영어표기는 Korean Credit Unit인데 이를 한글로 상쇄배출권이라 하는 것이 부자연스럽다.

| 표23 | KOC와 KCU의 구분 기준

구분	KOC (Korean Offset Credit)	KCU (Korean Credit Unit)
정의	외부사업에서 발생한 감축량을 인증받아 발행된 크레딧	KOC를 정부가 승인·전환하여 ETS 제출용 배출권으로 인정한 크레딧
법적 지위	크레딧(감축실적): 배출권 아님	정식 배출권 (KAU와 유사한 효력)
사용 가능 범위	자발적 거래 가능 (예: 기업 탄소중립용)	K-ETS 의무 제출용으로만 사용 가능
발행 주체	감축 프로젝트 수행자가 신청 → 환경부 인증	환경부가 KOC를 전환 승인하여 발행
시장 내 사용	장외 또는 장내 등록은 가능하나, 제출 불가	K-ETS 장내 시장에서 거래 및 제출 가능
'Offset' 명칭 여부	있음 → 감축이 발생한 '상쇄' 프로젝트에 기반	없음 → '배출권'으로 전환되며 상쇄 개념 탈피

2. 외부감축 시장의 운영 체계

외부감축 시장은 기업이 직접적인 온실가스 감축이 어려운 경우, 외부에서의 감축 활동을 통해 탄소 감축 목표를 보다 유연하고 경제적으로 달성할 수 있도록 지원하는 제도적 장치이다. 이를 통해 배출권거래제(K-ETS) 내 감축 유연성을 높이고, 다양한 주체의 감축 참여를 촉진하는 효과를 기대할 수 있다.

2.1 감축 크레딧 발행 과정

외부감축 시장은 온실가스 감축 실적을 감축 크레딧(KOC: Korean Offset Credit)으로 발행하고, 이를 상쇄배출권(KCU: Korean Credit Unit)으로 전환하여 K-ETS 내에서 활용하는 방식으로 운영된다. 구체적으로, 기업이나 단체가 산림 조성, 에너지 효율화 등과 같은 온실가스 감축 프로젝트를 외부 장소에서 수행하고, 국내외 인증 기준에 따라 감축량을 검증받으면, 정부는 이에 상응하는 KOC를 발행한다. 이후 해당 KOC는 KCU로 전환되어 기업들이 배출권거래제 내에서 온실가스 감축의무 이행수단으로 활용할 수 있게 된다.

2.2 기업의 활용 방식

기업은 할당받은 배출권(KAU)만으로 감축 의무를 충족하기 어려운 경우, 상쇄배출권(KCU)을 구매하여 부족분을 보완할 수 있다. 이 과정에서 기업은 자체 설비 투자 등 직접 감축 비용과 외부 감축사업 비용을 비교하여 보다 경제적인 감축 전략을 선택할 수 있다. 다만, 현행 제도에서는 전체 배출권의 최대 5% 이내로 상쇄배출권 사용이 제한되고 있어, 상쇄배출권 활용에는 일정한 한계가 있다.

2.3 외부감축 시장의 장점

(1) 비용 효율성 제고: 직접 설비 개선보다 더 낮은 비용으로 감축 목표 달성이 가능하다. 또한 감축 비용이 낮은 부문에서 감축을 촉진하여 경제적 효율성 증대가 가능하다.
(2) 참여 기회 확대: 배출권거래제 미참여 주체(중소기업, 지자체 등)도 감축사업을 통해 시장 참여가 가능하다. 탄소 감축 노력이 경제 전반으로 확산되는 효과가 기대된다.
(3) 감축 옵션 다양화: 기업은 직접 감축과 외부 감축 중 최적의 방법 선택이 가능하다. 따라서 유연한 감축 전략 수립으로 비용 최소화 및 목표 달성이 가능해진다.

2.4 외부감축 시장의 한계 및 과제

감축 효과의 신뢰성 문제: 감축량 과장이나 이중 계산 위험이 존재한다. 그린워싱(허위 감축 보고) 가능성이 있기 때문에 엄격한 인증 및 검증 절차가 필요하다.

활용 비율 제한 문제: 현행 5% 제한으로 인한 활용 폭이 제약되어 있다. 직접 감축 유도와 상쇄 활용 간 균형이 필요하지만 지나치게 제한하면 외부감축시장이 축소되는 문제가 생겨난다.

국제 기준과의 정합성: EU ETS 등 글로벌 기준 대비 차이점이 존재하거나 국제 인증 기준에 부합하지 않는 요소가 있는지 살펴보고 국제기준에 부합하도록 제도 개선이 필요할 수 있다.

| 그림28 | 외부사업 인증실적(KOC)의 상쇄배출권(KCU) 전환 절차

외부사업 추진 (외부사업자, 외부사업 참여자) > 인증실적 발행 (KOC, Korean Offset Credits) > 인증실적 거래 (장외거래시장, 인증실적의 신고) > 상쇄배출권 전환 (KCU, Korean Credit Unit) > 거래 또는 목표제출 (상쇄배출권의 거래, 목표달성에 활용)

〈자료출처: https://offset.energy.or.kr/offsetsystem/summary.do〉

3. 외부감축사업 기준과 종류

외부 감축사업을 통해 크레딧(KOC, Korean Offset Credit)을 획득하기 위해서는 엄격한 기준을 충족해야 한다. 이는 감축 실적의 신뢰성을 보장하고, 기업들이 실질적인 감축 노력을 기울이도록 유도하기 위한 조치이다.

3.1 외부 감축사업의 적용 기준

「외부사업 타당성 평가 및 감축량 인증에 관한 지침」 제2조에 따르면, "외부사업"이란 할당대상업체의 조직경계 외부에서 국제적 기준에 부합하는 방식으로 온실가스를 감축, 흡수 또는 제거하는 사업을 의미한다. 즉, 기업 내부에서 직접 감축하는 방식이 아니라, 기업 외부에서 온실가스 감축 활동을 수행하고 그 실적을 배출권으로 활용하는 방식이다.

외부 감축사업으로 인정받기 위해서는 다음 요건을 충족해야 한다.
사업 주체: 「저탄소 녹색성장 기본법」이 시행된 2010년 4월 14일 이후, 할당대상업체 조직경계 외부에서 사업이 수행되어야 한다.
방법론 준수: 정부가 승인한 방법론을 적용하여 감축 실적을 산정해야 한다.
타당성 평가 및 감축량 인증 기준 충족: 「외부사업 타당성 평가 및 감축량 인증에 관한 지침」에 따라 감축 효과를 공식적으로 인증받아야 한다.

결과적으로, 기업이 내부 감축이 아닌 외부 감축 프로젝트를 활용하려면, 정부가 정한 기준과 방법론을 충족하여 감축 실적을 검증받아야 한다.

3.2 외부 감축사업의 승인 제한 사항

외부 감축사업이 온실가스 감축의 실효성을 확보하려면, 단순한 활동이나 규제 준수를 통한 감축 실적이 아닌, 추가적인 감축 노력이 반영된 사업이어야 한다. 이에 따라 다음과 같은 사업 유형은 외부사업으로 승인받을 수 없다.

법령 또는 규제 기준에 따른 감축사업: 정부나 지방자치단체가 법적으로 요구하는 온실가스 감축 조치에 의해 발생한 감축 실적은 추가적인 감축 노력이 없는 것으로 간주되므로 인정되지 않는다.
추가 감축 노력이 없는 감축 실적: 점심시간 소등과 같은 단순한 에너지 절약 활동, 배출 시설을 단순히 다른 지역으로 이전하여 감축 실적을 확보한 경우, 기존 내부 감축 활동을 외부 사업으로 위탁하여 발생한 감축 실적 등은 인정되지 않는다.
정부의 재정적 지원을 받은 감축사업: 정부로부터 직접적인 재정 지원을 받아 수행한 온실가스 감축 사업은 이미 공공 재원이 투입된 감축 실적이므로 외부사업으로 인정되지 않는다.

즉, 외부 감축사업은 반드시 기업의 자발적인 노력으로 실질적인 온실가스 감축 효과를 가져와야 하며, 규제 준수나 단순한 운영 방식 변경만으로 감축 실적을 인정받을 수 없다.

3.3 외부 감축사업의 유형

외부 감축사업은 규모와 운영 방식에 따라 세 가지 유형으로 구분된다.

단일 감축사업(Single Project): 개별 기업이나 단체가 단일 프로젝트를 통해 감축 실적을 창출하는 방식이다. 예: 특정 공장에서 에너지 효율을 개선하여 탄소 배출을 감축하는 프로젝트

묶음 감축사업(Bundle Project): 여러 개의 유사한 감축 프로젝트를 묶어 하나의 사업으로 운영하는 방식이다. 예: 중소기업 여러 곳에서 동일한 기술을 적용하여 감축 효과를 얻는 경우

프로그램 감축사업(Program Project): 장기적으로 다양한 기업기관이 지속적으로 참여할 수 있는 방식이다. 예: 전국적인 에너지 절감 프로그램, 건물 리모델링을 통한 온실가스 감축 프로젝트

이러한 다양한 사업 형태를 통해, 기업들은 자사에 적합한 감축 방식으로 외부 감축사업을 활용할 수 있다.

최근에는 지방정부나 산업단지를 중심으로 '지역 기반 프로그램 감축사업'이 활발히 추진되고 있다. 예를 들어, 여러 중소기업이 입주한 산업단지에서 공통의 에너지 절감 기술(예: 고효율 보일러, 폐열 회수 시스템)을 적용하고, 이를 하나의 프로그램 감축사업으로 등록하여 집단적 감축 실적을 창출하는 사례가 늘고 있다. 특히 이러한 사업 모델에 디지털 MRV 시스템을 시범 도입하여, 개별 설비의 운영 데이터를 실시간 수집·검증하고 이를 통합해 KOC/KCU 전환까지 자동화하는 체계를 구축하기도 한다. 이처럼 기술 기반의 묶음 또는 프로그램형 사업은 감축 비용을 낮추면서도 다수 기업의 참여를 이끌어내는 방식으로 주목받고 있다.

| 표24 | 감축사업 유형 비교표

구분	단일감축사업	묶음감축사업	프로그램 감축사업
정의	극소규모 감축사업:연간 예상 감축량 100톤 이하 소규모 감축사업: 연간 예상 감축량 100톤초과, 3,000톤이하 일반 감축사업: 연간 예상 감축량 3,000톤 초과	소규모 감축사업 및 극소규모 사업 여러 개를 묶은 감축사업 ·소규모 감축사업의 묶음 감축사업 15,000톤 이하 ·극소규모 감축사업의 묶음 감축사업 500톤 이하	정책적으로 시행되는 감축사업 *Program CDM과 유사
모니터링 주기	모니터링 보고서 작성 시 모니터링 기간은 최대 2년까지 가능(산림분야는 최대 5년) *단, 소규모 감축사업 및 극소규모 감축사업 모니터링 기간은 최대인증유효기간		
추가성	공통: 법적,제도적 추가성/연간 감축 60,000톤 초과: 공통+경제적 추가성		
사업자	단일 외부사업 사업자 (사업참여자는 관계 없음)	대표 외부사업 사업자 + 개별단위 사업자	총괄외부사업자+ 개별단위사업자
방법론	사업 유형에 적합한 방법론	각 단위사업 방법론 상이해도 무방 (단, 산림분야는 산림분야방법론만 해당)	각 단위사업은 동일한 승인 방법론
유효기간	갱신형(최대5년 연장2회) ※산림분야(최대15년 연장2회) 고정형(최대10년 연장불가)	※단일감축사업과 동일 각 단위사업은 동일한 사업유형 및 인증유효기간 적용	28년이내(연장불가) ※산림분야(60년이내) 각 단위사업의 동일한 사업유형(갱신/고정형) 및 인증유효기간 적용 불필요 ※프로그램감축사업 인증유효기간 종료시 각 단위사업의 인증유효기간 종료

4. 외부감축사업 절차

외부사업은 외부사업 방법론을 준용하여 신청하여야 한다. 방법론이 등록되어 있지 않은 경우, 신규로 방법론 개발이 필요하다. 방법론에 따라 외부사업계획서를 작성하고, 이를 이행하여 얻은 온실가스 감축량은 제3자 검증을 받은 후, 외부사업 인증실적(KOC)으로 발급받는다. 외부사업 추진절차와 수행주체는 아래표와 같다.

| 표25 | 온실가스 배출권거래제 외부사업 추진절차표

단계	추진 절차	수행 주체
외부사업 승인	사업계획서 작성 및 승인 신청	외부사업 사업자
	타당성 평가	관장기관(위탁기관)
	승인 심의	인증위원회
	승인 및 상세등록부 등록	관장기관(위탁기관)
외부사업 이행	사업 이행 및 모니터링 보고서 작성	외부사업 사업자
	검증	검증기관(제3자)
외부사업 온실가스 감축량 인증	인증 신청	외부사업 사업자
	온실가스 감축량 인증검토	관장기관(위탁기관)
	인증 심의	인증위원회
	감축량 인증 및 상세등록부 등록	관장기관(위탁기관)

〈자료출처:https://www.monthlymaritimekorea.com/news/articleView.html?idxno=36315〉

제5절 자발적 탄소시장(VCM, Voluntary Carbon Market)

1. 자발적 탄소시장의 개념과 배경

자발적 탄소시장(Voluntary Carbon Market, VCM)은 정부의 규제 없이 기업, 단체, 개인이 자발적으로 온실가스를 감축하고, 이를 탄소 크레딧(Carbon Credit)으로 발행하여 거래하는 시장이다. 이는 정부 주도의 배출권거래제(ETS)와 같은 규제시장(Compliance Market)과 차별화된 구조를 가지며, 온실가스 감축을 위한 민간 주도의 시장 기반 해결책으로 주목받고 있다.

1.1 규제시장(Compliance Market)과의 차이점

자발적 탄소시장은 규제시장과 달리 강제적인 배출 감축 의무가 없으며, 보다 다양한 참여 주체가 온실가스 감축에 기여할 수 있도록 유도한다.

| 표26 | 규제시장과 자발적 시장 비교

구분	규제시장(Compliance Market)	자발적 탄소시장(Voluntary Market)
운영 주체	정부 및 국제기구	기업, 비정부기구(NGO), 개인
목적	법적 의무 이행 (NDC)	자발적 감축, ESG 경영, 탄소중립
참여 대상	배출 규제기업	모든 기업, 단체, 개인
크레딧 유형	할당배출권(EUA, KAU), 상쇄배출권(CER)	자발적 탄소크레딧(VCU, VER 등)
감축 프로젝트	국가 감축목표(NDC) 반영	프로젝트 유형이 자유롭고, 다양
크레딧 사용	감축 의무이행을 위한 구매	기업 ESG 경영, 탄소중립 선언을 위한 크레딧 구매 및 사용
규제 수준	엄격한 규제 및 정부 감독	비교적 자유로운 운영, 인증기준 다양

1.2 자발적 탄소시장의 배경과 발전 과정

자발적 탄소시장(VCM)은 정부의 법적 의무나 국제 규제와는 별도로, 기업이나 기관이 자발적으로 온실가스를 감축하거나 상쇄하려는 노력에서 출발한 시장이다. 이 시장은 초기에는 규모가 작고 실험적인 형태였으나, 시간이 지나면서 제도적 기반과 기술적 역량을 갖춘 주요한 탄소감축 수단으로 발전하였다.

(1) 초기 배경 (1990년대 후반~2000년대 초반)

자발적 탄소시장은 1997년 채택된 교토의정서(Kyoto Protocol) 이후 등장하기 시작했다. 교토의정서는 선진국에 온실가스 감축 의무를 부과하였지만, 개발도상국이나 일부 기업은 이와 같은 의무적 감축 체계의 바깥에 위치해 있었다. 이에 따라 다음과 같은 배경 속에서 자발적 시장이 형성되었다.

첫째, 규제 공백이 존재하는 국가나 기업들이 기후변화 대응에 자발적으로 참여하고자 했으며, 둘째, 기업의 사회적 책임(CSR) 차원에서 탄소발자국을 줄이기 위한 노력이 활발히 전개되었다. 셋째, 교토의정서 하에서 운영된 청정개발체제(CDM)의 개념이 자발적 시장으로 확장되며, 상쇄 크레딧 활용의 틀을 형성하였다.

(2) 시장 형성기 (2005~2010)

2005년 이후 자발적 탄소시장은 본격적인 시장 형태를 갖추기 시작하였다. 2007년에는 골드스탠다드(Gold Standard)와 검증된 탄소표준(VCS, Verified Carbon Standard, 현 Verra)가 등장하면서 탄소 크레딧 발행을 위한 최초의 인증 기준이 마련되었고, 탄소 크레딧 등록부, 검증 기관, 중개기관 등 시장 인프라가 구축되기 시작했다. 이 시기에는 재생에너지, 조림, 메탄(CH_4) 포집 등 다양한 유형의 프로젝트가 개발되었으며, 자발적 시장은 규모는 작지만 혁신적 방법론의 실험장으로서의 기능을 수행하였다.

(3) 시장 성장기 (2010~2015)

2010년대 초반, 자발적 탄소시장은 성장과 함께 공급과잉과 가격 하락이라는 구조적 문제를 겪기 시작했다. 특히 CDM의 침체 이후 공급된 저가 크레딧이 시장에 유입되면서 가격이 하락하고, 이로 인해 품질 중심의 시장 전환이 일어났다. 기업들은 단순한 비용 절감용 크레딧보다는 환경적 무결성이 검증된 프리미엄 크레딧을 선호하게 되었다. 또한 이 시기에는 산림 황폐화를 방지하고 생태계를 보존하는 REDD+ 프로젝트가 주목받으며, 산림 기반 감축 프로젝트의 비중이 커졌다.

(4) 파리협정 이후의 변화 (2015~2020)

2015년 파리기후협정의 채택은 자발적 탄소시장에 새로운 국면을 열었다. 많은 기업들이 탄소중립(Net-Zero) 목표를 선언하고, 이를 달성하기 위한 수단으로 자발적 상쇄 크레딧을 적극 활용하기 시작했다.

또한 파리협정 제6조에서 논의된 국제 탄소시장 메커니즘(Article 6)은 자발적 탄소시장과의 정합성 문제를 제기했으며, 특히 국가 감축목표(NDC)와 자발적 크레딧 간의 이중계산 문제가 중요한 쟁점으로 부각되었다. 이로 인해 자발적 시장도 국제 협상과 제도 설계에 밀접하게 연결되는 구조로 변화하게 되었다.

(5) 현대적 성장과 전환 (2020~현재)

2020년 이후, 자발적 탄소시장은 사상 유례없는 급성장과 구조적 전환을 경험하고 있다. 넷제로 선언 기업이 폭발적으로 증가함에 따라, 크레딧 수요도 급증하며 시장 규모가 크게 확대되었다.

이와 동시에 탄소 크레딧의 품질 기준을 강화하려는 노력도 본격화되었다. 대표적으로 TSVCM(Taskforce on Scaling Voluntary Carbon Markets)과 ICVCM(Integrity

Council for the Voluntary Carbon Market)이 설립[37]되어, 시장 신뢰성과 투명성을 제고하기 위한 글로벌 기준 마련 작업이 진행되고 있다.

또한 블록체인, 원격 감지, 인공지능(AI) 등 첨단 기술을 활용한 측정(M), 보고(R), 검증(V) 시스템의 혁신이 이루어지고 있으며, 전통적 감축 프로젝트를 넘어 탄소 제거(Carbon Removal) 프로젝트에 대한 관심과 투자가 크게 증가하고 있다. 이로써 단순한 배출 억제에서 나아가 탄소의 물리적 제거 및 흡수가 자발적 시장의 핵심 영역으로 부상하고 있다.

최근에는 일부 국가에서 자발적 탄소시장에서 발행된 크레딧을 규제시장 내에서 제한적으로 인정하려는 움직임도 나타나고 있어, 자발적 시장과 규제 시장 간의 통합 가능성 역시 중요한 정책적 이슈로 부상하고 있다. 이처럼 자발적 탄소시장은 초기의 실험적 시기를 지나, 이제는 글로벌 기후 대응의 핵심적 수단이자, 탄소중립 이행의 실질적 도구로 자리잡고 있다.

1.3 자발적 탄소시장 의의

자발적 탄소시장(VCM)은 기존의 규제 중심 감축 체계와는 달리, 보다 유연하고 혁신적인 방식으로 기후변화 대응을 확대하는 중요한 역할을 수행하고 있다. 이 시장은 다음과 같은 측면에서 그 의의가 크다.

첫째, 자발적 탄소시장은 기후 기술과 감축 방법론의 혁신을 촉진하는 실험장으로 기능한다. 규제시장에 비해 상대적으로 유연한 구조를 바탕으로, 새로운 프로젝트 유형과 방법론이 시도되고 적용될 수 있는 기반을 제공한다. 이러한 환경은 시장 기반 기후해결책의 다양성과 실현 가능성을 넓히는 데 기여하고 있다.

둘째, 자발적 탄소시장은 포용적인 기후행동 참여 기회를 제공한다. 규제 대상에 포함되지 않는 중소기업, 지방정부, 비영리단체, 심지어 개인에 이르기까지 누구나 탄소 감축 활동에 동참하고 상쇄 크레딧을 구매하거나 프로젝트를 추진할 수 있어, 기후변화 대응의 참여 범위를 확장시키는 데 이바지한다.

---

[37] TSVCM이란 국제 자발적 탄소시장의 확대를 위한 민간 주도 태스크포스로 2020년 마크 카니(Mark Carney)와 금융계 주요 인사들이 설립하여, 고품질 탄소상쇄 크레딧의 발행과 유통을 위한 글로벌 인프라 구축을 목표로 활동했다. TSVCM은 자발적 탄소시장(VCM)의 신뢰성과 투명성을 높이기 위한 시장 구조, 거래 표준, 인증 가이드라인을 마련했고, 이후 이를 제도적으로 정비할 독립기구인 ICVCM 설립으로 이어졌다. 한편 ICVCM이란 자발적 탄소시장의 신뢰성과 품질을 관리하기 위해 2021년 TSVCM의 후속으로 설립된 독립기구로 'Core Carbon Principles (CCPs)'라는 고품질 탄소크레딧 기준을 제시하며, 전 세계 자발적 탄소시장에 적용 가능한 크레딧 무결성 평가체계를 운영한다. ICVCM은 다양한 인증기관(예: Verra, Gold Standard 등)의 프로그램을 검토하고, CCP 충족 여부에 따라 신뢰할 수 있는 탄소크레딧 인증체계로 인정하고 있다.

셋째, 이 시장은 단순한 온실가스 감축을 넘어, 지속가능발전(SDGs) 달성에도 기여한다. 예를 들어, 산림 보전 프로젝트는 생물다양성 보전, 지역사회 기반 에너지 프로젝트는 에너지 접근성 확대 및 지역 경제 활성화로 이어지는 등 자발적 감축 활동은 다양한 사회적·환경적 공동 편익(Co-benefits)을 창출한다.

넷째, 자발적 탄소시장은 기후금융의 유입을 촉진하는 메커니즘으로도 작용한다. 특히 개발도상국에서 진행되는 저탄소 프로젝트에 민간 자본의 참여를 유도함으로써, 공적재원만으로는 한계가 있는 국제기후재원의 보완수단으로서 중요한 기능을 수행한다.

이처럼 자발적 탄소시장은 기후변화 대응의 실험적 공간이자 참여 확대의 촉진자, 그리고 지속가능한 발전과 기후금융 활성화를 연결하는 교차점으로서 점차 그 중요성이 커지고 있다. 앞으로도 자발적 탄소시장은 시장의 투명성, 신뢰성, 국제 정합성을 확보해 나가면서, 글로벌 기후 위기 대응의 핵심 플랫폼으로 진화해 나갈 것으로 기대된다.

2. 자발적 탄소시장 참여자 및 운영 방식

자발적 탄소시장은 다양한 참여자들이 유기적으로 협력하는 체제이다. 감축 프로젝트 개발자는 온실가스 감축 프로젝트를 개발하고, 인증기관은 감축 실적을 평가하며, 기업과 투자자는 탄소 크레딧을 구매하여 탄소중립 목표를 달성한다. 또한, 거래 플랫폼과 브로커는 크레딧의 원활한 거래를 지원한다.

2.1 감축 프로젝트 개발자(Project Developers)

온실가스 감축, 제거, 또는 흡수 프로젝트를 설계하고 운영하는 주체이며 산림 보존, 재생에너지 확대, 에너지 효율 향상, 탄소 포집·저장(CCUS) 등 다양한 프로젝트를 수행한다. 개발된 프로젝트는 국제 인증 기관을 통해 탄소 크레딧으로 발행된다.

2.2 인증 기관(Validation & Verification Bodies, VVBs)

감축 프로젝트의 신뢰성과 투명성을 보장하는 역할을 한다. 프로젝트의 탄소 감축 효과를 검증하고, 크레딧 발행을 승인하는 기관이다. 대표적인 인증기관으로 Verra, Gold Standard, ACR(American Carbon Registry), CAR(Climate Action Reserve) 등이 있다.

2.3 탄소 크레딧 구매자 (Carbon Credit Buyers: 기업, 투자자)

탄소중립 목표를 달성하려는 기업, 투자자, 정부 기관, 비정부기구(NGO) 등이 크레딧을 구매한다. 기업들은 자체 감축이 어려운 배출량을 크레딧 구매를 통해 상쇄(Offset)하여 탄소중립을 실현한다. 투자자들은 탄소 크레딧을 자산으로 보유하거나, 시장에서 거래하여 수익을 창출할 수 있다.

2.4 거래 플랫폼 및 브로커 (Exchanges & Brokers)

탄소 크레딧의 유동성을 높이고, 원활한 거래를 지원하는 중개자 역할을 한다. 대표적인 거래소로 Xpansiv CBL, AirCarbon Exchange(ACX), CME Group 등이 있으며, 일부 탄소 크레딧은 장외거래 방식으로 거래된다. 브로커는 구매자와 판매자를 연결하여 탄소 크레딧의 가격 협상과 거래를 중개한다.

2.5 탄소크레딧 발행절차

탄소 크레딧 발행 절차는 ▲감축 프로젝트 개발, ▲제3자 인증기관의 검증 및 인증(Validation & Verification), ▲탄소 크레딧 발행 및 국제 탄소 크레딧 레지스트리(Registry)에 등록, ▲거래 및 활용순으로 이루어진다.

3. 주요 감축 프로젝트 유형

3.1 산림 보존 및 조림

REDD+는 Reducing Emissions from Deforestation and Forest Degradation의 약자로, 산림 파괴 및 훼손을 방지함으로써 온실가스 배출을 줄이고, 탄소 흡수 기능을 유지하는 데 목적을 둔 산림 보존 프로젝트이다. 주로 열대우림과 같은 주요 생태계를 대상으로 하며, 산림의 보전과 지속 가능한 이용을 통해 기후변화 완화에 기여하는 대표적인 자연 기반 해법(Nature-based Solution)으로 평가받는다.

이와 함께, 조림(Afforestation)과 재조림(Reforestation)은 각각 새로운 숲을 조성하거나 훼손된 산림을 복원하여 탄소를 흡수하는 방식의 프로젝트이다. 이러한 활동은 대기 중 이산화탄소를 흡수하는 탄소 흡수원(Carbon Sink) 기능을 강화하여, 온실가스 농도를 낮추는 데 기여한다.

REDD+와 조림·재조림 프로젝트는 자발적 탄소시장 및 국제 감축 메커니즘에서 널리 활용되며, 탄소 흡수 확대와 생물다양성 보전, 지역사회 혜택이라는 다층적 효과를 동시에 제공하는 중요한 수단으로 주목받고 있다.

3.2 신재생에너지 (태양광, 풍력, 수력 등)

신재생에너지 프로젝트는 태양광, 풍력, 수력, 바이오에너지 등 화석연료 기반 발전소를 대체하는 청정에너지 설비를 도입하여 온실가스를 감축하는 사업 유형이다. 특히 개발도상국에서는 재정적·기술적 제약으로 인해 재생에너지 인프라가 부족한 경우가 많아, 자발적 탄소시장에서 재생에너지 보급 확대를 위한 프로젝트가 활발히 이루어지고 있다. 이러한 프로젝트는 탄소 배출 감축과 동시에 에너지 접근성 개선, 지역 경제 활성화, 기술 이전 등 다양한 공동 편익(Co-benefits)을 창출할 수 있다. 또한 탄소 크레딧 인증 기준에 따라 발행된 감축 실적은 자발적 탄소시장 또는 국제 메커니즘을 통해 거래될 수 있다.

3.3 에너지 효율 개선 (Energy Efficiency Improvement)

에너지 효율 개선 프로젝트는 산업, 건물, 운송 등 다양한 분야에서 에너지 소비를 최적화하고 낭비를 줄여 온실가스 배출을 감축하는 데 중점을 둔다. 대표적인 예로는 노후 설비의 고효율 기기 교체, LED 조명 도입, 에너지 관리 시스템 설치, 스마트 그리드 구축, 단열 성능 향상 등이 있다. 이러한 프로젝트는 단기간 내 구현이 가능하고, 비용 대비 감축 효과가 높아 경제성이 뛰어난 감축 수단으로 평가된다. 특히 중소기업이나 공공기관 등은 초기 투자비가 적은 효율 개선 프로젝트를 통해 손쉽게 탄소 감축에 참여할 수 있다.

3.4 탄소 포집·활용·저장 (CCUS, Carbon Capture, Utilization & Storage)

탄소 포집·활용·저장(CCUS) 기술은 대기 중 또는 배출원에서 발생하는 이산화탄소를 직접 포집한 후, 이를 저장하거나 산업적으로 활용하는 기술을 말한다. 포집된 탄소는 지하 심부 암반층에 영구적으로 저장(Carbon Storage)하거나, 건축 자재, 연료, 화학 원료 등으로 재활용(Carbon Utilization)될 수 있다. 주로 석유·가스 플랜트, 시멘트, 철강, 대규모 석탄화력발전소 등 탄소 집약적 산업에서 활용 가능성이 크며, 즉각적인 배출 저감 효과를 기대할 수 있다. 최근에는 직접공기포집(DAC, Direct Air Capture)과 같은 기술이 주목받으며, 탄소 제거(CDR) 분야로 확장되고 있다.

CCUS는 단기적 감축 외에도, 지질저장을 통한 수천년이상 CO_2 제거가 가능하다는 점에서 장기적인 탄소중립 실현을 위한 핵심 기술로 간주되며, 자발적 탄소시장에서도 탄소 제거 크레딧(Carbon Removal Credit)의 형태로 높은 관심을 받고 있다.

4. 주요 자발적 탄소시장 표준 및 인증

자발적 탄소시장은 다양한 프로젝트 기반의 탄소감축 활동이 이루어지는 공간으로, 검증 가능한 기준과 투명한 거래 메커니즘이 필수적이다. 이를 위해 국제적으로 공신력 있는 검·인증기관들이 표준을 제정하고, 프로젝트의 온실가스 감축 실적을 객관적으로 검증하며, 탄소 크레딧(Carbon Credit) 발행을 관리한다.

이들 기관은 단순한 기술적 절차를 넘어, 감축량의 실효성, 추가성(Additionality), 이중 계산 방지, 지속가능성 기여 여부 등을 포괄적으로 검토하여 탄소시장에 신뢰와 투명성을 제공한다. 그러나 동시에, 프로젝트의 환경적 효과 과장, 기준 간 일관성 부족, 감축 영속성(Permanence) 논란 등 한계도 지적된다.

| 표27 | 주요인증기관 비교

인증 기관	설명
VCS(Verified Carbon Standard)	가장 널리 사용되는 탄소 감축 프로젝트 인증 기준. Verra에서 운영
Gold Standard	지속가능성 요소를 강조하는 인증. 환경·사회적 혜택을 포함한 프로젝트 평가
ACR(American Carbon Registry)	미국기반 탄소감축 프로젝트를 검증하는 기관
CAR(Climate Action Reserve)	북미지역에서 높은 신뢰도를 가진 감축 인증기관

5. 자발적 탄소시장 동향과 전망

5.1 시장 성장 전망

자발적 탄소시장(VCM)은 최근 일시적인 침체 국면을 겪고 있으나, 중장기적으로는 가파른 성장이 기대되는 분야로 평가된다. MSCI(Morgan Stanley Capital International)가 2025년 1월 6일 발표한 최신 보고서 "Frozen Carbon Credit Market May Thaw as 2030 Gets Closer"에 따르면, 2024년 약 14억 달러 규모였던 자발적 탄소시장은 2030년까지 최소 70억 달러에서 최대 350억 달러, 2050년에는 최대 2,500억 달러 규모에 이를 수 있을 것으로 전망된다. 이러한 예측은 기업과 정부가 발표한 기후 공약이 실제 이행된다는 전제 하에 제시된 것이다.

특히 기업들이 설정한 2030년 감축 목표와 실제 운영에서의 직접 감축 가능성 간의 간극을 메우기 위한 수단으로 탄소 크레딧 활용이 증가할 가능성이 크다. 파리협정 이행 과정에서 국가 온실가스 감축 목표(NDC)의 상향 조정이 지속되면서, 기업들은 규제 대상 여부와 관계없이 자발적인 감축 노력을 강화할 필요성이 커지고 있다.

또한, 넷제로(Net Zero) 선언이 민간 부문 전반으로 확산되며, 배출권거래제 등 의무 규제 대상이 아닌 기업들도 자체적으로 탄소중립 목표를 설정하고 상쇄 수단을 모색하는 추세다.

기술적·경제적으로 직접 감축이 어려운 분야에서는 상쇄 크레딧을 통한 대처 수단의 필요성이 더욱 부각되고 있다. 예를 들어, 데이터센터, 글로벌 물류, 국제 항공 등 고정 배출이 불가피한 산업에서는 자발적 탄소 크레딧에 대한 수요 증가가 예상된다. 특히 국제 항공 분야는 CORSIA(Carbon Offsetting and Reduction Scheme for International Aviation) 제도를 통해 자발적 크레딧을 적극 활용하고 있으며, 이러한 움직임은 향후 시장 확대를 견인할 주요 요인 중 하나로 작용할 것이다.

5.2 품질 및 신뢰성 개선 동향

자발적 탄소시장의 무결성, 신뢰성, 투명성 확보를 위한 제도적 개선 노력이 활발히 진행되고 있다. 시장의 성장 가능성이 높아지는 만큼, 탄소 크레딧의 품질 보장과 신뢰도 제고는 시장 안정성과 지속 가능성 확보의 핵심 요소로 부각되고 있다.

(1) 핵심 탄소 원칙(CCPs) 도입-ICVCM의 무결성 기준 정립

2023년 3월, 국제 자발적 탄소시장 무결성위원회(ICVCM, Integrity Council for the Voluntary Carbon Market)는 자발적 탄소시장에서 성실성과 투명성을 강화하기 위한 지침으로 10가지 핵심 탄소 원칙(Core Carbon Principles, CCPs)을 공식 발표하였다. 이 원칙들은 다음과 같다.

▲효과적인 거버넌스 (Effective governance), ▲신뢰 가능한 추적 시스템 (Tracking), ▲정보의 투명성 (Transparency), ▲독립된 제3자에 의한 검증 (Robust independent third-party validation and verification, ▲추가성 확보 (Additionality), ▲감축 효과의 영속성 (Permanence), ▲감축량의 정량적 정확성 (Robust quantification of emission reductions and removals), ▲이중계산 방지 (No double-counting), ▲지속가능발전 편익 및 안전장치 (Sustainable development benefits and safeguards), ▲넷제로 전환 기여 (Contribution toward net-zero transition)등이다.

이러한 기준 도입은 그동안 자발적 탄소시장에 제기되어온 무결성 논란을 해소하고, 고품질 탄소 크레딧 생태계를 조성하는 데 중요한 전환점으로 평가받고 있다.

(2) 투명성 강화 이니셔티브

시장 참여자들의 신뢰를 높이기 위해 투명성 제고를 위한 기술적·제도적 이니셔티브가 도입되고 있다. 대표적으로 제3자 검증 시스템의 정비, 검증된 탄소 표준(VCS)의 고도화, 디지털 기반 MRV(측정·보고·검증) 시스템 도입 등을 통해 프로젝트의 감축 실적을 보다 정밀하고 투명하게 기록·관리할 수 있게 되었다.

(3) 등록 시스템의 디지털 전환 및 고도화

탄소 크레딧의 발급, 이전, 폐기 등 전체 이력의 추적 가능성을 높이기 위해, 블록체인 기술을 활용한 디지털 등록 시스템이 점차 도입되고 있다. 이로써 크레딧의 이중 발급, 조작, 불투명한 거래 등의 리스크를 줄이고, 시장 내 투명성과 신뢰성을 한층 강화할 수 있게 되었다.

이러한 개선 노력은 자발적 탄소시장이 신뢰 기반의 고품질 시장으로 성장하기 위한 핵심 토대를 제공하며, 글로벌 기후 목표 달성에 기여하는 시장 메커니즘으로서의 정당성과 지속가능성을 더욱 공고히 하고 있다.

5.3 프로젝트 유형별 동향

자발적 탄소시장(VCM)의 프로젝트 유형별 동향에 대한 최근 분석은, Allied Offsets가 발표한 「VCM 2024 Review & Emerging Trends for 2025」 보고서에 잘 나타나 있다(출처: Allied Offsets 2025 보고서).

이 보고서에 따르면 현재 자발적 탄소시장은 크레딧 공급 과잉 상태에 직면해 있으나, 프리미엄 크레딧 수요 증가와 함께 저품질 크레딧에 대한 수요 감소가 진행되면서, 공급 과잉 문제는 점차 해소될 것으로 전망된다. 이에 따라 탄소 크레딧 가격은 중장기적으로 상승세를 보일 것으로 예상된다. 특히, 프로젝트 유형별로는 다음과 같은 성장 추세의 차별화가 뚜렷하게 나타나고 있다.

(1) 자연기반해법(Nature-based Solutions, NbS) 프로젝트

자연기반해법은 산림 보전, 조림·재조림, 습지 복원, 농업 탄소저감 등 생태계를 활용한 탄소 감축 방식을 포함한다. 이 유형은 상대적으로 낮은 비용, 공동 편익(Co-benefits) 창출(예: 생물다양성 보전, 지역사회 발전) 등에서 강점을 지니며, 기업 ESG 전략과 연계하기 쉬운 구조이기 때문에 지속적인 수요 증가가 예상된다. 특히 REDD+나 조림·재조림 프로젝트는 장기적 탄소 흡수 효과와 스토리텔링 가능성으로 인해 브랜딩 가치(Branding Value)도 높게 평가된다.

(2) 탄소제거(Carbon Removal) 프로젝트

탄소제거 프로젝트는 직접공기포집(DAC: Direct Air Capture), 바이오에너지탄소포집(BECCS), 생물학적 탄소저장, 광물탄화 등과 같이 탄소를 대기에서 직접 제거하여 저장하는 기술 기반 프로젝트를 의미한다. 이러한 크레딧은 '탄소 배출 억제'가 아닌 '실질적 제거' 효과를 제공하기 때문에 무결성(Integrity) 측면에서 높은 평가를 받고 있으며, 이에 따라 프리미엄 가격 형성이 이루어지고 있다. 다만, 기술 구현 비용이 높고 인프라가 제한적이기 때문에 시장 내 비중은 아직 낮지만, 성장 잠재력은 매우 크다.

(3) 재생에너지(Renewable Energy) 프로젝트

태양광, 풍력, 수력 등 전통적인 재생에너지 기반 감축 프로젝트는 한때 자발적 탄소시장의 주요 공급원이었으나, 현재는 상대적으로 낮은 프리미엄과 추가성(Additionality)에

대한 의문으로 인해 시장 내 비중이 감소하고 있다. 특히, 많은 국가에서 재생에너지 보급이 정부 정책에 의해 이미 촉진되고 있기 때문에, 해당 프로젝트가 '상쇄 크레딧으로서 얼마나 추가적인 감축 효과를 발생시키는가'에 대한 의문이 제기되고 있다. 이에 따라 투자자와 기업들은 보다 환경적 무결성이 높은 크레딧으로 관심을 이동하고 있는 추세다.

이처럼 자발적 탄소시장에서 프로젝트 유형 간 시장 평가와 수요 구조의 변화가 뚜렷해지고 있으며, 향후에는 품질 중심의 크레딧 수요 확대와 함께 특정 유형의 프로젝트에 대한 프리미엄 시장 구조가 더욱 정교화될 것으로 전망된다.

5.4 규제시장과의 연계성 강화

최근 자발적 탄소시장(VCM)과 규제시장(Compliance Market) 간의 제도적 연계 가능성이 확대되면서, 이는 자발적 시장의 신뢰성 제고와 수요 기반 확장에 긍정적인 영향을 미치는 요인으로 주목받고 있다. 규제시장과의 접점 확대는 자발적 시장의 제도화 수준 향상, 크레딧의 공신력 강화, 시장 유동성 확보에 기여할 수 있으며, 다음과 같은 측면에서 구체적인 연계가 진전되고 있다.

(1) 파리협정 제6조 이행과 자발적 시장의 제도적 연결

파리협정 제6조는 국가 간 탄소 감축 협력을 제도화한 조항으로, 특히 제6.2조와 제6.4조는 국경 간 크레딧 거래 및 새로운 국제 상쇄 메커니즘 도입을 규정하고 있다. 제6.2조는 국가 간의 탄소 감축 실적을 거래하는 협력적 접근 방식(ITMOs)을 허용하고, 제6.4조는 교토의정서 시기의 CDM을 대체하는 글로벌 탄소시장 메커니즘(SDM)을 도입한다. 이 조항들의 이행이 본격화되면, 자발적 감축 실적이 국가 감축목표(NDC)와 연계되는 제도적 기반이 마련되며, 이는 VCM이 국제 탄소시장 내에서 제도적으로 통합될 수 있는 중요한 계기가 된다.

(2) 일부 자발적 크레딧의 규제시장 내 활용

최근에는 특정 부문별 규제 프로그램에서 자발적 탄소 크레딧을 제한적으로 인정하는 사례가 나타나고 있다. 대표적으로 국제 민간항공기구(ICAO)가 운영하는 CORSIA(Carbon Offsetting and Reduction Scheme for International Aviation) 제도는 국제 항공 부문에 대해 탄소중립 성장(Carbon Neutral Growth)을 목표로 설정하고, 감

축의무를 충족하기 위해 신뢰성 있는 자발적 탄소 크레딧의 활용을 허용하고 있다. 이에 따라 Verra(VCS), Gold Standard, ACR 등 주요 인증기관의 일부 자발적 크레딧이 CORSIA의 허용 기준에 따라 채택되고 있으며, 이는 자발적 시장이 규제 목적에 활용될 수 있다는 실질적 가능성을 보여주는 대표 사례이다.

(3) 이중계산 방지를 위한 기술적·제도적 진전

자발적 탄소시장과 국가 NDC 제도가 연계될 경우, 동일한 감축 실적이 두 곳(국가와 기업)에서 중복 계산되는 이중계산 문제가 발생할 수 있다. 이를 방지하기 위해 상응조정(Corresponding Adjustment)제도가 도입되었다. 이는 감축 실적이 국경을 넘어 거래되거나(ITMOs), 또는 글로벌 탄소중립 실적으로 사용될 경우, 해당 실적이 발생국의 NDC 감축 실적에서는 제외되도록 조정하는 제도적 장치이다. 예를 들면 국내 기업이 자국 내에서 감축하면 그 실적은 원칙적으로 그 나라의 온실가스 인벤토리(총배출량)에 반영되므로, 그 국가의 NDC 감축 실적에 포함된다. 그러나 그 실적이 크레딧화되어 해외에 사용될 경우, 해당 감축은 국가 NDC에서 제외되어야 한다(이중계산 방지).

국제사회는 파리협정 제6조의 이행 규칙과 함께 이러한 회계 기준 통일 및 검증 메커니즘 정립을 추진 중이며, 이는 자발적 시장의 규제시장 진입 가능성 확대와 글로벌 두결성 확보에 중요한 진전으로 평가된다.

이처럼 자발적 탄소시장은 규제시장과의 연계를 통해 시장 규모 확대, 신뢰성 제고, 국제무역 체계와의 통합 가능성을 확대하고 있다. 향후 자발적 크레딧이 NDC 실적 보고, 국경 간 무역, 국제 기후협력의 한 축으로 자리 잡게 될 경우, VCM은 단순한 민간 참여 수단을 넘어 글로벌 감축 이행의 핵심 수단으로 진화할 것으로 기대된다.

5.5 시장 성장의 위험 요소

자발적 탄소시장(VCM)은 급성장과 제도화가 동시에 진행되고 있는 가운데, 그 발전을 제약할 수 있는 내재적 위험 요소들도 분명히 존재한다. 이러한 위험 요소는 시장에 대한 신뢰를 저해하고, 크레딧 수요 감소로 이어질 수 있는 만큼 제도적 보완과 품질 개선 노력이 병행되어야 한다.

(1) 크레딧 품질 논란 및 그린워싱 우려

가장 대표적인 사례로, 2023년 1월 21일 영국 〈가디언(The Guardian)〉은 세계 최대 탄소상쇄 인증기관 중 하나인 Verra가 발행한 산림 분야 크레딧의 약 90%가 실질적인 감축 효과가 없거나 과장되었다는 연구 결과를 보도하며, 이를 '유령 크레딧(Phantom Credit)'이라고 비판한 바 있다. 이러한 사례는 자발적 탄소시장이 실질적 감축보다 홍보 수단으로 활용되는 그린워싱(Greenwashing) 우려를 키우며, 시장의 신뢰성에 심각한 타격을 줄 수 있다.

(2) 영구성(Permanence)의 불확실성

특히 산림 기반 프로젝트의 경우, 감축 효과가 장기간 유지되어야 크레딧의 환경적 가치를 인정받을 수 있지만, 산불, 벌목, 병해충 등 예측 불가능한 요인으로 인해 흡수된 탄소가 다시 대기 중으로 방출될 가능성이 있다. 이처럼 감축 실적이 되돌아가는 경우는 영구성 기준(Permanence Standard)에 위배되며, 해당 프로젝트의 신뢰성과 가치가 훼손될 수 있다.

(3) 추가성이 낮은 저비용 크레딧에 대한 과도한 의존

일부 프로젝트는 이미 정부 보조나 시장 상황에 따라 자연스럽게 진행될 가능성이 높은데도 이를 기반으로 크레딧을 발행함으로써 '추가성(Additionality)'이 결여된 저품질 크레딧이 유통된다. 이러한 크레딧은 단기적으로는 낮은 비용으로 감축 수단을 제공하지만, 실질적 탄소 감축에는 기여하지 못하며, 시장 전반의 신뢰를 훼손하는 원인이 된다.

(4) 베이스라인 설정의 신뢰성 문제

탄소 감축 프로젝트는 사업을 하지 않았을 경우 배출되었을 것으로 예상되는 '기준선(Baseline)'을 설정하고, 이를 실제 감축성과와 비교하여 감축량을 산정한다. 그러나 이 기준선이 의도적으로 높게 설정될 경우, 실제보다 과장된 감축 실적이 보고될 수 있어, 크레딧 발행량의 왜곡과 시장 신뢰 저하로 이어질 수 있다. 이는 특히 자발적 시장에서 통일된 회계 기준이 미비한 상황에서 국제적 신뢰를 확보하는 데 걸림돌이 될 수 있다.

5.6 종합 전망

이러한 도전 과제에도 불구하고, 자발적 탄소시장은 중장기적으로 의미 있는 성장이 기대되는 분야로 평가된다. 다음과 같은 구조적 요인들이 자발적 시장의 지속 가능한 발전을 견인하고 있다.

(1) 기후위기 대응의 시급성과 기업의 감축 책임 강화

기후변화의 영향이 점점 심화되면서, 국제 사회 및 민간 부문의 탄소중립(Net Zero) 공약이 빠르게 확대되고 있다. 이에 따라 법적 의무가 없는 기업들조차도 자발적인 감축 활동과 상쇄 전략을 구체화하고 있으며, 자발적 크레딧 수요는 지속적으로 증가할 전망이다.

(2) 품질과 신뢰성을 높이기 위한 기술 및 제도 발전

ICVCM의 핵심 탄소 원칙(CCPs), 디지털 기반 MRV(측정·보고·검증) 시스템의 고도화, 블록체인 기반 크레딧 추적 시스템 등이 도입되면서, 자발적 탄소시장은 점점 더 제도화되고 투명한 시장으로 전환되고 있다.

(3) 규제시장과의 연계 가능성 확대

앞서 언급된 바와 같이, 파리협정 제6조의 이행과 CORSIA와 같은 국제 규제 프로그램에서 자발적 크레딧의 일부 활용이 허용되면서, 자발적 시장은 규제시장과의 제도적 접점을 확대해 나가고 있다. 이는 자발적 시장의 제도적 인정성과 글로벌 정합성을 높이는 계기가 되고 있다.

(4) 직접 감축이 어려운 산업 부문에서의 대체 수단 역할

데이터센터, 국제 항공, 시멘트, 철강 등 배출 자체를 제거하기 어려운 부문에서는 자발적 탄소상쇄가 현실적인 탄소중립 전략의 핵심 수단으로 작동할 가능성이 높다. 이러한 분야의 상쇄 수요는 중장기적으로 시장 성장을 견인하는 중요한 기반이 된다.

이러한 전망을 실현하기 위해서는 고품질 크레딧의 공급 확대, 투명하고 검증된 거래 시스템 구축, 국제 표준과의 정합성 확보, 이중계산 및 추가성 문제에 대한 엄격한 관리 체계 도입 등의 조건들이 뒷받침되어야 한다.

제6절 국제 탄소시장

　탄소시장은 온실가스 배출에 경제적 가치를 부여하고, 시장 메커니즘을 통해 배출권을 거래함으로써 보다 효율적인 감축을 유도하는 제도적 장치이다. 이는 기업과 국가가 비용효율적인 감축 수단을 선택할 수 있도록 함으로써, 온실가스 감축 목표 달성을 촉진하는 경제적 유인책으로 작용한다. 앞 절에서는 규제시장과 자발적 탄소시장을 중심으로 국가 단위의 시장을 살펴보았다. 이번 절에서는 파리협정에 기반한 국제 탄소시장의 형성과 구조를 중심으로 고찰하고자 한다.

1. 국제 탄소시장 형성의 배경

　2015년 채택된 파리협정은 산업화 이전 대비 지구 평균기온 상승폭을 2°C보다 훨씬 낮게, 나아가 1.5°C 이하로 제한하겠다는 야심찬 목표를 제시하였다. 이를 실현하기 위해 각 국가는 자발적으로 국가온실가스감축목표(NDC)를 수립하고 이행하도록 하였다. 그러나 각국이 자국 내에서만 감축을 수행할 경우, 기술적·경제적 한계로 인해 이러한 공동의 목표 달성이 어려울 수 있다는 점이 지적되었다.

　특히 일부 국가는 감축 기술이 부족하거나, 경제 규모 대비 감축 비용이 지나치게 높아 자체적으로 NDC를 달성하기 어려운 상황에 놓여 있다. 이에 따라, 보다 감축 비용이 낮은 국가에서 온실가스를 줄이는 활동을 수행하고, 이를 국제적으로 인정받아 자국의 감축 실적으로 활용할 수 있는 방안이 논의되었다.

　이러한 국제적 협력을 제도화하기 위한 노력의 일환으로, 파리협정 제6조가 마련되었다. 제6조는 국가 간 협력적 접근을 통해 보다 효율적인 온실가스 감축을 가능케 하며, 국제 탄소시장의 제도적 기반을 제공한다. 이 조항은 기존 교토의정서 하의 청정개발체제(CDM) 경험을 바탕으로 하되, 보다 투명하고 신뢰성 있는 감축 실적 인정 및 이전 메커니즘을 구축하려는 목표를 지닌다.

2. 파리협정 제6.2조: 국제 감축 성과 이전(ITMOs)의 이해

2.1 개요
파리협정 제6조 2항(Article 6.2)은 국가 간 자발적 협력을 통해 온실가스 감축 목표를 달성하는 메커니즘을 규정하고 있다. 이 조항은 국가들이 감축 성과를 상호 이전하거나 공유할 수 있도록 함으로써 글로벌 기후 목표 달성에 기여하도록 설계되었다.

2.2 목적 및 기대 효과
제6조 2항의 핵심 목적은 국가들이 협력하여 온실가스 감축 목표를 효과적으로 달성하도록 지원하는 것이다. 이를 통해 감축 비용을 절감하고 효율성을 제고할 수 있으며, 글로벌 차원의 추가 감축 효과를 유도할 수 있다.

투자국은 감축사업을 진행하고 이를 국가 온실가스 감축 목표(NDC) 달성에 활용하여 경제적 이익을 창출한다.

유치국은 감축 프로젝트를 통해 기술이전, 인프라 개발, 일자리 창출 등 지속가능한 개발 이익을 얻는다.

2.3 주요 내용
(1) 국제 감축 성과 이전(ITMOs)

제6조 2항은 ITMOs(국제 감축 성과 이전)을 허용한다. ITMOs는 한 국가가 달성한 감축 성과를 다른 국가로 이전하거나 공유할 수 있는 단위를 의미한다. 이는 탄소 크레딧과 유사하지만, 투자국과 유치국에 국한된 것으로 일반 거래(Trade)를 목적으로 하는 크레딧과 다르게 "감축협력 결과물(Mitigation Outcomes)"이라 표현한다. 특수한 형태의 탄소크레딧이라고 할 수 있다.

(2) 감축 협력 유형

ITMOs 거래 방식은 다양한 형태로 이루어질 수 있다. 공동 감축 프로젝트는 두 국가가 협력하여 감축 프로젝트를 개발하고 실행하는 것이며, 감축 성과 이전은 한 국가가 달성한 감축 성과를 다른 국가와 공유 또는 이전하는 것이다. 기술 및 재정 지원 연계형은 선진국이 개발도상국에 기술 및 재정 지원을 제공하고, 이에 대한 대가로 감축 성과를 공유하는 것을 말한다. ITMOs의 구체적인 유형, 방법론, 이전 조건 등은 투자국과 유치국 간의 협의를 통해 자율적으로 결정된다.

또한, 기업이나 기타 제3자가 투자하여 ITMOs를 획득하고 이를 ESG 경영, ICAO의 CORSIA(항공 탄소 배출 감축 메커니즘), 싱가포르의 탄소세 대체 등의 목적으로 활용할 수도 있다.

(3) 이중계산 방지를 포함한 엄격한 회계(Robust accounting to ensure the avoidance of Double Counting)

상응조정의 개념과 국제 규범 : 상응조정(Corresponding Adjustment)은 국가 간 탄소 감축 실적(ITMOs)의 거래에서 발생할 수 있는 '이중 계산(Double Counting)'을 방지하기 위한 핵심 회계 메커니즘이다.

파리협정 제6.2조는 "당사국들은 국가결정기여(NDC)를 이행함에 있어서 국제적으로 이전된 감축결과(ITMOs)를 사용할 때, 지속가능한 발전을 촉진하고, 환경건전성과 투명성을 보장하며, 특히 이중계산 방지를 포함한 엄격한 회계를 적용하는 지침에 따라 자발적 협력을 추구할 수 있다."고 규정하고 있다.

여기서 '엄격한 회계'란 감축 실적이 어느 국가의 NDC에 포함될지를 명확히 규정하는 것으로, 상응조정의 개념적 기반이 된다. '상응조정(Corresponding Adjustment)'이라는 용어는 파리협정 원문에 명시되어 있지는 않지만, 해당 개념은 COP26에서 채택된 파리협정 이행규칙(Paris Rulebook)에서 공식화되었다.

상응조정의 작동 원리 : 감축은 유치국(국가 A)에서 이뤄지지만, 그 실적을 투자국(국가 B)의 NDC 달성 실적으로 이전하려면, 국가 A는 자국의 감축 실적에서 그 양만큼을 차감, 국가 B는 동일한 양을 자국 감축 실적에 가산해야 한다. 이로써 지구 전체의 감축 총량은 동일하지만, 어느 국가가 해당 실적을 활용하는지를 회계적으로 명확히 조정하게 된다. 요약하면 실제 감축은 유치국에서, NDC 이행 실적은 투자국으로 숫자상의 조정(=상응조정이) 된다.

(4) ETF(BTR)[38] 상응조정 보고서 예시

1) 기본정보

항목	내용 예시
보고 국가	대한민국 (Republic of Korea)
보고 기간	2023.01.01 ~ 2024.12.31
NDC 감축 범위	2030년까지 2018년 대비 40% 감축 목표
상응조정 적용 유무	있음 (Yes)
상응조정 적용 이유	ITMO 거래 체결에 따른 감축 실적 이전

2) ITMOs 상세내역

ITMOs 출처국	프로젝트명	감축량(tCO_2e)	연도	감축 방식	기준 방식
베트남	메콩강 수력발전CDM	100,000	2024	신재생에너지	CDM/VEF

3) 상응조정내역

항목	수치 (tCO_2e)	비고
A. 자국 내 총 감축 실적	30,000,000	실제 국내 감축량
B. 해외에서 이전받은 ITMOs	+100,000	베트남 수력발전 프로젝트
C. 조정 후 총 감축 실적	30,100,000	A + B
D. 상응조정 수출국 차감량	베트남 -100,000	베트남 보고서와 일치해야 함

4) 검증 및 추적정보

항목	내용
추적식별번호	ITMOs-KR-VN-2024-0001
인증기관	UNFCCC 인증 레지스트리 (등록부)
검증상태	기술전문가 검토 완료 (2025년 예정)
거래에 관한 당자협정	한-베트남 ITMOs 이행 협약 (2023년 체결)

5) 설명 및 부속자료

한국은 베트남 정부와 체결한 ITMOs 양자협정을 바탕으로, 2024년 감축실적 100,000tCO_2e를 공식 구매하였으며, 해당 실적은 베트남 정부가 자국 감축 실적에서 상응 조정한 상태임. 해당 조정 내역은 UNFCCC 투명성 체계(ETF)와 ITMOs 등록부에 등록되어 추적 가능하며, 향후 국제 기술 전문가 검토(TER)를 통해 정식 검증될 예정임.

---

38) ETF(Enhanced Transparency Framework)는 "강화된 투명성 체계"로 파리협정 제13조에 근거하여 모든 당사국의 NDC 이행, 감축 실적, 재정 지원 등을 투명하게 보고하고, 이를 검토하여 신뢰성과 비교 가능성을 높이기 위함이며, 보고 주기는 2년(Biennial Transparency Report, BTR)이다.

2.4 협력적 접근 방식의 실제 절차 (단계별 프로세스)

(1) 1단계: 이중계산 방지 협정 체결

참여국 간 MOU 또는 양자 협정 체결로 감축 실적의 국제이전(ITMOs)을 인정하기 위한 법적·기술적 합의, 회계처리 방식과 감축 단위(예: tCO_2e)의 명확히 규정, NDC 목표 범위 내 감축이어야 함 등을 명확히 한다.

(2) 2단계: 감축 활동 설계 및 실행

감축 활동의 주체(국가 또는 민간 기업)가 재생에너지 설비 구축, 에너지 효율 개선, 산림 보존 등 프로젝트를 기획한다. 감축량 산정 방법론(보통 UNFCCC 또는 승인된 방법론 기준)에 따라 프로젝트를 실행하는 단계이다.

(3) 3단계: 감축 실적 모니터링 및 검증 (MRV)

측정(Measuring): 기준선 대비 실제 감축량 계산

보고(Reporting): 프로젝트 수행기관이 감축 결과를 보고서로 제출

검증(Verification): 제3자 인증기관(독립적 감축 검증기관)이 검토 등 MRV 과정을 통해 신뢰할 수 있는 감축 실적을 확보하는 단계이다.

(4) 4단계: 감축 실적 인증 및 회계처리

감축 실적(ITMOs)을 인증받고, 유치국은 이를 NDC에서 감산한다. 이를 "Corresponding Adjustment(상응 조정)"이라 한다. 예를 들면 유치국이 100만 톤을 타국에 판매하면 자국 NDC 감축분에서 -100만 톤 처리한다. 투자국은 이를 자국 NDC 실적으로 반영한다.

(5) 5단계: 국제 보고 및 투명성 보고 체계 제출

양국은 감축 실적과 회계처리 내용을 투명성 보고서(Transparency Report)로 UNFCCC에 제출하는 단계이다. UN은 보고서 검토 후 국제기록 시스템에 등록한다. 이로써 국제사회에 대한 신뢰성을 확보한다.

3. 파리협정 제6.4조: 지속가능한 개발 메커니즘(A6.4 ERs)의 이해

파리협정 제6.4조는 지속가능한 개발 메커니즘(Sustainable Development Mechanism, SDM)을 규정하며, UNFCCC(유엔기후변화협약)의 중앙 감독하에 글로벌 탄소시장을 형성하는 조항이다. 이 메커니즘은 교토의정서의 청정개발체제(CDM)를 계승하고 발전시킨 것으로, 공공 및 민간 부문이 감축 프로젝트에 투자하여 배출권(A6.4 ERs, Emission Reductions)을 발행하고 거래할 수 있는 구조를 제공한다. 이를 통해 국가와 기업은 탄소 감축 목표를 달성하고, 동시에 지속 가능한 개발 목표(SDGs)에 기여할 수 있다.

3.1 제6.4조의 주요 특징
(1) UNFCCC의 중앙 감독
감축 프로젝트는 UNFCCC의 승인을 받아야 하며, 프로젝트 설계, 감축량 검증, 배출권 발행 등 모든 절차가 국제적으로 감독된다. 중앙 감독 체계는 프로젝트의 환경적 무결성과 투명성을 보장하며, 이중 계산을 방지한다.

(2) 감축 실적(A6.4 ERs)의 활용
감축 실적(A6.4 ERs)은 감축이 발생한 국가가 자국의 국가결정기여(NDC) 달성을 위해 직접 사용할 수 있다. 또한, 하강 감축 실적은 타 국가나 기업에 판매될 수도 있으며, 이를 통해 국제적인 감축 비용 분담을 촉진하고, 전 세계적인 감축 노력을 강화할 수 있다.

(3) 지속 가능한 개발 목표(SDGs)와의 연계
감축 프로젝트는 지속 가능한 개발 목표(SDGs)와 조화를 이루어야 하며, 사회적, 경제적, 환경적 혜택을 제공해야 한다. 이 메커니즘은 개발도상국에 기술 이전과 재정 지원을 제공하며, 지속 가능한 발전을 촉진한다.

3.2 제6.4조의 운영 구조
(1) 프로젝트 승인 및 등록
감축 프로젝트는 UNFCCC의 지침에 따라 설계되어야 하며, 추가성(Additionality)과 지속 가능성을 입증해야 한다. 프로젝트는 UNFCCC의 승인을 받아야 하며, 이 과정에서 기술적, 환경적, 사회적 검토가 이루어진다.

(2) 감축량 검증 및 발행

감축량은 독립적인 제3자 검증 기관에 의해 검증되어야 하며, 이는 프로젝트의 신뢰성을 보장한다. 검증된 감축량에 따라 배출권(A6.4 ERs)이 발행되며, 이는 국제적으로 거래될 수 있다.

(3) 상응 조정(Corresponding Adjustment)

A6.4 ERs가 다른 국가나 기업에 판매될 경우, 감축이 발생한 국가는 상응 조정을 통해 이 감축량을 자국의 NDC에서 차감해야 한다. 이를 통해 이중 계산을 방지한다.

3.3 제6.4조의 절차(단계별)

(1) 1단계: 프로젝트 등록 신청

개발 주체(국가/기업/민간)가 감축 프로젝트 계획서(PDD: Project Design Document)를 작성하여 UNFCCC 산하의 감독기구(Supervisory Body)에 등록 신청한다.

(2) 2단계: 검토 및 등록 승인

제3자 인증기관(DOE: Designated Operational Entity)이 프로젝트의 타당성과 추가성 여부를 검토 후 UN 감독기구가 공식 등록 승인하는 단계이다.

(3) 3단계: 프로젝트 수행 및 감축활동 실행

승인된 방식(Methodology)에 따라 감축 프로젝트를 수행한다. 예를 들면 재생에너지 발전, 폐기물 처리 개선, 산림보호 등 사업을 추진한다.

(4) 4단계: 감축 실적 모니터링 및 검증 (MRV)

감축 결과를 정기적으로 모니터링 및 보고한다. 인증기관이 실제 감축량을 독립적으로 검증하는 단계이다.

(5) 5단계: 감축 실적 인증 및 발급

검증된 감축 실적은 A6.4 ERs로 발급된다. 이 실적은 판매 가능하며, 감축 실적은 반드시 상응 조정(Corresponding Adjustment)이 필수이다.

(6) 6단계: 거래 및 NDC 반영

투자국은 해당 감축 실적을 NDC에 반영할 수 있다. 반대로 유치국은 자국의 NDC 감축 실적에서 이를 차감해야 한다.

| 표28 | 제6.2조와 제6.4조 비교

구분	제6.2조	제6.4조
주체	국가 간 자율적 협력	UNFCCC의 중앙 감독 하에 운영
감축 실적	ITMOs(국제적 감축성과 이전)	A6.4 ERs(감축 실적)
운영 방식	양자 또는 다자 협정	UNFCCC의 중앙 집권적 감독
지속 가능성	선택적(협정에 따라 다름)	필수적(지속 가능한 개발목표와 연계)
이중 계산 방지	상응 조정(Corresponding Adjustment) 적용	상응 조정(Corresponding Adjustment) 적용

4. 파리협정 제6.8조: 비시장적 협력 메커니즘의 이해

파리협정 제6.8조는 비시장적 협력 메커니즘(NMAs, Non-Market Approaches)을 규정하며, 시장 기반 접근법과는 달리 기술 이전, 역량 강화, 재정 지원 등 비시장적 방식을 통해 기후변화 대응을 지원하는 조항이다. 이 메커니즘은 특히 개발도상국이 온실가스 감축 및 기후변화 적응 능력을 향상할 수 있도록 돕는 것을 목적으로 한다.

탄소 크레딧과 직접적인 연관은 없지만, 장기적으로는 개발도상국의 감축 역량을 강화함으로써 글로벌 탄소시장의 신뢰성과 투명성을 높이는 데 기여한다.

제6.8조의 주요 특징은 다음과 같다.

(1) 비시장적 접근법

제6.8조는 탄소 크레딧 거래와 같은 시장 기반 접근법을 배제하고, 기술 이전, 역량 강화, 재정 지원 등의 협력을 강조한다. 이 메커니즘은 개발도상국이 기후변화 대응 역량을 강화할 수 있도록 지원하며, 지속 가능한 개발 목표(SDGs)와의 연계를 촉진한다.

(2) 기술 이전 및 역량 강화

선진국이 개발도상국에 저탄소 기술을 이전함으로써 감축 및 적응 능력을 향상시킨다. 개발도상국의 정부, 기업, 지역사회가 기후변화 대응 역량을 강화할 수 있도록 교육, 훈련, 인프라 구축 등을 지원한다.

(3) 재정 지원

선진국과 국제기구는 개발도상국에 재정 지원을 제공하여 기후 프로젝트를 실행할 수 있도록 돕는다. 기후변화 대응을 위한 공적 개발 원조를 확대하여 개발도상국의 지속 가능한 발전을 촉진한다.

| 표29 | Carbon trading mechanisms under Article 6

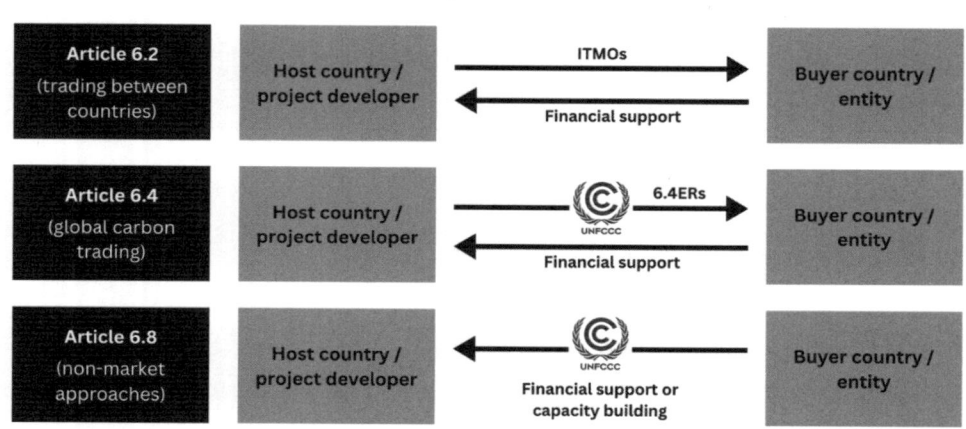

자료출처: https://zerocarbon-analytics.org/archives/food/article-6-of-the-paris-agreement-at-cop29

5. 국제 탄소시장의 시사점

5.1 파리협정 6조와 9년간의 협상

파리협정(2015년)은 전 세계 국가들이 협력하여 온실가스를 감축하고 기후 목표를 달성하도록 하는 역사적 협약이다. 그중 제6조는 국제 탄소 시장과 비시장적 메커니즘을 통해 온실가스 감축을 촉진하는 방안을 규정하고 있다. 그러나 탄소 크레딧 회계, 이중계산(Double Counting) 방지, 감축 실적 검증 등의 기술적·정치적 쟁점으로 인해, 제

6조의 구체적인 운영 방안이 9년 동안 합의되지 못하고 보류되어 왔다. 이러한 가운데, 2024년 COP29(아제르바이잔, 바쿠)에서 마침내 국제 탄소시장 프레임워크가 확립되었으며, 탄소 시장의 신뢰 회복과 투명성을 강화하는 세 가지 주요 규칙이 도출되었다.

(1) 배출 감소(제거) 방법론 및 투명성 확보

국제 탄소 시장 운영을 위한 방법론적 지침과 표준 세트가 승인되었다. 탄소 배출량 감축을 측정, 보고 및 검증(MRV, Measurement, Reporting, and Verification)절차 확립, 배출권 거래의 무결성 보장을 위한 명확한 기준 설정, 환경 및 인권 보호 조치를 포함하는 "지속 가능한 개발 도구"의 의무적 도입 등이다.

이는 탄소 시장에 대한 신뢰도를 높이고, 기업과 투자자들에게 탄탄한 기준을 제공하여 보다 안정적인 탄소 크레딧 거래가 가능하도록 하는 중요한 진전이다.

| 표30 | 제6조(Article 6)의 완전한 실행을 위한 9년 여정 요약

연도	회의결과	주요 내용 요약
2015 (COP21)	파리협정 채택	- 제6조 도입: ❶ 6.2조 협력적 접근(Coop. approaches) ❷ 6.4조 메커니즘(시장기반) ❸ 6.8조 비시장 접근
2021 (COP26)	파리규칙서 완성	- 지침 채택: ITMOs(국제감축실적)의 참여조건, 회계 기준, 보고·기록 인프라 등 - RMP 채택: 감독기구, 호스트국 요건, 활동 주기 등 CDM 전환 지침 포함 - 작업 프로그램 채택: 비시장 접근, 거버넌스, 활동 유형, 보고체계 등
2022 (COP27)	추가 규칙 도입	- 추적 시스템 지침: ITMOs 추적 인프라, 인증자 훈련 가이드라인 등 - CDM 전환 지침: 활동 전환 조건, 보고요건, 인증자 역할 등 - 의사결정 사항: 비시장 접근, 원칙, 추가 의제 설정
2024 (COP29)	최종 세부지침 확정	- 인가 지침: 최초 양도, 등록, 제3자 참여, 승인 절차 등 - 정보공개 및 기능 규정: 책임성·투명성 확보 위한 정보 요건 정비 - 절차 지침: 방법론 승인, 등록·검토 절차, 승인 프로세스 세부화 - 1단계 평가 종료: 구조·NMAs·용량 강화에 대한 권고 도출 및 2단계 진입 기반 마련

※ RMP는 Rules, Modalities, and Procedures(제6.4 메커니즘 관련 세부 규정) 〈자료출처: https://offset.energy.or.kr/offsetsystem/summary.do〉

(2) 크레딧 승인 절차 강화 및 이중 계산 방지

탄소 배출권 승인 절차를 간소화하고, 거래된 크레딧의 이중 계산(Double Counting) 문제를 방지하는 새로운 규칙이 도입되었다. 국가가 국제 탄소 시장에서 탄소 크레딧(ITMOs)을 승인할 경우, 반드시 온실가스 감축량을 조정해야 한다. 한 국가가 발행한 크레딧을 다른 국가가 중복해서 보고하지 않도록 조치해야 한다. 이를 통해 국가 간 거래

시스템이 보다 일관되고 신뢰할 수 있도록 개선되었으며, 탄소 시장의 환경적 무결성을 보장하는 기반이 마련되었다.

(3) 탄소 크레딧 국제 등록부 운영

COP29에서는 탄소 크레딧의 발급과 거래 내역을 추적할 수 있도록 하는 제6조 국제 등록부에 대한 합의가 이루어졌다. 국가 등록 시스템이 없는 국가도 ITMOs의 발급, 이전 및 취소 내역을 추적할 수 있도록 지원한다. 탄소 크레딧을 보유하고 거래할 수 있는 이중 등록 시스템 도입, 자원이 부족한 개도국도 탄소 시장에 참여할 수 있도록 공평한 접근성 보장 등이 이루어졌다. 이로써 글로벌 탄소 시장이 보다 투명하고 신뢰할 수 있는 체제로 운영될 수 있도록 기반이 마련되면서 COP29의 국제 탄소 시장 프레임워크는 글로벌 기후 목표 달성에 중요한 이정표가 되었다.

5.2 제6조와 자발적 탄소시장 연계의 의미

파리협정 제6조의 이행을 통해 배출 감축 방법론과 회계의 투명성이 대폭 강화되었고, 이중계산 방지 원칙과 탄소 크레딧 등록 시스템이 도입되었다. 특히 개발도상국이 시장에 공식적으로 참여할 수 있는 제도적 기반이 마련되었다는 점은 국제 탄소시장 확대에 중요한 전환점을 의미한다.

또한 이는 최근 자발적 탄소시장(VCM)이 직면했던 구조적 한계에 대한 해법으로 평가된다. 지난 10여 년간 자발적 시장은 그린워싱, 저품질 크레딧, 과장된 감축 주장 등으로 인해 신뢰성을 잃어가고 있었으며, 상쇄 프로젝트 전반에 대한 의문이 제기되었다. 이러한 상황 속에서 파리협정 제6조의 합의는 국제 탄소시장이 신뢰를 회복하고, 글로벌 기후목표를 효과적으로 뒷받침하는 메커니즘으로 거듭날 수 있는 기회로 작용하고 있다.

5.3 ICVCM의 CCPs 원칙과 통합 가능성

또 하나의 주요 쟁점은, 자발적 시장에 적용되는 ICVCM(Integrity Council for the Voluntary Carbon Market)의 10가지 핵심 무결성 원칙(CCPs)을 파리협정 기반의 국제 탄소시장에 어떻게 통합할 수 있는가이다. 만약 ITMOs(제6.2조)나 A6.4ERs(제6.4조)의 크레딧에 ICVCM의 무결성 라벨이 부착된다면, 이는 크레딧 품질을 한 단계 끌어올리는 계기가 된다. 이러한 고품질 인증 크레딧은 시장 수요자(구매자)에게 환영받게 되며,

민간 부문의 투자를 유도하고, 궁극적으로는 개발도상국의 감축 역량을 강화하는 데 기여할 수 있다.

5.4 민간 연계 방식 동향

파리협정 제6조의 이행을 통해 국제 탄소시장에 대한 제도적 기반이 마련됨에 따라, 민간 부문의 참여 가능성과 전략적 활용 방안이 주목받고 있다. 특히 자발적 탄소시장(VCM)과 공식 탄소시장 간의 경계가 점차 융합되며, 정부-민간 연계, 기업 전략 연계, 그리고 시장 통합 논의가 활발하게 진행 중이다.

(1) 정부-민간 연계 모델(공식시장 + 자발시장 혼합)

민간이 주도하여 수행한 자발적 감축 프로젝트를, 국가가 이를 공식적인 국가 감축 실적(ITMOs 또는 A6.4 ERs)으로 전환하여 활용하는 방식이다. 이 과정에서 상응 조정(Corresponding Adjustment) 적용 여부에 따라 공식 감축 실적용 또는 자발적 시장용으로 구분된다.

이러한 연계 배경에는 많은 개발도상국은 감축 역량이 부족하지만, 민간 프로젝트를 통해 실질적인 온실가스 감축이 이루어지고 있어 국가가 이러한 민간 프로젝트의 성과를 흡수하여 NDC 이행에 활용하고자 하는 목적이 있다. 이러한 혼합 모델은 공공과 민간의 시너지를 극대화하고, 동시에 자발적 감축의 신뢰성과 실효성을 높일 수 있다. 다만, 이중 계산 방지와 투명한 회계 처리를 위한 제도적 정비가 선행되어야 함은 당연하다.

(2) 기업의 Net Zero 전략 연계

기업들은 스스로 설정한 탄소중립 목표(Net Zero)를 달성하기 위해 자발적 탄소시장에서 고품질 크레딧을 구매하고 있다. 이 중 일부는 공식 감축 메커니즘(특히 6.4조 기반 ERs)를 활용하여 신뢰성 있는 탄소 상쇄 수단으로 사용된다.

이러한 연계 배경에는 Scope 1 & 2 감축은 내부 개선을 통해 가능하지만, Scope 3(공급망 배출) 감축은 한계가 있어 상쇄 수단에 의존할 수밖에 없기 때문이다. 그런 연유로 이해관계자(투자자, 소비자, 규제기관)는 고품질·고투명성의 크레딧 사용을 요구한다. Microsoft, Google, Shell 등 글로벌 기업은 Net Zero 목표 달성을 위해 고신뢰 크레딧 구매 전략을 수립하여 추진중이다. 다만 향후 기업 ESG 보고서에서 크레딧의 출처, 신뢰성, 상응 조정 여부가 주요 평가 기준이 될 수 있다. 그런 점에서 기업은 6.4조 기반의 공식 크레딧 사용을 확대할 가능성이 크며, 이는 VCM의 고도화로 이어질 수 있다.

📋 Discussion Topic

1. 탄소배출권 거래제(ETS)는 탄소중립을 달성하는 가장 효과적인 정책인가?
- **찬성** 배출권 거래제(ETS)는 시장 원리를 활용하여 기업이 비용 효율적으로 탄소 감축을 할 수 있도록 유도하는 가장 현실적이고 효과적인 정책이다.
- **반대** ETS는 초기 배출권 할당 방식의 문제, 가격 변동성, 기업들의 감축 노력 회피(그린워싱) 등으로 인해 실질적인 감축 효과를 보장하지 못한다.

2. 탄소시장은 저개발국에 기회를 주는가, 아니면 새로운 착취를 초래하는가?
- **찬성** 재정 자금 유입, 기술 이전과 역량 강화, 일자리 창출 등 탄소시장 참여를 통해 저개발국의 에너지 접근성 개선, 빈곤 퇴치 등 부수적 편익이 발생할 수 있어 기회가 된다.
- **반대** 불평등한 계약 구조, 현지 주민 소외, 실질적 혜택 부족, 탄소식민주의(carbon colonialism) 등 새로운 형태의 착취로 이어질 수 있다.

3. 기업의 탄소배출권 무상 할당은 정당한가?
- **찬성** 기업의 경제적 부담을 줄이고 산업 경쟁력을 보호하기 위해 무상 할당이 필요하며, 점진적인 유상 할당 확대가 더 현실적인 접근법이다.
- **반대** 탄소배출권을 무상으로 제공하면 오염자 부담 원칙에 어긋나며, 기업이 감축 노력을 게을리 할 가능성이 높아 탄소중립 목표 달성에 방해가 된다.

4. 자발적 탄소시장(VCM)은 실질적인 탄소 감축에 기여할 수 있는가?
- **찬성** 자발적 탄소시장은 정부 규제의 한계를 보완하며, 기업과 개인이 탄소 감축에 자발적으로 참여하도록 유도하는 긍정적인 역할을 한다.
- **반대** 자발적 탄소시장은 감축 효과가 불분명하며, 일부 기업들이 탄소중립을 주장하면서 실제로는 감축 노력을 회피하는 '그린워싱(Greenwashing)'을 조장할 위험이 크다.

5. 탄소시장 내 외부감축 사업(국외 상쇄)이 국내 감축 목표 달성에 도움이 되는가?
- **찬성** 감축 비용이 낮은 해외에서 더 많은 온실가스를 줄일 수 있어 전체적인 효율성이 높아진다. 기술 및 재정 지원을 통해 개도국의 지속가능한 발전도 촉진할 수 있다.
- **반대** 국내 산업의 구조 전환과 기술 혁신을 지연시킬 수 있으며, 해외 감축 성과의 신뢰성 부족과 이중계산 문제로 인해 기후책임이 불분명해질 수 있다.

제7장
탄소중립과 무역규제

제1절 기후변화와 국제무역 질서의 구조적 전환 ………… 310
제2절 EU 기후정책이 촉발한 글로벌 무역질서의 진화 ……… 319
제3절 EU 탄소중립관련 주요 개별법 ……………………… 331
제4절 미국의 최근 탄소중립 관련 무역 조치 동향 ……… 343
제5절 공급망 탈탄소화 전략 ……………………………… 347

Carbon Neutrality & Trade

제7장 탄소중립과 무역규제

제1절 기후변화와 국제무역 질서의 구조적 전환

1. 기후변화 시대, 국제무역의 전환점

기후변화는 더 이상 간과할 수 없는 전 지구적 위협으로, 단순한 환경 문제를 넘어 세계 경제 시스템의 근간과 국제 무역 질서의 패러다임을 근본적으로 재정의하는 핵심 동력으로 부상했다. 지구 평균 온도 상승, 예측 불가능한 극한 기후 현상의 빈번한 발생, 해수면 상승 등은 지구 생태계는 물론 인류의 경제 활동 전반에 심각한 영향을 미치고 있다. 특히, 농업 생산성 감소, 물 부족 심화, 자연재해로 인한 산업 기반 시설 파괴 등은 국제 무역 흐름에 직접적인 타격을 주고 있으며, 이는 곧 글로벌 공급망의 불안정성을 증폭시키는 요인으로 작용한다.

1.1 파리협정 이후, 탄소중립 목표와 무역 질서의 새로운 과제

2015년 파리협정은 이러한 절박한 상황 속에서 국제 사회가 기후변화 대응을 위한 공동의 목표를 설정하고 협력을 약속한 역사적인 전환점이었다. 파리협정을 통해 각국은 자발적으로 온실가스 감축 목표(NDC)를 제시하고, 장기적으로는 2050년까지 탄소중립 사회로 나아가기 위한 비전을 공유하게 되었다. 이는 에너지 시스템 전환, 산업 구조 혁신, 지속 가능한 소비 패턴 구축 등 경제 사회 전반에 걸친 심대한 변화를 요구하며, 국제 무역 또한 이러한 변화의 흐름에서 벗어날 수 없게 되었다.

1.2 기존 자유무역 체제의 한계와 지속가능한 무역으로의 전환 요구

그동안 국제 무역은 국가 간 비교우위에 기반한 자유로운 교역을 통해 자원 배분의 효율성을 높이고 경제 성장을 촉진하는 것을 핵심 가치로 삼아왔다. 그러나 이러한 자유무역 체제는 환경 비용을 외부화하고, 탄소 배출 증가와 자원 고갈을 심화시키는 등 지속가능성 측면에서 심각한 한계를 드러냈다. 기후변화라는 전 지구적 위기에 직면하면서 국제 사회는 더 이상 경제 효율성만을 추구하는 무역 시스템을 유지하기 어렵다는 공감대를 형성하게 되었고, 환경 지속가능성을 고려하는 새로운 무역 질서에 대한 요구가 거세지고 있다.

1.3 기후변화 대응 규제와 새로운 무역 질서의 형성: 도전과 기회

탄소중립 목표 달성을 위한 각국의 정책적 노력은 필연적으로 국제무역 환경에 새로운 규제를 도입하게 된다. 탄소국경조정제도(CBAM), 탄소 배출 기준 강화, 친환경 제품 인증 요구 등은 탄소 배출량이 높은 제품의 국제 거래에 제약을 가하고, 이는 기존의 자유로운 무역 흐름에 제동을 걸 수 있다. 이러한 규제는 단기적으로 무역장벽으로 작용하거나 국가 간 무역 분쟁의 새로운 원인이 될 수 있지만, 동시에 기업들의 친환경 생산 방식 전환을 촉진하고, 지속가능한 산업 성장을 견인하는 긍정적인 측면도 가지고 있다. 결국, 기후변화라는 피할 수 없는 도전에 직면하여, 국제무역은 과거의 효율성 중심에서 벗어나 환경 지속가능성과 경제 성장의 조화를 추구하는 새로운 질서로 재편될 수밖에 없는 중요한 전환점에 놓여 있다.

2. 국제무역이론의 역사와 환경문제의 부상

2.1 중상주의에서 자유무역 이론으로

16~18세기 중상주의는 자국 내 생산을 보호하고 무역수지 흑자를 통해 국가의 부를 축적하는 것을 목표로 했다. 이는 보호무역을 정당화하는 이론적 기반을 제공하며, 무역을 제로섬 게임으로 인식하였다. 이에 반해, 아담 스미스는 『국부론』을 통해 절대우위를, 데이비드 리카도는 비교우위 이론을 통해 상호이익의 가능성을 제시함으로써 자유무역의 경제적 정당성을 확보하였다. 이러한 고전경제학 이론은 국제 분업의 이점을 강조하며, 각국이 자원의 효율적 배분을 통해 전체적인 후생을 증대시킬 수 있다는 점을 입증하였다.

2.2 자유무역 확대와 환경문제의 충돌

20세기 중반 이후 GATT(1947)와 WTO(1995) 체제의 출범은 무역자유화를 제도화하였다. 그러나 자유무역의 확대는 산업화와 글로벌 생산 분업을 가속화하며 온실가스 배출 증가, 자원 고갈, 생물다양성 훼손 등의 환경문제를 심화시켰다. 특히 환경 규제가 느슨한 국가로의 생산 이전은 탄소누출(Carbon Leakage)을 야기하고, 이는 환경 보호와 경제 효율성 간의 갈등을 부각시켰다. 자유무역이 반드시 지속가능한 발전으로 이어지지 않음을 보여주는 사례들이 나타나기 시작했다.

2.3 지속가능성과 무역의 통합 시도

GATT 체제는 출범 초기부터 자유무역의 원칙을 중심에 두었으며, 제20조를 통해 공공의 건강, 생명, 천연자원 보호 등의 명분 하에 일부 무역제한 조치를 예외적으로 허용하였다. 이 중 환경 보호 목적의 조치도 포함되어 있었지만, 그러한 조치가 자의적 또는 부당한 차별을 초래하거나 은폐된 무역 제한 수단이 되지 않도록 엄격한 조건이 부과되었다.

그러나 1995년 WTO가 출범하면서 '지속가능한 개발(Sustainable Development)'이 공식 목표로 명시되었고, 이는 환경 문제에 대한 제도적 인식을 강화하는 전환점이 되었다. 특히 2000년대 이후 기후변화 대응의 시급성이 부각되면서, 무역 규범 내에 환경 요소를 통합하려는 흐름이 본격화되었으며, 이는 탄소중립 정책과 기존 무역 규범 간의 충돌을 완화하고 지속가능성을 기반으로 한 새로운 무역 협력 모델을 모색하는 시도로 이어지고 있다.

3. 탄소중립과 무역질서의 구조적 전환

3.1 탄소중립 정책의 확산과 무역에 미치는 영향

21세기 들어 기후위기가 전 지구적 문제로 인식되면서 각국은 탄소중립(Net Zero) 목표를 수립하고 이를 이행하기 위한 다양한 정책을 시행하고 있다. 이러한 기후정책은 에너지, 산업, 교통 등 주요 경제 부문에 큰 구조적 변화를 요구하며, 이에 따라 국제무역의 패턴에도 영향을 미치고 있다. 특히 이산화탄소 배출량이 높은 제품에 대한 규제는 국가 간 경쟁력의 재편을 유도하고 있으며, 탄소를 기준으로 한 새로운 무역질서가 형성되고 있다.

3.2 탄소국경조정제도(CBAM)와 기후 클럽의 등장

EU는 2026년부터 단계적으로 시행될 탄소국경조정제도(CBAM)를 통해 철강, 시멘트, 알루미늄 등 고탄소 산업에 대해 수입 시 탄소가격을 부과할 계획이다. 이는 역내 산업의 경쟁력을 보호하고, 해외 생산자의 탄소 감축 유인을 강화하는 제도로, 무역의 환경 기준을 재설정하는 상징적 조치이다. 더불어 독일 등은 기후 감축 동맹인 '기후 클럽(Climate Club)'을 통해 탄소 감축을 공통 목표로 삼는 국가들 간의 협력을 모색하고 있으며, 이는 비감축 국가에 대한 간접적 무역장벽으로 기능할 수 있다.

3.3 디지털 제품 여권(DPP)과 ESG 기반 비관세 장벽

EU 순환경제 전략의 일환으로 도입되는 디지털 제품 여권(DPP, Digital Product Passport)은 제품의 환경성, 재활용 가능성, 탄소배출 정보 등을 담고 있으며, 이는 공급망의 투명성을 강화하고 ESG 기준에 기반한 비관세 장벽의 성격을 띤다. 이러한 제도는 지속가능한 제품의 생산과 유통을 유도하지만, 기준이 선진국 중심으로 설정될 경우 개도국에는 무역장벽으로 작용할 수 있어 형평성 논란을 야기한다.

3.4 기후 식민주의 논쟁과 개도국의 반발

선진국 주도의 기후 규제는 개도국의 산업화 및 무역 확대에 부담으로 작용할 수 있다. 개도국은 탄소국경조정제도와 같은 규제가 선진국의 환경 책임을 전가하고, 자국 산업의 보호주의 수단으로 사용되고 있다고 비판하며 이를 '기후 식민주의(Climate Colonialism)'라 지칭한다. 유엔무역개발회의(UNCTAD)도 이러한 제도가 개도국의 수출경쟁력을 약화시키고 무역 정의(Trade Justice)를 훼손할 수 있다고 경고[39]한 바 있다.

4. 공급망 리스크와 자국 생산 중심의 부활

4.1 글로벌 공급망의 취약성과 분산화의 필요성

COVID-19 팬데믹은 글로벌 공급망의 복잡성과 취약성을 극명하게 드러냈다. 특정 부품이나 원자재의 수급 차질은 전체 생산망에 연쇄적인 충격을 초래하며, 특히 의약품, 마스크, 반도체 등 전략물자의 자국 생산 필요성이 대두되었다. 여기에 미중 전략 경쟁, 러시아-우크라이나 전쟁 등 지정학적 갈등이 더해지면서, 공급망의 분산화 및 자국 중심의 생산 전략이 다시 주목받고 있다.

4.2 리쇼어링과 기술주권 확보

미국, EU, 일본 등 주요 선진국은 반도체, 배터리, 청정에너지 등 핵심 산업에 대해 자국 내 생산을 확대하는 리쇼어링(Reshoring) 전략[40]을 추진하고 있다. 이는 단순한 보호무역이 아니라, 기술주권(Technological Sovereignty)과 경제안보(Economic Security)를 확보하기 위한 정책으로 해석되며, 글로벌 무역체계의 근본적 재구조화를 야기할 수 있다.

4.3 자국 생산과 지속가능성의 긴장과 조화

자국 생산 강화는 에너지 소비 증가, 중복 투자 등의 문제를 유발할 수 있으며, 오히려 환경적으로 비효율적인 결과를 낳을 수도 있다. 그러나 동시에 친환경 기술과 저탄소 생

---

39) 유엔무역개발회의(UNCTAD)는 2021년 7월 발간한 보고서 「A European Union Carbon Border Adjustment Mechanism: Implications for Developing Countries」에서 탄소국경조정제도(CBAM)가 개도국의 수출에 미치는 부정적 영향을 경고했다.
40) 리쇼어링(Reshoring)이란 기업이 기존에 해외로 이전했던 생산 활동이나 제조 시설을 본국(자국)으로 다시 되돌리는 현상을 말한다. 이는 오프쇼어링(offshoring)—즉, 생산비 절감을 위해 제조 거점을 해외로 이전하던 흐름—의 반대 개념이다.

산방식을 내재화한다면, 자급 생산은 지속가능성과 조화를 이룰 수 있다. 이는 생산의 지역화를 통해 탄소 발자국을 줄이고, 순환경제를 실현할 기회로도 작용할 수 있다.

4.4 새로운 무역질서의 등장

이러한 흐름을 단순히 보호무역의 부활로 보는 것은 제한적이다. 오히려 오늘날의 무역정책은 단기적 효율성보다 전략적 자율성, 회복탄력성(Resilience), 지속가능성을 중시하는 새로운 균형점을 추구하는 방향으로 변화하고 있다. 이는 비교우위 이론에 대한 부정이라기보다, 그것이 간과한 비경제적 요인들(안보, 환경, 사회)을 포괄하는 형태로의 확장이라 할 수 있다.

5. 탄소중립 시대, 글로벌 가치사슬의 혁신적 재편

5.1 무역 패러다임의 근본적 전환: 지속가능성 경쟁력의 부상

EU의 탄소중립 규제, 특히 탄소국경조정제도(CBAM)와 지속가능성 표준은 국제무역 질서와 글로벌 가치사슬(GVC, Global Value Chain)의 구조를 혁신적으로 재편하고 있다. 이는 단순한 무역 규칙 변화를 넘어, 글로벌 경제 시스템의 작동 원리를 재정의하는 패러다임 전환을 의미한다. 환경 규제는 더 이상 개별 국가의 정책적 선택 사항이 아닌, 국제 무역의 핵심 원칙으로 자리매김하며, 기업과 국가의 경쟁력은 탄소 감축 능력과 지속가능성 기준 충족 여부에 따라 새롭게 평가받고 있다.

5.2 환경 비용의 내재화: 무역 구조의 혁신적 변화

전통적으로 환경 비용은 국내 정책의 영역으로 간주되었으나, CBAM과 같은 제도의 도입은 탄소 배출량이 높은 생산 방식에 국제무역 단계에서도 비용을 부과하기 시작했다. 이는 환경 비용을 무역 시스템 내부로 끌어들이는 중요한 변화이며, 국제 시장에서의 경쟁 우위가 더 이상 단순한 가격 경쟁력에 좌우되지 않고, '지속가능성 경쟁력'이라는 새로운 요소에 의해 결정됨을 의미한다. 기업들은 글로벌 시장에서 경쟁력을 유지하기 위해 탄소 집약적인 생산 방식에서 친환경·저탄소 생산 방식으로의 전환을 서두르지 않을 수 없게 되었다.

5.3 생산 방식 중심의 무역 질서 재편: '어디서'에서 '어떻게'로

과거 국제무역은 생산 국가(Origin)를 중심으로 이루어졌으며, 제조업의 비용 절감이 최우선 과제였다. 그러나 CBAM을 비롯한 환경 규제는 제품의 생산 과정에서 발생하는 탄소 배출량을 직접 측정하고, 이에 따른 무역 비용을 부과하는 방식을 채택하고 있다. 이는 무역의 중심축이 '어디에서' 생산되었는가에서 '어떻게' 생산되었는가로 이동하는 근본적인 변화를 의미한다. 친환경 생산 인증과 공급망 투명성이 새로운 무역 기준으로 부상하면서, 기업들은 가격 경쟁력 확보뿐만 아니라 환경 표준 준수라는 새로운 경쟁력을 확보해야 하는 도전에 직면하게 되었다.

이러한 무역 질서의 전환은 최근 글로벌 대기업과 소비자 시장의 요구 변화를 통해 더욱 뚜렷하게 나타나고 있다. 예를 들어, 애플, 마이크로소프트, 월마트 등 글로벌 기업들은 자사 공급망에 탄소중립 목표 달성을 요구하며, 협력업체들에게 Scope 3(공급망 전반의 간접 배출) 감축 계획과 ESG 보고서 제출을 의무화하고 있다. 이에 따라 수출 기업들은 단순한 제품 납품을 넘어, 탄소회계, 재생에너지 사용 증명, 친환경 인증 확보 등을 경쟁 요소로 관리해야 하며, 이는 곧 '친환경 역량 없는 기업은 글로벌 시장에서 배제될 수 있다'는 새로운 현실로 이어지고 있다.

또한, 최근 일본은 '그린 트랜스포메이션(GX) 리그'를 통해 기업별 탈탄소 로드맵을 국가 차원에서 연계하고, 이를 무역·금융과 접목하는 전략을 추진하고 있다. 2050년 탄소중립 목표 달성을 위해 2022년 경제산업성 주도로 탄생된 GX 리그(Green Transformation League) 플랫폼은 기업, 금융기관, 정부, 지방자치단체 등이 협력하여 시장 기반의 탈탄소 전환을 촉진하는 구조이다.

2024년 기준으로 747개 기업이 참여하고 있으며, 이들 기업은 일본 전체 온실가스 배출의 약 절반을 차지한다. GX 리그는 참여 기업들이 자발적으로 감축 목표를 설정하고, 배출권 거래제도(GX-ETS)를 통해 감축 실적을 거래할 수 있도록 한다. 특히 2026년부터는 거래제도의 의무화 및 시장 확장이 예정되어 있어, 국내외 탄소 크레딧 시장과의 연계가능성도 커지고 있다.

또한, 공급망 전반의 온실가스 감축, 녹색조달 정책, 탄소크레딧 활용 등은 무역정책과 ESG 공시, 금융기관의 녹색투자 기준과 직접적으로 연결된다. 기업들은 GX 리그를 통해 기후 리스크를 재무 전략에 통합하고, 녹색금융 유치와 수출경쟁력 확보에 유리한 기반을 갖추게 된다.

GX 리그는 단순한 환경정책을 넘어, 산업 전략과 무역 질서의 구조 전환을 이끄는 금융-무역 연계형 플랫폼으로 기능하고 있으며, 이는 한국을 포함한 탄소중립 국가전략 수립에도 중요한 비교 사례가 된다. 이러한 GX 리그의 등장은 정부 규제 중심의 감축모델을 넘어서, 민간의 자율성과 시장 기능을 결합한 신(新)거버넌스 기반 탄소중립 모델로 주목받고 있다.

Think Box

MOP와 트럼프 정부의 생산 외주 금지 정책: 탄소중립과 경제 주권의 교차점

CBAM의 생산 방식(Method of Production, MOP) 중시 경향과 트럼프 정부의 미국 내 제조업 회귀 정책(생산 외주 금지 등)은 표면적으로는 다른 배경에서 비롯되었지만, 탄소중립이라는 거대한 흐름 속에서 공통분모를 발견할 수 있다.

(1) '어디서'보다 '어떻게': 과거 무역이 생산국가 중심이었고 비용 절감이 최우선이었다면, 현재와 미래의 무역은 생산 과정에서의 탄소 배출 등 환경적 요인이 중요한 기준으로 작용한다. EU의 CBAM, 미국과 EU의 탄소 배출 정보 공개 요구 등은 이러한 변화를 보여주는 대표적인 사례이다.

(2) 탈탄소와 자국 제조업 강화의 연결: CBAM은 탄소 집약적인 국가에서 생산된 제품에 비용을 부과하여 역외 생산을 억제하는 효과를 가져온다. 트럼프 정부의 생산 외주 금지 정책은 환경보다는 경제적 민족주의에 기반한 산업 주권 강화에 초점을 맞추었지만, 탄소중립이라는 명분과 결합될 경우, 두 정책은 자국 내 생산 기반 강화라는 공통된 목표를 공유할 수 있다. 즉, 탄소 배출 억제를 외주 억제의 정당성으로 활용하여 "탄소중립을 위한 제조업 재내화(Renationalization)"라는 논리가 성립될 수 있다.

| 표31 | 탄소중립을 위한 제조업 재내화 논리

구분	CBAM(EU)	생산 외주 금지(트럼프)	공통점/연결점
기본배경	탄소 누출 방지	미국 제조업보호, 일자리 회복	자국내 생산 기반 강화
실행수단	탄소세/CBAM 등 무역장벽	규제 및 보조금 중심 국내 생산 유도	역외 생산 억제
탄소중립과 결합 시	탄소 비용 → 무역 수단	탄소 배출 억제 → 외주 억제 정당화	탄소중립을 위한 제조업 재내화 논리

(3) 친환경 + 주권화: 이제 국제 통상 질서는 단순한 경제적 효율성을 넘어 "친환경 생산", "공급망 주권", "지역 내 탈탄소 생산 기반"이라는 세 가지 요소가 통합된 새로운 전략을 요구한다. 탄소중립은 더 이상 환경문제에 국한되지 않고, 경제 재편의 중요한 프레임으로 활용되고 있다. CBAM과 트럼프 정부의 제조업 재내화 정책은 배경은 다르지만, 탄소중립이라는 명분 아래 "환경 기반의 생산 방식 규제"라는 공통된 구조적 전환을 보여주며, 글로벌 무역이 친환경 생산 방식과 지역 생산 중심 구조로 이동하고 있음을 시사한다.

5.4 규제적 국경의 부상: 새로운 무역 장벽의 등장

전통적으로 국경은 물리적인 경계를 의미했지만, 이제는 규제적 국경(Regulatory Border)이 국제무역에서 중요한 개념으로 부상하고 있다. EU는 CBAM과 지속가능성 표준을 통해 자국 시장에 접근하려는 기업들에게 환경 규제 준수를 요구하고 있으며, 이를 충족하지 못할 경우 시장 접근성을 제한하는 방식으로 활용하고 있다.

이는 단순한 무역 장벽을 넘어, EU의 환경 기준을 글로벌 표준으로 확산시키려는 규범적 전략으로 해석될 수 있다. 결과적으로, 환경 규제를 무역정책의 중요한 도구로 활용하는 경향이 강화되면서, '무역규제'와 '환경정책'의 경계가 점차 모호해지고 있다.

5.5 글로벌 가치사슬(GVC) 구조의 혁신적 변화: 지속가능성을 중심으로

글로벌 가치사슬(GVC, Global Value Chain)은 환경 규제와 탄소 배출 부담을 반영하여 근본적인 구조 변화를 겪고 있다.

(1) 탄소 집약도에 따른 공급망 재편: 새로운 생산 허브의 등장

CBAM 시행은 탄소 집약도가 높은 생산 방식과 공급망에 불리한 환경을 조성하고 있으며, 기업들은 탄소 배출량이 적은 국가 또는 지역으로 공급망을 이전하는 방식으로 대응하고 있다. 이는 탄소 효율성이 높은 지역이 새로운 생산 허브(Low-Carbon Hubs)로 부상하는 결과를 초래하며, 기존 생산 중심지의 역할 변화를 야기한다. 친환경 생산 역량을 갖춘 지역들이 글로벌 무역 구조에서 새로운 핵심 지역으로 부상하고 있다.

(2) 생산 근접성의 중요성 증대: 리쇼어링과 니어쇼어링의 부상

기존 GVC는 생산 비용 절감을 위해 글로벌화 전략을 추구했지만, 탄소 비용 증가와 환경 규제 강화는 생산 거리를 단축시키는 리쇼어링(Reshoring, 본국 회귀) 및 니어쇼어링(Nearshoring, 인접국 생산) 추세를 가속화하고 있다. 장거리 운송에 따른 탄소 배출 비용을 절감하고, 규제 변화에 신속하게 대응하기 위한 전략으로, 생산과 소비가 가까운 지역에서 이루어지는 새로운 무역 구조가 형성되고 있다. 특히, 미국은 자국 내 제조업 강화를 위해 리쇼어링 및 니어쇼어링 전략을 적극적으로 추진하고 있다.

(3) 가치사슬 내 권력 관계의 변화: 환경 지속가능성의 중요성 증대

환경 기준 충족 능력은 글로벌 공급망 내 기업 간 위계를 재편하는 중요한 요인이 되고 있다. 대기업과 다국적 기업들은 협력업체들에게 탄소 감축 목표 준수를 요구하고 있으며, 환경 규제를 충족하지 못하는 기업들은 글로벌 가치사슬에서 배제될 위험에 직면하고 있다. 즉, 환경 지속가능성은 기업의 시장 지배력과 공급망 내 협상력을 결정하는 핵심 요소로 작용하며, 공급망 전체의 지속가능성을 높이는 방향으로 변화를 이끌고 있다.

제2절　EU 기후정책이 촉발한 글로벌 무역질서의 진화

기후변화는 단순한 환경 문제가 아니라 국제정치와 글로벌 경제 질서를 재편하는 구조적 변수로 부상했다. 이러한 시대적 전환 속에서 유럽연합(EU)은 탄소중립을 국가전략의 중심에 놓고, 이를 달성하기 위한 포괄적이고 체계적인 정책 수단을 실행하고 있다. 특히 EU는 탄소중립 정책을 단지 환경보호 수단으로 머물게 하지 않고, 이를 새로운 무역질서 구축의 전략적 도구로 적극 활용하고 있다.

EU의 탄소중립 전략은 내부적인 에너지전환이나 감축정책에 그치지 않고, CBAM, 디지털 제품 여권(DPP), 순환경제 전략 등을 통해 국제 무역의 규범과 기준을 선도하고 있다. 이러한 움직임은 EU가 기후변화 대응을 매개로 글로벌 규범 수출자(Norm Exporter)로서의 역할을 강화하고 있으며, 무역의 지속가능성 기준을 주도적으로 형성하는 계기를 제공하고 있다.

1. EU 그린딜: 탄소중립을 통한 새로운 경제 패러다임

2019년 발표된 EU 그린딜(European Green Deal)은 2050년까지 유럽 대륙의 탄소중립을 달성하기 위한 EU의 전략적 청사진이다. 이 계획은 2030년까지 온실가스를 1990년 대비 55% 감축하는 중간 목표와 함께, 단순한 환경정책을 넘어선 경제·사회·산업 전환 전략을 포함하고 있다.

그린딜의 핵심은 '경제성장 모델의 재설계'다. 단순히 성장과 환경 간 균형을 추구하는 것이 아니라, 환경을 중심에 둔 성장 패러다임을 새롭게 제시한다. 이를 관통하는 세 가지 원칙은 다음과 같다.

2050년 순배출 제로(Net Zero) 달성: 온실가스 배출량과 흡수량이 균형을 이루는 상태를 법적 구속력 있는 목표로 설정

자원 사용과 경제 성장의 디커플링(Decoupling): 자원 소비 증가 없이도 지속가능한 경제 성장을 실현하는 순환경제 체제 구축

공정한 전환(Just Transition): 저탄소 경제로의 전환 과정에서 모든 지역과 시민을 포용하여 불평등 해소와 사회적 응집력 강화

2. EU의 기후법: 법·제도적 이행 구조

2.1 감축목표 상향과 유럽기후법(European Climate Law)

EU는 파리기후협약 이후 기존 '2021-2030 에너지 정책 시행안'에서 설정했던 2030년까지의 40% 감축 목표가 2050년 탄소중립 달성에 부족하다고 판단하고, 이를 55%로 상향 조정하였다. 이 결정은 IPCC의 과학적 권고에 부응하여 1.5°C 목표 달성을 위한 경로를 반영한 조치이며, 중장기 정책 목표 간의 정합성을 확보한 것이다.

감축 목표의 상향은 EU가 기후변화 대응에서 글로벌 리더십을 강화하고, 기업과 투자자들에게 탈탄소 전환에 대한 명확하고 예측 가능한 신호를 제공하여 장기 투자 방향성을 유도하는 기능을 한다.

2021년 제정된 유럽기후법은 EU 그린딜의 핵심 목표인 2050년 기후중립 달성을 법적 구속력이 있는 의무로 명문화한 전례 없는 입법이다. 이 법의 핵심 구조는 다음과 같다.

(1) 핵심 목표의 법제화

EU는 2050년까지 탄소중립, 나아가 마이너스 배출 달성을 명시하고, 2030년까지

1990년 대비 온실가스 55% 감축을 법적 의무로 설정하였다. 또한, LULUCF[41](토지이용, 이용 변화 및 임업) 부문을 포함한 자연 기반 탄소흡수원 확대전략을 제도화하였다.

(2) 거버넌스 및 이행 메커니즘

기후목표 진전을 5년 단위로 평가하는 공동 진전 평가 시스템(Collective Progress Assessment)을 구축하고, 각 회원국은 차등화된 기여를 하도록 허용하였다. 또한, 과학자문위원회 설치, 시민참여 플랫폼 제도화를 통해 과학적 정당성과 민주적 정당성을 동시에 확보하였다.

(3) 법적 구속력과 집행 메커니즘

EU 집행위원회는 목표 이행 여부를 감시하고, 불이행 시 권고 및 시정조치, 필요 시 사법재판소를 통한 제재를 가할 수 있도록 하였다. 이는 기후정책의 예측가능성과 불가역성을 제도화함으로써 정치적 불안정성에 대응할 수 있는 법적 안전장치로 기능한다.

2.2 'Fit for 55 Package': 통합적 입법 패키지의 구조와 작동 원리

EU 집행위는 2021년 7월, 2030년 55% 감축 목표 실현을 위한 'Fit for 55' 패키지를 발표하였다. 이는 기후위기 대응을 경제성장 전략과 통합한 입법 패키지로, 시장·규제·기술이라는 세 가지 기둥을 중심으로 설계되었다.

(1) 탄소가격 부문: 시장기반 메커니즘 강화

EU ETS의 배출 상한선 연간 감소율(LRF, Linear Reduction Factor)을 2.2% → 4.2%로 대폭 강화하였고, 해운·항공·건물·수송 부문으로 적용 범위 확대 및 별도 ETS(ETS II) 신설을 규정하였다. 화석연료 세제 개편 및 CBAM 도입으로 시장신호를 보완하였다.

(2) 규제 부문: 법적 의무와 기준 강화

재생에너지 목표(2030년 40%) 및 에너지효율 목표(36~39%)를 법제화하고, 2035년부터 내연기관차 판매 전면 금지, 공공건물 개보수 의무화 등을 포함하였다.

---

41) LULUCF(Land Use, Land-Use Change and Forestry, 토지 이용, 토지 이용 변화 및 임업)는 온실가스 회계에서 사용하는 개념으로, 토지의 이용 방식이나 용도 변화(예: 삼림 → 농경지), 또는 임업 활동이 온실가스 배출 또는 흡수에 미치는 영향을 포괄하는 분야이다. 토지를 어떻게 이용하느냐(예: 농지, 도시, 산림 등), 그 이용이 어떻게 변화하느냐(예: 벌채, 조림 등), 임업 활동이 탄소의 배출 또는 흡수에 어떤 영향을 미치느냐를 통합적으로 고려하는 범주이다.

(3) 기술혁신 부문: 지속가능한 산업 기반 구축

친환경 설계, 순환경제, 지속가능 배터리 생산기준, 수소 전략 등 산업혁신 전략이 포함되어 있다.

이처럼 시장, 규제, 기술혁신이 유기적으로 작동하여 탈탄소 전환의 체계적이고 종합적인 경로를 제공하고 있다.

3. EU의 규범수출자(normative power) 전략: 기후 질서의 무형 통치자

3.1 EU의 전략적 위치

EU가 탄소중립 정책을 추진하는 배경에는 단순한 환경보호 차원을 넘어선 복합적인 전략이 존재한다. 기후변화 대응에서 EU의 리더십은 다음과 같은 다층적 의미를 갖는다.

환경 리더십을 통한 국제적 영향력 확대: 군사력이나 경제 규모에서 미국, 중국에 상대적 열세인 EU가 환경리더십을 통해 글로벌 거버넌스에서 영향력을 확보하는 전략

기술 혁신과 산업 경쟁력 확보: 탄소중립 경제로의 전환은 신기술 개발과 산업구조 재편을 촉진하며, 이 과정에서 선도적 위치를 점유하여 미래 산업 주도권 확보

에너지 안보 강화: 러시아 등 화석연료 수출국에 대한 의존도를 낮추고 재생에너지 확대를 통해 에너지 자립도 향상

글로벌 규범 설정자(Rule-setter)로서의 위상 강화: 탄소중립 관련 기술 표준과 규제를 선제적으로 확립함으로써 국제 무역질서에서 유리한 위치 확보

이러한 전략적 접근은 EU의 탄소중립 정책이 단순한 환경 이니셔티브가 아닌, 국제 정치경제 질서 재편을 위한 종합 전략의 일환임을 시사한다.

3.2 규범 기반 리더십과 무역 기준의 수출

EU는 전통적인 군사력이나 단일국의 경제력보다, 규범(Norms)과 제도(Rules)를 통해 국제 질서에 영향력을 행사하는 전략, 즉 규범 기반 리더십(Norm-based Leadership)을 핵심 도구로 활용하고 있다. 특히 탄소중립과 지속가능성 관련 규범을 선제적으로

정립하고 이를 국제 무역 정책에 반영함으로써, EU 내부 기준을 국제표준으로 수출(Exporting Standards)하는 접근을 강화하고 있다. 이러한 전략은 EU가 지속가능성 기준을 무역의 '입장 조건(Entry Condition)'으로 전환시키는 과정에서 다음과 같은 구조적 특징을 띤다.

(1) 비EU 국가에 대한 지속가능성 기준의 상향 압박

EU는 CBAM, 디지털 제품 여권(DPP), 지속가능 배터리 규제 등 다양한 환경기준을 설정하고 이를 수입 제품에 적용함으로써, 역외 기업과 국가들로 하여금 EU 기준을 따르도록 유도하거나 강제하고 있다. 이는 EU 시장 접근성 확보를 위해 비EU 국가가 자국의 환경·에너지 정책을 EU 규범에 맞추도록 압박하는 효과를 지닌다.

예를 들어, EU에 철강을 수출하는 국가는 해당 제품의 내재탄소량을 계산하고 보고해야 하며, 탄소배출량이 과도한 경우 경제적 불이익을 감수해야 한다. 결과적으로 EU의 환경기준이 글로벌 규범으로 확산(Diffusion)하는 촉매제 역할을 한다.

(2) 글로벌 기업의 ESG 및 탄소 정보 공개 요구 강화

EU는 공급망 투명성 강화를 위해 기업들에게 ESG(환경·사회·지배구조) 기준 및 탄소배출량 공개 의무를 점차 확대하고 있으며, 이는 다국적 기업의 글로벌 경영 전략에 실질적 영향을 미치고 있다. 특히 유럽에서 활동하는 기업은 자사뿐만 아니라 공급망 전반(Scope 3 포함)의 탄소정보 공개가 요구되고 있으며, 이에 따라 비EU 소재 중소기업도 간접적으로 EU의 지속가능성 기준을 따라야 하는 구조가 형성되고 있다. 이는 ESG가 선택이 아닌 '시장 접근을 위한 조건'으로 전환되고 있음을 보여준다.

EU의 이러한 접근은 자국의 환경기준을 글로벌 무역 체제에 이식하려는 전략적 수단이며, 결과적으로 국제 무역의 구조를 지속가능성 중심으로 재편하는 데 핵심적인 역할을 한다. 이는 기존의 자유무역 규범(자유화, 비차별, 관세 인하 등) 위에 새로운 '지속가능한 무역(Sustainable Trade)' 패러다임을 덧입히는 과정으로 이해할 수 있다.

3.3 연합 구축 전략과 기후 거버넌스 영향력 강화

EU는 자국의 역내 정책에만 머무르지 않고, 다자간 연합(Multilateral Coalitions)을 통한 외부 영향력 확장을 핵심 전략으로 삼고 있다. 이는 EU가 국제 기후 거버넌스에서 제도

적 리더십을 확보하기 위한 장기적 구도이며, 기후금융, 기술 이전, 무역협정의 연계를 유기적으로 결합하여 정책 수용성과 국제 영향력을 동시에 제고하는 구조로 작동한다.

(1) 다자 협력을 통한 외교적 지렛대 확보

EU는 단독 행동보다 기후변화 대응을 위한 국제 연합(Coalition)을 통해 외교적 지렛대를 확대해 왔다. 기후정상회의(COP), G7·G20, UNFCCC 틀 내에서 EU는 파리협정의 법제화 및 감축 목표 상향을 선도하며, 협상 과정에서 개별국이 아닌 정책 연합체로서 발언권과 영향력을 강화하고 있다.

특히 미국, 일본, 캐나다 등과의 협력뿐 아니라, 아프리카·남미·아시아 개도국과의 파트너십 확대를 통해 기후 거버넌스에서 제도 설계자(Rule-Maker)로서의 위치를 공고히 하고 있다.

(2) 기후금융 및 기술이전을 통한 유인 구조 구축

EU는 개도국을 대상으로 한 기후금융(Climate Finance) 및 저탄소 기술 지원을 통해 기후정책 수용성을 높이고 있다. EU는 세계 최대 공적 기후재정 기여자로서 2022년 기준으로, 개발도상국의 기후변화 대응을 지원하기 위해 약 285억 유로의 공적 재정을 제공하였다. 이는 단순한 지원이 아니라, EU 기준의 환경·기술 규범 수용을 전제로 하는 전략적 인센티브로 작용한다.

또한 EU는 국제개발기구(EIB, EBRD 등)와 연계하여 녹색 인프라 투자, 재생에너지 프로젝트, 탄소시장 역량 강화 등 다양한 분야에서 개도국의 정책 전환을 유도하고 있다. 이는 기술 이전(Technology Transfer)과 규범 확산(Norm Diffusion)을 결합한 다층적 영향력 확대 수단이다.

(3) 무역협정 내 지속가능성 기준 연계를 통한 제도 확산

EU는 기후 및 환경 기준을 무역협정(FTA)의 핵심 요소로 제도화함으로써, 경제적 인센티브와 규범 수용을 연계하는 전략을 구사하고 있다. 최근 체결된 EU-베트남 FTA, EU-멕시코 FTA, EU-남미 메르코수르 협정 등에서는 '지속가능성 장(Chapter)'을 통해 파리협정 준수 및 NDC 이행, 불법벌목 및 생물다양성 훼손 방지, 노동권 및 환경 기준의 국제규범 연계 등을 규정하고 있다.

이러한 방식은 단순히 시장 접근을 허용하는 대가로 환경 기준을 강제하는 것이 아니라, FTA를 통해 국제 규범의 구조적 수용을 제도화하는 접근이며, EU의 기후 리더십을 제도적 형태로 확산시키는 강력한 도구로 기능한다.

요컨대, EU의 연합 구축 전략은 다자 협력의 외교 전략 + 기후금융·기술 지원의 유인 구조 + 무역협정의 제도적 연계를 통해 국제 기후정책의 방향과 내용을 설계하려는 전략적 시도로 해석된다. 이는 EU가 단지 환경정책을 선도하는 수준을 넘어, 글로벌 기후 거버넌스의 규범과 규칙을 설정하고 주도하는 행위자로 자리매김하고 있음을 보여준다.

3.4 신산업 질서와 기술 패권 경쟁

기후변화 대응과 탄소중립 전환은 단순한 환경정책을 넘어, 전통적인 산업 구조와 글로벌 공급망(GVC)을 재편하는 거대한 기술 패권 경쟁의 양상으로 전개되고 있다. EU는 이러한 전환 국면을 전략적 기회로 인식하고, 재생에너지, 수소, 배터리 등 저탄소 기반의 친환경 산업을 중심으로 한 신산업 질서 형성을 선도하고 있다.

(1) 기술 표준 선점과 무역질서의 우위 확보

EU는 각종 산업 전환 과정에서 기술 표준 설정(Standard-Setting)을 통해 국제 시장에서의 영향력을 강화하고 있다.

예를 들어, 배터리 규제(Battery Regulation)는 ESG 기준, 공급망 추적성, 탄소발자국, 재활용 의무까지 포괄하며, 해당 기준을 충족하지 못한 제품은 EU 시장 진입이 불가능하다. 그린 수소(Hydrogen) 관련해선 재생에너지 기반 수소만을 '녹색'으로 인정하며, 수소 인증제도와 전해조 기술 기준을 수립하고 있다. 디지털 제품 여권(DPP)과 순환경제 디자인 가이드라인은 EU 산업의 지속가능성을 기술적으로 뒷받침하는 새로운 국제 규범으로 확산되고 있다.

이처럼 EU는 무역 규범과 기술 기준을 연결하여, 자국 기업의 경쟁력을 보호하는 동시에 국제 기술 질서에서 주도권을 선점하려는 전략을 취하고 있다.

(2) 공급망 재편과 산업 전략의 전환

EU는 탈탄소 전환 과정에서 친환경 가치사슬 중심의 공급망 구조 전환을 추진하고 있다. 이는 전통적 화석연료 중심 공급망에서 벗어나, 재생에너지, 청정수소, 리튬·코발트 등 핵심 광물, 그리고 고효율 전력망 인프라 등으로 중심축을 이동시키는 방식이다.

2023년 EU는 'Net-Zero Industry Act'를 통해 주요 녹색 기술 분야의 자급률을 2030년까지 40% 이상 확보하겠다는 목표를 설정했다. 유럽 배터리 연합(EBA), 수소연합(EHIA) 등의 공공-민간 파트너십을 통해 핵심 기술과 부품의 내재화를 촉진하고 있다. 또한 중국 의존도 탈피를 위한 공급망 다변화, 인도·아프리카와의 전략적 자원 파트너십 체결 등도 활발히 진행되고 있다. 이러한 산업전략은 단순한 기술개발을 넘어 무역 질서 재편과 국제 정치경제 전략의 핵심 축으로 작동하고 있다.

(3) 핵심 자원 확보와 인프라 경쟁

신산업 질서를 구성하는 데 있어 리튬, 니켈, 희토류, 코발트 등 전략적 자원은 필수 불가결하다. EU는 자원 확보 경쟁에서의 열세를 극복하기 위해 다음과 같은 다층적 전략을 추진하고 있다.

Critical Raw Materials Act 제정(2023): 자원 공급망 감시, 자립도 목표 설정, 공급원 다변화
순환경제 행동계획 (Circular Economy Action Plan, CEAP 2020): 자원 순환(Recycling)과 대체소재 연구 투자 확대
무역협정과 자원 확보 연계: 캐나다, 칠레, 나미비아 등과의 광물 협력 체계 강화

이와 함께, 전기차 충전소, 스마트 그리드, 재생에너지 연계 전력망 등 녹색 인프라 구축 또한 EU의 산업·무역 경쟁력의 기반으로 간주되고 있다. 인프라 투자는 수출입 물류 효율성뿐 아니라, EU 역내 생산기반의 지속가능성 확보와도 직결된다.

종합하면, EU는 탄소중립 전환이라는 거대한 구조 변화 속에서 기술표준을 설정하고, 산업구조를 재편하며, 핵심 자원을 확보하고, 전략 인프라를 구축하는 복합적 접근을 통해 국제 무역 질서 내 기술 패권을 주도하려는 전략을 구사하고 있다. 이는 '환경'이라는 규범을 중심에 두면서도, 산업경쟁력과 지정학적 자원 전략을 통합한 실질적 글로벌 리더십 확보 전략이라 할 수 있다.

4. EU의 CBAM과 Climate Club 구상 : 탄소중립 외부확장 전략

EU는 역내 온실가스 배출 감축 노력의 일환으로, 탄소중립을 향한 외부 확장 전략을 무역규제와 연계하고 있다. 특히 탄소누출(Carbon Leakage)을 방지하고, 국제적으로 탄소가격제도의 확산을 유도하기 위해 EU는 CBAM과 기후클럽(Climate Club) 구상을 중심으로 한 다층적 무역규제 체계를 구축하고 있다. 이는 단순한 무역규제를 넘어 새로운 국제질서 형성을 지향하는 전환적 접근으로 평가된다.

4.1 CBAM 제도와 외부확장전략

(1) 구조 및 작동 원리

CBAM은 EU 역내 탄소배출권거래제도(EU ETS)의 외부 확장형 메커니즘으로, 역외 생산제품에 탄소비용을 부과하는 방식이다. 2023~2025년은 보고의무 기간으로 설정되었으며, 2026년부터는 본격적인 비용 부과가 시작된다.

적용 대상은 탄소집약 산업군인 철강, 알루미늄, 시멘트, 비료, 전력, 수소 등을 포함하며, 향후 유기화학물, 플라스틱 등으로의 확대도 계획 중이다. 수입 제품의 내재된 탄소배출량을 산정하고, 이를 EU ETS 가격에 연동시켜 탄소비용을 계산하며, 수출국이 자체적인 탄소가격제(ETS, 탄소세 등)를 운영 중일 경우 그만큼 감면하여 이중과세를 방지한다.

정확한 탄소배출량 산정과 부과를 위해 MRV(측정·보고·검증) 체계를 정립하고 있으며, 디지털 플랫폼을 기반으로 한 보고 시스템도 구축 중이다.

(2) 전략적 목적

CBAM은 단순한 탄소 과세가 아니라, EU의 전략적 목적을 담고 있는 제도이다. 첫째, CBAM은 탄소누출(Carbon Leakage)을 방지하기 위한 수단이다. 이는 EU 역내 기업들이 엄격한 환경 규제를 피하기 위해 해외로 생산기지를 이전하는 현상을 막기 위한 것으로, 규제 회피로 인한 역외 배출 증가를 차단하고자 한다.

둘째, CBAM은 EU 산업을 보호하는 목적을 지닌다. 동일한 환경 기준이 적용되지 않는 외국 기업과의 경쟁에서 역내 기업이 불리해지는 것을 방지하고, 공정한 경쟁 환경을 조성함으로써 EU 산업의 탈탄소 경쟁력을 유지하고자 한다.

셋째, CBAM은 글로벌 탄소가격의 확산을 유도하는 도구로 활용된다. 수출국들이 EU

시장 접근을 위해 자국 내에서 탄소 가격제를 도입하도록 유도함으로써, 결과적으로 세계적인 기후정책의 확산과 국제 협력의 기반을 마련하고자 한다.

마지막으로, CBAM은 WTO 규범과의 정합성 확보를 중요하게 고려하고 있다. 이는 CBAM이 환경 보호라는 정당한 목적 아래 설계되었으며, WTO의 비차별 원칙(최혜국 대우, 내국민 대우 등)에 부합하는 방식으로 제도화되고 있음을 의미한다. 이처럼 CBAM은 환경과 산업, 무역, 국제 규범이 교차하는 지점에서 EU의 복합적 전략이 반영된 제도라 할 수 있다.

(3) 제도적 발전 방향

CBAM은 단순한 조세 부과를 넘어서, 탄소배출의 투명성과 글로벌 규제의 표준화라는 측면에서 발전 중이다. 제품군 확대, 간접배출 포함 여부, 공급망 단계별 탄소배출 추적 등이 앞으로의 쟁점이며, CBAM은 EU ETS의 무상할당 폐지 과정과 병행하여 보완적 역할을 수행할 것으로 기대된다.

(4) CBAM의 국제 무역 영향

글로벌 가치사슬 변화: CBAM은 역내역외 제품 간의 탄소비용 차이를 보정함으로써 글로벌 공급망 재편을 유도할 가능성이 크다. 고탄소 생산방식을 유지하는 기업들은 수출 경쟁력을 잃게 되며, 탄소배출이 적은 국가나 기업으로 조달 경로 변화가 가속화될 것이다.

개도국 대응과 지원정책: CBAM은 개발도상국에 불균형적 영향을 미칠 수 있다는 비판이 제기되고 있다. 이에 대응하여 EU는 CBAM 수익 일부를 기후재원으로 환류하거나, 개도국의 감축 기술 지원, 역량 강화 프로그램 등을 통해 국제 수용성을 확보하려 하고 있다. 이는 CBAM이 공정한 기후전환 수단으로 자리잡기 위한 필수조건이다.

WTO 정합성과 법적 논쟁: CBAM은 WTO의 비차별원칙, 내국민대우, 최혜국대우 원칙과 충돌할 여지가 있으나, 환경 보호 목적의 합리성과 객관적 기준의 적용이라는 점에서 합법성을 확보하려 노력하고 있다. 다만, 실제 제소 시에는 실질적 차별 여부, 행정 투명성, 절차의 공정성 등이 핵심 쟁점이 될 것이다.

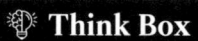

CBAM과 WTO 규범의 정합성: 상충 가능성 분석

1. 비차별 원칙(National Treatment & Most-Favored-Nation Principle)과의 충돌 가능성
(1) 내국민대우 원칙(GATT 제3조): 이 원칙은 수입 제품이 국내 제품과 동등하게 대우받아야 함을 요구한다.
▶ CBAM은 EU 역내 생산자에게는 EU ETS(탄소배출권 거래제)를 적용하고, 역외 생산자에게는 CBAM을 적용하여 유사한 비용을 부과하려는 구조이지만, 실제로는 수입 제품에만 행정적 부담, 회계 보고, 인증 절차를 부과하게 되어 '실질적 차별(substantive discrimination)'이라는 비판이 제기될 수 있다.
(2) 최혜국대우 원칙(GATT 제1조): WTO 회원국 간 차별 없이 동일한 대우를 해야 한다는 원칙이다.
▶ CBAM이 특정 국가(예: EU와 협정을 체결한 국가는 면제, 혹은 별도 기준 적용)와 다른 국가에 대해 차별적 적용을 한다면 이 원칙 위반으로 간주될 가능성이 있다.

2. 무역제한 조치에 대한 정당화 가능성 (GATT 제20조 예외조항)
CBAM은 GATT 제20조 (b: 인간, 동식물 생명의 보호 / g: 천연자원의 보전) 조항을 근거로 정당화될 여지를 가지고 있다. 그러나 이 조항을 활용하기 위해서는 해당 조치가 환경 보호 목적에 부합해야 하며, 자의적·부당한 차별을 초래하지 않아야 하고, 은폐된 보호무역 수단이 아님을 입증해야 한다.
▶ 문제는 CBAM이 단순히 환경을 보호하려는 목적을 넘어, 자국 산업의 경쟁력 보호 또는 역외국가에 대한 간접적 규제 압박수단으로 작용하는 경우, WTO 패널은 이를 위장된 무역 제한 조치로 판단할 수 있다.

3. 절차적 정당성과 투명성 문제
WTO는 무역조치가 공정하고 투명한 행정절차를 통해 운영될 것을 요구한다.
▶ CBAM은 복잡한 회계 계산, 검증 절차, 사전 신고 요건 등이 있어, 특히 개발도상국 기업에 과도한 부담을 줄 수 있다는 점에서, 절차적 공정성(procedural fairness) 및 역차별 논란이 발생할 수 있다.

4. 개도국과의 형평성 문제 (공통되나 차별화된 책임 원칙과의 충돌)
유엔기후변화협약의 CBDR 원칙(Common But Differentiated Responsibilities)에 따라, 개도국은 감축 의무가 선진국에 비해 완화되어 있다.
▶ CBAM이 개도국 제품에도 동일 기준을 적용하면, 국제환경법과 WTO 규범 간의 정합성 충돌 문제가 제기될 수 있다.

결론적으로 보면 CBAM은 탄소누출 방지와 기후위기 대응이라는 환경정책 목적을 내세우지만, WTO 체제 내 핵심 원칙(비차별, 투명성, 형평성)과 충돌할 가능성이 상당히 존재한다. 따라서 CBAM의 WTO 정합성 여부는 단순한 원칙 적용의 문제가 아니라, 정책 목적의 정당성, 적용 방식의 형평성, 절차의 공정성과 투명성 등 다층적인 법적 쟁점에 대한 정교한 판단을 요하게 될 것이다.

4.2 기후클럽과 외부확장 전략

(1) 탄소가격 협력체로서의 의미

EU는 CBAM과 병행하여, 유사한 탄소가격제를 채택한 국가 간 협력체인 기후클럽(Climate Club) 구성도 추진 중이다. 이는 클럽 가입국 간의 무역 장벽을 완화하고, 탄소세·ETS 시스템을 글로벌 스탠다드로 만드는 기반이 된다. 2023년 12월(COP28)에 공식 출범하였다.

(2) 정책 정합성과 탄소누출 대응

기후클럽은 클럽 외 국가에 CBAM을 적용하면서도, 가입국에는 탄소국경세를 면제하거나 조정하여 정책 일관성과 상호 신뢰를 구축한다. 또한, 개도국의 자발적 기후정책 수용을 유도하는 정책 인센티브로 작동할 수 있다.

(3) 새로운 국제질서의 형성 시도

기후클럽은 WTO 질서와의 조화를 전제로 하되, 기존 무역 규범을 넘어 기후협력 중심의 새로운 국제질서를 제안한다. 이는 기후 거버넌스와 통상 질서의 접점을 탐색하는 규범적 실험이자, EU가 주도하는 외교 전략의 일환이다.

4.3 기타 무역확장 전략

(1) 지속가능성 실사 지침(CSDDD)과의 연계

EU는 CBAM 외에도 공급망 전반의 ESG 리스크를 규율하는 기업 지속가능성 실사 지침(CSDDD, Corporate Sustainability Due Diligence Directive)을 추진하고 있다. 이는 CBAM이 '탄소'에 초점을 맞춘 반면, 인권, 생물다양성, 오염 등 다차원적 지속가능성을 통합한 규제라는 점에서 상호보완적이다. 2024년 7월 발효되어 회원국은 24개월 안에 자국법으로 제정해야 한다.

(2) 디지털 MRV 체계

EU는 CBAM 시행을 위해 디지털화된 MRV(측정, 보고, 검증) 시스템을 도입하고 있다. 이는 행정 효율성과 투명성을 제고하고, 수입업체 및 생산자의 정량적 데이터 제공 능력을 사실상 '수출조건'으로 만드는 효과를 낳고 있다.

(3) 글로벌 규범화 전망

CBAM과 기후클럽을 중심으로 한 EU의 무역규제 전략은 향후 국제무역 질서의 재편에 중요한 기준점이 될 것이다. 미국, 캐나다, 일본 등도 유사 제도를 검토 중이며, 이른바 '탄소국경세 도미노' 현상이 나타날 가능성이 높다. 이러한 흐름은 국제사회에 탈탄소화라는 새로운 경쟁 질서를 정착시킬 수 있다.

EU의 탄소중립 관련 무역규제제도는 CBAM과 기후클럽을 축으로 하여 단순한 환경정책을 넘어 글로벌 경제질서 전환의 핵심 수단으로 기능하고 있다. 탄소중립을 향한 무역규제는 EU 내부의 기후목표 달성은 물론, 세계 각국의 기후정책을 간접적으로 유도하는 규범적 힘(Normative Power)으로 주목받고 있다.

제3절 EU 탄소중립관련 주요 개별법

1. 넷제로산업법(Net Zero Industry Act, NZIA)과 글로벌 산업 경쟁

EU는 탄소중립을 경제 성장과 산업 경쟁력 강화의 핵심 동력으로 설정하고, 이를 실현하기 위한 법적·정책적 기반을 지속적으로 구축하고 있다. 특히, NZIA는 단순한 환경 규제가 아니라, EU의 산업 경쟁력을 강화하고 글로벌 무역 질서에서 기술 주권을 확보하려는 전략적 법안으로 볼 수 있다.

NZIA의 도입 배경에는 기후변화 대응이라는 글로벌 공통 목표뿐만 아니라, 급변하는 국제 환경과 지정학적 리스크 속에서 EU의 경제적·산업적 자립성을 확보해야 한다는 필요성이 자리하고 있다.

1.1 NZIA의 탄생 배경과 필요성
(1) 러시아-우크라이나 전쟁과 에너지 안보 문제
2022년 러시아의 우크라이나 침공 이후, EU는 러시아산 화석연료 의존도를 낮추고 에너지 독립을 강화해야 하는 상황에 직면했다. 이에 따라 REPowerEU 계획을 통해 재생에너지 확대와 에너지 효율 개선을 목표로 하는 정책을 수립했으며, NZIA도 이러한 맥락에서 추진되었다.

(2) 글로벌 공급망 위기와 산업 구조 변화

코로나19 팬데믹 이후, 전 세계적인 공급망 붕괴는 EU 산업의 불안정성을 노출시켰다. EU는 탄소중립 기술 및 친환경 제조업의 공급망을 내부적으로 강화할 필요성을 인식하고, NZIA를 통해 전략적 자립을 확보하고자 했다.

(3) 미국의 인플레이션감축법(IRA)과 산업 경쟁 심화

2022년 미국은 인플레이션감축법(IRA)을 통해 대규모 친환경 산업 투자 및 자국 기업 보호 정책을 시행하면서, 글로벌 산업 경쟁이 격화되었다. 이에 대응하여, EU는 자체적으로 친환경 기술 및 산업을 육성하기 위한 대응책으로 NZIA를 도입했다.

(4) 중국산 재생에너지 기술 의존과 새로운 에너지 안보 문제

러시아산 에너지를 대체하기 위해 태양광·풍력 등 재생에너지 확대를 추진하는 과정에서, EU는 중국산 부품과 기술에 대한 의존도가 높아지는 문제에 직면했다. EU는 NZIA를 통해 자국 내 넷제로 기술과 핵심 부품 제조 역량을 강화하여, 중국에 대한 새로운 의존도를 줄이려는 전략을 추진하고 있다. 이처럼, NZIA는 단순한 환경 규제가 아니라, EU의 경제 안보와 산업 경쟁력을 유지하는 동시에, 글로벌 무역 질서에서 주도권을 확보하려는 종합적인 전략의 일환이라고 볼 수 있다.

1.2 NZIA의 목적과 주요 내용

(1) 법의 목적

넷제로산업법은 유럽연합(EU)이 기후중립 목표를 달성함과 동시에 산업 경쟁력을 강화하기 위해 제정한 핵심 법제이다. 2023년 초안 발표 후 협의를 거쳐, 2024년 2월 잠정 합의, 2024년 6월 29일 공식 시행되었다.

NZIA의 주요 목적은 다음과 같다. 첫째, 글로벌 탈탄소 경쟁에서 EU의 주도권 확보목적이다. 전략 산업을 육성하고, 기술 자립도를 높이며, EU 역내 제조기반을 강화함으로써 기후중립 시대의 산업적 우위를 선점하고자 한다. 둘째, 넷제로 기술 제조 역량 강화

이다. 2030년까지 EU 역내에서 제조되는 넷제로 기술이 전체 수요의 최소 40%를 충족하도록 목표를 설정하고 있다. 셋째, 산업 전환을 위한 투자 촉진 및 리스크 완화이다. 장기적이고 예측 가능한 투자 환경을 조성하여 민간 자본 유입을 촉진하고, 탈탄소 산업 전환의 재정적 불확실성을 최소화하고자 한다.

(2) 주요 내용

넷제로산업법은 다음과 같은 정책 수단과 실행 계획을 포함하고 있다.

첫째, 기술 자립도 제고 및 전략 기술을 명시하여 태양광, 풍력, 배터리, 재생수소, 탄소포집(CCS) 등 핵심 넷제로 기술의 자립적 생태계 구축을 유도하고 있다. 법안 제1장 제4조에 전략적으로 육성할 19개 넷제로 기술 목록을 명시하여 EU의 산업·무역 전략의 기준으로 삼고 있다.

둘째, 투자 예측 가능성과 환경 조성이다. 민간 기업이 장기적으로 기술 개발 및 생산에 투자할 수 있도록 정책적 안정성 보장, 특히 탄소중립 이행 과정에서의 시장 불확실성 감소를 위한 제도적 기반을 제공하고 있다.

셋째, 규제 완화 및 상업화 촉진내용이다. 불필요한 행정 절차와 규제 제거, 인허가 기간 단축 등을 통해 기술의 시장 진입 장벽을 낮추고 있다. 혁신 기술의 신속한 상용화 및 보급 촉진에 기여할 것으로 보인다.

넷째, 탄소저장 인프라 구축 목표 설정에 관한 내용이다. 2030년까지 연간 최소 5,000만 톤의 CO_2를 저장할 수 있는 인프라 구축을 목표로 정하고 있다. 산업 공정의 잔여 배출 처리와 CCS 기술 보급을 통해 탈탄소 산업 구조의 완결성을 확보하고자 한다.

(3) 19가지 전략기술 목록

넷제로산업법은 EU가 기후중립이라는 환경 목표와 산업경쟁력이라는 경제 목표를 통합적으로 달성하고자 하는 중장기 전략의 핵심 법안이다. 이는 단순한 환경 법령을 넘어, 기술 혁신, 투자 유도, 규제 정비, 인프라 구축 등 산업 전반에 걸친 정책 도구로 작동하고 있으며, 향후 EU 산업정책과 무역 전략의 방향성을 결정짓는 기준점으로 기능할 것이다. 특히 2030년까지 역내에서 연간 넷제로 기술 수요의 최소 40%를 자체 생산하고, 2040년까지 글로벌 시장 점유율의 15%를 확보하는 것을 목표로 한다. 이를 위해 NZIA가 전략적으로 육성할 19개의 넷제로 기술을 정의하고 있는 점을 주독할 필요가 있다.

| 표32 | NZIA가 지정한 19개 넷제로 기술 목록

번호	기술 분야 및 설명
1	태양광 기술: 태양광 발전(PV), 태양열 전기 및 열 기술
2	육상 및 해상 풍력 기술
3	배터리 및 에너지 저장 기술
4	기타 재생에너지 기술: 위 항목에 포함되지 않는 재생에너지 기술
5	히트펌프 및 지열 에너지 기술
6	수소 기술: 전해조 및 연료전지 포함
7	지속가능한 바이오가스 및 바이오메탄 기술
8	탄소 포집 및 저장(CCS) 기술
9	전력망 기술
10	원자력 분열 에너지 기술: 핵연료 주기 기술 포함
11	지속가능한 대체 연료 기술
12	수력 발전 기술
13	기타 재생에너지 기술
14	에너지 시스템 관련 에너지 효율 기술: 열망 기술 포함
15	비생물학적 기원의 재생 연료 기술
16	생명공학 기반 기후 및 에너지 솔루션
17	탈탄소화를 위한 기타 변혁적 산업 기술
18	이산화탄소 운송 및 활용 기술
19	운송용 풍력 추진 및 전기 추진 기술

2. 기업지속가능성 실사지침(CSDDD, Corporate Sustainability Due Diligence Directive)과 글로벌 무역 질서 변화

CSDDD는 기업의 공급망 전반에서 환경 및 사회적 책임을 강화하기 위한 EU의 핵심 법안이다. 이는 단순한 권고가 아니라 법적 의무를 부여함으로써, 기업 활동이 환경과 인권에 미치는 부정적 영향을 체계적으로 식별하고, 예방하고, 완화하도록 요구하는 강력한 규제다.

2.1 CSDDD의 도입 배경과 필요성

CSDDD는 단순한 환경·사회적 책임 강화 차원이 아니라, 글로벌 무역 구조 속에서 지속가능성을 무역의 핵심 기준으로 설정하려는 EU의 전략적 접근 방식에서 비롯되었다.

(1) 자발적 지속가능성 노력의 한계

기존의 지속가능성 정책은 주로 자발적 이니셔티브(Voluntary Initiatives)에 의존해왔으며, 이에 따라 기업 간 대응 수준의 차이가 발생했다. 일부 기업들은 적극적으로 지속가능성을 고려한 경영을 해왔지만, 다수의 기업들은 법적 의무가 없다는 이유르 환경 및 인권 문제를 소홀히 다뤄왔다. 따라서, 보다 강력한 법적 프레임워크를 마련하여 지속가능성 목표를 강제할 필요성이 대두되었다.

(2) 공급망의 깊은 단계에서 발생하는 문제 해결

기존의 기업 지속가능성 조치는 주로 직접적인 공급업체(1차 공급업체)에만 초점을 맞추는 경향이 있었다. 그러나, 실제 환경 파괴와 인권 침해는 공급망의 더 깊은 단계(2차·3차 협력업체)에서 발생하는 경우가 많았다. 이에 따라, 전체 가치사슬(Value Chain)을 포괄하는 실사(Due Diligence) 의무가 필요하게 되었다.

(3) 파편화된 규제의 문제점 해결

현재 EU 회원국들은 개별적으로 환경·사회적 책임과 관련된 규제를 운영하고 있으며, 이에 따라 기업들은 국가마다 다른 규제를 적용받는 문제를 겪고 있다. EU 차원의 통합된 법적 프레임워크를 통해 구제의 일관성을 확보하고, 기업들이 보다 예측 가능하게 대응할 수 있도록 하기 위해 CSDDD가 도입되었다.

(4) 파리협정 목표 달성 및 기후변화 대응

2015년 체결된 파리협정(Paris Agreement)은 산업 전반에서 온실가스 배출을 감축하고, 1.5°C 온도 상승 제한 목표를 달성할 것을 요구하고 있다. 이를 위해, 기업 공급망 전체에서 지속가능성을 확보해야 할 필요성이 커졌으며, 이에 대한 법적 의무를 쿠여하는 CSDDD가 마련되었다.

2.2 CSDDD의 주요 내용 및 특징

CSDDD는 단순히 기업의 직접적인 운영 방식만을 규제하는 것이 아니라, 기업의 공급망 전반에 걸친 지속가능성 실사를 법적 의무로 부과하는 것이 가장 큰 특징이다.

(1) 적용 범위의 포괄성

기존의 많은 지속가능성 규제는 기업 내부 운영과 1차 공급업체에만 초점을 맞췄다. 반면, CSDDD는 기업의 자체 운영, 자회사, 직접적·간접적 협력업체를 포함한 전체 공급망(Value Chain)에 대한 실사 의무를 부과한다. 원자재 조달 → 제품 설계 → 제조 → 유통 → 소비자 판매에 이르는 모든 단계에서 기업들은 환경 및 사회적 책임을 다해야 한다.

(2) 기후변화 대응 계획 의무화

CSDDD는 기업들에게 기후변화 완화 및 적응을 위한 이행 계획을 수립하고 실행할 것을 요구한다. 이 계획은 파리협정의 1.5°C 목표와 일치해야 하며, 지속가능한 경제로의 전환을 촉진하는 방향으로 설정되어야 한다. 기업은 구체적인 배출량 감축 목표와 실행 방안을 마련하고, 이를 비즈니스 모델과 통합해야 한다.

(3) 실사 의무의 구체화

CSDDD는 EU가 기업의 공급망 전반에 걸친 환경 및 인권 책임을 강화하고자 도입한 중요한 규제 프레임워크다. 이 지침은 단순한 보고 의무를 넘어, 기업이 실제로 환경·사회적 리스크를 사전에 식별하고 관리할 수 있는 체계를 갖추도록 강제하는 실질적 이행 의무를 부과한다.

CSDDD에 따른 실사(Due Diligence) 의무는 6단계 절차를 중심으로 구성되어 있으며, 이는 기업의 경영 전반에 지속가능성을 통합하기 위한 구체적인 실행 로드맵을 제시한다.

첫째, 실사 정책의 통합 단계에서는, 기업이 인권과 환경 실사 과정을 자체의 경영 정책과 통제 시스템에 내재화하여, 지속가능성 관리가 일회성 보고나 외부 감사에 그치지 않도록 한다. 이는 실사의 제도화를 의미한다.

둘째, 부정적 영향의 식별 및 평가 단계에서는, 기업이 자사뿐만 아니라 공급망 전반(즉, 하청업체·협력사 포함)에서 발생할 수 있는 인권 침해, 환경 파괴 등의 위험을 체계적으로 분석하고 평가할 수 있는 체계를 구축해야 한다.

셋째, 예방 및 완화 조치의 실행은, 식별된 리스크가 현실화되기 전에 이를 예방하거나, 문제가 발생했을 경우 그 피해를 최소화하고 해결할 수 있는 구체적 조치를 실행하는 것이다. 여기에는 계약 조항, 공급업체 교육, 감사 시스템 등이 포함될 수 있다.

넷째, 모니터링 및 효과성 평가는, 실행된 조치의 실질적 효과를 주기적으로 평가하고 필요한 경우 이를 개선하는 절차이다. 이는 단순한 매뉴얼 준수를 넘어, 실질적인 성과 기반 접근을 의미한다.

다섯째, 공개보고 의무는, 실사 과정에서 수행한 조치, 확인된 위험 요소, 그리고 대응 결과를 대외적으로 공개함으로써 기업의 투명성과 책임성을 높이는 역할을 한다. 이는 기업의 지속가능성 관련 평판 및 투자자 신뢰에도 영향을 미친다.

여섯째, 고충처리 메커니즘의 구축은, 이해관계자—예를 들어 지역사회, 노동자, 시민단체 등—가 우려사항을 공식적으로 제기하고, 문제를 내부적으로 해결할 수 있는 경로를 마련하는 것을 뜻한다. 이는 피해자 중심 접근을 보장하는 핵심 요소다.

이러한 실사 의무는 기업 규모에 따라 단계적으로 시행될 예정이다.

2027년 7월 26일부터는 직원 5,000명 이상이거나 연간 매출 15억 유로를 초과하는 대기업에 우선 적용된다. 2028년부터는 직원 3,000명 이상 또는 매출 9억 유로 이상 기업으로 확대된다. 2029년부터는 모든 해당 기업에 대해 본격적으로 적용되며, 중소기업을 제외한 대부분의 유럽 및 역외 글로벌 기업들이 대상이 될 전망이다.

CSDDD는 기업의 사회적 책임(CSR)을 넘어, 법적 의무로서의 지속가능성 실천을 요구한다는 점에서, 글로벌 공급망 관리와 ESG 경영 전략 전반에 중대한 영향을 미칠 것으로 평가된다.

3. 핵심원자재법(Critical Raw Materials Act, CRMA)과 글로벌 공급망 변화

핵심 원자재 확보는 21세기 산업과 경제 경쟁력의 핵심 요소로 부상하고 있다. 특히, 탄소중립과 디지털 전환(Digital Transformation)이 가속화되면서, 핵심 원자재(Critical Raw Materials)에 대한 수요가 폭발적으로 증가하고 있으며, 이에 대한 안정적 공급이 국가 경쟁력과 경제 안보의 중요한 요소로 작용하고 있다.

EU는 기존의 원자재 정책이 지정학적 리스크, 산업구조 변화, 글로벌 공급망 불안정성 등으로 인해 한계를 드러내고 있다는 점을 인식하고, 보다 체계적이고 강력한 대응이 필요하다고 판단하였다. 이에 따라 2023년 'CRMA'을 발표하여, 원자재 공급망을 안정화하고 EU의 전략적 자율성을 강화하려는 법적 프레임워크를 마련하였다.

3.1 핵심원자재법(CRMA)의 제정 배경과 필요성

핵심원자재법이 등장한 배경에는 지정학적 리스크 증가, 산업구조 전환에 따른 원자재 수요 급증, 기존 정책의 한계 등 복합적인 요인이 작용하였다.

(1) 지정학적 리스크 증가와 공급망 안보 위기

2022년 러시아-우크라이나 전쟁 이후, 에너지 및 원자재 공급망이 극도로 불안정해지면서, EU는 원자재 확보의 전략적 중요성을 재인식하게 되었다. 글로벌 원자재 시장에서 중국의 독점적 지위 강화 역시 중요한 지정학적 위험 요소로 작용하고 있다.

중국은 희토류 가공의 85%, 배터리 핵심 원료(리튬·코발트·망간 등) 정제의 60~70%를 차지하고 있으며, 이에 대한 과도한 의존이 EU의 산업 안보를 위협하는 요인으로 지목되었다. 이러한 공급망 불안정성은 EU의 전략적 자율성(Strategic Autonomy) 확보 필요성을 증대시키는 계기가 되었다.

(2) 산업구조 전환과 원자재 수요 폭증

친환경 및 디지털 산업으로의 전환이 가속화되면서 핵심 원자재의 수요가 폭발적으로 증가하고 있다. 국제에너지기구(IEA)에 따르면, 2040년까지 청정에너지 기술에 필요한 광물 수요는 현재 대비 4~6배 증가할 것으로 예상된다.

특히, 전기차 1대당 내연기관차 대비 6배 더 많은 핵심 원자재(리튬, 니켈, 코발트 등)가 필요하다. 재생에너지 설비에는 풍력 터빈 1MW에 희토류 600kg이 필요하며, 태양광 패널 역시 다양한 희소금속을 포함하고 있다. 반도체 및 디지털 산업의 데이터센터, 클라우드 인프라 등 디지털 경제의 핵심 요소들도 희소금속에 대한 의존도가 높아지고 있다. 이러한 수요 증가는 단순한 공급 부족을 넘어, 자원 확보 경쟁을 전략적 산업 경쟁으로 확장시키고 있으며, 원자재 확보가 국가 경쟁력의 핵심 요소로 자리 잡고 있다.

(3) 기존 원자재 정책의 한계

EU는 2011년부터 '원자재 이니셔티브(Raw Materials Initiative)'를 통해 안정적인 원자재 공급망을 구축하려는 노력을 기울여 왔다. 그러나 해당 정책은 구속력이 부족하여 실질적인 정책 효과를 이끌어내는 데 한계가 있었으며, 채굴, 가공, 재활용 등 공급망 전체를 포괄하는 통합적인 법적 틀이 부재했다.

또한 EU 역내에서의 원자재 채굴 및 가공 역량이 미흡하고, 이에 대한 인프라 투자가 충분하지 않아 자급률을 높이지 못했다. 그 결과, 오히려 중국과 러시아 등 특정 국가에 대한 원자재 수입 의존도가 더욱 심화되는 문제에 직면하게 되었다.

이러한 구조적 한계를 극복하고, EU의 전략적 자율성을 강화하기 위해 2023년 3월에는 'CRMA' 초안이 발표되었고, 이는 2024년 5월 23일부로 공식 발효되었다. CRMA는 원자재 공급망을 보다 체계적이고 법적으로 통제할 수 있는 기반을 마련함으로써, EU 산업의 지속가능성과 경쟁력 강화를 위한 전환점을 제공한다.

3.2 핵심원자재법(CRMA)의 목적과 주요 내용

(1) 법의 목적

CRMA는 EU가 전략적 산업 경쟁력을 확보하고, 외부 의존도를 줄이며, 지속가능한 전환을 촉진하기 위한 핵심 법률로 제정되었다. 이 법의 첫 번째 주요 목적은 공급망의 안정성을 확보하는 것이다. EU는 특정 국가, 특히 중국이나 러시아 등 일부 국가에 대한 원자재 수입 의존도가 심화되고 있는 상황에서, 공급망 다변화, 전략적 비축 강화, 리스크 관리 체계 마련 등을 통해 원자재 수급의 불확실성에 효과적으로 대응하고자 한다.

두 번째로, CRMA는 전략적 자율성 강화를 목표로 한다. 이는 녹색 및 디지털 전환을 견인할 핵심 산업의 경쟁력을 유지하고, EU 역내에서의 원자재 채굴 및 가공 능력을 확대함으로써 기술 주권을 확보하려는 데 목적이 있다. 이를 통해 EU는 대외 의존도를 점차 줄이고, 경제 안보를 강화하려는 전략을 추진하고 있다.

세 번째 목표는 지속가능한 발전의 촉진이다. CRMA는 환경적·사회적 책임을 고려한 친환경 채굴과 가공 기술의 개발을 장려하고, 자원 순환 및 재활용 확대를 통해 원자재 정책의 지속가능성을 높이고자 한다. 이러한 접근은 단기적 공급 문제 대응을 넘어, 장기적으로 환경과 경제가 조화를 이루는 새로운 원자재 정책 패러다임을 형성하는 데 기여한다.

(2) 2030년까지의 구체적 목표

CRMA는 EU의 전략적 자율성과 공급망 회복력을 강화하기 위해 2030년까지 달성해야 할 구체적인 수치 목표를 설정하였다.

첫째, EU는 자급 능력 강화를 위해 역내에서 소비되는 전략 원자재의 최소 10%를 직접 채굴하는 것을 목표로 하고 있다. 이는 원자재 공급의 초기 단계부터 EU 내부 역량을 확대하려는 노력의 일환이다.

둘째, EU는 원자재의 부가가치를 자국 내에서 창출하기 위해 전략 원자재의 최소 40%를 EU 내에서 가공할 것을 목표로 삼고 있다. 이를 통해 원재료의 단순 수입에 의존하기보다, 생산·가공 역량을 갖춘 산업 생태계를 구축하고자 한다.

셋째, 순환경제 전환과 환경적 지속가능성을 도모하기 위해, EU는 소비되는 전략 원자재의 최소 15%를 재활용된 원자재로 충당할 계획이다. 이는 폐자원의 재활용과 자원 순환을 제도적으로 강화함으로써, 새로운 자원 채굴에 대한 부담을 줄이고 환경적 영향을 완화하려는 것이다.

넷째, 특정 국가에 대한 과도한 수입 의존도를 완화하기 위해, 어떤 전략 원자재도 단일 국가(예: 중국)로부터의 수입 비중이 65%를 초과하지 않도록 제한한다는 목표를 설정하였다. 이는 EU가 지정학적 리스크에 보다 유연하게 대응할 수 있는 구조를 갖추기 위한 전략이다.

이러한 목표들은 단순한 선언에 그치지 않고, 실제 정책 수단과 모니터링 체계를 통해 구체적으로 이행 및 평가될 예정이다. EU는 이를 통해 원자재 공급망의 안정성과 지속가능성을 동시에 추구하고 있다.

(3) 실행 전략: 원자재 공급망 재편

CRMA의 실행을 위한 EU의 전략은 원자재 공급망의 다변화, 역내 생산 강화, 순환경제 촉진이라는 세 축을 중심으로 구체적으로 설계되어 있다. 이는 단기적인 공급 충격에 대한 회복력을 확보함과 동시에, 중장기적으로 지속가능하고 전략적인 자립 기반을 구축하기 위한 조치이다.

첫째, 공급망 다변화를 위해 EU는 안정적인 공급원을 확보하고 지정학적 리스크를 줄이기 위한 노력을 집중하고 있다. 이를 위해 캐나다, 호주, 칠레, 나미비아 등 자원이 풍부하고 정치적으로 안정된 국가들과의 전략적 파트너십을 강화하고 있으며, 정부와 민간이 협력하는 '원자재 동맹(Raw Materials Alliance)'을 통해 공동 투자, 기술 공유, 표준 정립 등 다각적 협력이 이뤄지고 있다. 또한 아프리카와 남미 등 자원 부국과의 협력은 단순한 자원 수입에 그치지 않고, 현지에서의 가치 창출, 기술이전, 지속가능한 개발 등을 포함하는 '상호 호혜적 파트너십' 모델로 확장되고 있다.

둘째, 역내 생산 강화 전략도 병행되고 있다. 전략적 중요성을 갖는 채굴 및 가공 프로젝트에 대해서는 환경 및 안전 기준은 유지하면서도 인·허가 절차를 간소화하여 사업의 실행 가능성을 높이고 있다. 특히 이러한 프로젝트의 허가 처리 기간을 최대 24개월로 제한하여 효율성을 제고하고 있다. 더불어 유럽투자은행(EIB), InvestEU, 혁신기금 등 다양한 재정적 수단을 통해 전략 프로젝트에 대한 지원을 강화하고 있다. 동시에, Horizon Europe 프로그램[42]을 활용해 친환경 채굴 및 가공 기술, 대체소재 개발 등 R&D 투자도 확대하고 있다.

셋째, 순환경제 촉진을 위한 노력도 주목할 만하다. EU는 배터리, 전자제품, 자동차 등에서 핵심 원자재를 회수하기 위한 재활용 인프라에 대한 투자를 확대하고 있으며, 드시 광산(Urban Mining) 등에서 원자재를 효율적으로 회수할 수 있는 혁신 기술의 개발도 적극 지원하고 있다. 이와 함께 원자재 함유 제품의 수명 주기 전반을 추적할 수 있는 체계를 구축하고, 재활용률을 높이기 위한 제도적 기관을 마련함으로써 폐기물 관리 체계를 개선하고 있다.

이러한 실행 전략은 단기적인 수급 불안을 해결하는 데 그치지 않고, EU의 산업 경쟁력과 환경적 지속가능성을 동시에 제고하는 방향으로 구성되어 있다. 이는 궁극적으로 EU의 경제 안보와 기후중립 목표를 동시에 실현하기 위한 중장기적 정책 패키지로서 의미를 가진다.

3.3 CRMA의 글로벌 영향

CRMA의 시행은 단순히 EU 역내의 공급망 안정화를 넘어서, 글로벌 시장과 산업 생태계 전반에 구조적이고 장기적인 영향을 미칠 것으로 전망된다. 이 법은 원자재 채굴·가공·재활용의 모든 단계에서 새로운 규범과 질서를 만들어내며, 전 세계적인 공급망 재편, 시장 변화, 기술 혁신을 촉진하는 요인이 되고 있다.

---

42) 호라이즌 유럽(Horizon Europe)은 유럽연합(EU)이 2021~2027년 동안 추진하는 주요 연구 및 혁신 프레임워크 프로그램으로, 층 예산은 약 955억 유로에 달한다. 이 프로그램은 기후 변화 대응, 지속가능발전목표(SDGs) 달성, EU의 경쟁력 및 경제 성장 촉진을 목표로 한다. 주요 연구 분야는 기후 변화, 건강, 디지털 전환, 에너지, 농업 등이며, EU 회원국뿐만 아니라 일부 비EU 국가도 협정에 따라 참여할 수 있다. 대한민국은 2025년 1월 1일부터 호라이즌 유럽 협력국으로 참여하고 있다.

우선, 글로벌 공급망의 재편이 본격화될 것으로 보인다. EU는 핵심 원자재의 자급률을 높이고 특정 국가에 대한 의존도를 낮추기 위해 역내 생산을 확대하고 있으며, 이에 따라 글로벌 공급망은 점차 지역화(Regionalization) 경향을 띠게 될 것이다. 특히 '역내 공급망(Intra-EU supply chain)'의 전략적 중요성이 부각되면서, EU 내부의 국가 간 원자재 생산과 유통 네트워크가 강화될 전망이다.

또한 프렌드쇼어링(Friendshoring) 전략[43]이 가속화될 것으로 예상된다. 이는 지정학적 리스크를 줄이기 위한 방식으로, EU는 가치와 규범을 공유하는 국가들, 예컨대 미국, 일본, 한국, 캐나다 등과의 원자재 협력 관계를 강화하고, 이들 국가를 신뢰할 수 있는 공급 파트너로 간주하여 무역과 투자 연계를 확대할 것이다.

둘째, 국제 원자재 시장에서도 상당한 변화가 일어날 것으로 보인다. 공급망의 구조적 조정이 이루어지는 과정에서 단기적으로는 공급 불안과 수요 불균형이 발생할 수 있어 가격의 변동성이 증가할 가능성이 높다. 특히 리튬, 니켈, 희토류와 같은 전략 원자재는 수요가 급증하면서 가격 상승 압력이 커질 수 있다.

또한, EU가 제시하는 지속가능성 기준이 글로벌 표준으로 확산될 가능성도 크다. 원자재의 채굴, 운송, 가공 과정에서의 환경적·사회적 영향을 엄격히 통제하는 규범이 전 세계적으로 강화될 것이며, 이에 따라 개발도상국이나 자원 부국들도 EU 기준에 부합하는 방식으로 생산 체계를 전환해야 할 필요성이 커질 것이다. 이는 원자재 산업의 '규범 수출'이라는 측면에서도 중요한 변화다.

셋째, 관련 산업에 대한 투자 역시 급증할 것으로 예상된다. EU는 역내의 채굴 및 가공 역량을 강화하기 위한 대규모 투자를 유치하고 있으며, 동시에 EU와 전략적 협력 관계에 있는 국가들, 특히 호주, 캐나다, 남미 국가들에서는 광업 및 가공 분야에 대한 외국인 투자도 활발해질 것이다. 이는 관련 국가들의 산업 인프라 개선과 고용 창출에도 긍정적인 영향을 미칠 수 있다.

뿐만 아니라, 기술 혁신 역시 촉진될 것으로 보인다. 원자재의 효율적 사용, 대체 소재 개발, 재활용 기술 고도화 등은 EU의 지속가능성 요구에 대응하기 위한 핵심 분야로 부상하고 있다. 이에 따라 R&D에 대한 민간 및 공공의 투자가 크게 확대될 것이며, 이는 장기적으로 전 세계적인 자원 이용 패러다임을 전환하는 데 중요한 계기가 될 것이다.

---

43) 프렌드쇼어링(friend-shoring)이란, 공급망을 "지정학적으로 신뢰할 수 있는 동맹국이나 우호국(friends)" 중심으로 재편하는 전략을 뜻한다. 즉, 단순히 비용이 가장 낮은 국가에 생산을 맡기는 것이 아니라, 정치적·가치적으로 가까운 국가들과 공급망을 구축하는 것을 목표로 한다. 주요 사례로 미국이 반도체, 배터리, 희토류 공급망을 동맹국(한국, 일본, 유럽, 호주 등) 중심으로 재편하려는 정책을 들 수 있다.

결과적으로, EU의 CRMA는 단순한 역내 정책이 아니라, 전 세계 자원 공급망과 무역구조, 산업 전략에까지 깊은 영향을 미치는 글로벌 규범이자 전략으로 작용하고 있다.

제4절 미국의 최근 탄소중립 관련 무역 조치 동향

미국은 기후변화 대응을 산업·무역 전략과 결합시키며 탄소중립 목표를 향한 다층적 접근을 강화하고 있다. 특히 인플레이션 감축법(IRA, Information Reduction Act)을 비롯해 CBAM 검토, 탄소클럽 구상, 환경기준을 활용한 무역 집행 강화 등이 대표적인 정책 수단으로 부상하고 있다. 이러한 조치들은 미국의 탈탄소 산업 육성뿐만 아니라, 국제 무역 질서에 있어서도 새로운 기준을 제시하고 있으며, 향후 글로벌 공급망의 재편과 기후 기반 통상 규범 형성에 중대한 영향을 미칠 것으로 보인다.

1. 인플레이션 감축법(IRA): 녹색 산업 정책과 무역 전략의 결합

2022년 제정된 IRA는 향후 10년간 약 3,700억 달러에 달하는 기후·에너지 투자 계획을 담고 있으며, 이는 미국 역사상 최대 규모의 기후 관련 예산이다. 전기차, 재생에너지, 배터리, 수소 등 청정 기술 산업을 대상으로 세액 공제 및 직접 보조 등 다양한 인센티브가 제공되며, 특히 미국 또는 북미 지역에서 최종 조립된 전기차에만 세액 공제를 부여함으로써 미국 내 제조기반 확대를 유도하고 있다.

IRA는 단순한 기후정책에 그치지 않고, 미국 중심의 청정 기술 공급망을 구축하려는 전략적 산업정책으로 기능하고 있다. 이에 따라 글로벌 청정기술 기업들의 미국 진출이 가속화되고 있으며, 한국, EU 등 교역국들은 차별적 조항에 대해 우려를 표명하고 협의 채널을 통해 수정 요구를 제기하고 있다. 미국은 이에 일부 유연성을 보이고 있으나, 자국 산업 보호라는 기본 기조는 유지하고 있다.

2. 미국식 탄소국경조정제도(CBAM) 도입 논의

EU의 CBAM이 본격 시행되면서 미국 역시 유사한 제도의 도입을 검토하고 있다. 현재 미국 의회와 행정부에서는 탄소 배출량이 높은 수입품에 대해 탄소세를 부과하는 방안을 논의 중이다. 이는 자국 산업의 경쟁력 저하를 방지하고, 탄소 가격제를 국제적으로 확산시키려는 의도를 반영하고 있다.

철강, 알루미늄, 시멘트 등 탄소 집약적 산업을 중심으로 한 CBAM 도입 논의는 아직 초기 단계이나, EU와의 정책 연계를 고려한 제도 설계가 이루어질 가능성도 열려 있다. 다만, 산업계의 반발과 국내 물가 상승 우려 등으로 인해 실제 입법까지는 시간이 소요될 것으로 전망된다.

최근 미국의 탄소 관세 추진 관련하여 공화당의 캐시디(Cassidy)와 그레이엄(Graham)상원의원은 2024년 4월, Foreign Pollution Fee Act(FPFA)을 발의했다. 이 법은 철강, 알루미늄, 태양광 부품 등 수입품에 탄소 배출 기반 세금을 부과하여 미국 제조업체 보호와 무역 경쟁력 확보를 목표로 하고 있다. 한편 미국 제조업은 셰일가스 기반의 상대적으로 낮은 탄소 집약도를 보유하고 있으나, 반면 중국은 석탄기반의 고탄소 산업을 유지하고 있어 이를 겨냥한 것으로 평가되기도 한다.

EU의 CBAM처럼, 탄소 조정 메커니즘이 도입되면 국제적 수용성과 정당성이 높아질 것으로 평가된다. 그러나 미국내 탄소 가격제도 없이 추진될 경우, 기후 감축 효과는 제한적이며, 일부 연구는 배출 저감 효과가 미미할 것으로 전망하고 있다. 한편 공화당 주도의 FPFA는 향후 미국 내 탄소가격제 논의의 정치적 기반이 될 수 있지만 트럼프정부의 관세선호정책이 기후감축에 대한 반감을 이겨내고 탄소세를 부과하는 수준까지 나아갈지는 여전히 의문이다(출처:https://www.ft.com/content/d215b2f9-69f5-40f8-b2d2-df0f5899345d?utm_source=chatgpt.com)

3. 미국-EU 탄소클럽(Carbon Club)[44] 구상

미국과 EU는 기후정책이 강력한 국가들 간 연대를 통해, 탄소 가격제 및 규제 체계의 조화를 도모하고 공동 기준을 수립하는 '탄소클럽' 구상을 논의하고 있다. 이는 탄소 누출을 방지하고 글로벌 감축 노력을 촉진하려는 전략의 일환이다.

탄소클럽은 참여국 간 무역 협력을 강화하는 동시에, 비회원국에는 사실상의 무역 장벽으로 작용할 수 있다. 특히 탄소 배출량이 높은 국가들의 수출 경쟁력이 약화될 수 있다는 점에서 새로운 형태의 기후 기반 무역 블록으로 주목받고 있다. 현재 미국과 EU는 고위급 협의를 지속 중이며, 향후 일본, 한국 등으로의 확대 가능성도 열려 있으나, 각국의 규제 체계 차이와 참여 조건 조율이 주요 과제로 남아 있다.

4. 환경기준을 활용한 무역 정책 강화

미국은 무역 정책 전반에 환경 기준을 통합하려는 움직임을 강화하고 있다. 이는 반덤핑 및 상계관세 등 기존 무역 제재 수단에 탄소 배출 기준을 연계하거나, 새로운 무역 협정에 기후 조항을 포함하는 방식으로 진행되고 있다.

특히 탄소 배출량이 높은 산업(예: 철강, 알루미늄, 시멘트 등)은 향후 수출 시 환경 기준을 충족해야 하는 부담이 커질 가능성이 있다. 청정 연료 사용, 탄소 감축 목표 설정, ESG 정보 공개 의무 등도 무역 조건으로 반영될 수 있어, 국내 산업의 대응 전략이 요구된다.

미국은 트럼프 정부이후 혼란스럽지만 자국 내 탄소중립 목표 달성을 넘어, 글로벌 무역 규범에 기후 기준을 내재화하려는 전략을 추진할 가능성도 있다. IRA, CBAM 검토, 탄소클럽 구상 등은 산업정책과 통상정책을 유기적으로 결합한 새로운 접근으로, 향후 국제 무역의 패러다임 전환을 주도할 가능성이 높다. 이에 따라 한국을 포함한 주요 교역국들은 이러한 변화가 국내 산업과 수출에 미치는 영향을 면밀히 분석하고, 대응 전략을 조속히 수립할 필요가 있다. 이는 '기후 정책 = 산업 정책 = 무역 정책'이라는 새로운 질

---

44) 기후클럽(Climate Club)은 2022년 G7 정상회의에서 독일 주도로 출범한 공식 다자 협력체로, 산업 탈탄소화, 공통 기준 수립, 개도국 기술·재정 지원 등을 목표로 한다. 반면, 탄소클럽(Carbon Club)은 탄소가격제 또는 배출규제를 도입한 국가들 간의 비공식 정책 연합 구상으로, CBAM과 같은 무역조치를 통한 탄소 누출을 방지하고 탄소 규제의 국제적 정합성을 확보하려는 전략적 틀이다.

서 속에서 국가 경쟁력을 재설계하는 중요한 과제가 될 것이다.

5. 트럼프 행정부의 기후 및 에너지 정책 변화

(1) 파리협정 재탈퇴 및 국제 기후 협력 약화

2025년 1월 취임 직후, 트럼프 대통령은 파리기후협정에서의 탈퇴를 공식화하고, 유엔기후변화협약(UNFCCC) 관련 기구에 대한 미국의 재정 지원을 전면 중단하였다. 이는 국제 사회의 기후변화 대응에 대한 미국의 참여를 축소시키고, 글로벌 기후 협력 체계의 신뢰성에 부정적인 영향을 미치고 있다.

(2) 화석연료 산업 중심의 에너지 정책 강화

트럼프 행정부는 '국가 에너지 비상사태'를 선포하고, 석유, 가스, 석탄 등 화석연료 산업에 대한 규제를 대폭 완화하였다. 이에 따라 연방 토지에서의 에너지 자원 탐사 및 생산이 촉진되고, 환경보호법의 적용이 축소되거나 면제되어 화석연료 중심의 에너지 정책이 강화되고 있다.

(3) 재생에너지 및 친환경 정책의 축소

바이든 행정부의 핵심 기후정책인 '인플레이션 감축법(IRA)'과 '인프라 투자 및 일자리법(IIJA)'의 청정에너지 보조금과 대출 지원이 축소되거나 중단되었다. 이에 따라 2025년 1분기에만 약 69억 달러 규모의 청정에너지 프로젝트가 취소되거나 축소되었다.

(4) ESG 투자 및 지속가능성 공시제도의 후퇴

트럼프 행정부는 ESG(환경, 사회, 지배구조) 투자에 대한 제약을 강화하고, 미국 증권거래위원회(SEC)의 기후위험 공시 의무화 규정을 철회하였다. 이는 미국의 지속가능성 공시 체계를 후퇴시키고, 글로벌 지속가능금융 시장의 신뢰성과 정합성에 부정적인 영향을 미치고 있다.

이와같은 트럼프 2기 행정부의 기후 및 에너지 정책 변화는 미국의 국내 정책뿐만 아니라 국제 사회의 기후변화 대응과 탄소중립 무역 질서에 중대한 영향을 미치고 있다. 이러한 변화는 글로벌 기후 협력 체계의 신뢰성을 약화시키고, 지속가능금융 시장의 불확실성을 증가시키며, 탄소중립 무역 질서에 도전이 되고 있다. 국제 사회는 이러한 변화에 대응하여 기후변화 대응과 탄소중립 목표 달성을 위한 국제 협력을 강화하고, 지속가능금융 시장의 신뢰성과 정합성을 확보하기 위한 노력을 지속해야 할 것이다.

제5절 공급망 탈탄소화 전략

1. 공급망 탈탄소화의 최근 동향

공급망 탈탄소화(Supply Chain Decarbonization)는 최근 탄소중립 이행을 위한 핵심 전략으로 부상하고 있으며, 특히 Scope 3(간접배출) 감축을 중심으로 한 기업과 정부의 대응이 가속화되고 있다. 이러한 흐름은 국제 규제의 강화, 디지털 기술의 발전, 민간 주도 전략의 확대가 상호작용하면서 글로벌 무역과 금융 환경에 중요한 변화를 초래하고 있다.

우선, 국제 규제의 강화는 공급망 탈탄소화를 강력히 견인하고 있다. EU의 탄소국경조정제도(CBAM), 기업지속가능성보고지침(CSRD), 산림파괴규제(EUDR, EU Deforestation Regulation) 등은 기업이 공급망 전반의 온실가스 배출 정보를 투명하게 공개하고, 실질적인 감축 조치를 이행할 것을 요구하고 있다. 이러한 규제는 단순한 공시를 넘어, 실제 무역 접근성과 연계되기 때문에 기업의 공급업체 선택, 생산지 이전, 친환경 인증 확보 등의 의사결정에 직접적인 영향을 미친다. 결과적으로 공급망 전체가 저탄소 구조로 재편되는 압력이 강화되고 있다.

이와 함께, Scope 3 감축은 기업 기후전략의 중심 축으로 부상하고 있다. Scope 3는 일반적으로 기업 직접배출(Scope 1) 및 에너지 사용 배출(Scope 2)보다 훨씬 많은 배출을 차지하는 것으로 나타나며, 이는 대부분 공급망에서 발생한다. 이에 따라 글로벌 대기업들은 공급망 배출을 감축하겠다는 목표를 세우고 있으며, 주요 협력업체에 감축 조건을 명확히 요구하거나 공급계약 체결 시 지속가능성을 평가하는 기준을 적용하고 있다.

한편 디지털 기술의 발전은 공급망 전반의 배출 감시 및 검증의 정확성과 투명성을 획기적으로 높이고 있다. 인공지능(AI), 위성, IoT 센서, 드론 등의 기술은 원재료 생산지의 탄소배출량과 산림 훼손 여부 등을 정밀하게 추적할 수 있도록 하며, 이를 기반으로 한 탄소추적 플랫폼과 디지털 MRV(측정·보고·검증) 시스템은 공급망 감축 이행의 실효성을 검증하는 데 필수적인 도구로 자리잡고 있다.

더불어, 민간 부문의 주도적 역할과 금융 연계 전략도 두드러지고 있다. 글로벌 기업들은 공급업체를 대상으로 지속가능성 교육, 감축 기술 지원, ESG 연계 금융 인센티브를 결합한 프로그램을 운영하고 있으며, 이를 통해 감축 이행능력이 부족한 협력사를 돕고 있다. 금융기관 역시 Scope 3를 ESG 투자 리스크로 간주하고, 공급망 기반 탈탄소 프로젝트에 대해 선별적인 투자 조건과 그린 본드, 전환 금융 등의 새로운 자금 지원 방식을 도입하고 있다.

이처럼 공급망 탈탄소화는 단순한 배출 감축을 넘어, 무역의 지속가능성 기준 형성, 금융 접근성, 기술 혁신, ESG 경쟁력 확보 등과 긴밀하게 연결된 전략적 과제로 부상하고 있다.

2. 공급망 탈탄소화 핵심 전략

효율적인 공급망 탈탄소화를 위해서는 다음의 전략적 접근이 요구된다.
(1) 공급망 탄소 배출량의 정량화 및 가시화
공급망 전반의 탄소 배출 현황을 파악하는 것은 관리의 첫 단계이다. 전과정평가(LCA, Life Cycle Assessment)를 통해 제품의 원료 추출부터 폐기까지 발생하는 탄소 발자국을 정량적으로 산출한다. 또한, 디지털 MRV(측정·보고·검증) 시스템과 인공지능(AI) 기반 데이터 분석을 활용하여 실시간으로 배출 데이터를 수집하고, 주요 배출원(핫스팟)을 식별한다. GHG Protocol Scope 3 기준에 따라 협력업체의 배출량을 체계적으로 계량하여 공급망 전체의 탄소 배출 지도를 구축하는 것이 중요하다.

(2) 저탄소 지향 공급업체로의 전환 및 협력 강화
공급업체 선정 및 관리 기준에 탄소 배출 관련 항목을 포함시켜야 한다. 납품업체의 탄소 배출량, 재생에너지 사용 비율, 구체적인 감축 로드맵 등을 평가하여 우선적으로 협력하고, 계약 조건에 탄소 감축 목표를 명시하며 미이행 시 페널티 부과 또는 계약 종료 등의 조치를 고려할 수 있다. 반대로, 탄소 감축 성과가 우수한 협력사에는 우선 발주, 장기 계약, 금융 지원 등의 인센티브를 제공하여 자발적 감축 노력을 유도한다.

(3) 물류 및 운송 과정의 탄소 감축

물류 과정에서 발생하는 탄소 배출량을 줄이기 위해 전기·수소 기반 상용차, 바이오연료 및 암모니아·메탄올 추진 선박 등 친환경 운송수단으로의 전환을 추진한다. AI를 활용한 운송 경로 최적화, 복합운송 활성화, 공동 물류 시스템 도입 등을 통해 물류 효율성을 제고한다. 국제해사기구(IMO) 및 국제민간항공기구(ICAO)의 탄소 규제 강화에 대응하여 해운 및 항공 부문 배출량의 주기적인 보고와 관리가 필수적이다.

(4) 순환경제형 공급망 구축

제품의 설계 단계에서부터 재활용 및 재사용 용이성(Design for Circularity)을 고려한다. 재생 원료(예: 재생 알루미늄, 재생 플라스틱) 및 바이오 기반 저탄소 원자재 사용을 확대하고, 폐기물 발생을 최소화하며 발생된 폐기물을 다시 생산 과정에 투입하는 폐쇄형 시스템(Closed-loop System) 도입을 통해 자원 효율성을 극대화한다.

(5) 협력사 탄소 감축 역량 제고 및 동반 성장

공급망 전체의 탄소 중립은 다수의 중소 협력업체의 참여 없이는 달성하기 어렵다. 이들의 탄소 감축 역량 부족 문제를 해결하기 위해 에너지 효율화 기술 이전, 재생에너지 시설 공동 구축 지원, 탄소 관리 시스템 구축 및 운영 교육 등 실질적인 지원 방안을 마련해야 한다. 또한, SBTi(과학기반감축목표이니셔티브), CDP(탄소정보공개프로젝트) 등 주요 글로벌 이니셔티브에 협력사와 공동으로 참여하도록 유도하여 공급망 전체의 대응 수준을 향상시킨다.

3. 주요 기술 및 규제 동향

공급망 탈탄소화는 기술 발전과 규제 환경 변화에 민감하게 영향을 받는다.

AI 및 블록체인 기술 활용: AI는 공급망 내 탄소 배출 데이터의 실시간 수집, 분석, 예측을 통해 효율적인 감축 전략 수립을 지원한다. 블록체인 기술은 탄소 배출 데이터의 투명성과 신뢰성을 확보하여 데이터 위변조를 방지하고 이해관계자 간 정보 공유를 촉진한다.

ESG 공시 의무화 강화: EU의 기업 지속가능성 보고지침(CSRD), 국제회계기준(IFRS) 재단의 IFRS S2 (기후 관련 공시) 등은 Scope 3 배출량 정보 공개를 단계적으로 의무화하고 있다. 이는 기업의 공급망 관리 책임을 더욱 강화하는 요인으로 작용한다.

탄소국경조정제도(CBAM)의 본격화: EU는 2023년 10월부터 CBAM의 전환기간(보고 의무)을 시행 중이며, 2026년부터 철강, 알루미늄, 시멘트, 비료, 전력, 수소 등 대상 품목 수입 시 탄소 배출량에 상응하는 인증서 구매 의무를 부과할 예정이다. 이는 해당 품목 및 연관 산업의 수출 기업에게 직접적인 비용 부담으로 작용하므로, 공급망 단위의 정확한 탄소 배출량 계측 및 감축 노력이 시급하다.

4. 글로벌 기업의 선도적 대응 사례

주요 글로벌 기업들은 공급망 탈탄소화를 핵심 경영 전략으로 채택하고 있다.

애플(Apple): 2030년까지 제조 공급망 및 제품 수명 주기 전반에 걸쳐 탄소 중립을 달성하겠다는 목표를 설정하고, 협력업체에 재생에너지 사용을 강력히 요구하고 있다.

BMW: 철강 및 알루미늄 공급업체에 저탄소 제조 공정 도입을 요구하고, 차량 생산에 사용되는 친환경 소재의 비중을 확대하고 있다.

유니레버(Unilever): 협력업체에 탄소 배출량 정보 공개를 의무화하고, 감축 실적을 계약 갱신 조건에 반영하는 등 적극적인 공급망 관리를 시행 중이다.

5. 국제 무역 및 기업 경쟁력에 미치는 영향

공급망 탈탄소화는 국제 무역 질서에 새로운 규범을 형성하며 기업 경쟁력의 패러다임을 전환시키고 있다.

CBAM, 미국의 인플레이션 감축법(IRA) 내 청정 기술 인센티브 등은 저탄소 제품 및 기술에 무역상 우위를 제공하는 반면, 고탄소 제품에는 추가적인 비용 부담(사실상의 탄소 장벽)을 야기한다. 글로벌 시장에서 활동하는 기업들은 탄소 배출 정보 미공개 또는 ESG 경영 수준이 낮은 기업을 공급망에서 배제하는 경향을 보이고 있다.

반대로, 선제적으로 탄소 중립 공급망을 구축한 기업은 글로벌 시장에서 환경 프리미엄을 확보하고, 새로운 사업 기회를 창출하며 경쟁 우위를 점할 수 있다. 따라서 공급망 탈탄소화는 비용 증가 요인이자 동시에 새로운 가치 창출의 기회로 작용한다.

6. 결론: 공급망 탈탄소화, 미래 경쟁력의 핵심

공급망 탈탄소화는 더 이상 선택적 환경 규제 준수 차원의 문제가 아니라, 기업의 장기적인 생존과 시장 경쟁력을 좌우하는 핵심 경영 전략으로 부상했다. 제품의 기능적 품질뿐만 아니라 생산 과정의 환경적·사회적 책임성이 중요시되는 시대로 전환되고 있다.

기업은 협력사와의 긴밀한 파트너십, 혁신 기술의 적극적 도입, 변화하는 규제 환경에 대한 전략적 대응을 종합적으로 고려한 공급망 탈탄소화 로드맵을 수립하고 실행해야 한다. 이 과정에서 정부의 탄소 중립 인프라 투자, 중소·중견기업 대상 기술 및 금융 지원 프로그램 등 정책적 지원이 효과적으로 연계될 필요가 있다. 지속 가능한 공급망 구축은 미래 무역 환경에서 기업의 핵심 경쟁력으로 작용할 것이다.

Discussion Topic

1. 탄소국경조정제도(CBAM)는 보호무역주의인가, 공정한 기후 정책인가?
   - **찬성** (공정한 기후 정책): CBAM은 탄소누출(Carbon Leakage)을 방지하고, 환경 비용을 무역에 반영하여 공정한 경쟁을 유도하는 제도이다.
   - **반대** (보호무역주의): CBAM은 사실상 탄소세를 통한 무역장벽 역할을 하며, 개도국과 수출 의존국에 불리한 보호무역주의 정책이다.

2. 환경 규제 강화가 무역과 경제성장에 도움이 되는가?
   - **찬성** 강력한 환경 규제는 장기적으로 지속가능한 경제 성장과 친환경 산업 발전을 촉진할 수 있다.
   - **반대** 환경 규제 강화는 기업의 비용 부담을 증가시키고, 국제 무역 경쟁력을 약화시킬 수 있다.

3. 탄소중립을 위해 자유무역 원칙을 수정해야 하는가?
   - **찬성** 기후변화 대응을 위해서는 전통적인 자유무역 원칙보다 지속가능한 무역 시스템이 필요하다.
   - **반대** 자유무역 원칙을 유지해야 하며, 탄소중립 정책이 시장의 자유로운 흐름을 방해해서는 안 된다.

4. 다국적 기업은 자국보다 강한 탄소배출 규제를 적용받아야 하는가?
   - **찬성** 다국적 기업은 글로벌 환경에 영향을 미치므로, 본사가 있는 국가보다 강한 국제적 탄소배출 규제를 적용해야 한다.
   - **반대** 다국적 기업에 대한 과도한 규제는 국제 무역을 저해하고, 특정 기업에 불리하게 작용할 수 있다.

5. EU의 탄소중립 무역규제가 글로벌 표준이 되어야 하는가?
   - **찬성** EU는 기후변화 대응에서 선도적인 역할을 하고 있으며, 탄소중립 규제가 국제적으로 표준화되어야 한다.
   - **반대** EU의 무역규제는 자국 산업 보호를 위한 것이며, 모든 국가가 동일한 규정을 따르는 것은 비현실적이다.

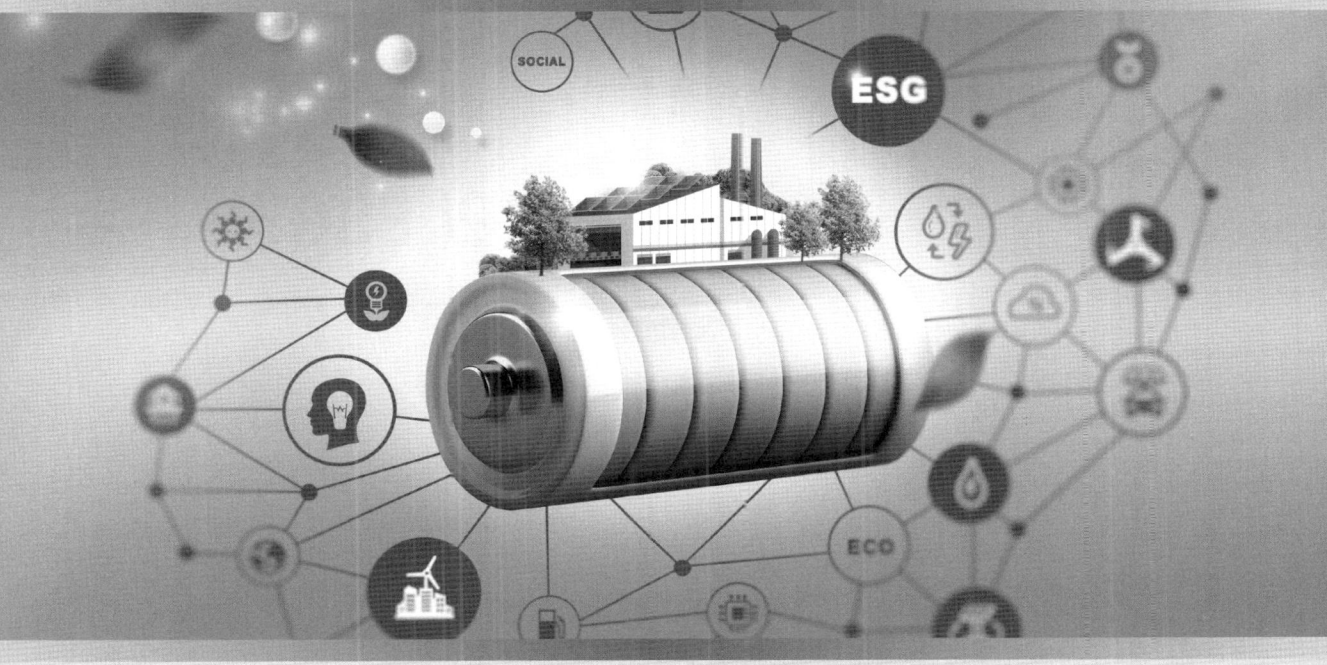

제8장
탄소중립과 기업의 ESG공시

제1절 ESG 경영과 탄소중립 ⋯⋯⋯⋯⋯⋯⋯⋯⋯⋯⋯⋯ 354
제2절 지속가능성 경영의 부상과 ESG 공시의 진화 ⋯⋯ 360
제3절 금융안정위원회(FSB)부터 ISSB까지 ⋯⋯⋯⋯⋯⋯ 367
제4절 국제기준 IFRS S1과 S2의 구조와 내용⋯⋯⋯⋯⋯ 374
제5절 EU의 ESRS 지속가능성 보고 기준 ⋯⋯⋯⋯⋯⋯ 379
제6절 미국의 기후관련 공시제도 ⋯⋯⋯⋯⋯⋯⋯⋯⋯⋯ 392
제7절 새로운 공시 물결-자연자본 공시제도(TNFD) ⋯ 398

제8장 탄소중립과 기업의 ESG공시

Carbon Neutrality & Environmental·Social·Governance

제1절 ESG 경영과 탄소중립

　기업 경영의 패러다임이 변화하고 있다. 과거에는 재무적 성과만이 기업의 주요 가치 평가 기준이었지만, 이제는 환경(Environment), 사회(Social), 거버넌스(Governance)를 포괄하는 ESG 경영이 기업의 지속가능성을 판단하는 핵심 요소로 부상하고 있다. 특히, 지구온난화로 인한 기후변화 위기가 심각해짐에 따라, ESG 경영에서 탄소중립은 더욱 중요한 위치를 차지하게 되었다. 본 절에서는 ESG 경영의 개념과 중요성을 살펴보고, 탄소중립이 ESG 경영에서 어떤 의미를 가지며, 기업의 지속가능한 성장에 어떻게 기여하는지 논의하고자 한다. 더불어, ESG 평가 지표와 탄소중립 요소 간의 연관성을 분석하여 기업이 탄소중립 목표를 달성하고 ESG경영을 효과적으로 추진하기 위한 방향성을 제시한다.

1. ESG의 개념과 중요성(환경, 사회, 거버넌스)

ESG는 기업의 비재무적 성과를 측정하는 세 가지 핵심 요소로, 투자 결정 및 기업 가치 평가에 중요한 영향을 미치고 있다.

환경(Environment): 기업 활동이 환경에 미치는 영향과 관련된 요소이다. 기후변화 대응, 탄소 배출량 감축, 에너지 효율성 향상, 자원 관리, 폐기물 처리, 생물 다양성 보전 등이 포함된다. 환경 문제는 기업의 생산 활동뿐만 아니라 미래 생존 가능성까지 위협하는 요인이 되므로, 기업의 적극적인 환경 경영은 필수적이다.

사회(Social): 기업이 사회에 미치는 영향과 관련된 요소이다. 노동 관행, 안전 보건, 인권 존중, 소비자 보호, 지역 사회 기여, 다양성 및 포용성 등이 포함된다. 기업은 사회 구성원으로서 사회적 책임을 다하고, 다양한 이해관계자들과의 긍정적인 관계를 구축해야 지속가능한 성장을 이룰 수 있다.

거버넌스(Governance): 기업의 의사 결정 구조 및 경영 시스템과 관련된 요소이다. 이사회 구성 및 운영의 투명성, 주주 권리 보호, 경영진의 책임성, 내부 통제 시스템, 윤리 경영 등이 포함된다. 투명하고 건전한 거버넌스 구조는 기업의 효율성을 높이고, 위험을 관리하며, 투자자들의 신뢰를 확보하는 데 중요한 역할을 한다.

ESG 경영은 단순히 기업 이미지를 개선하는 것을 넘어, 장기적인 관점에서 기업 가치를 높이고 지속가능한 성장을 가능하게 하는 핵심 전략으로 인식되고 있다. 투자자들은 ESG 요소를 고려하여 투자 결정을 내리고 있으며, 소비자들은 사회적 책임을 다하는 기업의 제품과 서비스를 선호하는 경향이 강해지고 있다. 또한, 정부 규제와 국제 기준 역시 ESG 경영을 강화하는 방향으로 나아가고 있다.

2. ESG 경영 관점에서 본 탄소중립의 의미와 역할

탄소중립은 인간의 활동으로 인해 발생하는 온실가스 배출량을 최대한 줄이고, 남은 배출량은 흡수하거나 제거하여 실질적인 배출량을 '0'으로 만드는 것을 의미한다. ESG 경영 관점에서 탄소중립은 다음과 같은 중요한 의미와 역할을 갖는다.

환경 리스크 관리: 탄소 배출은 기후변화의 주요 원인이며, 이는 기업에게 물리적 리스크(자연재해 증가 등)와 전환 리스크(규제 강화, 기술 변화 등)를 야기한다. 탄소중립 목표를 설정하고 이를 달성하기 위한 노력을 기울이는 것은 기업의 환경 리스크를 효과적으로 관리하는 중요한 방법이다.

미래 성장 동력 확보: 탄소중립은 에너지 전환, 친환경 기술 개발 등 새로운 산업과 시장의 성장을 촉진한다. 기업이 탄소중립을 위한 혁신적인 기술과 비즈니스 모델을 개발하고 적용하는 것은 미래 성장 동력을 확보하는 중요한 기회가 될 수 있다.

이해관계자 신뢰 구축: 탄소중립 목표를 적극적으로 추진하고 관련 정보를 투명하게 공개하는 것은 투자자, 소비자, 정부, 지역 사회 등 다양한 이해관계자들에게 긍정적인 신호를 보내고 신뢰를 구축하는 데 기여한다. 이는 기업의 평판을 높이고 장기적인 관계를 유지하는 데 중요한 요소이다.

ESG 평가 향상: 탄소 배출량 감축 노력과 탄소중립 목표 달성 여부는 ESG 평가의 중요한 지표 중 하나이다. 탄소중립을 위한 적극적인 노력은 기업의 ESG 평가 점수를 향상시키고, 이는 투자 유치 및 기업 가치 상승으로 이어질 수 있다.

결론적으로, 탄소중립은 ESG 경영의 핵심적인 요소로서, 기업의 환경 리스크를 줄이고 미래 성장 기회를 창출하며, 이해관계자 신뢰를 구축하고 ESG 평가를 향상시키는 데 중요한 역할을 한다.

3. 기업의 지속가능한 성장을 위한 탄소중립 전략

기업이 탄소중립을 달성하고 지속가능한 성장을 이루기 위해서는 체계적이고 전략적인 접근이 필요하다. 주요 탄소중립 전략은 다음과 같다.

탄소 배출량 측정 및 감축 목표 설정: 기업의 사업 활동 전반에 걸쳐 발생하는 탄소 배출량을 정확하게 측정하고, 과학적 근거에 기반하여 구체적인 감축 목표를 설정해야 한다. 이때, Scope 1(직접 배출), Scope 2(간접 배출), Scope 3(공급망 등 기타 간접 배출)를 모두 고려해야 한다.

에너지 효율 향상 및 재생에너지 전환: 에너지 소비를 줄이기 위한 노력과 함께 화석 연료 기반의 에너지를 태양광, 풍력 등 재생에너지로 전환하는 것이 중요하다. 이는 탄소 배출량을 직접적으로 줄이는 가장 효과적인 방법이다.

생산 공정 혁신: 탄소 배출을 줄이는 새로운 기술과 공정을 도입하고, 자원 효율성을 높이는 노력이 필요하다. 순환 경제 모델을 도입하여 폐기물을 재활용하고 자원의 낭비를 최소화하는 것도 중요한 전략이다.

탄소 상쇄 및 제거 기술 활용: 불가피하게 발생하는 탄소 배출량은 탄소 상쇄 프로젝트(산림 조성, 습지 복원 등)나 탄소 포집 및 저장(CCS) 기술 등을 활용하여 상쇄하거나 제거할 수 있다. 다만, 탄소 상쇄는 근본적인 해결책이 아니므로, 배출량 감축 노력을 우선적으로 진행해야 한다.

공급망 관리 및 협력: 기업의 탄소 배출량 중 상당 부분은 공급망에서 발생하므로, 협력사들과 함께 탄소 배출량 감축 목표를 설정하고 이를 달성하기 위한 노력을 기울여야 한다

탄소 정보 공개 및 소통: 탄소 배출량, 감축 목표, 추진 현황 등을 투명하게 공개하고, 이해관계자들과 적극적으로 소통하는 것은 기업의 신뢰도를 높이고 탄소중립 노력의 효과를 극대화하는 데 중요하다.

이러한 전략들을 효과적으로 실행하기 위해서는 최고 경영진의 강력한 의지와 전사적인 참여가 필수적이다. 또한, 장기적인 관점에서 지속적인 투자와 혁신이 이루어져야 한다.

4. ESG 보고의 역사적 발전

4.1 초기 환경 보고서(1970년대~1990년대 초)

현대적 의미의 지속가능성 보고는 1970년대 환경 규제가 본격화되면서 등장한 기업들의 환경 보고서에서 기원을 찾을 수 있다. 이 시기의 보고서는 주로 정부 규제 준수 여부와 오염 저감 활동에 초점을 맞췄으며, 형식과 내용 모두 자발적인 성격을 띠는 경우가 많았다. 기업들은 법적 의무보다는 사회적 책임에 대한 초기 인식에 기반해 환경 정보를 제한적으로 공개하기 시작한 것이다.

이러한 흐름 속에서 1989년 엑손 발데즈(Exxon Valdez) 원유 유출 사고는 기업 환경

보고의 방향성과 필요성에 결정적인 전환점을 제공했다. 엑손 발데즈 유조선이 미국 알래스카 프린스 윌리엄 사운드 해역에서 좌초되며 약 1,100만 갤런(약 4만 2천㎘)의 원유가 바다로 유출되었고, 이로 인해 해달, 바다표범, 바닷새 등 해양 생물은 물론 어패류와 해조류를 포함한 광범위한 생태계가 심각한 피해를 입었다. 일부 지역 생태계는 수십 년이 지난 지금까지도 회복되지 못한 상태에 놓여 있다.

문제는 사고 자체보다도 엑손사의 늦은 대응과 미흡한 위기관리, 그리고 책임 인정과 보상에 있어 소극적인 태도였다. 이러한 기업의 태도는 대중의 분노를 촉발시켰고, 사회적으로 기업의 환경 리스크와 이에 대한 책임 있는 대응의 중요성이 급부상하게 되었다. 이 사건은 단지 환경재난의 사례에 그치지 않고, 기업의 환경 정보 공개, 위기 대응 투명성, 사회적 책임(CSR) 그리고 오늘날 ESG(환경·사회·지배구조) 개념의 부상으로 이어지는 기업 지속가능성 보고의 전환점으로 작용하였다.

결과적으로 엑손 발데즈 사고는 초기 환경 보고서의 한계를 드러내며, 기업이 단순한 법적 준수를 넘어 책임 있는 환경 커뮤니케이션과 지속가능성 보고의 필요성을 인식하게 만든 계기가 되었다.

4.2 통합적 지속가능성 보고의 시작(1990년대 중반~2000년대 초)

1990년대 중반부터 기업들은 환경뿐만 아니라 사회적, 윤리적 성과를 포함한 보다 포괄적인 비재무 성과 보고서를 발간하기 시작했다. 이러한 흐름은 기업의 사회적 책임에 대한 국제적 관심이 고조되는 가운데, 지속가능성 보고의 체계화를 위한 필요성이 제기되면서 더욱 본격화되었다.

특히 1997년, 미국의 환경 NGO인 CERES(Coalition for Environmentally Responsible Economies)와 텔레시스연구소(Tellus Institute)는 1989년 엑손발데즈(Exxon Valdez) 유조선 기름 유출 사고 이후 대두된 기업의 환경책임 문제를 계기로, 기업의 지속가능성 성과를 보다 체계적으로 공시할 수 있는 틀을 마련하고자 글로벌 보고 이니셔티브(GRI, Global Reporting Initiative)를 공동 설립하였다.

GRI는 2000년에 첫 번째 지속가능성 보고 가이드라인(Sustainability Reporting Guidelines)을 발표하였으며, 이는 환경(E), 사회(S), 거버넌스(G)를 아우르는 보고의 틀을 제시한 세계 최초의 포괄적 기준으로 평가된다. 이후 GRI는 전 세계 기업과 기관이 가장 널리 채택하는 지속가능성 보고 프레임워크로 자리잡았으며, 현재까지도 국제적 표준으로 지속적으로 개정·확산되고 있다.

4.3 보고 표준의 확산(2000년대~2010년대 초)

2000년대에 들어서면서 다양한 지속가능성 보고 이니셔티브와 표준이 등장했다. UN 글로벌 콤팩트(UN Global Compact, 2000년)는 인권, 노동, 환경, 반부패 분야의 10대 원칙을 제시했고, ISO 26000(2010년)는 사회적 책임에 관한 국제 가이드라인을 제시했다. 이 시기에는 보고의 양적 확대가 이루어졌으나, 표준의 다양성과 분산화로 인해 보고서 간 비교가 어렵고 정보의 일관성이 부족하다는 문제가 제기되었다.

4.4 통합 보고의 등장(2010년대)

2010년 설립된 국제통합보고위원회(IIRC, International Integrated Reporting Council)는 재무 정보와 비재무 정보를 통합하는 새로운 보고 패러다임을 제시했다. IIRC의 통합보고 프레임워크는 기업이 어떻게 다양한 '자본'(재무, 제조, 지적, 인적, 사회관계, 자연)을 활용하여 장기적 가치를 창출하는지 설명하는 접근법을 제시했다

4.5 ESG 투자의 주류화와 정보 수요 증가(2010년대 중반~현재)

UN 책임투자원칙(PRI, Principles for Responsible Investment)의 성장과 함께 ESG 투자가 급증하면서 투자자들의 보다 정확하고 비교 가능한 ESG 정보에 대한 수요가 크게 증가했다. 이는 지속가능성 보고가 선택적 CSR(Corporate Social Responsibility, 기업의 사회적 책임) 활동에서 재무적으로 중요한 기업 공시로 진화하는 계기가 되었다.

한편 최근에는 ESG 투자에 대한 제도적 규제와 공시 표준화가 실용화되고 있다. 국제회계기준위원회(ISSB)가 제안한 IFRS S2 지침 개정안은, Scope 3 온실가스 배출 정보의 과도한 공시 부담을 완화하고 각국의 GWP(지구온난화지수) 적용을 허용하는 방향으로 수정되어, 기업의 실무 부담을 감소시키면서 공시 정합성을 높이는 데 초점을 맞추고 있다.

제2절　지속가능성 경영의 부상과 ESG 공시의 진화

1. 지속가능성 개념의 기업 적용

지속가능성(Sustainability)이라는 개념은 1987년 세계환경개발위원회(WCED)의 브룬트란트 보고서를 통해 공식화되었으며, "미래 세대의 필요를 훼손하지 않으면서 현재 세대의 필요를 충족시키는 발전"으로 정의되었다. 이 개념은 사회 전반에 확산되며 기업 경영에도 영향을 미치기 시작했다. 초기 기업의 사회적 책임(CSR)은 주로 규제 준수나 자선 활동에 국한되었지만, 1990년대 중반 이후 환경, 윤리, 지배구조와 관련된 기업 스캔들이 연이어 발생하면서, 지속가능성에 대한 기업 책임이 본격적으로 대두되었다.

환경 이슈: 1995년 쉘(Shell)은 북해 원유 저장시설인 브렌트 스파(Brent Spar)를 해상에 폐기하려 했으나, 그린피스(Greenpeace)의 반대와 소비자 불매운동으로 큰 비판에 직면했다. 이 사건은 환경 리스크가 기업의 평판과 매출에 직결될 수 있음을 보여주었다.

사회 이슈: 1996년, CBS 프로그램 '48 Hours'는 나이키(Nike)의 하청공장에서의 아동노동 착취 문제를 폭로하며, 글로벌 공급망 내 인권 문제에 대한 국제사회의 관심을 불러일으켰다.

거버넌스 이슈: 같은 해, 영국 배링스은행은 한 트레이더의 무분별한 파생상품 거래로 파산하며, 내부 통제와 기업 지배구조 부실이 재무적 리스크로 이어질 수 있음을 경고하는 사례가 되었다.

이러한 사건들은 기업의 환경(Environment), 사회(Social), 지배구조(Governance) 요소가 단지 윤리적 문제가 아니라, 실질적인 기업 가치에 영향을 미치는 핵심 요인임을 각인시켰다. 이에 따라 존 엘킹턴(John Elkington)은 '삼중 결과 보고(Triple Bottom Line)' 개념[45]을 제시하며, 기업 성과를 재무뿐만 아니라 환경적, 사회적 성과까지 포함하여 평가해야 한다는 새로운 패러다임을 정립하였다.

---

45) 존 엘킹턴이 1994년에 제안한 '삼중 결과 보고(Triple Bottom Line, TBL)' 개념은 기업이나 조직의 성과를 단순히 재무적 이익(Profit)만이 아니라, 사회적(Social), 환경적(Environmental) 책임까지 포괄적으로 평가해야 한다는 지속가능성 프레임워크이다. 이 개념은 전통적인 '단일 이익 중심' 회계 패러다임에서 벗어나, '지속가능한 경영'을 위한 새로운 지표로 널리 확산되었다. TBL은 현재의 ESG(Environmental, Social, Governance) 경영 평가 체계의 이론적 뿌리로 간주된다.

2. 「이해관계자 자본주의」로의 전환과 ESG 경영의 주류화

20세기 후반까지 기업 경영의 주류 패러다임은 경제학자 밀턴 프리드먼(Milton Friedman)이 주창한 '주주 자본주의(Shareholder Capitalism)'였다. 그는 1970년 뉴욕타임스(New York Times) 기고문에서 "기업의 사회적 책임은 이윤을 극대화하는 것"이라 주장하였으며, 환경 문제나 사회적 불평등과 같은 이슈는 정부가 해결할 영역이지 기업의 책임이 아니라고 보았다. 이러한 관점은 신자유주의의 확산과 맞물리며, 기업이 오직 주주의 가치를 극대화하는 데 집중하도록 하는 이데올로기로 자리잡았다.

그러나 2008년 글로벌 금융위기는 이러한 주주 중심 경영의 구조적 한계를 극명하게 드러냈다. 리먼 브라더스(Lehman Brothers)의 파산과 그에 이은 대형 금융기관에 대한 공적 자금 투입은, 단기 수익에 집중한 기업 경영이 금융 시스템 전체를 위협할 수 있다는 사실을 보여주었다. 이로 인해 기업의 역할과 책임에 대한 근본적인 재평가가 이루어졌고, 기존의 주주 자본주의에 대한 대안으로서 '이해관계자 자본주의(Stakeholder Capitalism)' 개념이 부상하기 시작했다.

이해관계자 자본주의는 기업이 단순히 주주의 이윤만을 추구하는 존재가 아니라, 고객, 직원, 협력업체, 지역사회 등 다양한 이해관계자의 이익을 함께 고려해야 하는 사회적 책임 주체로 자리매김해야 한다는 철학을 담고 있다. 이러한 패러다임 전환은 ESG(환경·사회·지배구조) 경영과 깊이 연결되며, 글로벌 경영의 새로운 기준으로 자리잡고 있다.

이러한 변화의 중심에는 세계경제포럼(WEF)이 있다. WEF는 이해관계자 자본주의를 새로운 경영철학의 기둥으로 제시하며, ESG 경영의 제도화와 글로벌 확산을 주도하고 있다. 특히 2019년, 미국의 대표적 경영자 모임인 비즈니스 라운드테이블(BRT)은 결정적인 선언을 발표했다. 애플, 아마존, GM 등 글로벌 대기업의 CEO 181명이 참여한 이 선언은 기업의 목적을 '주주가치 극대화'에서 '이해관계자 가치의 균형'으로 전환한다는 내용을 담아, 기업 경영의 철학적 변화를 공식화하는 분기점이 되었다.

한편 투자자들의 태도 역시 이러한 변화에 부응하고 있다. 세계 최대 자산운용사 블랙록(BlackRock)의 CEO 래리 핑크(Larry Fink)는 2018년 연례 서한을 통해 "모든 기업은 사회에 기여할 책임이 있다"며, ESG 요소를 고려하지 않는 기업은 장기적인 투자 대상으로 적합하지 않다고 경고하였다. 이 발언은 ESG를 일시적인 유행이 아닌 투자 판단의 핵심 기준으로 자리잡게 만들었다.

요컨대, 오늘날의 ESG 경영은 단지 환경·사회적 책임을 강조하는 수준을 넘어, 기업의 존재 이유와 역할에 대한 철학적 전환의 결과물이다. 이는 글로벌 위기 이후 지속가능성에 대한 공감대 속에서 이해관계자 자본주의의 부상과 함께 주류 경영 패러다임으로 자리매김하고 있는 것이다.

3. 중대성(Materiality) 개념의 진화

지속가능성 보고에서 '중대성(Materiality)'은 보고해야 할 정보의 중요도와 우선순위를 결정하는 핵심 개념으로 작용한다. 초기에는 주로 기업의 재무적 성과와 투자자의 의사결정에 영향을 미치는 정보를 중심으로 판단되었으며, 이를 '재무적 중대성(Financial Materiality)'이라고 부른다. 이 관점에서는 ESG(환경·사회·지배구조) 이슈도 기업 가치에 영향을 미치는 경우에만 보고의 대상이 되었다.

그러나 ESG 경영이 보편화되면서, 기업이 단지 이익 창출의 주체를 넘어 사회적·환경적 책임을 지닌 행위자로 인식되기 시작하였다. 이에 따라 기업 활동이 사회와 환경에 미치는 영향 또한 보고의 대상이 되어야 한다는 요구가 제기되었고, 이는 '환경·사회적 중대성(Environmental & Social Materiality)'이라는 새로운 관점을 낳았다.

이 두 가지 중대성 기준을 동시에 반영하는 개념이 바로 '이중 중대성(Double Materiality)'이다. 이중 중대성은 기업이 ESG 이슈에 대해 양방향의 시각—즉, ESG 요소가 기업에 미치는 영향뿐 아니라, 기업이 환경과 사회에 미치는 영향—을 모두 고려해야 한다는 원칙을 내포한다.

이 개념은 EU의 기업지속가능성보고지침(CSRD: Corporate Sustainability Reporting Directive)을 통해 공식화되었으며, 현재 유럽을 중심으로 지속가능성 공시 체계의 핵심 원칙으로 정착되고 있다. 이로써 지속가능성 보고는 단지 기업의 위험 관리를 넘어, 기업이 사회적 책임과 지속가능한 발전에 얼마나 기여하고 있는지를 평가하는 도구로 진화하고 있다.

4. ESG 정보공개 수요 증대와 기존 보고의 한계

ESG(환경·사회·지배구조) 투자 확대와 함께, 지속가능성과 관련된 정보에 대한 투자자들의 요구가 빠르게 증가하고 있다. 특히 Z세대와 밀레니얼 세대를 중심으로 한 가치 기반 투자 성향의 부상, 그리고 코로나19 팬데믹을 계기로 기업의 사회적 책임 문제가 부각되면서, ESG 정보의 중요성은 더욱 강조되고 있다.

이러한 흐름 속에서 투자자들은 단순한 홍보성 정보가 아니라, 비교 가능하고, 신뢰할 수 있으며, 재무성과와 연결되는 지속가능성 정보를 요구하고 있다. 구체적으로는 다음과 같은 정보 특성이 중시된다.

첫째, 비교 가능성으로 기업 간, 시점 간 비교가 가능한 표준화된 정보 제공이 필요하다.

둘째, 신뢰성으로 제3자 검증을 통해 객관성이 확보된 정보가 요구된다.

셋째, 재무적 연계성으로 ESG정보가 기업 재무성과 및 가치평가와 명확히 연계되어야 한다.

넷째, 일관성 및 적시성으로 동일한 기준에 따라 정기적으로, 시의적절하게 제공되는 정보가 필수적이다.

그러나 현재까지의 지속가능성 보고체계는 이러한 기대를 충분히 충족시키지 못하고 있다. 다양한 자율적 프레임워크가 병존하고 있으며, 정보의 검증 수준이 낮고, 재무 정보와의 연계성이 부족한 경우가 많다. 특히 기업의 ESG 활동을 과장하거나 왜곡하는 '그린워싱(Greenwashing)' 문제는 정보 신뢰도를 심각하게 훼손하고 있다.

이로 인해 ESG 공시의 국제적 표준화 필요성이 대두되고 있으며, 이는 투자자 보호와 자본시장의 신뢰 회복을 위한 핵심 과제로 부상하고 있다. ESG 정보공개는 이제 선택이 아닌 투자 유치와 기업 신뢰 확보를 위한 필수 요소로 자리잡아 가고 있다.

5. ESG 공시 표준화의 두 축과 미래 전망

ESG(환경·사회·지배구조) 공시의 신뢰성과 일관성을 높이기 위한 글로벌 표준화 작업이 본격화되고 있다. 이는 ESG 정보에 대한 투자자와 이해관계자의 수요가 급격히 증가함에 따라, 기존 공시체계의 한계를 극복하고 비교 가능하고 통합적인 정보 제공을 위한 국제적 대응이라 할 수 있다. 현재 이러한 움직임은 크게 EU의 CSRD-ESRS 체계와 ISSB의 IFRS S1·S2 체계라는 두 축을 중심으로 전개되고 있다.

5.1 EU의 CSRD-ESRS 체계

먼저, EU의 기업 지속가능성 보고 지침(CSRD, Corporate Sustainability Reporting Directive)는 기존의 비재무정보공시지침(NFRD, Non-Financial Reporting Directive)을 대체하여, 지속가능성 공시에 대한 요구 수준을 대폭 강화한 규범이다. CSRD의 핵심은 '이중 중대성(Double Materiality)' 원칙의 의무화로, 기업이 재무성과에 영향을 주는 ESG 요소뿐만 아니라, 자신의 활동이 사회와 환경에 미치는 영향까지 보고하도록 요구하고 있다.

이 지침에 따라 기업들은 유럽 지속가능성 보고 기준(ESRS, European Sustainability Reporting Standards)에 따라 공시해야 한다. ESRS는 유럽 재무보고 자문 그룹(EFRAG, European Financial Reporting Advisory Group)이 개발한 구체적인 보고 기준으로, 일반 공시(ESRS 1·2)는 물론 환경(E1-E5), 사회(S1-S4), 지배구조(G1) 등 분야별로 세분화된 기준을 포함하고 있다. 이는 기업의 지속가능성 활동을 포괄적으로 평가하고 공시하는 체계적인 틀로 기능하고 있다.

5.2 ISSB의 IFRS S1·S2 체계

반면, 국제 지속가능성 기준 위원회(ISSB, International Sustainability Standards Board)는 국제 재무보고 기준(IFRS, International Financial Reporting Standards) Foundation 산하의 글로벌 지속가능성 기준 제정 기구로서, 보다 투자자 중심의 재무적 중대성(Financial Materiality)에 초점을 맞추고 있다. ISSB가 발표한 IFRS S1, S2 기준은 2023년 6월 공식 발표되어 2024년부터 적용 가능하며, 지속가능성 정보가 기업의 재무 성과와 어떻게 연결되는지를 명확히 공시하도록 요구한다.

특히, IFRS S1은 전반적인 지속가능성 관련 재무공시의 일반 원칙을 담고 있고, IFRS S2는 기후위험 및 기회에 대한 기후변화 관련 재무정보 공개 협의체(TCFD, Task force on Climate-related Financial Disclosures) 기반 공시 기준으로, 기후변화 대응 역량이 기업 가치에 어떤 영향을 미치는지를 분석하고자 한다.

이 두 체계는 접근 방식에서 차이를 보이지만, 지속가능성 정보의 재무적 의사결정 연계, 정보의 신뢰성 강화, 그리고 글로벌 비교 가능성 확보라는 측면에서는 공통된 방향성을 지닌다. 이에 따라 ESG 공시는 단지 규제 대응 차원을 넘어, 기업의 전략 수립과 장기 가치 창출의 핵심 요소로 자리매김하고 있다.

향후 지속가능성 공시는 다음과 같은 방향으로 진화할 것으로 예상된다.

첫째, 실시간 보고체계의 도입으로 연례보고를 넘는 신속한 정보 제공이 강화될 것이며,

둘째, 이해관계자 맞춤형 정보제공이 확대되면서 보고 유연성과 차별성이 부각될 것이다.

셋째, 공급망과 전 생애주기까지를 포함한 가치사슬 기반 보고로 확장되며,

넷째, 기후를 넘어 생물다양성, 인권, 순환경제 등 다른 ESG 이슈까지 포함하는 종합적 보고로 발전할 것이다.

마지막으로, ESG 정보와 기업의 재무 시스템 통합이 본격화되며, 지속가능성이 기업 가치 평가의 핵심 요소로 완전히 통합될 것으로 보인다.

이러한 변화는 ESG 공시가 단순한 규제 대응 수단을 넘어, 기업의 지속가능성 전략을 가늠하고 미래 경쟁력을 평가하는 핵심 지표로 작동하고 있음을 보여준다. ESG 공시의 표준화는 결국, 지속가능한 기업 생태계 형성과 책임 있는 자본시장 구축을 위한 글로벌 합의의 산물이라 할 수 있다.

💡 Think Box

자본주의의 철학적 전환과 탄소중립의 제도 기반

탄소중립은 기술과 정책만의 문제가 아니라, 자본주의가 작동하는 철학과 제도적 원리의 전환을 요구하는 과제이다. 다음은 앞서 살펴본 최근 자본주의의 핵심 사조들이 어떻게 전개되어 왔으며, 이것이 탄소중립의 정당성과 구현 방식에 어떤 영향을 미치는지를 살펴본다.

1. **주주자본주의 (Shareholder Capitalism)**
   대표 주장자: Milton Friedman (미국 경제학자)
   주장 시기: 1970년, The New York Times 기고문 「The Social Responsibility of Business is to Increase Its Profits」
   주장 배경: 1960~70년대 미국 내 기업의 사회적 책임 논의 확산에 대한 반발. 자유시장 원칙 회복 주장.
   핵심 내용: 프리드먼은 기업의 유일한 사회적 책임은 주주의 이익을 극대화하는 것이라고 주장. 기업이 법을 준수하고 경쟁적 시장 안에서 활동하는 한, 사회적 선은 시장 자체에 의해 실현된다고 보았다. 이 사상은 신고전파 경제학과 효율적 시장가설, 계약자 이론에 기반하며, 이후 신자유주의와 기업 경영 패러다임 전반에 큰 영향을 미쳤다.

2. 신자유주의 (Neoliberalism)

대표 인물: Milton Friedman, Friedrich Hayek
주장 시기: 1980년대, 레이건·대처 정부의 정책 기반
주장 배경: 1970년대 스태그플레이션, 복지국가의 재정 부담 증가, 정부 무능에 대한 불신
핵심 내용: 신자유주의는 시장의 자율성과 효율성을 극대화하기 위해 정부 개입 최소화, 규제 완화, 공기업 민영화, 감세 등을 주장. 이는 주주자본주의를 정책적으로 구현한 형태이며, 기업의 역할은 철저히 이윤 창출과 경제적 효율성에 국한되었다. 그러나 이러한 체제는 기후변화, 불평등, 외부효과 문제를 구조적으로 외면하거나 시장에 맡김으로써 탄소중립과는 충돌되는 경향을 보였다.

3. 이해관계자 자본주의 (Stakeholder Capitalism)

대표 이론가: R. Edward Freeman (1984, 『Strategic Management: A Stakeholder Approach』)
전환 계기: 2019년 미국 비즈니스라운드테이블(BRT) 선언
배경: 2008년 글로벌 금융위기 이후 기업의 사회적 책임과 신뢰 회복 요구 증가, ESG 논의 확산
핵심 내용: 이해관계자 자본주의는 기업이 더 이상 주주만의 이익을 위해서가 아니라, 종업원, 소비자, 지역사회, 환경 등 다양한 이해관계자의 이익을 조화롭게 고려해야 한다는 철학. 특히 2019년 미국 비즈니스라운드테이블(BRT)은 CEO 180여 명이 공동으로 주주 중심주의를 공식 폐기하고, 모든 이해관계자에 대한 책임을 기업의 기본 사명으로 명시함으로써 기업 철학의 전환을 상징적으로 보여주는 역사적 사건이 되었다. 이는 ESG와 지속가능경영의 이론적 기반이 되었으며, 탄소중립을 기업 전략의 중심축으로 끌어들이는 중요한 흐름을 형성했다.

4. 이중중대성 (Double Materiality)

정책 기반: EU의 CSRD(지속가능성 공시 지침), ESRS 기준
등장 시기: 2020년대 ESG 공시체계 확산 이후
이론적 배경: GRI(Global Reporting Initiative), 지속가능회계 기준
핵심 내용: 이중중대성은 기업 공시정보의 범위를 재무적 영향(Outside-in)뿐만 아니라, 기업이 사회환경에 미치는 영향(Inside-out)까지 포함해야 한다는 원칙. 이는 이해관계자 자본주의를 실질적으로 제도화한 형태이며, 기업은 단지 기후위기의 피해자가 아니라 그에 영향을 미치고 책임을 질 수 있는 주체로서 인식되어야 한다는 전환을 의미한다. 이는 탄소중립을 공공성과 수익성을 통합하는 기업 전략으로 구현할 수 있는 제도적 기반이 된다.

5. 결론: 탄소중립과 자본주의 철학의 재편

밀턴 프리드먼이 주창한 주주자본주의는 신자유주의 정책의 이론적 토대가 되었고, 이는 지난 수십 년간 시장 중심의 기후 회피적 구조를 강화시켰다. 그러나 2008년 금융위기와 기후위기 심화 이후, 기업의 역할에 대한 철학적 전환이 요구되었고, 이에 따라 이해관계자 자본주의와 이중중대성이 등장하며 탄소중립을 경제 활동의 핵심 조건으로 재정의하게 되었다. 오늘날 탄소중립은 단순한 환경정책이 아니라, 자본주의가 누구를 위하고, 어떤 기준으로 운영되어야 하는지를 묻는 문명적 전환의 열쇠가 되고 있다.

제3절 금융안정위원회(FSB)부터 ISSB까지: 지속가능한 금융

2009년 G20 정상회의에서 설립된 금융안정위원회(FSB, Financial Stability Board)는 글로벌 금융 시스템의 안정성 증진을 목표로 국제 금융 규제의 일관성을 높이고 잠재적 위험을 식별하는 데 중요한 역할을 수행해 왔다. 2015년은 FSB의 역할에 중대한 변화가 일어난 해이다. G20 국가들은 기후변화가 금융 시스템 안정에 잠재적인 위협이 될 수 있다는 점을 인식하고 FSB에 새로운 임무를 부여했다. 파리 기후 협정 체결과 동시에 FSB는 기후변화가 금융 시스템에 미치는 영향을 평가하고, 재무 관리 차원에서 기후변화 위험을 고려하는 방안을 연구하도록 요청받았다. 이는 기후변화를 단순한 환경 문제가 아닌, 금융 안정성을 뒤흔들 수 있는 시스템적 위험으로 간주하기 시작했다는 점에서 중요한 의미를 갖는다.

1. TCFD 설립 배경과 목적: 기후 관련 재무 정보 공개의 필요성 대두

기후변화가 금융시장과 기업 경영에 미치는 영향이 점차 가시화됨에 따라, 기후 관련 재무정보의 체계적인 공개에 대한 필요성이 국제적으로 대두되었다. 이에 따라 G20의 요청을 받은 금융안정위원회(FSB)는 2015년 12월, 기후 관련 재무정보 공개 태스크포스(TCFD: Task Force on Climate-related Financial Disclosures)를 설립하였다. TCFD는 금융기관, 보험회사, 자산운용사, 연기금, 대기업, 회계법인, 신용평가기관 등 다양한 이해관계자의 참여로 구성된 전문가 집단으로 출범하였다.

TCFD의 설립 목적은 크게 두 가지로 요약된다.

첫째, 기후 관련 위험과 기회가 기업의 재무성과에 미치는 영향을 평가하기 위한 정보 공개 프레임워크를 마련하는 것이다. 이는 투자자, 대출기관, 보험사 등 자본시장 참여자들이 기후 위험을 보다 정확히 인식하고 이를 투자 판단이나 가격 책정에 반영할 수 있도록 지원하려는 목적에서 비롯되었다.

둘째, 기업의 기후변화 대응 전략을 강화하고, 궁극적으로 저탄소 경제로의 전환을 촉진하려는 것이다. 기업이 기후변화를 단기적 리스크가 아닌 전략적 이슈로 인식하고, 이에 따른 의사결정 체계를 수립하도록 유도하는 것이 TCFD의 중요한 역할이다.

이를 위해 TCFD는 2년간 광범위한 이해관계자 협의와 연구를 바탕으로 기후 관련 재무 정보 공개 권고안을 개발하였으며, 이는 이후 ESG 공시 체계 전반의 토대를 제공하는 국제 기준으로 자리잡았다. 오늘날 TCFD는 지속가능한 금융과 기업 책임경영의 핵심 지침으로 기능하고 있으며, 각국의 정책과 글로벌 공시 기준에도 광범위하게 반영되고 있다.

2. TCFD 권고안의 4가지 핵심 내용

기후변화가 기업의 재무성과에 미치는 영향을 보다 명확히 이해하고, 이를 투자자 등 이해관계자에게 효과적으로 전달하기 위한 기준으로, TCFD는 2017년 7월 독일 본에서 열린 G20 정상회담을 통해 최종 권고안을 발표하였다. 이 권고안은 산업 및 지역을 불문하고 다양한 조직들이 적용할 수 있도록 포괄적이면서도 유연한 공개 프레임워크를 제시하고 있으며, 총 네 가지 핵심 영역으로 구성된다.

첫째, 거버넌스(Governance) 항목에서는 조직의 기후 관련 위험과 기회에 대해 이사회와 경영진이 어떤 방식으로 관여하고 감독하는지를 다룬다. 이사회의 감독 역할과 경영진의 책임 및 역할, 기후 이슈가 의사결정 구조에 어떻게 통합되어 있는지가 중심 내용이다.

둘째, 전략(Strategy) 영역에서는 기후 관련 위험과 기회가 조직의 사업 운영, 전략, 재무계획에 미치는 실제 및 잠재적 영향을 분석한다. 특히 단기·중기·장기적 시계에서 기후변화가 조직에 미치는 영향을 평가하고, 다양한 기후 시나리오를 고려한 전략의 회복력(Resilience)도 검토하도록 요구한다.

셋째, 위험 관리(Risk Management) 항목은 조직이 기후 관련 위험을 어떻게 식별, 평가, 관리하는지를 기술한다. 이를 통해 기후위험 관리 프로세스가 조직의 전사적 위험관리 체계(ERM: Enterprise Risk Management)와 어떻게 통합되어 있는지를 파악할 수 있다.

넷째, 지표 및 목표(Metrics and Targets)에서는 조직이 기후 위험과 기회를 관리하는 데 사용하는 핵심 지표와 목표를 제시하도록 요구한다. 여기에는 온실가스 배출량(Scope 1, 2, 3)의 정량적 공개는 물론, 기후 관련 목표 설정과 이행 현황에 대한 정보 제공도 포함된다.

TCFD 권고안의 가장 중요한 특징은 기후 정보를 단순한 환경 보고가 아닌, 재무적 맥락에서 설명할 것을 강조한다는 점이다. 이는 기후변화가 기업의 재무 건전성과 가치 창출에 어떻게 영향을 미치는지를 명확히 하여, 투자자들이 더 신뢰할 수 있고 비교 가능한 정보를 바탕으로 의사결정을 내릴 수 있도록 돕기 위한 것이다. 이로써 TCFD는 기후정보 공시를 ESG의 일환이자 재무보고의 필수요소로 정착시키는 데 핵심적 역할을 하고 있다.

최근에는 TCFD 권고안이 단순한 '권고' 수준을 넘어, 국제 공시 기준의 실질적 기초로 자리잡고 있다는 점에서 중요한 함의를 가진다. 특히 2023년 국제지속가능성기준위원회(ISSB)가 발표한 IFRS S2 기후공시 기준은 TCFD의 4대 핵심 요소를 그대로 계승하여 구조화하고 있으며, 이는 곧 기후정보가 전 세계 금융 보고의 '주류 시스템'으로 편입되었음을 의미한다.

| 그림29 | 기후 관련 권장 재무공시 핵심 요소

Core Elements of Recommended Climate-Related Financial Disclosures

Governance
The organization's governance around climate-related risks and opportunites

Strategy
The actual and potential impacts of climate-related risks and opportunities on the organization's businesses, strategy, and financial planing

Risk Management
The processes used by the organization to identify, assess, and manage climate-related risks

Metrics and Targets
The metrics and targets used to assess and manage relevant climate-related risks and opportunites

〈자료 출처: https://www.fsb-tcfd.org/about〉

3. Scope 1, 2, 3 구분의 중요성: 온실가스 배출량 관리의 핵심

온실가스 배출량을 효과적으로 측정하고 관리하기 위해 배출원을 스코프(Scope) 1, 2, 3으로 구분하는 방식은 국제 표준으로 자리 잡았다. 이 개념은 '온실가스 프로토콜(GHG Protocol, Greenhouse Gas Protocol)'에서 처음 도입되었으며, 현재 기업, 기관, 정부의 온실가스 보고 및 감축 전략 수립의 필수 기준으로 활용되고 있다.

3.1 Scope 1, 2, 3의 정의와 배출원 구분

온실가스 배출량은 발생 원인과 기업의 통제 가능 범위에 따라 세 가지 범위(Scope)로 분류된다. 특히 Scope 3는 공급망 전반의 배출을 포함하는 가장 광범위한 개념으로, 측정의 어려움에도 불구하고 최근 ESG 평가 및 투자 기준에서 핵심 요소로 부상하고 있다.

Scope 1(직접 배출): 기업이 소유하거나 통제하는 배출원에서 직접 발생하는 온실가스 배출(예: 생산 시설의 연료 연소, 자체 차량 운행 등)

Scope 2(간접 배출-에너지): 기업이 소비하는 전기, 스팀, 난방, 냉방 등의 에너지를 생산하는 과정에서 발생하는 온실가스 배출(예: 외부에서 구매한 전력 사용)

Scope 3(간접 배출-기타): Scope 1, 2에 포함되지 않는 기업의 가치 사슬 전반에서 발생하는 간접적인 온실가스 배출(예: 구매한 재화 및 서비스, 운송 및 유통, 투자 활동 등)

3.2 온실가스 배출원 구분의 중요성

(1) Scope 3[46]의 중요성 증대

과거 온실가스 감축 정책은 주로 기업 내부에서 발생하는 Scope 1&2 배출량 감축에 집중되었으나, 공급망 전체 배출량을 포함하는 Scope 3의 중요성이 점차 커지고 있다. 글로벌 기업 및 투자자들은 기업의 지속가능성을 평가하는 데 있어 Scope 3 배출량 감축 목표 설정 여부를 중요한 요소로 고려하고 있다. 실제로 블랙록(BlackRock)과 같은 주요 투자 기관은 기업이 Scope 3 감축 목표를 설정하지 않을 경우 투자 결정을 재검토할 수 있다고 경고하기도 했다.

(2) ESG 규제와 기업 지속가능성 보고 강화

ESG 경영이 확산되면서 기업의 온실가스 배출량 상세 공개 필요성이 증대되고 있다. 미국 증권거래위원회(SEC), EU 기업 지속가능성 보고 지침(CSRD) 등 주요 규제 기관들은 Scope 3 배출량 보고를 점진적으로 의무화하는 방향으로 규제를 강화하고 있다. 이는 기업들이 자체 배출뿐만 아니라 공급망 전반에서 발생하는 온실가스까지 추적하고 관리해야 하는 부담이 커지고 있음을 의미한다.

---

[46] Scope 3는 기업의 가치사슬 전반에서 발생하는 간접 온실가스 배출을 의미하며(예: 원자재 생산, 물류, 제품 사용 및 폐기 등), Scope 1&2와 달리 기업이 직접 통제하지 않는 영역에서 발생한다. 대부분의 산업에서 Scope 3는 전체 배출량의 70~90% 이상을 차지할 만큼 비중이 높아, 탄소중립 전략에서 핵심적인 관리 영역으로 간주된다.

(3) 탄소 국경 조정 제도(CBAM)와 Scope 3 확대 가능성

현재 EU의 탄소 국경 조정 제도(CBAM)는 주로 Scope 1&2 배출량에 초점을 맞추고 있지만, 향후 Scope 3까지 확대될 가능성이 높다. EU는 공급망 전반의 탄소 배출을 고려하는 방향으로 정책을 발전시키고 있으며, 이는 글로벌 무역 구조에 상당한 영향을 미칠 것으로 예상된다. 따라서 기업이 Scope 3 배출량을 효과적으로 감축하지 못할 경우, 수출 경쟁력 저하라는 위험에 직면할 수 있다.

(4) 공급망 탄소 감축과 기업 간 협력 확대

Scope 3 배출량은 기업의 직접적인 통제 범위를 넘어 공급업체 및 협력 업체의 배출량까지 포함하므로, 효과적인 감축을 위해서는 기업 간의 협력(Coalition)이 필수적이다. 글로벌 기업들은 자사의 공급업체가 탄소 감축 목표를 설정하고 지속 가능한 원자재를 조달하는지 여부를 평가하는 기준을 강화하고 있다. 예를 들어, 애플(Apple)은 2030년까지 공급망 내 모든 협력 업체가 100% 재생 에너지를 사용하도록 요구하고 있다.

4. TCFD에서 ISSB로의 역할 이양: 지속가능성 보고 표준화의 진전

TCFD 권고안은 발표 이후 글로벌 표준으로 빠르게 자리매김했다. 2021년까지 89개국 2,600개 이상의 조직이 TCFD 권고안을 지지했으며, 여러 국가에서 TCFD 기반 공시를 의무화하는 규제를 도입하기 시작했다.

그러나 지속가능성 보고의 표준화에 대한 시장의 요구가 더욱 커짐에 따라, IFRS 재단은 2021년 국제 지속가능성 기준 위원회(ISSB, International Sustainability Standards Board)를 설립했다. ISSB는 TCFD의 성과를 바탕으로 더욱 포괄적인 지속가능성 보고 표준을 개발하는 임무를 맡게 되었다.

TCFD는 2023년 공식적으로 임무를 완료하고 해체되었으며, 이후 모니터링 기능은 IFRS 재단으로 이관되었다. 이는 기후 관련 재무 공시가 더 이상 선택적인 사항이 아닌, 글로벌 재무 보고 인프라의 핵심적인 부분으로 통합되었음을 의미한다.

5. IFRS 재단의 구조와 기능: 재무 보고와 지속가능성 보고의 통합

IFRS 재단은 국제 회계 기준과 지속 가능성 기준을 제정하는 두 개의 주요 위원회, IASB와 ISSB를 산하에 두고 있다.

5.1 IASB(국제 회계 기준 위원회): 국제 회계 기준 제정

국제 회계 기준 위원회(IASB, International Accounting Standards Board)는 2001년 IFRS 재단에 의해 설립되었다. IASB는 전 세계적으로 사용되는 고품질의 회계 기준인 국제 재무 보고 기준(IFRS, International Financial Reporting Standards)을 개발하고 승인하는 역할을 담당한다.

IASB의 주요 목표는 투명성, 책임성, 효율성을 증진하여 글로벌 자본 시장과 경제 발전에 기여하는 것이다. 2023년 기준으로 약 146개국이 IASB가 제정한 IFRS 회계 기준을 채택하고 있으며, 이는 재무 보고의 국제적 통일성을 강화하는 데 크게 기여했다.

5.2 ISSB(국제 지속 가능성 기준 위원회): 지속 가능성 공시 기준 제정

국제 지속 가능성 기준 위원회(ISSB)는 2021년 11월 영국 글래스고에서 개최된 COP26(제26차 유엔 기후 변화 협약 당사국 총회)에서 IFRS 재단에 의해 공식 출범했다. ISSB의 설립은 기존의 분산되고 일관성이 부족했던 지속 가능성 보고 이니셔티브들에 대한 시장의 우려를 해소하기 위한 것이다.

ISSB의 주요 목표는 투자자와 자본 시장 참여자들의 요구를 충족시키는 고품질의 글로벌 지속 가능성 공시 기준을 개발하는 것이다. 이는 기업이 지속 가능성 관련 위험과 기회가 기업 가치에 미치는 영향을 투명하게 공개할 수 있도록 하는 포괄적인 기반을 제공한다.

5.3 양 위원회 간의 시너지와 협력: 기업 가치 보고로의 발전

지속가능성 정보와 재무 정보의 통합적 보고 체계를 구축하기 위해, IFRS 재단 산하의 두 핵심 위원회, IASB(국제회계기준위원회)와 ISSB(국제지속가능성기준위원회)는 상호 보완적 역할을 수행하며 긴밀하게 협력하고 있다. IASB는 전통적인 재무보고 국제기준(IFRS)을 개발·관리하는 기관이며, ISSB는 기업의 지속가능성 정보 공시 기준을 담당하는 역할을 맡고 있다. 이러한 이원화된 구조는 기능적으로 구분되지만, 궁극적으로는 기업 가치(Enterprise Value)에 대한 통합적 보고를 실현하는 방향으로 시너지를 발휘하고 있다.

우선, 상호 보완적인 기준 개발 측면에서 ISSB는 기존의 TCFD 프레임워크를 바탕으로 기후 관련 공시 기준인 IFRS S2를 제정하였다. 이는 IASB의 재무보고 기준과 자연스럽게 연계되도록 설계되어, ESG 이슈가 기업의 재무 성과에 어떤 영향을 미치는지를 일관되게 보고할 수 있게 한다. 이렇게 양 위원회가 개발한 기준은 서로 보완 관계에 놓여, 기업의 재무성과와 비재무성과(지속가능성 정보)를 함께 이해할 수 있는 기반을 제공한다.

또한, 정보의 연계성 강화는 두 위원회의 협력에서 중요한 축이다. ESG 이슈가 기업의 미래 수익성, 리스크, 투자 유치 등에 미치는 영향을 재무정보와 연결함으로써, 기업에 대한 보다 입체적인 이해가 가능해진다. 이는 투자자나 이해관계자들이 ESG 정보를 단순한 평판 요소가 아닌, 실질적 가치 평가 요소로 활용할 수 있도록 한다.

이처럼 단일 IFRS 재단 내에서 재무와 지속가능성 보고 기준이 통합적으로 마련됨에 따라, 기업 입장에서도 보고 부담을 줄이고 보고 효율성을 제고하는 효과가 기대된다. 복수의 보고 체계에 따라 서로 다른 형식과 기준으로 보고하던 과거에 비해, 동일 재단 내 일관된 체계를 활용할 수 있게 된 것이다.

이러한 협력의 성과로, ISSB는 2022년 3월에 지속가능성 공시 기준 초안인 IFRS S1(지속가능성 정보 공시를 위한 일반 요구 사항)과 IFRS S2(기후 관련 공시 기준)를 발표하였다. 이후 광범위한 글로벌 의견 수렴 절차를 거쳐, 2023년 6월에 두 기준의 최종안이 확정되었으며, 이는 2024년 1월 1일 이후 시작되는 회계연도부터 본격 적용된다.

결과적으로, IASB와 ISSB의 협력은 지속가능성 정보와 재무정보의 체계적 통합, 즉 '기업 가치 보고(Enterprise Value Reporting)'로의 전환을 가능케 하는 기반을 마련하고 있으며, 이는 글로벌 공시 체계의 진화를 이끄는 핵심 동력으로 작용하고 있다.

제4절 국제기준 IFRS S1과 S2의 구조와 내용

1. IFRS S1: 지속가능성 관련 재무공시에 관한 일반 요구사항

국제지속가능성기준위원회(ISSB)는 2023년, 지속가능성 관련 정보의 공시 기준으로서 IFRS S1(General Requirements for Disclosure of Sustainability-related Financial Information)을 제정하였다. IFRS S1은 기업이 지속가능성 관련 위험과 기회에 대해 체계적이고 포괄적으로 정보를 공시하도록 요구하는 기준으로, 투자자 및 자본시장 참여자들이 자원 배분과 관련된 의사결정을 보다 효과적으로 수행할 수 있도록 설계되었다.

IFRS S1의 핵심 의의는, 지속가능성과 관련된 다양한 이슈들이 기업의 재무성과 및 장기적 가치에 중대한 영향을 미칠 수 있다는 점을 반영하여, 이러한 영향을 식별하고, 공시하며, 경영 전략에 반영하는 일련의 절차를 제도화하는 데 있다. 특히, 기존의 지속가능성 보고가 주로 자발적이고 정성적인 정보 제공에 머물렀던 것과 달리, IFRS S1은 재무보고 체계 내에서 일관되고 비교 가능한 기준을 마련함으로써 정보의 신뢰성과 실효성을 제고한다는 점에서 의의가 크다.

IFRS S1은 다음과 같은 네 가지 핵심 요소(Governance, Strategy, Risk Management, Metrics and Targets)를 중심으로 정보 공시를 요구한다.

첫째, 거버넌스 항목에서는 기업이 지속가능성 관련 위험과 기회를 어떻게 관리하는지를 설명하는 의사결정 구조, 통제 및 감독 체계를 명확히 제시하도록 한다.

둘째, 전략 요소에서는 기업이 식별한 지속가능성 관련 이슈들이 사업모델, 가치사슬, 전략 및 의사결정, 재무상태 등에 미치는 현재 및 미래의 영향을 포함해 공시하도록 요구한다. 이는 특히 단기적 재무영향뿐 아니라 중장기적 관점에서의 위험 및 기회에 대한 전략적 대응력과 회복력까지도 포함하는 보다 정교한 정보 제공을 지향한다.

셋째, 위험관리 항목은 기업이 지속가능성 관련 위험 및 기회를 어떻게 식별하고, 평가하며, 모니터링하는지를 설명하는 과정과 체계를 공시하는 데 초점을 둔다.

마지막으로, 지표 및 목표 부분에서는 기업이 자체적으로 설정했거나 법적 규제에 따라 이행해야 할 지속가능성 관련 목표의 진행상황과 성과지표를 함께 공개하도록 요구한다.

요컨대, IFRS S1은 기업의 재무정보와 지속가능성 정보를 통합적으로 연결하여 공시함으로써, 지속가능성의 재무적 관련성을 강화하고, 투자자에게 보다 유의미한 정보를 제공할 수 있도록 하는 글로벌 기준으로 자리잡고 있다. 이는 궁극적으로 지속가능성 정보의 신뢰도, 비교가능성, 투명성을 높이는 데 기여하며, 기업의 지속가능 경영 및 ESG 전략 실행의 기초를 형성한다.

2. IFRS S2: 기후 관련 공시에 관한 요구사항

IFRS S2(Climate-related Disclosures)는 국제지속가능성기준위원회(ISSB)가 2023년에 제정한 지속가능성 공시 기준 중 하나로, 기후 변화로 인한 위험과 기회에 초점을 맞추어, 기업이 이에 대한 정보들을 명확하고 비교 가능하게 공시할 수 있도록 설계된 기준이다.

IFRS S2는 IFRS S1의 일반 요구사항을 기반으로 하며, 특히 기후 관련 정보에 특화된 공시 기준으로 기능한다. 이는 기업의 전략, 경영, 재무성과에 중대한 영향을 줄 수 있는 기후 이슈를 보다 정교하고 체계적으로 반영하도록 하기 위한 것이다.

IFRS S2의 개념적 정의는, 기후 관련 위험(물리적 위험 및 전환 위험)과 기회가 기업의 재무적 의사결정 및 가치 창출 능력에 영향을 미친다는 점을 인식하고, 이러한 정보를 기업의 외부 이해관계자, 특히 투자자에게 신뢰성 있고 비교 가능한 형태로 공시하도록 요구하는 데 있다.

이 기준의 의의는 기후 변화가 더 이상 단순한 환경 이슈가 아니라, 기업의 지속 가능성 및 재무 건전성에 직결되는 주요 경영 이슈라는 점을 반영하여, 기존의 자발적 보고 방식을 넘어 표준화된 규범체계 내에서 기후 정보를 공시하도록 했다는 데 있다. 이는 투자자, 금융기관, 규제기관 등 다양한 자본시장 참여자들이 기업의 기후 대응 전략과 리스크 수준을 평가할 수 있도록 지원한다.

IFRS S2는 다음과 같은 네 가지 핵심 공시 영역으로 구성된다. 이는 IFRS S1의 프레임워크를 기반으로 하되, 기후에 특화된 요소를 구체적으로 포함하고 있다.

거버넌스(Governance): 기업이 기후 관련 위험 및 기회를 어떻게 감독하고 관리하는지에 대한 이사회와 경영진의 역할과 책임을 공시한다.

전략(Strategy): 기후 관련 이슈가 기업의 사업모델, 가치사슬, 전략적 계획 및 재무적 성과에 미치는 영향을 분석하고, 단기·중기·장기적 시계에서의 영향을 함께 공시하도록 요구한다. 또한, 다양한 시나리오(예: 1.5℃ 시나리오 등)를 활용한 시나리오 분석을 통해 전략의 회복력을 평가하는 정보도 포함된다.

위험관리(Risk Management): 기후 관련 리스크(예: 급격한 기후 변화로 인한 물리적 리스크, 탄소 규제 강화로 인한 전환 리스크 등)를 어떻게 식별, 평가, 우선순위화하고 관리하는지에 대한 내부 프로세스를 설명하도록 요구한다.

지표 및 목표(Metrics and Targets): 기업이 사용하는 온실가스 배출량(GHG Scope 1, 2, 3), 감축 목표, 기후 리스크 노출 관련 지표, 내부 탄소가격제 등과 같은 구체적 지표와 목표를 공시하도록 하며, 이행 성과 및 진척 상황도 함께 제공해야 한다.

요약하면, IFRS S2는 기업의 기후변화 대응 역량과 리스크 노출 수준, 전략적 회복력에 대한 정보를 체계적으로 공개하도록 요구하는 국제 표준으로, 향후 기후 관련 금융의 흐름과 기업 평가 방식에 지대한 영향을 미칠 것으로 평가된다. 이는 기업들이 단순한 ESG 보고를 넘어, 기후 관련 재무적 투명성 확보와 전략적 대응력 강화를 동시에 요구받는 새로운 시대의 이정표라 할 수 있다.

3. IFRS S1과 S2의 주요 차이점과 공통점

국제지속가능성기준위원회(ISSB)가 제정한 IFRS S1과 S2는 기업의 지속가능성 관련 공시를 위한 국제표준으로, 서로 보완적인 역할을 수행한다. IFRS S1은 지속가능성 관련 재무정보 공시에 대한 포괄적인 일반 요구사항을 제공하는 기본 프레임워크이며, IFRS S2는 이러한 프레임워크를 바탕으로 기후 관련 위험과 기회에 특화된 세부 공시 요구사항을 제시한다.

3.1 IFRS S1과 S2의 주요 차이점

양 기준은 목적과 구조는 유사하지만, 적용 범위와 세부 공시 내용에서 다음과 같은 차

이를 가진다.

적용 범위 측면에서, IFRS S1은 지속가능성과 관련된 전반적인 위험과 기회를 포괄적으로 다루는 반면, IFRS S2는 그 중 기후 변화에 특화된 위험과 기회에 집중한다.

공시 대상은 두 기준 모두 모든 산업과 기업을 대상으로 하지만, IFRS S2는 산업별 특화된 지표를 별도로 포함함으로써 보다 정밀한 공시가 가능하도록 한다.

지표 수준에서 IFRS S1은 일반적인 공시 원칙과 프레임워크를 제시하는 데 그치는 반면, IFRS S2는 온실가스 배출량(Scope 1, 2, 3) 등의 구체적인 기후 관련 지표와 목표를 명시한다.

IFRS S1은 전체 지속가능성 공시 체계의 기본 구조를 제공하는 역할을 하며, IFRS S2는 이 구조를 기후에 특화하여 구체화하는 역할을 한다.

3.2 IFRS S1과 S2의 공통점

비록 적용 범위에는 차이가 있지만, 두 기준은 다음과 같은 핵심적인 공통점을 공유한다.

공시 구조의 일관성: 두 기준 모두 '거버넌스(Governance), 전략(Strategy), 위험관리(Risk Management), 지표 및 목표(Metrics and Targets)'의 네 가지 핵심 영역을 중심으로 동일한 공시 아키텍처를 따른다.

기업가치에 대한 초점: 두 기준 모두 지속가능성 또는 기후 관련 정보가 기업의 장기적인 가치 창출에 미치는 영향을 중심으로 투자자 및 자본시장 참여자의 의사결정에 유용한 정보를 제공하고자 한다.

중대성 개념의 일관성: 정보 공시의 판단 기준으로 동일한 '중대성(Materiality)' 개념을 적용하며, 기업가치에 중대한 영향을 미치는 정보에 대해 공시를 요구한다.

미래 지향적 정보의 요구: 단기적인 정보뿐 아니라 중기 및 장기적인 시간 범위에 걸쳐 미래 지향적인 정보 제공을 강조하고 있으며, 이는 시나리오 분석과 전략적 회복력 평가 등과 연결된다.

4. 실무 적용 시 고려사항

두 기준을 실무에 적용하기 위해 기업들은 각 기준의 특성과 요구사항을 반영한 준비가 필요하다.

4.1 IFRS S1 적용 시 고려사항

포괄적 중요성 평가: 지속가능성의 전 범주에 걸쳐 기업가치에 영향을 줄 수 있는 모든 주제를 식별하고, 이에 대해 체계적인 중대성 평가(Materiality Assessment)를 수행해야 한다.

통합 보고 시스템 구축: 지속가능성 보고와 재무보고를 연결하는 통합적 보고 체계를 마련해야 하며, 이를 위해 조직 내 정보 흐름과 관리 시스템을 정비해야 한다.

데이터 품질 확보: 지속가능성 정보의 정확성, 일관성, 검증 가능성을 확보하는 데이터 관리 체계 구축이 필수적이다.

4.2 IFRS S2 적용 시 고려사항

온실가스 배출량 관리 체계: 특히 Scope 3(공급망 전반에 걸친 간접 배출량)까지 포함하는 정확한 GHG 데이터 수집 및 보고 시스템이 요구된다.

기후 시나리오 분석 역량: 다양한 기후 변화 시나리오에 따른 기업의 전략적 회복력과 재무적 영향을 분석하고, 이를 기반으로 한 전략 수립 능력을 개발해야 한다.

산업별 특화 공시 이해: IFRS S2는 산업별로 공시해야 하는 특수 지표들이 포함되어 있으므로, 자사 산업군에 적합한 지표와 목표를 식별하고 적용해야 한다.

전환 계획 수립: 저탄소 경제로의 이행을 위한 명확한 전환 전략, 감축 목표, 실행 계획을 수립하고 이를 구체적으로 공시해야 한다.

5. 통합적 적용의 시사점

IFRS S1과 S2는 개별적으로 기능하면서도, 함께 적용될 때 기업의 지속가능성 공시 체계를 강화하고, 투자자에게 보다 일관되고 신뢰성 있는 정보 제공을 가능하게 한다. 특히 S1은 일반적 틀을 제공하고, S2는 기후와 같은 중요 주제를 그 틀 안에서 구체화함으로써, 기업이 ESG 전략을 보다 정교하게 수립하고 이행할 수 있는 기반을 마련한다.

2024년부터 이 기준들이 본격적으로 시행됨에 따라, 초기에는 기업들이 체계 구축, 데이터 수집, 내부 역량 확보 등에서 도전적인 과제에 직면할 수 있다. 그러나 시간이 지나면서 보고 관행이 점차 정착되고, 지속가능성 정보의 품질, 신뢰성, 비교 가능성이 크게 향상될 것으로 기대된다. 이는 장기적으로 지속가능한 경제 전환을 지원하고, 기업의 경쟁력 및 투자 매력도 제고에 기여할 것이다.

제5절 EU의 ESRS 지속가능성 보고 기준

1. ESRS의 도입 배경과 의의: 유럽 지속가능성 공시의 새로운 기준

유럽연합(EU)은 2023년 10월, 기업의 지속가능성 정보를 보다 체계적으로 공시하도록 요구하는 유럽 지속가능성 보고 기준(ESRS: European Sustainability Reporting Standards)을 공식 채택하였다. 이 기준은 유럽 재무보고자문그룹(EFRAG)에 의해 개발되었으며, EU가 기후변화 대응과 지속가능한 발전이라는 전 지구적 과제를 해결하기 위해 공고히 해온 정책적 노력의 연장선상에서 탄생하였다.

ESRS는 단순히 기업의 지속가능성 정보를 공개하도록 하는 규제 수준을 넘어, EU의 전략적 비전을 실현하는 핵심 수단으로 작동한다. 특히, 유럽 그린딜(European Green Deal)이라는 포괄적인 기후·환경 정책의 일환으로 설계된 이 기준은, 기업의 ESG(환경, 사회, 거버넌스) 성과를 정량적·정성적으로 평가하고 공시함으로써 지속가능한 경제로의 전환을 촉진하는 데 목적이 있다.

또한, 기업 활동이 환경과 사회에 미치는 영향을 이해관계자와 시장에 투명하게 전달함으로써, 지속가능한 투자 흐름을 유도하고, 정보 비대칭성을 해소하여 책임 있는 자본 배분을 가능케 한다는 점에서 ESRS는 유럽 내 지속가능성 생태계 구축의 전환점을 마련한다.

2. 국제 지속가능성 공시 체계의 발전과 ESRS의 등장

유럽의 ESRS는 국제적으로 진행되어 온 지속가능성 보고체계의 진화 흐름 속에서 그 정당성과 차별성을 함께 갖는다. 지속가능성 공시 논의의 전환점은 2015년 금융안정의

원회(FSB)가 설립한 기후 관련 재무정보 공개 태스크포스(TCFD)로 부터 비롯되었다. TCFD는 기후 변화가 기업의 재무 성과에 미치는 영향을 파악하고 공시하도록 요구하는 프레임워크를 제시함으로써, 기업과 투자자가 기후 리스크를 재무적 요소로 인식하는 계기를 마련하였다.

이후, 국제재무보고기준재단(IFRS Foundation) 산하에 설립된 국제지속가능성기준위원회(ISSB)는 TCFD의 원칙을 계승하고 발전시켜 IFRS S1(일반 지속가능성 공시 기준)과 IFRS S2(기후 관련 공시 기준)을 발표하였다. 이 두 기준은 투자자 중심의 재무적 중요성(Financial Materiality)을 강조하며, 비교 가능한 글로벌 기준을 목표로 한다.

그러나 EU의 ESRS는 이러한 국제적 흐름을 수용하면서도, 보다 포괄적이고 확장된 접근 방식을 채택하였다. 특히, ESRS는 환경뿐 아니라 사회와 거버넌스 전반을 포괄하는 통합적 기준을 제시하며, 무엇보다 '이중 중대성(Double Materiality)'이라는 개념을 핵심에 두고 있다. 즉, 기업이 외부로부터 받는 영향(재무적 중대성)뿐 아니라, 기업이 사회와 환경에 미치는 영향(영향 중대성) 또한 공시의 대상으로 삼는다. 이러한 접근은 단순히 투자자의 정보 수요에 대응하는 것을 넘어, 기업이 사회적 책임을 인식하고 실질적 변화를 유도하는 보고로 나아가도록 요구하는 것이다.

ESRS는 기존의 파편화된 지속가능성 보고 체계를 통합함으로써, EU 역내 기업뿐만 아니라 글로벌 가치사슬 내 기업들에게도 지속가능성 정보의 일관성과 투명성을 요구하는 새로운 기준점으로 자리 잡고 있다. 이는 곧 지속가능발전목표(SDGs) 및 파리협정의 이행 목표와도 직결되며, EU가 지속가능한 금융체계를 정착시키고 기후중립을 실현해 나가기 위한 강력한 제도적 기반으로 작용하고 있다.

3. ESRS: 지속가능성 보고의 표준화된 틀

3.1 ESRS 개발 과정과 의의: 보고의 신뢰성 및 비교 가능성 확보

CSRD(Corporate Sustainability Reporting Directive)가 지속가능성 보고의 법적 프레임워크를 제시한다면, ESRS는 그 실행을 위한 구체적인 표준과 지침을 제공한다. 유럽 재무보고자문그룹(EFRAG)은 광범위한 이해관계자 의견 수렴을 거쳐 ESRS를 개발했으며, 2023년 10월 유럽 집행위원회에 의해 공식 채택되었다.

ESRS 개발 과정에서 EFRAG는 글로벌 정합성, EU 정책과의 일관성, 이중 중대성, 이해관계자 참여, 비례성 등 다양한 원칙을 고려했다. ESRS는 지속가능성 보고의 파편화 문제를 해결하고, 기업들에게 명확하고 일관된 보고 프레임워크를 제공함으로써 보고의 비교 가능성과 신뢰성을 높이는 데 중요한 역할을 한다. 또한 환경, 사회, 거버넌스 이슈를 포괄적으로 다루어 지속가능성의 다양한 측면을 균형 있게 평가할 수 있도록 한다.

3.2 ESRS의 구조적 특징: 횡단적 기준과 주제별 기준의 유기적 결합

ESRS는 모든 기업에 공통적으로 적용되는 횡단적 기준(Cross-cutting Standards)과 특정 지속가능성 주제를 다루는 주제별 기준(Topical Standards)으로 구성된 체계적인 구조를 가지고 있다.

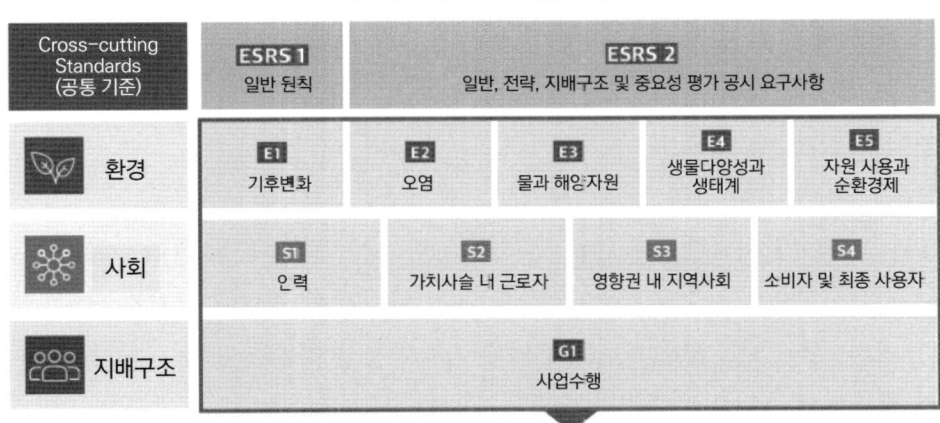

| 그림30 | ESRS 기본 구성

〈자료 출처: https://greenium.kr/news/27005/〉

▲ 횡단적 기준(Cross-cutting Standards)
(1) ESRS 1: 지속가능성 보고를 위한 일반 원칙(중대성 평가, 보고 경계, 추정 및 불확실성, 가치 사슬 고려 등). 즉 어떻게 보고할 것인가에 대한 원칙을 제시하는 틀(Frame)이다.
(2) ESRS 2: 일반 공시 요구사항(거버넌스, 전략, 영향 및 위험 관리, 지표·목표). 즉, 무엇을 반드시 공시해야 하는가에 대한 공시항목의 최소기준이다.

▲ 주제별 기준(Topical Standards)

(1) 환경 기준(ESRS E1-E5)
E1: 기후 변화(온실가스 배출, 감축 목표, 전환 계획 등)
E2: 오염(대기, 수질, 토양 오염 관리)
E3: 수자원 및 해양 자원(물 소비, 배출, 수자원 스트레스 지역 등)
E4: 생물 다양성 및 생태계(종 보존, 서식지 보호, 생태계 복원 등)
E5: 자원 사용 및 순환 경제(자원 효율성, 폐기물 관리, 제품 수명주기 등)

(2) 사회 기준(ESRS S1-S4)
S1: 자체 노동력(근로 조건, 평등, 건강 및 안전 등)
S2: 가치 사슬 내 근로자(공급망 노동 관행, 인권 실사 등)
S3: 영향을 받는 지역사회(지역 발전, 토착민 권리, 사회적 라이센스 등)
S4: 소비자 및 최종 사용자(제품 안전, 정보 접근성, 불만 처리 등)

(3) 거버넌스 기준(ESRS G1)
G1: 사업 수행방식(윤리적 행동, 반부패, 지적재산권, 로비 활동 등)

ESRS는 TCFD가 제시한 4대 공시 영역인 거버넌스, 전략, 위험 관리, 지표 및 목표를 기본 구조로 삼고 있다. 그러나 ESRS는 단순히 기후 관련 정보에 그치지 않고, 환경(E), 사회(S), 거버넌스(G)를 포함한 보다 폭넓은 지속가능성 이슈 전반을 다룬다. 특히 ESRS는 공시 체계를 계층적으로 구성하여 정보를 보다 명확하게 전달하도록 설계되었다.

먼저 공시요소(Disclosure Requirements)가 무엇을 공개해야 하는지를 정의하고, 그 하위에는 구체적인 데이터 포인트(Datapoints)가 위치하여 수치·사실 기반의 세부 정보를 요구한다. 이러한 구조 덕분에 기업은 보고서 작성 시 일관성과 비교 가능성을 확보할 수 있고, 이해관계자들은 더 구체적이고 신뢰성 있는 정보를 얻을 수 있다.

3.3 ESRS E1(기후관련)의 내용과 사례분석

(1) ESRS E1의 전략적 중요성

ESRS E1(기후 변화)은 ESRS 프레임워크 내에서 특별한 중요성을 갖는다. 이는 기후변화가 가장 시급한 환경 문제로 인식되고 있으며, EU의 그린딜과 2050년 기후 중립 목표의 중심에 위치하기 때문이다.

ESRS E1은 기업이 기후변화 완화(Mitigation)와 적응(Adaptation) 노력을 투명하게 공개하도록 요구함으로써, 파리협정의 1.5°C 목표 달성에 기여하는 것을 목표로 한다. 특히 E1은 과학기반감축목표(Science-Based Targets initiative, SBTi)와의 연계성을 강조하여, 기업의 감축 목표가 최신 기후 과학과 일치하도록 요구한다.

E1의 또 다른 특징은 "저탄소 전환 계획(Low-Carbon Transition Plan)"의 공개를 요구한다는 점이다. 이는 기업이 단순히 현재의 배출량을 보고하는 것을 넘어, 장기적인 탈탄소화 경로와 구체적인 실행 계획을 제시하도록 함으로써, 미래지향적인 기후 전략 수립을 촉진한다.

ESRS E1은 총 6가지 기준으로 되어있다. 각 기준은 기업이 기후 변화와 관련된 정보를 포괄적이고 표준화된 방식으로 보고하도록 요구한다.

| 표33 | ESRS E1의 6가지 기준

번호	항목명	내용 요약
E1-1	Transition plan for climate change mitigation(기후변화 완화를 위한 전환 계획)	기업의 온실가스 감축 목표 달성과 저탄소 경제로의 전환을 위한 계획, 일정, 전략 등을 공시
E1-2	Policies related to climate change mitigation and adaptation (기후변화 완화 및 적응 관련 정책)	기후변화 대응을 위한 기업의 내부 정책과 조치, 규정 등을 설명
E1-3	Actions and resources in relation to climate change policies (정책 이행을 위한 조치 및 자원 배분)	위 정책들을 실제로 실행하기 위해 취한 행동과 이에 배정된 자원, 조직체계 등을 공시
E1-4	Targets related to climate change mitigation (온실가스 배출 감축 목표)	온실가스 감축을 위한 기업의 목표치, 기준연도, 범위(Scope), 중간 목표 등을 포함한 구체적 감축 목표 공시
E1-5	Energy consumption and mix (에너지 소비 및 에너지원 구성)	전체 에너지 소비량, 재생에너지 비중, 에너지 믹스 등 기업의 에너지 사용 현황을 정량적으로 공시
E1-6	Gross GHG emissions (Scope 1, 2, 3) (총 온실가스 배출량)	Scope 1, 2, 3에 따른 온실가스 배출량을 정량적으로 측정 및 보고

(2) ESRS E1-4: 온실가스 감축 목표 공시의 주요 요구사항 및 보고 사례

EU는 기업의 기후책임을 명확히 하기 위해, ESRS를 통해 기후정보의 공시 기준을 그 조화하였다. 이 중 E1(기후변화, Climate Change) 기준은 기업의 온실가스 배출 실태와 감축 전략을 종합적으로 공시하도록 요구하며, E1-4(감축 목표)와 E1-6(실제 배출량)는

기업의 기후성과를 평가하는 핵심 지표로 기능한다. 주요 내용은 ▲감축 목표 설정 (범위와 수준 명시), ▲목표의 기준과 정책 정합성 설명, ▲달성 전략과 실행계획 명시, ▲성과 평가 및 투명한 공시 체계 마련 순으로 구성된다.

▲ 감축 목표 설정 및 범위 (E1-4)
① Scope 1, 2, 3을 포함한 감축 목표 설정: 기업은 온실가스 감축 목표를 명확하게 설정해야 하며, 단기(5년 이내), 중기(5~10년), 장기(10년 이상) 목표로 구분해야 한다. 또한 Scope 1, 2, 3 배출량을 포함해야 하며, 이를 명시적으로 구분하여 제시한다.
(예시) "2030년까지 Scope 1&2 배출량을 50% 감축하고, 2050년까지 Net Zero를 달성할 것입니다. Scope 3은 2030년까지 30% 감축을 목표로 설정했습니다."

▲ 목표 설정의 기준 및 정합성 설명
② 과학 기반 및 정책 정렬 여부 설명: 감축 목표가 과학적 기준(SBTi 등) 또는 국제 표준(IPCC 시나리오, GHG Protocol 등)에 부합하는지 여부를 설명해야 한다. 기준 연도(Baseline Year)의 명시 및 해당 연도의 배출량 공개, 중간 마일스톤(Milestones) 설정과 전략 경로 명시, 해당 목표가 CSRD, SFDR, EU Taxonomy 등 EU 규제 및 정책과 어떻게 연결되는지 등을 설명해야 한다.
(예시) "기준 연도는 2019년이며 Scope 1 & 2 배출량은 10만 톤 CO_2e였습니다. 본 목표는 SBTi의 1.5°C 시나리오에 정렬되어 있으며, 2030년까지 이를 50% 감축할 계획입니다."

▲ 목표 달성을 위한 전략 및 실행계획
③ 구체적 감축 수단 및 계획 제시: 목표 달성을 위한 전략적 조치와 기술적 방법을 명시해야 한다. 재생에너지 도입 (Renewable Energy), 에너지 효율 향상 (Energy Efficiency), CCUS, 수소 활용 등의 기술혁신, 공급망 감축 노력 (Sustainable Procurement), 탄소 제거(Carbon Removal), 배출권 거래(Offsetting) 등 포함 여부를 명시해야 한다.
(예시) "2025년까지 100% 재생에너지 전환, 에너지 효율 개선을 통한 연간 5만 톤 감축, CCUS 기술로 산업공정 배출량 30% 절감 계획입니다."

▲ 이행 성과의 측정 및 공시

④ 성과 측정·모니터링 및 이해관계자 공시 방식: 연도별 진행 상황을 측정하고 정기적으로 공개해야 한다. 주요 성과지표(KPI, Key Performance Indicator) 설정, 외부 검증 여부 명시 (Assurance), 필요한 경우 재무적 투자 계획 포함 등이다.

(예시) "Scope 1&2 배출량은 매년 ESG 보고서에 공개하고 외부 검증을 받을 예정입니다. Scope 3 감축률은 연 5% 이상을 목표로 하며, 주요 KPI 달성률을 기준으로 이행 성과를 측정합니다."

(3) ESRS E1-6: 온실가스 배출량 보고의 주요 요구사항 및 보고 사례

ESRS E1-6는 기업이 온실가스 배출량(Scope 1, 2, 3)을 체계적이고 투명하게 측정·공시하도록 요구하는 기준으로, 기업의 실제 기후성과를 정량적으로 드러내는 핵심 항목이다. 본 조항은 기업이 설정한 감축 목표(E1-4)와 실제 배출 실적을 비교·검토할 수 있도록 구성되어 있으며, 기후 전략의 실행력을 평가하는 기반 자료로 기능한다.

▲ 배출량 보고의 범위: Scope 1, 2, 3의 구분

① 범위별 온실가스 배출량 공시 요구: 기업은 배출량을 Scope 1 (직접 배출) Scope 2 (간접 에너지 배출), Scope 3 (기타 가치사슬 배출)로 구분하여 보고해야 하며, 특히 Scope 3는 기업 전체 배출량의 70~90%를 차지할 수 있어, 공급망 리스크 및 기업 책임의 핵심 지표로 간주된다.

(예시) "2023년 당사의 온실가스 배출량은 Scope 1: 20만 톤, Scope 2: 5만 톤, Scope 3: 150만 톤 CO_2e입니다."

▲ 온실가스 유형 및 계산 기준

② 보고 대상 가스 및 배출량 단위: 기업은 6대 온실가스(CO_2, CH_4, N_2O, HFCs, PFCs, SF_6) 배출량을 보고해야 한다. 개별 가스를 분리해 보고할 수도 있고, CO_2 환산 단위(CO_2e)로 통합해 보고 할 수도 있다. 배출량 산정 시 GHG Protocol, ISO 14064, IPCC 가이드라인 등 국제 기준을 준수해야 한다.

▲ 측정 방법 및 검증 절차

③ 데이터 신뢰성 확보를 위한 측정·검증 기준: 기업은 배출량을 실제 측정(Direct Measurement) 또는 추정(Estimation/Modeling) 방식으로 산출할 수 있으며, 특히 Scope 3는 추정 비중이 높지만 가능한 한 정밀한 데이터 확보와 투명한 추정 방식에 대한 설명이 요구된다. 제3자 검증(External Assurance)은 필수는 아니지만, 기업 신뢰도 제고를 위해 적극 권장된다. 검증 기준으로는 ISAE 3000 또는 ISO 14064-3 등이 활용된다.

(예시) "배출량 산정은 GHG Protocol을 기준으로 하며, Scope 3의 일부 항목은 모델 기반 추정을 통해 도출되었습니다. 전체 데이터는 외부 기관의 검증을 거쳤습니다."

▲ 감축 목표(E1-4)와의 연계성

④ 배출 실적과 감축 목표 간 정합성 확보: E1-6는 현재 시점의 배출 실적을, E1-4는 미래 감축 목표와 전략을 제시하므로, 양자의 비교 분석이 필수이다. 기업은 감축 목표 대비 실제 배출 현황의 이행 정도, 편차 원인, 후속 조치 등을 명확히 설명해야 한다.

(예시) "2023년 Scope 1&2 배출량은 총 25만 톤이며, 2025년까지 40% 감축(15만 톤 이하)이라는 E1-4 감축 목표와 비교해 현재까지 20% 감축이 이뤄졌습니다."

(4) E1-4와 E1-6의 상호작용: 전략과 실행의 일관성

ESRS E1의 핵심 공시 항목인 E1-4(온실가스 감축 목표)와 E1-6(총 온실가스 배출량)은 상호보완적 관계로, 기업의 기후 전략과 실행 성과의 연계성을 검증하는 구조적 도구 역할을 한다.

E1-6은 기업의 현재 온실가스 배출량을 Scope 1, 2, 3별로 정량화한 지표로, 탄소 의존도, 공급망 리스크, 기후변화 재무적 노출도 평가의 기초가 된다.

E1-4는 이러한 배출량을 어떻게 감축할지에 대한 전략적 로드맵으로, 목표 수준·범위, 연도, 중간 이정표, 과학 기반 감축(SBTi 등) 여부를 포함한다. 이를 통해 기업의 기후 전략이 실행 가능한지 판단할 수 있다.

이 두 지표의 정합성은 기후공시의 신뢰도를 결정한다. 예를 들어 E1-6에서 Scope 3 배출량이 높게 보고되었음에도, E1-4에서 Scope 3 감축 목표가 누락된 경우, 이는 전략적 결함 또는 비일관성으로 간주될 수 있다.

반대로, E1-4에서 감축 목표는 명확히 제시되었지만, E1-6에서 실제 배출 데이터가 불

충분하거나 추적 불가능한 경우, 목표의 실현 가능성과 기업의 진정성에 의문이 제기된다.

따라서, E1-4와 E1-6은 기업의 기후 행동을 평가하는 "말(言)과 행(行)"의 관계로, 체계적인 데이터와 실행 계획의 연계가 필수적이다.

3.4 시사점: 공시를 넘어 경영 전략의 필수 요소로 진화

EU의 ESRS는 단순한 정보 공개가 아닌, 기후 리스크 관리 프레임워크이자 경영 전략 전환을 유도하는 규범적 장치로 설계되었다. 이는 CBAM(탄소국경조정제도) 등과 연계되어 기업의 비용 구조, 무역 경쟁력, 시장 접근성에 직접적인 영향을 미친다.

E1-6은 현재의 탄소 발자국을 진단하고, E1-4는 미래의 감축 경로를 제시함으로써, 기후 리더십과 지속가능성 전략의 신뢰성을 입증해야 하는 시대적 요구를 반영한다. 결론적으로, ESRS E1의 공시 요건은 "준수(Compliance)"를 넘어 "경쟁력(Competitiveness)"의 문제로 확장되고 있다. E1-4와 E1-6의 통합적 접근은 기업이 글로벌 기준에 부합하는 기후 전략을 수립하고, 이해관계자 신뢰를 확보하는 출발점이 될 것이다.

4. ESRS의 이중 중대성 개념의 도입과 적용

4.1 이중 중대성(Double Materiality): ESRS의 핵심적 혁신

ESRS가 기존의 지속가능성 보고 체계와 가장 뚜렷이 구별되는 지점은 바로 '이중 중대성(Double Materiality)' 개념의 도입이다. 이는 기업이 지속가능성 이슈를 판단하고 공시할 때, 단일한 재무적 관점이 아닌, 두 가지 상호보완적인 관점을 함께 고려해야 한다는 의미로, 지속가능성 보고의 패러다임을 전환시키는 혁신적 접근으로 평가된다.

첫째, 재무적 중대성(Financial Materiality)은 환경, 사회, 거버넌스(ESG) 이슈가 기업의 재무성과, 가치 창출 능력, 위험 및 기회에 어떤 영향을 미치는지를 평가한다. 이는 기업 외부 요인이 내부로 끼치는 영향("Outside-In")에 주목하며, 투자자와 금융시장 참여자의 정보 요구에 부응한다.

둘째, 영향 중대성(Impact Materiality)은 기업의 활동, 제품, 서비스가 환경과 사회에 미치는 영향을 중심으로 평가한다. 이는 기업 내부의 결정과 행동이 외부에 미치는 영향("Inside-Out")에 초점을 맞추며, 재무성과에 직접 연결되지 않더라도 보고 대상으로 삼을 수 있다.

이러한 이중 중대성 접근은 기존의 단일 중대성 체계, 즉 투자자 중심의 보고체계(TCFD, IFRS S1·S2 등)와 차별화되며, 기업의 책임 범위를 투자자를 넘어 지역사회, 정부, NGO, 소비자 등 다양한 이해관계자로 확장시킨다. 특히, ESRS는 두 관점을 동등한 중요도로 간주하며, 하나의 기준이라도 충족되면 공시 대상이 된다는 점에서 사회적 책임과 재무적 성과를 동시에 아우르는 보고 체계를 지향한다.

4.2 이중 중대성 평가 프로세스: 구조화된 절차를 통한 체계적 접근

ESRS 1(일반 요구사항 기준)은 기업이 이중 중대성 원칙을 실제 보고서 작성에 반영할 수 있도록 하기 위해 다음과 같은 5단계 평가 프로세스를 제시한다.

이슈 식별(Identification): 기업은 자사의 사업 활동, 제품, 서비스와 관련된 모든 실제적 또는 잠재적 지속가능성 이슈를 식별해야 한다. 이 과정에서는 산업 특성, 이해관계자의 기대, 규제 동향, 글로벌 메가트렌드 등 외부 환경을 포괄적으로 고려해야 한다.

중대성 평가(Assessment): 식별된 각 이슈에 대해 재무적 영향과 사회환경적 영향의 두 차원에서 중대성을 평가한다. 이때 영향의 규모(Magnitude), 발생 가능성(Likelihood), 시간 지평(Time Horizon) 등을 함께 고려하여 정량적·정성적 평가를 수행해야 한다.

우선순위 결정(Prioritization): 평가 결과에 따라 가장 중대한 이슈들을 우선순위화해야 하며, 재무적이든 비재무적이든 한 차원에서만 중대하다고 판단되더라도 공시 대상에 포함된다. 이중 기준 중 하나만 충족해도 '중대한 이슈'로 간주된다는 점에서 공시 범위는 더욱 포괄적이다.

보고 경계 설정(Boundary Setting): 각 중대 이슈에 대해 보고 범위를 설정해야 하며, 이는 자사뿐 아니라 공급망(업스트림)과 소비 단계(다운스트림)를 포함하는 가치사슬 전체를 고려해야 한다.

검토 및 갱신(Review & Update): 중대성 평가는 최소 3년마다 또는 사업모델, 외부환경, 규제 변화 등 중대한 변화 발생 시 즉시 갱신되어야 한다. 이는 지속가능성 보고의 동태성을 보장하기 위한 장치다.

4.3 반증가능한 추정(Rebuttable Presumption): 공시 신뢰성 강화 규범 장치

특히 주목할 점은, ESRS가 "리버터블 프리섬션(Rebuttable Presumption)" 개념[47]을 도입하고 있다는 점이다. 이는 각 ESRS 공시 항목이 모든 기업에게 기본적으로 중대한 것으로 간주된다는 전제 하에, 공시하지 않으려면 기업이 그 이유를 명확하게 제시해야 한다는 규범적 원칙이다.

예를 들어, 어떤 기업이 특정 ESRS 기준이 자사에 적용되지 않거나 중요하지 않다고 판단할 경우, 단순히 생략하는 것이 아니라 "왜 중대하지 않은지"에 대한 구체적인 설명을 보고서에 포함해야 한다. 이는 중대성 판단의 자의적 해석과 편향적 공시를 방지하고, 보고서의 신뢰성과 일관성을 높이기 위한 구조적 장치로 작동한다.

5. ESRS와 글로벌 표준과의 관계

5.1 국제 기준과의 상호운용성 및 조화

ESRS는 기존 글로벌 지속가능성 보고 프레임워크와의 상호운용성(Interoperability)을 중요한 설계 원칙으로 채택했다. 이는 기업이 여러 규제 환경에서 운영될 때 보고 부담을 최소화하고, 글로벌 표준화를 촉진하기 위함이다.

유럽재무보고자문그룹(EFRAG, European Financial Reporting Advisory Group)은 개발 과정에서 다음과 같은 주요 국제 표준과의 조화를 추구했다.

(1) ISSB 기준(IFRS S1, S2)

EFRAG와 ISSB는 양쪽 기준 간의 상호운용성을 높이기 위한 공동 워킹그룹을 운영했다. 그 결과 특히 기후 관련 공시(ESRS E1과 IFRS S2)에서 높은 수준의 일치를 달성했다. 다만 ISSB가 재무적 중대성에 초점을 맞추는 반면, ESRS는 이중 중대성 접근을 취하는 근본적인 차이가 존재한다.

---

[47] 리버터블 프리섬션이란, "특정 사실이 기본적으로 '참'이라고 전제하되, 이를 뒤집을 수 있는 반증의 기회를 허용하는 법적 또는 규범적 장치"를 의미한다. 예를 들어, "결혼 중 태어난 자녀는 남편의 자녀로 추정된다"는 법률이 있다고 할 때, DNA 검사와 같은 반증 증거를 제시할 경우, 이 추정을 번복할 수 있다는 것이다. ESRS의 리버터블 프리섬션은 "모든 공시 항목이 기본적으로 중대하다"는 전제 하에, 예외를 주장하려면 명확한 근거와 설명이 필요하다는 규범 장치이다.

(2) GRI 표준

글로벌 보고 이니셔티브(Global Reporting Initiative, GRI)는 영향 중심의 접근 방식으로 가장 널리 사용되는 지속가능성 보고 프레임워크를 제공한다. ESRS는 GRI와 전략적 파트너십을 통해 많은 공시 요구사항을 GRI 표준과 일치시켰으며, 특히 사회 및 거버넌스 영역에서 높은 수준의 조화를 보인다.

(3) TCFD 권고안

ESRS의 기후 관련 공시(E1)는 TCFD의 4대 핵심 영역(거버넌스, 전략, 위험 관리, 지표 및 목표)을 완전히 통합했으며, 더 나아가 전환 계획, 물리적 리스크, 탄소 가격 리스크 등에 관한 더 상세한 요구사항을 포함한다.

(4) UN SDGs 및 국제협약

ESRS는 UN 지속가능발전목표, 파리기후협약, 생물다양성협약 등 주요 국제 지속가능성 프레임워크와의 연계성을 추구한다. 이러한 조화 노력에도 불구하고, 지역별·국가별 규제 환경의 차이로 인해 완전한 글로벌 통합은 도전적인 과제로 남아있다. 특히 미국 증원거래위원회(SEC)의 기후 공시 규칙은 EU의 ESRS보다 훨씬 제한적인 접근을 취하고 있어, 글로벌 기업들은 여전히 다양한 보고 요구사항에 대응해야 하는 상황이다.

5.2 EU와 비EU 기업에 대한 영향

ESRS는 EU 내에서 운영되는 모든 CSRD 적용 대상 기업에게 직접적인 영향을 미치지만, 그 파급 효과는 EU 역외 기업에게도 미친다.

(1) EU 역외 기업에 대한 직접적 영향

연간 순매출 1억 5천만 유로 이상의 EU 역내 활동을 영위하는 EU 역외 기업은 2028 회계연도부터 ESRS에 따른 보고 의무를 갖게 된다. 이는 미국, 일본, 중국 등 많은 다국적 기업들이 EU 시장에서 활동하기 위해 ESRS 준수가 필요함을 의미한다.

(2) 공급망을 통한 간접적 영향

ESRS는 가치 사슬 전반에 걸친 지속가능성 정보 공개를 요구한다. 이는 EU 기업들이 자사의 ESRS 보고 의무를 충족하기 위해 비EU 공급업체들에게도 지속가능성 데이터를 요청하게 됨을 의미한다. 따라서 직접적인 보고 의무가 없는 비EU 중소기업들도 EU 기업의 공급망에 포함되어 있다면 ESRS의 영향을 받게 된다.

(3) 브뤼셀 효과(Brussels Effect)[48]
EU의 규제가 역외 지역의 기준 설정에 영향을 미치는 현상으로, ESRS는 글로벌 지속가능성 보고의 사실상(De Facto) 표준으로 작용할 가능성이 있다. 특히 CSRD가 ISSB보다 더 포괄적이고 엄격한 요구사항을 가지고 있기 때문에, 많은 글로벌 기업들은 여러 기준을 충족하기보다 가장 엄격한 EU 기준에 맞추어 단일 보고서를 작성하는 방향으로 나아갈 수 있다.

(4) 국가별 지속가능성 보고 규제에 대한 영향
영국, 캐나다, 호주, 일본 등 여러 국가들이 자국의 지속가능성 보고 체계를 개발하는 과정에서 ESRS를 중요한 참조점으로 활용하고 있다. 이는 장기적으로 글로벌 보고 체계의 수렴을 촉진할 수 있다.
이러한 직·간접적 영향은 ESRS가 EU를 넘어 글로벌 지속가능성 보고 생태계를 형성하는 핵심 동인으로 작용함을 보여준다.

5.3 ESRS의 글로벌 지속가능성 보고에 미치는 영향
ESRS는 지속가능성 보고의 글로벌 생태계에 중대한 변화를 가져올 것으로 전망된다.

(1) 표준화 및 비교 가능성 향상
ESRS는 기존의 파편화된 ESG 보고 관행을 표준화함으로써, 투자자와 이해관계자들이 기업 간 지속가능성 성과를 보다 객관적으로 비교할 수 있는 기반을 마련한다.

(2) 이중 중대성의 주류화
ESRS의 이중 중대성 개념은 기업의 책임 범위를 재무적 영향을 넘어 사회·환경적 영향

---
[48] 브뤼셀 효과(Brussels Effect)란 EU(유럽연합)의 규제가 글로벌 표준으로 확산되는 현상을 의미한다. 즉, EU가 도입한 규제나 기준이 국제적으로 강력한 영향을 미쳐, 다른 국가와 기업들이 자발적으로 이를 따르도록 만드는 효과를 말한다. 이 개념은 미국 컬럼비아대 로스쿨의 애나 브래드포드(Anu Bradford) 교수가 2012년 논문에서 처음 제시하였으며, 이후 데이터 보호(GDPR), 환경(EU 탄소국경조정제도 CBAM), 지속가능성 보고(ESRS) 등에서 강하게 나타나는 현상으로 주목받고 있다.

으로 확장함으로써, 자본주의의 근본적인 운영 방식에 변화를 가져올 수 있다.

(3) 데이터 품질 향상

제3자 검증 요구사항은 지속가능성 데이터의 신뢰성과 정확성을 높임으로써, ESG 투자의 효과성을 개선하고 그린워싱을 방지하는 데 기여한다.

(4) 글로벌 기준의 수렴 촉진

ESRS, ISSB, GRI 등 주요 표준 간의 조화 노력은 장기적으로 글로벌 지속가능성 보고의 수렴을 촉진할 것으로 예상된다.

(5) ESG 데이터 생태계 발전

ESRS는 ESG 데이터, 분석, 자문 서비스 등 새로운 시장 기회를 창출함으로써, 지속가능성 데이터 생태계의 성장을 촉진한다.

제6절 미국의 기후관련 공시제도

1. SEC 기후공시 최종규정의 배경

미국 증권거래위원회(SEC, Securities and Exchange Commission)는 2024년 3월 6일 기업의 기후관련 정보 공시를 의무화하는 최종 규정을 발표했다. 이 규정은 기후변화가 기업 재무에 미치는 영향을 투명하게 공개하도록 함으로써 투자자들에게 신뢰할 수 있는 정보를 제공하는 동시에, 미국 행정부의 기후변화 대응 정책을 지원하는 데 목적이 있다.

이 최종 규정은 2022년 초안 발표 이후 약 24,000건 이상의 의견을 검토하는 과정을 거쳐 완성되었으며, SEC 위원 5명 중 3명의 찬성으로 통과되었다. 이러한 과정은 다양한 이해관계자들의 의견을 수렴하고 규정의 현실적 적용 가능성을 높이기 위한 노력을 보여준다.

2. SEC 기후공시 최종규정의 주요 내용

SEC의 기후관련 공시 규정은 크게 다음 세 가지 영역에 초점을 맞추고 있다.

2.1 기후 위험과 영향에 대한 공시
(1) 기후 관련 실질적 위험

기업은 사업 전략, 운영 실적, 재무 상태에 중대한 영향을 미치거나 미칠 가능성이 있는 기후 관련 위험을 공개해야 한다.

(2) 전략적 영향 평가

식별된 기후 위험이 기업의 전략, 사업 모델, 미래 전망에 미치는 실제적·잠재적 영향을 공개해야 한다.

(3) 이사회와 경영진의 역할

기후 위험 감독에 있어 이사회의 역할과 경영진이 기후 위험을 평가하고 관리하는 방식을 공개해야 한다.

(4) 위험 관리 프로세스

기후 관련 위험을 식별, 평가, 관리하기 위한 프로세스와 이러한 프로세스가 전체 위험 관리 시스템에 어떻게 통합되어 있는지 공개해야 한다.

2.2 온실가스 배출량 공시
(1) Scope 1 및 Scope 2 배출량

유동시가총액 7,500만 달러 이상 기업은 직접 배출(Scope 1)과 간접 배출(Scope 2)을 공개해야 한다.

(2) 제3자 검증

공개된 배출량 데이터는 제한적 보증 수준(Limited Assurance Level)의 검증을 받아야 하며, 대형 기업(유동시가총액 7억 달러 이상)은 추가 전환기간 이후 보다 엄격한 합리적 검증 수준(Reasonable Assurance Level)의 검증이 필요하다.

🔍 Think Box

제한적 보증 수준 vs. 합리적 보증 수준

ESG(환경·사회·지배구조) 보고서나 지속가능성 공시에서 보증(Assurance)은 독립적인 검증 기관이 정보의 신뢰성을 평가하는 과정이다. 보증 수준에 따라 제한적 보증(Limited Assurance)과 합리적 보증(Reasonable Assurance)으로 나뉜다.

(1) 제한적 보증 수준(Limited Assurance Level)
- 검증 강도: 낮음 (기본적인 신뢰성 확인)
- 검증 방법: 문서 검토, 데이터 분석, 주요 이해관계자 인터뷰 등으로 표본을 점검
- 결과 표현: "중대한 오류나 허위 정보가 발견되지 않았다"(Nothing has come to our attention)와 같은 부정적 표현(Negative Assurance)
- 목적: 보고된 정보가 명백한 오류 없이 신뢰할 수 있는지 확인하는 수준
- 적용 대상: 일반적인 ESG 보고서, 초기 공시 기업, 중소기업 등

➤제한적 보증 수준은 기업의 지속가능성 정보가 명백한 오류 없이 적절히 보고되었는지를 확인하는 수준으로, 심층적인 검토보다는 전체적인 신뢰성을 평가하는 과정이다.

(2) 합리적 보증 수준 (Reasonable Assurance Level)
- 검증 강도: 높음 (재무 감사 수준과 유사)
- 검증 방법: 심층분석, 데이터 샘플링 확대, 내부통제 시스템점검, 현장방문 등
- 결과 표현: "제시된 정보가 정확하고 신뢰할 수 있다고 판단된다"(We believe the information is free from material misstatement)와 같은 긍정적 표현(Positive Assurance)
- 목적: 정보의 정확성과 완전성을 높은 신뢰도로 검증
- 적용 대상: 대형기업, 법적 요구사항이 있는 기업, ESG관련 금융 공시의무가 강화된 기업

➤합리적 보증 수준은 ESG 정보의 신뢰도를 더욱 강하게 입증하는 방식으로, 보다 엄격한 검토 절차를 거쳐 기업이 제공하는 데이터가 정확함을 보증한다.

(3) 결론
제한적 보증은 비교적 간단한 검토로 기본적인 신뢰성을 확인하는 수준이며, 합리적 보증은 재무 감사와 유사한 절차를 거쳐 보다 깊이 있는 검증을 수행하는 방식이다. 대기업이 궁극적으로 합리적 보증을 받아야 하는 이유는 ESG 정보가 투자 및 금융 의사결정에 미치는 영향력이 크기 때문이다.

2.3 재무적 영향과 대응 전략 공시

(1) 기후 관련 지출 및 비용

심각한 기상 현상(허리케인, 홍수, 가뭄 등)으로 인한 자본화된 비용, 지출, 손실을 재무제표 주석에 공개해야 한다.

(2) 기후 목표와 전환 계획

기업이 설정한 기후 관련 목표, 이를 달성하기 위한 전략과 실질적 지출을 공개해야 한다.

(3) 탄소 상쇄 및 재생에너지 크레딧

기후 목표 달성을 위해 사용된 탄소 상쇄, 재생에너지 크레딧(REC) 관련 비용을 재무제표 주석에 공개해야 한다.

(4) 재무 추정치 영향

기상 현상이나 기후 전환 계획이 재무제표 작성에 사용된 추정치와 가정에 미친 영향을 정성적으로 설명해야 한다.

3. 최종 규정 적용 일정

SEC 기후공시 규정은 기업 규모에 따라 단계적으로 적용된다.
대형 기업(유동시가총액 7억 달러 이상): 2025년 회계연도부터 적용 가능
중형 기업(유동시가총액 7,500만 달러 이상): 대형 기업 적용 시점부터 1년 후 적용
소형 기업(유동시가총액 7,500만 달러 미만): 중형 기업 적용 시점부터 1년 후 적용

4. 최종규정의 의의와 현재 상황

투자자 의사결정 지원: 표준화된 기후 정보 공개를 통해 투자자들이 기업 간 데이터를 보다 쉽게 비교할 수 있게 한다.

일관성과 신뢰성 향상: 기후 관련 정보의 일관성과 신뢰성을 높여 투자자의 요구에 부응한다.

글로벌 공시 격차 해소: 국제적인 기후 정보 공개 표준과의 조화를 통해 글로벌 공시 격차를 줄이는 데 기여한다.

그러나 2024년 4월 4일 현재, SEC는 이 규정의 시행을 자발적으로 보류한 상태이다. 25개 주와 여러 이해관계자들이 제기한 소송으로 인해 미국 항소법원이 규정의 적법성을 검토 중이기 때문이다.

주요 법적 쟁점으로는
SEC의 권한 범위: 기후 정보 공개 요구가 SEC의 법적 권한 내에 있는지 여부
경제적 영향 평가: 규정 준수에 따른 비용과 경제적 부담의 적절성
수정헌법 제1조 문제: 기업의 표현의 자유와 관련된 헌법적 쟁점 등이다.

이러한 법적 불확실성에도 불구하고, 많은 기업은 이미 자발적으로 기후 관련 정보를 공개하고 있으며, 투자자들의 기후 정보에 대한 요구는 계속 증가하고 있어 장기적으로는 이러한 추세가 강화될 것으로 예상한다.

한편 트럼프 2기 행정부 이후 미국 SEC 공시규정에 변화가 일어나고 있다. 언론 등에 보도된 내용을 중심으로 최근 변화내용을 정리하면 다음과 같다.

(1) 기후공시 규정(Climate Disclosure Rule)의 철회
2024년 3월, SEC는 바이든 행정부 하에서 상장기업의 온실가스 배출량(Scope 1, 2) 및 기후 리스크 공시를 의무화하는 최초의 연방 차원 기후 공시 규정을 채택하였으나 2025년 1월 트럼프 대통령이 재집권한 직후, SEC의 임시 위원장인 마크 우예다(Mark Uyeda)는 해당 규정에 대한 법적 방어 중단을 시사, SEC의 해당 규정은 사실상 폐기됨 (출처: SEC 공식 보도자료, 2025-03-27)

(2) ESG 공시 규정 전반에 대한 후퇴
트럼프 2기 SEC는 기후 공시 외에도 이사회 다양성, 인적자본 정보 공개, 주주제안

권 관련 규정 등을 포함한 광범위한 ESG 공시정책을 재검토 중(출처: Harvard Law School Forum on Corporate Governance, 2025-03-03), 특히 2023년 도입되려던 이사회 다양성 공시 강화안은 철회되거나 무력화될 가능성이 크다고 평가(출처: Bloomberg, 2025-02-21)

(3) ESG 투자 및 지속가능금융에 대한 회의적 입장

트럼프 행정부 고위 인사들은 ESG가 투자자의 수탁자 의무(Fiduciary Duty)와 상충할 수 있다는 입장을 표명(출처: New York Post 사설, 2024-12-06), 이에 따라 연기금, 자산운용사에 대한 ESG 고려 의무화 조치는 철회 또는 제한 가능성이 큼(출처: Financial Times, 2025-01-19)

(4) 기업 및 투자자에 미치는 영향

연방 차원에서의 공시 의무는 후퇴하였지만, 캘리포니아 등 일부 주(State Level Regulation), 유럽연합(EU)의 CSRD, 대형 자산운용사(예: 블랙록, 뱅가드)의 ESG 요구 등은 여전히 유효. 따라서 미국 기업들은 복잡한 글로벌 공시 환경과 이해관계자 요구를 동시에 고려해야 하는 상황에 놓여있음(출처: World Economic Forum 보고서, 2023년 1분기판).

요약하면 트럼프 2기 행정부 하의 SEC는 ESG 및 기후 공시에 대한 전면 재검토 및 규제 완화 기조를 보이고 있으며, 이는 바이든 행정부 당시 추진되던 지속가능성 공시 및 국제 기준 정합화 노력을 상당 부분 되돌리는 조치로 평가된다. 미국 기업과 투자자들은 연방 규제 완화와 동시에 글로벌 ESG 요구 충돌이라는 복합 과제에 직면하고 있다고 볼 수 있다.

제7절 | 새로운 공시 물결-자연자본 공시제도(TNFD)

1. 기후공시에서 자연공시로: 공시 패러다임의 진화

2020년대 초반까지 ESG 공시의 중심은 탄소배출과 기후변화에 있었다. EU의 CSRD 및 ESRS, 미국의 SEC 기후공시 등은 모두 기후리스크의 투명한 정보 공개를 통해 지속 가능한 투자를 유도하는 데 초점을 맞추었다. 그러나 최근에는 기후위기와 함께 자연 생태계의 붕괴와 생물다양성 손실이라는 더 근본적인 리스크가 부각되고 있으며, 이에 따라 ESG 공시의 범위도 기후에서 자연으로 확장되고 있다.

이러한 흐름의 핵심에 있는 것이 바로 TNFD(Taskforce on Nature-related Financial Disclosures)이다. TNFD는 단순히 하나의 새로운 공시 기준이 아니라, ESG 공시 체계의 진화된 방향을 보여주는 '두 번째 물결'이라 할 수 있다.

2. TNFD란 무엇인가: 자연과 금융의 접점

2.1 탄생 배경

자연 관련 재무정보공개 태스크포스(TNFD)는 2023년 9월 18일에 자연 관련 위험 관리 및 공시에 대한 최종 권고안을 발표하였다. TNFD는 2021년에 설립된 국제 공공·민간 협력 체계로, 자연 자본과 생물다양성에 대한 기업 및 금융 기관의 의사결정과 공시를 개선하기 위해 만들어졌다. 이 태스크포스는 40명의 회원으로 구성되어 있으며, 이들은 전 세계적으로 20조 달러 이상의 자산을 관리하는 기업 및 금융 기관의 고위 임원들로 이루어져 있다. 최종안은 TCFD(기후 공시 프레임워크)의 구조를 계승하면서도, 기후를 넘어선 '자연자본' 기반의 공시 확장판으로 이해된다.

2.2 자연자본의 정의

TNFD에서 말하는 자연자본은 토양, 수자원, 대기, 생물다양성 등 자연 생태계가 제공하는 모든 유·무형 자산을 의미한다. 이는 인간 활동과 산업의 물리적 기반을 이루며, 생태계 서비스의 붕괴는 곧 금융 리스크와 기업 경영의 위협으로 전이될 수 있다.

2.3 LEAP 프레임워크: TNFD의 분석 도구

TNFD는 기업이 자연 관련 리스크와 기회를 분석하고, 공시체계로 정렬할 수 있도록 LEAP 접근법을 제시한다.

| 표34 | LEAP 프레임워크 요약

단계	핵심 질문	주요 내용
L: Locate	우리 사업은 어디에서 자연에 의존하거나 영향을 미치는가?	지리적 위치 식별, 주요 생태계 노출 파악
E: Evaluate	그 지역에서 어떤 자연 리스크/기회가 존재하는가?	의존성 및 영향 평가, 생태계 변화 시나리오 분석
A: Assess	이 리스크는 우리 조직에 재무적으로 중대한가?	재무적 영향과 전략적 중요도 평가 (이중중대성)
P: Prepare	어떤 전략과 공시가 필요한가?	거버넌스, 목표 설정, 모니터링 지표 개발 등

LEAP은 기업이 자연자본과의 연결고리를 정량적·정성적으로 체계화할 수 있도록 돕는 도구로, 단순한 보고를 넘어 실제 전략 수립과 리스크 대응에 실효성이 있다.

2.4. TNFD의 공시 항목 구조

TNFD는 TCFD와 동일한 4개 항목 구조를 따르며, 자연자본 관련 정보가 체계적으로 구성되도록 한다.

| 표35 | TNFD 공시 항목 구조

항목	주요 공시 내용
지배구조	이사회 및 경영진의 자연 리스크 관리 역할
전략	자연 리스크와 기회가 조직 전략에 미치는 영향
리스크 및 임팩트 관리	리스크 식별, 평가 및 관리 방법
지표 및 목표	생태계 의존성과 영향에 대한 측정 지표 및 목표 설정

3. TNFD가 해결해야 할 과제

첫째, TCFD는 온실가스 배출량을 주요공시대상으로 하므로 상대적으로 표준화가 용이하지만 TNFD는 다양한 요소, 지역적 차이 등으로 통일적 표준이 쉽지 않다. 생물다양성 및 자연 관련 위험을 측정하는 표준 데이터와 방법론이 부족하다.

둘째, 자연 관련 위험의 복잡성이 존재한다. 기후 리스크와 달리, 자연 리스크는 지역 및 산업별로 다르게 나타난다. 지리공간 분석을 통해 투자 자산의 지리적 위치와 생태계 민감도 매핑이 필요하다.

셋째, 규제 불확실성이 아직은 존재한다. TNFD 공시를 공식적으로 의무화할지 여부가 국가별로 다르다. 따라서 기존의 글로벌 기준 및 프레임워크와의 조정(Alignment with Global Standards and Frameworks)이 중요한 과제가 된다. 공급망 분석에 있어 간접적(Scope 3) 영향 평가를 위한 공급망 추적 기술이 필요할 수 있고, 외부효과의 내부화를 위하여 자연자본 외부효과의 재무적 가치화 방법론의 정밀한 개발이 필요할 수 있다.

넷째, TNFD의 권고사항은 기존의 다른 프레임워크(예: 기후 관련 공시 프레임워크)와의 정렬을 통해 일관성과 비교 가능성을 확보하도록 설계되어야 한다. 아울러 광범위한 지속 가능성 목표와의 통합도 필요하다. TNFD 프레임워크는 유엔의 지속 가능발전목표(SDGs)나 생물다양성 협약(CBD)과 같은 글로벌 이니셔티브와 보완적으로 작용하여야 하며, TNFD 공시를 GRI, ISSB, CDP 등의 지속가능성 보고 기준과 통합하여 표준화를 도모하는 것이 필요하다.

4. 글로벌 규제 동향과 국제 표준화 추세

4.1 주요국의 자연자본공시관련 정책동향

최근 세계 각국은 자연자본 리스크를 기업 경영과 투자 판단의 핵심 변수로 인식하기 시작했으며, 이에 따라 자연자본 공시를 요구하는 규제와 정책이 빠르게 확산되고 있다.

유럽연합(EU)은 가장 선도적으로 움직이고 있다. 2023년부터 시행된 기업지속가능성보고지침(CSRD)는 자연자본을 포함한 광범위한 지속가능성 정보를 공시하도록 의무화하였으며, EU 분류체계(Taxonomy) 역시 생물다양성 보호 기준을 공식적으로 통합했다. 여기에 금융상품의 지속가능성을 평가·공시하는 SFDR[49]과 생태계 복원을 목표로 한 자연복원법(Nature Restoration Law)까지 잇따라 도입하면서, EU는 자연자본 관련 정보공개를 규제 수준으로 끌어올리고 있다.

영국 역시 환경법(Environment Act)를 통해 기업에 생물다양성 순이익(Biodiversity Net Gain) 목표를 부여하고 있으며, 국가 자연자본 계정을 기반으로 기업 보고 체계를 정비하고 있다. 특히 금융당국이 TNFD 프레임워크 채택을 장려하면서 자연 관련 리스크 공시를 적극 유도하고 있다.

미국은 아직 기후공시에 주력하고 있지만, SEC의 공시 범위가 점차 자연자본까지 확장되고 있으며, 캘리포니아를 비롯한 주(州) 단위에서는 이미 생물다양성 보호 관련 규제가 시행되고 있다. 연방정부도 자연자본 가치를 경제계정에 반영하려는 정책을 추진 중이다.

아시아-태평양 지역에서도 변화가 뚜렷하다. 일본은 경제산업성과 환경성이 공동으로 TNFD 권고안을 수용해 기업 가이드라인을 개발하고 있고, 중국은 생태문명 건설 정책 아래 금융기관의 생태환경 리스크 관리를 강화하고 있다. 싱가포르와 호주도 각각 녹색금융 전략과 자연 양성화(Nature Positive) 경제 전환 정책을 통해 자연자본 리스크 공시 체계를 마련하고 있다.

4.2 국제표준화 노력

앞서 살펴본 것처럼 세계 주요 경제권이 각기 다른 속도로 움직이고 있지만, 자연자본 공시를 제도화하려는 방향성에서는 공통점을 보이고 있다. 이는 결국 TNFD 프레임워크의 글로벌 채택을 가속화시키고 있으며, 기업들은 점차 자연자본 리스크와 기회를 경영전략에 통합할 것을 요구받고 있다. 이러한 흐름 속에서 TNFD는 독자적인 공시 프레임워크에 머무르지 않고, 기존의 다양한 글로벌 기준과의 정합성 구축을 적극 추진하고 있다. 무엇보다 국제지속가능성기준위원회(ISSB)와의 연계를 통해, 자연자본 요소를 IFRS S1, S2 기준에 통합하려는 노력이 본격화되고 있다. 이는 TNFD가 단독 기준이 아니라, 기업의 일반 지속가능성 공시 체계 속에 자연자본 리스크를 자연스럽게 녹여낼 수 있도록 하려는 전략이다.

또한 TNFD는 TCFD의 구조를 계승하여, 기후와 자연 리스크를 통합적으로 시나리오

---

49) SFDR (Sustainable Finance Disclosure Regulation)는 지속가능 금융 공시 규제를 의미한다. 즉, 금융기관(자산운용사, 은행, 보험사 등)이 지속가능성(Sustainability)과 관련된 투자 전략과 상품의 환경·사회·거버넌스(ESG) 영향을 투명하게 공개하도록 의무화한 유럽연합(EU) 규제이다.

를 분석하고 보고할 수 있는 체계를 제안하고 있으며, 쿤밍-몬트리올 글로벌 생물다양성 프레임워크와도 연계해 2030년까지의 글로벌 생물다양성 목표 이행을 지원하고 있다.

뿐만 아니라, 과학기반목표네트워크(SBTN), 자연자본 프로토콜, GRI 생물다양성 표준, ENCORE 도구[50] 등과도 협력하여 기업들이 자연자본 의존성과 영향을 보다 구체적이고 정량적으로 평가할 수 있도록 기반을 확장하고 있다. 요컨대, 자연자본 공시는 이제 일부 선진국의 선택사항이 아니라, 글로벌 기업 경영의 새로운 규범이자 필수 대응 과제로 떠오르고 있다. TNFD는 이러한 흐름 속에서 단순한 권고안을 넘어, 자연과 금융을 연결하는 글로벌 표준(Global Norm)을 지향하고 있는 것이다.

4.3 자연자본 회계의 국제표준화와 통합적 접근

최근 국제사회는 자연자본(Natural Capital)을 회계와 공시의 대상 자산으로 본격적으로 다루기 시작했다. 이는 단순한 환경보호의 차원을 넘어, 기후위기 대응, ESG 정보공개, 녹색금융 활성화등의 흐름 속에서 자연자본의 경제적 가치와 리스크를 공식 시스템에 통합하려는 세계적 전환을 보여준다.

기업과 정부의 정책 결정에 자연자본이 미치는 영향은 점차 커지고 있음에도 불구하고, 기존의 회계 및 공시체계는 토지, 수자원, 생물다양성 등 환경자산의 가치나 손실을 체계적으로 반영하지 못하는 구조적 한계를 지녀왔다. 그 결과, 생태계 훼손과 생물다양성 감소가 장기적으로 재무 리스크로 전이되는 구조가 명확해지고 있으며, 이를 반영하지 않는 기업 공시는 투자자, 정부, 시민사회에 왜곡된 정보를 제공할 위험을 내포한다.

이러한 문제의식에서 출발한 대표적 글로벌 이니셔티브가 TNFD(Taskforce on Nature-related Financial Disclosures)이다. 이는 자연 리스크와 의존도를 명확히 측정하고, 재무정보 공시에 반영할 것을 기업에 요구하며, EU의 CSRD/ESRS, IFRS S1/S2 이후의 발전 흐름과도 긴밀히 연결되고 있다.

(1) SEEA: 자연자본 회계의 국제 표준 인프라

자연자본을 회계와 정책에 반영하기 위한 국제 표준 중 핵심은 SEEA(System of Environmental-Economic Accounting)이다. 이는 UN 통계위원회(UNSC)가 승인한

---

50) ENCORE (Exploring Natural Capital Opportunities, Risks and Exposure)는 금융기관과 기업이 자연자본(Natural Capital)과 경제 활동 간 연계를 이해하고, 자연자본에 의존하거나 자연에 미치는 영향을 평가할 수 있도록 지원하는 온라인 도구를 말한다. UNEP FI(UN 환경계획 금융 이니셔티브) + NCFA(자연자본금융연합, Natural Capital Finance Alliance)이 2019년 개발한 것으로 웹 기반 무료 사용이 가능하다. (https://encore.naturalcapital.finance)

국제 표준 회계체계로, 자연환경과 경제활동 간의 상호작용을 정량적으로 측정하고 기록함으로써 기존 국민계정체계(SNA)의 한계를 보완한다.

SEEA는 다음과 같은 목적과 구조를 갖는다.

▲환경자산(산림, 수자원 등)의 물리적 변화 및 경제적 가치 평가
▲생산·소비·배출 활동이 환경에 미치는 영향의 정량화
▲환경정보와 경제정보의 통합을 통한 정책 설계 기반 마련

| 표36 | SEEA 구조

구성 체계	기능	적용 대상
SEEA Central Framework	자원 흐름 및 환경비용 기록	물, 에너지, 배출 등
SEEA Ecosystem Accounting	생태계 서비스의 상태 및 가치 평가	산림, 습지 등
SEEA Extensions	녹색 GDP, 지속가능지표(SDGs)와 연계	기후재정, 개발지표 등

(2) 자연자본 공시와 SEEA의 연계성

SEEA는 단순한 통계 시스템이 아니라, 기업 자연공시 및 국가 자연자산 회계의 기반으로 작동할 수 있는 통합 도구이다. 예를 들어 정부는 SEEA를 활용해 국가 차원의 자연자산 손익계산서를 구축하고, 기업은 이를 기반으로 공급망 리스크 분석, TNFD 공시 항목 작성, 녹색 금융 투자 판단에 활용할 수 있다.

또한, SEEA는 자연기반해법(NbS)의 정량적 성과 측정, 녹색 GDP 산출, 지속가능한 토지이용정책 수립등에도 응용될 수 있다. SEEA는 자연자본을 경제 시스템 내에서 '측정 가능하고 회계화 가능한 자산'으로 전환하는 국제 표준 도구이다. 이는 TNFD, ESG공시, SDGs 등의 다양한 국제규범과 연계되어, 향후 국가와 기업 모두에게 자연을 포함한 회계 혁신과 전략적 대응을 요구하게 될 것이다. SEEA를 기반으로 한 자연자본 회계는 곧 탄소회계 이후, 다음 시대의 핵심 회계 도구로 자리 잡을 가능성이 크다.

(3) 탄소중립 시대의 생태전환 패러다임

Nature Positive는 단순한 자연 보전을 넘어, 생물다양성의 순증가(net gain)와 생태계 복원을 목표로 하는 새로운 전환 개념이다. 이는 기후위기 대응과 병행하여 자연의 자생적 회복력을 회복하고, 인간 활동이 자연에 미치는 순손실을 최소화·역전시키려는 전략적 접근이다.

이 개념은 2019년 IPBES 보고서를 비롯한 생물다양성 위기 진단을 계기로 급부상했으며, 2022년 UN 생물다양성협약(CBD) COP15에서 '2030년까지 자연 순증가("Nature Positive by 2030")'목표로 공식 채택되었다.

Nature Positive의 3대 축은 다음과 같다.

자연 손실 방지(Avoided Loss): 삼림 파괴 등 생태계 파괴를 예방하는 규제 및 보전 조치
자연 복원(Restoration): 자연기반해법을 도입하여 탄소 흡수 및 생태계 기능 회복
시스템 전환(Systemic Change): 공급망, 에너지체계 등을 생태친화적 방식으로 재구조화

이러한 접근은 Scope 3 감축, 공급망 탈탄소화, ESG경영, 지속가능 금융과도 밀접하게 연결되며, 자연자본을 단순한 환경이 아닌 경제·사회 전환의 핵심 자산으로 인식하게 한다. 탄소중립이 온실가스 감축 중심의 기후 대응 전략이라면, Nature Positive는 생물다양성과 생태계 회복을 포괄하는 환경 대응의 확장된 틀이다. 두 개념은 상호보완적이며, 지속가능한 전환을 위해 함께 설계되어야 한다.

> **Think Box**

영국의 자연자본 회계 제도와 기업 공시의 확장 가능성

영국은 「환경법(Environment Act, 2021)」을 통해 자연자본 회계(Natural Capital Accounting)와 생물다양성 순이익(Biodiversity Net Gain, BNG)이라는 개념을 법제화하며, 자연 생태계의 가치를 체계적으로 관리하려는 정책적 전환을 추진하고 있다. 이 법은 기후위기 대응뿐 아니라 생물다양성 보전, 토지이용의 지속가능성 확보를 위한 종합적인 기반으로 작용한다.

특히 법에 따라, 영국 내 대부분의 토지개발사업자는 개발 과정에서 최소 10% 이상의 생물다양성 순이익을 확보해야 하는 의무를 지닌다. 이를 위해 정부는 생물다양성 단위(Biodiversity Units)를 활용한 표준화된 산정 지표를 도입하였으며, 모든 사업자는 생물다양성 손실 및 보전 활동을 정량화하여 국가 생물다양성 등록부에 보고해야 한다. 이 제도는 개발로 인한 환경 훼손을 최소화할 뿐만 아니라, 자연자본을 수치로 관리·보존하는 기반 인프라로 기능하며, 영국이 '자연 긍정(Nature-positive)' 정책의 글로벌 리더임을 보여주는 상징적 사례로 평가된다.

이와 같은 자연자본 기반 정책은 향후 기업의 자연자산 관련 공시(Nature-related Disclosures)로 확대될 가능성이 크다. 특히 TNFD(Taskforce on Nature-related Financial Disclosures)와 같은 글로벌 공시 기준이 빠르게 확산되고 있는 가운데, 영국 금융행위감독청(FCA)은 TNFD 기준을 상장기업 공시 요건에 단계적으로 반영하는 방안을 검토하고 있다. 이는 2022년부터 시행된 TCFD 기반 기후공시 의무화에 이은 자연공시 영역의 제도적 확장이라 할 수 있다.

이러한 흐름 속에서 기업은 단순히 온실가스 배출량(Scope 1, 2, 3)만이 아니라, 토양 침식, 수자원 이용, 생물다양성 손실, 생태계 서비스 의존도 등 자연자본 전반에 대한 영향과 리스크를 정량화하고 공시할 책임이 커지고 있다. 이는 ESG 경영의 범주가 점차 '기후' 중심에서 '자연 전체'로 확장되고 있음을 보여주며, 기업의 재무 건전성과 지속가능한 성장 전략 수립에도 본질적인 영향을 미친다.

결론적으로, 영국의 자연자본 관련 정책은 기후위기를 넘어 생태계 전반의 회복력 확보를 위한 통합적 정책 도구로 작동하고 있으며, 향후 기업의 공시의무 및 리스크 관리 프레임워크에도 구조적 변화를 야기할 핵심 요소로 자리잡고 있다.

Discussion Topic

1. ESG 공시는 기업의 재무성과에 긍정적인 영향을 미치는가?
   - **찬성** ESG 공시는 기업의 장기적인 지속가능성을 보장하며, 투자자 신뢰를 높여 자본 조달을 용이하게 만든다.
   - **반대** ESG 공시는 기업에 추가적인 행정 부담을 초래하며, 단기적인 비용 증가로 인해 재무성과에 부정적인 영향을 줄 수 있다.

2. 기업의 ESG 공시 의무화는 정당한가?
   - **찬성** 기업의 사회적 책임을 강화하고, 환경·사회적 영향을 줄이기 위해 ESG 공시 의무화는 필수적이다.
   - **반대** ESG 공시 의무화는 기업의 자율성을 침해할 수 있으며, 모든 기업에 동일한 기준을 적용하는 것은 비효율적이다.

3. TNFD 공시는 기업에 필수적인가, 아니면 과도한 규제인가?
   - **찬성** 생물다양성 훼손, 수자원 고갈 등 자연자본 리스크증대, 글로벌 투자자들의 자연 관련 리스크 공개를 투자 의사결정에 필수로 요구하고 있다.
   - **반대** 기업 부담 가중, 측정과 검증의 어려움, 기준이 통일되지 않은 채 자연 관련 데이터가 쏟아지면 오히려 투자자들의 혼란과 정보 과잉을 초래할 수 있다.

4. 기업의 ESG 공시는 재무보고와 통합되어야 하는가?
   - **찬성** ESG 요소는 기업의 장기적인 재무성과와 직접적인 연관이 있으므로, 재무보고와 통합하면 기업 가치 평가가 더욱 명확해진다.
   - **반대** ESG 요소와 재무 요소는 본질적으로 다르며, ESG 공시를 재무보고에 포함하면 기업의 회계 부담이 증가하고 복잡성이 커질 수 있다.

5. ESG 투자 확대는 기업의 지속가능성을 보장할 수 있는가?
   - **찬성** ESG 투자 확대는 친환경적이고 윤리적인 경영을 촉진하며, 장기적으로 기업의 경쟁력을 높인다.
   - **반대** ESG 투자는 수익성과 지속가능성 간 균형을 맞추기 어렵고, 투자 기준이 모호하여 실질적인 효과를 보장하기 어렵다.

제9장
탄소중립과 에너지 전환

제1절 에너지 전환의 필요성 ················· 408
제2절 글로벌 에너지 전환의 특징 ················· 412
제3절 글로벌 에너지 시스템의 구조적 전환 ·········· 417
제4절 재생에너지로 전환: 기술, 정책, 시스템 통합 ······ 428
제5절 원자력의 확대와 무탄소에너지 보급 ·········· 431
제6절 미래 에너지 정책의 도전과제 ················· 437

Carbon Neutrality & Energy Transition

제9장 탄소중립과 에너지 전환

제1절 에너지전환의 필요성

1. 에너지 전환의 개념과 중요성

에너지 전환(Energy Transition)은 기존의 화석연료 중심 에너지 시스템에서 재생가능에너지와 저탄소 에너지원 중심의 시스템으로 변화하는 과정을 의미한다. 이는 단순히 에너지원의 교체를 넘어서, 에너지의 생산, 저장, 분배, 소비 방식 전반에 걸친 구조적 변화를 포함한다.

이러한 전환은 기후변화 대응, 에너지 안보 확보, 지속가능한 경제로의 이행을 위한 핵심 전략으로 자리잡고 있으며, 세계 각국은 이를 국가적 과제로 인식하고 있다.

1.1 에너지 전환의 역사적 배경

인류는 역사적으로 여러 차례 에너지 전환을 경험해왔다. 산업혁명 이전에는 주로 바이오매스(나무, 동물성 연료)가 사용되었으나, 18~19세기 산업혁명기에 석탄 기반의 에너지 시스템으로 전환되며 첫 번째 큰 변화를 겪었다.

20세기 중반에는 석유와 천연가스의 보급으로 에너지 구조가 다시 변화하였고, 이는 산업 성장과 도시화의 핵심 동력이 되었다.

현재 우리가 마주한 에너지 전환은 과거와는 본질적으로 다르다. 단순한 자원의 경제성이나 기술적 효율 때문이 아니라, 기후변화와 환경문제라는 인류 전체의 위기에 대응하기 위해 시작된 것이다.

특히 2015년 파리협정 이후, 세계 각국은 탄소중립 목표를 설정하며, 에너지 전환은 선택이 아닌 생존의 과제로 떠올랐다. 이는 기술·경제·사회·정책이 복합적으로 작동하는 총체적 전환이다.

1.2 화석연료 기반 에너지 시스템의 한계

현대의 에너지 시스템은 석탄, 석유, 천연가스 등 화석연료에 주로 의존해 왔으나, 다음과 같은 구조적 한계를 드러내고 있다.

자원 고갈과 공급 불안정성: 화석연료는 유한 자원이며, 매장량이 특정 지역에 집중되어 있어 국제 정세나 전쟁, 지정학적 분쟁에 따른 공급망 리스크가 상존한다.

환경 및 기후 영향: 화석연료 연소 과정은 대기오염뿐 아니라 온실가스를 대량 배출하여 기후위기의 주된 원인으로 작용한다.

에너지 안보 취약성: 특정 국가 또는 지역에 에너지 의존도가 집중될수록 국가 안보와 경제적 자율성이 위협받는다.

1.3 에너지 전환의 필요성과 기회

에너지 전환은 단지 환경 보호의 문제가 아니라, 다음과 같은 전략적 필요와 기회를 동반한다.

(1) 기후위기 대응

IPCC에 따르면 금세기말까지 지구 평균기온 상승을 1.5℃ 이내로 제한하지 않으면 돌이킬 수 없는 생태계 붕괴와 인류 생존 위험이 현실화될 수 있다. 에너지 부문은 전 세계 온실가스 배출의 약 70%를 차지하므로, 전환은 기후 대응의 핵심 열쇠다.

(2) 경제적 기회 창출

에너지 전환은 새로운 산업 생태계를 창출하며 일자리와 투자의 기회를 창출한다. 재생에너지, 에너지 저장장치, 전기차, 스마트그리드, 그린수소 등 신성장 산업이 부상 중이다.

(3) 에너지 안보 강화

태양광, 풍력 등 지역기반 재생에너지는 수입 의존도를 줄이고, 에너지 자립성과 공급의 안정성을 강화할 수 있다.

(4) 비용경쟁력 개선 - LCOE 하락

태양광과 풍력 등 재생에너지원의 균등화발전비용(LCOE)[51]은 지난 10년간 급격히 하락했다. 국제재생에너지기구(IRENA)에 따르면, 2010~2023년 사이 태양광 발전의 LCOE는 약 90%, 육상풍력은 약 70% 하락하였다. 이는 재생에너지의 경제성을 뒷받침하는 중요한 근거다.

(5) 외부비용의 내재화

화석연료는 대기오염, 건강 피해, 기후재난 등 사회적 비용(외부비용)을 야기하며, 이는 시장 가격에 반영되지 않는다. 이러한 외부비용을 정책적으로 반영(내재화)할 경우, 재생에너지와 에너지 효율 향상의 경제적 우위는 더욱 커진다.

1.4 에너지 전환의 현실적 제약과 대응과제

에너지 전환은 필요성뿐 아니라 여러 현실적 도전 과제를 동반한다. 전환을 성공적으로 이행하기 위해서는 다음과 같은 제약에 대한 정책적 대응이 필요하다.

재생에너지의 간헐성: 태양광과 풍력은 날씨나 계절에 따라 출력이 불안정하다. 이를 보완하기 위한 에너지 저장 기술(ESS) 및 전력 수요 관리가 필수적이다.

전력망 및 인프라 미비: 분산형 에너지 시스템 확산을 위해서는 스마트그리드, 양방향 송배전망, 지역 에너지센터 등 물리적 인프라의 확대가 필요하다.

정책 일관성과 이해관계자 갈등: 정부의 보조금 정책, 전력 요금 체계, 탄소세 도입 여부 등이 정책 불확실성을 야기하며 민간 투자 유인을 약화시킨다.

---

51) LCOE(Levelized Cost of Electricity)란 발전설비의 생애주기 동안 총 비용을 총 발전량으로 나눈 값으로, 발전원 간 경제성을 비교할 수 있는 핵심 지표이다.

노동시장 및 정의로운 전환: 석탄석유 산업에서 일자리를 잃게 되는 노동자, 에너지 비용 부담이 커지는 취약계층을 고려한 정의로운 전환 전략(Just Transition)이 필요하다.

이 같은 제약을 인식하고 적극적인 대응과 조율 메커니즘을 마련하는 것이 에너지 전환의 성패를 좌우한다.

2. 에너지 전환의 방향성과 목표

에너지 전환의 전략은 기술적 변화만이 아니라 사회·경제적 구조의 재편을 수반한다. 핵심적으로는 다음 세 가지 축이 전환의 방향을 규정한다.

탈탄소화: 온실가스배출을 줄이고 재생에너지사용을 확대하여 탄소중립을 달성하는 것.
분산화: 대규모 중앙집중형 발전소에서 지역 기반의 분산형 에너지 시스템으로 전환하여 에너지 독립성을 강화하는 것.
디지털화: 스마트그리드, AI, 빅데이터 등을 활용해 에너지 효율성을 극대화하고, 에너지 시스템을 보다 정교하게 관리하는 것.

이러한 방향성을 토대로 한 에너지 전환의 주요 목표는 다음과 같이 정리할 수 있다.

(1) 2050년까지 탄소중립을 달성하기 위한 에너지 시스템의 구조적 전환

전력 부문에서 재생에너지 비중을 획기적으로 확대하고, 산업·건물·수송 부문과의 전기화(Electrification) 연계를 강화한다. 에너지 부문이 국가 온실가스 감축 목표의 절반 이상을 담당하고 있는 만큼, 재생에너지 확대와 석탄발전 감축을 조기 달성해야 한다.

(2) 에너지 안보 확보

수입 연료 의존도를 줄이고, 지역 에너지 자립도를 높이며, 글로벌 에너지 가격 변동성에 대응할 수 있는 안정적 공급체계를 구축한다.

(3) 공정한 전환(Just Transition) 보장

화석연료 산업 종사자의 전환 교육, 지역 공동체의 사회적 안전망 마련 등을 통해 누구도 소외되지 않는 지속가능한 이행 경로 확보가 필요하다.

(4) 국제 경쟁력을 갖춘 청정에너지 산업 생태계 조성

태양광, 풍력, 수소, 에너지저장장치(ESS), 전력망 디지털화 등에서 기술력과 시장 점유율을 높여 새로운 산업 성장 동력을 확보한다.

제2절 글로벌 에너지 전환의 특징

1. COP28의 의의: 전환의 가속과 정의로운 전환의 부상

2023년 아랍에미리트 두바이에서 개최된 제28차 유엔기후변화협약 당사국총회(COP28)는 기후위기 대응에 있어 글로벌 에너지 전환의 방향성과 속도를 재정립한 역사적 분기점으로 평가받는다. 본 회의에서는 전 세계 200여 개국이 다음 세 가지 핵심 목표에 대해 합의하며, 실질적 전환 의지를 국제적으로 제도화하는 데 성공하였다.

화석연료의 단계적 감축(Phase-down of Fossil Fuels), 재생에너지 발전 용량의 3배 확대 (by 2030), 에너지 효율성의 연평균 2배 향상 (Doubling Energy Efficiency Improvement Rates)이 그것이다.

이러한 합의는 단순한 선언이나 권고에 그치지 않고, 정책과 투자, 기술전환에 실질적 영향을 미칠 수 있는 공동 목표로 설정되었다는 점에서 그 의미가 크다. 특히 '화석연료의 단계적 감축'에 대한 명시적 합의는 COP 역사상 최초로 도출된 것으로, 기후위기의 주요 원인에 대한 국제사회의 구조적 대응 의지를 드러냈다.

또한 이번 회의는 재생에너지 확대와 에너지 효율성 제고라는 두 축을 중심으로 에너지 수요와 공급 양면에서의 전환 전략을 병행하고자 하는 접근이 강화되었음을 보여준다. 이는 단지 기술적 변화가 아니라, 경제·사회 시스템 전반의 구조적 개편을 의미한다.

무엇보다도 COP28은 개발도상국과 에너지 빈곤 지역의 권리 보장, 에너지 접근성 확대, 기후금융 지원 강화 등의 이슈가 전면에 부상함으로써, 향후 글로벌 기후 거버넌스에서 '정의로운 전환(Just Transition)'이 핵심 의제로 자리잡는 출발점이 되었다.

글로벌 에너지 전환은 더 이상 일부 선진국의 정책 방향에 머무르지 않고, 전 지구적

차원의 경제·기술·사회적 전환과 형평성 이슈가 결합된 다차원 과제로 진화하고 있다. COP28은 그러한 전환의 복합성과 필연성을 세계가 집단적으로 인식하고 행동에 나섰다는 점에서 21세기 에너지 질서 재편의 신호탄으로 작용하고 있다.

2. 재생에너지 기술의 확산과 공급망 재편

COP28을 계기로 전 세계가 에너지 전환을 위한 공동 목표를 설정함에 따라, 재생에너지 기술의 확산 속도와 범위는 더욱 가속화되고 있다. 태양광, 풍력, 배터리 저장 시스템(ESS), 그리고 그린수소 등은 이제 단순한 친환경 에너지원을 넘어 국가 경쟁력과 산업 패권의 핵심 기술로 자리잡고 있다.

태양광과 풍력 기술의 단가는 지난 10년간 급속히 하락하였고, 이에 따라 재생에너지는 기존 화석연료 기반 발전보다 더 저렴한 선택지로 부상하고 있다. 특히 국제에너지기구(IEA)는 2022년부터 2027년까지의 전 세계 발전 용량 증가분의 90% 이상이 재생에너지에서 기인할 것으로 전망하고 있으며, 이는 기술 혁신과 규모의 경제에 따른 비용 절감의 성과를 반영한다.

이러한 기술 발전은 각국의 산업 전략과 공급망 재편에도 큰 영향을 미치고 있다. 주요 국들은 자국 내 재생에너지 산업 육성과 핵심 광물(리튬, 니켈, 희토류 등)의 안정적 확보를 위해 에너지 안보 차원의 산업 정책을 강화하고 있으며, 공급망 다변화 및 기술 내재화를 위한 정책 경쟁이 본격화되고 있다. 예를 들어, 미국의 '인플레이션 감축법(IRA)'과 EU의 '넷제로 산업법(Net-Zero Industry Act)'은 모두 재생에너지 기술 자립과 녹색산업 육성을 국가 전략으로 채택한 사례이다.

또한, 재생에너지 확대는 전력계통의 유연성과 디지털화를 동반 요구하고 있다. 간헐적이고 분산된 전원의 특성상, 스마트 그리드, 에너지 저장, 수요관리 기술이 함께 발전해야 에너지 전환의 실질적 효과가 발휘될 수 있다. 이에 따라 전력 인프라와 ICT, 인공지능 기술이 결합된 에너지-디지털 융합이 중요한 성장 축으로 떠오르고 있다.

결국, 재생에너지 기술의 확산은 단지 탄소중립 실현을 위한 수단을 넘어서, 국가 산업 경쟁력, 전략자산 보호, 신흥시장 선점이라는 다층적 의미를 지닌다. 이로 인해 에너지 전환은 기술혁신과 산업정책, 그리고 국제적 기술표준 경쟁이 복합적으로 얽힌 지정학적 과제로 진화하고 있다.

3. 탈탄소화를 둘러싼 기술·자본·정치의 다층적 경쟁

글로벌 에너지 전환은 단순한 기술적 진보나 환경보호 차원을 넘어, 국제정치와 산업질서, 자본 흐름을 뒤흔드는 전략적 재편의 장으로 확장되고 있다. 탈탄소화를 둘러싼 기술 경쟁, 자본 투자 우위 확보, 국제 표준 선점과 규범 경쟁은 오늘날 에너지 전환을 정의하는 핵심 키워드이다.

3.1 기술 패권 경쟁의 본격화
재생에너지, 수소, 탄소 포집·저장(CCS), 핵융합, 차세대 배터리 등 탈탄소 기술은 에너지 전환의 성패를 좌우할 미래 전략기술로 인식되고 있다. 이에 따라 미국, EU, 중국, 일본 등 주요국은 녹색기술에 대한 국가 차원의 투자와 기술 보호 정책을 강화하고 있으며, 기술 공급망 자립과 표준 선점을 통해 기술 주도권 확보 경쟁에 나서고 있다.

예컨대, 미국의 IRA는 자국 내 청정에너지 생산 확대와 동시에, 자국 중심의 공급망 재편을 유도하며 글로벌 투자 흐름에 지대한 영향을 미치고 있다. 반면, EU는 탄소국경조정제도(CBAM) 등 규범 기반의 기후 정책을 통해 산업 경쟁력과 기후 리더십을 동시에 추구하고 있다.

3.2 녹색자본 유치 경쟁과 금융시장 재편
기후 대응과 ESG 투자 흐름의 확산은 전 세계 자본시장에서 녹색자산(Green Assets)의 위상을 강화시키고 있다. 국가와 기업은 대규모 탈탄소 프로젝트 수행을 위해 민간자본과 국제기구의 녹색금융을 적극 유치하고 있으며, 이에 따라 에너지 전환 역량은 기술력뿐 아니라 자본 조달 능력과도 직결되고 있다.

또한 국제 금융기관과 신용평가사, 자산운용사들은 탄소중립 이행 성과를 주요 평가 지표로 반영하고 있으며, 이는 기업의 시장가치 및 국가 신용도에 직접적인 영향을 미치는 요소로 작용하고 있다.

3.3 정치·지정학적 영향력의 확장

에너지 전환은 에너지 안보 및 국제 정치 지형에도 중대한 영향을 미친다. 기존 화석연료 중심의 권력 구도가 흔들리는 가운데, 재생에너지 및 핵심 광물 확보를 둘러싼 지정학적 경쟁이 심화되고 있다. 특히 리튬, 코발트, 희토류 등 청정에너지 핵심 자원의 공급망은 중국을 중심으로 편중되어 있어, 자원 무기화 우려와 공급망 블록화가 주요 외교 이슈로 부상하고 있다.

이와 동시에, 기후외교는 더 이상 개발도상국을 수동적 수혜자로 간주하지 않고, '공정한 기후 재편'을 위한 협상 주체로서의 목소리를 인정받고 있다. 이는 에너지 전환이 단지 기술이나 환경 문제가 아닌, 지구적 불평등과 정의 실현이라는 정치적 과제와 긴밀히 연결되어 있음을 보여준다.

결론적으로, 탈탄소화는 이제 기술혁신의 각축장이자 자본 경쟁의 무대, 그리고 국제질서 재편의 핵심 전선으로 작동하고 있다. 에너지 전환의 향방은 단순히 온실가스 감축 여부에 그치지 않고, 어떤 국가가 새로운 에너지 패권을 주도할 것인지를 결정짓는 근본적 질문과 맞닿아 있다.

4. 정의로운 전환을 위한 글로벌 협력 과제

글로벌 에너지 전환이 기술과 자본, 정책의 경쟁으로 전개되는 한편, 그 이면에는 전환 과정에서 발생하는 사회·경제적 불평등의 문제가 심화되고 있다. 탈탄소화를 추진하는 과정에서 발생하는 노동시장 재편, 지역경제 타격, 에너지 접근성 격차 등은 단순한 환경 이슈를 넘어, 사회 정의와 인권의 문제로 확장되고 있다. 이러한 배경에서 '정의로운 전환(Just Transition)'은 국제사회가 기후정책을 수립함에 있어 점점 더 중심적인 가치로 부상하고 있다.

4.1 에너지 전환의 불균형적 영향

재생에너지로의 전환은 기존 화석연료 산업에 종사하던 노동자, 지역 사회, 국가에 직접적인 구조조정 충격을 가져온다. 예컨대 석탄 중심의 지역 경제는 고용 감소와 세수 축소, 산업 공동화의 위험에 직면하며, 이로 인해 경제적·사회적 이탈(Rustbelt

Dynamics)이 발생할 수 있다.

또한 개발도상국 및 최빈국은 기후변화의 피해에 더 취약하지만, 에너지 전환을 위한 재정과 기술의 여력이 부족해 이중의 부담을 안고 있다. 이러한 불균형은 에너지 정의(Energy Justice)의 관점에서 볼 때 국제적 협력과 분담의 재구조화 없이는 지속 가능하지 않다.

4.2 정의로운 전환을 위한 정책요소

정의로운 전환의 실현을 위해서는 단순한 피해 보상이나 복지 확대를 넘어선 구조적 정책 프레임이 필요하다. 주요 정책 요소는 전환 대상 지역 및 산업에 대한 공정한 보상과 재교육, 노동자 권리 보호와 재정착 지원, 지역 재개발을 위한 투자, 사회적 대화 강화(정부, 기업, 노동계, 시민사회의 참여 보장), 기후재정의 형평성 강화, 글로벌 기후기금 및 ODA(Official Development Assistance, 공적개발원조)의 재구조화 등을 들 수 있다. 이러한 접근은 국가 내부뿐 아니라 국제 수준에서도 병행되어야 하며, 특히 글로벌 북과 남의 협력, 그리고 기후 취약국에 대한 실질적 지원 체계가 수반되어야 한다.

4.3 국제사회와 다자체계의 역할

COP28은 '정의로운 전환'을 공식 의제로 채택하면서, 기후 거버넌스가 단순한 감축 중심에서 인간 중심 전환으로 변화하고 있음을 시사했다. 특히 "손실과 피해(Loss and Damage)"[52] 기금 설립과 같은 구체적 메커니즘은 기후취약국의 요구가 점차 제도화되고 있음을 보여준다.

향후에는 UNFCCC, 세계은행, G7·G20 등 국제기구와 다자 협의체가 기후 정의를 위한 재정적·제도적 플랫폼을 강화하고, 탈탄소화를 위한 글로벌 연대체계를 구축하는 데 중점적 역할을 하게 될 것이다. 이는 정의로운 전환이 단지 윤리적 가치가 아니라, 기후 정책의 실현 가능성과 수용성을 결정하는 전략 요소임을 의미한다.

---

52) "손실과 피해(Loss and Damage)" 기금은 기후변화로 인해 발생한 불가피한 피해—예컨대 해수면 상승, 폭염, 홍수, 가뭄 등으로 인한 생명·재산 손실—를 보상하거나 복구하기 위한 재정 메커니즘이다. 2022년 COP27에서 최초로 설립이 합의되었으며, 2023년 COP28에서 운영 구조와 초기 기여금이 결정되었다. 특히 역사적 책임이 큰 선진국의 재정 지원을 통해 기후 취약국이 실질적인 지원을 받을 수 있도록 하는 데 초점을 둔다.

제3절 글로벌 에너지 시스템의 구조적 전환

1. 세계 에너지 수요의 구조 변화

1.1 에너지 수요 증가세 둔화의 배경

20세기 후반부터 2010년대 중반까지 세계 에너지 수요는 산업화, 도시화, 인구 증가, 경제 성장에 따라 꾸준히 증가해 왔다. 그러나 최근 들어 이러한 증가세는 점차 둔화되는 추세를 보이고 있다. 국제에너지기구(IEA)의 전망에 따르면, 2023년부터 2035년까지 세계 에너지 수요의 연평균 증가율은 약 0.5%에 그칠 것으로 보이며, 이는 과거 10년간의 1.4% 증가율에 비해 현저히 낮은 수준이다.

이러한 변화는 에너지 시장이 양적 팽창 중심에서 효율성과 구조 개편 중심의 질적 전환 국면으로 진입하고 있음을 의미한다. 단순한 소비 증가가 아닌, 보다 적은 에너지로 더 많은 경제적 가치를 창출하는 방향으로 흐름이 전환되고 있다.

1.2 에너지 효율 향상과 산업구조 전환

에너지 수요 둔화의 주요 요인 중 하나는 에너지 효율의 비약적인 향상이다. 첨단 기술의 도입, 공정 자동화, 디지털 기반 운영체계의 확산은 단위 에너지당 생산성을 획기적으로 향상시켰다. 예를 들어, 제조업에서는 고효율 설비와 에너지관리시스템(EMS)의 도입이 확대되고 있으며, 건물과 수송 부문에서도 LED 조명, 고효율 보일러, 연비 향상 차량 등의 채택이 보편화되고 있다.

동시에 세계 경제는 에너지 집약적 산업 중심에서 서비스 및 정보기술 산업 중심으로 구조 전환을 이루고 있다. 중화학공업, 금속, 화학 등 전통적인 고에너지 소비 산업의 비중이 감소하고, 상대적으로 에너지 소비가 적은 IT, 금융, 디지털 서비스 산업이 부상하면서 경제활동의 에너지 소비 탄력성이 강화되고 있다. 이러한 변화는 고소득 국가뿐 아니라 신흥국에서도 나타나고 있으며, 이는 성장과 에너지 소비 간의 탈동조화(Decoupling)가 점차 현실화되고 있음을 보여준다.

2. 화석연료의 퇴장과 에너지 미래 전망

2.1 탈탄소 전략의 핵심, 화석연료의 단계적 축소

기후위기 대응을 위한 국제사회의 공통된 전략 중 가장 핵심적인 조치는 바로 화석연료의 단계적 축소다. 석탄, 석유, 천연가스는 여전히 세계 에너지 공급의 상당 부분을 차지하고 있지만, 이들은 탄소배출의 주요 원인이며, 지속 가능한 미래를 위해서는 감축이 불가피한 에너지원으로 인식되고 있다.

이러한 배경 속에서 다수의 국가들은 이미 정책적 수단을 통해 탈화석 경로로의 전환을 본격화하고 있다. 예를 들어, 영국은 2024년까지 자국 내 모든 석탄 발전소의 가동을 중단하기로 결정했고, 유럽연합(EU)은 2035년부터 내연기관 차량의 신규 판매를 금지함으로써 교통 부문의 화석연료 사용을 대폭 줄이는 전환에 나섰다. 국제 금융기관들도 움직이고 있다. 세계은행과 같은 주요 다자개발은행(MDB)들은 신규 석탄 프로젝트에 대한 금융 지원을 중단하고 있으며, 석탄·석유 관련 자산에 대한 투자 철회(Divestment) 움직임도 민간 투자자 사이에서 확산되고 있다. 이처럼, 화석연료의 퇴장은 더 이상 선택이 아닌 국제 에너지 체제의 필연적 경로로 받아들여지고 있으며, 이는 기술, 금융, 정책 전반에 걸친 구조적 변화를 유도하고 있다.

2.2 IEA 시나리오가 보여주는 에너지의 미래

국제에너지기구(IEA)는 세계 에너지 시스템의 미래를 전망하며 세 가지 주요 시나리오를 제시하고 있다. 이는 각각 STEPS(현 정책 유지), APS(각국 공약 이행), NZE(넷제로 시나리오)로 분류된다.

STEPS(Stated Policies Scenario)는 현재 채택된 정책들이 유지될 경우의 전망으로, 온실가스 감축 효과가 제한적이다.

APS (Announced Pledges Scenario)는 각국이 제출한 기후 공약들이 모두 이행될 경우의 경로를 제시한다.

NZE(Net Zero Emissions Scenario)는 파리협정의 1.5°C 목표를 달성하기 위한 경로로, 가장 급진적이면서도 이상적인 탈탄소 시나리오다.

특히 NZE 시나리오에 따르면, 아래 그래프처럼 2050년까지 석탄 수요는 90%, 석유는

75%, 천연가스는 55% 감축되어야 하며, 모든 화석연료의 수요는 2030년 이전에 정점을 찍고 감소세로 전환해야 한다. 이는 지금까지의 에너지 시스템 운용 방식과는 근본적으로 다른 경로를 요구하며, 기술적 전환뿐 아니라 정치적 결단과 사회적 합의가 병행되어야 함을 의미한다.

이러한 구조적 전환은 에너지 공급 체계의 탈탄소화, 재생에너지의 주력화, 전력 시스템 중심의 구조 재편을 전제로 하며, 향후 수십 년간의 국제 에너지 시장 및 산업 정책의 방향을 결정짓는 나침반이 될 것이다.

결론적으로, 화석연료의 퇴장은 단지 환경적 당위에서 비롯된 선택이 아니라, 지속 가능한 경제와 사회 체제를 구축하기 위한 구조 전환의 중심 축이다. 향후의 에너지 시스템은 이러한 전환 속도와 강도를 얼마나 효과적으로 관리하느냐에 따라 탄소중립의 실현 가능성과 산업 경쟁력 확보 여부가 달라질 것이다. 국제사회는 이미 그 방향으로 나아가고 있으며, 남은 과제는 이러한 방향을 얼마나 신속하고 정의롭게 실현할 수 있는가에 달려 있다.

| 그림31 | 석탄, 석유 천연가스 생산량(NZE) 경로기준

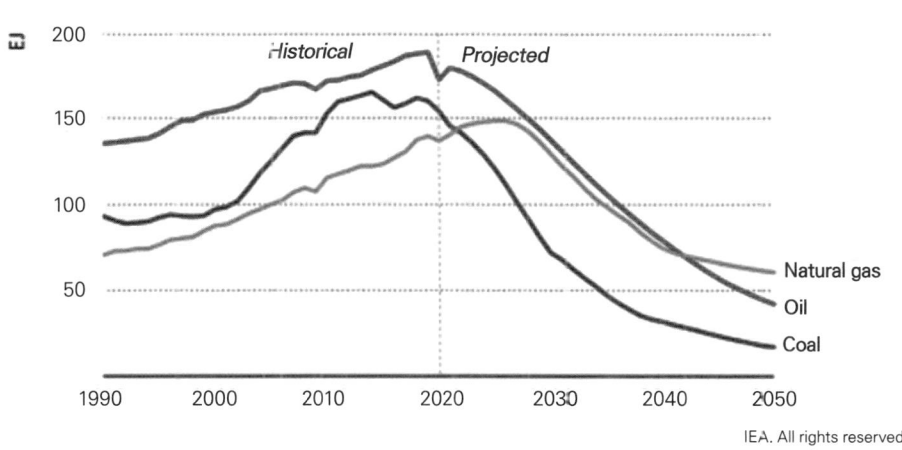

IEA. All rights reserved.

Between 2020 and 2050, demand for coal falls by 90%, oil by 75%, and natural gas by 55%

3. 전기화(Electrification)의 확산과 기술 혁신

3.1 전기화: 에너지 전환의 중추 전략

전기화는 기존의 연료 기반 에너지 시스템을 전력 중심 구조로 전환하는 과정을 의미한다. 이는 단순히 에너지원의 대체를 넘어서, 에너지 사용 방식 전반의 구조적 전환을 포함한다. 특히 전기화는 탄소중립 달성을 위한 핵심 경로로서, 재생에너지로 생산된 전력을 기반으로 운송, 산업, 건물 등 주요 부문에서의 탈화석화를 가능하게 한다.

현재 전 세계 최종 에너지 소비 중 전기의 비중은 약 21% 수준이지만, 국제에너지기구(IEA)는 2050년까지 이 비중이 45% 이상으로 확대될 것으로 전망한다. 이는 전기화가 에너지 효율성을 높이고, 이산화탄소 배출을 획기적으로 감축할 수 있는 유력한 수단으로 평가되기 때문이다.

3.2 부문별 전기화 동향

전기화는 다양한 부문에서 동시에 확산되고 있으며, 각 부문별 전환 속도와 기술적 특징은 다음과 같다.

운송 부문에서는 전기자동차(EV)의 급속한 보급이 중심에 있다. 글로벌 자동차 시장에서 전기차가 차지하는 비중은 매년 확대되고 있으며, 주요 국가들은 내연기관차의 판매 금지를 명문화하고 있다. 이외에도 전기 열차, 전기 선박, 하이브리드 항공기 등의 기술도 개발 중이며, 운송 전반의 탈탄소화가 가시화되고 있다.

산업 부문에서는 철강, 화학 등 고에너지 산업을 중심으로 전기로(Electric Arc Furnace, EAF)와 전기 보일러, 산업용 히트펌프의 활용이 확대되고 있다. 특히 철강 산업의 전기로 전환은 직접감축탄소(DRI)[53] 기반 수소환원 기술과 결합하여 미래의 무탄소 산업 체제로의 전환 가능성을 열고 있다.

건물 부문에서는 가정 및 상업용 난방의 주력 방식이 가스보일러에서 전기 히트펌프로 빠르게 전환되고 있다. 스마트 전력 관리 시스템, 자동 제어장치, 고효율 가전의 도입과 함께 건물 에너지 소비의 전기화와 디지털화가 병행되고 있다.

---

53) DRI(Direct Reduction of Iron) 기반 탄소 감축은 철강 제조 과정에서 고로(용광로) 대신 수소나 천연가스를 이용하여 철광석을 직접 환원(감소)시키는 방식으로, 이 과정에서 발생하는 탄소배출을 대폭 줄이는 기술 또는 시스템을 의미한다. 전통적 방식은 고로(Blast Furnace)에서 코크스(탄소)를 연료로 사용하여 철광석을 녹여 철을 생산하여 이산화탄소가 대량 발생하나 DRI 방식은 고온 상태에서 수소(H_2) 또는 천연가스(CH_4)를 환원제로 사용하여 철광석에서 산소를 제거하므로 물(H_2O) 또는 이산화탄소 발생량이 최소화된다. 특히 수소 기반 DRI는 환원 과정에서 CO_2 대신 H_2O(수증기)만 배출하므로 탄소중립 철강 제조의 핵심 기술로 주목받고 있다.

이처럼 전기화는 모든 부문에 걸쳐 확산되고 있으며, 이는 화석연료의 대체를 넘어서 시스템 효율성 제고와 디지털 전환의 핵심 동력으로 작용하고 있다.

3.3 디지털 산업의 부상과 전력 수요 증가

전기화의 또 다른 촉진 요인은 디지털 산업의 급성장이다. 데이터센터, 인공지능(AI), 클라우드 컴퓨팅, 블록체인 및 암호화폐 채굴 등 고성능 연산 환경(High Performance Computing)의 확산은 막대한 전력 수요를 유발하고 있다.

IEA에 따르면, 2022년 기준 데이터센터와 AI, 암호화폐 산업의 전력 소비는 약 460TWh에 달하며, 이는 전 세계 전력 소비의 약 2%에 해당한다. 특히, 생성형 AI 모델의 학습과 운영에 필요한 연산량은 기하급수적으로 증가하고 있으며, 전기화가 디지털 경제의 기반 인프라로 자리잡고 있음을 보여준다. 이는 전기화가 에너지 전환뿐 아니라 디지털 전환과도 긴밀히 연결되어 있음을 의미하며, 향후 에너지 시스템은 단지 친환경적일 뿐 아니라 초연결고성능 기반의 스마트 인프라로 재편될 가능성이 크다.

3.4 성공적인 전기화를 위한 핵심 과제

전기화의 확산은 긍정적인 흐름이지만, 그 성공 여부는 전력 인프라의 안정성과 지속가능성 확보에 달려 있다. 특히 전력 수요 증가에 대응하기 위해 다음과 같은 요소들이 반드시 병행되어야 한다.

재생에너지의 지속적 확대: 전기화된 시스템의 탄소중립 효과를 확보하기 위해서는 전력 생산의 상당 비중이 태양광, 풍력 등 무탄소 전원에서 비롯되어야 하며, 재생에너지의 전력망 통합이 관건이다.

에너지 저장기술의 발전: 변동성이 큰 재생에너지의 안정적 활용을 위해 배터리 저장 시스템(BESS), 수소 기반 장기 저장, 양수 발전 등의 기술 투자가 병행되어야 한다.

전력망의 유연성 및 디지털화 강화: 스마트그리드, 분산형 전원, 디지털 제어시스템 등은 전력망의 안정성과 에너지 효율성을 동시에 제고하는 핵심 수단이다.

전기 수요 관리 기술 확산: 인공지능(AI), 사물인터넷(IoT), 클라우드 기반의 전력 수요 예측 및 실시간 관리 기술은 전력피크 부하 관리와 에너지 최적화에 결정적인 역할을 한다.

결론적으로, 전기화는 에너지 전환의 기술적 중심축이자 디지털 전환과 맞물린 새로운 에너지 질서의 핵심 전략이다. 그 성공을 위해서는 단순한 기술 보급을 넘어, 생산·저장·전송·소비에 이르는 전력 시스템 전반의 통합적 설계가 요구된다. 특히 탄소중립과 경제 효율성, 에너지 안보를 동시에 달성하려면, 전기화는 선택이 아닌 필수적 경로로 받아들여져야 한다.

4. 수소경제의 도입: 탈탄소를 향한 새로운 에너지 패러다임

4.1 수소경제란 무엇인가?

수소경제는 수소(H_2)를 주요 에너지원 또는 에너지 운반체로 활용하는 새로운 경제 구조를 말한다. 탄소중립을 향한 에너지 전환에서 수소는 특히 화석연료를 대체하기 어려운 산업과 운송 부문의 탈탄소화 수단으로 주목받고 있다.

수소의 가장 큰 장점은 전기화학 반응을 통해 에너지를 생산하는 과정에서 이산화탄소(CO_2)를 배출하지 않는다는 점이다. 또한 질량당 에너지 밀도가 높아 해운, 항공등 장거리 운송에 유리하지만, 부피당 밀도는 낮아 고압압축 등 저장과 운송에는 별도의 기술적 보완이 요구된다.

4.2 수소의 생산 방식과 탄소중립과의 연계

수소는 지구상에 풍부하지만 대부분 다른 물질(물, 천연가스 등)에 결합된 형태로 존재한다. 따라서 에너지원으로 사용하려면 이를 분리하는 공정이 필요하다. 이때 사용하는 에너지원과 공정에 따라 수소는 다음과 같이 분류된다.

그레이 수소(Gray Hydrogen): 천연가스에서 수소를 추출하는 방식(SMR: Steam Methane Reforming)으로 생산된다. 생산 과정에서 다량의 CO_2가 배출되어 탄소중립과는 거리가 멀다.

블루 수소(Blue Hydrogen): 그레이 수소와 동일한 방식으로 생산하지만, 이산화탄소를 포집·저장(CCS)하여 배출량을 줄인 수소이다. 다만 포집률과 저장 방식의 기술적·경제적 제약이 있다.

그린 수소(Green Hydrogen): 재생에너지로 물을 전기분해해 생산한 수소로, 이론상 완전한 무탄소 수소다. 탄소중립 실현에 가장 적합하지만, 생산 단가가 매우 높고, 수전해(電解) 장비와 전력망의 확충이 필요하다.

핑크 수소(Pink Hydrogen): 원자력 전력을 활용한 전기분해 방식으로 생산되는 수소다. 온실가스를 배출하지 않지만, 원전의 사회적 수용성과 폐기물 문제 등이 논의되고 있다.

국제기구들은 이 중 그린 수소를 탄소중립을 위한 중장기적 핵심 기술로 인식하고 있으며, 특히 IEA(국제에너지기구), IRENA(국제재생에너지기구) 등은 수소를 재생에너지의 저장·운반 수단으로 간주하고 있어, 탄소중립 시나리오에서 수소의 비중이 급속히 확대될 것으로 전망하고 있다.

💡 Think Box

수소(H_2)가 "미래의 에너지 통화(Energy Currency)"라고 불리는 이유

수소가 1차 에너지원이 아니라 에너지를 저장하고 운반하며 전환하는 매개체로 작용하기 때문이다. 이는 마치 돈(통화)이 경제 내에서 가치를 저장하고, 이전하며, 교환의 수단으로 사용되는 것과 같은 역할을 하는 것과 유사하다.

① 에너지 저장의 유연성
풍력, 태양광 등 재생에너지는 간헐적이며 공급이 불안정하다. 전기가 남을 때 물 전기분해로 수소를 생산하면, 잉여 전력을 저장하는 효과가 있음. 수소는 저장 후 다시 전기(연료전지), 열, 기계적 에너지로 전환 가능 → 에너지 저장 매개체

② 운반 가능성 (에너지 수출입 통화)
수소는 기체, 액체, 암모니아 등 다양한 형태로 장거리 수송 가능. 이를 통해 재생에너지를 국가 간 거래 가능한 에너지 자원으로 변환시킴 → "녹색 수소 수출국" (예: 호주, 사우디)이 수소를 에너지 수출품으로 개발 중

③ 다양한 활용처 (범용성)
수소는 전력 외에도 산업(제철, 석유화학), 수송(수소차, 선박, 항공), 난방 등 다양한 부문에 활용 가능. 단일 연료로 여러 에너지 서비스 부문을 연결할 수 있음 → 범용 '교환 수단' 역할

④ 탄소중립 달성의 핵심 수단
국제에너지기구(IEA), EU, 한국 모두 수소를 2050 탄소중립 시나리오의 필수 기술로 포함
특히 산업 공정, 항공·해운, 철강 등 탈탄소가 어려운 부문에서 수소 기반 전환이 유일한 대안

⑤ **국제 정책·보고서에서의 명시 사례**
IEA(국제에너지기구): Hydrogen is a versatile energy carrier (2019, 2021 보고서)
EU 수소전략(2020): "Hydrogen can be a cornerstone of a climate-neutral energy system."
IEA Net Zero by 2050 보고서: "Hydrogen becomes an energy currency between sectors."

4.3 수소의 활용 분야

수소는 다양한 분야에서 전통적인 연료를 대체하거나 보완할 수 있다.

(1) 산업 부문

철강, 시멘트 등 고온 공정 산업은 전기화가 어렵고, 탄소 배출량이 많다. 수소는 직접 연료 또는 환원제로 작동하여 이러한 공정을 탈탄소화할 수 있다. 예컨대 '수소환원제철' 기술은 코크스 대신 수소를 활용하여 철광석을 환원하는 방식이다.

기존 고로(용광로)에서는 코크스(고체 탄소)를 환원제로 사용하여 철광석(Fe_2O_3)을 철(Fe)로 환원한다. (반응식) $Fe_2O_3 + 3C \rightarrow 2Fe + 3CO$ 또는 $Fe_2O_3 + 3CO \rightarrow 2Fe + 3CO_2$. 이 과정에서 다량의 이산화탄소($CO_2$)가 발생 → 탄소집약적 공정이다.

반면 수소를 환원제로 사용할 경우, 수소는 탄소를 포함하지 않기 때문에 CO_2를 전혀 배출하지 않는다. (반응식) $Fe_2O_3 + 3H_2 \rightarrow 2Fe + 3H_2O$. 부산물은 수증기($H_2O$)이므로, 이론적으로 가장 친환경적인 환원제이다.

(2) 운송 부문

수소연료전지차(FCEV)는 수소를 연료전지 내에서 전기로 변환해 모터를 구동한다. 배출물은 수증기뿐이며, 충전 시간이 짧고 주행거리가 길어, 버스·화물차·선박·항공기 등 중장거리 및 대형 운송 수단에 적합하다. 승용차에서는 배터리 전기차(BEV)와 경쟁 중이지만, 물류·상용차 부문에서는 수소차의 활용 가능성이 높다.

(3) 에너지 저장 및 수송

태양광·풍력 등 간헐적 재생에너지의 잉여 전력을 이용해 수소를 생산하고 저장하면, 에너지 저장의 수단으로 활용할 수 있다. 이를 암모니아나 메탄올 형태로 전환하면 수출입도 가능해져 국가 간 수소 공급망을 형성할 수 있다.

국제 협약 차원에서도 수소의 이런 역할은 강화되고 있다. EU는 2020년 발표한 'Hydrogen Strategy for a Climate-Neutral Europe'를 통해 수소가 재생에너지 확대, 에너지 안보, 산업경쟁력 강화의 핵심 수단이 될 것임을 명시했으며, G20, G7 정상회의에서는 수소 기술의 국제 표준화, 상호연결된 공급망 형성, 기술협력 필요성이 반복적으로 강조되고 있다.

4.4 각국의 수소경제 전략

각국은 수소경제를 차세대 산업 전략으로 인식하고 적극적인 정책을 추진하고 있다. EU는 2030년까지 1,000만 톤 이상의 그린 수소 생산을 목표로 하는 수소전략을 발표했으며, 산업·교통 부문의 수소화와 인프라 구축을 병행하고 있다. 독일은 국가수소전략(National Hydrogen Strategy)을 수립하고 재생에너지 기반 수전해 기술을 적극 육성 중이다. 일본은 일찍부터 수소기반 사회를 선언하고, 세계 최초의 수소 운반선과 수소발전 실증단지를 조성하는 등 기술 선점을 추진하고 있다. 한국은 2019년 '수소경제 로드맵'을 발표하고, 수소차·연료전지 중심의 산업 육성과 수소도시 시범사업 등을 통해 수소 인프라를 단계적으로 확대하고 있다.

IEA(국제에너지기구)는 2050 탄소중립 시나리오에서 수소와 그 파생연료(암모니아, e-fuel)가 최종 에너지 소비의 약 10~15%를 차지할 것으로 예측하며, 이 분야에 대한 국제적 협력 확대를 촉구하고 있다.

4.5 수소경제의 도전과 과제

수소경제의 실현을 위해서는 여전히 다음과 같은 기술적·제도적 과제가 존재한다.

경제성 문제: 그린 수소의 생산단가는 현재 기준으로 그레이 수소보다 2~5배 이상 비싸며, 수소전기차의 가격도 일반차에 비해 높은 수준이다.

인프라 부족: 수소 충전소, 저장·운송 시설 등 기반 인프라가 아직 충분하지 않다. 수소는 폭발 가능성이 있어 고압 저장 및 안전기술이 필수적이다.

국제표준 부재: 수소의 탄소 함량, 이산화탄소 저감 효과 등의 국제 공인 기준이 정비되지 않아 국가 간 거래나 보조금 적용에 제약이 있다.

이에 따라 IEA, ISO, IPHE(국제수소경제파트너십) 등은 수소의 품질기준, 생산방식 라벨링(그린·블루 등), 안전기준의 통일화를 추진하고 있으며, 각국이 자국 기술표준을 국제 협약에 조화시킬 필요성이 커지고 있다.

4.6 수소경제의 전략적 가치

수소는 에너지전환의 보완적·전략적 역할을 수행할 수 있다. 특히 전기화가 어려운 산업·운송 부문을 감축하고, 국가 간 에너지 거래 기반을 재구성할 수 있는 에너지 안보 자산으로 작동할 수 있다. 또한 수소 기술과 장비 산업은 전통 제조업과 연계되어 새로운 녹색산업으로의 전환을 촉진하며, 수소 항만, 수소 배관망, 연료전지 등의 새로운 공급망 구축을 통해 경제적 기회를 창출할 수 있다.

IRENA(국제재생에너지기구)는 2050년까지 전 세계 수소 관련 일자리가 1,000만 개 이상 창출될 것으로 전망하며, 수소를 에너지 안보·경제 회복·기후위기 대응을 동시에 달성할 수 있는 3중 전략 수단으로 평가하고 있다.

요약하면 수소경제는 전면적인 전기화가 어려운 분야에서 에너지전환의 핵심 보완 수단으로 기능하며, 궁극적으로는 그린 수소 중심의 무탄소 에너지 체계를 구축하는 것을 목표로 한다. 이를 위해서는 기술혁신과 함께, 국가적 투자, 국제표준 정립, 민관 협력 체계가 병행되어야 하며, 단순한 대체 기술이 아닌 산업·에너지 시스템 전반의 구조적 혁신으로 접근해야 한다. 국제기구들은 이러한 흐름을 공동의 과제로 인식하며, 지속가능한 수소경제로의 이행을 글로벌 차원에서 지원하고 있다.

전기차 VS 내연기관차 에너지 효율성

(1) 재생에너지 전기차: 효율성 ~80%, 태양광이나 풍력으로 전기를 만들고, 이 전기를 배터리에 저장해 차를 움직인다. 에너지 손실이 적어서 매우 효율적이다. 공해가 거의 없고, 기후변화에 기여하지 않고, 전기 요금이 저렴하고, 유지보수도 간단하다.

(2) 화력발전 전기차 : 효율성 ~25~35%, 석탄이나 가스를 태워 전기를 만들고, 이 전기로 차를 움직인다. 발전 과정에서 많은 에너지가 손실되고, 공해도 발생한다. 전기차 자체는 깨끗하지만, 전기를 만드는 과정이 문제이다. 전기 요금이 조금 더 비싸고, 발전소 유지비도 들어간다.

(3) 내연기관차: 효율성 ~15~25%, 휘발유나 디젤을 엔진에서 태워 바로 차를 움직인다. 엔진에서 많은 열이 손실되고, 배기가스도 같이 나온다. 연비가 나쁘고, 환경 오염이 심각하다. 휘발유나 디젤 값이 오르락내리락하고, 정비도 자주 해야 한다.

| 표37 | 차종별 비교

구분	재생에너지 전기차	화력발전 전기차	내연기관차
효율성	매우 높음	보통	낮음
탄소 배출	거의 없음	중간	많음
대기 오염	없음	중간	심각
운영 비용	낮음	중간	높음
초기 투자	높음	중간	낮음

(4) 결론

재생에너지 전기차가 가장 환경 친화적이고 효율적이다. 다만, 초기 비용이 높다는 점이 문제이다. 화력발전 전기차는 전기차의 장점을 누릴 수 있지만, 발전 과정에서 공해가 발생한다. 내연기관차는 편리하지만, 환경 오염고 연비 문제로 점점 도태되고 있다.

〈자료출처: 미국 환경보호청(EPA), 미국 에너지부(DOE), 국제에너지기구(IEA) 자료와 epa.gov, insideevs.com, Yale Climate Connections 등을 참고로 저자가 작성함〉

제4절 재생에너지로 전환: 기술, 정책, 시스템 통합

1. 재생에너지가 주도하는 전환의 의미

재생에너지는 탄소중립 사회로의 이행을 가능하게 하는 핵심 에너지원으로 부상하고 있다. 화석연료 기반의 에너지 시스템이 기후변화, 에너지 안보, 자원 고갈 등의 문제를 야기하는 가운데, 태양광과 풍력을 중심으로 한 재생에너지는 환경적, 경제적, 사회적 측면에서 지속가능한 대안으로 자리매김하고 있다.

첫째, 재생에너지는 CO_2와 대기오염 물질의 배출이 거의 없어 기후변화 대응과 공기질 개선에 효과적이다. 둘째, 대부분의 재생에너지는 자국 내에서 조달 가능하여 에너지 안보를 강화하고, 지정학적 리스크를 완화한다. 셋째, 기술 발전과 비용 하락으로 경제성이 높아지고 있으며, 신재생에너지 산업은 수백만 개의 일자리를 창출할 수 있는 성장 동력으로 작용하고 있다.

2. 재생에너지 기술의 발전과 현황

현재 사용되는 재생에너지 기술은 태양광, 풍력, 수력, 지열, 바이오에너지 등으로 다양하며, 각 에너지원은 고유한 자원 특성과 기술적 기반을 갖고 있다. 태양광 발전은 반도체의 광전효과를 이용해 전기를 생산하며, 설치 용이성과 빠른 가격 하락으로 가장 빠르게 확산되고 있다. 풍력 발전은 육상과 해상으로 나뉘며, 대형화 및 부유식 풍력 기술을 통해 활용 가능 지역이 확대되고 있다. 수력은 안정적 출력이 가능하며, 조력과 파력은 예측 가능한 해양 에너지 자원으로 부각되고 있다. 지열은 24시간 안정적 공급이 가능하고, 바이오에너지는 연료 다양성이 특징이다.

2023년 기준 전 세계 재생에너지 발전용량은 약 3,400GW이며, 태양광과 풍력을 중심으로 빠르게 증가하고 있다. COP28에서 합의된 2030년까지 재생에너지 용량 3배 확대 목표는 향후 재생에너지가 전 세계 전력 수요의 주축으로 전환될 것임을 시사한다.

3. 에너지 저장 기술의 진화와 역할

재생에너지는 기상 조건에 따라 출력이 달라지는 간헐성과 변동성을 지니며, 이를 극복하기 위해 에너지 저장 기술이 필수적이다. 현재 가장 널리 사용되는 저장기술은 리튬이온 배터리이며, 에너지 밀도와 수명 개선이 이루어지고 있다. 동시에 고체 배터리, 플로우(Flow) 배터리 등 차세대 기술이 개발 중이다. 수소는 장거리 저장과 운송에 유리하며, 재생에너지 기반의 그린 수소는 탄소중립 달성의 중요한 수단으로 부각된다. 양수발전, 압축공기 저장(CAES), 중력 저장, 열 저장 등 다양한 형태의 저장 기술이 병행 개발되고 있으며, 향후에는 다기술 기반의 포트폴리오 구성이 중요해질 것이다.

4. 스마트 그리드와 지능형 에너지 시스템

기존의 중앙집중형 전력망은 재생에너지의 분산적, 변동적 특성을 수용하는 데 한계가 있다. 이에 대응하기 위해 스마트 그리드는 정보통신기술(ICT)을 활용하여 생산자와 소비자 간의 실시간 상호작용이 가능한 지능형 전력망을 구축한다.

스마트 그리드의 핵심 요소는 스마트미터, 고급 계량 인프라(AMI), 에너지관리시스템(EMS), 배전자동화시스템(DAS), 마이크로그리드 등이며, 이는 전력망의 복원력, 수요 대응성, 에너지 효율성을 동시에 향상시킨다. AI, IoT, 블록체인 기술과 결합된 스마트 그리드는 에너지 시스템의 핵심 인프라로 자리매김하고 있다.

5. 에너지 효율과 수요관리 전략

에너지 효율은 동일한 에너지 서비스를 보다 적은 에너지 소비로 제공하는 것을 의미하며, 에너지 소비의 총량을 줄이는 가장 직접적인 수단이다. 국제에너지기구(IEA)는 에너지 효율을 '첫 번째 연료(First Fuel)'로 지칭하며 그 중요성을 강조한다.

건물 부문에서는 고효율 단열재, 히트펌프, 조명 기술이 보급되고 있으며, 산업 부문에서는 공정 최적화, 고효율 모터 및 폐열 회수 기술이 활용되고 있다. 수송 부문에서는 전기차, 하이브리드차, 차량 경량화 기술이 에너지 소비를 줄이고 있다.

에너지 수요관리는 스마트미터, 건물에너지관리시스템(BEMS, Building Energy Management System), AI 기반 예측 시스템을 활용해 실시간으로 소비를 조절하며, 수요반응 프로그램(DR)은 소비자가 자발적으로 사용 패턴을 조절할 수 있도록 인센티브를 제공하는 제도다.

6. 재생에너지 확산을 위한 정책과 시장 메커니즘

재생에너지의 본격적 확산을 위해서는 기술 발전과 더불어 강력한 정책 및 시장 기반의 제도 설계가 필수적이다. 발전차액지원제도(FIT, Feed-in-Tariff)는 고정 가격 보장을 통해 초기 보급에 기여했으며, 최근에는 경쟁입찰 기반의 경매제도가 비용 효율성을 높이고 있다. 재생에너지 의무할당제(RPS, Renewable Portfolio Standard)는 일정 비율의 재생에너지 사용을 의무화하며, REC(Renewable Energy Certificate) 시장을 통해 이행을 유도하고 있다.

세제 혜택, 보조금, 투자세액공제는 초기 투자 장벽을 낮추는 수단이며, ESG 금융, 녹색채권, 민관협력(PPP, Public-Private-Partnership) 등은 민간 자본을 유입시키는 핵심 메커니즘이다. RE100과 전략구매계약(PPA, Power Purchase Agreement)와 같은 기업 주도의 재생에너지 조달 전략은 공급망의 지속가능성을 강화하고, 에너지 시장의 구조 전환을 촉진하고 있다.

결론적으로, 재생에너지 중심의 에너지 시스템 전환은 단순한 기술 변화가 아니라, 저장, 네트워크, 수요관리, 정책이 통합된 총체적 혁신이어야 하며, 이러한 요소들이 유기적으로 연결될 때 지속가능한 에너지 미래가 가능해질 것이다.

제5절 원자력의 확대와 무탄소에너지 보급

1. 원자력 확대

원자력은 탄소를 거의 배출하지 않으면서도 안정적으로 전력을 공급할 수 있는 에너지원으로, 기후 변화 대응과 에너지 안보 강화라는 두 측면에서 중요한 역할을 수행한다. 특히 최근에는 소형 모듈 원자로(SMR, Small Modular Reactor)와 차세대 원자로 기술의 발전으로 활용 가능성이 확대되고 있으며, 국제사회 역시 원자력의 확대를 적극적으로 지지하는 추세이다.

1.1 원자력 발전 확대의 필요성
(1) 기후 변화 대응과 탄소 저감 기여

국제원자력기구(IAEA)에 따르면, 원자력 발전은 매년 약 20억 톤 이상의 이산화탄소(CO_2) 배출을 방지하고 있으며, 이는 탄소중립 달성에 있어 핵심 기여 요소다. 풍력과 태양광 같은 재생에너지가 가지는 간헐성 문제를 보완하며, 기저부하 전력원으로 전력망의 안정성까지 확보할 수 있다.

(2) 에너지 안보 강화와 자립성 확보

화석연료 수입에 대한 의존을 줄이고, 국내에서 안정적으로 전력을 생산할 수 있다는 점에서 원자력은 전략적 자산이다. 지정학적 리스크가 확대되는 상황에서, SMR과 차세대 원자로는 지역 분산형 전력 공급을 가능하게 하며, 에너지 공급망 다변화에 기여한다.

(3) 경제적 효율성과 기술 진보

비록 초기 건설 비용이 높다는 단점이 있지만, 장기적인 운전 비용과 전력 안정성을 고려하면 경제성 측면에서 유리하다. SMR과 차세대 원자로는 건설 유연성, 안전성, 경제성 측면에서 기존 원전의 한계를 보완하고 있으며, 향후 시장 경쟁력을 높이는 핵심 기술로 부상하고 있다.

1.2 국제 사회의 원자력 논의 흐름

(1) EU 택소노미에서의 원자력 포함

EU는 지속가능한 경제활동 분류체계인 택소노미(Taxonomy)에 원자력을 포함시키는 결정을 내렸다. 이는 2021년 EU 공동연구센터(JRC)가 "원자력은 환경적으로 지속 가능하다"는 보고서를 발표한 것이 계기가 되었으며, 2022년 EU 집행위가 원자력을 조건부 청정에너지로 인정하였다. 이에 따라 원자력은 친환경 금융의 투자 대상으로 포함되며 발전 확대의 제도적 기반이 마련되었다.

(2) COP28의 핵에너지 3배 확대 선언

2023년 12월, 아랍에미리트 두바이에서 개최된 제28차 유엔기후변화협약 당사국총회(COP28)에서는 원자력의 역할에 대한 국제적 인식이 전환점을 맞이하였다. 미국, 프랑스, 영국, 일본, 한국 등 주요 선진국을 포함한 22개국은 2050년까지 전 세계 원자력 발전 용량을 2020년 대비 3배로 확대하겠다는 '글로벌 핵에너지 확대 선언(Global Pledge on Nuclear Energy)'을 공동 발표하였다.

비록 이 선언은 법적 구속력을 지니지는 않지만, 원자력을 재생에너지와 함께 탄소중립 목표 달성을 위한 주요 수단으로 명시하였다는 점에서 기후 정책의 패러다임 변화라 할 수 있다. 특히, 선언 참여국들은 원자력이 기저 부하 전력 공급과 전력망의 안정성 확보, 그리고 탄소 배출 없는 에너지 전환의 실질적 해법이 될 수 있음을 공동으로 강조하였다.

이 선언은 원자력에 대한 오랜 사회적·정치적 논쟁에도 불구하고, 기후위기 대응이라는 글로벌 공동 과제를 앞에 두고 국제사회가 원자력의 긍정적 역할에 보다 적극적으로 주목하기 시작했음을 보여주는 상징적인 사건이다. 나아가, 각국은 기존 원전의 효율적인 운영뿐만 아니라 차세대 원자로 및 소형모듈원자로(SMR) 개발 투자, 기술 협력, 안전성 확보를 위한 국제 공조 강화 등의 실질적 후속 조치를 준비하고 있어, 선언의 실현 가능성과 정책적 파급력은 더욱 커질 것으로 보인다.

(3) 국제에너지기구(IEA)의 분석

국제에너지기구(IEA)는 『World Energy Outlook 2024』에서 원자력을 미래 에너지 시스템의 안정성과 지속가능성을 확보하기 위한 핵심 자원으로 강조하였다. 보고서에 따르면, 전 세계적으로 전력 수요가 지속적으로 증가하고 특히 전기화와 산업 탈탄소화가 가속화됨에 따라, 원자력은 기저 부하 전력 제공 및 전력망 안정성 유지에 필수적인 역할을 수행할 것으로 전망된다.

IEA는 재생에너지가 태양광 및 풍력 중심으로 확대됨에 따라 간헐성과 출력 변동성이 커지는 상황에서, 원자력은 이들을 보완하는 안정적인 전력 공급원으로 기능할 수 있다고 분석한다. 또한, 기존의 노후 원전의 수명 연장과 함께, 차세대 소형모듈원자로 기술 개발은 탄소중립 전환 과정에서 원자력의 기여도를 높이는 데 중요한 역할을 할 것으로 평가된다.

IEA는 특히, 원자력이 온실가스 감축 목표 달성과 함께 에너지 안보 확보, 전력 가격 안정화 측면에서도 정책적으로 재조명받고 있으며, 일부 국가에서는 신규 원전 건설 및 기술혁신 투자가 적극 추진되고 있다고 지적한다. 이러한 흐름은 원자력이 단순한 보완 수단을 넘어, 장기적 에너지 믹스의 핵심 축으로 자리 잡을 수 있음을 시사한다.

1.3 원자력 발전 확대의 주요 과제

(1) 방사성 폐기물 관리

원자력의 지속가능성을 확보하기 위한 핵심 과제는 방사성 폐기물의 안전한 처리다. EU 택소노미 역시 원자력의 포함 조건으로 폐기물 관리계획과 자금 확보를 요구하고 있으며, 이를 위한 기술 개발과 국제적 협력이 필요하다.

(2) 사회적 수용성 확보

후쿠시마 사고 이후 일부 국가에서는 탈원전 기조가 여전히 유효하다. 따라서 원자력 확대를 위해서는 정보의 투명한 공개, 안전성에 대한 신뢰 회복, 지역사회와의 소통 강화가 선행되어야 한다.

(3) 막대한 초기 투자와 금융 구조

원자력 발전소 건설에는 높은 초기 비용이 소요되며, 이에 따라 정부의 정책적 지원과 민간 투자 유치가 필수적이다. EU 택소노미 포함과 COP28 선언은 금융 접근성을 개선하는 계기로 작용할 수 있으며, 국제금융기관의 역할도 중요해지고 있다.

1.4 원자력의 미래 전망

(1) 탄소중립 목표 달성을 위한 전략적 선택지

재생에너지의 확대에도 불구하고, 전력 수급의 안정성과 산업의 에너지 수요 대응을 위해 원자력은 실질적인 대안으로 주목받고 있다. 특히 SMR 및 차세대 원자로는 향후 원자력의 지속성과 경쟁력을 결정할 열쇠이다.

(2) 국제적 인정과 제도적 기반 확립

EU 택소노미와 COP28 선언 등을 통해 원자력은 국제사회에서 저탄소·청정에너지로 제도적으로 인정받고 있으며, 주요 국가들은 이를 기반으로 신규 원전 및 기술 개발 투자에 박차를 가하고 있다.

(3) 기술 혁신과 안전성 확보가 열쇠

지속적인 기술 발전과 사회적 신뢰 구축은 원자력 확대의 전제조건이다. SMR과 차세대 원자로는 이러한 조건을 충족할 수 있는 잠재력을 갖추고 있으며, 향후 안전성과 경제성의 균형을 이루는 모델로 자리매김할 가능성이 크다.

2. 무탄소에너지 보급 확산

2.1 CF연합 출범과 민간 주도 거버넌스 구축

우리나라는 탄소중립 실현과 글로벌 에너지 전환의 가속화를 목표로 '무탄소에너지 이니셔티브(CFE, Carbon Free Energy Initiative)'를 선도적으로 추진하고 있다. 특히 2023년 10월 27일에는 민간 주도의 글로벌 협력 기구인 'CF연합(Carbon Free Alliance)'을 출범시키며, 본격적인 국제 협력 체계 구축에 나섰다. 이 이니셔티브는 재생에너지에 국한되지 않고, 다양한 무탄소 기술을 통합적으로 활용함으로써 보다 실현 가능하고 포괄적인 탄소중립 전략을 제시하고 있다는 점에서 주목받고 있다.

무탄소에너지 이니셔티브는 태양광과 풍력뿐만 아니라 원자력, 수소, 탄소포집·활용·저장(CCUS) 등 다양한 기술을 포함하는 기술 중립적 접근을 기반으로 한다. 이는 특정 기술에 대한 의존도를 줄이고, 각 기술이 갖는 장단점을 종합적으로 고려함으로써 에너지 안보와 기술 실현 가능성을 동시에 충족시키는 균형 잡힌 전략으로 평가된다. 특히 전력 생산뿐만 아니라 철강, 시멘트, 화학 등 전통적인 고탄소 산업 부문에까지 무탄소 전환을 적용함으로써, 산업 기반 경제 구조를 가진 국가들에게 실질적이고 현실적인 해법을 제공하고 있다는 점에서 그 의의가 크다.

또한, 이 이니셔티브는 각국이 자국의 에너지 구조, 기술 수준, 정책 여건에 따라 적합한 무탄소 기술을 선택할 수 있도록 기술 중립성과 국가 맞춤형 전략을 동시에 채택하고 있다. 이를 통해 실행 가능성을 높이고, 국제사회 전반의 포용성을 확보하는 방향으로 전개되고 있다.

한국은 이러한 이니셔티브의 실현을 위해 민간과 정부가 협력하는 새로운 형태의 거버넌스를 마련하고, CF연합을 중심으로 국제 협력의 기반을 다지고 있다. CF연합은 국내 정책과 무탄소에너지 확산을 연계하는 한편, 국제 협력의 플랫폼으로 기능하며 다양한 국가 및 기업들과의 공동 프로젝트를 추진하고 있다. 특히 한국은 2023년 유엔 총회와 COP28을 계기로 무탄소에너지를 기후변화 대응의 주요 수단으로 국제사회에 제안하고, 선진국과 개발도상국 간의 기후 기술 격차 해소를 위한 협력을 주도하였다. COP28에서는 원자력, 수소, CCUS와 같은 무탄소 기술들이 재생에너지와 함께 공식적인 온실가스 감축 수단으로 명시되었으며, 이는 국제적 인식의 중대한 전환을 보여주는 사례이다.

2.2 국제사회의 반응

이러한 우리나라의 정책적 시도와 글로벌 협력은 국제사회로부터도 높은 평가를 받고 있다. 국제에너지기구(IEA)는 한국의 CFE 이니셔티브가 "기술 다변화를 통한 실용적 탄소중립 모델"이라는 점에서 국제사회가 주목해야 할 모범사례라고 언급하였다. 특히 IEA는 재생에너지 단독 전략의 한계를 지적하며, 한국처럼 원자력과 수소, CCUS를 유기적으로 결합한 전략이 에너지 안보와 기후목표를 동시에 달성하는 데 필수적이라고 평가했다.

국제재생에너지기구(IRENA)도 CF연합 출범 직후 한국 정부와의 공동 포럼을 통해, 무탄소에너지 기술의 통합과 민관 협력 모델을 지지한다고 밝히며 개발도상국과의 기술이전 협력에 대한 기대를 나타냈다. 특히 아세안 지역의 신흥국들, 예를 들어 인도네시아, 베트남, 필리핀 등은 우리나라와의 협력을 통해 무탄소 산업 전환을 위한 공동 이행 프로젝트를 논의 중이며, 일부는 CF연합 가입을 검토하고 있다.

미국 에너지부(U.S. Department of Energy)는 우리나라의 무탄소에너지 전략과 SMR, 수소 인프라 확대 계획에 주목하며, 양국 간 기술 협력 확대를 공식화하였다. 2024년 초 양국은 원자력 소형모듈로(SMR) 공동 실증 사업 및 수소 저장 기술 공동개발 계획을 발표하였으며, 이는 CF연합의 실질적 확산과 기술 확장 가능성을 보여주는 대표 사례로 꼽힌다. 프랑스, 체코, 캐나다 등 원자력에 강점을 가진 국가들 또한 CF연합에 대한 긍정적 반응을 보이며 다자간 기술 협력 가능성을 탐색하고 있다.

이처럼 국제사회의 긍정적 반응과 다양한 협력 확대 움직임은 우리나라의 전략이 단지 선언적 차원에 머무르지 않고, 실질적인 글로벌 영향력을 발휘하고 있음을 보여준다. 이러한 반응은 곧 우리나라가 기후 기술과 정책 분야에서 국제적 리더십을 확대할 수 있는 기반이 될 것이며, CF연합이 아시아를 넘어 글로벌 저탄소 협력의 거점으로 자리 잡을 가능성을 보여주고 있다.

무탄소 기술을 통합적으로 활용하는 전략은 단순한 기술 선택을 넘어, 글로벌 에너지 전환의 패러다임 자체를 전환시키고 있다. 단일 기술 중심의 접근에서 벗어나 다원적이고 유연한 기술 체계를 기반으로 하는 이 흐름은, COP28에서 제도적으로 공식화되며 국제사회의 새로운 합의로 자리 잡아가고 있다. 이러한 전환의 중심에서 우리나라는 CF연합 출범을 통해 국제적 협력을 선도하고 있으며, 무탄소에너지 기술 개발 및 수출의 중심 국가로 부상할 기반을 마련하고 있다. 이는 우리나라의 기후 리더십을 한층 강화하는 계기가 될 것이며, 향후 글로벌 에너지 전환 과정에서 중요한 역할을 담당하게 될 것으로 기대된다.

제6절 미래 에너지 정책의 도전과제

탄소중립 이행 과정에서 에너지 정책은 기술적, 제도적, 사회적 측면에서 다양한 도전에 직면하고 있다. 특히 재생에너지의 불안정한 공급 특성, 국제 에너지 지정학의 변화, 디지털 기술의 활용 확대, 새로운 에너지원의 실용화, 그리고 전환의 사회적 형평성 보장이라는 측면은 향후 정책의 핵심 과제로 부각되고 있다.

1. 재생에너지 간헐성 대응과 전력시장 혁신

재생에너지의 간헐성 문제는 전력 시스템 운영의 유연성을 크게 요구한다. 태양광 및 풍력은 기후조건에 따라 출력이 급격히 변동하기 때문에, 실시간 전력거래 시장의 활성화와 AI 기반 발전량 예측 기술의 도입이 필수적이다. 또한, 전력망의 디지털화와 스마트 그리드 확대를 통해 분산형 자원을 효과적으로 연계하고, 초고압 직류송전망(HVDC)과 같은 인프라 확충도 병행되어야 한다.

아울러 에너지저장시스템(ESS)의 경제성을 높이기 위한 지원 정책과 기술 다변화가 필요하다. 이를 통해 피크 수요를 조절하고, 계통 안정성을 보완할 수 있다. 더불어 전력·수송·열 분야 간 연계를 가능케 하는 섹터 커플링 전략[54]과, 소비자가 직접 전력을 생산·소비하는 프로슈머 기반 분산형 시스템 확산[55]도 중요한 과제이다. 이러한 구조 속에서 용량시장과 보조서비스 시장의 제도 개편을 통해 재생에너지와 저장장치가 실질적인 가치를 인정받을 수 있도록 유도해야 한다.

최근에는 재생에너지 확대에 따른 출력 제한(Curtailment) 문제와 전력망 혼잡이 심화되면서, 수요반응(DR), 가상발전소(VPP), 에너지저장장치(ESS)를 활용한 유연성 확보 방안이 주목받고 있다. 한국은 보조서비스 시장 확대, 용량요금제 도입, 전력시장 제도 개편을 추진 중이며, 유럽과 미국도 재생에너지 계통 연계 강화와 저장 인프라 투자 확대

---

54) 섹터 커플링(Sector Coupling)은 에너지 부문(전력)과 다른 부문(수송, 산업, 난방 등)을 상호 연결하여, 재생에너지를 전체 경제로 확산시키려는 전략이다. 즉, 전력, 열, 수소, 수송 부문을 통합하여 재생에너지 기반 에너지를 보다 넓은 부문에 활용하고, 탈탄소화(Decarbonization)를 가속하는 접근이다. 전통적 구조는 전력, 수송, 난방, 산업 에너지원이 각각 분리되어 있지만 섹터 커플링 구조는 전력(특히 재생에너지 기반 전력)을 다른 부문과 연결하여 에너지 전환 시너지를 창출한다.
55) 프로슈머 기반 분산형 시스템은 소비자(Consumer)이면서 동시에 생산자(Producer)인 '프로슈머(Prosumer)'들이 소규모 에너지 생산·소비 주체로 참여하여, 전력 생산이 중앙 집중형이 아닌 분산형으로 이루어지는 에너지 시스템을 의미한다. 프로슈머(Prosumer) 스스로 에너지를 생산하고(예: 태양광), 필요하면 소비하고, 남으면 판매하는 주체역할을 한다.

에 나서고 있다. 이러한 흐름은 간헐성 대응을 넘어 탄소중립형 전력시장 전환을 가속화하고 있다.

2. 새로운 형태의 에너지 안보 확보

기존 화석연료 중심의 에너지 안보는 공급국의 지정학적 리스크 관리에 중점을 두었으나, 재생에너지 및 원자력 확대에 따라 안보 개념도 재정립되고 있다. 재생에너지는 지역 자원을 활용함으로써 수입 의존도를 줄일 수 있지만, 간헐성과 계절성으로 인해 전력망의 회복탄력성을 저해할 수 있다. 반면 원자력은 기저부하 전력 공급을 통해 계통 안정성을 높이는 데 기여하지만, 핵연료 공급과 폐기물 처리라는 구조적 과제를 안고 있다.

에너지 수입 의존도가 높은 한국, 일본, EU 등은 재생에너지 자립률을 높이고, 동시에 원자력 기술 고도화를 통해 전략적 자율성을 확보하고자 노력 중이다. 하지만 재생에너지 확산 과정에서 리튬, 코발트, 희토류와 같은 핵심 광물에 대한 새로운 의존이 형성되고 있으며, 이는 또 다른 지정학적 취약성을 야기할 수 있다. 이에 따라 공급망 다변화, 핵심 소재 재활용, 대체 기술 개발 등의 전략이 병행되어야 한다.

3. 디지털 전환을 통한 에너지 시스템 최적화

AI, 빅데이터, 사물인터넷(IoT), 블록체인 등 디지털 기술은 에너지 정책의 효율성과 정밀도를 높이는 핵심 도구로 떠오르고 있다. 스마트 그리드 확산은 재생에너지 계통 연계를 실시간으로 조정할 수 있게 하며, AI 기반 예측 모델은 발전량 변동에 선제적으로 대응할 수 있는 운영 기반을 제공한다.

특히 블록체인 기술은 중개자 없는 전력거래, 즉 P2P(Peer-to-Peer) 에너지 거래를 가능하게 하여 프로슈머의 참여를 확대시키고 있다. 하지만 이러한 디지털 기반 정책은 지역 간 인프라 격차, 디지털 소외, 그리고 사이버 보안 문제 등 새로운 형태의 리스크를 수반하며, 이에 대한 제도적 보완과 기술적 대응이 병행되어야 한다.

4. 새로운 에너지원과 기술의 통합 전략

재생에너지의 한계를 보완하기 위한 차세대 에너지원 개발도 정책적 우선순위로 부상하고 있다. 특히 그린수소는 탈탄소가 어려운 산업·수송 부문에서 활용 가능성이 높고, 잉여 재생에너지의 저장 수단으로서도 주목받는다. 이에 따라 수소 생산부터 저장, 운송, 활용에 이르는 전주기 가치사슬 구축이 요구되며, 수소 인증제 및 탄소가격제 등 시장기반 제도 도입이 뒷받침되어야 한다.

또한, 파워투가스(P2G), 파워투히트(P2H), V2G(Vehicle-to-Grid)와 같은 부문 간 융합 기술이 에너지 시스템의 통합적 효율성을 제고할 것으로 기대된다. 아울러 부유식 해상풍력, 차세대 태양전지, 해양에너지 등 신기술의 조기 상용화를 위한 실증 사업과 규제 샌드박스 정책도 중요한 수단이 될 수 있다.

5. 공정한 전환을 위한 사회적 고려

에너지 전환은 경제적·환경적 이익뿐만 아니라 사회적 형평성과 정의로운 과정을 수반해야 한다. 화석연료 기반 산업 종사자의 일자리 전환을 지원하기 위해 재교육과 직업 훈련이 확대되어야 하며, 재생에너지 일자리의 질을 보장하는 정책도 병행되어야 한다.

또한, 화석연료 산업에 의존하던 지역은 새로운 경제 기반 마련을 위한 지역 맞춤형 전환 전략이 필요하다. 이 과정에서 중앙정부와 지방정부, 민간, 시민사회 간의 협력적 거버넌스가 핵심적이다. 에너지 빈곤 해소 역시 전환 정책의 일부로 포괄되어야 하며, 취약계층을 위한 요금 보조, 고효율 설비 보급 등이 포함되어야 한다.

무엇보다 중요한 것은 의사결정 과정의 포용성이다. 에너지 전환으로 영향을 받는 다양한 이해관계자의 참여를 제도적으로 보장하고, 지역 기반의 참여형 거버넌스를 통해 정책의 정당성과 실행력을 높여야 한다.

6. 신재생에너지 간헐성 보완 파트너: 천연가스발전과 원자력발전

태양광과 풍력은 기후와 시간에 따라 출력이 불규칙한 특성이 있어 전력계통의 안정성을 확보하기 위해 이를 보완할 보조 전원이 필요하다. 이때 천연가스발전과 원자력발전은 각기 다른 장점과 단점을 바탕으로 주요 파트너로 검토된다.

천연가스발전은 빠른 출력 조절과 유연한 운전이 가능해 신재생에너지의 급변하는 출력에 즉각 대응할 수 있다. 10~30분 이내에 가동 및 정지할 수 있으며, 부분 부하 운전도 쉬워 수요 변화에 민첩하게 반응한다. 건설비가 비교적 낮고 설치 위치의 제약도 적은 점은 추가 장점이다. 그러나 지속적인 연료 구매로 운영비가 높고, 여전히 상당한 양의 CO_2를 배출하며, 국제 가스 가격 변동성과 공급 리스크도 존재한다.

반면, 원자력발전은 안정적인 기저전력을 공급하며, 발전 과정에서 온실가스를 거의 배출하지 않는 무탄소 전원이다. 설비이용률이 90% 이상으로 매우 높고, 장기적으로 연료비가 저렴해 경제성도 우수하다. 다만 출력 조절이 어려워 수요 급변 대응이 제한적이며, 초기 건설비용이 매우 크고 장기간이 소요된다. 또한, 안전성과 방사성 폐기물, 냉각수 확보 등 입지 제약에 대한 사회적 우려도 크다.

결론적으로, 단기적으로는 천연가스발전이 신재생에너지의 간헐성 해소에 더 적합하다. 빠른 대응 능력과 유연한 운전 특성이 태양광, 풍력 등의 변동성문제에 효과적 보완이 가능하다. 장기적으로는 원자력과 천연가스발전의 조합이 이상적이라고 판단된다. 원자력으로 안정적 기저전력을 확보하고, 천연가스발전으로 급격한 변동에 대응하는 체계가 현실적 해결책이라고 보여진다.

> **Think Box**

에너지 정의(Energy Justice)란 무엇인가?

에너지 정의(Energy Justice)는 에너지 전환을 단순한 기술적·경제적 과제가 아닌 사회적 정의와 형평성의 문제로 인식하는 규범적 개념이다. 이는 '누가 에너지를 생산하고, 누가 소비하며, 그 과정에서 누가 혜택을 보고, 누가 피해를 입는가'라는 에너지 거버넌스의 권력 구조를 비판적으로 성찰하도록 유도한다.

에너지 정의의 이론적 뿌리는 사회정의 이론과 환경정의 운동에서 비롯되었으며, 특히 분배적 정의(distributive justice), 절차적 정의(procedural justice), 인식적 정의(recognitive justice)라는 세 가지 핵심 요소로 구성된다:

(1) 분배적 정의 (Distributive Justice)
에너지 자원의 접근성, 비용, 혜택, 위험이 사회 구성원 간에 공정하게 분배되어야 한다는 원칙이다. 예: 에너지 빈곤층은 에너지 가격 상승의 부담을 가장 크게 받으나, 재생에너지 지원 정책의 수혜 대상에서는 종종 배제된다. 이는 '그린 혜택'의 불균형 분배 문제를 야기한다.

(2) 절차적 정의 (Procedural Justice)
에너지 정책 결정과 전환 과정에서 의사결정의 투명성, 포용성, 참여 보장이 이루어져야 한다는 원칙이다. 예: 대규모 풍력단지나 송전선 건설 시, 지역 주민의 사전 동의나 의견 수렴 절차가 생략되는 경우, 절차적 정의는 훼손된다. 이는 'Not In My Backyard (NIMBY)' 갈등의 원인이 되기도 한다.

(3) 인식적 정의 (Recognitive Justice)
사회적으로 배제된 집단(소득취약층, 원주민, 이주민 등)의 존재와 경험을 제대로 인식하고 존중하는 원칙이다. 예: 원주민 토지에 석유 시추나 대규모 태양광 단지가 들어설 경우, 그들의 역사적 권리와 문화적 정체성을 존중하지 않는다면 에너지 정의는 실현될 수 없다.

(4) 에너지 정의의 현실적 쟁점
에너지 빈곤(Energy Poverty): 저소득층이 적정한 수준의 난방·냉방·전기를 확보하지 못하는 문제. 특히 연료비 상승과 에너지 전환 비용이 소비자에게 전가될 때 사회적 갈등이 발생한다.
정의로운 전환(Just Transition): 탄소중립으로 가는 과정에서 일자리 전환, 산업 구조 조정 등으로 영향을 받는 노동자와 지역사회에 대한 정의로운 보상이 이루어져야 한다.
탈중심화와 소유권: 재생에너지의 확산은 분산형 구조를 가능하게 하지만, 여전히 소수 대기업이 주요 자산을 소유할 경우 지역사회는 주변화된다.

🗣 Discussion Topic

1. 원자력 발전은 탄소중립을 위한 필수적인 에너지원인가?
   - **찬성** 원자력 발전은 탄소 배출이 거의 없으며, 안정적인 기저부하 전력 공급이 가능하므로 탄소중립을 실현하는 데 필수적이다.
   - **반대** 원자력 발전은 방사성 폐기물 문제와 안전성 위험이 크며, 신재생에너지와 에너지 저장 기술이 발전하면 불필요해질 수 있다.

2. 화석연료 사용을 완전히 중단하는 것이 현실적으로 가능한가?
   - **찬성** 재생에너지 기술 발전과 전기화가 확대되면 화석연료 없이도 지속가능한 에너지 시스템을 구축할 수 있다.
   - **반대** 산업, 운송, 난방 등 특정 분야에서는 여전히 화석연료가 필요하며, 완전한 중단은 경제적·기술적 한계를 초래할 수 있다.

3. 전기차 보급이 탄소중립 실현의 핵심 대안이 될 수 있는가?
   - **찬성** 전기차는 내연기관차보다 탄소 배출이 적으며, 재생에너지 기반 전력망과 결합하면 더욱 친환경적인 교통수단이 될 수 있다.
   - **반대** 전기차 배터리 생산 과정에서 환경 오염이 발생하며, 전력 생산이 여전히 화석연료에 의존하는 한 완전한 탄소중립을 달성하기 어렵다.

4. 재생에너지 확대는 경제적으로 지속가능한가?
   - **찬성** 태양광과 풍력 발전의 비용이 지속적으로 하락하고 있으며, 장기적으로 경제적 이점이 크므로 지속가능하다.
   - **반대** 초기 투자 비용이 높고, 에너지 저장 및 송전 인프라 구축에 대한 추가 비용 부담이 커 경제적 지속가능성이 낮다.

5. 정부는 강제적인 법과 규제로 에너지 전환을 추진해야 하는가?
   - **찬성** 기업과 소비자의 자율적인 행동만으로는 충분한 변화를 이끌어내기 어렵기 때문에 강력한 법적 규제가 필요하다.
   - **반대** 강제적인 규제는 경제적 부담을 가중시키며, 시장의 자율적인 기술 혁신과 에너지 전환을 저해할 수 있다.

Carbon Neutrality

제10장
탄소중립과 순환경제

제1절 선형경제에서 순환경제로 ································ 444
제2절 탄소중립을 위한 순환경제 전략 ······················ 452
제3절 주요국의 순환경제 정책 ···································· 455
제4절 한국의 순환경제 정책 ·· 477
제5절 국제플라스틱 협약 논의 ···································· 488

제10장 탄소중립과 순환경제

Carbon Neutrality & Circular Economy

제1절 선형경제에서 순환경제로

1. 선형경제와 순환경제

현대 사회는 자원을 채굴하고, 제품을 생산하여 소비한 후 폐기하는 선형경제(Linear Economy) 구조를 기반으로 성장해왔다. 하지만 이러한 경제시스템은 막대한 자원 낭비와 환경 오염을 초래하고 있으며, 탄소배출 증가로 인해 기후변화를 가속화하고 있다.

이에 대한 대안으로 순환경제(Circular Economy) 개념이 등장하였으며, 이는 자원의 사용을 최소화하고 재사용, 재활용 및 복구를 통해 지속가능한 경제 구조를 구축하는 것을 목표로 한다. 순환경제는 3R 원칙(감축 Reduce, 재사용 Reuse, 재활용 Recycle)을 바탕으로, 폐기물 자체를 자원으로 활용하여 경제적 가치를 창출하는 시스템이다. 제품 설계 단계부터 재활용 가능성을 고려하고, 폐기물을 최소화하며 자원 효율성을 극대화함으로써, 환경 영향을 줄이고 지속가능성을 추구한다.

이러한 경제 구조는 탄소배출 저감을 촉진시키는 기능을 한다. 예를 들어, 제품을 새로

생산하는 과정에서는 원자재 채굴, 가공, 제조, 유통, 폐기 등 전 과정에서 상당한 온실가스가 배출되지만, 순환경제를 통해 기존 제품을 재사용하거나 재활용할 경우 이러한 탄소배출을 줄일 수 있다.

1.1 선형경제 vs. 순환경제 비교
전통적인 경제 시스템과 순환경제 시스템의 차이점을 비교하면 다음과 같다.

| 표38 | 선형경제와 순환경제의 비교

구분	선형경제 (Linear Economy)	순환경제 (Circular Economy)
자원 흐름	채굴 → 생산 → 소비 → 폐기	채굴 최소화 → 재사용 → 재활용
핵심 개념	일방향 소비(Take-Make-Dispose)	폐기물 최소화, 자원순환(3R 원칙)
탄소배출	높은 탄소배출(제조-운송-폐기)	탄소절감(재사용·재활용·수명 연장)
경제적 영향	자원 고갈과 비용 증가	비용절감 및 새로운 경제기회 창출
환경적 영향	자원 고갈, 환경오염, 기후변화가속	지속가능성 강화, 탄소중립 기여

1.2 순환경제가 탄소중립 달성에 기여하는 방식
순환경제는 다음과 같은 방식으로 탄소중립 달성에 기여할 수 있다.

(1) 자원 채굴 및 제조 과정에서의 탄소저감

원자재 채굴과 가공 과정에서 상당한 탄소가 배출된다. 하지만 재생 원료를 활용하면 신규 채굴과 가공이 줄어들어 탄소배출이 감소한다. 예를 들어, 알루미늄을 재활용하면 새로 생산하는 것보다 95%의 에너지를 절감할 수 있다.

(2) 제품 수명 연장을 통한 탄소배출 감소

제품의 내구성을 강화하고, 수리 및 업그레이드가 가능하도록 설계하면 불필요한 생산과 폐기가 줄어들어 탄소중립에 기여할 수 있다. 예를 들어, 전자제품의 모듈화 설계(수리 가능하게 만드는 구조)는 불필요한 폐기물을 줄이는 데 효과적이다.

(3) 폐기물 감축 및 에너지 절감

폐기물을 단순히 소각하거나 매립하면 온실가스가 발생한다. 하지만 재활용과 자원 재사용을 통해 이를 줄이면 탄소배출을 효과적으로 감축할 수 있다. 예를 들어, 플라스틱 재활용은 화석연료 기반 신규 플라스틱 생산보다 탄소배출을 최대 70% 줄일 수 있다.

(4) 재생에너지 및 친환경 기술과의 연계

순환경제는 신재생에너지와 결합될 때 더욱 강력한 탄소저감 효과를 발휘할 수 있다. 제품 생산과정에서 재생에너지를 활용하면 탄소중립 목표를 더욱 빠르게 달성할 수 있다.

(5) 탄소국경조정제도(CBAM)와의 연계

EU를 비롯한 주요국에서는 탄소국경조정제도를 도입하여 탄소배출이 높은 제품의 수입에 대한 규제를 강화하고 있다. 순환경제 기반의 제품을 개발하는 기업은 이러한 무역규제에 대응할 수 있으며, 글로벌 시장에서 경쟁력을 갖출 수 있다.

순환경제는 단순한 환경 보호 전략이 아니라, 지속가능한 경제성장을 가능하게 하는 핵심 패러다임 전환이다. 탄소중립을 달성하기 위해서는 자원 채굴부터 소비, 폐기까지 전 과정에서 탄소배출을 줄이는 노력이 필요하며, 순환경제는 이를 실현할 수 있는 가장 효과적인 접근법 중 하나이다.

1.3 탄소중립과 순환경제의 융합제도

(1) 탄소가격제와 순환경제

탄소중립과 순환경제는 지속가능한 발전을 위한 핵심 전략으로서 상호보완적인 관계를 갖는다. 기능적 차원에서 이 두 개념은 별도로 존재하는 것이 아니라, 정책적 통합을 통해 상호 시너지를 창출한다. 특히 EU의 그린딜 정책은 이를 대표적으로 보여주는 사례로, 탄소가격제와 순환경제 전략이 서로 유기적으로 결합되어 보완적인 역할을 수행하고 있다.

탄소가격제는 온실가스 배출에 비용을 부과함으로써 탄소 배출을 줄이는 경제적 유인책이다. 이는 자원 낭비와 배출을 줄이는 방향으로 기업과 소비자의 행동을 유도한다. 순환경제는 폐기물의 최소화와 자원의 재사용·재활용을 통해 자원 효율성을 극대화하는 전략으로, 본질적으로 탄소 배출을 억제하는 효과를 내포하고 있다.

EU는 탄소배출권거래제(EU ETS)와 함께 순환경제 행동계획을 연계하여, 기업이 자원을 덜 소비하고 재활용을 확대할수록 탄소비용 부담이 줄어드는 구조를 만들었다. 즉, 제품의 수명을 연장하거나 원자재 재활용 비율을 높이는 기업일수록 탄소배출량이 감소하고, 이에 따라 탄소배출권 구입 비용을 절감할 수 있다. 이처럼 탄소가격제는 순환경제로의 전환을 경제적으로 촉진하는 수단이 되며, 동시에 순환경제는 탄소중립 목표 달성에 실질적으로 기여하는 정책 기반이 된다.

결과적으로 두 정책은 탄소배출을 줄이고 자원순환을 촉진함으로써 지속가능한 생산과 소비체계 구축에 기여하며, 보다 효과적인 기후 대응 전략으로 통합되고 있다.

(2) ESG 경영과 순환경제

이러한 통합적 접근은 기업 경영에서도 중요한 전략적 의미를 지닌다. ESG 경영에서 탄소중립과 순환경제는 각각 독립적인 항목이 아니라 상호 연계된 핵심 평가 요소로 함께 고려되며, 이 둘의 결합은 기업의 지속가능성 수준을 가늠하는 중요한 지표로 작용한다. 탄소중립이 배출 저감을 위한 에너지 전환과 공정 개선을 요구한다면, 순환경제는 제품 설계, 자원 사용, 폐기물 처리 방식 전반에 걸친 구조적 혁신을 필요로 한다. 따라서 두 개념을 통합적으로 고려하는 기업일수록 환경성과(E)뿐만 아니라 거버넌스(G) 측면에서도 체계적이고 미래지향적인 전략을 수립할 수 있다.

이러한 배경 속에서, 친환경 기술과 순환경제 기반의 비즈니스 모델은 새로운 시장 기회를 창출하고, 지속가능한 고용 확대의 기반이 되고 있다. 예를 들어, 제품 수명을 연장하거나 자원 재활용을 극대화하는 기술, 배출 집약도를 낮춘 제조 공정, 모듈형 설계 기반의 리퍼비시(Refurbish) 산업 등은 ESG 투자자와 소비자로부터 긍정적 평가를 받고 있다. 동시에, 이러한 전략은 탄소배출권 비용 절감, 원자재 수급 불확실성 대응, 규제 리스크 완화 등 다양한 측면에서 기업의 중장기적 경영 안정성과 경쟁력 확보에도 기여한다.

결국, 탄소중립과 순환경제의 통합은 단순한 환경책임을 넘어, 기업의 지속가능한 혁신 역량과 리더십을 상징하는 핵심 프레임으로 자리매김하고 있으며, ESG 경영의 실질적 구현을 위한 구조적 전환의 핵심축이 되고 있다.

결과적으로 탄소중립을 달성하기 위한 노력이 순환경제의 발전을 촉진하며, 반대로 순환경제의 실현이 탄소중립 목표 달성에 기여하는 선순환 구조를 형성한다. 이러한 상호작용을 고려하여 많은 국가와 기업들이 두 전략을 통합적으로 추진하고 있으며, 이를 통해 지속가능한 사회로 나아가기 위한 효과적인 시스템을 구축하고 있다.

2. 순환경제의 역사적 배경

18세기 산업혁명 이후 세계 경제는 선형경제(Linear Economy) 모델을 기반으로 성장해왔다. 선형경제는 자원을 채굴하여 제품을 생산하고, 소비한 후 폐기하는 방식(Take-Make-Dispose)으로 운영되었다. 이 시스템은 초기에는 경제성장을 빠르게 촉진했지만, 시간이 지나면서 여러 문제점을 초래했다. 순환경제의 개념은 자원의 효율적 사용과 지속가능한 성장에 대한 필요성이 증가하면서 발전해왔다.

2.1 1960~1970년대: 환경 문제에 대한 경각심 증가

산업화의 부작용으로 환경오염 문제가 심각해지면서, 자원 소비 패턴을 재검토하는 논의가 시작되었다. 1972년, 로마클럽(Club of Rome)이 발표한 보고서 "성장의 한계(Limits to Growth)"는 자원의 무분별한 소비가 장기적으로 지속 불가능하다는 점을 경고하며 새로운 경제 모델을 모색해야 한다고 주장했다.

2.2 1980~1990년대: 지속가능한 발전 개념 등장

1987년, UN의 브룬트란트 보고서(Our Common Future)에서 지속가능한 발전(Sustainable Development) 개념이 등장했다. 이는 경제성장과 환경 보호를 조화롭게 추진하는 방향을 제시했다. 이 시기에 일부 국가는 폐기물 관리와 재활용 정책을 도입하였으며, 기업들도 친환경 생산 방식을 고려하기 시작했다.

2.3 2000년대 이후: 본격적인 순환경제 모델 도입

EU를 중심으로 순환경제 개념이 정책적으로 도입되기 시작했다. 2010년 이후, 순환경제는 단순한 폐기물 관리 차원을 넘어 제품 설계, 생산, 소비, 폐기까지 모든 과정을 포함하는 광범위한 경제 모델로 발전하였다. 기업들도 폐기물 감축과 재생자원 활용을 핵심 전략으로 채택하기 시작했으며, 글로벌 공급망 차원에서 지속가능한 자원순환이 강조되었다.

3. 주요 국제 협약 및 정책 변천사

국제사회는 환경 문제를 해결하고 지속가능한 경제 모델을 구축하기 위해 여러 협약과 정책을 수립해왔다.

3.1 1992년 UN 리우 환경회의(Earth Summit)[56]

지속가능한 발전을 목표로 한 리우 선언 채택과 기후변화 대응을 위한 기후변화협약(UNFCCC), 생물다양성 보호를 위한 생물다양성협약(CBD) 등 국제 협약이 체결되었다.

3.2 1997년 교토의정서(Kyoto Protocol)

탄소배출 감축을 위한 국제적인 온실가스 감축 목표 설정과 선진국들에게 배출 감축 의무를 부과하며, 자원 효율성을 높이고 재생에너지 사용을 촉진하는 정책이 추진되었다.

3.3 2015년 파리기후협약(Paris Agreement)

지구 온도 상승을 1.5°C 이내로 제한하는 목표 설정과 탄소중립 목표가 강조되며, 자원 효율성을 높이고 순환경제를 촉진하는 정책이 본격화되었다.

3.4 2015년 UN 지속가능발전목표(SDGs)

17개 지속가능발전목표중 12번 목표(책임있는 소비와 생산, Responsible Consumption and Production)에서 순환경제의 중요성을 강조하였다. 친환경적 소비·생산 시스템 구축, 폐기물 감소, 재생에너지 사용 확대 등의 목표가 제시되었다.

3.5 2020년 EU 신순환경제 실행계획(2020)

EU가 2020년 발표한 신순환경제 실행계획(New Circular Economy Action Plan)을 통해 강력한 순환경제 정책이 도입되었다. 주요 내용은 제품의 내구성, 재사용성, 수리 가능성 향상, 배터리, 플라스틱, 포장재 등의 순환성 강화, 탄소중립과 순환경제를 연계하는 규제 도입, 디지털 제품 여권(Digital Product Passport) 도입으로 제품의 탄소발자

---

56) 1992년 리우데자네이루에서 열린 환경회의에서 세계 각국은 지속가능한 발전을 위한 국제 협력을 논의했다. 그중 기후변화협약(UNFCCC, United Nations Framework Convention on Climate Change)은 1994년 공식 발효되었고, 생물다양성협약(CBD, Convention on Biological Diversity)은 1993년 공식 발효되었다.

국 및 재활용 가능성 정보 제공 의무화 등이다.

3.6 2023년 G7 및 G20의 순환경제 정책 강화

2023년 G7과 G20 정상회의에서는 순환경제가 탄소중립과 자원안보를 동시에 달성하기 위한 핵심 전략으로 공식적으로 강조되었다.

G7은 일본 히로시마 정상회의를 통해 순환경제·자원효율성·지속가능한 소재 전환을 포함한 「자원 회복력 강화를 위한 이니셔티브」를 채택하였으며, 플라스틱 오염 저감, 제품 수명 연장, 재활용 소재 확대 등을 구체적 실천 과제로 설정했다.

G20 또한 인도 의장국 하에서 순환경제를 포함한 지속가능한 소비 및 생산(SCP)을 의제로 다루며, 생산자책임재활용제도(EPR), 지속가능한 공급망, 기후-자원 연계 정책 등 다양한 정책 수단의 협력을 촉구하였다.

이러한 움직임은 G7·G20 국가들이 탄소중립 목표 달성을 위해 선형경제(Linear Economy)의 한계를 인식하고, 순환경제(Circular Economy)로의 전환을 본격화하고 있음을 보여준다. 특히 일본, EU, 캐나다 등은 "자원순환경제 및 자원효율성 글로벌 연합(GACERE, Global Alliance on Circular Economy and Resource Efficiency)"을 중심으로 정책 조화와 기술 협력을 강화하며, 순환경제의 글로벌 표준 형성에도 주도적으로 참여하고 있다.

4. 순환경제의 필요성과 문제점

4.1 탄소배출과 자원 고갈 문제

순환경제의 필요성이 대두되는 가장 큰 이유는 탄소배출 증가와 자원 고갈이다. 현재 대부분의 산업은 화석연료(석탄, 석유, 천연가스)를 기반으로 운영되고 있다. 공장에서 제품을 생산할 때, 화석연료를 태우면서 온실가스(CO_2, CH_4 등)가 배출된다. 제품이 운송될 때에도 트럭, 선박, 항공기 등이 연료를 소비하면서 탄소를 배출한다. 제품이 수명이 다한 후 폐기될 때 소각하면 또다시 이산화탄소(CO_2)가 배출된다. 결과적으로, 선형경제는 전체 과정에서 막대한 탄소를 배출하여 기후변화를 가속화하게 된다.

자원 고갈 문제도 심각해지고 있다. 지구상의 자원은 무한하지 않다. 전자제품에 사용되는 리튬, 코발트, 희토류 등의 광물은 점점 고갈되고 있으며, 채굴 비용도 증가하고 있다. 종이, 목재를 얻기 위해 삼림을 벌목하면서 산림 파괴와 생태계 훼손이 심각해지고 있다. 석유 기반 플라스틱 제품은 폐기물 문제뿐만 아니라, 원재료인 석유가 점차 줄어들면서 가격이 상승하는 문제가 발생하고 있다. 결과적으로, 한정된 자원을 계속 소비하는 현재의 경제시스템은 지속될 수 없다.

4.2 기존 폐기물 관리 시스템의 한계

오늘날 폐기물은 전 세계적으로 심각한 문제로 떠오르고 있다. 전 세계적으로 매립지가 점점 부족해지고 있고, 매립된 폐기물에서 나오는 메탄가스(CH_4)는 이산화탄소(CO_2)보다 25배 강한 온실가스로 기후변화를 가속화한다.

플라스틱, 전자폐기물(E-waste) 등은 자연에서 분해되지 않아 장기간 환경오염을 유발한다. 소각(태우는 방식)은 대기오염과 탄소배출을 증가시키고, 유독물질을 배출할 수도 있다. 따라서 현재의 폐기물 관리 방식은 지속가능하지 않다.

재활용 시스템의 비효율성도 문제가 된다. 많은 나라에서 재활용률이 낮고, 실질적인 재활용이 이루어지지 않는 경우가 많다. 예를 들어, 플라스틱은 여러 종류가 섞여 있어 분리·재활용이 어렵고, 경제성이 낮아 대부분 소각되거나 매립된다. 선진국은 폐기물을 개발도상국으로 수출하기도 하는데, 이로 인해 오히려 환경오염 문제가 심각해지고 있다. 단순한 폐기물 관리가 아니라 폐기물을 자원으로 활용하는 순환경제 모델이 필요하다.

4.3 순환경제 도입의 경제적·기술적 장벽

순환경제가 필요하다는 점은 분명하지만, 이를 실제로 도입하는 과정에서 여러 어려움이 존재한다. 기존의 선형경제 시스템을 유지하는 것이 단기적으로는 더 저렴할 수 있다. 기업들이 제품을 재설계하고, 재활용 시스템을 구축하는 데는 상당한 비용이 발생하기 때문이다. 소비자들도 친환경제품이 일반제품보다 가격이 높다면 쉽게 선택하지 않을 수 있다.

기술적 한계도 존재한다. 플라스틱, 복합소재 등의 재활용 기술이 아직 완벽하지 않으며, 일부 제품은 현재 기술로는 재활용이 불가능하다. 폐배터리에서 원료를 추출하는 기술, 전자제품에서 희귀 금속을 회수하는 기술 등은 여전히 연구 개발이 필요한 단계이다.

뿐만 아니라 기존 산업 구조와의 충돌도 발생한다. 전통적인 석유, 플라스틱, 금속 산업은 순환경제 모델을 적용하면 매출이 감소할 가능성이 크다. 따라서 기존 산업의 반발이 크며, 정부의 강력한 규제와 정책적 지원이 필요하다.

순환경제는 탄소배출과 자원 고갈 문제를 해결하고, 폐기물을 줄이며 지속가능한 경제를 만드는 필수적인 접근법이다. 하지만, 이를 도입하는 과정에서 경제적·기술적 어려움이 존재하며, 기존 폐기물 관리 시스템의 한계도 극복해야 한다.

제2절 탄소중립을 위한 순환경제 전략

순환경제는 탄소중립을 실현하는 데 중요한 역할을 한다. 선형경제(Linear Economy)에서는 제품을 만들고 사용한 후 폐기하지만, 순환경제(Circular Economy)는 제품을 재사용하고, 재활용하며, 폐기물을 최소화하는 방식으로 운영된다.

1. 제품 설계 단계에서의 지속가능성 고려(Ecodesign)

제품이 만들어지는 초기 단계에서부터 환경을 고려한 설계(Ecodesign)를 적용하면, 탄소배출을 효과적으로 줄일 수 있다.

1.1 내구성이 뛰어난 제품 설계
제품을 오래 사용할 수 있도록 튼튼한 소재를 사용하고, 내구성을 강화하면 불필요한 폐기물을 줄일 수 있다. 예를 들면 애플, 페어폰(Fairphone) 등의 기업은 쉽게 수리할 수 있는 스마트폰을 개발하여 제품 수명을 늘리고 있다.

1.2 수리 가능한 디자인(Right to Repair)
많은 제품이 한 번 고장 나면 버려지지만, 수리가 쉽도록 설계하면 제품을 더 오래 사용할 수 있다. 예를 들면 EU는 전자제품의 '수리권(Right to Repair)' 법안을 통해 기업들이 수리 가능한 제품을 만들도록 규제하고 있다.

1.3 재활용이 쉬운 소재 사용

제품을 만들 때 단일 재질(Single-material Design)을 사용하면 나중에 재활용이 훨씬 쉬워진다. 예를 들면 플라스틱 포장재를 단일 플라스틱으로 만들면, 혼합 플라스틱보다 재활용률이 높아진다.

2. 재사용·재활용 시스템 구축

제품을 한 번 쓰고 버리는 것이 아니라, 여러 번 사용하고 재활용할 수 있도록 시스템을 구축하는 것이 중요하다.

2.1 재사용 시스템(Reuse)

플라스틱 병이나 세제 용기 등을 버리는 대신, 리필해서 여러 번 사용할 수 있도록 설계한다. 예를 들면 스타벅스와 코카콜라는 재사용 가능한 컵을 도입하여 일회용 컵 사용을 줄이고 있다. 또한 아직 사용할 수 있는 제품을 다시 판매하거나 나누는 방식으로 재사용할 수 있다. 예를 들면 당근마켓, 번개장터 같은 중고거래 플랫폼을 활성화 한다.

2.2 재활용 시스템(Recycle)

기존 재활용 기술은 한계가 있지만, 새로운 기술을 활용하면 더 많은 재료를 재활용할 수 있다. 예를 들면 화학적 재활용(Chemical Recycling)은 플라스틱을 원료로 되돌려 다시 새로운 플라스틱을 만드는 방식으로 활용된다.

또한 기업들의 재활용 원료 사용 확대도 중요하다. EU에서는 배터리, 전자제품, 자동차 등에서 일정 비율 이상의 재활용 원료를 사용하도록 규제하고 있다. 예를 들면 테슬라는 전기차 배터리에서 니켈, 리튬 등을 회수해 다시 사용하는 시스템을 구축 중이다. 즉, 제품을 한 번 쓰고 버리는 것이 아니라 여러 번 사용할 수 있도록 유도하는 것이 탄소중립을 위한 핵심 전략이 된다.

3. 폐기물 감축 및 자원 재생 활용 방안

쓰레기가 발생하는 것을 최대한 줄이고, 필수적으로 나오는 폐기물은 다시 활용하는 것이 필요하다.

3.1 폐기물 발생 자체를 줄이기

과대 포장 줄이기, 불필요한 플라스틱이나 종이 포장 최소화 등이 필요하다. 예를 들면 아마존은 '간소화 포장(Frustration-Free Packaging)'[57]을 도입해 불필요한 포장을 줄이고, 재활용이 쉬운 친환경 패키징을 확대하고 있다. 일회용 제품 사용 제한도 중요하다. EU에서는 플라스틱 빨대, 일회용 숟가락·포크 사용을 금지하고 있다.

3.2 폐기물을 자원으로 전환(Upcycling & Biomaterials)

예를 들면 커피 찌꺼기를 활용해 친환경 벽돌이나 화분을 만드는 프로젝트나 음식물 쓰레기에서 바이오가스를 생산해 전기로 활용 등의 방법이 있다. 즉, 폐기물을 줄이고, 꼭 필요한 폐기물은 다시 활용할 수 있도록 만드는 것이 중요하다.

4. 순환경제 기반 비즈니스 모델(공유경제, 리퍼브 산업 등)

순환경제를 기반으로 한 새로운 비즈니스 모델이 등장하고 있으며, 이를 활용하면 탄소 배출을 크게 줄일 수 있다.

4.1 공유경제(Sharing Economy)

제품을 한 사람이 소유하는 것이 아니라, 여러 사람이 공유해서 사용하는 방식이다. 예를 들면 자동차 공유(카셰어링)나 필요할 때만 자동차를 빌려 쓰는 서비스로 쏘카, 우버 등이 있다. 공유 오피스 & 공유 숙박도 하나의 예시이다. 위워크(WeWork) 같은 공유 오피스, 에어비앤비(Airbnb) 같은 숙박 공유 서비스 등을 예로 들 수 있다. 공유경제는 자

---

[57] 아마존이 "Frustration-Free Packaging"이라는 이름을 사용한 이유는, 기존의 포장이 소비자에게 '좌절(Frustration)'을 유발했기 때문이다. 전자제품 등은 지나치게 복잡한 포장 방식을 사용하여 소비자 불만이 많았다. 개봉하기 어렵고, 과대포장, 과도한 테이프나 케이블타이가 사용되었다. 이런 문제들 때문에 포장을 여는 과정에서 '좌절(Frustration)'을 겪었고, 이를 없애겠다는 의미에서 'Frustration-Free Packaging(좌절 없는 포장)'이라는 명칭이 붙여졌다.

원을 효율적으로 활용하여 탄소배출을 줄이는 데 기여한다.

4.2 리퍼브 산업(Refurbished Market)

리퍼브 제품은 새 상품처럼 재정비하여 다시 판매하는 제품을 의미한다. 중고 IT 기기 재판매로 예를 들면 애플, 삼성 등은 중고 스마트폰을 수리해서 다시 판매하는 프로그램을 운영한다. 이케아는 고객이 사용하던 가구를 다시 매입해 판매하는 "순환경제 가구" 서비스 제공사업을 추진한다. 리퍼브 제품을 활용하면 새 제품을 만들 때 발생하는 탄소배출을 줄일 수 있다.

제3절 주요국의 순환경제 정책

각국은 탄소중립 목표를 달성하고 자원의 지속가능한 활용을 위해 순환경제(Circular Economy) 정책을 적극적으로 도입하고 있다. 특히 EU는 가장 선도적인 순환경제 정책을 추진하고 있으며, 미국, 중국, 한국도 각자의 방식으로 순환경제 전환을 진행하고 있다.

1. 유럽연합(EU)의 순환경제 정책

1.1 EU 순환경제 정책의 역사와 발전

(1) 초기 폐기물 관리 정책에서 순환경제로의 전환

EU의 환경정책은 처음에는 단순한 폐기물 관리에 초점을 맞추고 있었다. 1970년대와 1980년대에는 주로 폐기물을 어떻게 처리할 것인가에 관심을 두었다. 1975년 최초의 폐기물 기본지침(Waste Framework Directive)이 도입되었는데, 이는 폐기물의 안전한 처리와 관리에 중점을 둔 것이었다.

1990년대에 들어서면서 EU는 단순한 폐기물 처리를 넘어 '폐기물 계층구조'라는 개념을 도입했다. 이 개념은 폐기물 예방 → 재사용 → 재활용 → 에너지 회수 → 최종 처분의 우선순위를 강조했다. 2000년대 초반에는 특정 제품군(전자제품, 배터리, 포장재 등)

에 대한 생산자책임재활용제도(EPR, Extended Producer Responsibility)를 확대했다. 하지만 이러한 접근법은 여전히 제품의 생애주기 중 '끝 부분'(End-of-Pipe)에만 초점을 맞추고 있었다. 시간이 지나면서 EU는 더 통합적인 접근이 필요하다는 것을 깨달았고, 폐기물 관리에서 자원 관리로, 그리고 결국 순환경제라는 포괄적인 개념으로 발전하게 되었다.

(2) EU 순환경제 행동계획(첫 번째 계획, 2015)

2015년 12월, EU 집행위원회는 "순환경제를 위한 EU 행동계획: EU에서 폐쇄순환(Closing the loop)"을 발표했다. 이는 EU의 첫 번째 공식적인 순환경제 전략이었다. 이 계획은 2030년까지 모든 포장재의 75%, 도시 폐기물의 65% 재활용 목표를 담았고, 2030년까지 매립지로 보내지는 도시 폐기물을 최대 10%로 제한, 식품 폐기물은 2030년까지 50% 감소 등을 규정했다.

이 계획은 54개의 구체적인 실행 조치를 포함했으며, 2019년까지 이 중 대부분이 이행되었다. 이는 EU의 순환경제로의 전환을 위한 첫 번째 큰 걸음이었으며, 폐기물 관리를 넘어 전체 경제시스템의 변화를 추구한 점이 중요한 의미를 가진다.

(3) 2020년 신(新) 순환경제 행동계획(유럽 그린딜의 일환)

2019년 12월, EU는 2050년까지 기후 중립을 달성하기 위한 '유럽 그린딜'을 발표했다. 이 전략의 핵심 요소로, 신순환경제 실행계획(New Circular Economy Action Plan, CEAP 2020)이 2020년 발표되었다.

주요 내용은 ▲제품의 재사용·재활용 가능성 강화 및 제품 수명 연장, ▲일회용 플라스틱 사용 제한 및 고부가가치 재활용 확대, ▲배터리, 포장재, 전자제품 등 산업별 순환경제 적용, ▲디지털 제품 여권(Digital Product Passport, DPP) 도입, ▲소비자의 수리 권리(Right to Repair) 강화 등이다.

1.2 EU 순환경제 주요 법적 규제

(1) 에코디자인 규정(ESPR, Ecodesign for Sustainable Products Regulation)

EU의 에코디자인 규정(ESPR)은 제품의 에너지 효율과 환경적 지속가능성을 강화하는 법적 프레임워크로, 제품의 생산부터 사용, 폐기에 이르는 전 생애주기 전반에서 환경 영향을 최소화하는 것을 목표로 한다. 이 규정은 신순환경제 실행계획(CEAP 2020)과 유럽 그린딜(European Green Deal)의 주요 실행 기제로서, 자원 효율성과 제품 내구성 향상을 위한 체계적인 정책 수단으로 도입되었다.

① 에코디자인 규정의 제정 배경

2009년 최초 도입된 Ecodesign Directive가 2022년 Ecodesign for Sustainable Products Regulation(ESPR)로 개정되면서 적용 범위가 확대되었다. 기존에는 에너지 관련 제품(조명, 가전 등)에만 적용되었으나, 모든 소비재로 확대되었다.

② 에코디자인 규정의 주요 내용

제품의 내구성(Durability), 재사용 가능성(Reuse), 수리 가능성(Right to Repair), 재활용 가능성(Recyclability) 향상 의무화로 지속가능한 제품 기준이 강화되었다.

또한 디지털 제품 여권(DPP, Digital Product Passport) 도입으로 소비자가 제품의 탄소발자국, 원자재 출처, 재활용 가능성, 수리 가능성 등의 정보를 쉽게 확인할 수 있도록 의무화(적용 대상: 배터리, 전자제품, 자동차 부품, 섬유, 건축자재 등)되었다.

특정 산업에 대한 추가 규제로 배터리 및 자동차 산업은 배터리의 탄소발자국 공개 및 재활용 원자재 사용 의무화, 전자제품 및 가전제품은 수리 가능한 디자인 및 모듈형 설계 적용 필수화, 패션·섬유 및 포장재 산업은 친환경 섬유 사용 및 플라스틱 포장재 사용 제한 등이 지정되었다.

③ 에코디자인 규정이 무역에 미치는 영향

EU로 수출하는 제품은 디지털 제품 여권(DPP) 제공이 필수가 되고, 배터리, 전자제품, 자동차 부품 등은 재활용 가능성, 에너지 효율, 유해물질 사용 여부를 평가 및 공개해야 한다. 또한 배터리 및 자동차 산업의 원자재 조달에 있어 배터리의 탄소발자국 보고 의무화 및 재활용 원자재 사용 확대가 필요하다. 패션·섬유 및 포장재 산업도 지속가능한 섬유 및 친환경 포장재 사용이 필수 요건으로 적용되고, 플라스틱 포장재 사용 제한으로 인해 기존 패키징 전략 변경이 필요하다.

(2) EU 디지털 제품 여권(DPP, Digital Product Passport)

디지털 제품 여권(DPP)은 제품의 원자재 출처, 재활용 가능성, 탄소발자국, 수리 가능성 등의 정보를 디지털화하여 추적·공유하는 시스템으로 유럽 그린딜(European Green Deal)과 신순환경제 실행계획(CEAP 2020)의 핵심 정책 중 하나이다.

① 디지털 제품 여권(DPP) 도입 배경

소비자와 기업이 제품의 환경적 영향을 쉽게 확인할 수 있도록 지원하는 것이 목표이다. 재사용·재활용 촉진을 위한 투명한 정보를 제공한다. 또한 제품의 원료 공급망을 추적 가능하게 하여 이차 원자재(재활용 원료) 사용 확대, 폐기물 감축 및 재활용 시장 활성화 등을 도모한다.

탄소중립 및 ESG 규제 강화에도 기여한다. 탄소발자국(Carbon Footprint) 정보 공개 필수화, 기업들의 RE100(재생에너지 100%) 도입 및 ESG 경영 의무화에 기여한다. 글로벌 공급망 투명성 확보를 통하여 불법·비윤리적 원자재 사용(아동 노동, 환경 파괴 등) 방지, 제품 생산·유통 과정에서 사회적 책임 및 환경 기준 준수 의무화 등을 촉진한다.

② 디지털 제품 여권(DPP)의 주요 내용

제품 정보 디지털화로 제품의 소재, 제조 과정, 수리 가능성, 재활용 정보 등을 데이터베이스에 저장한다. QR 코드, NFC, RFID 기술을 활용하여 제품 정보를 실시간 제공한다. 적용 대상 산업은 배터리, 전자제품, 자동차 부품, 섬유, 건축자재 등 탄소 배출이 높은 산업부터 적용하여 향후 더 많은 산업으로 점진적 확대 예정이다.

탄소발자국 및 원자재 출처 정보 제공이 의무화된다. 제품이 생산부터 폐기까지 얼마나 많은 탄소를 배출하는지 추적 및 공개하고, 사용된 원자재의 출처 및 지속가능성 인증을 요구받는다.

| 표39 | 대상제품별 적용내용

산업	적용 내용
배터리	배터리의 탄소발자국, 원자재 출처, 재활용 가능성 정보 제공
전자제품	제품의 수리 가능성, 내구성, 부품 정보, 에너지 소비량 표시
자동차	자동차 부품의 재활용 비율, 탄소배출량, 생산공정 투명성 제공
패션·섬유	의류 원자재 출처, 재활용 가능 여부, 환경 영향 정보 제공
건축자재	건설자재의 재활용 가능성, 원자재 원산지 정보 공개

③ 디지털 제품 여권(DPP)이 무역에 미치는 영향

디지털 제품 여권(DPP)은 단순한 환경 규제가 아닌, 글로벌 시장에서 지속가능한 경쟁력을 확보하는 필수 요소이다. EU 수출 기업들은 탄소발자국 추적, 원자재 출처 공개, 제품 재활용 가능성 등의 데이터 관리 시스템을 구축해야 한다. 또한 ESG 경영 강화 및 친환경 제품 설계를 통해 글로벌 시장에서 경쟁력을 확보해야 한다.

(3) EU 수리권 정책(Right to Repair)

EU 수리권 정책은 제품의 수리를 용이하게 하여 제품 수명을 연장하고, 폐기물을 줄이며, 순환경제를 촉진하는 것을 목표로 한다. 이 정책도 유럽 그린딜(European Green Deal)과 신순환경제 실행계획(CEAP 2020)의 주요추진과제 중 하나로, 전자제품, 가전, 자동차, 배터리 등 내구성 제품의 수리 및 재사용을 촉진하는 데 중점을 두고 있다.

① 수리권 정책의 필요성

제품의 짧은 사용 주기와 폐기물 문제: 스마트폰, 노트북, 가전제품 등은 사용 기간이 짧아지고 있으며, 고장 시 수리보다는 새 제품을 구매하는 경향이 높아지고 있다. 기업들이 수리가 어렵거나 불가능한 방식으로 제품을 설계하는 문제가 발생하면서, 소비자가 제품을 유지보수할 수 있는 권리를 보장할 필요성이 커지고 있다.

소비자 권리 보호 및 경제적 부담 완화: 수리 서비스의 부족과 높은 비용으로 인해, 소비자는 경제적 이유로 새 제품을 구매할 수밖에 없는 상황에 놓인다. 소비자가 제품을 직접 수리할 수 있는 법적 권리를 보장하고, 합리적인 수리 비용을 유지하는 것이 필요하다. 제품 수명을 연장하면 소비자의 반복적인 구매 부담이 줄어들고, 장기적으로 경제적 이익을 얻을 수 있다.

기업의 지속가능성(ESG) 및 환경 책임 강화: EU는 기업들에게 지속가능한 생산과 친환경 설계를 요구하는 법적 규제를 강화하고 있다. 이에 따라 Ecodesign 규정 및 디지털 제품 여권(DPP)과 연계하여 제품의 수리가능성 데이터를 제공하는 것이 필수화되고 있다. 기업은 수리가 용이한 제품을 개발함으로써 환경 규제에 대응하고 ESG 경영을 강화할 수 있다.

결론적으로, EU 수리권 정책은 소비자의 선택권을 확대하고 환경 부담을 줄이며, 지속가능한 경제 구조를 만들기 위한 핵심 전략으로 자리 잡고 있다.

② 수리권 정책의 법적 근거

에코디자인 규정(ESPR)은 모든 제품이 재사용·수리가 용이하도록 설계할 것을 의무화하였으며, 배터리, 전자제품, 자동차 부품, 섬유, 건축자재 등 다양한 제품에 적용된다.

전자제품 폐기물 지침(WEEE Directive)은 전자폐기물(E-Waste) 감축을 위해 제품의 재사용 및 수리를 우선하도록 규정하고, 제조업체는 제품의 수리 가능성을 높이는 방식으로 설계하도록 규정하였다.

배터리 및 폐배터리 규정(EU Battery Regulation, 2023)은 전기차 및 전자제품 배터리는 교체 가능하고 수리 용이한 방식으로 설계해야 한다고 규정하고 있다. 배터리 여권(Battery Passport) 도입으로 수리 이력 및 지속가능성 정보를 제공하도록 하였다.

③ 수리권 정책의 주요 내용

모듈형 설계(Modular Design) 도입으로 부품 교체 및 업그레이드 가능성 확대, 제품의 내구성(Durability) 및 사용 수명 연장을 의무화하고 있으며, 적용 대상은 스마트폰, 태블릿, 노트북, 가전제품(세탁기 등), 전기차 및 배터리, 산업용 기계 등이다.

제조업체는 최소 7~10년간 부품 및 소프트웨어 지원 제공 필수, 소비자가 직접 수리할 수 있도록 수리 매뉴얼 및 부품 제공 의무화, 독립 수리업체(Third-party Repair Shops)에도 부품·소프트웨어 제공 필수, 수리를 방해하는 조치(소프트웨어 락, 특수 공구 필요성 등) 금지 내용 등이 강화되었다.

소비자 권리 보호 및 투명한 정보 제공을 위하여 디지털 제품 여권(DPP)과 연계하여 제품의 수리 가능성 및 부품 교체 정보 제공, 제품의 예상 수명과 수리 가능성을 명확하게 표시하도록 의무화되었다.

④ 수리권 정책이 무역에 미치는 영향

EU 수리권 정책은 소비자 보호와 순환경제 촉진을 위한 강력한 규제이며, 한국 기업에도 직접적인 영향을 미친다. 전자제품, 배터리, 자동차 산업에서 제품 설계 및 A/S 전략 변화가 필수이며, 기업들은 수리 가능성을 높이고, 모듈형 설계를 도입해야 유럽 시장에서 경쟁력을 유지할 수 있을 것으로 보인다. EU 수출 기업들은 제품 설계부터 수리 가능성을 고려해야 한다.

> **Think Box**

"계획적 진부화(Planned Obsolescence)" 이해하기

제품이나 기술의 수명을 고의로 단축하거나 일정 시점 이후 사용이 불가능하게 설계하는 전략을 "계획적 진부화"라고 한다. 이는 제품 수리나 재사용보다는 새 제품 구매를 유도하여 소비를 증가시키는 자본주의 생산 시스템의 전형적인 방식으로 여겨져 왔다. 이 개념은 경제, 사회, 윤리, 환경의 다양한 층위에서 논쟁의 중심에 있으며, 특히 지속가능성 담론과 탄소중립 논의에서 그 함의가 재조명되고 있다.

(1) 개념과 역사적 배경
계획적 진부화는 1932년 미국의 부동산업자 버나드 런던(Bernard London)이 대공황 시기 소비를 자극하기 위해 처음 제안한 개념이다. 그는 『계획적 진부화를 통해 불황을 끝내자』라는 논문에서 제품의 사용기한을 법적으로 정하고 일정 기간 후에는 폐기하여 새 제품을 구매하게 하는 방안을 제시했다. 이 개념은 이후 대량생산체제에서 구체화되었으며, 특히 1950~60년대 미국 기업들이 마케팅 전략으로 적극 활용했다. 예를 들어 자동차 회사들은 매년 새로운 디자인의 모델을 출시하며 기존 제품의 '시대에 뒤떨어짐'을 유도했고, 가전제품이나 의류 업계 또한 같은 전략을 취해왔다.

(2) 계획적 진부화의 유형
계획적 진부화는 일반적으로 다음 세 가지로 분류된다.
기능적 진부화: 제품 성능이 의도적으로 조기 저하되도록 설계된다.
심리적 진부화: 디자인이나 스타일의 유행변화로 구형이 '뒤처진 것'처럼 인식되게 만든다.
계획된 불수리성: 수리 비용이 구매 비용보다 높아지게 설계하거나, 수리 자체가 어렵게 만든다.

(3) 이론적·철학적 함의
계획적 진부화는 현대 소비주의의 논리에 기반하지만, 동시에 다음과 같은 중요한 문제의식을 제기한다.

▲ 생산자 중심 논리 vs. 소비자 권리
진부화는 생산자의 이윤 극대화를 위한 전략인 반면, 소비자는 정보의 비대칭 속에서 불리한 위치에 놓인다. 이는 '정보의 비대칭성'에 기반한 시장 실패(Market Failure)로 볼 수 있다.

▲ 경제 성장 vs. 환경 지속가능성
계획적 진부화는 단기적인 GDP 성장을 자극하지만, 자원 낭비, 탄소 배출 증가, 전자폐기물(e-waste)의 급증이라는 환경적 비용을 초래한다. 이는 생태 경제학적 관점에서 지속가능한 생산·소비 시스템과 정면 충돌한다.

▲ 윤리적 생산과 기후정의의 갈등
제품을 더 자주, 더 많이, 더 짧게 사용하도록 설계하는 것은 기후정의와 탄소중립의 원칙(특히 전 지구적 자원 형평성과 탄소예산)에 위배된다. 윤리적 소비자주의, 슬로우 디자인, 생산자의 책임(Extended Producer Responsibility, EPR) 등이 이 문제에 대한 대안으로 제시된다.

(4) EU 배터리 규정(Regulation (EU) 2023/1542)

EU 배터리 규정은 배터리의 지속가능성, 재활용, 공급망 투명성 강화를 목표로 하며, 순환경제 실행계획(CEAP 2020)과 유럽 그린딜(European Green Deal)의 주요 실행 수단 가운데 하나로 부상하고 있다. 이 규정은 2023년 8월 17일 발효되었으며, 전기차(EV), 전자제품, 재생에너지 저장용 배터리 등 다양한 산업에서 배터리의 생산, 사용, 폐기 전 과정에 걸쳐 환경 및 사회적 지속가능성을 체계적으로 강화하는 것을 목적으로 한다.

① 배터리 규정 도입 배경

배터리 수요 증가와 원자재 공급망 문제: 전기차(EV), 재생에너지 저장 시스템, 휴대용 전자기기의 확산으로 배터리 수요가 급증하고 있다. 하지만 배터리 생산에 필수적인 리튬, 코발트, 니켈, 흑연 등 핵심 원자재의 공급망이 특정 국가(특히 중국)에 집중되어 있어, 공급망 리스크와 경제적 의존도를 줄이기 위한 전략이 필요했다. 이에 따라 배터리 원자재의 공급망을 다변화하고, EU 내 자체 생산재활용 역량을 강화하는 것이 정책의 핵심 목표가 되었다.

배터리 생산 과정의 환경 문제: 배터리 생산에는 고에너지 소비, 탄소 배출, 유독성 폐기물 발생 등의 환경적 부담이 크다. 특히, 리튬 재활용률이 낮아 자원 낭비와 환경오염 문제가 심화되고 있으며, 지속가능한 생산 방식으로의 전환이 요구되고 있다. 이에 따라 배터리 재활용 확대 및 환경 영향을 최소화하는 지속가능한 생산 방식을 도입하는 것이 필수적이다.

전자폐기물(E-Waste) 증가와 소비자 권리 보호 필요성: 배터리가 교체 불가능한 전자제품(스마트폰, 노트북 등)이 증가하면서 전자폐기물(E-Waste) 문제가 심화되고 있다. 소비자가 제품을 오래 사용할 수 있도록, 배터리 교체 가능성을 보장하고, 배터리 수명을 연장하는 것이 필요했다. 이를 위해 EU는 제품 설계 단계에서부터 배터리 교체가 가능하도록 요구하는 규정을 포함하였다.

② EU 배터리 규정의 주요 내용

모든 전기차, 산업용, 충전식 배터리는 탄소발자국을 보고해야 하며, 배터리 생산업체는 일정 비율 이상의 재활용 원자재 사용이 필수가 되었다. 디지털 배터리 패스포트

(Digital Battery Passport)[58] 도입으로 배터리의 원산지, 성능, 재활용 가능 여부 등의 정보를 QR 코드 또는 RFID[59]를 통해 제공하여 소비자는 배터리의 성능 및 지속가능성 정보를 쉽게 확인 가능하도록 규정하였다.

배터리 재활용은 2030년까지 리튬 재활용률 80%, 니켈·코발트·납 재활용률 95% 목표를 설정하였으며, 배터리 제조업체는 폐배터리를 수거하고 재활용하도록 의무화하였다.

2027년까지 스마트폰, 태블릿, 노트북 등의 배터리는 사용자가 직접 교체할 수 있도록 설계해야 하며, 전기차 및 산업용 배터리는 쉽게 분해 및 재활용할 수 있도록 설계하여 소비자의 배터리 교체 및 수리 용이성을 강화하였다.

윤리적 원자재 조달 및 공급망 책임 강화를 위하여 기업은 원자재 공급망을 추적하고, 환경 및 인권기준을 준수해야 하며, 아동 노동, 불법 채굴, 환경 파괴와 관련된 원자재 사용 금지가 규정되었다.

③ 배터리 규정이 글로벌 산업에 미치는 영향

배터리 및 EV(전기차) 제조업체는 지속가능성 및 투명성 기준 준수가 필수이다. 탄소발자국 관리시스템 구축으로 배터리 생산비용 증가 가능성이 있고, 배터리 재활용 기술 및 친환경 생산 방식 도입이 필요하다.

우리나라 배터리 기업(LG에너지솔루션, SK온, 삼성SDI)도 EU 수출을 위해 배터리 패스포트 시스템 구축 필수, 탄소배출 관리 및 재활용 원자재 사용량 확대 필요, 친환경 배터리 생산 공정 개발 및 ESG(환경·사회·거버넌스) 기준 준수 강화가 시급한 것으로 보인다.

우리나라 자동차 산업(현대·기아차)도 영향을 받게 된다. EV 배터리의 재활용 및 교체 가능성 강화 필요, 배터리 분해 및 모듈 교체 가능성을 높이는 설계 필수, 배터리 리사이클링 및 수거 시스템 구축, 모듈형 배터리 설계 도입 등이 필요해 보인다.

(5) EU 포장 및 포장 폐기물 규정(PPWR)

EU 포장 및 포장 폐기물 규정(PPWR: Packaging and Packaging Waste Regulation)은 포장 폐기물 감축, 재활용성 개선, 순환경제 촉진을 목표로 하는 법적 규정이다.

---

58) 디지털 배터리 패스포트(Digital Battery Passport)는 배터리의 전체 생애주기(생산-사용-재사용-재활용)에 대한 핵심 정보를 디지털 데이터로 기록하고, 이를 표준화하여 추적·관리할 수 있도록 만든 디지털 문서를 말한다. 즉, 배터리의 "이력서" 같은 것으로 원료 출처부터 제조 과정, 사용 내역, 재활용 여부까지 투명하게 관리하는 시스템이다.
59) RFID (Radio Frequency Identification)는 전자기파(무선 주파수)를 이용하여 사물에 부착된 태그 정보를 비접촉 방식으로 인식하고 저장하는 기술을 의미한다. 즉, 사람이 직접 만지지 않고도 리더기(Reader)가 전파를 쏘아 태그(Tag)에 저장된 정보를 읽어내는 시스템이다.

이 규정은 1994년 포장 및 포장 폐기물 지침(Directive 94/62/EC)을 대체하며, 2030년까지 EU 내 모든 포장을 지속가능한 방식으로 전환하는 것을 목표로 한다. 또한, 2040년까지 2018년 대비 포장 폐기물을 15% 감축하는 것이 핵심 목표이다.

① PPWR 도입 배경

포장 폐기물 증가와 비효율적 관리 문제: EU 내 재활용률이 지속적으로 증가하고 있음에도 불구하고, 포장 폐기물 발생 속도가 더 빠르게 증가하고 있다. 2022년 기준, EU 시민 1인당 연간 약 186.5kg의 포장 폐기물이 배출되었으며, 이 중 36kg은 플라스틱 포장 폐기물이었다. 포장 폐기물 관리가 비효율적이며, 불필요한 포장 사용이 여전히 많아 이를 규제할 필요성이 커졌다.

온실가스 배출 및 자원 고갈 문제 대응: 포장재 생산과 폐기 과정에서 상당한 온실가스 배출과 자원 낭비가 발생하고 있다. 지속가능한 포장재 사용을 확대하고, 재사용 및 재활용이 용이한 포장 방식으로의 전환이 필수적이다.

EU 회원국 간 포장 규정 차이 해소 필요: EU 내 각 회원국마다 재활용 기준과 포장 관련 규정이 다르며, 이에 따라 폐기물 관리 시스템이 비효율적으로 운영되고 있다. EU 전역에서 통일된 포장 규정을 마련하여 일관된 기준을 설정하고, 보다 체계적인 폐기물 관리 시스템을 구축하는 것이 필요하다.

② PPWR 주요목표 : 포장폐기물 감축, 재활용확대, 친환경포장을 통해 순환경제 실현

EU 포장 및 포장 폐기물 규정(PPWR)은 포장 폐기물을 줄이고, 재활용을 확대하며, 친환경 포장을 통해 순환경제를 촉진하는 것을 목표로 한다. 이를 위해 2018년 대비 단계적인 감축 목표를 설정하였다.

포장 폐기물 감축 목표: ▲2030년까지 5% 감축, ▲2035년까지 10% 감축, ▲2040년까지 15% 감축이다.

포장재 재활용 및 재사용 확대 목표: ▲2030년까지 모든 포장은 100% 재활용 가능하도록 설계, ▲플라스틱 포장재는 2030년까지 최소 30%, 2040년까지 50% 재활용 원료 사용 의무화, ▲포장재에 재활용 가능 여부를 표기하는 라벨링 도입이 목표이다.

주요 산업별 재사용 포장 목표 (2030년까지): ▲음식 배달 및 음료 포장(20%), ▲전자상거래 배송 포장(50%), ▲음료병(25%) 등의 목표가 주어졌다.

친환경 포장 강화 및 일회용 플라스틱 감축: ▲EU전역에서 통일된 재활용 라벨도입 → 소비자가 쉽게 재활용 여부를 확인하도록 개선, ▲제조업체는 포장이 효율적으로 수거 및 분리될 수 있도록 설계, ▲과일, 채소, 식품 서비스에서 일회용 플라스틱 포장금지, ▲다층 포장재 사용 제한 → 재활용이 어려운 복합 구조 방지 등의 대책이 마련되었다.

보증금 반환 시스템(Deposit Return System, DRS) 도입: ▲2029년 1월 1일까지 EU 회원국은 보증금 반환 시스템(DRS) 필수 도입, ▲1회용 플라스틱병 및 금속 음료 용기 대상 → 연간 90% 이상 분리수거 목표, ▲2026년까지 80% 이상 수거한 회원국은 보증금제 시행 의무 면제 가능, ▲유리병·음료팩 등 재사용 가능한 포장재에 대한 선택적 보증금제 도입이 권장되고 있다.

③ PPWR이 글로벌 산업에 미치는 영향

EU 포장 및 포장 폐기물 규정(PPWR)은 기업들에게 친환경 포장 전환을 요구하며, 이를 준수하지 않을 경우 벌금 부과 및 시장 접근 제한이 가능하다. 이에 따라, 기업들은 포장 디자인을 최적화하고, 재활용성을 개선하며, 리필 및 반환 프로그램을 도입하는 등의 조치를 취해야 한다.

기업 운영 및 비용 부담 증가 가능성: 재사용 포장 시스템 도입, 포장 디자인 최적화 및 재활용성 개선 필수, 고객을 위한 리필 및 반환 프로그램 도입 등으로 비용이 증가될 가능성이 높다.

EU 시장 수출 기업에 대한 영향: EU로 제품을 수출하는 기업들은 엄격한 포장 규정을 준수해야 하고 규정을 충족하지 않는 제품은 EU 시장에서 판매 제한될 가능성이 높다. 포장 재설계 및 EU 포장 인증 획득이 필수가 된다.

기업의 대응 전략: PPWR은 2030년까지 모든 포장재를 100% 재활용 가능하도록 설계하는 것을 목표로 한다. 따라서, 기업들은 친환경 포장 규정을 준수하지 않을 경우 EU 시장 접근이 어려워질 수 있으며, 이를 대비해 포장 폐기물 감축, 재사용 확대, 지속가능한 포장 솔루션 개발이 필수적이다.

🔍 Think Box

유럽의 선택적 보증금제(Selective Deposit Return System)

(1) 중의적 개념

유럽의 선택적 보증금제(Selective Deposit Return System)란 개념은 중의어이다. 기업이 자체 회수 시스템 구축 또는 보증금제 적용중 둘 중 하나를 자율적으로 선택할 수 있도록 허용하는 제도이다. 또 다른 의미는 보증금제 대상을 모든 품목이 아닌 일부 품목(예: 특정 음료 용기)에만 적용한다는 뜻을 포함한다. 따라서 "선택적 보증금제"는 (1) 기업이 방법을 선택(직접수거 또는 보증금제)하거나 (2) 품목을 선택해서 적용하는 것 둘 다 의미할 수 있다. 구체적 문맥에 따라 달리 해석된다.

(2) 현황

많은 유럽 국가에서는 법적으로는 회수방법이 선택가능하지만 사실은 제도가 의무화되어 '선택적'이라는 표현이 항상 정확하지는 않을 수 있다. 특히 독일, 노르웨이 등 일부 국가에서는 법적으로 의무화된 보증금제를 시행하고 있다.

(3) 보증금제 실시 이유

보증금제 대상을 모든 제품이 아닌, 특정 품목(주로 PET병, 캔, 유리병 등)만 하는 목적은 환경 효과가 크고 재활용 가치가 높은 품목 위주로 선택적용하여 행정비용과 시스템 운영 부담을 줄이면서 효율적으로 회수율(반납율)을 높이기 위함이다. 소비자 수용성이 높고, 재활용 품질 개선(혼입 오염률 낮추고 고품질 재활용 가능) 등의 장점이 있다. 즉, 모든 포장재에 일괄 보증금을 부과하는 전면제보다, 우선순위가 높은 품목에 집중하는 전략으로 유럽 주요국, 독일, 핀란드, 노르웨이, 스웨덴등에서 실시중이며 계속 확장되고 있다.

(4) EPR과 비교

생산자책임재활용제도(EPR, Extended Producer Responsibility)는 전체 제품군(포장재, 전자제품, 타이어 등)에 대해 생산자가 일정 재활용 의무를 부담하는 포괄적 제도인 반면, 선택적 보증금제는 그 중에서도 특정 품목에 대해 별도로 강화된 회수·재활용 체계를 구축하는 수단이다. 다시 말해, 보증금제는 EPR 체계 내에서 특별 관리가 필요한 품목(특히 회수율이 중요하거나 재활용품질 관리가 필요한 품목)에 대해 추가로 적용되는 강화된 정책도구라 할 수 있다.

(5) 유럽의 PPWR규정(Packaging and Packaging Waste Regulation 44조 의무화규정)

1. By 1 January 2029, Member States shall take the necessary measures to ensure the separate collection of at least 90% per year by weight of the following packaging formats made available on the market for the first time in that Member State in a given calendar year(중략)

2. In order to achieve the targets referred to in paragraph 1, Member States shall take the necessary measures to ensure that deposit return systems are set up for the relevant packaging formats referred to in paragraph 1, and to ensure that a deposit has to be charged at the point of sale.

2. 미국의 순환경제 정책

2.1 도입 배경

미국에서 순환경제가 주목받게 된 배경은 여러 환경적, 경제적, 정책적 요인들이 복합적으로 작용한 결과이다.

(1) 미국은 전 세계에서 자원 소비량이 가장 많은 국가 중 하나로, 1인당 자원 소비량과 폐기물 발생량이 매우 높다. 매립지 공간의 제한, 플라스틱 오염, 전자폐기물 증가 등 환경 문제가 심화되면서 자원 관리의 필요성이 증가했다.
(2) 2015년 파리기후협약, UN 지속가능발전목표(SDGs) 등 국제적 약속이 미국의 환경 정책에 영향을 미쳤다. 중국의 2018년 폐기물 수입 금지 정책은 미국의 재활용 시스템에 큰 충격을 주어, 국내 자원 순환 체계 구축의 필요성을 부각시켰다.
(3) 애플, 구글, 월마트 등 주요 기업들이 지속가능성과 순환경제 원칙을 핵심 비즈니스 전략으로 채택하면서 산업계 전반에 영향을 미쳤다. 소비자들도 지속가능한 제품에 대한 수요 증가로 기업들은 친환경적 비즈니스 모델로 전환하기 시작했다.
(4) 순환경제가 제공하는 새로운 비즈니스 기회와 경제적 가치가 인식되기 시작했다. Ellen MacArthur Foundation과 McKinsey의 연구(2014)에 따르면, 순환경제는 미국 경제에 연간 수천억 달러의 가치를 창출할 잠재력이 있다고 평가된다.
(5) 주(州) 및 지방 정부의 선도적 역할이 배경이 되었다. 캘리포니아, 뉴욕, 오레곤 등의 주들이 순환경제 정책을 선도적으로 도입하여 연방 정부에 영향을 미쳤다. 샌프란시스코, 시애틀 등 주요 도시들의 "제로 웨이스트"(Zero Waste) 이니셔티브가 전국적으로 확산되었다.
(6) 사물인터넷(IcT), 인공지능, 블록체인 등 디지털 기술의 발전은 자원 추적, 제품 설계, 공유 경제 플랫폼 등 순환경제 구현을 위한 새로운 가능성을 열었다. 첨단 재활용 기술과 재제조 공정의 발전으로 순환경제의 경제적 실현 가능성이 높아졌다.

이러한 배경에서 미국은 순환경제를 단순한 환경정책이 아닌 경제 성장, 일자리 창출, 기후변화 대응을 동시에 달성할 수 있는 통합적 접근법으로 인식하기 시작했다. 그러나 여전히 연방 차원의 포괄적인 순환경제 프레임워크는 발전 중이며, 주 정부와 민간 부문이 이 영역에서 주도적인 역할을 하고 있다.

한편, 2025년 트럼프 대통령의 재집권은 미국의 순환경제 정책 방향에 불확실성과 정책 후퇴 가능성을 동시에 안겨주고 있다. 트럼프 1기 행정부 당시와 유사하게, 환경 규제 완화와 자원·에너지 산업의 규제철폐를 우선시할 가능성이 있으며, 이는 연방 차원의 순환경제 로드맵 추진이나 ESG 기반 산업지원의 동력을 약화시킬 수 있다. 다만, 시장 중심의 자율성 강조와 제조업 기반의 국내 산업 강화 기조는 리퍼브·재제조 산업 같은 일부 순환경제 부문에 새로운 기회를 제공할 수도 있다. 결국 미국의 순환경제는 정책적 후퇴와 시장 자율성 확대라는 양면성 속에서, 민간 혁신과 주정부의 정책 실험이 더욱 중요해질 전망이다.

2.2 미국 순환경제 정책 프레임워크

미국은 현재 포괄적인 단일 국가 순환경제 전략을 공식적으로 수립하지는 않았지만, 여러 연방 기관과 정책 이니셔티브를 통해 순환경제 원칙을 점진적으로 도입하고 있다.

(1) 환경보호청(EPA)의 접근

EPA는 "지속가능한 자재 관리"(SMM, Sustainable Materials Management) 프레임워크를 통해 순환경제 원칙을 추진하고 있다. "국가 재활용 전략"(National Recycling Strategy)을 2021년 발표하여 2030년까지 재활용률 50% 달성을 목표로 하는 로드맵을 제시했다. 2022년에는 이를 확장한 "국가 재활용 및 순환경제 전략 시리즈"(National Recycling and Circular Economy Strategy Series)를 추진하기 시작했다.

(2) 바이든 행정부의 기후 정책

2021년 "미국 기후위기 대응 행정명령"(Executive Order on Tackling the Climate Crisis)을 통해 청정 에너지 전환과 함께 순환경제 개념을 포함했다. 2030년까지 온실가스 배출을 2005년 대비 50~52% 감축하는 목표 달성을 위한 전략의 일환으로 순환경제를 포함시켰다. 그러나 트럼프의 기후협약 탈퇴로 바이든 행정부의 기후정책은 갈 길을 잃고 있다.

Think Box

2018년 중국의 폐기물 수입 금지와 글로벌 재활용 위기

(1) 중국의 폐기물 수입 금지 정책
저자가 ㈜중국 환경외교관시절이었던 2018년 1월, 중국은 환경보호를 목적으로 24종의 고체 폐기물 수입을 전면 금지했다. 이는 생활 플라스틱 폐기물, 미분류 퍼지, 폐섬유, 폐금속 슬래그 등을 포함했다. 2016년 기준 중국은 전 세계 플라스틱 폐기물의 약 45%, 폐지의 약 55%를 수입해오던 최대 재활용 폐기물 수입국이었다.

(2) 한국의 재활용 수거 대란
중국의 조치로 한국에서는 재활용품 가격이 급락했고, 수거업체들의 수익성이 악화되었다. 많은 업체들이 폐비닐과 폐스티로폼 수거를 거부하면서 특히 서울과 수도권 지역 아파트 단지에서는 재활용품이 적체되어 환경 및 위생 문제가 발생했다.

(3) 미국의 재활용 위기
미국의 서부 해안 주요 항구들에도 수천 개의 재활용 폐기물 컨테이너가 행선지 없이 적체되었다. 많은 지방자치단체들은 재활용 프로그램을 축소하거나 중단했으며, 일부는 수거한 재활용품을 매립하거나 소각하기도 했다. 베트남, 말레이시아 등 동남아시아 국가들로의 수출 전환 시도가 있었으나, 이들 국가도 곧 수입 제한 조치를 취했다.

(4) 글로벌 대응과 변화
이 위기는 글로벌 재활용 산업의 구조적 변화를 촉발했다. 주요 폐기물 배출국들의 국내 재활용 인프라 투자 확대, 일회용 플라스틱 사용 제한 등 폐기물 감량 정책 강화, 복합재질 플라스틱 처리 기술 등 재활용 기술 혁신 가속화, 바젤협약 개정을 통한 국제적 폐기물 이동 통제 강화 등이 이루어졌다.

(5) 영향과 의의
중국의 정책은 단기적으로 글로벌 재활용 위기를 초래했지만, 장기적으로는 각국이 지속가능한 자원순환 체계를 구축하는 계기가 되었다. 이 사건은 글로벌 폐기물 관리의 취약성을 드러내며, 순환경제로의 전환 필요성을 강조하는 전환점이 되었다.

〈자료출처: 수거 중단 아파트'(YTN, 2018.04.10.)〉

(3) 부처 간 협력

에너지부, 상무부, 국방부 등 여러 연방 기관이 순환경제 관련 이니셔티브를 추진하며 협력하고 있다. 상무부 산하 국립표준기술연구소는 순환경제 표준 개발을 지원하고 있다.

(4) 미국 혁신 및 경쟁력 법안(U.S. Innovation and Competition Act)

핵심광물 및 중요 물질의 공급망 안정성을 높이기 위한 자원 순환 전략이 포함되어 있다.

(5) 연방 구매력 활용

연방 조달정책에 지속가능성과 순환경제 원칙을 도입하여 연간 6,500억 달러에 달하는 연방 구매력을 활용하는 전략을 채택했다. "연방 지속가능성 계획"(Federal Sustainability Plan)을 통해 순환 제품 및 서비스 조달을 장려하고 있다.

2.3 주요 정책 목표와 방향성

미국의 순환경제 정책은 다음과 같은 주요 목표와 방향성을 가지고 있다.

자원 효율성 및 폐기물 감소: 2030년까지 식품 폐기물 50% 감소 목표 설정, 제로 웨이스트 전략을 통한 매립 폐기물 감소, 플라스틱 오염 대응을 위한 "Save Our Seas 2.0 Act"와 "Break Free From Plastic Pollution Act"[60]를 추진한다.

재활용 시스템 강화: EPA의 국가 재활용 전략을 통해 재활용 인프라 개선, 재활용 시장 발전 및 수요 창출, 재활용 기술 혁신을 지원한다.

제품 수명주기 관리: 제품 설계 단계부터 지속가능성 고려, 확장된 생산자 책임(EPR) 제도 도입 촉진, 제품 수리권(Right to Repair) 법안을 추진한다.

청정 에너지 및 제조업 전환: 인플레이션 감축법(Inflation Reduction Act)을 통한 청정 에너지 및 제조업 투자, 에너지부의 "Better Plants" 및 "Clean Energy Manufacturing Initiative" 프로그램을 통한 산업 효율성을 향상한다.

중요 광물 및 재료의 순환: 배터리, 전자제품, 태양광 패널 등에서 중요 광물 회수 및 재활용 촉진, 에너지부의 "ReCell Center"를 통한 배터리 재활용 기술을 개발한다.

---

60) Break Free From Plastic(BFFP) 운동은 2016년 필리핀에서 시작된 플라스틱 의존으로부터 벗어나자는 운동이다. 이 운동은 플라스틱 오염 문제에 대한 국제적인 대응 필요성이 대두되면서 환경단체와 시민사회가 연대하여 출범한 글로벌 네트워크이다. 선진국에서 수출된 플라스틱 쓰레기가 제대로 처리되지 않고 해양으로 유입되거나 소각매립되면서 환경문제가 심각해졌다. 많은 환경단체가 플라스틱 오염의 원인을 개인의 소비 행태보다는 기업의 대량 생산과 무책임한 유통 시스템으로 보고 있었다. 이에 따라, "생산자가 폐기물 처리에 책임을 져야 한다"는 생산자책임재활용제(EPR, Extended Producer Responsibility) 도입 요구가 확산되었다. 출범 이후 BFFP는 빠르게 확산되었으며, 현재 전 세계 2,700개 이상의 시민단체, 환경단체, 연구기관, 지역사회 조직이 참여하고 있다.

디지털 기술 활용: 순환경제 촉진을 위한 디지털 도구 및 플랫폼 개발 지원, 데이터 기반 의사결정 및 자원 추적 시스템을 구축한다.

산업 생태계 및 지역 순환경제 구축: 산업 공생(Industrial Symbiosis) 네트워크 구축 지원, 지역 기반 순환경제 이니셔티브를 장려한다.

혁신 및 연구 개발: 국립과학재단(NSF)과 에너지부를 통한 순환경제 관련 연구 지원, 첨단 재활용 기술 및 바이오 기반 대체 소재를 개발한다.

국제 협력 강화: G7 및 G20 순환경제 이니셔티브 참여, 해양 플라스틱 오염 대응을 위한 국제 협력을 드높인다.

교육 및 인력 개발: 순환경제 인력 육성을 위한 교육 및 훈련 프로그램, 중소기업 및 스타트업 지원을 통한 순환경제 혁신 생태계를 조성한다.

미국의 순환경제 정책 방향성은 크게 규제 접근법과 시장기반 접근법을 혼합하고 있다. 연방정부는 주로 연구개발 지원, 시장 인센티브 제공, 표준 개발 등에 집중하는 반면, 구체적인 규제는 주 정부 차원에서 더 적극적으로 이루어지고 있다.

캘리포니아, 메인, 오레곤 등의 주들은 EPR 법안, 일회용 플라스틱 규제, 제품 수리권 등 순환경제 관련 법안을 선도적으로 도입하고 있다. 또한 바이든 행정부는 기후변화 대응, 일자리 창출, 공급망 회복력 강화라는 세 가지 국가적 우선순위와 순환경제를 연계하는 전략을 추진하였다. 이를 통해 순환경제를 단순한 환경정책이 아닌 경제 성장과 국가 경쟁력 강화를 위한 전략적 접근으로 자리매김하고 있다.

2.4 자원 순환 촉진 정책

(1) 폐기물 관리 및 재활용 제도

미국의 폐기물 관리 및 재활용 제도는 연방, 주, 지방정부 차원의 다층적 구조로 이루어져 있으며, 최근 순환경제 원칙을 점진적으로 도입하고 있다.

① 연방 수준의 폐기물 관리 체계

자원보존회수법(RCRA, Resource Conservation and Recovery Act): 1976년 제정된 미국 폐기물 관리의 주요 법적 기반으로, 유해 폐기물 관리에 중점을 두고 있다. RCRA는 EPA에 폐기물 관리 표준 설정 및 감독 권한을 부여하지만, 주로 유해 폐기물에 중점을 두며 일반 고형 폐기물과 재활용 관리는 주로 주 및 지방 정부에 위임하고 있다.

EPA의 '국가 재활용 전략'(National Recycling Strategy): 2021년 11월 발표된 이 전략은 2030년까지 미국 재활용률을 50%로 높이는 것을 목표로 한다. 다섯 가지 주요 목표를 설정했다. 재활용 시스템 개선, 재활용 자재 시장 강화, 측정 방법 개선, 정책 및 프로그램 최적화, 재활용 형평성 증진 등이다.

연방 시설 재활용 프로그램: 연방 기관들은 행정명령 14057(Federal Sustainability Plan)에 따라 폐기물 감소 및 재활용 목표를 설정해야 한다. 연방 조달에서 재활용 및 바이오 기반 제품 구매를 우선 촉진하는 'BioPreferred' 및 'Comprehensive Procurement Guidelines(포괄적 조달 지침)' 프로그램을 운영한다.

② 주 및 지방 수준의 재활용 제도

병 보증금 제도(Bottle Bill): 오레곤, 캘리포니아, 미시간 등 10개 주에서 시행 중인 이 제도는 음료 용기에 소액의 보증금을 부과하고 반환 시 환불함으로써 재활용률을 높인다. 이 제도가 시행되는 주들은 전국 평균보다 높은 용기 재활용률을 보이고 있다.

매립지 전환 목표 및 제로 웨이스트 이니셔티브: 캘리포니아는 'AB 341'을 통해 2020년까지 폐기물 75% 전환 목표(매립하지 않고 순환)를 설정했다. 샌프란시스코, 시애틀, 오스틴 등의 도시들은 제로 웨이스트 목표를 채택하고 있다.

유기물 재활용 의무화: 캘리포니아의 'SB 1383'은 식품 폐기물 및 유기물 매립을 줄이고 퇴비화 또는 혐기성 소화를 통한 재활용을 의무화하고 있다. 매사추세츠, 버몬트, 코네티컷 등도 유사한 유기물 전환 프로그램을 운영하고 있다.

③ 시장 기반 메커니즘

재활용 시장 개발 전략: EPA의 'Recycling Market Development' 프로그램은 재활용 자재 시장을 강화하기 위한 정책적 지원을 제공한다. 'Buy Recycled' 캠페인과 지침을 통해 재활용 자재 수요 창출을 장려한다.

세제혜택 및 보조금: 일부 주는 재활용 설비 투자에 대한 세액 공제 및 면제를 제공한다. 예를 들어, 로드아일랜드는 재활용 장비구매에 대한 투자 세액공제를 제공한다.

(2) 생산자 책임 재활용제도(EPR)

미국에서 EPR 제도는 주로 주(State) 수준에서 발전하고 있으며, 전자제품, 배터리, 포장재 등 다양한 제품군에 적용되고 있다.

① 전자폐기물(E-waste) EPR 프로그램

주 수준의 전자폐기물 EPR 법안: 현재 25개 이상의 주에서 전자제품에 대한 EPR 법을 시행하고 있다. 캘리포니아의 'Electronic Waste Recycling Act'는 특정 전자제품 구매 시 재활용 수수료를 부과한다. 메인, 워싱턴, 버몬트 등의 주들은 제조업체가 자사 제품의 회수 및 재활용 프로그램을 설립하도록 요구한다.

② 배터리 및 수은 함유 제품 EPR 프로그램

주 수준의 배터리 EPR: 뉴욕, 버몬트, 메인 등의 주에서는 충전식 배터리에 대한 EPR 법을 시행하고 있다. 'Call2Recycle' 프로그램은 제조업체 주도의 자발적 배터리 회수 이니셔티브로, 전국적으로 운영된다.

③ 포장재 및 종이 제품 EPR 프로그램

최근 입법 동향: 메인주는 2021년 미국 최초로 포장재에 대한 포괄적 EPR 법인 'LD 1541'을 제정했다. 이 법은 제조업체와 브랜드 소유자에게 자사 제품 포장재의 수거 및 재활용 비용을 지불하도록 요구한다. 오레곤은 2021년 'Recycling Modernization Act'를 통과시켜 유사한 EPR 시스템을 도입했다. 콜로라도, 캘리포니아 등의 주들도 포장재 EPR 법안을 검토하거나 도입하고 있다.

④ 의약품 및 의료 폐기물 EPR 프로그램

의약품 회수 프로그램: 워싱턴, 캘리포니아, 메인 등의 주에서는 제약 회사가 사용하지 않은 의약품 수거 프로그램을 설립하도록 요구한다. 이러한 프로그램은 의약품의 부적절한 처분으로 인한 수질 오염 및 약물 남용 문제를 해결하는 데 도움이 된다.

(3) 플라스틱 오염 대응 정책

미국의 플라스틱 오염 대응 정책은 연방, 주, 지방 정부 수준에서 다양하게 발전하고 있으며, 특히 일회용 플라스틱 규제에 중점을 두고 있다.

① 연방 수준의 플라스틱 오염 대응

Save Our Seas Act 및 Save Our Seas 2.0 Act: 2018년과 2020년에 각각 제정된 이 법안들은 해양 플라스틱 오염 대응을 위한 국제 협력 강화, 국내 폐기물 관리 개선, 해양 쓰레기 제거를 위한 연구 및 프로그램을 지원한다. Save Our Seas 2.0은 해양 플라스틱 연구에 5,500만 달러를 배정하고, EPA의 고형 폐기물 인프라 개선 프로그램을 수립했다.

Break Free From Plastic Pollution Act: 현재 의회에서 검토 중인 이 법안은 일회용 플라스틱 제품감소, 포장재 EPR 도입, 플라스틱 폐기물 수출 제한 등을 제안하고 있다. 연방 수준의 포괄적인 플라스틱 오염 대응책으로 제안되었으나, 2025.1월 현재 아직 통과되지 않았다.

Microbead-Free Waters Act: 2015년 제정된 이 법은 세정용 제품에 플라스틱 마이크로비드 사용을 금지하여 수중 미세플라스틱 오염을 줄이는 것을 목표로 한다.

② 주 및 지방 수준의 일회용 플라스틱 규제

비닐봉지 금지 및 수수료 부과: 캘리포니아, 뉴욕, 오레곤, 코네티컷 등 8개 주와 수백 개의 지방자치단체에서 일회용 비닐봉지 금지 또는 수수료 부과 정책을 시행하고 있다. 캘리포니아는 2014년 'SB 270'을 통해 주 전체적으로 일회용 비닐봉지를 금지한 최초의 주가 되었다.

일회용 플라스틱 제품 규제: 버몬트는 2019년 'S.113'을 통해 플라스틱 빨대, 교반 막대, 발포 용기 등의 일회용 제품을 금지했다. 캘리포니아는 'AB 1276'을 통해 레스토랑이 요청시에만 플라스틱 식기류를 제공하도록 규제한다. 워싱턴주는 2022년부터 식당에서 요청시에만 플라스틱 식기류와 소스패킷을 제공하는 법을 시행하고 있다.

지방 자치단체의 선도적 역할: 시애틀, 샌프란시스코, 마이애미 비치 등 수백 개의 도시에서 일회용 플라스틱 제품 금지 조례를 시행하고 있다. 샌프란시스코는 2007년 식품 서비스 업체의 발포 용기 사용을 금지한 최초의 대도시이다.

③ 재활용 가능성 및 내용물 규제

최소 재활용 함량 요구사항: 캘리포니아의 'AB 793'은 일회용 플라스틱 음료 용기에

2025년까지 최소 15%, 2050년까지 최소 25%의 재활용 플라스틱 함량을 요구한다. 워싱턴주도 유사한 법을 제정하여 플라스틱 용기의 재활용 함량을 점진적으로 높이도록 요구하고 있다.

플라스틱 라벨링 개선: 캘리포니아는 'SB 343'을 통해 재활용 가능성에 대한 허위 주장을 제한하고, 재활용 상징은 실제로 재활용 가능한 제품에만 사용하도록 규제한다.

④ 기업 참여 및 자발적 이니셔티브

U.S. Plastics Pact: Ellen MacArthur Foundation의 지원을 받는 이 이니셔티브는 2025년까지 모든 플라스틱 포장재를 100% 재사용, 재활용 또는 퇴비화 가능하게 만드는 것을 목표로 한다. 월마트, 타겟, 코카콜라 등 주요 기업과 NGO, 정부 기관이 참여하고 있다.

American Chemistry Council의 이니셔티브: 플라스틱 산업 협회는 '2040년까지 미국 내 플라스틱 포장재의 100% 재활용, 재사용 또는 회수' 목표를 설정했다. 'Operation Clean Sweep'을 통해 플라스틱 펠릿의 환경 유출 방지를 위한 모범 사례를 장려한다.

이러한 다양한 정책과 이니셔티브를 통해 미국은 자원 순환을 촉진하고 플라스틱 오염을 줄이기 위한 노력을 기울이고 있다. 그러나 연방 수준의 포괄적인 정책 프레임워크 부재로 인해 주 및 지방 정부가 선도적 역할을 담당하고 있으며, 지역 간 정책 불균형이 존재한다.

2.5 미국의 순환경제 정책 시사점

(1) 분산형 거버넌스 구조

미국의 순환경제 정책은 연방, 주, 지방정부가 각기 다른 역할을 수행하는 다층적 구조를 가지고 있다. 연방정부는 주로 광범위한 프레임워크와 연구개발 지원에 집중하는 반면, 구체적인 규제와 정책 실행은 주로 주정부와 지방정부 수준에서 이루어지고 있다.

(2) 시장기반 접근법 선호

미국의 순환경제 정책은 직접적인 규제보다 경제적 인센티브와 시장 메커니즘을 활용하는 경향이 강하다. 민간 부문의 혁신을 촉진하고, 비용 효율적인 해결책 개발을 장려한다.

(3) 공공-민간 파트너십 강조

미국은 정부 주도보다 기업, 비영리 단체, 학계, 정부 간의 협력을 통한 순환경제 추진을 강조한다. 다양한 이해관계자의 전문성과 자원을 활용할 수 있으며, 산업계의 자발적 참여를 촉진한다. 그러나 구속력 있는 목표나 명확한 책임 소재가 부족할 수 있으며, 진전이 느릴 수 있다.

(4) 혁신과 기술 중심 접근

미국은 재활용 기술, 대체 소재, 디지털 기술 등 순환경제 혁신에 대한 연구개발 투자를 강조한다. 장기적으로 획기적인 기술 발전을 통해 순환경제 전환을 가속화할 수 있는 잠재력이 있다.

(5) 정책적 단편화와 통합적 접근 부족

미국은 아직 포괄적인 국가 순환경제 전략을 갖추고 있지 않으며, 개별 자원 흐름이나 제품군에 따라 단편적인 정책이 발전하고 있다. 우선순위가 높은 특정 문제(예: 플라스틱 오염, 전자폐기물)에 집중적으로 대응하는 경향이 있다. 이는 시스템 전반의 일관된 변화를 이끌어내기 어려우며, 정책 간 충돌이나 공백이 발생할 수 있다.

미국의 순환경제 정책은 혁신적인 주정부와 민간 부문의 선도적 노력, 첨단 기술 개발 지원 등의 강점을 가지고 있다. 그러나 연방 수준의 포괄적 전략 부재, 일관된 표준의 결여, 주로 다운스트림 솔루션(재활용)에 집중하는 경향 등은 한계로 지적된다. 전반적으로 미국은 순환경제 전환의 초기 단계에 있으며, 유럽과 같은 선도 지역에 비해 포괄적이고 체계적인 접근이 아직 부족한 상황이다.

제4절 한국의 순환경제 정책

1. 순환경제의 필요성

한국은 2050년 탄소중립 목표를 선언하며, 온실가스 배출을 줄이고 지속가능한 경제 구조로 전환하기 위한 정책을 적극적으로 추진하고 있다. 특히 순환경제(Circular Economy)는 자원 소비를 최소화하고, 폐기물 발생을 줄이며, 재사용 및 재활용을 극대화하는 방식으로 탄소중립 달성에 중요한 역할을 한다.

(1) 자원고갈 및 폐기물 증가 문제
한국은 자원 빈국으로, 대부분의 원자재를 해외에서 수입해야 하는 상황이다. 이에 따라 국내자원의 효율적인 활용과 폐기물 감축이 필수이다.

(2) 자원 소비 증가와 자립성 확보 필요
2020년 기준, 한국의 폐기물 발생량은 연간 약 500만 톤을 초과하며, 재활용되지 않는 폐기물이 증가하고 있다. 폐기물 처리 비용 증가 및 매립지 부족 문제도 심각하다.

(3) 순환경제 정책 도입의 필요성
매립 및 소각 의존도를 낮추고, 자원 재활용률을 높이는 방향으로 경제 구조 전환이 필수이다. 순환경제 모델을 도입하면 수입 원자재 의존도를 낮추고 국내 산업 경쟁력을 강화할 수 있다.

(4) 기후변화 대응 및 국제 규제 강화
유럽연합(EU)은 '신순환경제 실행계획(CEAP 2020)'을 통해 폐기물 감축 및 재활용을 강화하고 있으며, 탄소국경조정제도(CBAM)를 도입하여 환경 기준을 충족하지 않는 제품에 세금을 부과한다. 한국의 수출 기업들이 글로벌 기준을 충족하지 못할 경우 수출에 차질이 발생할 가능성이 있다.

(5) 국제 협약 및 ESG 요구 증가

UN 지속가능발전목표(SDGs), 파리기후협약 등 국제적인 환경기준이 강화되고 있다. 글로벌 기업들은 공급망 차원에서 ESG 경영을 강화하고 있어, 한국 기업들도 이에 부응해야 한다.

2. 순환경제 정책

우리나라는 2050년 탄소중립 목표를 달성하기 위해 순환경제 정책을 적극적으로 추진하고 있다. 자원 낭비를 줄이고 폐기물을 최소화하는 경제시스템을 구축하기 위해 다양한 법과 정책이 마련되었다.

(1) 탄소중립기본법 (2021년 시행)

탄소중립 사회로의 전환을 위한 법적 기반이 마련되었다. 2050 탄소중립 목표를 법제화한 법률이며 2030 국가온실가스감축목표(NDC) 설정 및 이행 의무화, 탄소감축과 순환경제 촉진을 위한 정부의 역할과 기업의 책임 명시, 폐기물 관리 및 자원순환을 통한 온실가스 감축 방안 포함, 친환경 기술 개발 및 순환경제 촉진을 위한 정부 지원 확대 등을 규정하고 있다. 즉, 탄소중립기본법은 한국의 순환경제 정책이 탄소중립 달성과 직결되도록 법적 기반을 마련한 핵심 법안이다.

(2) 순환경제사회 전환 촉진법(2024년 시행)

기존 '자원순환기본법'은 폐기물의 발생 억제와 적정한 처리에 중점을 두었으나, 자원순환 이용 확대와 고품질 폐자원 공급망 구축 등 순환경제의 전반적인 촉진에는 한계가 있어 대체되었다. 생산·유통·소비 등 전 과정에서 자원의 효율적 활용과 폐기물 발생 억제를 통해 지속 가능한 순환경제 사회로의 전환을 촉진하는 것을 목표로 하고 있다.

법안의 주요 내용으로 순환자원과 폐기물의 구분 관리가 명시화되었다. 이전에는 모든 불용물을 폐기물로 간주하였으나, 새로운 법에서는 순환이용 가능한 자원과 처분해야 할 폐기물을 구분하여 관리하도록 하였다. 이를 통해 자원 순환 이용을 촉진하고 폐기물 처리를 효율화한다.

환경부는 순환경제사회로의 전환을 위한 중장기 정책 목표와 방향을 제시하는 기본계획을 10년마다 수립·시행하며, 5년마다 그 타당성을 검토하도록 하였다.

(3) 폐기물관리법

폐기물 발생부터 처리까지 전 과정 관리 강화, 폐기물 발생 감축 목표 설정 및 관리 의무화, 생산자책임재활용제(EPR, Extended Producer Responsibility) 시행, 플라스틱 및 일회용품 사용 제한, 2030년까지 플라스틱 폐기물 50% 감축 목표, 유해 폐기물 처리 및 관리 강화, 전자폐기물, 건설폐기물 등 친환경 처리 의무화 등을 구정하고 있다. 폐기물관리법은 폐기물의 발생부터 재활용, 처리까지 전 과정을 엄격하게 관리하여 순환경제를 촉진하는 핵심 법률이다.

(4) 전자제품 및 자동차의 자원순환에 관한 법률

전자제품 및 자동차의 폐기물 관리를 체계적으로 시행하는 법으로 폐전자제품(E-waste) 및 자동차 부품의 재활용 의무화, 배터리 및 희귀금속 회수·재사용 촉진, EPR(생산자책임재활용제) 확대 적용, 전기차 배터리 재사용 및 재활용 의무화, 배터리의 회수 및 리퍼브 시장 확대를 지원하는 내용을 담고 있다. 즉, 이 법은 전기·전자제품 및 자동차 산업에서 발생하는 폐기물을 체계적으로 관리하고, 고부가가치 재활용을 유도하는 데 초점을 맞추고 있다.

우리나라의 순환경제는 탄소중립과 연계하여 발전하고 있으며, 폐기물 감축·자원순환·산업별 맞춤형 정책을 통해 지속가능한 미래를 구축하는 방향으로 나아가고 있다.

(5) 자원의 절약과 재활용 촉진에 관한 법률(자원재활용법)

1992년 제정되어 자원의 효율적 사용과 폐기물 감량을 통해 순환경제(Circular Economy) 체계로 나아가기 위한 한국의 핵심 기반 법이다. 이 법은 단순한 폐기물 처리를 넘어, 자원의 채취-생산-소비-폐기 전 과정을 고려하여, 자원을 최대한 오래 사용하고, 다시 사용하고, 재활용하는 사회 구조를 목표로 한다. 주요 내용은 폐기물 감량 및 저활용 촉진을 통하여 불필요한 폐기물 발생을 억제하고, 재활용 가능 자원은 분리배출하여 적극적으로 재활용하도록 하고 있다. 또한 폐기물을 새로운 자원으로 전환하여 폐기 최소화(자원순환의 기본 원칙)나 생산자책임재활용제도(EPR)를 도입하고 있다.

분리배출 의무화, 재활용 용이성 평가, 즉 일정 규모 이상의 제품에 대해 재활용이 쉬운지 여부를 평가하여 친환경 제품 설계(Eco-design) 촉진, 순환경제 상품시장 형성을 지원하는 내용을 담고 있다.

3.주요 산업별 순환경제 적용사례

우리나라는 탄소중립 목표 달성을 위해 다양한 산업에서 순환경제 정책을 적용하고 있다. 전기·전자 제품, 자동차·배터리, 플라스틱·포장재, 건설·폐기물 산업을 중심으로 자원순환을 촉진하고, 폐기물을 줄이며, 재활용을 확대하는 전략을 추진하고 있다.

3.1 전기·전자 제품: 폐전자제품(E-waste) 재활용 확대 및 중고제품 활성화
(1) 배경 및 필요성
전자제품 사용량 증가로 인해 전자폐기물(E-waste)이 급증하고 있으며, 폐전자제품에는 금속(금, 은, 구리 등) 및 희귀 원소(리튬 등)가 포함되어 있어, 재활용이 가능하지만 대부분 소각되거나 매립되고 있다. E-waste의 올바른 처리 및 재활용 확대가 필요하다.

(2) 주요 정책 및 실행 방안
생산자책임재활용제(EPR) 확대로 전자제품 제조업체가 폐기물 처리 및 재활용 비용을 부담하도록 법제화하였다. 대상 품목은 노트북, 휴대폰, 태블릿, TV, 세탁기, 냉장고 등이다.
폐전자제품 회수 및 고부가가치 재활용 확대를 위하여 전국적으로 E-waste 전용 수거 시스템 구축 및 지자체별 회수 프로그램을 운영중이다. 폐배터리 및 희귀금속을 추출·재활용하는 친환경 기술개발을 지원하고 있다.

3.2 자동차 및 배터리 산업: 전기차 배터리 재사용 및 재활용 정책
(1)배경 및 필요성
전기차(EV) 보급 확대에 따라 폐배터리 발생량이 증가하고 있다. 전기차 배터리에는 리튬, 니켈, 코발트 등의 희귀금속이 포함되어 있어, 재사용 및 재활용이 필수적이다.

(2) 주요 정책 및 실행 방안

전기차 폐배터리 회수 및 재활용을 위하여 폐배터리 관리 시스템을 구축하여 배터리 사용 이력 추적을 할 수 있는 디지털 배터리 패스포트(Digital Battery Passport) 도입이 추진중이다. 2030년까지 리튬 재활용률 80% 달성이 목표이다.

폐배터리를 에너지저장장치(ESS)로 재사용하는 기술 개발 지원, 지자체 및 공공기관의 ESS 구축 사업에 재사용 배터리 적용 의무화 등이 추진되고 있다.

2035년 내연기관 자동차 판매중단 검토 설정, EV·수소차 보급확대 및 충전 인프라 구축, 친환경 자동차 부품 재사용 확대 및 폐차 자원순환율 증가 목표 등이 설정되어 있다.

3.3 플라스틱 및 포장재: 감축 및 친환경 소재 개발

(1) 배경 및 필요성

플라스틱 폐기물 증가 및 미세플라스틱 문제가 심각해지고 있으며, EU·미국 등 선진국들의 플라스틱 사용 규제 강화에 대응할 필요가 있다.

(2) 주요 정책 및 실행 방안

2030년까지 플라스틱 폐기물 50% 감축 목표 설정, 일회용 플라스틱 사용 금지 품목 확대(플라스틱 빨대, 컵, 포장재 등) 등이 추진중이고, 친환경 대체 소재 개발 및 상용화를 지원하고 있다. 바이오 플라스틱, 생분해성 플라스틱 연구개발 지원, 친환경 포장재 사용 의무화 및 기업 인센티브 제공 등을 추진하고 있다.

유리병에 이어 일회용 커피컵에 대한 보증금제(Deposit Return System, DRS) 확대 및 포장재 규제가 강화되고 있다. 플라스틱 순환경제 촉진을 위한 공공-민간 협력 확대로 "제로 웨이스트 매장" 및 리필스테이션 운영 확대, 스타벅스·코카콜라 등 기업의 플라스틱 재사용 프로그램 확대 등을 추진중이다.

3.4 건설 및 폐기물 산업: 건설폐기물 자원화 및 친환경 건축 확대

(1) 배경 및 필요성

건설산업은 자원 소비량이 많고, 건설폐기물 발생량이 매우 높은 산업이다. 건설폐기물 재활용 및 순환골재(재활용 건축자재) 활용의 필요성이 증대되고 있다.

(2) 주요 정책 및 실행 방안

건설폐기물의 70% 이상 재활용 목표 설정, 도로포장 및 건축재료로 순환골재 사용 확대, 탄소 저감형 건축자재(저탄소 콘크리트, 목조 건축물 등) 개발 및 사용 확대, 친환경 인증 건축자재 사용 의무화 및 세제 지원 등이 주요 정책수단이다.

또한 건설현장에서 발생하는 폐기물 최소화 전략 도입, 3D 프린팅 건축 기술 도입 등으로 자원 낭비를 최소화하고 있으며, 공공 건축물의 순환경제 적용을 의무화하고 있다. 국가 및 지자체 공공 건축물에 순환자원 활용 기준 설정, 건설 폐기물 제로(Zero Waste) 목표를 설정한 시범 프로젝트 추진 등이 이루어지고 있다.

4. 순환경제 촉진 제도

한국은 지속가능한 순환경제로의 전환을 목표로 다양한 정책과 제도적 장치를 체계적으로 발전시켜왔다. 2024년 「순환경제사회 전환 촉진법」의 시행은 기존의 「자원순환기본법」을 전면 개정하여 생산-소비-재활용의 전 주기에 걸친 자원순환 체계를 강화하는 중요한 전환점이 되었다. 이러한 법제도적 변화를 중심으로 한국의 주요 자원순환 정책과 제도를 다음과 같이 체계적으로 정리할 수 있다.

4.1 생산단계 자원순환 정책 수단
(1) 생산자책임재활용제도(EPR)

「자원의 절약과 재활용촉진에 관한 법률」에 근거한 EPR 제도는 제품 및 포장재의 생산자에게 재활용 책임을 확대 부여함으로써 제품 설계 단계부터 환경성을 고려하도록 유도한다. 종이팩, 유리병, 금속캔, 플라스틱 포장재, 윤활유, 전지류, 타이어, 전자제품 등이 주요 대상이며, 생산자는 정부가 품목별로 설정한 재활용 의무율을 달성해야 한다.

생산자는 직접 수거·재활용하거나, 대부분 한국환경공단의 감독 하에 품목별 재활용사업공제조합을 통해 의무를 이행한다. 의무 미달성 시에는 재활용 비용에 30%를 가산한 재활용부과금이 부과되며, 이는 강력한 경제적 유인으로 작용한다. 최근에는 플라스틱 재활용 의무율 상향, 페트병 등에 재생원료 의무사용제 도입 등 제도의 강화가 이루어지고 있다.

(2) 폐기물부담금 제도

「자원의 절약과 재활용촉진에 관한 법률」 제12조에 근거하여 제품의 생산·수입 단계에서 폐기물 처리 비용을 선제적으로 부과하는 제도이다. 플라스틱 제품, 1회용 기저귀, 담배, 고체윤활유, 특정 유해물질 함유 제품 등이 대상이며, 제품의 종류와 중량에 따라 차등 부과된다.

부과된 부담금은 환경부의 자원순환특별회계로 편입되어 폐기물 처리시설 확충, 재활용 산업 육성, 기술개발 등에 활용된다. 2023년부터는 탄소중립 정책과 연계하여 바이오 플라스틱 등 친환경 소재 제품에 대한 감면 혜택을 확대하고, 부담금 요율도 상향 조정되었다.

(3) 재제조 인증제도

「환경친화적 산업구조로의 전환촉진에 관한 법률」 제23조와 「순환경제사회 전환 촉진법」 제17조에 근거하여, 사용 후 제품을 분해·세척·검사 후 재조립하여 신제품과 동등한 성능을 확보한 재제조 제품에 인증을 부여하는 제도이다. 국가기술표준원이 인증 업무를 담당하며, 자동차 부품, 토너 카트리지, 건설기계 부품 등이 주요 인증 대상이다.

인증 제품은 「녹색제품 구매촉진에 관한 법률」에 따라 녹색제품으로 인정받아 공공조달 시 우선구매 대상이 되며, 「조세특례제한법」에 따라 부가가치세 영세율 적용과 같은 세제 혜택도 제공받는다. 2024년부터는 「순환경제사회 전환 촉진법」에 따라 재제조 산업 육성 계획이 수립되고, 재제조 활성화 지원센터가 운영되고 있다.

4.2 자원순환성 평가 및 인증 제도

(1) 순환자원 인정제도

「순환경제사회 전환 촉진법」 제21조와 제23조에 근거하여, 폐기물 중 환경성 유해성, 유가성 등 일정 기준을 충족하는 자원을 '순환자원'으로 인정하여 폐기물 관리 규제에서 제외함으로써 자원으로서의 가치를 극대화하는 제도이다.

인정 절차는 사업자의 신청에 따라 환경부(또는 지자체)가 평가를 통해 결정하며, 금속 스크랩, 제철소 슬래그, 폐우리, 전기차 폐배터리 등이 주요 대상이다. 인정된 순환자원은 폐기물관리법상 배출, 운반, 보관 등의 규제를 받지 않고 일반 원료나 제품과 동일하게 유통·활용될 수 있어 재활용 산업의 경제성을 크게 향상시킨다.

(2) 자원순환 성과관리제

「순환경제사회 전환 촉진법」 제15조에 따라 일정 규모 이상의 사업장을 대상으로 자원순환 목표를 설정하고 그 이행 성과를 관리하는 제도이다. 연간 폐기물 발생량 100톤 이상 사업장이 대상이며, 사업장별로 자원순환율, 최종처분율, 에너지 회수율 등의 지표에 대해 자체 목표를 수립하고 이행해야 한다.

사업장은 매년 성과보고서를 제출하고, 환경부는 이를 평가해 우수 사업장에는 인센티브를, 미흡 사업장에는 개선명령을 부과할 수 있다. 2024년부터는 업종별 표준 감축목표를 설정하고, 목표 초과달성 시 온실가스 감축실적(외부사업)으로 인정받을 수 있도록 탄소중립 정책과의 연계도 강화되었다.

(3) 우수재활용(GR) 제품 인증제도

「자원의 절약과 재활용촉진에 관한 법률」과 「녹색제품 구매촉진에 관한 법률」에 근거하여, 재활용 제품의 품질과 환경성을 종합적으로 평가해 우수한 제품에 GR(Good Recycled) 인증을 부여하는 제도이다. 한국환경산업기술원이 인증 업무를 담당하며, 현재 15개 분야 228개 품목에 걸쳐 인증기준이 마련되어 있다.

인증 제품은 공공기관 의무구매 대상으로 지정되어 안정적인 수요를 확보할 수 있으며, 재활용산업 발전 유공자 포상, R&D 지원사업 우대 등의 혜택도 있다. 폐플라스틱 가구, 재생 화장지, 재활용 유리 건자재, 순환골재 등이 대표적인 인증 제품이다.

4.3 소비자 및 생산자 참여 촉진 제도

(1) 보증금제도

「자원의 절약과 재활용촉진에 관한 법률」 제15조의2에 근거하여, 제품 구매 시 일정 금액을 보증금으로 부과하고 소비자가 사용 후 반환 시 환급함으로써 재사용을 촉진하는 제도이다. 대표적으로 빈용기보증금제도가 있으며, 맥주병, 소주병 등 유리용기가 주요 대상이다. 최근에는 1회용 컵 보증금제가 도입되어 카페, 패스트푸드점 등에서 음료 구매 시 컵당 300원의 보증금을 부과하고 반환 시 환급하는 방식으로 시행되고 있다. 또한 「순환경제사회 전환 촉진법」 제31조는 보증금제도의 적용 범위를 다양한 제품군으로 확대할 수 있는 법적 근거를 마련하였다.

(2) 폐기물예치금 제도

과거에는 다양한 품목에 적용되었으나, 현재는 「자원의 절약과 재활용촉진에 관한 법률」에 따라 형광등, 윤활유 용기 등 제한된 품목에만 적용되고 있다. 제품 생산자가 폐기물 처리비용을 사전에 예치하고, 실제 회수 처리 실적에 따라 환급받는 방식으로, 현재 대부분의 품목은 EPR 제도로 전환되었다.

(3) 자원순환 교육 및 홍보

「순환경제사회 전환 촉진법」 제10조와 제11조는 순환경제 문화 조성을 위한 교육, 홍보, 국민참여 촉진에 관한 사항을 규정하고 있다. 환경부는 '자원순환의 날'(9월 6일)과 '자원순환 주간'을 지정하여 다양한 캠페인과 교육 프로그램을 운영하며, 학교 교육과정에도 자원순환 내용이 포함되어 있다. 또한 한국환경공단이 운영하는 '자원순환정보시스템'을 통해 일반 국민에게 재활용 방법, 분리배출 요령 등을 안내하고, 2024년부터는 제품의 재활용 용이성과 재생원료 함량 등을 표시하는 '순환경제 라벨링' 제도도 시범 도입되었다.

4.4 폐기물 처리 및 재활용 인프라 구축

(1) 폐기물처분부담금 제도

「순환경제사회 전환 촉진법」 제21조에 근거하여, 폐기물의 직매립이나 소각 시 처분부담금을 부과함으로써 최종처분을 억제하고 재활용을 유도하는 제도이다. 직매립 시 톤당 최대 3만원, 소각 시 최대 1만원의 부담금이 부과되며, 부담금 수입은 재활용 산업 지원 등에 활용된다.

이 제도는 폐기물 발생량 감소와 재활용률 증가에 상당한 효과를 보이고 있으며, 특히 수도권매립지의 매립량이 크게 감소하는 등 가시적인 성과가 나타나고 있다. 2024년부터는 처분부담금 요율이 상향 조정되고, 소각시설 이용 효율화를 위한 권역별 관리체계도 도입되었다.

(2) 탄소중립형 순환자원 클러스터 조성사업

「순환경제사회 전환 촉진법」 제18조와 「탄소중립기본법」에 근거하여, 특정 폐자원을 중심으로 수거-선별-재활용-제품화를 아우르는 첨단 재활용 산업단지를 조성하는 사업이다. 폐플라스틱, 폐배터리, 태양광 폐패널 등 미래유망 순환자원에 특화된 클러스터를 구축한다. 현재 인천(폐플라스틱), 여수(폐화학소재), 포항(폐금속) 등에서 시범사업이 추진 중이며, 2030년까지 전국에 5개소 조성을 목표로 하고 있다. 클러스터 내에는 공동 R&D센터, 품질인증시설, 국제협력 허브 등이 구축되어 순환경제 생태계의 중심역할을 하고 있다.

(3) 자원순환 정보시스템

폐기물 전 과정을 전자적으로 추적·관리하는 시스템으로, 한국환경공단이 운영하는 '올바로시스템(Allbaro)'이 대표적이다. 「폐기물관리법」과 「순환경제사회 전환 촉진법」에 근거하여 구축되었으며, 폐기물의 배출-운반-처리 전 과정을 실시간으로 모니터링한다.

최근에는 블록체인 기술을 활용한 '순환자원 이력관리 시스템'이 시범 도입되어 재활용 과정의 투명성과 신뢰성을 높이고 있다. 2024년부터는 「순환경제사회 전환 촉진법」 제25조에 따라 '순환경제 통합정보체계'로 확대 개편되어, 제품 생산부터 폐기까지 전 생애주기 정보를 통합 관리하는 방향으로 발전하고 있다.

4.5 순환경제 지원 및 인센티브 제도

(1) 자원순환 인센티브 제도

「조세특례제한법」과 「순환경제사회 전환 촉진법」에 근거하여, 자원순환 성과가 우수한 기업에 다양한 혜택을 제공하는 제도이다. 재활용 설비 투자에 대한 세액공제(최대 10%), 환경개선자금 저금리 융자, 우수 재활용기업 인증 등이 대표적인 인센티브이다.

지방자치단체 차원에서는 재활용 사업장에 대한 종량제 봉투 지원, 폐기물처리비용 감면, 입지규제 완화 등 추가적인 유인책을 제공하기도 한다. 2024년부터는 「순환경제사회 전환 촉진법」 제29조에 따라 '순환경제 기업 우대 제도'가 도입되어 종합적인 지원체계가 강화되었다.

(2) 순환경제 R&D 지원

「순환경제사회 전환 촉진법」 제27조는 순환경제 기술개발 및 산업화 지원에 관한 사항을 규정하고 있다. 환경부의 '순환경제 전환 기술개발사업'을 중심으로 친환경 소재 개발, 고부가가치 재활용 기술, 선별 자동화 기술 등에 대한 R&D 투자가 이루어지고 있다.

특히 2023년 수립된 '순환경제 혁신기술 로드맵'에 따라 2030년까지 총 1조원 규모의 기술개발 투자가 계획되어 있으며, 산학연 공동연구, 실증사업, 사업화 지원이 패키지로 추진되고 있다.

(3) 순환경제 금융 지원

「순환경제사회 전환 촉진법」 제30조는 순환경제 전환을 위한 금융지원에 관한 사항을 규정하고 있다. 한국환경산업기술원이 운영하는 '순환경제 투자펀드'를 통해 유망 재활용 기업에 대한 투자를 확대하고, 녹색채권, ESG 대출 등 다양한 금융상품 개발도 지원하고 있다. 금융위원회와 환경부의 협력으로 2024년부터는 '순환경제 금융 로드맵'이 시행되어, 재생원료 사용 기업에 대한 인센티브, 자원순환 정보 공시 강화, 분야별 녹색 분류체계(Taxonomy) 개발 등이 추진되고 있다.

4.6 순환경제 국제협력 및 미래전략

(1) 순환경제 국제 협력

「순환경제사회 전환 촉진법」 제33조는 국제협력 및 해외진출 지원에 관한 사항을 규정하고 있다. 한국은 OECD, UNEP 등 국제기구의 순환경제 이니셔티브에 적극 참여하고 있으며, '한-EU 순환경제 파트너십', '한-아세안 순환경제 협력사업' 등 양자협력도 강화하고 있다. 특히 개발도상국의 폐기물 관리 및 자원순환 시스템 구축을 지원하는 ODA 사업을 확대하고, 국내 재활용 기업의 해외진출을 위한 정보제공, 컨설팅, 금융지원 등도 실시하고 있다.

(2) 미래 순환경제 전략

2023년 수립된 '2050 순환경제 비전'에 따라 한국은 순환경제를 통한 탄소중립 실현, 자원안보 강화, 신산업 육성을 장기 목표로 설정하고 있다. 특히 디지털 전환과 연계한 스마트 자원관리, 순환경제와 탄소중립의 통합적 접근, 글로벌 가치사슬 내 순환경제 구축 등이 핵심 전략으로 제시되었다. 「순환경제사회 전환 촉진법」 제5조에 따라 5년마다 '순환경제사회 전환 기본계획'을 수립하여 중장기 정책 방향과 목표를 설정하고, 범부처 '순환경제추진단'을 통해 통합적인 거버넌스를 구축하고 있다.

제5절 국제플라스틱 협약 논의

1. 배경

플라스틱 오염은 전 세계적으로 심각한 환경 문제로 대두되고 있다. 1950년 약 200만 톤이었던 플라스틱 생산량은 2024년 약 4억 톤으로 증가했으며, 2060년에는 3배 이상 증가할 것으로 예상된다. 그러나 OECD(경제협력개발기구)가 2022년 발표한 "Global Plastics Outlook" 보고서에 따르면, 전 세계적으로 생산된 플라스틱 중 약 9%만이 성공적으로 재활용되고 있다.

플라스틱은 생산과 폐기 과정에서 막대한 탄소 배출이 발생하며, 이를 감축하는 것은 탄소중립 목표와 직접 연관된다. 플라스틱 원료인 석유 및 가스의 채굴, 정제, 생산 과정에서 온실가스가 다량 배출되며, 이를 줄이기 위한 플라스틱 생산 감축이 중요하다. 플라스틱 소각은 온실가스를 배출하는 주요 요인이며, 플라스틱 재사용 및 재활용 촉진은 탄소배출 저감에 기여할 수 있다.

플라스틱 협약을 통해 재활용을 의무화하고, 대체 소재를 활용하여 탄소배출을 줄이는 것이 필요하다. 플라스틱 협약은 탄소배출권 거래제(ETS) 및 기업의 ESG 전략과도 밀접하게 연관되며, 기업들은 지속가능한 공급망 구축이 필수적이다.

플라스틱 오염 문제를 해결하기 위해 유엔환경계획(UNEP)은 2022년 유엔환경총회에서 170여 개국이 참여하는 국제 플라스틱 협약을 논의하기 시작했다. 협약은 플라스틱의 생산부터 폐기까지 전 생애 주기를 관리하는 것을 목표로 하며, 2024년까지 협상을 완료하고 법적 구속력을 갖춘 협약을 채택하는 것이 목표였다.

2. 논의 과정

국제 플라스틱 오염 문제를 해결하기 위한 협약은 2022년부터 유엔환경계획(UNEP) 주도로 진행되고 있다. 총 다섯 차례의 정부간협상위원회(INC) 회의가 개최되었다.

2.1 제1차 회의 (2022년 11월, 우루과이 푼타 델 에스테)

첫 번째 회의에서는 협상의 절차와 향후 일정에 대한 논의가 주로 이루어졌다. 특히, 강력한 규제를 요구하는 국가들이 플라스틱 생산 감축의 필요성을 공식적으로 언급하였고, 플라스틱 오염으로 피해를 입는 지역 주민들의 발언도 주목받았다.

2.2 제2차 회의 (2023년 5월, 프랑스 파리)

두 번째 회의에서는 2023년 11월 케냐에서 열릴 예정인 제3차 회의 전까지 협약 초안(Zero Draft)을 마련하기로 합의하였다. 그러나 플라스틱 생산 감축에 대한 국가 간 의견 차이가 좁혀지지 않아, 이 부분은 추후 논의하기로 결정되었다.

2.3 제3차 회의 (2023년 11월, 케냐 나이로비)

세 번째 회의에서는 협약 초안에 대한 구체적인 논의가 진행되었으나, 플라스틱 생산 감축 및 법적 구속력에 대한 국가 간 이견으로 인해 합의에 이르지 못했다.

2.4 제4차 회의 (2024년 4월, 캐나다 오타와)

네 번째 회의에서는 플라스틱 오염 문제를 해결하기 위한 법적 구속력 있는 협약의 필요성이 재차 강조되었으며, 협약의 주요 내용과 구조에 대한 논의가 심화되었다. 그러나 핵심 쟁점에 대한 합의는 여전히 이루어지지 않았다.

2.5 제5차 회의 (2024년 11월, 대한민국 부산)

마지막 회의에서는 협약의 핵심 사항인 플라스틱 생산 감축의 필요성이 확인되었고, 약 100개국이 공식 의견서를 통해 생산 감축 지지 입장을 밝혔다. 그러나 주요 쟁점에 대한 국가 간 이견으로 인해 협약의 최종 합의에는 이르지 못하였으며, 협상은 2025년으로 연기되었다.

현재까지의 협상 과정을 통해 플라스틱 오염 문제의 심각성에 대한 국제적인 공감대는 형성되었으나, 구체적인 실행 방안과 법적 구속력에 대한 국가 간 이견으로 인해 최종 합의에 도달하지 못하고 있다.

3. 주요 쟁점

3.1 플라스틱 생산 감축
일부 국가는 플라스틱 생산 자체를 감축해야 한다고 주장하는 반면, 주요 석유 및 플라스틱 생산국(사우디아라비아, 미국 등)은 폐기물 관리에 초점을 맞출 것을 주장하고 있다.

3.2 법적 구속력
EU와 아프리카 등 135개국은 모든 국가에 적용되는 법적 구속력을 갖춘 협약을 지지하는 반면, 일부 국가는 자국의 상황에 맞춘 자발적 목표 설정을 선호하고 있다.

3.3 유해 화학물질 규제
일부 플라스틱 제품에 포함된 유해 화학물질의 사용 제한 또는 금지도 논의되고 있다. 특히, 인체와 환경에 해로운 영향을 미치는 물질의 사용을 단계적으로 중단하자는 의견이 제시되고 있다.

3.4 재정 지원 및 기술 이전
개발도상국의 플라스틱 오염 문제 해결을 위한 재정 지원 방안도 중요한 논의 주제이다. 선진국과 개발도상국 간의 재정 지원 규모와 방식에 대한 이견이 존재하고 있다.

4. 국제 플라스틱 협약이 무역에 미치는 영향

4.1 글로벌 무역 변화
플라스틱 생산 및 사용 제한으로 인해 석유화학 제품 수출국(사우디아라비아, 미국 등)과 플라스틱 제품 수출국(중국, 동남아시아)의 경제적 영향이 클 것으로 예상된다. 친환경 대체 소재(생분해성 플라스틱, 종이 포장 등)에 대한 수요가 증가하면서 신소재 개발 및 관련 무역이 활성화될 가능성이 높다.

4.2 무역 규제 및 기업 대응

협약이 발효되면 환경 규제를 준수하지 않는 국가 및 기업에 대한 무역 장벽이 강화될 전망이다. 플라스틱 폐기물 수출입이 엄격히 규제될 가능성이 있으며, 특히 개발도상국으로의 플라스틱 폐기물 수출이 금지될 가능성 있다. 다국적 기업들은 지속가능한 제품 디자인과 재활용 가능한 포장재 사용을 확대해야 하며, 플라스틱 사용량을 감축하는 방향으로 사업 모델을 조정해야 할 것이다.

4.3 신흥 산업 및 기회

친환경 포장재, 생분해성 플라스틱, 재활용 기술 및 관련 산업이 급속히 성장할 것으로 예상된다. 폐플라스틱을 재활용한 원자재(R-PET, R-PP 등) 수요 증가로 인해 관련 시장이 활성화될 전망이다. 기업들은 순환경제 모델을 적용하여 플라스틱 소비를 줄이고, 지속가능한 비즈니스 전략을 구축하는 방향으로 전환해야 한다.

5. 향후 전망

5.1 협상 전망

2024년 11월 부산에서 열린 제5차 정부간협상위원회(INC-5)에서 협약 타결을 목표로 했으나, 주요 쟁점에 대한 이견으로 합의에 이르지 못했다. 특히, 플라스틱 생산 감축에 대한 산유국과 비산유국 간의 의견 차이가 컸다. 협상은 2025년으로 연기되었으며, 추가 회의를 통해 합의를 도출할 예정이다.

5.2 기대 효과

국제사회는 플라스틱 오염 문제의 심각성을 인식하고 있으며, 협약 타결을 위한 노력을 지속할 것으로 예상된다. 만약 법적 구속력이 강한 협약이 타결될 경우 플라스틱 생산 감축 및 재활용 확대, 유해 화학물질 사용 제한, 재활용 기술 및 재정 지원 확대, 폐기물 관리 및 해양 오염 방지 강화 등이 기대된다.

5.3 남은 과제

플라스틱 생산 감축 목표의 구체화, 법적 구속력 수준 조율, 개발도상국에 대한 지원 방안 확정, 기업 및 산업계의 협력 강화 등에 대한 논의와 합의가 필요하다.

플라스틱 오염 문제는 단순한 환경 문제가 아니라 인류의 생존과 직결된 글로벌 위기와 연관된 문제이다. 따라서 국제사회의 협력과 강력한 조치가 필요하며, 협약의 성공적인 타결을 위해 각국의 적극적인 참여와 양보가 중요하다.

Discussion Topic

1. 순환경제는 탄소중립을 달성하는 가장 효과적인 전략인가?
   - **찬성** 순환경제는 자원 재사용, 재활용을 통해 생산과 폐기 과정에서의 탄소배출을 줄이는 가장 효율적인 방법이다.
   - **반대** 순환경제만으로는 탄소중립을 달성하기 어렵고, 신재생에너지 확대, 탄소포집 기술 등 다른 정책과 병행해야 효과적이다.

2. 기업은 강제적인 '순환경제 규제'를 받아야 하는가?
   - **찬성** 기업들이 자발적으로 순환경제를 도입하는 데 한계가 있으며, 강력한 규제를 통해 자원 순환을 의무화해야 한다.
   - **반대** 강제적 규제는 기업의 경제적 부담을 가중시켜 혁신을 저해할 수 있으며, 시장 자율에 맡기는 것이 더 효율적이다.

3. 폐기물 관리보다 자원 채굴을 줄이는 것이 더 중요한가?
   - **찬성** 자원 채굴 자체를 줄이면 생산 과정에서의 탄소배출을 줄일 수 있으며, 환경 파괴를 예방할 수 있다.
   - **반대** 폐기물 재활용과 효과적인 관리가 더욱 현실적인 해결책이며, 자원 채굴을 완전히 줄이기는 어렵다.

4. 소비자들이 친환경 제품을 선택하면 순환경제가 활성화될 수 있는가?
   - **찬성** 소비자의 친환경 소비 습관이 기업의 생산 방식을 바꾸고, 순환경제의 확산을 촉진할 수 있다.
   - **반대** 기업과 정부의 정책이 먼저 변화해야 하며, 소비자의 선택만으로는 큰 변화를 이끌어내기 어렵다.

5. 선형경제(Linear Economy)에서 순환경제(Circular Economy)로 전환하는 것이 현실적으로 가능한가?
   - **찬성** 기술 발전과 정책적 지원이 있다면 충분히 실현 가능하며, 기업들도 점진적으로 순환경제 모델을 도입하고 있다.
   - **반대** 기존 산업 구조와 이해관계자들의 반발로 인해 전환이 쉽지 않으며, 선형경제 모델이 여전히 경제적으로 더 효율적이다.

제11장
탄소중립과 디지털 전환

제1절 디지털 전환과 탄소중립의 교차점 ·················· 496
제2절 AI의 탄소중립 기여 가능성 ························· 497
제3절 AI 기술 기반 탄소중립 플랫폼 ······················ 500
제4절 AI 도입의 한계와 윤리적 과제 ····················· 504
제5절 AI 기반 탄소중립정책의 제도화 전략 ··············· 509

제11장
탄소중립과 디지털 전환

Carbon Neutrality & Digital Transformation

제1절 디지털 전환과 탄소중립의 교차점

미래 사회는 에너지 중심 경제에서 탄소중립과 순환경제를 기반으로 한 지속가능사회로 급속히 전환되고 있다. 이는 단순한 기술 변화에 그치지 않고, 생산·소비·자원 흐름 전체를 재설계하는 구조적 혁신을 필요로 한다. 탈탄소화와 자원 순환은 이제 환경적 요구를 넘어, 새로운 경제 질서와 산업 경쟁력의 핵심 요소로 부상하고 있다.

이러한 대전환의 추진력을 제공하는 것이 바로 인공지능(AI)을 포함한 디지털 기술이다. AI는 복잡하고 비선형적인 환경 문제를 실시간으로 분석하고 예측할 수 있으며, 자원의 흐름을 최적화하고, 탄소배출을 정밀하게 추적하고 제어하는 데 결정적인 도구로 작동한다. 에너지 사용, 물류 운영, 제품 설계, 기후 리스크 예측, 기후변화 적응전략 수립 등 모든 분야에서 AI는 탄소중립과 순환경제 전략을 통합적으로 가속화시키는 핵심 기술로 자리 잡고 있다.

특히 4차 산업혁명 기술은 탄소배출 저감(Mitigation), 회피(Avoidance), 상쇄(Offset) 전략의 이행을 뒷받침할 뿐 아니라, 지속가능성과 경제성의 동시 달성이라는 새로운 패러다임을 가능하게 한다. 이러한 기술과 전략의 융합은 전통적인 환경정책을 넘어서, 기업의

ESG 전략, 국가의 기후정책, 시민사회의 실천 모두에 지능적 해법을 제공하고 있다.

본 장에서는 AI 기술이 탄소중립 실현에 어떤 방식으로 기여하고 있으며, 각 부문별 적용 가능성과 실제 사례, 기술적 과제, 정책적 연계 가능성을 종합적으로 검토한다. 디지털 기술과 기후정책이 만나는 이 접점에서, 우리는 미래 지속가능사회의 청사진을 보다 구체적으로 그릴 수 있을 것이다.

제2절 AI의 탄소중립 기여 가능성

1. 인공지능(AI)을 통한 탄소감축전략의 고도화

인공지능(AI)은 방대한 양의 데이터를 빠르게 처리하고, 패턴을 학습하여 미래를 예측하거나 최적의 결정을 도출하는 기술로, 탄소중립 전략 전반에 걸쳐 중추적인 역할을 수행한다. 탄소배출 감축의 세 가지 핵심 전략인 회피(Avoidance), 저감(Mitigation), 상쇄(Offset)의 각 단계에 걸쳐 AI의 적용이 가능하며, 그 효과는 다음과 같이 구체화된다.

회피: 고배출 공정이나 설계를 사전에 진단하고, 대체 경로를 제안함으로써 탄소발생 자체를 방지한다. 예를 들어, 제품 설계 단계에서 LCA(Life Cycle Assessment)를 기반으로 한 AI 도구는 친환경 소재나 설계 방식으로의 전환을 제안할 수 있다.

저감: AI는 에너지 사용 패턴을 실시간으로 분석해 과잉 소비를 줄이고, 시스템 효율을 극대화한다. 이는 제조, 교통, 건물 등 거의 모든 분야에 적용 가능하다. 나아가, AI는 기후변화의 영향에 대한 취약성을 분석하고, 재해 예측 정확도를 높여 피해를 최소화하는 등 기후변화 '적응(Adaptation)' 노력에도 핵심적인 역할을 수행할 수 있다.

상쇄: 자연기반해법(NbS)을 위한 산림·습지의 흡수능력 평가, 크레딧 거래 검증 등에 AI 기반 위성분석 및 예측 기술이 활용된다.

이처럼 AI는 실시간 예측, 자동제어, 정밀 모니터링, 최적화 결정 등에서 그 잠재력을 입증하고 있으며, 이는 기존의 수작업 기반 탄소관리와 비교해 속도, 정확성, 확장성 측면에서 압도적 우위를 가진다.

다만, AI 기술 자체의 에너지 소비 문제도 인지하여, 보다 에너지 효율적인 '그린 AI' 기술 개발과 적용을 통해 AI 활용의 지속가능성을 높이는 노력도 병행되어야 한다.

2. 분야별 AI 활용 사례

(1) 에너지 시스템 최적화

AI는 에너지 수요를 시계열 예측(딥러닝 기반)하여, 수요 피크 시점에 전력 분배를 조정하거나 저장시스템(ESS) 운용을 최적화한다. 풍력·태양광처럼 출력이 불안정한 재생에너지의 출력 변동을 예측하고 그에 따른 그리드 안정화도 가능하다. 그 결과 불필요한 예비전력 운영을 줄이고, 발전소 및 송전망의 효율성을 제고함으로써 탄소배출을 간접적으로 대폭 저감한다.

더 나아가 AI는 에너지 전환의 핵심 요소들을 고도화하는 데 기여한다. 예를 들어, 분산된 소규모 신재생에너지원, ESS, 전기차 등을 하나의 발전소처럼 통합 운영하는 가상발전소(VPP)의 최적 제어, 개인 간 또는 소규모 단위의 에너지 거래를 지원하는 P2P 에너지 거래 플랫폼의 효율적 운영, 전기차의 배터리를 활용하여 전력망 안정화에 기여하는 V2G(Vehicle-to-Grid) 기술의 스마트한 관리 및 충전 최적화 등 에너지 신산업 분야에서 AI의 역할은 결정적이다. 또한, AI 기반의 정교한 시뮬레이션과 예측 모델은 새로운 발전소 입지 선정, 송전망 확장 계획, 에너지 저장 시설의 최적 용량 산정 등 장기적인 에너지 인프라 투자 결정의 정확성과 효율성을 높이는 데 활용될 수 있다.

구체적 사례는 Google DeepMind를 들 수 있다. 자사 데이터센터에 AI 기반 에너지 관리시스템을 도입해 냉각에 사용되는 에너지를 40% 절감했다.

(2) 산업과 건물의 효율화

AI는 공정 운영 중 수집되는 IoT 센서 데이터를 실시간 분석하여 최적 온도, 압력, 전력량을 제어한다. 건물 관리에서는 에너지소비 패턴을 분석하고, 자동으로 조명, 냉난방, 환기 시스템을 제어한다. 그 결과 운전조건의 최적화를 통해 에너지 낭비를 최소화하며, 장비 수명 연장, 유지비 절감 효과도 병행된다.

구체적 사례로 지멘스(Siemens)가 있는데 제조 현장에 AI기반 공정 최적화 도구를 적용하여 연간 10~15%의 에너지 감축을 실현했다.

(3) 교통·물류 부문

AI는 실시간 교통흐름과 차량 데이터를 기반으로 최적 경로를 추천하며, 물류에서 차량 배차 및 적재 최적화에도 활용된다. 전기차의 경우 배터리 성능 예측, 효율적 충전 경로 추천 등에도 사용된다. 그 효과는 불필요한 차량 운행을 줄여 직접적인 탄소배출을 감축하며, 물류비 절감, 시간 절약 등 경제적 효과도 크다.

구체적 사례로 UPS는 AI 기반의 'ORION' 시스템을 통해 배송 경로를 최적화하고 연간 1억 마일의 주행거리를 단축해 수천 톤의 CO_2를 감축했다.

(4) 탄소시장 및 ESG 분석

기업 ESG 보고서, 뉴스, 공시 데이터를 분석해 신뢰성 있는 평가를 수행하며, AI 기반 탄소회계 도구는 복잡한 Scope 1~3 배출량을 자동산정한다. 그 효과는 공시 신뢰성을 높여 그린워싱을 방지하고, 투자자에게 기후위험 정보를 효과적으로 전달할 수 있다.

구체적 사례로 Microsoft의 Sustainability Calculator는 AI 기반으로 기업 활동의 탄소배출을 실시간 추적·계산해 보고서화한다.

(5) 기후모델링 및 환경영향평가

기존의 물리기반 기후모델보다 빠르고 유연한 AI 모델은 지역기반 기후예측, 홍수·폭염 등 재해 예측을 정밀화한다. 환경영향평가(EIA)에서는 온실가스 배출량 예측, 대기 확산 시뮬레이션 등에 활용된다. 그 효과는 기후 리스크를 사전 인지하고 사전 회피 설계를 가능하게 하며, EIA의 정량성과 신뢰도를 향상시킨다.

뿐만 아니라, AI는 이미 현실로 다가온 기후변화의 영향에 효과적으로 '적응'하기 위한 전략 수립 및 실행에 핵심적인 역할을 수행한다. 예를 들어, 정밀 농업 분야에서는 AI가 기상 데이터, 토양 정보, 작물 생육 상태 등을 분석하여 최적의 파종 시기, 비료 사용량, 물 공급량을 추천하고 병해충 발생을 예측함으로써 기후변화로 인한 농업 생산성 변동에 대응하고 식량 안보를 강화하는 데 기여한다. 도시 계획에서는 AI를 활용하여 도시 열섬 현상 심각 지역을 분석하고, 녹지 조성 및 바람길 확보 등 완화 방안을 최적화하며, 홍수, 가뭄, 산불과 같은 자연재해 발생 시 조기 경보 시스템의 정확도를 높이고 신속한 대피 경로를 안내하여 인명 및 재산 피해를 최소화한다. 보건 분야에서는 기후변화로 인한 질병 발생 패턴 변화를 예측하고 감염병 확산 경로를 추적하여 공중 보건 시스템의 대응 능력을 강화하며, 생물다양성 보전 영역에서는 AI 기반 이미지 및 음향 분석을 통해 야생동물 개체 수 및 서식지 변화를 모니터링하고 멸종위기종 보호 전략 수립을 지원할 수 있다.

구체적 사례로 IBM's Green Horizon Project는 대기질 예측 및 탄소배출 시나리오 분석에 AI를 적용, 중국 도시 정부와 협력해 스모그 정책의 효과 분석에 활용되었다.

제3절　AI 기술 기반 탄소중립 플랫폼

탄소중립 이행을 위한 정책과 기업의 실천은 데이터 기반의 정밀한 탄소 관리 체계를 요구한다. AI는 기존의 수동적이고 비정형적인 탄소정보 관리 방식에서 벗어나, 실시간 감시, 정량적 분석, 예측 기반 설계를 가능하게 함으로써 탄소관리의 디지털 전환을 촉진하고 있다. 특히 아래 소개하는 플랫폼들은 실무 현장에서 이미 활용되거나, 국가 및 기업의 전략적 시스템으로 자리 잡아가고 있다.

3.1 GHG 모니터링 플랫폼

위성, 드론, IoT 센서로부터 수집된 환경 데이터를 AI가 실시간 분석하여 공장, 도시, 국가 수준에서의 온실가스 배출량을 자동으로 감지하고 시각화한다. 공간적 해상도와 시간적 빈도를 높여 미세 규모 배출원까지 추적할 수 있다는 장점이 있다.

구체적 사례로 Climate TRACE가 있다. 알 고어(Al Gore) 전 미국 부통령이 공동 설립한 곳으로 AI와 위성 기술을 결합해 전 세계 70,000여 개 주요 배출원에 대한 온실가스 배출량을 추적한다. 예를 들어 석탄 발전소, 철강공장, 항만, 해운, 농업지역 등에서 지역별 배출량 랭킹을 제공하여 국제적 감축 압력 수단으로 활용 중이다.

향후 AI의 분석 정밀도 향상으로 지역사회 단위 감시가 가능하고, 인공지능 기반 예측 모델을 결합하여 향후 배출추세 시뮬레이션 제공이 가능할 것이다. 또한 법적 규제 연계 가능성(예: 탄소세 부과 기준 자동 연동)도 있다.

3.2 디지털 MRV (Measuring, Reporting, Verification) 시스템

AI는 다양한 출처의 배출 데이터를 자동 수집·분석하여, 감축 실적 보고의 자동화, 제 3자 검증의 신뢰성 향상에 기여한다. 특히 탄소배출권거래제(ETS)나 국제 감축사업(ITMOs 등)에서는 필수 도구로 떠오르고 있다. 탄소를 측정할 수 있어야 감축이 가능하다는 원칙에 기반하여 역할을 할 수 있다.

구체적 사례로 Gold Standard의 디지털 MRV 파일럿을 들 수 있다. UN 기후협약 연계 감축사업 인증기관인 Gold Standard는 AI 기반 디지털 MRV 파일럿을 수행중이다. 태양광 보급 사업에서 사용자 앱과 센서를 결합해 정확한 배출 회피량 자동 계산 및 검증이 가능하고 보고서 작성 주기를 대폭 단축하고, 크레딧 발행까지 실시간 연결할 수 있다.

미래 방향을 보면 MRV 자동화 플랫폼의 블록체인 연계로 검증 불변성을 확보하고, AI+사물인터넷 통합 및 실시간 배출 추적으로 보조금 자동 연동, 위반 시 경고 체계 구축 등에 활용할 수 있다.

3.3 AI 기반 LCA(생애주기평가) 툴

AI는 제품의 원재료 채굴, 제조, 유통, 사용, 폐기 전 과정에서의 온실가스 배출량을 정량화하고, 설계 변경 시 예상 배출량 변화까지 시뮬레이션할 수 있다. 설계 초기 단계에서부터 저탄소 옵션 선택 유도나 지속가능한 공급망 구성을 위해 Scope 3 감축을 실현할 수 있고, 제품 라벨링, 공공조달, ESG 평가와 연계 가능하다.

구체적 사례로 One Click LCA (핀란드)를 들 수 있다. 건축 및 인프라 분야 LCA 자동화 플랫폼과 BIM(Building Information Modeling) 연동으로 설계 변경 시 자동으로 탄소배출량 재계산이 가능하여 유럽 공공조달 입찰에서 필수 제출요소로 사용되는 경우가 증가하고 있다.

향후 다양한 산업군별 템플릿과 글로벌 DB와 연동하여 제조업, 패션, 식품까지 확장 가능하다. 또한 기업의 제품 개발 단계부터 ESG 전략 반영을 유도할 수 있다.

3.4 자연자본 AI 모니터링

AI는 위성영상, 기후·토양 데이터 등을 분석하여 산림, 습지, 해양 생태계의 탄소흡수량을 정밀 추정하고, 시간에 따른 변화까지 추적한다. 자연기반 해법(NbS)의 설계 및 사후 검증 지원, 상쇄 크레딧의 과학적 근거 제공으로 이중계산 방지, 생태계 보호와 감축목표 통합 가능 등으로 탄소감축에 기여할 수 있다.

구체적 사례로 Pachama(미국)를 들 수 있다. 위성과 AI로 전 세계 숲의 생장률, 탄소흡수량, 불법벌채 여부를 실시간 분석한다. REDD+ 상쇄 프로젝트 검증 플랫폼으로 활용가능하며 MS 등 다수 글로벌 기업의 탄소상쇄 검증 수단으로 사용된다.

향후 위성 기반 AI 모델 정밀도 향상으로 지역사회 단위 산림 감시 체계구축이 가능하고, 국경 간 상쇄 프로젝트의 공신력 있는 기준 마련 수단으로 활용이 예상된다.

앞서 살펴본 것 처럼 AI 기술이 접목된 탄소중립 플랫폼은 단순히 '도구'가 아닌, 기후정책의 실행력을 높이는 핵심 인프라로 자리 잡고 있다. 이들 시스템은 다음과 같은 공통적 기여를 제공한다.

정확성 향상: 수동 보고와 비교할 수 없는 정량화 능력
속도 향상: 실시간 분석 및 자동화 → 의사결정의 신속화
투명성 확보: 시민, 투자자, 정부의 신뢰 구축 기반
예측 가능성 강화: 감축 시뮬레이션 및 미래 리스크 대비 가능

더 나아가, 이러한 AI 기반 플랫폼들은 다른 첨단 디지털 기술과의 융합을 통해 그 기능과 효과를 더욱 확장할 잠재력을 지닌다. 예를 들어, 도시나 공장과 같은 물리적 시스템을 가상공간에 동일하게 복제하는 디지털 트윈(Digital Twin) 기술과 AI를 결합하면, 실시간 데이터 분석을 통해 운영 효율성을 극대화하고 탄소 배출 시나리오를 정교하게 시뮬레이션하여 최적의 감축 경로를 도출할 수 있다. 블록체인 기술은 AI 기반 MRV 시스템의 신뢰성과 투명성을 더욱 강화하여 탄소배출권 거래나 공급망 전반의 탄소 추적을 혁신할 수 있으며, 이미 널리 활용되는 IoT 기술과의 결합은 더욱 촘촘한 데이터 수집과 실시간 제어를 가능하게 하여 스마트시티나 스마트팩토리의 에너지 효율을 한 단계 끌어올릴 것이다.

향후 탄소중립 이행체계는 디지털 기반 자동 추적 시스템 + AI 기반 예측모델 + 정책 연계 자동화 체계로 통합될 가능성이 높다. 이는 탄소중립이 수치로 설계되고, 알고리즘으로 실행되는 시대가 도래하고 있음을 보여준다.

3.5 감축 실적의 디지털 자산화(탄소지갑)

탄소지갑(Carbon Wallet)은 개인, 기업, 또는 지역사회가 달성한 온실가스 감축 실적을 디지털 자산의 형태로 안전하게 저장하고, 이를 인증받거나 보상 또는 거래에 활용할 수 있도록 설계된 플랫폼이다. 이 시스템을 통해 탄소 감축 실적은 추적 가능하고 검증된 상태로 기록되며, 탄소배출권 시장 참여, 기업의 ESG(환경·사회·지배구조) 공시 자료 활용, 탄소포인트 기반의 인센티브 제공 등 다양한 방식으로 응용될 수 있다.

탄소지갑의 주요 기능은 다음과 같다.

감축 실적 기록: 에너지 절약, 친환경 교통수단 이용, 산림 보호 활동 등 일상생활이나 특정 프로젝트를 통해 달성한 탄소 감축량을 자동으로 인식하고 기록한다.

인센티브 연계: 기록된 감축 실적에 대해 탄소포인트, ESG 관련 인센티브, 또는 직접적인 금전적 보상을 제공하는 메커니즘과 연동된다.

디지털 자산화 및 거래 지원: 검증된 감축 실적을 거래 가능한 탄소크레딧 형태로 전환하여, 탄소배출권 거래소 등 관련 시장에서 거래할 수 있도록 지원한다.

투명한 이력 관리: 블록체인 기술을 기반으로 감축 실적의 생성부터 활용까지 전 과정을 투명하게 기록하여 데이터의 신뢰성을 확보하고 위·변조를 방지한다.

이러한 탄소지갑 개념은 단순한 아이디어를 넘어 실제 적용 사례를 통해 현실화되고 있다. 예를 들어, DCarbonX(2022년 이후)는 블록체인과 대체불가토큰(NFT) 기술을 활용하여 탄소 감축 실적을 디지털 자산으로 만들고, 스마트 계약을 통해 이를 거래하는 탈중앙화 탄소시장 플랫폼을 구축했다. 이는 거래 기록의 투명성과 위·변조 방지에 강점을 가지며, 개인이나 지역 공동체의 소규모 감축 실적도 자산으로 인정받을 수 있는 길을 열었다.

금융기관의 참여도 주목할 만하다. 마스터카드와 스탠다드차타드(2024년)는 홍콩 금융관리국(HKMA)의 핀테크 샌드박스 환경 하에서 탄소크레딧을 토큰화하여 디지털 지갑에 저장하고, 고객이 직접 감축 실적을 구매, 보관, 사용할 수 있도록 하는 파일럿 프로젝트를 진행했다. 이는 금융기관이 탄소지갑 개념을 실물 경제와 접목한 사례로 평가받는다.

자연 기반 해법과 연계된 사례도 있다. GainForest(2023년 이후)는 파라과이, 필리핀 등에서 지역 주민의 산림 보호 활동 실적을 디지털화하여 보상하는 시스템을 운영한다. "측정하면 보상한다(Measure-to-Earn)"라는 개념을 도입하여, 탄소지갑을 자연 보호 활동과 지역 주민의 소득 창출에 직접적으로 연결하고 있다.

이처럼 다양한 사례들은 탄소지갑이 단순한 기록 도구를 넘어 기술, 시민 참여, 금융, 생태계 보전을 잇는 새로운 기후변화 대응 인프라로 발전하고 있음을 시사한다.

제4절 AI 도입의 한계와 윤리적 과제

AI는 탄소중립 사회로의 전환에 중요한 기술적 촉매로 작용할 수 있지만, 그 도입이 항상 긍정적인 결과만을 보장하는 것은 아니다. 특히 환경, 사회, 기술적 관점에서 윤리적·제도적 과제와 논쟁이 존재하며, 다음과 같은 구체적 쟁점들이 부각되고 있다.

4.1 데이터 편향과 잘못된 판단 유도

AI 시스템은 본질적으로 과거의 데이터를 학습함으로써 의사결정 모델을 형성한다. 하지만 훈련 데이터 자체에 편향(Bias), 결측(Missing), 대표성 부족(Unrepresentative) 문제가 있을 경우, AI는 기후정책이나 탄소관리에서 왜곡된 판단을 내릴 수 있다.

실제 사례로 미국 캘리포니아 에너지 그리드 예측 사례가 있다. AI가 과거 데이터 기반으로 전력수요를 예측했으나, 최근의 이상기후 패턴을 반영하지 못해 공급 부족 사태가 발생했다(2021년 여름 대정전 위기). 또한 기후위험 평가 모델의 편향 사례도 지적된다. 일부 ESG 등급 산정 AI는 북미·유럽 기업 중심의 데이터를 학습해, 신흥국 기업의 기후 리스크를 과소평가하거나 과대평가하는 오류가 발생했다.

그런 점에서 AI의 판단이 '중립적'이라는 착각은 위험하다. 데이터 셋 구성의 투명성, 모델 검증을 위한 설명가능한 AI 시스템 도입이 반드시 병행되어야 한다.

4.2 AI 훈련·운영 과정의 에너지 소비 및 탄소발자국

AI 기술은 아이러니하게도 탄소중립 실현에 기여하는 동시에, 훈련·운영 과정에서 막대한 전력을 소모하여 탄소배출을 유발할 수 있다. 이는 이른바 "그린AI vs. 브라운AI" 논쟁으로 발전하고 있다.

예를 들면 GPT-3 훈련 시 소모된 전력량은 약 1,300MWh로 이는 미국 평균 가구의 약 120년치 전력 사용량에 해당할 만큼 대규모이다.

AI의 탄소중립 기여를 주장하는 쪽은 "감축 효과가 소모보다 크다"는 입장이지만, 반론 측은 "에너지 집약적인 대형 모델을 남용해서는 안 되며, 경량화된 그린AI 개발이 시급하다"고 주장한다.

이에 따라, AI 모델의 효율성을 높이는 기술(예: 모델 압축, 지식 증류), 필요한 데이터만 학습하여 에너지 소비를 줄이는 연합학습(Federated Learning), 하드웨어 자체의 에너지 효율을 높이는 뉴로모픽 컴퓨팅(Neuromorphic Computing)과 같은 '그린AI(Green AI)' 기술 개발과 확산이 중요한 과제로 부상하고 있다. 또한, 데이터센터의 에너지 효율화, 재생에너지 사용 확대, 그리고 데이터 전송 및 중앙 서버 처리 과정에서의 에너지 소비를 줄일 수 있는 엣지 AI(Edge AI)의 적극적인 활용도 AI의 탄소 발자국을 줄이는 데 기여할 수 있다.

그 외에도 AI의 탄소발자국을 줄이기 위한 다음과 같은 다층적인 저감 대책이 필요하다.

첫째, AI 모델 경량화나, 특정 과제에 최적화된 소형 모델을 설계하는 방식이 주목받고 있다. 또한 학습 알고리즘의 효율화 등을 통해 에너지 소비를 줄이는 기술이 필요하다.

둘째, 데이터센터와 인프라의 저탄소화가 병행되어야 한다. 재생에너지 기반의 전력 사용을 확대하고, 폐열 회수 등 친환경 기술을 적용한 에너지 효율적 설계가 중요해지고 있다.

셋째, 대형 AI 모델의 학습 과정에서 발생하는 탄소배출량과 전력 사용량을 정량화하여 공개하고, '환경 라벨'로 표시하는 방식이 제안되고 있다.

넷째, 자원순환과 공유 경제적 요소를 결합한 AI 인프라 전략도 효과적인 저감 수단이 될 수 있다. 클라우드 기반의 연산 공유 플랫폼을 활용해 자원 낭비를 줄이는 방식이 바람직하다.

Think Box

그린 AI vs. 브라운 AI 논쟁

"그린 AI(Green AI)"와 "브라운 AI(Brown AI)" 논쟁은 인공지능(AI) 기술이 환경에 미치는 이중적인 영향을 둘러싼 핵심적인 논의이다. AI는 기후변화 예측, 에너지 효율 최적화, 환경오염 감시 등 환경 문제 해결에 크게 기여할 수 있는 잠재력을 지녔지만, 다른 한편으로는 AI 기술 자체의 개발과 운영 과정에서 막대한 에너지 소비와 탄소 배출을 유발하여 환경에 부담을 줄 수 있다는 문제점을 안고 있다.

(1) 브라운 AI (Brown AI): 환경에 부담을 주는 AI
"브라운 AI"는 AI 기술, 특히 대규모 언어 모델(LLM)이나 복잡한 딥러닝 모델을 훈련하고 운영하는 과정에서 발생하는 부정적인 환경 영향을 지칭한다. 주요 문제점은 다음과 같다.
- 막대한 에너지 소비: GPT-3와 같은 거대 AI 모델을 한 번 훈련하는 데 수백 MWh(메가와트시)의 전력이 소모되며, 이는 수십 가구가 1년 동안 사용할 수 있는 에너지양에 해당한다.
- 탄소 발자국 증가: AI 훈련 및 운영에 사용되는 전력의 상당 부분이 여전히 화석 연료 기반으로 생산되기 때문에, 이는 탄소 배출량 증가로 이어진다.
- 데이터센터의 환경 부담: 데이터센터는 전력 소비뿐만 아니라 서버 냉각을 위한 에너지 소비, 용수 사용, 전자 폐기물 발생 등의 환경적 부담을 야기한다.
- "더 크고 더 좋은" 모델 경쟁 심화: 모델성능을 높이기 위해 매개변수(parameter) 수를 기하급수적으로 늘리는 경쟁이 심화되면서, 탄소 배출 문제는 더욱 악화될 수 있다.

(2) 그린 AI (Green AI): 환경적 지속가능성을 추구하는 AI
이에 대한 반론 또는 해결책으로 등장한 개념이 "그린 AI"이다. "그린 AI"는 AI의 환경적 이점을 극대화하는 동시에, AI 기술 자체의 개발, 훈련, 배포, 사용 과정에서 발생하는 탄소 발자국과 환경적 부담을 최소화하려는 모든 노력과 기술을 포괄한다. "그린 AI"를 실현하기 위한 주요 접근 방식은 다음과 같다.
- 모델 효율화 및 경량화: 모델 가지치기(Model Pruning), 양자화(quantization), 지식 증류(Knowledge Distillation) 등의 기술을 통해 모델의 크기를 줄이고 계산 효율성을 높여 에너지 소비를 절감한다.
- 에너지 효율적인 하드웨어 개발: 뉴로모픽 칩(Neuromorphic Chips)과 같이 특정 AI 연산에 최적화된 저전력 고효율 하드웨어 개발을 추구한다.
- 효율적인 알고리즘 및 학습 방법론: 더 적은 데이터와 연산으로도 높은 성능을 달성할 수 있는 알고리즘을 개발하거나, 연합 학습(Federated Learning)처럼 데이터를 중앙 서버로 이동시키지 않고 각 장치에서 분산 학습하여 데이터 전송 에너지와 프라이버시 문제를 줄인다.
- 데이터센터 효율 개선: 데이터센터의 에너지 효율(PUE: Power Usage Effectiveness)을 높이고, 냉각 시스템을 개선하며, 재생에너지 사용 비율을 확대한다.

(3) 논쟁의 현재와 미래
"그린 AI vs. 브라운 AI" 논쟁은 현재진행형이다. AI가 환경 문제 해결에 기여하는 긍정적인 효과가 AI 자체의 탄소 배출량을 상쇄하고도 남을 것이라는 낙관론도 존재한다. 예를 들어, AI를 통해 스마트 그리드를 최적화하여 에너지 낭비를 줄이거나, 신소재 개발을 가속화하여 탄소 집약적인 기존 소재를 대체하는 등의 효과는 매우 클 수 있다. 하지만 중요한 것은 AI의 잠재적인 환경적 이점을 실현하는 과정

> 에서 AI 자체의 환경적 부담을 간과해서는 안 된다는 점이다. 기술 개발자와 연구자, 정책 입안자, 그리고 AI 사용자 모두 AI의 환경적 영향을 신중하게 고려하고, "그린 AI"로 나아가기 위한 노력을 지속해야 한다. AI가 진정으로 지속 가능한 미래를 만드는 데 기여하기 위해서는 기술의 성능 향상뿐만 아니라 환경적 책임까지 함께 고려하는 균형 잡힌 발전이 필수적이다.

4.3 자동의사결정의 투명성·책임소재 문제

AI가 탄소배출 계산, 배출권 가격 예측, 감축 시나리오 판단 등 정책결정에 관여하게 되면, 책임 소재의 불명확성이라는 법적·윤리적 문제가 발생한다.

예를 들면 AI가 감축량을 과다 계산하여 기업이 탄소상쇄 부족 상태에 놓였을 경우, 책임은 누구에게 있는가 하는 점이다. 정책 결정 과정에서 AI 알고리즘이 인간보다 우선하는 판단을 내릴 경우, 시민사회는 이를 어떻게 검토하고 통제할 것인가 하는 문제도 야기된다.

특히 AI의 의사결정 과정이 '블랙박스'처럼 불투명할 경우, 그 결과를 신뢰하기 어렵고 오류 발생 시 원인 규명 및 책임 소재 파악이 더욱 복잡해진다. 따라서 AI의 예측 결과나 의사결정 근거를 인간이 이해할 수 있는 형태로 제시하는 설명가능한 AI(XAI) 기술의 개발과 적용이 필수적이다. XAI는 정책 결정의 신뢰성을 높이고, 잠재적 편향이나 오류를 식별하며, 사회적 수용성을 확보하는 데 중요한 역할을 한다.

EU AI Act[61]는 기후, 에너지, 환경 관련 고위험 AI를 따로 분류하고, 설명가능성·인간 감독 가능성(Human-in-the-loop)을 법적으로 요구하고 있다. 이는 AI의 '비가시성(Invisibility)' 문제에 대한 규제적 대응이 본격화되고 있다는 신호다.

4.4 감시와 프라이버시 침해 문제

AI 기반 탄소추적 시스템은 IoT, 위성, 드론 등을 이용해 배출정보를 수집하지만, 동시에 공장·교통·생활 데이터의 감시적 수집과 연결될 우려가 있다. 이는 환경정책이 시민의 권리를 침해할 수 있다는 비판을 야기한다.

예를 들면 중국 일부 지역의 스마트시티 기반 탄소감시 체계가 개인 이동패턴, 차량정보 등을 과도하게 수집하며 '기후감시 체제' 논란을 발생시켰다.

---

61) AI법은 유럽연합(EU)의 규제로, 전 세계 주요 규제기관 중 최초로 제정된 포괄적인 AI 규제 법안이다. 이 법은 첫째, 용납할 수 없는 위험을 초래하는 AI 애플리케이션과 시스템은 전면 금지된다. 둘째, 고위험(high-risk)으로 분류된 AI 애플리케이션은 엄격한 법적 요건을 충족해야 한다. 마지막으로, 금지되거나 고위험으로 분류되지 않은 기타 일반 AI 애플리케이션은 대부분 규제 대상에서 제외된다. 이는 위험 기반 접근방식(risk-based approach)을 채택한 것이 특징이다.

4.5 AI 도입에 따른 사회경제적 영향 및 정의로운 전환

AI 기반 탄소중립 기술의 확산은 효율성 증대와 새로운 산업 창출이라는 긍정적 측면과 함께, 기존 산업의 일자리 감소 및 고용구조 변화라는 사회경제적 과제를 동반한다. 특히 자동화 및 최적화 과정에서 특정 직군의 일자리가 위협받을 수 있으며, AI 기술 접근성 및 활용 능력의 차이로 인해 지역 간, 계층 간 불균형이 심화될 가능성도 존재한다. 따라서 탄소중립으로의 전환 과정에서 AI 기술이 특정 계층이나 지역에 불이익을 초래하지 않도록 하는 '정의로운 전환(Just Transition)'의 관점에서 접근해야 한다. 이를 위해서는 AI 도입으로 영향을 받는 노동자들을 위한 맞춤형 재교육 및 직업 전환 프로그램 개발, AI 기술 및 데이터 접근성의 격차 해소를 위한 정책적 지원(예: 공공 데이터 개방 확대, 오픈소스 AI 도구 보급, 디지털 리터러시 교육 강화), 그리고 AI 기반 정책 결정 과정에 지역 주민, 노동자 등 다양한 이해관계자의 참여를 보장하는 민주적 거버넌스 구축 노력이 병행되어야 한다.

요약하면 AI는 기후 해법이자, 새로운 사회적 리스크가 될 수 있다. AI는 탄소중립 전환을 위한 핵심 기술이지만, 동시에 새로운 불균형과 신뢰문제를 초래할 수 있는 '이중적 도구'다. 따라서 다음과 같은 보완 노력이 필요하다.

(1) 정책적 대응
AI 기반 기후기술의 신뢰성 기준 제정 (Green AI 인증 등)
고위험 AI 활용 가이드라인 마련 (EU AI Act 등 글로벌 법제 연계)
정의로운 전환을 위한 사회안전망강화 및 포용적 정책설계

(2) 기술적 대응
모델 경량화 및 탄소발자국 저감형 AI 설계
설명가능한 AI(Explainable AI) 기술 상용화

(3) 사회적 대응
시민사회와 이해관계자의 AI 윤리 거버넌스 참여 확대
데이터 투명성과 공정성에 대한 공공 감시와 토론 보장

제5절 AI기반 탄소중립정책의 제도화 전략

1. 정책 및 제도와의 연계

AI는 단순한 기술 혁신을 넘어, 국가의 탄소중립 이행체계와 제도적 구조를 재설계하는 도구로 주목받고 있다. 각국은 AI를 기반으로 한 디지털 기술을 기후정책 전반에 통합하는 전략을 채택하고 있으며, 이는 다음과 같은 제도적 맥락과 실천 사례에서 구체적으로 드러난다.

(1) EU: Twin Transition 전략과 AI기반 그린 거버넌스

EU는 2020년부터 'Twin Transition'(쌍둥이 전환) 전략을 통해 디지털 전환(Digital Transformation)과 녹색 전환(Green Deal)을 동시에 추진하고 있다. 이 전략은 기술과 지속가능성이 서로 촉진적 관계에 있다는 점을 인정하고, AI를 기후정책의 실행 도구로 포섭하고 있다.

AI 연계 사례를 예시하면 다음과 같다.

AI for Climate Action 프로그램: 유럽 AI혁신허브(European AI Alliance)가 기후모델링, 배출량 예측, 환경리스크 관리에 AI를 통합하는 연구 지원

Copernicus 위성시스템 + AI: 유럽 우주국(ESA)의 Copernicus 시스템이 AI와 결합해 대기오염·산불·산림탄소흡수량 등을 모니터링하며 탄소예산 집행 모니터링 도구로 활용

향후 EU AI Act 적용 시, 기후·환경 관련 AI는 '고위험군'으로 분류되어 설명가능성, 감시 체계, 인간 개입 요건 등이 법적 기준으로 강화될 전망이다. 또한 EU 탄소국경조정제도(CBAM)와 연계해 배출량 보고 및 검증(MRV)에 AI 기반 정량화 기준 적용이 가능하다.

(2) 한국: 디지털 기반 기후공시 제도와 AI 활용 확대

한국은 탄소중립기본법(2022)과 K-ESG 가이드라인을 중심으로 기후위험 공시 의무화를 단계적으로 추진 중이며, AI 기반 데이터 분석 및 환경영향평가 자동화가 주요 정책적 실험 영역이 되고 있다.

AI 연계 사례로 환경영향평가 AI 자동분석 플랫폼이 있다. 개발사업의 환경적 영향, 특

히 온실가스 배출량과 기후리스크를 AI로 자동 산정하고, 사전 회피 방안까지 도출하는 시스템을 개발 중이다. 한편 기후공시 대응용 ESG 분석 AI 솔루션(민간)도 진행중이다. 금융기관 및 상장기업 대상 Scope 1~3 배출량 산정 및 시나리오 기반 기후리스크 평가 솔루션 출현이 기대된다(예: SK ESG 플랫폼).

향후 디지털 기반 MRV 체계 표준화 및 보급을 통해, 온실가스 감축 실적을 기업이나 지자체가 스스로 측정·보고·검증하는 체계로 전환되고, TNFD(자연 공시), K-Taxonomy(녹색분류체계)에 AI 기반 환경정보 자동연계 시스템 도입도 검토될 수 있다.

(3) 미국: AI 활용 기후 리스크 공개와 인프라 정책 연계

미국은 인플레이션감축법(IRA, 2022)을 통해 기후 및 청정에너지 투자를 확대하면서, AI를 활용한 기후위험 관리와 친환경 인프라 평가 도구 개발을 적극 추진하고 있다.

AI 연계 사례로 EPA + Google 협력을 들 수 있다. AI와 위성 기반으로 미국 내 공장별 탄소배출량 실시간 추적 프로젝트가 진행중이다. 또한 미국증권거래위원회(SEC)의 기후공시 규정에 Scope 1&2 의무 공시, Scope 3 권고로 이를 자동화하는 ESG 공시 AI 솔루션 시장이 성장할 전망이다.

향후 연방기후예산 시스템에 AI 기반 예측 도입 가능성이 있고, 재생에너지, 스마트그리드 등 인프라 투자사업에 AI 기반 환경·경제 영향 평가 의무화 전망도 기대할 수 있다.

2. 고품질 데이터 확보, 개방 및 거버넌스 구축

AI가 기후정책에 효과적으로 기여하기 위해서는 고품질의 방대한 데이터 인프라와 법적 실험공간이 뒷받침되어야 한다. AI 모델의 성능은 학습 데이터의 질과 양에 크게 좌우되므로, 기후 관측 데이터, 에너지 사용 데이터, 온실가스 배출량 데이터 등 관련 데이터의 정확성, 최신성, 상세성을 확보하고 표준화하는 노력이 선행되어야 한다.

한국은 환경부·산림청·통계청 등 다부처가 탄소데이터 개방 포털 통합을 추진 중(국가탄소배출 DB → 민간 API 활용)이다. EU 및 영국은 규제 샌드박스[62]를 통해 AI 기반 탄소회계 및 ESG 평가 시스템의 초기 실증을 허용하여 민간 기술혁신을 가속화시키고 있다.

---

62) 규제 샌드박스(Regulatory Sandbox)란, 신기술이나 신산업이 기존 법·제도의 적용을 유예받고 제한된 범위 안에서 실험·테스트를 할 수 있도록 허용하는 제도이다. 즉 "규제를 일시적으로 풀어주는 시험 공간"이다.

이러한 공공 데이터 개방 노력과 더불어, 데이터의 소유권, 접근권, 프라이버시 보호, 보안 문제 등을 포괄하는 명확하고 신뢰할 수 있는 데이터 거버넌스 체계 구축이 필수적이다. 또한, 데이터 생산자와 사용자 간의 신뢰를 구축하고 데이터 활용 윤리 가이드라인을 마련하여 책임 있는 데이터 활용 환경을 조성해야 한다. AI가 정책에 효과적으로 통합되기 위해서는 다음과 같은 방향이 요구된다.

(1) 표준화 및 공공 도입
AI 기반 탄소산정, MRV, 공시 자동화 도구에 대해 국가 차원의 공식 표준 마련
공공 부문 사업(도시개발, 인프라 건설 등)에 AI 기반 환경영향평가(EIA) 시스템 의무화

(2) 정책 연계 자동화
탄소세·감축의무·배출권 거래제와 연계된 디지털 자동계산 시스템 구축 → AI 플랫폼과 세제·보조금 정책이 연동되는 구조로 발전

(3) 사회적 투명성과 신뢰 구축
기후 관련 AI 알고리즘의 공공성, 설명가능성 확보
시민사회·전문가·기업이 함께 참여하는 기후 AI 거버넌스 플랫폼 필요

(4) 데이터 기반 정책 수립 강화
고품질 데이터의 체계적 수집·관리·공유를 위한 국가 데이터 플랫폼 구축 및 데이터 거버넌스 확립

3. AI 기반 탄소중립의 성공 조건

앞서 살펴본 흐름을 종합할 때, AI와 탄소중립의 성공적 통합을 위해 다음과 같은 전략이 필요하다.

(1) AI-기후 거버넌스 체계 구축

AI는 강력한 의사결정 도구인 동시에, 그 작동 원리가 불투명하고 편향될 위험이 존재하는 기술이다. 따라서 기후정책에 AI를 적용할 때에는 윤리적 기준, 사회적 신뢰성, 공공감독 체계가 반드시 병행되어야 한다. 정부, 산업계, 기술 개발자, 시민사회가 함께 참여하는 'AI 기반 기후정책 거버넌스 체계' 구축이 필요하다. 특히 기후 관련 AI는 EU AI법 등에서 고위험군 기술로 분류되고 있으므로, 설명가능성(Explainability) - 즉, AI의 판단 근거와 과정을 인간이 이해할 수 있도록 제시하는 능력 - 확보, 책임소재 명확화, 인간 개입 가능성 보장이 핵심 기준이 되어야 한다. 이를 위해 XAI 기술[63]의 적극적인 도입과 함께, AI 시스템의 설계 단계부터 윤리적 고려사항을 반영하고, 운영 과정 전반에 걸쳐 지속적인 감사와 평가가 이루어져야 한다.

(2) 국제 협력과 기술 표준 정립

AI 기술이 국제 탄소시장, 기후공시, 탄소상쇄 등 제도적 시스템과 연계되기 위해서는 국제적인 기준 정합성과 상호인정 체계가 필수적이다. 탄소배출 산정, MRV 자동화, 기후리스크 예측 등에 대해 국제공통 기술표준 및 윤리기준 수립이 중요하다. UN 산하 기구(WMO, UNEP, ITU 등)의 AI 활용 기후변화 대응 프로그램, IPCC 보고서에서의 AI 역할 논의, UNFCCC COP 회의 등 주요 국제회의에서의 논의를 바탕으로 글로벌 표준화 노력을 강화해야 한다. 또한, GPAI(Global Partnership on AI)와 같은 국제 협의체를 통해 기후변화 대응을 위한 AI 연구개발 및 적용 사례 공유를 활성화해야 한다. 기술선진국은 개발도상국과의 기술 공유, AI 모델 및 데이터 접근성 확대, 관련 역량 강화 프로그램 제공 및 디지털 포용성 확대를 통해 글로벌 전환의 형평성을 확보해야 한다. 개발도상국이 자국의 상황에 맞는 AI 기반 탄소중립 전략을 수립하고 이행할 수 있도록 맞춤형 기술 지원과 재정적 지원 방안도 모색되어야 한다.

---

63) XAI(Explainable AI, 설명 가능한 인공지능)는 인공지능 시스템이 내리는 예측이나 판단의 근거를 인간이 이해할 수 있는 형태로 설명해주는 기술 또는 방법론을 의미한다. 특히 딥러닝 기반의 '블랙박스' 모델이 가진 비직관성과 불투명성의 한계를 극복하고, AI의 신뢰성, 투명성, 책임성을 확보하기 위한 접근으로 주목받고 있다. 대표적인 XAI 기법으로는 LIME, SHAP, Grad-CAM 등이 있으며, 의료, 금융, 기후예측, 정책 판단 등 사회적 영향이 큰 분야에서 필수적인 설명력 확보 수단으로 활용되고 있다. 유럽연합(EU)의 AI 법안 등에서는 AI 시스템에 대한 설명 가능성 확보를 법적 요건으로 규정하고 있다.

(3) AI 기반 지속가능 플랫폼 확산

AI는 단순한 개별 분석 도구를 넘어, 지속가능경영 전체를 포괄하는 통합형 플랫폼으로 진화해야 한다. 이는 ESG 전략, 환경평가, 감축계획, 탄소회계, 공시까지 연결되는 '디지털 지속가능성 시스템'으로 볼 수 있다.

기업과 정부가 AI를 활용하여 전 과정(Planning → Monitoring → Verification → Disclosure)을 통합 관리할 수 있는 플랫폼 개발이 필요하다. 이 플랫폼은 ESG 평가, TNFD, 탄소배출권, 금융 리스크 분석 등 다양한 제도와 연계되어야 한다.

(4) 민간 스타트업의 시장 진입과 공공연계 지원 체계 강화

AI 기반 탄소중립 기술은 빠르게 진화하고 있지만, 초기 기술 기업이나 스타트업이 제도권에 진입하거나 공공사업에 참여하는 것은 여전히 어렵다. 따라서 혁신적 기술이 실증되고 확산될 수 있도록 공공-민간 연계 모델이 필요하다.

규제 샌드박스, 실증사업, 공공조달 우선적용제도 등을 통해 초기 기술기업의 사업화 기회를 확보하는 것이 중요하다. 정부는 기후·환경 관련 AI 기술에 대해 기술 검증, 시범적용, 제도 연계까지 전주기 지원 체계를 마련해야 한다. 또한 탄소시장, 기후공시, 환경평가 등 다양한 행정 분야에서 스타트업의 API, 솔루션을 적극 도입할 수 있는 "공공-스타트업 협업 프레임워크" 필요성이 높다.

4. 유럽의 AI 활용 제도화 사례

4.1. 디지털 전환과 기후위기의 교차점

유럽연합(EU)은 2050년 탄소중립 목표 달성을 위한 핵심 전략으로 인공지능(AI)을 적극 활용하고 있다. 기후위기는 정교한 예측, 빠른 대응, 복잡한 자원 흐름의 통제가 필요한 복합 위기이며, AI는 이러한 복잡성을 관리하는 강력한 도구로서 큰 주목을 받고 있다. 유럽은 디지털 전환과 녹색전환을 결합하는 "쌍둥이 전환(Twin Transition)" 전략 속에서 AI를 기후정책의 실행력 확보 수단으로 적극 도입하고 있다.

4.2. 정책적 기반과 지원 체계

AI의 기후 분야 활용은 유럽 그린딜(European Green Deal), 디지털 유럽 프로그램(Digital Europe Programme), 호라이즌 유럽(Horizon Europe), AI 법안(AI Act)등 주요 정책·법제 아래에서 체계적으로 추진되고 있다. 유럽위원회는 AI를 통해 배출량 추적, 기후위험 예측, 자원 최적화, 정책 효과 분석을 고도화하려는 목표를 설정하고, 공공데이터 개방과 민관 협력 프로젝트를 확대하고 있다.

4.3. 주요 적용 분야

(1) 배출량 추적 및 MRV 자동화

AI는 위성 데이터와 결합해 온실가스 배출을 독립적으로 추정하고 검증하는 데 활용된다. 대표적 사례인 Climate TRACE프로젝트는 코페르니쿠스(Copernicus) 위성 데이터와 머신러닝 알고리즘을 이용해 전 세계 배출량을 시설 단위로 추적하고 있다. 이는 기존의 자발적 보고 중심의 MRV(측정, 보고, 검증) 체계를 보완하며, 기업국가 단위의 신뢰도 높은 배출 데이터 확보에 기여하고 있다.

(2) 에너지 수요 예측과 스마트그리드

AI는 전력 수요 및 재생에너지 발전량 예측을 정교화하여, 스마트그리드 운영의 효율을 높이고 있다. 특히 풍력과 태양광의 간헐성을 관리하기 위한 실시간 예측모델, 에너지 저장장치(ESS)의 운영 최적화, 가상발전소(VPP) 제어 등에 활용된다. AI는 전력시장의 유연성 확보에도 기여하며, 재생에너지 확대의 핵심 기술로 주목받는다.

(3) 도시 기후적응과 리스크 예측

AI 기반 디지털 트윈(Digital Twin) 기술은 도시 내 홍수, 폭염, 열섬현상 등을 모의실험하고 시나리오별 정책 효과를 사전에 분석할 수 있게 한다. 유럽 일부 도시에서는 교통흐름, 녹지 배치, 건축 재료 선택 등을 AI 기반 기후적응 모델에 통합하고 있다.

(4) 순환경제와 자원흐름 최적화

AI는 폐기물 분류 자동화, 재활용률 향상, 공급망 내 자원흐름의 탄소집약도 분석 등에도 활용되고 있다. 이는 순환경제로의 이행을 촉진하며, 제품 생산부터 폐기까지의 전 생애주기(Life Cycle Assessment - LCA)에서 탄소 배출을 최소화하는 데 기여한다.

4.4 주요 이니셔티브와 사례

EU는 추상적인 가능성을 논하는 데 그치지 않고, 구체적이고 대규모인 이니셔티브를 통해 AI의 역할을 현실화하고 있다. 이 프로젝트들은 데이터, 기술, 정책이 한데 모여 시너지를 창출하도록 전략적으로 설계되었다.

(1) Destination Earth(DestinE): 지구 디지털 트윈 구축

DestinE는 지구 전체의 매우 정밀한 디지털 모델, 즉 '디지털 트윈'을 개발하는 것을 목표로 하는 EU의 가장 야심 찬 대표 이니셔티브 중 하나이다.

핵심 개념은 실시간 관측 데이터(특히 코페르니쿠스 프로그램)를 고성능 컴퓨팅(HPC) 및 AI 기반 시뮬레이션 모델과 통합하여 지구 시스템의 동적이고 상호작용 가능한 복제본을 만드는 것이다.

AI는 두 가지 주도 영역에서 결정적인 역할을 한다. 첫째, 방대한 데이터 속에서 전통적 모델이 놓칠 수 있는 복잡한 패턴과 이상 징후를 식별하여 예측 모델을 고도화한다. 둘째, 복잡한 시뮬레이션 결과를 기후 과학 전문가가 아닌 정책 결정자들을 위해 실행 가능한 통찰력과 사용자 친화적인 시각 자료로 변환하는 데 도움을 준다.

이 이니셔티브는 시나리오 기반 정책 수립을 가능하게 한다. 예를 들어, 지도자들은 가뭄에 대한 다양한 물 관리 전략의 장기적 효과를 시험하거나, 여러 기후 변화 시나리오 하에서 새로운 도시 계획이 홍수 위험에 미치는 영향을 시뮬레이션할 수 있다. DestinE는 사후 대응적 위기 관리에서 선제적이고 증거에 기반한 기후 적응 및 완화로 나아가는 것을 목표로 한다.

(2) AI4Copernicus: 지구 관측 데이터와 AI 혁신의 연결

코페르니쿠스 프로그램이 방대하고 중요한 위성 데이터를 제공한다면, AI4Copernicus는 이 데이터를 실용적인 AI 기반 솔루션과 연결하는 다리 역할을 한다.

AI4Copernicus는 호라이즌 유럽 프레임워크 산하의 프로젝트로, 스타트업, 중소기업, 연구자들이 코페르니쿠스 데이터를 AI 기술과 결합하여 혁신적인 애플리케이션을 개발할 수 있도록 자금, 자원, 플랫폼을 제공한다.

이 이니셔티브는 페타바이트(petabyte) 규모의 위성 이미지와 데이터를 처리하고 분석할 수 있는 AI 알고리즘의 개발을 직접적으로 촉진한다. 관련 응용 분야는 다음과 같다.

정밀 농업: AI 모델이 토지 이용 데이터를 분석하여 관개 및 비료 사용을 최적화하고, 자원 소비와 배출량을 줄이면서 수확량을 증대시킨다.

임업 및 생물다양성: AI가 불법 벌목을 탐지하고, 산불 위험을 모니터링하며, 생물다양성 핵심 지역의 변화를 추적한다.

인프라 모니터링: AI가 위성 데이터를 분석하여 기후 관련 스트레스에 직면한 댐, 교량 등 핵심 인프라의 안정성을 감시한다.

(3) GreenData4All: 개방형 환경 데이터로 AI에 동력 제공

AI 모델의 성능은 학습 데이터의 품질에 좌우된다. GreenData4All 이니셔티브는 기후 AI에 필요한 고품질의 '연료'를 공급하기 위한 EU의 전략이다.

유럽 데이터 전략(European Strategy for Data)의 일환인 GreenData4All은 공공 부문의 기후 및 환경 데이터를 FAIR 원칙(발견 가능하고, 접근 가능하며, 상호 운용 가능하고, 재사용 가능한)[64] 에 따라 더 쉽게 접근하고 재사용할 수 있도록 만드는 것을 목표로 한다. 여기에는 대기 및 수질, 산업 배출, 지구 관측 데이터 등이 포함된다.

이 정책은 표준화된 API(응용 프로그래밍 인터페이스)를 통해 고부가가치 데이터 세트의 개방을 의무화함으로써 AI 개발을 직접적으로 가능하게 한다. 개발자들은 더 이상 데이터 수집과 정제에 수개월을 허비할 필요 없이, 즉시 데이터에 접근하여 기후 응용 AI 모델을 훈련하고 검증할 수 있다.

이 이니셔티브는 유럽의 AI 기반 기후 전략을 위한 핵심적인 데이터 인프라이다. 이는 환경 정보에 대한 접근을 민주화하고 투명성을 높이며, 스타트업부터 시민 과학자에 이르기까지 더 넓은 범위의 행위자들이 기후 행동에 기여할 수 있도록 힘을 실어준다.

(4) 유럽 기후 서약 + AI 실험: 시민 행동의 동원

유럽 기후 서약(European Climate Pact)은 시민과 지역사회를 기후 행동에 참여시키

---

64) FAIR 원칙은 데이터를 Findable(탐색 가능), Accessible(접근 가능), Interoperable(상호운용 가능), Reusable(재사용 가능)하게 관리하자는 데이터 관리 및 공유의 국제적 가이드라인이다. 단순한 공개를 넘어, 연구자나 개발자에게 실질적으로 활용될 수 있도록 표준화된 메타데이터, 접근 프로토콜, 라이선스 명시 등을 요구한다. 이 원칙은 2016년 『Scientific Data』 학술지에 발표되었으며, 연구 투명성 향상과 AI 등 첨단기술의 데이터 기반 혁신을 촉진하기 위한 핵심 기준으로 자리잡고 있다. 특히 AI 분야에서는 FAIR 데이터가 고품질 학습데이터 확보의 전제조건으로 여겨진다.

기 위한 운동이다. AI는 그 도달 범위와 효과성을 높이는 도구로서 실험적으로 통합되고 있다.

기후 인식 제고를 개인 및 지역사회 수준에서 구체적이고 측정 가능한 행동으로 전환시키기 위해 AI 기반 플랫폼과 애플리케이션을 활용하도록 하는 것이 핵심개념이다. AI는 행동과학의 원리를 기후 참여에 적용하는 데 사용된다. AI 기반 앱은 개인화된 탄소 발자국 분석과 맞춤형 실천 방안을 제공하여, 기후 행동이 개인의 생활 방식과 더 밀접하게 연관되도록 한다.

넛지(Nudging)와 게임화(Gamification) 등 AI는 상호작용형 챌린지를 만들고, 지속 가능한 행동(예: 대중교통 이용)에 긍정적 강화를 제공하며, 기후 친화적 결정을 장려하는 '넛지'를 보낼 수 있다. 또한 커뮤니티 플랫폼형태로 AI는 뜻이 맞는 개인과 그룹을 연결하여 모범 사례 공유와 지역 기후 이니셔티브 조직을 촉진할 수 있다.

이 접근 방식은 기술만으로는 불충분하다는 것을 인식한다. AI를 거버넌스 및 사회 동원 도구로 사용하여 상향식(bottom-up) 운동을 촉진하고, 탄소중립으로의 전환이 단지 하향식 정책 지시가 아니라 공동의 사회적 노력이 되도록 보장한다.

이러한 이니셔티브들은 GreenData4All이 데이터를 제공하고, AI4Copernicus가 도구와 혁신을 촉진하며, Destination Earth가 정책 입안자들에게 거시적 시뮬레이션 플랫폼을 제공하고, 기후 서약이 시민들을 참여시켜 포괄적이고 다층적인 접근 방식을 보장하는 일관된 전략을 보여준다.

4.5. 전략적 시사점

유럽의 AI 기반 기후 대응 전략은 데이터 기반 거버넌스를 가능하게 하며, 탄소중립 이행의 투명성과 실행력을 높이고 있다. AI는 기후정책의 사각지대를 줄이고, 배출 감축뿐 아니라 기후적응, 산업전환, 도시 회복력 강화 등 전 분야에 걸쳐 파급력을 가지며 확장되고 있다.

기후위기에 효과적으로 대응하기 위해서는 기술의 발전뿐 아니라 제도적 연계, 공공 데이터의 투명성, 그리고 시민과 산업의 적극적인 참여가 결합되어야 한다. 유럽의 사례는 AI가 단지 도구가 아니라, 기후전환을 이끄는 핵심적인 거버넌스 기술로서 기능할 수 있음을 보여주고 있다.

📚 Discussion Topic

1. **AI 기반 탄소중립 플랫폼은 전통적 정책 수단보다 더 효과적인가?**
   - **찬성** AI는 실시간 데이터 기반 예측, 최적화, 자동화된 MRV 기능으로 정책의 실행력을 높이고, 인간의 오류와 주관을 줄이고 정량적 판단이 가능하다.
   - **반대** AI는 투명성과 설명 가능성이 부족하며, 잘못된 입력 데이터로 정책 실패 가능성이 있다. 인간 중심의 판단과 민주적 통제가 어려워질 수 있다.

2. **AI 개발과 운영에 따른 탄소배출은 무시할 수 있는 수준인가?**
   - **찬성** AI 도입으로 절감되는 탄소배출이 더 크다 (예: 에너지 최적화, 경로 최적화 등). Green AI 기술 개발로 에너지 소비 줄이는 방향으로 진화 중이다.
   - **반대** 대형 AI 모델 훈련 시 발생하는 탄소발자국은 상당하며, 순감축 효과가 불확실하다. AI 자체가 에너지 집약적 기술로, 지속적인 환경 부담 초래 가능성이 있다.

3. **기후정책에 활용되는 AI는 설명가능성과 투명성을 의무화해야 하는가?**
   - **찬성** AI가 결정하는 감축량, 배출 책임은 공공성과 법적 책임이 수반된다. EU AI Act처럼 고위험군 AI에는 설명가능성·감독 가능성 확보가 필요하다.
   - **반대** 기술 발전 초기 단계에서 과도한 규제는 혁신 저해 우려가 있다. 일정 수준의 '블랙박스'는 고도한 성능 확보를 위한 불가피한 선택일 수 있다.

4. **AI 기반 탄소추적 기술은 감시사회의 도입으로 이어질 수 있다.**
   - **찬성** 위성, IoT, 드론 등이 생활·산업 정보를 과도하게 수집할 가능성이 있고, 중국 등 사례에서 개인 프라이버시 침해 논란이 발생했다.
   - **반대** 공공 감시와 환경 보호는 균형 조정이 가능한 영역이다. 개인정보 보호법 및 규제 장치 마련으로 통제 가능하다.

5. **AI 기반 기후기술은 공공보다 민간이 주도해야 한다.**
   - **찬성** 민간은 기술 혁신과 시장 확산의 동력 (예: 스타트업, 글로벌 기업 솔루션)이다. 공공은 유연성이 떨어지고 기술 경쟁력이 낮다.
   - **반대** 공공은 기후정의, 공익성, 표준화된 플랫폼 구축에 유리하다. 민간 중심 기술은 공공 신뢰도와 형평성 문제 유발 가능성이 있다.

Ⅲ

참고문헌

한글 참고문헌 목록(가나다순) ··················· 520
영문 참고문헌 목록(알파벳순) ··················· 524

한글 참고문헌 목록 (가나다순 정렬)

1. 기상청. 『2024 기후변화 감시보고서』. 서울: 기상청, 2024.
2. 기상청. 『엘니뇨 백서 2016』. 서울: 기상청, 2016.
3. 기후변화행동연구소. 『탄소중립과 정의로운 전환』. 서울: 기후변화행동연구소, 2021.
4. 기후변화행동연구소. 『탄소중립 사회를 위한 시민사회의 역할』. 서울: 기후변화행동연구소, 2022.
5. 김병완. 『녹색경제학』. 서울: 한울아카데미, 2019.
6. 김소영 외. 『기후금융과 녹색금융의 이해』. 서울: 율곡출판사, 2022.
7. 김연규. "기후변화 대응의 지정학: 국제질서 전환과 대한민국의 전략." 『국제정치논총』 63, no. 2 (2023): 35-68.
8. 김연정 외. 『정의로운 전환과 기후정의: 국제동향과 국내 과제』. 서울: 에너지기후정책연구소, 2021.
9. 김정인. 『환경경제학: 이론과 실제』. 서울: 박영사, 2020.
10. 김재윤. "EU의 CBAM과 WTO 정합성 쟁점." 『국제통상연구』 27, no. 2 (2022): 101-128.
11. 녹색전환연구소. 『지속가능한 지역을 위한 순환경제』. 서울: 녹색전환연구소, 2020.
12. 대한상공회의소 지속가능경영원. 『ESG 경영과 공급망 규제 대응 전략 보고서』. 서울: 대한상의, 2023.
13. 대한상공회의소 지속가능경영원. 『탄소중립과 ESG 시대의 순환경제 전략 보고서』. 서울: 대한상공회의소, 2022.
14. 박용신. "탄소세의 도입이 산업 경쟁력에 미치는 영향." 『환경정책』 28, no. 3 (2020): 89-115.

15. 박진희. "기후변화와 국제무역의 재편: 탄소중립 무역규범의 법제화 동향."『환경법과 정책』29, no. 1 (2023): 59-89.
16. 박진희. "기후위기와 시민사회의 역할에 대한 연구."『환경정책학회보』29 no. 2 (2021): 73-96.
17. 백지수 외.『기후정의와 정의로운 전환: 이론과 실천 사례』. 서울: 한울아카데미, 2022.
18. 서울특별시.『에코마일리지 사업 백서 2009~2021』. 서울: 서울시청, 2022.
19. 서울특별시.『서울시 순환경제 기본계획(2021~2030)』. 서울: 서울특별시청, 2021.
20. 신상희. "시민과학의 사회적 의미와 가능성: 환경 데이터를 중심으로."『과학기술학연구』20, no. 2 (2020): 165-192.
21. 안병욱.『기후위기와 생태사회주의』. 서울: 창비, 2021.
22. 에너지경제연구원.『에너지 전환 전략과 탄소중립』. 울산: 에너지경제연구원, 2022.
23. 에너지경제연구원.『탄소중립 실현을 위한 자원순환 및 에너지 연계 방안 연구』. 울산: 에너지경제연구원, 2023.
24. 에너지전환포럼.『탄소중립 사회로의 전환과 지역 에너지 민주주의』. 서울: 에너지전환포럼, 2021.
25. 이길남. "새로운 유형의 Green Round로서 국제탄소배출권 시장의 최근 동향과 대응전략."『한국통상정보학회』10 (2008): 305-323.
26. 이동호, 김동환, 김성일. "국내·외 자발적 탄소시장의 산림탄소사업 투자 및 수익배분 특성 연구."『환경정책』(2015).
27. 이상엽 외.『탄소중립 정책연구Ⅱ: 탄소시장 활성화 연구』. 한국환경연구원, 2023.
28. 이영란. "디지털 시대의 친환경 소비문화와 시민운동."『녹색경제와 지속가능성』12, no. 1 (2022): 27-51.
29. 이재형. "규제적 탄소시장에서 자발적 탄소시장으로의 외부사업 전환옵션 연구."『에너지경제연구』22, no. 1 (2023): 257-290.
30. 이선. "탄소배출권 거래제의 도입과 전망."『기술사』44, no. 6 (2011): 29-34.
31. 장다율.『시민사회와 환경운동의 새로운 전략: 기후소송과 정책감시』. 서울: 환경운동연합 정책보고서, 2021.
32. 장다율. "기후위기와 한국의 탄소중립 전략: 국제정치적 함의와 과제."『환경정책연구』31, no. 3 (2022): 1-29.
33. 장은정. "기후변화와 공공재의 딜레마: 기후 클럽 이론의 적용 가능성."『국제정치논총』61, no. 1 (2021): 101-128.
34. 전병유 외. "탄소중립 시대의 무역 질서 변화와 기업 대응 전략."『무역연구』67, no. 4 (2023): 1-35.
35. 전은돈, 이충국, 김미정.『자발적 탄소시장 현황 분석』. 한국기후변화연구원, 2023.
36. 정서용 외.『탄소중립과 국제기후정책의 전개』. 세종: 국립외교원, 2023.

37. 정희성. "배출권거래제도의 경제적 효과 분석."『경제연구』 38, no. 2 (2021): 45-72.
38. 최현.『탄소중립시대의 환경정책』. 세종: 대외경제정책연구원, 2022.
39. 최윤정. "지평선의 비극과 세대 간 기후정책의 설계."『환경경제연구』 42, no. 1 (2022): 55-78.
40. 한국개발연구원(KDI).『탄소세 도입의 경제적 영향 분석』. 서울: KDI, 2021.
41. 한국거래소.『지속가능경영보고서 가이드라인』. 서울: 한국거래소, 2022.
42. 한국기후변화연구원.『자발적 탄소시장 현황 분석』. 서울: 한국기후변화연구원, 2023.
43. 한국무역협회.『EU 순환경제정책이 무역에 미치는 영향과 대응 전략』. 서울: 한국무역협회 통상지원센터, 2023.
44. 한국무역협회.『탄소국경세 도입의 영향과 대응 방향』. 서울: 한국무역협회, 2022.
45. 한국에너지기술연구원.『순환경제 기반 자원·에너지 융합 정책 방향 연구』. 대전: KIER, 2023.
46. 한국환경연구원.『기후위기 대응을 위한 국제협력 전략 연구』. 세종: 한국환경연구원, 2023.
47. 한국환경정책·평가연구원(KEI).『기후변화 대응을 위한 시장기반정책 분석』. 세종: KEI, 2020.
48. 한국환경정책·평가연구원(KEI).『기후변화와 온실가스 감축 정책 동향』. 세종: KEI, 2022.
49. 한국환경정책·평가연구원(KEI).『기후정의 실현을 위한 국제사례 분석』. 세종: KEI, 2021.
50. 한국환경정책·평가연구원(KEI).『기후변화 영향과 적응대책 종합 보고서』. 세종: KEI, 2023.
51. 한국환경정책·평가연구원(KEI).『한국형 순환경제 이행을 위한 정책방향 연구』. 세종: KEI, 2021.
52. 한국환경산업기술원.『순환경제 전환을 위한 국제정책 동향과 시사점 보고서』. 서울: 한국환경산업기술원, 2023.
53. 한국회계기준원.『지속가능성공시기준 도입방안 연구』. 서울: 한국회계기준원, 2023.
54. 환경운동연합.『플라스틱 줄이기 운동 백서』. 서울: 환경운동연합, 2020.
55. 환경부.『2023년 자원순환백서』. 세종: 환경부, 2023.
56. 환경부.『2050 탄소중립 시나리오』. 세종: 환경부, 2021.
57. 환경부.『순환경제사회 전환 촉진법 주요 내용 설명자료』. 세종: 환경부 자원순환정책과, 2023.
58. 환경부.『제3차 기후변화 대응 기본계획(2023-2040)』. 세종: 환경부, 2023.
59. 환경부.『제3차 기후변화대응 기본계획(2023~2042)』. 세종: 환경부, 2023.
60. 환경부.『탄소중립 녹색성장 기본법 해설집』. 세종: 환경부, 2022.
61. 환경부·2050 탄소중립녹색성장위원회.『2050 탄소중립 시나리오』. 세종: 환경부, 2021.
62. 금융위원회.『기업지배구조보고서 작성기준』. 서울: 금융위원회, 2023.
63. 국회입법조사처.『국제 플라스틱 협약 논의 동향과 시사점』. 서울: 국회입법조사처, 2024.
64. 국회입법조사처.『탄소국경세(CBAM) 주요국 동향과 정책적 시사점』. 이슈와 논점, 제1852호, 2022.
65. 국회예산정책처.『EU CBAM이 한국 수출에 미치는 영향 분석』. 서울: 국회예산정책처, 2022.
66. 국토연구원.『건설 폐기물의 자원순환 및 정책 개선 방향』. 세종: 국토연구원, 2022.

67. 기획재정부.『녹색성장 전략보고서』. 세종: 기획재정부, 2023.
68. 대외경제정책연구원(KIEP).『EU의 탄소국경조정제도(CBAM)와 우리의 대응 전략』. 세종: KIEP, 2021.
69. 대한민국.『탄소중립·녹색성장 기본법』. 법률 제18469호, 2021년 9월 24일 시행.
70. 대통령직속 탄소중립녹색성장위원회.『2050 탄소중립녹색성장 전략 및 이행계획(안)』. 서울: 탄소중립위, 2021.
71. 대통령직속 탄소중립녹색성장위원회.『탄소중립 기본계획 2023』. 서울: 탄소중립녹색성장위원회, 2023.
72. 대통령직속 탄소중립녹색성장위원회.『무탄소에너지 이니셔티브 보고서 (CFE Initiative)』. 서울: 탄소중립녹색성장위원회, 2023.
73. 산업통상자원부.『2023년 제10차 전력수급기본계획』. 세종: 산업통상자원부, 2023.
74. 산업통상자원부.『재생에너지 3020 이행계획』. 세종: 산업통상자원부, 2017.
75. 산업통상자원부.『탄소중립 산업전환 추진 전략』. 세종: 산업통상자원부, 2021.
76. 산업통상자원부.『탄소중립 산업전환 전략』. 세종: 산업통상자원부, 2022.
77. 산업연구원.『글로벌 탄소중립 대응에 따른 산업정책 패러다임 전환과 시사점』. 세종: 산업연구원, 2022.
78. 자원순환사회연대.『플라스틱 순환경제를 위한 정책 제언서』. 서울: 자원순환사회연대, 2022.
79. 중소벤처기업부.『순환경제 기반 스타트업 육성방안』. 서울: 중소벤처기업부, 2023.
80. 지속가능발전소.『2023 ESG 공시 트렌드 리포트』. 서울: 지속가능발전소, 2023.
81. 통계청.『한국의 그린 GDP 통계 개발 방향』. 대전: 통계청, 2021.
82. 통상법무정책연구원.『기후변화 대응과 무역 규범의 충돌 및 조화 방안』. 서울: 통상법무정책연구원, 2022.
83. 한국수력원자력.『소형모듈원자로(SMR) 기술개발 및 산업 동향 보고서』. 경주: 한국수력원자력, 2023.
84. 한국에너지공단.『2023년 재생에너지 통계보고서』. 울산: 한국에너지공단, 2023.
85. 한국전력공사.『스마트그리드 종합계획 2023-2030』. 나주: 한국전력공사, 2023.
86. 한국전력거래소.『전력시장 개편방안 연구 보고서』. 나주: 한국전력거래소, 2023.
87. 참여연대 기후위기대응센터.『기후위기와 정의로운 전환: 시민사회의 과제』. 서울: 참여연대, 2022.
88. 유엔기후변화협약.『파리협정(한국어 번역본)』. https://unfccc.int/ko/paris-agreement.
89. 유럽가뭄관측소(European Drought Observatory). "Drought in Europe—2022." https://edo.jrc.ec.europa.eu/.
90. 김은영, 장동식. "우리나라의 자발적 탄소시장 도입현황과 구축전략에 관한 연구."『산업경제연구』(2023).

영문 참고문헌 목록 (알파벳순 정렬)

1. Apple Inc. *Apple Environmental Progress Report 2023*. Cupertino: Apple, 2023. https://www.apple.com/environment/pdf/Apple_Environmental_Progress_Report_2023.pdf.
2. Break Free From Plastic. *Annual Brand Audit Report 2023*. Quezon City: BFFP, 2023.
3. California Air Resources Board. "Cap-and-Trade Program." Accessed April 10, 2025. https://ww2.arb.ca.gov/our-work/programs/cap-and-trade-program.
4. Carney, Mark. *Value(s): Building a Better World for All*. New York: PublicAffairs, 2021.
5. Centers for Disease Control and Prevention (CDC). "Climate Effects on Health." 2023. https://www.cdc.gov/climateandhealth/effects/.
6. Climate Watch. *Historical GHG Emissions Database*. Washington, DC: World Resources Institute. Accessed March 15, 2025. https://www.climatewatchdata.org.
7. Club of Rome. *The Limits to Growth*. New York: Universe Books, 1972.
8. Coase, Ronald. "The Problem of Social Cost." *Journal of Law and Economics* 3 (1960): 1–44.
9. Copernicus Climate Change Service (C3S). "European State of the Climate 2023." https://climate.copernicus.eu/.
10. Eccles, Robert G., and Svetlana Klimenko. "The Investor Revolution." *Harvard Business Review* 97, no. 3 (2019): 106–116.

11. Ellen MacArthur Foundation. *Completing the Picture: How the Circular Economy Tackles Climate Change*. Cowes, UK: Ellen MacArthur Foundation, 2019. https://emf.thirdlight.com/link/uhg0zcsr13it-kek3ig/@/preview/1?o.
12. Ellen MacArthur Foundation. *The Circular Economy in Detail*. Cowes, UK: Ellen MacArthur Foundation, 2021. https://ellenmacarthurfoundation.org/topics/circular-economy-introduction/overview.
13. Environmental Defense Fund (EDF). "Historic Article 6 Decision at COP29 - After Much Debate, a Reasoned Solution." November 23, 2024. https://www.edf.org/media/historic-article-6-decision-cop29-after-much-debate-reasoned-solution.
14. European Commission. *A European Green Deal: Striving to Be the First Climate-Neutral Continent*. Brussels: EC, 2019.
15. European Commission. *Carbon Border Adjustment Mechanism (CBAM)*. https://ec.europa.eu.
16. European Commission. *Circular Economy Action Plan: For a Cleaner and More Competitive Europe*. Brussels: European Commission, 2020. https://eur-lex.europa.eu/resource.html?uri=cellar:9903b325-6388-11ea-b735-01aa75ed71a1.0001.02/DOC_1&format=PDF.
17. European Commission. *Corporate Sustainability Due Diligence Directive (CSDDD): Proposal and Policy Framework*. COM(2022) 71 final, Brussels: European Commission, 2022.
18. European Commission. *Critical Raw Materials Act Proposal*. COM(2023) 160 final, Brussels: European Commission, 2023.
19. European Commission. *European Green Deal*. Brussels: European Commission, 2019. https://eur-lex.europa.eu/legal-content/EN/TXT/?uri=CELEX:52019DC0640.
20. European Commission. *Fit for 55: Delivering the EU's 2030 Climate Target on the Way to Climate Neutrality*. COM(2021) 550 final, Brussels: European Commission, 2021.
21. European Commission. "International Carbon Market." Accessed April 10, 2025. https://climate.ec.europa.eu/eu-action/eu-emissions-trading-system-eu-ets/international-carbon-market_en.
22. European Commission. *Proposal for a Regulation Establishing a Carbon Border Adjustment Mechanism*. COM(2021) 564 final, Brussels: European Commission, 2021.
23. European Commission. *Proposal for a Regulation on Ecodesign for Sustainable Products*. Brussels: European Commission, 2022. https://ec.europa.eu/environment/publications/

proposal-ecodesign-sustainable-products_en.
24. European Commission. *Right to Repair Directive Proposal*. Brussels: European Commission, 2023. https://ec.europa.eu/commission/presscorner/detail/en/ip_23_2025.
25. European Environment Agency. *Climate Change Impacts and Vulnerability in Europe 2023*. Luxembourg: Publications Office of the European Union, 2023.
26. European Environment Agency. *Plastics, the Circular Economy and Europe's Environment*. Copenhagen: EEA, 2021. https://www.eea.europa.eu/publications/plastics-the-circular-economy-and.
27. European Environment Agency (EEA). *Trends and Projections in Europe 2023: Tracking Progress towards Europe's Climate and Energy Targets*. Copenhagen: EEA, 2023.
28. European Environmental Bureau (EEB). *Decoupling Debunked: Evidence and Arguments Against Green Growth as a Sole Strategy for Sustainability*. Brussels: EEB, 2019. https://eeb.org/library/decoupling-debunked/.
29. European Financial Reporting Advisory Group (EFRAG). *ESRS 1: General Requirements*. Brussels: EFRAG, 2022.
30. European Financial Reporting Advisory Group (EFRAG). *ESRS E1: Climate Change*. Brussels: EFRAG, 2022.
31. European Parliament and Council. *Regulation (EU) 2023/1542 on Batteries and Waste Batteries*. Brussels: Official Journal of the European Union, 2023. https://eur-lex.europa.eu/eli/reg/2023/1542/oj.
32. European Parliament and Council. *Regulation (EU) 2024/573 of 13 February 2024 Establishing the Net Zero Industry Act*. Official Journal of the European Union, 2024.
33. European Parliament and Council. *Regulation on Packaging and Packaging Waste (PPWR) Proposal*. Brussels: European Commission, 2022. https://environment.ec.europa.eu/publications/proposal-packaging-and-packaging-waste_en.
34. Fairphone. *Fairphone Impact Report 2023*. Amsterdam: Fairphone, 2023. https://www.fairphone.com/wp-content/uploads/2023/03/Fairphone-Impact-Report-2023.pdf.
35. Falkner, Robert. "The Paris Agreement and the New Logic of International Climate Politics." *International Affairs* 92, no. 5 (2016): 1107-1125.
36. Food and Agriculture Organization (FAO). *Drought in Eastern Africa: Regional Overview*, 2023. https://www.fao.org/.
37. Friends of the Earth International. *Net Zero: A Dangerous Distraction*. Amsterdam: FOEI, 2021.

38. Global Tipping Points Report. *Global Tipping Points Report 2023*. Exeter University, 2023. https://global-tipping-points.org/.
39. Gold Standard. "Aligning the Voluntary Carbon Markets with the Paris Agreement." Accessed April 10, 2025. https://www.goldstandard.org/publications/a-practitioners-guide-aligning-the-voluntary-carbon.
40. Government of Canada *2030 Emissions Reduction Plan: Canada's Next Steps for Clean Air and a Strong Economy*. Ottawa: Environment and Climate Change Canada, 2022.
41. Government of Japan. *Green Growth Strategy Through Achieving Carbon Neutrality in 2050*. Tokyo: Ministry of Economy, Trade and Industry, 2021.
42. Greenpeace. "Campaigns." Accessed April 9, 2025. https://www.greenpeace.org.
43. Hardin, Garrett. "The Tragedy of the Commons." *Science* 162, no. 3859 (1968): 1243-1248.
44. Hoekman, Bernard, and Dominique van der Mensbrugghe. "Carbon Border Taxes and Developing Country Exports: A Quantitative Assessment." *World Bank Policy Research Working Paper* No. 9502, 2021.
45. ICE. "Carbon Terminology and Product FAQ." Accessed April 10, 2025. https://www.ice.com/carbon-terminology-and-product-faq.
46. IFRS Foundation. *IFRS S1: General Requirements for Disclosure of Sustainability-related Financial Information*. London: IFRS Foundation, 2023.
47. IFRS Foundation. *IFRS S2: Climate-related Disclosures*. London: IFRS Foundation, 2023.
48. International Carbon Action Partnership (ICAP). "China National ETS." Accessed April 10, 2025. https://icapcarbonaction.com/en/ets/china-national-ets.
49. International Carbon Action Partnership (ICAP). "Korea Emissions Trading System (K-ETS)." Accessed April 10, 2025. https://icapcarbonaction.com/en/ets/korea-emissions-trading-system-k-ets.
50. International Energy Agency (IEA). *Critical Minerals Market Review 2023*. Paris: IEA, 2023.
51. International Energy Agency (IEA). *Electricity 2024: Analysis and Forecast to 2026*. Paris: IEA, 2024.
52. International Energy Agency (IEA). *Net Zero by 2050: A Roadmap for the Global Energy Sector*. Paris: IEA, 2021. https://www.iea.org/reports/net-zero-by-2050.
53. International Energy Agency (IEA). *World Energy Outlook 2024*. Paris: IEA, 2024.

54. International Labour Organization (ILO). *Guidelines for a Just Transition towards Environmentally Sustainable Economies and Societies for All*. Geneva: ILO, 2015.
55. International Monetary Fund (IMF). *Climate Crossroads: Fiscal Policies for a Low-Carbon Future*. Fiscal Monitor, April 2022. Washington, D.C.: International Monetary Fund.
56. International Monetary Fund (IMF). *Managing Climate Risk in the Financial System*. Washington, D.C.: IMF, 2023.
57. International Renewable Energy Agency (IRENA). *Renewable Power Generation Costs in 2023*. Abu Dhabi: IRENA, 2024. https://www.irena.org/publications.
58. Intergovernmental Panel on Climate Change (IPCC). *Climate Change 2021: The Physical Science Basis. Contribution of Working Group I to the Sixth Assessment Report*. Cambridge: Cambridge University Press, 2021.
59. Intergovernmental Panel on Climate Change (IPCC). *Climate Change 2022: Impacts, Adaptation and Vulnerability. Working Group II Contribution to the Sixth Assessment Report*. Cambridge University Press, 2022.
60. Intergovernmental Panel on Climate Change (IPCC). *Climate Change 2022: Mitigation of Climate Change. Contribution of Working Group III to the Sixth Assessment Report of the Intergovernmental Panel on Climate Change*. Cambridge: Cambridge University Press, 2022.
61. Intergovernmental Panel on Climate Change (IPCC). *Climate Change 2023: Synthesis Report. Summary for Policymakers*. IPCC, 2023.
62. Intergovernmental Panel on Climate Change (IPCC). *Global Warming of 1.5°C. An IPCC Special Report*. Geneva: World Meteorological Organization, 2018.
63. Intergovernmental Panel on Climate Change (IPCC). *Special Report on Global Warming of 1.5°C*. Geneva: Intergovernmental Panel on Climate Change, 2018.
64. Intergovernmental Panel on Climate Change (IPCC). *Synthesis Report of the Sixth Assessment Report (AR6)*, 2023. https://www.ipcc.ch/report/sixth-assessment-report-cycle/.
65. Johns Hopkins Bloomberg School of Public Health. "Meatless Monday." Accessed April 8, 2025. https://www.meatlessmonday.com.
66. Keohane, Robert O., and David G. Victor. "The Regime Complex for Climate Change." *Perspectives on Politics* 9, no. 1 (2011): 7-23.
67. Klima- und Transformationsfonds (Germany). *Germany's Climate Club Initiative: Outline and Rationale*. Berlin: German Federal Ministry for Economic Affairs and Climate Action

(BMWK), 2022.
68. Kotsantonis, Sakis, and George Serafeim. "Four Things No One Will Tell You About ESG Data." *Journal of Applied Corporate Finance* 31, no. 2 (2019): 50-58.
69. Lamy, Pascal. "Greening the Multilateral Trading System." *Global Policy* 13, no. S1 (2022): 6-14.
70. Malthus, Thomas. *An Essay on the Principle of Population*. London: J. Johnson, 1798.
71. Meckling, Jonas, and Llewelyn Hughes. "Globalizing Solar: Global Supply Chains and Trade Preferences." *International Studies Quarterly* 62, no. 3 (2018): 449-460.
72. Mill, John Stuart. *Principles of Political Economy*. London: John W. Parker, 1848.
73. Ministry of Environment, Republic of Korea. *2050 Carbon Neutral Strategy of the Republic of Korea: Towards a Sustainable and Green Society*. Sejong: Ministry of Environment, 2020.
74. Ministry of Trade, Industry and Energy (MOTIE). *Carbon Neutrality Green Growth Framework Act and the 10th Basic Plan for Power Supply and Demand*. Sejong: MOTIE, 2023.
75. National Bureau of Economic Research (NBER). *Climate Change and Real Estate Values*, Working Paper 31088, 2023. https://www.nber.org/.
76. National Oceanic and Atmospheric Administration (NOAA). "Billion-Dollar Weather and Climate Disasters." 2023. https://www.ncei.noaa.gov/access/billions/.
77. Nordhaus, William D. *The Climate Casino: Risk, Uncertainty, and Economics for a Warming World*. New Haven: Yale University Press, 2013.
78. OECD. *Carbon Pricing and Trade: Issues and Interactions*. Paris: Organisation for Economic Co-operation and Development, 2022.
79. OECD. *Corporate Governance and Climate Change Disclosure: An Overview of Practices*. Paris: OECD, 2021.
80. OECD. *Global Plastics Outlook: Economic Drivers, Environmental Impacts and Policy Options*. Paris: OECD Publishing, 2022. https://www.oecd.org/environment/global-plastics-outlook-2de80d29-en.htm.
81. OECD. *Towards Green Growth*. Paris: OECD Publishing, 2011.
82. Our World in Data. "CO_2 and Greenhouse Gas Emissions." https://ourworldindata.org/co2-and-other-greenhouse-gas-emissions.
83. Oxford Institute for Energy Studies. "Article 6 and Voluntary Carbon Markets." Accessed April 10, 2025. https://www.oxfordenergy.org/publications/article-6-and-voluntary-

carbon-markets/.

84. Patt, Anthony, and Johan Lilliestam. "The Case against Carbon Prices." *Joule* 2, no. 12 (2018): 2494–2498.
85. Porter, Michael E., and Claas van der Linde. "Toward a New Conception of the Environment-Competitiveness Relationship." *Journal of Economic Perspectives* 9, no. 4 (1995): 97–118.
86. Ricardo, David. *Principles of Political Economy and Taxation*. London: John Murray, 1817.
87. Robeco. "Carbon Allowances, Credits and Offsets." Accessed April 10, 2025. https://www.robeco.com/en-us/glossary/sustainable-investing/carbon-allowances-credits-and-offsets.
88. Rodrik, Dani. "The Globalization Paradox Revisited." *NBER Working Paper Series*, No. 28350, National Bureau of Economic Research, 2021.
89. Samuelson, Paul A. "The Pure Theory of Public Expenditure." *Review of Economics and Statistics* 36, no. 4 (1954): 387–389.
90. Schoenmaker, Dirk, and Willem Schramade. *Principles of Sustainable Finance*. Oxford: Oxford University Press, 2019.
91. Science Based Targets initiative (SBTi). *Foundations for Science-Based Net-Zero Target Setting in the Corporate Sector*. 2020.
92. Shiva, Vandana. *Earth Democracy: Justice, Sustainability, and Peace*. Cambridge: South End Press, 2005.
93. Smith, Adam. *An Inquiry into the Nature and Causes of the Wealth of Nations*. London: W. Strahan and T. Cadell, 1776.
94. Sullivan, Rory M., Will Martindale, Elodie Feller, and Christopher Cameron, eds. *Responsible Investment: A Guide to ESG Data Providers and Relevant Trends*. Geneva: UNEP FI and PRI, 2018.
95. Swiss Re Institute. *The Economics of Climate Change: Insurance in a Changing Climate*, 2023. https://www.swissre.com/.
96. Taskforce on Nature-related Financial Disclosures (TNFD). *Recommendations of the Taskforce on Nature-related Financial Disclosures*. TNFD, September 2023.
97. The Guardian. "COP29's New Carbon Market Rules Offer Hope After Scandal and Deadlock." November 24, 2024. https://www.theguardian.com/environment/2024/nov/24/cop29s-new-carbon-market-rules-offer-hope-after-scandal-and-deadlock.

98. The Lancet. "The 2023 Report of the Lancet Countdown on Health and Climate Change." *The Lancet* 402, no. 10418 (2023): 2340–91.
99. The Wall Street Journal. "The Year Ahead in Sustainable Business." January 3, 2025. https://www.wsj.com/articles/the-year-ahead-in-sustainable-business-21abf537.
100. UK Climate Change Committee (CCC). *Behaviour Change, Public Engagement and Net Zero*. London: CCC, 2022. https://www.theccc.org.uk.
101. UK Government. *Net Zero Strategy: Build Back Greener*. London: HM Government, 2021.
102. UK Office for National Statistics (ONS). "Environmental Accounts." https://www.ons.gov.uk.
103. UNCTAD. *A European Union Carbon Border Adjustment Mechanism: Implications for Developing Countries*. Geneva: United Nations Conference on Trade and Development, 2021.
104. UNEP. *Draft Report of the Intergovernmental Negotiating Committee to Develop an International Legally Binding Instrument on Plastic Pollution, Including in the Marine Environment*. Nairobi: United Nations Environment Programme, 2024. https://www.unep.org/inc-plastic-pollution.
105. UNEP. "How Article 6 of the Paris Agreement is Helping to Counter the Climate Crisis." Accessed April 10, 2025. https://www.unep.org/news-and-stories/video/how-article-6-paris-agreement-helping-counter-climate-crisis.
106. United Nations. *System of Environmental-Economic Accounting (SEEA)*. New York: United Nations, 2021.
107. United Nations. *Transforming our World: The 2030 Agenda for Sustainable Development*. New York: UN, 2015.
108. United Nations Brundtland Commission. *Our Common Future*. Oxford: Oxford University Press, 1987.
109. United Nations Environment Programme (UNEP). *Climate Change and Water Security: A Global Perspective*, 2023. https://www.unep.org/.
110. United Nations Environment Programme (UNEP). *Emissions Gap Report 2023: Broken Record – Temperatures Hit New Highs, Yet World Fails to Cut Emissions (Again)*. Nairobi: UNEP, 2023.
111. United Nations Framework Convention on Climate Change (UNFCCC). "A Guide to UN Market-based Mechanisms." Accessed April 10, 2025. https://unfccc.int/news/

a-guide-to-un-market-based-mechanisms.

112. United Nations Framework Convention on Climate Change (UNFCCC). "Article 6 of the Paris Agreement." Accessed April 10, 2025. https://unfccc.int/process/the-paris-agreement/cooperative-implementation.

113. United Nations Framework Convention on Climate Change (UNFCCC). *COP28 Final Outcomes*. Dubai: UNFCCC Secretariat, 2023. https://unfccc.int/cop28.

114. United Nations Framework Convention on Climate Change (UNFCCC). "Mechanisms under the Kyoto Protocol." Accessed April 10, 2025. https://unfccc.int/process/the-kyoto-protocol/mechanisms.

115. United Nations Framework Convention on Climate Change (UNFCCC). *Nationally Determined Contributions under the Paris Agreement. Synthesis Report by the Secretariat*. Bonn: UNFCCC, 2022.

116. United Nations Framework Convention on Climate Change (UNFCCC). "Paris Agreement Crediting Mechanism." Accessed April 10, 2025. https://unfccc.int/process-and-meetings/the-paris-agreement/article-64-mechanism.

117. United Nations Framework Convention on Climate Change (UNFCCC). *The Paris Agreement*. Bonn: UNFCCC Secretariat, 2015.

118. United Nations Framework Convention on Climate Change (UNFCCC). "THE KYOTO PROTOCOL MECHANISMS – CDM." Accessed April 10, 2025. https://cdm.unfccc.int/about/cdm_kpm.pdf.

119. United States Congress. *Inflation Reduction Act of 2022*. Public Law 117-169, 117th Congress. https://www.congress.gov/bill/117th-congress/house-bill/5376.

120. U.S. Securities and Exchange Commission (SEC). *The Enhancement and Standardization of Climate-Related Disclosures for Investors*. Washington, D.C.: SEC, 2022.

121. Weber, Christopher L., and H. Scott Matthews. "Food-Miles and the Relative Climate Impacts of Food Choices in the United States." *Environmental Science & Technology* 42, no. 10 (2008): 3508-13.

122. White House. *Fact Sheet: President Biden's Leaders Summit on Climate*. Washington, D.C.: The White House, 2021. https://www.whitehouse.gov.

123. Wikipedia. "2021 United Nations Climate Change Conference." Accessed April 10, 2025. https://en.wikipedia.org/wiki/2021_United_Nations_Climate_Change_Conference.

124. Wikipedia. "Acordo de Paris (2015)." Accessed April 10, 2025. https://pt.wikipedia.org/

wiki/Acordo_de_Paris_%282015%29.

125. Wikipedia. "Flexible Mechanisms." Last modified February 2025. https://en.wikipedia.org/wiki/Flexible_Mechanisms.

126. Wikipedia. "Paris Agreement." Accessed April 10, 2025. https://en.wikipedia.org/wiki/Paris_Agreement.

127. World Bank. "What You Need to Know About Article 6 of the Paris Agreement." May 17, 2022. https://www.worldbank.org/en/news/feature/2022/05/17/what-you-need-to-know-about-article-6-of-the-paris-agreement.

128. World Economic Forum. *Measuring Stakeholder Capitalism: Towards Common Metrics and Consistent Reporting of Sustainable Value Creation*. Geneva: WEF, 2020.

129. World Economic Forum. *Net-Zero Industry Tracker 2023*. Geneva: World Economic Forum, 2023.

130. World Meteorological Organization (WMO). *Global Annual to Decadal Climate Update*, 2023. https://public.wmo.int/.

131. World Meteorological Organization (WMO). *State of the Global Climate 2023*. Geneva: WMO, 2024.

132. World Meteorological Organization (WMO). *State of the Global Climate 2024 (WMO-No. 1368)*. Geneva: WMO, 2025.

133. World Resources Institute and World Business Council for Sustainable Development. *The Greenhouse Gas Protocol: A Corporate Accounting and Reporting Standard*. Revised edition. Washington, DC: WRI and WBCSD, 2004.

134. World Trade Organization (WTO). *Trade and Environment Review: Environment-Related Trade Measures*. Geneva: World Trade Organization, 2023.(끝)

탄소중립개론

초판 1쇄 인쇄 2025년 6월 16일
초판 1쇄 발간 2025년 6월 16일

저자 | 정복영
발행인 | 김형관
발행처 | 다누리
주소 | 서울시 송파구 오금로 27길 25-25
전화 | 02)421-1472
홈페이지 | www.dasan119.com
등록 | 2023년 9월 19일, 제2023-000131호

가격 30,000원
ISBN 979-11-984752-2-0

* 이 서적의 출판권은 다누리에 있습니다.
　다누리의 허락없이 무단 복제, 발췌, 전재를 금합니다.